北京大学史学丛书

简明印度通史

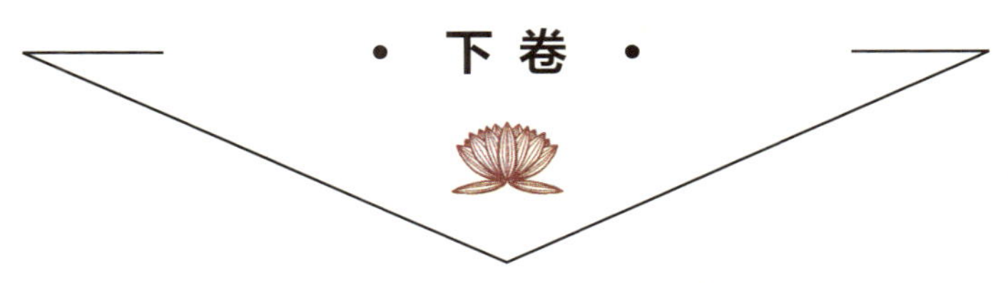

独立以后

林承节 著

社会科学文献出版社
SOCIAL SCIENCES ACADEMIC PRESS (CHINA)

目　录

绪　论

1947 年 8 月 15 日，印度从英国殖民统治下获得独立，揭开了印度历史发展的新篇章。独立后的印度史是印度大力发展经济，朝着消除贫困和实现现代化目标前进的历史；是创造条件，实现政治民主化和社会世俗化，努力形成一个民主的、和谐的社会环境的历史；是在保持多元统一的原则下，通过国家整合，增强民族团结和内聚力的历史；是努力自立于世界民族之林，在国际舞台上发挥积极作用的历史。一句话，是纠正殖民统治造成的畸形和贫困落后，追赶世界潮流，全面推进现代化，建设繁荣富强国家的历史。

独立 70 多年来，印度人民以不屈不挠的意志和共同的努力，在实现这些目标方面取得了骄人的成就，国家和社会的面貌焕然一新。有些领域的成就非常突出，如较完整的工业体系的建立、粮食自给有余的实现、高质量科技人才的培养、某些尖端技术的突飞猛进、议会民主制的巩固、社会领域的改革、国家内聚力的增强等，这些卓越的成就令世人称赞。然而，如果拿印度自己预定的发展指标来全面衡量，则应该说大多数领域取得的进展离预期值还有相当大的距离；有些领域的成绩很不理想，如基础设施建设、大量人口脱贫问题、就业问题、普及基础教育问题等。如何在这些方面取得更大的或者说根本性的进展，依然是印度政府亟待解决的重要问题。

印度独立以后的经济政治发展和社会进步选择了什么样的道路，经历了怎样的过程？什么是它的促进因素，什么是制约因素？怎样评价执政党规划的道路和制定的基本政策？怎样评价在野党所起的作用？这些是印度现代史研究工作者必须认真研究并加以阐述的问题。

辩证唯物主义理论认为，人类社会在不同时期存在着各不相同的多种矛盾，分为主要矛盾和次要矛盾，主要矛盾的运动决定社会的基本发展方向，主要矛盾和次要矛盾互相影响。两者关系中占主导地位的是前者，主要矛盾的解决有利于次要矛盾的解决或缓解，而后者的缓解或激化对前者的解决也有着相当大的正面或负面作用。

独立后的印度是个发展中国家，发展方向是建立资本主义的现代社会。什么是它的主要矛盾呢？这就是人民日益增长的物质文化需要同落后的社会生产、经济制度和社会观念之间的矛盾，也即实现现代化、追赶世界潮流的客观需要与落后的现状的矛盾。殖民统治虽然使其生产力有所发展，但出于殖民剥削的需要，它对民族资本的成长和社会生产力的进步整个来说是抑制大于促进，对阻碍经济发展的寄生性的封建土地关系则维护强于改变。殖民统治启动了印度的现代化进程，却又人为地制造种种障碍限制现代化进程的全面展开，结果使印度生产力发展受到严重阻碍，工业只有几个发展很弱的部门，主要是轻工业，重工业严重缺乏；农业只有畸形的商品经济化而没有资本主义化，生产技术水平极其低下。经济落后造成的必然结果是人民生活极端贫困，全国百分之六七十的人口连最起码的温饱都得不到保障。独立后，印度资产阶级掌握了政权，怎样运用上层建筑的力量，通过必要的制度改革发展新的生产关系，并通过技术创新促使生产力快速增长以提高人民的物质文化水平，就成了新政权在长时期内面临的最根本的任务。

印度还面临以下矛盾和任务。

实现国家的行政整合。英国统治时期，殖民者从分而治之的策略考虑把印度分成英属印度和土邦印度两大块，两者各不相属，都直属于英王，前者委任英印总督直接统治，后者由总督以副王名义代英王管理。土邦的王公政体和封建制度都被保留。独立后，500 多个土邦加入了印度自治领。如何在体制上把这些政治上、经济上更落后的土邦与原英属印度的地区整合为一体，这是印度政府要解决的紧迫问题之一。

建立制度化的民主政治体制。殖民者出于笼络地主资产阶级上层和分化民族力量的需要，把西方资产阶级议会民主制的某些因素引进印度，但严格的财产、教育等资格限制，使选民的范围极其狭小；更重要的是，立法权和行政权依然掌握在英国殖民者手中，民主的皮毛只是专制统治的装饰品而已。独立后，印度要实现政治民主化，吸引广大人民自觉地参加到国家建设的行列中来，就要使人民有真正的参政权利。为此，就要根据印度的国情，建立最适宜群众参政和对群众进行广泛政治动员的政治体制，并使之制度化。

消除宗教、种姓冲突和性别歧视，实现社会整合。这是一项最复杂、最困难的任务。印度社会因宗教、语言的多元性，本来就易于发生社会冲突，英国殖民者对教派矛盾的蓄意挑拨利用，更造成了教派主义肆虐，使后者成了危害极大的社会毒瘤。这个毒瘤导致了印巴分治，但印巴分治并未使祸根消除。毒瘤依然潜伏于肌体中，不割除它社会就不得安宁，国家经济建设和各领域的发展就不可能有稳定的社会环境。

巩固独立，提高印度的国际地位。英国虽退出印度，但非常希望继续保持对印度的政治影响力。美国和英国力图使印度在国际舞台上成为其帝国主义霸权政策的追随者。在严峻的世界两极对垒格局下，印度要巩固独立，就要在外交政策上坚持独立自主，要有顶住压力的勇气、魄力，也要有在外交上切实可行的新安排。仅仅有勇气而没有具体办法也是行不通的。印度独立后，沿海还有些小块领土分别处在法国和葡萄牙统治下，印度必须通过外交手段收回，以铲除殖民统治的最后痕迹，实现国家完全彻底的统一。

提高印度的国际地位还需要提高国家的科技水平和军事实力。

上述这几方面的矛盾都受制于发展经济、提高人民生活水平这个最主要的矛盾。如果经济继续处于落后状态，国家就没有足够的经济实力去完成其他方面的任务，在国际上也不会有真正的自主地位；如果人民长期处在贫困线下，连衣食都没有保障，要保持社会稳定是不可能的，群众参政也是空话。反过来说，上述各次要矛盾能否有效解决，对主要矛盾能否解决也有重大影响。群众的政治动员越有效，决策的科学化、民主化、制度化就越有保障；社会越稳定，对群策群力完成经济建设的任务就越有利；印度国际地位的提高，则可为实现经济建设目标创造更有利的大环境。

实现上述任务要靠全体印度人民的努力，起领导作用的是资产阶级。印度民族资产阶级包括它的上层，即大资产阶级，这一点和旧中国是很不同的。资产阶级固然与殖民主义和封建势力有密切联系，但同时也一直是受压抑者。殖民主义与封建势力勾结，利用手中的政权竭力阻碍印度民族资本主义的充分发展，不允许印度独立富强，所以资产阶级通过国大党领导人民进行坚忍不拔的民族斗争把政权夺了回来。印度独立对资产阶级来说意味着建立资本主义现代国家的理想大门打开了，但要达到目标，前面的路还很长，而且充满荆棘。他们是一定要继续前进的，要通过国大党和各种组织网络，引领全国人民一起前进。独立斗争是全国广大人民都参加了的，包括工人、农民、城市小资产阶级、知识分子在内的印度广大人民不分种族、宗教信仰和性别，都为民族独立做出了牺牲和贡献。他们对独立后的发展前景抱有很大的期望，最根本的要求是使自己的经济和政治地位得到改善。

印度繁荣昌盛和进步发展，是印度人民的一致愿望，但繁荣昌盛和进步发展是什么含义，如何实现，在这两个问题上，人们的认识就有很大分歧。既然人民群众是分为不同阶级、阶层和利益集团的，他们的利益要求就不可能一致。有分歧是必然的，尖锐的分歧不可避免地会发展为尖锐冲突。了解这一点，对独立后印度政坛上五花八门的主张和尖锐复杂的斗争就不会感到奇怪了。

印度有各种政党，代表不同阶级、阶层和社会集团的利益，人民群众的各种要求就由它们来表达，因而不同利益的冲突常常以政党冲突的形式表现出来。虽然历史和现实的种种复杂情况造成政党的社会构成分化不够，政治主张也多有重合，但大致来说还是可以区分的，各个政党都有其主要的社会构成，纲领主张也都有其主要倾向。

印度独立后要建立什么样的国家、走什么样的道路，各政党从一开始就存在不同的甚至对立的主张。印度共产主义政党以共产主义为长远目标，主张首先建立人民民主专政的社会主义制度，在这点上与其他政党不同。但作为通向实现人民民主专政的途径，它接受宪法约束，决定在议会民主制的框架内发展自己的力量，逐步实现目标。就其他政党来说，它们的主张都可归入要建立资本主义社会这一大的范畴。不过，更具体地说，对于要建立什么样的社会，也有几种不同的主张：自由党主张印度应以西方为样板，走资本主义发展道路，让私人资本自由发展，国家要尽可能少地干预经济。国大党代表的是另一种主张，即印度不走资本主义道路，也不走社会主义道路，而是走一条介于两者之间的中间道路，尼赫鲁把它称为建立社会主义类型社会，并把它定为国大党的目标。不过他所说的社会主义类型社会不触及资本主义所有制，而只主张关键工业由国家控制，缩小贫富差距，实现社会公平。他还强调，建立社会主义类型社会的任务必须在现有的议会民主制下完成。显然，他主张的“社会主义”实质上是“资产阶级的社会主义”。社会党的主张和国大党的“社会主义”主张大致接近，但更强调控制垄断势力的膨胀和提高下层人民的地位。第三种主张与前两种主张不同之处是带有甘地主义特色，强调印度应重点发展农业和小型工业，实现政治、经济权力分散化；对大工业，也应适当发展，但不是着眼于实现工业化，而是着眼于为发展农业和小型工业服务。持这种主张者分散在许多政党内，如社会党、人民党等。许多政党也都在自己的政纲中提出这种主张，有的是出于信念，更多的则是为了从下层争取更多选票。第四种主张是建立印度教国家或以印度传统文明和价值为基础的国家，提出国家的基本政治、经济体制可以是资本主义的，但意识形态应是印度教的或以印度教文明和价值为基础的。上述这些不同主张，其实基本思想在印度还未获得独立时就都提出来了。比较来说，国大党的主张较符合印度的实际，得到广大群众的拥护。印度独立斗争中国大党能自始至终掌握领导权，就是各界群众拥护国大党主张的有力表现。

印度独立后，虽然国大党掌权了，但不等于其他主张自动消失。更准确地说，不同政党的真正较量是在这之后。由于每个政党都希望实施自己的主张，都以全力争取群众支持，所以政党间的斗争非常激烈，各政党无不利用一切可以利用的手段制造声势，扩大自己的影响力。在议会民主制政体下，各政党的不同政见能充分表达本不是坏事，可以使执政党兼听则明，在制定政策时避免自以为是，犯片面性错误。但政党的政见不一，造成政党互相牵制，常常使正确的政策也难以贯彻、落实。更何况政党在竞争中常常把党派利益摆在国家利益之上，不顾国家稳定和进步发展，提出一些不负责任的主张，造成混乱。明知是应该做的，因为害怕丢选票而不做；明知是错的，为了拉选票也要去做。这两种情况在独立后的历史中屡见不鲜。党派自私行为和不停的争斗是认识混乱、正确的政策措施难实行的主要原因，是一些错误政策和错误行为出台的主要催化剂，也是独立后印度的发展建设道路曲折坎坷的重要原因之一。

既然各政党对印度的发展道路有不同的主张，我们从事研究应该拿什么作为判断是非的标准，也就是说应该肯定什么，否定什么？笔者认为，评价一届政府、一个政党功过的标准应该是：其政策措施是否抓住了印度独立后面临的主要矛盾和其他矛盾并积极解决这些矛盾；是否能使自己的政策措施随时代变化而变化，换言之，是否符合国家实现现代化的需要；是否有利于经济发展、民主建设、国家整合、社会进步和人民物质文化生活水平的提高；是否有利于实行独立自主的外交政策。凡是朝这些方向努力的，就是对国家发展做出了贡献，就应该肯定。

由于历史形成的原因，印度独立后最初几届政府都是国大党政府。这就是说，印度的发展方向、道路和基本政策是由国大党政府制定的，主要反映了国大党的主张，当然也吸收了其他政党的一些主张。尼赫鲁作为前四届政府的总理，既是“总设计师”，也是“总工程师”。继任的国大党政府总理夏斯特里、英迪拉·甘地、拉吉夫·甘地、拉奥等继续沿着他铺设的道路前进，同时也根据形势的变化和现实的需要逐步进行战略和政策调整。最突出的就是制定农业发展的新战略，实行绿色革命；取消国家对私营经济严格控制和使公营经济占领制高点的过时战略，实行以自由化、市场化、全球化为目标的经济改革。从实践结果看，总的来说，国大党政府为印度发展规划的蓝图（经济发展体制和战略、联邦制和议会民主制、世俗化、国家整合战略和不结盟的外交政策等）是符合印度国情的，取得的成就是突出的。当然问题也不少，有些是蓝图本身的缺陷，有些是执行不力，有些则是随着时间推移该调整的政策未及时调整，甚至受政党利益因素支配反其道而行之。本书对国大党的功绩做了充分肯定，同时对其不足和失误之处也鲜明地提出了看法。本书也强调，取代国大党执政地位的其他政党政府——人民党政府、国民阵线政府、联合阵线政府和以印度人民党为核心的全国民主联盟政府，它们的政策虽带有各自的特色，但总的来说，都是继续在国大党制定的内外政策框架中实行的，有的还有较大的推进。这表明独立后所有政党政府都为解决印度社会的矛盾、实现国家现代化做出了或大或小的贡献。在邦一级，情况要复杂一些，有些执政党受地方主义支配，其政策中的问题较多，但绝大多数执政党在不同程度上为实现中央政府的政策和地区发展做出了努力。

在议会民主制下，反对党和压力集团起着重要的作用。各种反对党代表不同的阶级、阶层和利益集团，对国家的发展方向、道路和政策提出自己的主张和要求。它们的主张有些与执政党的主张相同或相近，在这些方面，它们的宣传工作对执政党起配合作用；有些主张与执政党差别很大甚至针锋相对。特别是有些党为争取选票和获得执政机会，常常利用其在野地位，提出一些带有蛊惑性的主张。执政党要实现自己的政策，不能不和这些主张进行斗争。但是如果据此就认为在野党的活动一无是处是完全不正确的。执政党和在野党的这种关系，印度同样不能例外。就以国大党执政时为例，各个在野党的活动或多或少都有积极的一面：左翼政党的激进主张，如进行彻底的土改、取消土邦王公年金等，对国大党起了推动作用，促使国大党采取某些较激进的措施；右翼政党的主张虽然整体上说不符合刚独立不久的印度的国情，但它很早就提出的注重公营经济效益、减少对私营经济的管制等主张显然有正确的一面，对国大党起警示作用，如果国大党能较早地认真听取和注意改进，就会少犯错误；在野党对国大党腐败行为和滥用权力行为的曝光和追踪，有利于促使国大党自律。有些政党在野时的主张和活动有明显的不负责任倾向，执政后则有很大变化，对此也要采取实事求是的态度，不能一概否定。其实，应该说政党在野时提出的主张从争取选票角度考虑较多，执政后由于角色的转换，其制定政策的思路会有很大变化。执政党和在野党间存在矛盾，但一般来说不是根本的对抗性的矛盾，实际上它们是在互相制约和相互补充。要真正使议会民主制贯彻落实，任何一方都是不可缺少的。

印度学者和国际学术界在研究当代政治和历史时，通常用“左翼”“中间派”“右翼”“中左”“中右”这样的术语来区分各种政治势力在政坛坐标上所处的位置。左、中、右划分的主要根据是其在经济和社会改革上是偏于激进还是保守，处于两者之间的被认为是中间派。按这种区分看印度，在各党提出的主张中，自由党在经济改革上显然偏于保守，故被称为“右翼”，主张和实际主张建立印度教国家的政党在社会改革上同样偏于保守，也被归入“右翼”之列；印度共产主义政党和社会主义政党被称为“左翼”；国大党处在两者中间，故被称为“中间势力”。英·甘地就自称国大党是“中左”。

在国大党内，事实上也存在主张上的分歧。独立前分歧就已存在，那时分歧的范围较广，包括要自治还是要独立、对下层群众的态度等；独立后分歧主要集中在是否要建立社会主义类型社会以及发展经济的战略上。学术界通常把尼赫鲁作为国大党内左翼的代表，而帕特尔、德赛则被认为是党内右翼的代表。由于国大党的主张在政坛上处于中间位置，很自然，在主张上，党内左翼与党外的左翼政党有某些共同点，而党内右翼则与党外的右翼政党在许多点上相通。

本书也采用左、中、右这种区分法，以显示不同政治势力政治主张的区别。不过在这里要声明，对印度政党使用的“左翼”“中间势力”“右翼”政治术语，和我们在分析中国革命和政党时所使用的“左”“中”“右”术语在内涵上是完全不同的。印度资产阶级既是独立斗争的参加者，又是独立后建设国家的力量之一，他们被称为“右翼”，是指他们的政策主张偏于保守，而不是说他们属于政治上的反动势力。同样，“左翼”虽然指的是主张激进改革的势力，但在印度现实国情下，并不意味着政策主张越左越好。衡量一种政治势力是否进步，不是看其主张是否比其他政治势力更激进，而是看在印度的现实条件下，它是否符合印度国情和历史发展潮流，它对推动解决印度社会的主要矛盾和其他各种矛盾起多大作用。

印度独立后的历史，大致来说可以分为两大时期。第一时期是从 1947 年 8 月 15 日印度独立，到英迪拉·甘地第二次担任总理时期；第二时期是从拉吉夫·甘地继任总理起，到今天仍在继续。第一时期的中心任务是为获得新生的国家确定发展目标，规划基本道路，制定发展战略和内外政策并开始实施。这一时期除两三年外都是由印度国大党执政，它领导全国人民、团结各种政治力量，较为出色地完成了上述历史任务，其中开国总理尼赫鲁的贡献尤为突出。在国大党领导下，印度成了一个依靠自己成长的、把实现经济增长和社会公平并列为国家发展目标的新兴发展中大国；在对外政策上奉行独立自主的方针，成了不结盟运动的核心成员之一，在国际舞台上树立了良好形象。这些成果为印度此后的发展奠定了坚实的基础。

尼赫鲁规划的道路在经济战略上也有不完善之处。首先，经济发展模式的定位在基本正确的情况下有一定的偏颇，如赋予公营成分过多的政治经济期望值，对私营成分管制过严过死，对自力更生理解片面，对农业合作化抱有不切实际的期望等。这些缺陷随着经济的发展和国内外形势的变化越来越突出地暴露出来。尼赫鲁从事的事业没有前人的经验可循，对他不应苛求，任何领袖的规划也不能十全十美。这就要求后来的政府领导人善于因应形势，及时做出调整，改变已经过时的或本来就有缺陷的政策，紧跟时代前进。继任的总理夏斯特里和英迪拉·甘地在有些方面做了勇敢的和及时的改变，如实行绿色革命、改变农业发展战略等。然而正如后来的事实所表明的，他们以及后来人民党政府的领导人对变化了的国内外经济形势及发展趋向都缺乏整体的认识，更谈不上具有前瞻性，因而对印度经济政策应该向哪个方向调整以及怎样调整心中都没有底数。由于政治因素的支配，英·甘地执政时甚至和当时的需要背道而驰，实行更为偏激的政策，延误了调整时机，致使经济发展受到严重阻碍。

印度根据自己的国情在国家体制方面实行联邦制。在联邦制下，中央和邦在立法和行政上有明确的分权规定。可是，受独立初期国大党事实上垄断中央和邦两级政府的影响，尼赫鲁在处理中央和邦的关系方面，有过分考虑加强中央权力、损害邦级权力的趋向，对来自邦政府的抱怨和不满，都拿到国大党内，用要求地方组织服从中央决定的方式处理。英·甘地执政后不但没有纠正这种偏差，反而变本加厉侵害邦级权力，如扭曲邦长职权、滥用总统治理权力等。在她执政时期，中央和地方关系极为紧张，不止一个邦发生动乱，而她本人最终也成了动乱的牺牲品。

1984 年 10 月 31 日拉·甘地继任总理时形势是严峻的。在经济方面，印度的发展和亚洲先进国家与地区比，已经严重落后；在政治方面，社会动荡，国家民主制度面临解体的威胁。印度面临的种种政策调整和改革再也不能拖延下去。可喜的是，拉·甘地决心用新的思维和改革来革新印度，摈弃已经过时的机制和政策，建立一个能随时代潮流前进的新印度。1991 年，拉奥继任总理。他起用经济学家曼莫汉·辛格为财政部部长，开始了以自由化、市场化、全球化为目标的经济改革。这样，印度独立后发展史的第二时期即全面改革和大变化时期就在乍暖还寒的氛围中拉开了帷幕。

第二时期的历史任务是在经济发展战略和政策、政治体制运作、中央—地方关系和社会整合等领域，根据形势的变化和需要，进行全面深入的调整、改革，制定新的政策，建立更有效的机制。同时，调动各种积极因素，发掘各种潜力，实现经济快速增长和现代化，在此基础上，推进教育和文化事业，改善社会福利，提高人民的生活水平。国家的经济实力、科研水平和军事实力都要随着经济的发展而增强。最终的目标是实现独立运动领袖们的伟大理想——使印度成为一个“有声有色”的世界大国。

改革的任务是十分艰巨的，特别是经济领域的改革。困难在于，原来的模式是一种倾向于限制上层、较多兼顾下层群众利益的平衡，而改变这种模式，确立增长取向的新模式，意味着要打破原来的平衡，建立新的平衡，而这种新平衡首先是更有利于中上层的。这种改变牵动着亿万下层群众的利益和感情。尽管新的模式从长远来说也有利于下层群众，但下层群众渴望较快地看到实惠，在不能满足时，他们中不少人对改革由期盼转变成失望。左翼政党和其他反对党提出种种指责，甚至发动群众反对改革进行，并力图通过大选把实行改革的政府赶下台。开改革先河的拉·甘地政府和把改革推向深入的拉奥政府都是在大选中落败下台的。

尽管前进的道路充满艰难坎坷，但为了改变国家落后面貌，实现现代化，改革势在必行，是不可拖延或绕开的，这一点不管继任的政府属于什么党派，它们都有清晰的认识。它们也在实践中清楚地看到妥善安排受改革影响的下层群众生活的重要性，都采取了一些措施。由于主观上给予了重视，更由于改革的效果逐渐凸显，改革也就被越来越多的政党和下层群众接受，阻力逐渐减弱。

经济改革是贯穿这一时期的主要任务，迄今仍在继续。经济改革带动了其他领域的改革，而经济变化则直接或间接地导致了其他领域的变化。这样，这一时期成了改革时期和大变化时期。概括地说，变化主要有以下方面。

（1）经济发展模式和经济状况的变化。经济发展模式通过渐进的方式实现了转轨，由一种半管制的、近乎封闭式的体制转变为以自由化、市场化、全球化为方向的新体制。改革使印度的经济增长从低速进入中速，有时甚至达到高速，基础设施在大规模改建扩建，各产业部门出现了较强劲的发展势头，软件业有突飞猛进的发展。

（2）政党力量对比和政治格局的变化。和经济的横广两个方向的发展相适应，印度出现了政党多元化、地区化的现象。由于阶层分化的加强和各地区集团的兴起都需要有自己的政治代言人，国大党不可能再像过去那样成为一个全国各阶层共同的保护伞。它的基础日益不稳，力量大大衰退。印度人民党异军突起，成了政坛上的新兴势力，但还不具备独自压倒国大党的力量。这样，从 1989 年第九届人民院起，历届议会大多是“悬浮议会”，即没有一个党占议会议员的半数以上，历届政府因而也是多党联合执政，其中都包括或多或少的地方政党（拉奥政府是例外，但最初是少数派政府，靠其他党从外部直接或间接支持）。“悬浮议会”和联合政府的常态化构成了印度政治的新格局，印度进入了联合政府时期。

（3）中央—地方关系趋于正常化。中央—地方关系原来就存在矛盾，不过在尼赫鲁执政时处于潜伏状态。英·甘地执政时滥用中央权力，使两者关系不但普遍紧张，而且在旁遮普、阿萨姆、查谟和克什米尔等邦和地区发生了严重动乱（也有地方的原因）。自拉·甘地执政起，历届政府做出很大努力缓和中央—地方矛盾。一方面滥用中央权力的现象减少，另一方面经济改革解开了中央过度集权的纽结，结果中央—地方关系有很大改善。在走向正常化的过程中，还有一个因素起重要作用，这就是随着联合政府的经常化和地方政党经常有机会参加中央政权，造成了一种形势，使任何在中央执政的大党在决策时都不能不听取地方政党的意见，联合政府内部的相互制约关系也使任何大党要对由其他政党执政的邦政权滥用权力成为不可能。

（4）世俗化力量压倒教派主义鼓动。20 世纪 80 年代后半期至 90 年代上半期，受宗教激进主义兴起的影响，印度教教派主义甚嚣尘上，制造了接二连三的宗教骚乱和流血冲突。而印度人民党利用教派主义鼓动，力量迅速上升，并一跃成了在中央执政的党。一时间舆论界普遍提出一个疑问，即印度独立后一直推行的世俗化方针能否继续下去？然而，事实表明，世俗化政策没有夭折，而是在继续推进。印度大多数政党和人民群众主张各教派和睦相处，不赞成教派主义鼓动，对极端狂热势力 1992 年拆毁巴布里清真寺更是同声谴责。这种强大的民意，使印度人民党受到约束。民意的压力，加上全国民主联盟内部世俗政党的制约，使印度人民党在执政后不得不搁置其在野时的教派主义主张，继续推行历届政府奉行的世俗主义政策，并对极端教派主义势力制造新的动乱实行镇压。在印度人民党执政期间，除 2002 年发生古吉拉特邦动乱外，全国基本上保持稳定局面。这场世俗主义和教派主义的大较量以世俗化力量取胜告一段落，这对以后的斗争、对印度社会未来的健康发展无疑具有重大意义。

（5）弱势群体的地位得到提高。印度独立以后，废除了贱民制，对表列种姓和表列部族实行议会席位、政府公职和奖学金的保留制，对妇女的社会地位和合法权益也通过立法手段给予保障。这一时期的新进展，一是把政府公职和奖学金的保留制扩大到“其他落后阶级”，即原低级种姓中的大部分人，这个人数众多的群体原来的地位虽然较高于贱民，但相对于高级种姓，在经济方面和教育方面要落后得多。独立后，他们也一直要求得到政府的扶植，认为这样才能体现政府对他们的公平待遇。曼达尔委员会建议（经过修改了的）的实施基本满足了他们的要求。这部分人政治上在成长，除了积极接受高等教育和担任公职外，还在一些邦建立了自己的低种姓政党。低种姓政党在北方邦和比哈尔邦多次执政，成了印度政坛一支重要的力量。二是人民院立法，规定作为基层行政单位的县、区、村三级潘查雅特自治机构和城市自治机构中，必须有1/3的女性成员。这一措施把吸引妇女参政和提高妇女的政治地位落到了实处。

（6）科学研究和技术开发在有些领域进入或接近世界先进行列，最突出的是航天技术、核技术、软件技术、生物技术等。印度是当今世界航天“六强”之一，能发射各种功能的卫星和运载火箭；宏伟的探月工程取得了重大成果，发射了探月飞船。印度软件受到世界大多数跨国公司和大企业的青睐，印度已成为软件研发和输出超级大国。原子能的和平利用技术也达到了世界先进水平。

（7）军事实力增强和走向核武装化。陆、海、空三军越来越以最先进的军事装备武装部队；已有能力自造航母；核试验后正在实行部队的核武装化，已成功研制中远程导弹，正在改进远程导弹和研造核潜艇。

上述表明，这个早先被世界舆论认为基础不牢、早晚会“巴尔干化”的国家，近30年已经发生并正在发生足以令世人刮目相看的变化。它已经作为一个大国悄然崛起，其庞大身躯所蕴藏的巨大潜力开始得到发挥。它的目标是成为发达国家，尽管从目前的水平看，实现这个目标道路还很长，但它正在加足马力前进。如果说30年前人们不曾料到印度会有今天这样的成就，那么今天人们则有充分的理由相信印度人民一定会实现其伟大目标。

第一章

从自治领到成为共和国

一 自治领政权的建立

印巴分治后，印度领土包括原英属印度的联合省、奥里萨省、比哈尔省、孟买省、中央省、马德拉斯省、孟加拉省西部、旁遮普省东部、除锡尔赫特县以外的阿萨姆省、原中央直辖区以及新加入的500多个土邦，人口约为34700万，首都仍为新德里。

自治领总督作为英国国王代表，由英王任命。国大党考虑到与英国保持联系的便利性，此前已邀请原英印总督蒙巴顿担任印度自治领总督，得到蒙巴顿和英王同意。蒙巴顿于1947年8月15日宣誓就职，表示要竭尽全力为印度服务。总督是象征性的国家元首，不拥有行政权力，只享有审查和批准立法会议立法的权力。蒙巴顿担任这一职务至1948年6月21日，根据尼赫鲁提议，国大党资深领导人之一拉贾戈帕拉恰雷继任总督，直到新宪法开始生效之日。

自治领政府由国大党邀请社会各界人士共同协商组成。8月15日，自治领政府成员在总督主持下宣誓就职。贾瓦哈拉尔·尼赫鲁任总理兼外交、联邦关系和科学研究事务等部部长。萨达尔·伐拉白·帕特尔为副总理兼内务、新闻广播和土邦事务等部部长。新政府成员共14人，其中8人为国大党人，即尼赫鲁、帕特尔、拉金德拉·普拉沙德（粮食和农业部部长）、阿布尔·卡拉姆·阿扎德（教育和艺术部部长）、拉·阿·考尔（卫生部部长，印度第一位女部长）、贾格万吉·拉姆（劳工部部长）、R. A. 克德崴（交通部部长）、N. V. 盖其尔（工程、矿业和能源部部长）。另6名为非国大党人，即原贱民运动领袖、表列种姓联盟领导人普拉卡什·安姆贝德卡（法律部部长），印度教大会领导人夏·普·穆克吉（工业和供应部部长），锡克教领导人萨达尔·巴尔德夫·辛格（国防部部长），基督徒约翰·马泰（铁道和运输部部长），正义党人 R. K. S. 契提（财政部部长），袄教徒 C. H. 巴巴（商业部部长）。这样组成的政府是以国大党为主的联合政府，具有较大的代表性。不过，印共被排除于政府之外。1948 年、1949 年内阁两次改组，在内阁部长之外增加了级别较低的国务部长和副部长职位。

图 1-1 尼赫鲁就任总理仪式

自治领建立时，印度只有制宪会议，主席由国大党人拉金德拉·普拉沙德担任。制宪会议由各省代表和加入印度自治领的土邦代表组成。会议的任务是制定宪法，在立法会议建立前，它也代行立法会议的职权。司法方面，原来的法院系统、警察系统仍然保留。

自治领成立后，总督任命了各省省督，建立了新的省政府，也都是以国大党为主的联合政府性质。

自治领建立伊始，为了确保政权机构的正常运转，英国统治时建立的印度文官系统和省文官系统被保留下来。印度文官中一半以上是印度人，剩下的英籍文官多为高级文官和专业技术性强的文官。省文官绝大多数也是印度人。几乎所有现职文官包括英籍文官都被留任。军队方面也是如此。

印巴分治使原来的英印军队一分为二，印度分得陆军 33 万人、空军 12000 人、飞机 200 架、海军 11000 人、舰艇 20 余艘。当时陆、海、空三军的高级军官几乎全是英国人，印度人只有 4 名准将、23 名上校。自治领成立后，英籍高级军官全部留任。总司令最初仍由英人奥琴列克将军担任（同时还担任巴基斯坦军队总司令），后由英人布彻尔将军接任。

这种暂时留任原文官和军官的做法在当时的条件下是迫不得已的。这不仅因为自治领处于初建时期，没有力量立即全部以新人取代，还因为印度以自治领形式实现独立，本身就要求保持政权运作的连续性，对旧体制只能逐步改变而不能骤然更替。国大党既然接受和平移交政权，就不能不更多地着眼连续性。以往学界在对印度史的研究中，常常把这点作为印度独立不彻底的表现。今天看来，直接采用新体制是不切实际的要求。应该说，在新政权立足未稳之际，利用原来的文官和军官使之为新政权服务，不失为一种必要的权宜之举。

当然这种处置只能是暂时性的，绝不应维持长久。旧文官和军官原是殖民政权的工具，长期形成的立场和保守传统使他们偏向墨守成规和高居群众之上，不可能真正有效地为印度的发展和群众利益服务。民族政权机构若仍由旧文官、旧军官长期把持，也和印度自主、自立的目标不相容。事实上，新政权成立后，广大人民就要求尽早实现文官、军官民族化，消除这种明显的殖民统治的遗痕。新政权领导人也是这样认识的。所以印度不久就开始了逐步民族化的进程。首先是使留下的英军撤走。1947 年 8 月 17 日，首批英军撤退；1948 年 2 月 28 日，最后一批英军从孟买回国。新政权在军队中首先更换中下级英籍军官，成立了军校，培训、选拔印度中下级军官，充实各级领导岗位，然后再从中级军官中选拔胜任者，替换高级英籍军官；在文官中首先更换外交部门以外的英籍文官，然后逐渐更换外交部门的英籍文官。为了迅速填补文官的缺口，新政权在 1947 年开办了印度行政官训练学校，1948 年开办了印度警官训练学校，大力培养人才。除由公职委员会举办竞争考试直接选拔外，新政权还于 1948 年建立了官员特别任命委员会，通过选拔和提升，紧急任命了一大批行政、外交、经济、科技等方面的官员。到 1948 年，英籍军官留任者还有 300 人；1949 年英籍文官留任者还有 743 人，其中在外交部门工作的有 560 人。全部民族化到 50 年代才完成。

1948 年，自治领政府对文官制度实行改革，建立了新的印度行政官系统和印度警官系统，仍采取公开考试选拔办法，每年分别举行，对入选者还要进行严格的培训。到 1957 年，共选拔和培养印度行政官 1056 人。新培养的行政官和警官逐渐代替了留用的原印度文官和警官。

1948 年，自治领政府对军队领导体制实行了改革。英国统治时，设总司令职统辖全部英印军队。新的体制废除总司令职位，实行陆、海、空三军分立，各设参谋长，均向国防部负责。国防部部长由文职官员担任，是内阁成员。国家军事决策权操于总理领导下的内阁特设委员会手中。这样做是为了实行文官治军，保持政府对军队的控制，防止军队自成中心。还规定军队任务是保障国家安全，不得介入党派政治斗争，军队服从民选政府领导，不受政权变动的影响。

英国统治时期，在司法系统方面，英国的枢密院凌驾于印度的高等法院之上，拥有最高审判权。1949 年 10 月，印度制宪会议通过了取消枢密院审判权法，印度联邦法院（后来的最高法院）成了印度司法的最高权威。

以自治领形式实现独立固然有保持政局相对稳定和利于恢复发展经济的一面，但明显不利的是，为了照顾英国的要求，为了形成友好的政权移交氛围，殖民统治时期的民族歧视和奴化教育的许多形式都被保留下来，没有及时受到清算。如英国国歌《天佑吾王》在一切仪式典礼中仍然先于印度国歌演奏，英王、总督们的画像仍然被悬挂在公共场所，英国殖民统治者的雕像、以英国统治者名字命名的街名和地名仍然保留，甚至英国殖民者对印度剥削压迫的罪行也在教科书、舆论宣传中故意被淡化。这一切对在思想领域里清除殖民主义的影响是有相当妨碍的。广大人民对此很反感。直到共和国成立后的 50~60 年代，随着国家地位的提高，这些有损民族尊严的做法才逐步改变。

早在领导独立斗争期间，国大党对印度独立后应采取的基本国策和体制、应制定的长远发展目标和应走的道路都有酝酿，党内初步形成了共识。自治领政府建立后，国大党胸有成竹，不畏形势的艰难，毅然担当起了巩固统一和领导国家建设的重任。

二 土邦归并和全国行政区划的统一

分治前的一段时期，印度和巴基斯坦都展开各种活动，争取尽可能多的土邦加入自己这一边。大部分土邦王公较快做出了选择。王公中有些人存在独立的幻想。如当时任王公院主席的博帕尔王公立即辞职，宣称随着英国最高权力的终结，该土邦将争取获得独立地位；6月11日、12日，特拉凡柯尔和海得拉巴土邦的王公也相继宣布要独立；查谟和克什米尔土邦王公内心也有独立的期望。另外，也有人鼓吹把土邦集结起来，成立一个“土邦斯坦”国家。一时间分离倾向成了一股恶浪浊流。这表明一些王公不甘心失去统治地位，千方百计维护自己的地位。

国大党采取了坚决果断的态度和灵活的手段来遏制这个倾向。在分治前，尼赫鲁和帕特尔就一再表示，决不容许任何土邦搞所谓的“独立”，警告外国不要插手。帕特尔向王公们提议，加入印度自治领只需和印度签订《加入协定》，把国防、外交和交通权力交给自治领政府，其余一切旧制保留，土邦依然存在，只不过成了印度自治领的组成部分。正是由于采取了这种软硬兼施的强有力的措施，绝大多数王公，包括博帕尔、特拉凡柯尔等一些扬言要独立的王公，在英国移交政权前都选择加入印度自治领。还有一些土邦选择加入巴基斯坦。土邦选择的实际结果是，地处印度自治领境内的土邦基本上都加入了印度自治领，只有朱纳格和海得拉巴两个土邦未定；位于巴基斯坦自治领境内的土邦都加入了巴基斯坦自治领。查谟和克什米尔土邦与两个自治领毗邻，王公对加入哪个自治领一直举棋不定。到两个自治领成立时，未加入任何一个自治领的就只有朱纳格、海得拉巴、查谟和克什米尔3个土邦。

这样，印度自治领建立后政府在土邦问题上就有两项急迫的工作要做：一是继续对上述3个土邦开展工作，争取它们尽快加入印度；二是对已加入印度的500多个土邦进行全国性的行政整合。这些土邦大小极为悬殊，遍布印度各地，与原英属印度各省犬牙交错，不整合就很难适应国家统一管理和发展建设的需要。

未做出决定的3个土邦情况各有不同，印度政府对其采取的做法也有区别。

朱纳格土邦位于卡提阿瓦半岛沿海，居民80%为印度教徒，但土邦统治上层是穆斯林。纳瓦布（王公称号）拉苏尔坎吉出于少数穆斯林统治上层利益的考虑，拒绝加入印度，1947年8月15日宣布加入巴基斯坦。印度自治领政府不承认王公的这个决定，提出应实行全民公决，由人民来决定。

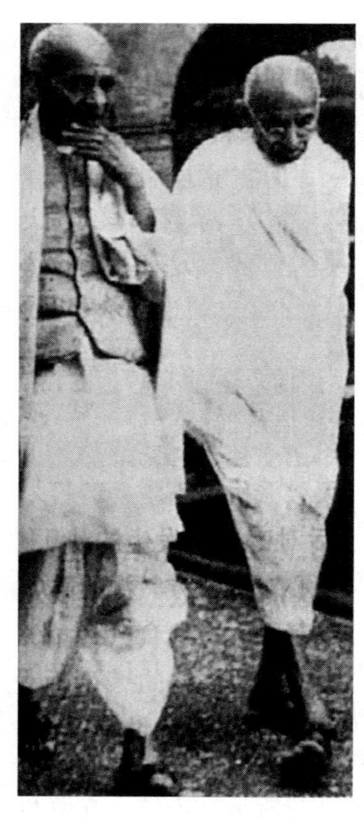

图 1-2　甘地和帕特尔

该邦印度教居民得知王公的决定后起来反抗。王公后逃往巴基斯坦。同年 11 月初，印度军队进入该邦，接管了该邦政权。巴基斯坦不承认，宣称这是印度侵略，要求联合国干预。印度政府不理会巴基斯坦的指责，1948 年 2 月在该邦举行全民公决，结果绝大多数居民同意加入印度自治领。

海得拉巴土邦位于南印，是土邦中人口最多的一个，约 6000 万人，面积 82698 平方公里，仅次于查谟和克什米尔土邦。居民 85%是印度教徒，尼扎姆（王公称号）和统治上层是穆斯林。尼扎姆自恃土邦实力雄厚，宣称要成为独立的自治领，并出访巴基斯坦，争取支持；还大力扩充军备，从事反印宣传，支持狂热的穆斯林教派组织穆斯林协会及其准武装组织“拉扎卡尔”，压制印度教徒居民加入印度自治领的要求。印度自治领政府努力争取与尼扎姆谈判，希望用和平手段解决海得拉巴的加入问题。最初，总督蒙巴顿负责指导谈判。蒙巴顿希望用自己的影响力劝说尼扎姆加入印度自治领。在遇到阻力后，他甚至同意做出更多妥协。然而该邦顽固的分裂主义势力百般阻挠，迪万（相当于总理）莱克·阿里也毫无诚意，使通过谈判解决问题成为不可能。1948 年 6 月蒙巴顿离职回国后，帕特尔接手处理。他早先在解决朱纳格归属问题时就说过，如果海得拉巴的尼扎姆坚持自己的分裂立场，朱纳格的解决方式就是海得拉巴的前途。鉴于谈判不可能取得成效，也鉴于此时在该土邦特仑甘纳地区由印度共产党领导的农民起义有扩展之势，帕特尔决定诉诸武力。1948 年 9 月 13 日，印度军队向海得拉巴发动进攻。尼扎姆的军队无力抵挡，很快便被击溃。尼扎姆见形势不利，改变态度，9 月 17 日宣布撤换莱克·阿里的迪万职务，命令军队停止抵抗，并同意接受印度军队进驻海得拉巴。整个战斗只用了 4 天多时间。9 月 18 日，印度军队进入海得拉巴首府，印度军事长官控制了该邦的行政权。尼扎姆 11 月 24 日宣布海得拉巴加入印度自治领。

为稳定局势，印度政府保留了尼扎姆的王公地位。

查谟和克什米尔土邦的情况要复杂得多。该邦地处印巴两自治领之间，面积为土邦中之最大，约 85885 平方公里，战略位置重要，物质资源也非常丰富。其居民的信仰构成与前两个土邦正好相反：75%是穆斯林，但王公哈里·辛格及统治上层是印度教徒。印度和巴基斯坦都竭力争取克什米尔加入自己一方。巴基斯坦认为，克什米尔的穆斯林占人口多数，理应加入巴基斯坦。印度国大党不以为然，它不认可人口信仰构成是决定归属的条件。它努力争取克什米尔加入印度，除了战略、资源等原因外，更重要的是希望用克什米尔加入印度的事实，证明穆斯林联盟鼓吹的、作为印巴分治的“两个民族论”是人为制造的，并非所有穆斯林都拥护。而且克什米尔加入印度，能为国大党提供一个显示其实行世俗主义政策坚定性的最好场地，有利于促进国内印度教徒和穆斯林的和睦相处。该邦总理 R. C. 卡克是持反印态度的，反对加入印度。但克什米尔最大的民族主义组织、由谢赫·阿卜杜拉领导的克什米尔国民会议党在印度独立前就和国大党关系密切，倾向于加入印度。阿卜杜拉本人被土邦政府逮捕，关在狱中。哈里·辛格知道事情的复杂性，不敢轻易决定加入哪一方，也不敢贸然宣布独立。从王公家族利益考虑，他认为加入任何一方都于己不利，希望选择独立。但很明显，印度和巴基斯坦都绝不会接受克什米尔独立。正因如此，他一直敷衍双方，尽量拖延做出抉择的时间。印度政府和巴基斯坦政府都不断派人去游说。1947 年 8 月初，卡克辞职；9 月 29 日，阿卜杜拉获释。这两项变动使力量对比变得有利于印度。巴基斯坦感到形势不利，决定对王公加强施压。巴基斯坦对克什米尔的正常商品供应中断。在蓬奇发生了穆斯林反王公的暴动，王公认为这与巴基斯坦有直接关系。促使王公态度发生决定性变化的事件是，1947 年 10 月 22 日，大批武装的部落民从边境巴基斯坦一侧进入克什米尔，在“自由克什米尔武装力量”的旗号下，发动了旨在推翻王公统治的进攻，接连攻占几个重镇，直逼首府斯利那加。哈里·辛格的军队抵挡不住，连连败北。哈里·辛格本人也匆忙逃至查谟。这突如其来的变化把犹豫不决的哈里·辛格最终推向印度。10 月 24 日，哈里·辛格向印度求援。总督蒙巴顿表示，只有在克什米尔加入印度的前提下，印度才师出有名。哈里·辛格决定加入印度自治领。10 月 26 日，他签署了查谟和克什米尔土邦加入印度的协定，任命国民会议党领导人谢赫·阿卜杜拉为临时政府首脑，派他飞赴德里，要求印度自治领接受克什米尔加入。10月27日，蒙巴顿代表印度自治领政府宣布同意克什米尔加入印度。印度政府随即派大批飞机空运印军至斯利那加投入战斗。印军迅速粉碎了部落民的攻势，收复了被占领的许多地区。巴基斯坦不曾料到事态会这样发展，宣布不承认克什米尔加入印度。1948年初，巴基斯坦正规部队参加战斗，这就爆发了第一次印巴战争。1947年12月印度政府要求联合国干预，敦促巴基斯坦停止支持部落民，不再允许部落民从巴基斯坦领土越界进入克什米尔，使进犯克什米尔的部落民和巴基斯坦人撤出。巴基斯坦拒绝印度的指控，反过来指控印度用阴谋和暴力手段进占克什米尔和朱纳格、屠杀穆斯林等。经过联合国调停，双方于1949年元旦停火。按照当时的停火线，印度军队控制了查谟和克什米尔土邦2/3地区，巴基斯坦军队控制1/3地区。1949年7月27日，双方代表在卡拉奇签订了关于停火线的协议。双方在自己控制的地区都建立了政府。在印控克什米尔，王公哈里·辛格于1948年3月5日成立了临时人民政府，任命谢赫·阿卜杜拉担任总理。

这样，印度便使3个未加入的土邦都加入了印度，尽管克什米尔被印巴分别控制。

在土邦归属问题基本解决后，印度紧接着要解决的问题就是对所有加入印度的土邦从全国行政统一的角度进行整合。这是巩固政治统一的需要，也是发展经济的要求。印度联邦不能是民主体制与王朝体制的混合体。加入印度的土邦散布在印度各个地区，占印度总面积的1/3，人口占1/4以上。它们各有自己的政策，内容五花八门。这么多土邦的保留，对国家的发展建设是个严重障碍，也使中央行使有效管理成为极端困难的事。从长期目标来说，土邦制度必须取消。甘地、尼赫鲁在独立斗争时期都一再强调，土邦制度是印度肌体上的赘瘤，必须割除。土邦存在着封建专制制度，经济落后，政治腐败，各个土邦都有自己的货币、关卡和法律。如果听任这种状况延续下去，则印度政治上、经济上的分裂局面就不可能得到解决，国家的进步和发展就会由于土邦的拖累而难以有符合期望的成就。让印度1/4以上的人口继续处在封建王公的专制统治和剥削下也不符合国大党一再宣扬的社会公平目标。不过，由于和王公们有约在先，立即推翻加入时的协定定会引起动荡，而国家初建面临的百废待兴形势，也不允许在政治上采取过激的变革措施。考虑到这些因素，新政权领导人（负责土邦事务的副总理帕特尔具体负责）在取消土邦问题上采取了分步走的办法。

首先实行土邦合并。1947 年底到 1950 年初的两年多时间里，帕特尔亲赴各地，向王公们说明土邦合并的必要性和政府采取这一步骤的决心，并向王公们保证合并后他们可以得到大笔年金，原来享有的许多特权也会保留。王公们在新政权的震慑下，自知无力抗拒，不得不表示同意合并。

合并采取以下四种形式。

（1）迈索尔、海得拉巴、查谟和克什米尔 3 个特大的土邦保留，各自成立立法会议和政府，由王公担任宪政首脑。

（2）相当多土邦被分别合并为 5 个土邦联盟。属于这类土邦的，规模多为中等以下；联合的条件是地理位置相连，历史上关系较密切，文化语言背景相近。这样构成的 5 个土邦联盟是：索拉斯特拉土邦联盟，由卡提阿瓦半岛及附近地区 222 个土邦组成；中印度土邦联盟，由瓜辽尔、印多尔、马尔华等 25 个土邦组成；帕地亚纳-东旁遮普土邦联盟，由帕地亚纳等 7 个土邦组成；特拉凡柯尔-科钦土邦联盟，由这两个土邦组成；拉贾斯坦土邦联盟，由拉其普他那等 22 个土邦组成。每个土邦联盟成为一个行政单位，建立立法会议和政府。另外设立王公会议及主席团，由主席团选举产生主席团主席，他就是该土邦联盟的宪政首脑。

（3）一些土邦并入邻近省。属于这类土邦的，多是在语言、文化背景上与相邻省份相同的小土邦。奥里萨省附近的一批小土邦并入了奥里萨省。中印度的一批小土邦并入了中央省。德干、古吉拉特的一大批小土邦并入了孟买省。阿萨姆、旁遮普、马德拉斯和联合省附近的小土邦也分别并入相应各省。巴罗达土邦虽然较大，但领土分散，故被并入孟买省。这些被归并的小土邦其王公原享有的内政权全部交出，作为土邦不再存在。

（4）一些土邦成为中央直辖区。这样的土邦或因战略地位重要，或因有一些特殊问题，不宜归并于某个省；也有的是不接受归并到某省的提议的。这类直辖区有 7 个，即喜玛偕尔、文迪亚、博帕尔、曼尼普尔、库奇、特里普拉和比拉斯普尔。这些直辖区直属中央，分别由中央派专员管理。

合并的结果是，加入印度自治领的557个土邦中，有3个土邦保留原状，278个土邦进入5个土邦联盟，216个土邦被归并到邻近省，其余的土邦成了中央直辖区的部分。由于保留的土邦和土邦联盟按规定都建立了立法会议，人民开始得到部分参政权利，这是个前所未有的大变化。

在最初加入印度自治领时，土邦仍保留制定自己的宪法的权利。土邦合并后，除迈索尔等三大土邦外，其余土邦的建制均被打乱，制定自己的宪法对绝大多数土邦来说就失去了必要性。这时印度新宪法正在制定中。帕特尔认为，所有土邦，包括保留的3个大土邦都不应再制定自己的宪法，印度是一个国家，不应该有许多模式各异的宪法，只能有一个统一的宪法。这是一个新的主张，不同于以前中央对各土邦的许诺。包括海得拉巴、迈索尔等大土邦在内的土邦王公只得接受这个动议。1949年11月，海得拉巴、迈索尔、特拉凡柯尔-科钦、查谟和克什米尔等土邦的王公都宣布接受未来的印度宪法。不过印度宪法的制定者考虑到查谟和克什米尔的特殊性，还是例外地给它保留了制定自己的宪法的权利。

土邦虽然合并，但保留的3个大土邦和5个土邦联盟依然存在王公小朝廷的旧政治体制，与原英属印度各省的政治体制有很大不同，需要再前进一步，根本取消土邦的存在，以彻底解决体制的差异。这个任务是由制宪会议在制定宪法时顺带完成的。1949年11月宪法制定完成，1950年1月26日生效，其中规定：印度实行联邦制，联邦的宪政单位为邦。不仅原来的省改为邦，现有的3个大土邦、5个土邦联盟也都在原来的地域基础上改为邦，全印统一划分为29个邦。这29个邦分成四类：A类邦9个，即原印度的9个省——阿萨姆省、比哈尔省、孟买省、中央省、马德拉斯省、奥里萨省、旁遮普省、联合省（1950年初改名为北方省）和西孟加拉省；B类邦9个，即原迈索尔、海得拉巴、查谟和克什米尔①3个土邦和索拉斯特拉、中印度、帕提亚拉-东旁遮普、拉贾斯坦、特拉凡柯尔-科钦5个土邦联盟，再加上原为直辖区现改为邦的文迪亚；C类邦10个，包括原中央直辖区如德里和由土邦改成的中央直辖区，如阿季米尔、博帕尔、比拉斯普尔、库

① 根据印度宪法，原查谟和克什米尔土邦被划为查谟和克什米尔邦，但按照印巴两国在第一次印巴战争后形成的停火线，印度实际只控制查谟和克什米尔的2/3地区，只能在这片地区行使行政权力。巴基斯坦控制1/3地区。

尔格、喜马偕尔、库奇、曼尼普尔和特里普拉等；D 类邦 1 个，即安达曼-尼科巴群岛。改成邦后，A 类、B 类邦都要按联邦宪法规定通过普选建立立法院，由在立法院占多数的党组成邦政府。A 类、B 类邦各设邦长，作为邦宪政首脑。两者不同之处只是 A 类邦的邦长由总统任命，B 类邦的邦长暂由王公（在保留的 3 个土邦）或王公会议主席团主席（在 5 个土邦联盟）担任，由总统任命。这一制度以后逐渐取消。C 类、D 类邦由中央派专员管理。

这次调整不仅统一了行政区划，更重要的意义在于印度事实上取消了土邦制度，把土邦整合进印度统一的行政体制中。虽然 B 类邦还保持原土邦或土邦联盟的领域，但它们已不再是土邦，而是成了和原印度各省一样的联邦构成单位，即行政单位。在选举产生立法院和新政府后，原来的土邦王公的政治体制都被取消，作为实体的土邦已不再存在。B 类邦与 A 类邦实际上已没有区别。

土邦在加入印度自治领时，按照《加入协定》上规定的条件是只把国防、外交、交通等权力交给中央，其余权力保留。当时为了争取土邦尽快加入，新政权拟订这种妥协的条件有利于减少阻力。但这种状况保持下去，国家的整合和进步发展就要受严重阻碍。所以，印度制宪者通过宪法，把土邦改为邦，从根本上取消了原来的规定。这无疑是正确的、必要的，受到了印度人民的热烈欢迎。只是考虑到查谟和克什米尔邦的特殊地位（还要进行全民公决），《宪法》在第 370 条中给这个邦保留了特殊权利，规定中央对该邦的权限仍按《加入协定》的约定限于国防、外交、交通三项，中央立法凡与该邦有关者，需要得到该邦立法院同意后方可在该邦实行等。

宪法改土邦为邦的规定，实际上是铲除土邦制度的一次革命。当然以往的改变为这最后的决定性一击准备了条件。这一重大改变是在不动声色的情况下实现的，没有产生任何破坏性震动。

当然，制宪会议也考虑到了对王公应有必要的抚慰，以尽量减少事后可能出现的王公对政府的不满。制宪会议没有太多争论就在宪法中规定所有王公都可得到一笔年金，其数额按王公原来的收入确定。全部王公年金为 5800 万卢比，其中海得拉巴王公年金为 500 万卢比，是全印最高的；巴罗达王公为 26.5 万卢比，瓜辽尔王公为 25 万卢比，特拉凡柯尔王公为 18 万卢比，帕地亚纳王公为 17 万卢比，都是比较高的。此外，宪法还规定王公原来享受的经济上的种种特权，如个人拥有大量札吉尔土地、豁免税收权等，以及礼仪上享受的特权，如各种称号、旗徽、礼炮迎送等，也都保留未动。这样做显然具有安抚意义，是为了减少阻力，用经济上、礼仪上的让步换取政治改革的顺利推进。

土邦的合并和取消是印度独立后一项重大的进步改革，它结束了印度长期存在的事实上的分裂局面，实现了全国行政建制的划一；它祛除了印度肌体上的封建赘瘤，从而能较少受妨碍地开始推进现代化、民主化的进程。原土邦地区是印度发展滞后的地区，在土邦取消后，这些地区迅速卷入全国发展潮流中，那里的无数关卡被废除，货币得到统一，交通条件得到进一步改善，民主政治开始实施。这一切不仅有利于原土邦地区迅速改变面貌，也为全印的经济文化发展和社会进步提供了更适宜的条件。有欧洲学者对比德意志、意大利的统一，把印度土邦合并和最终取消称为实现印度统一的一次“不流血的革命”，把负责解决土邦事务的帕特尔称为“印度的俾斯麦”。① 无论是印度政府还是帕特尔，受到这种赞扬都是当之无愧的。

三 制止教派仇杀

由于独立伴随着分治，在双方教派主义的蛊惑和挑动下，猜忌和不信任的气氛在边界两侧的两派群众中越来越浓重。统一的印度被人为地分割为二，特别是旁遮普和孟加拉的拦腰截断，使世代的邻里突然被一条深不可测的国界线隔开，而且线的两侧被重重地打上了令人目眩的宗教标记。这一突如其来的变化使边界两侧居民，无论是印度教徒、锡克教徒还是穆斯林，都产生了严重的不安。特别是其居住地被划归巴基斯坦的印度教徒、锡克教徒和相反被划归印度的穆斯林，都为未来的安全感到焦虑，仿佛踏上一只破船，驶进了漆黑的茫茫无际的海洋。尽管印巴两个自治领政府一再许诺保障少数教派的生命财产安全和信仰自由，但并不能消除分治这种严重的动荡给人们带来的精神压力，更不能使那些宗教狂热分子的蛊惑稍有收敛。

---

① P.S. 约西、S.V. 乔尔卡：《印度现代史》，新德里，1980，第321页。

分治之前，在旁遮普、西北边省、孟加拉、比哈尔等省发生的接连不断的教派冲突造成生灵涂炭。比这更严重的冲突发生在分治初期，即拉德克利夫边界划定书公布（1947 年 8 月 17 日）之后。

旁遮普、孟加拉的分割本来就是违反自然的。拉德克利夫之所以被英国当局挑选来担负划界的重任是因为他没有来过印度，对印度一无所知，据说这样可以做到不偏不倚。以他为首的划界委员会在不做实地勘察，不考虑自然条件、传统背景、经济联系的情况下，坐在办公室纯粹按地图划界，使分割的恶果暴露得更加充分。居民居住的村落和他们世代耕种的土地突然被国境线隔开，祖祖辈辈使用的水渠、森林、牧场突然划归外国，铁路、公路交通突然被国界线中断，分开居住的一个家族突然变成了两国人……这一切把千千万万居民的正常生活完全打乱。不知所措的群众焦急、气愤、茫然，在当时恶劣的气氛下极容易被挑动，把满腹的沮丧和愤怒情绪毫无目的地发泄到对方教派群众身上，这样就空前加重了彼此的不信任和敌视情绪。在教派极端分子的煽动下，边界两侧很快就发生了驱逐和攻击对方教派居民的事件。

分治后，动乱最严重的地区是旁遮普。旁遮普的分割把当地锡克教徒的 40%和相当数量的印度教徒划归巴基斯坦，留下的东旁遮普中，则有一定数量的穆斯林。不安的情绪在这片地区最为突出。边界任何一侧发生的驱逐和暴力冲突，都会很快在另一侧得到同样的回应。这样，两边互不示弱，冲突愈演愈烈，使每个处于对方教派包围下的少数教派的成员不得不把逃往自己教派占多数的国家看作保证安全的唯一出路。于是，边界两侧的暴力冲突演变成数以百万计的居民双向逃难，即巴基斯坦的锡克教徒、印度教徒逃往印度，印度的穆斯林逃往巴基斯坦。分治前，殖民当局从英印军队中调来 5 万印籍士兵，建立了一支维持边境秩序的队伍。在这排山倒海般的难民潮面前，这支队伍不但起不了应起的作用，而且士兵也被影响，同情甚至支持自己教派一方。这支队伍不得不解散，改由印巴两个自治领自行派军队维持边界秩序。不用说，他们维护的只是同宗者的利益。

双向逃难的人流往往绵延数十里。这些难民丧失了家园、财产，很多人扶老携幼，匆忙逃命，来不及做任何准备。旅途的颠簸、饥饿、劳累自不待说，还不断发生双方狂热分子沿途相互袭击、阻截和屠杀难民的情况，妇孺老幼也难幸免，致使逃难人流过处，往往留下大量尸体，惨不忍睹。

两国内地都还有大量的对方教派的居民，内地的气氛较边境地区缓和。但当来自对方国家的本教派难民成千上万地塞满街头，种种惨状呈现在人们面前时，要想维持先前多数教派和少数教派和平相处的局面就极困难了。人们被刺激起的宗派情绪常常被教派主义分子利用，他们挑起事端，迫害少数教派居民。这样，宗教仇视的恶浪就从边境地区席卷到内地。

这场次大陆土地上史无前例的惨剧，从 1947 年 8 月起持续到 1948 年春，共夺去 60 万人的生命。从巴基斯坦逃往印度的锡克教徒、印度教徒和从印度逃往巴基斯坦的穆斯林大约各有 550 万人，几乎整个西旁遮普的锡克教徒、印度教徒都逃到印度，整个东旁遮普的穆斯林都逃到巴基斯坦。这还不包括从东孟加拉、信德逃往印度的难民，前者约为 125 万人，后者约为 400 万人。财产的损失不计其数。英国殖民统治者的长期挑动和对教派冲突的利用，印度教和伊斯兰教教派主义者长期狂热的教派主义煽动，终于酿成这场腥风血雨。他们对此都负有不可推卸的历史责任。

印度自治领领导人对教派冲突会发展到如此地步是缺乏思想准备的，他们不得不把最大的精力用于迅速制止宗教仇杀和安置难民的艰巨工作上，以期尽快稳定社会秩序。

尼赫鲁、帕特尔等领导人一再重申印度自治领实行宗教自由政策，保障境内穆斯林生命财产安全是政府应尽的职责，愿去巴基斯坦的穆斯林可自愿出境，愿留下的穆斯林能安全生活。对印度境内发生的宗教仇杀都尽可能迅速予以制止，在德里等城市则严防印度教狂热分子挑起新的冲突。

对大量难民，印度政府立即着手进行安置，成立了专门机构负责此项工作。首先建立了大量难民营，使难民有暂时的栖身之地。随后，印度政府把东旁遮普等地逃往巴基斯坦的穆斯林留下的土地分配给锡克教徒和印度教徒难民，并给予贷款，鼓励他们重建家园。还成立了专门的机构对难民在巴基斯坦丧失的财产进行核定，由政府给予现金或不动产作为补偿。一些城市扩展了新区或建卫星城，安置难民居住就业。难民们也发扬自立自主精神，克服沮丧情绪，振作精神，勇敢地面对困难。在政府和难民的共同努力下，多数难民逐渐安顿下来，开始了新的生活。巴基斯坦政府也为制止仇杀和安置该国难民做了大量工作。经过两国政府的努力，东、西旁遮普的严重局势才得以缓和。

在旁遮普和北印度发生的事情，不能不影响到孟加拉。加尔各答人心惶惶，在分治不久也出现了教派骚乱的危险苗头。这时，圣雄甘地在西孟加拉。他在分治前数月在孟加拉、比哈尔为扑灭教派仇杀赴汤蹈火，亲临现场恢复秩序，产生了很好的效果。分治后，他对旁遮普发生的动乱感到十分难过，一再呼吁要保持冷静、克制，用爱心对待对方教派的群众。眼看这股恶流有奔向西孟加拉之势，他忧心如焚，从 9 月 1 日起又一次绝食，用生命来维护西孟加拉的相对平静。印度教和伊斯兰教领导人在他的感召下，保证尽一切努力阻止宗教仇杀发生。结果西孟加拉的局势得到控制，避免了像旁遮普那样的恶劣局面出现。这是甘地的又一伟大贡献。

图 1-3 圣雄甘地

加尔各答恢复平静后，甘地得知首都德里局势不稳，便于 10 月来到德里。自西旁遮普的难民大量涌入德里后，这里的形势立即紧张起来。不少难民自行住到清真寺，招致穆斯林反感，双方冲突不断发生。随着难民人数的不断增加，骚乱大有一触即发之势。甘地在德里会见印度教、锡克教和伊斯兰教群众及领导人，坚持要求印度教徒、锡克教徒和穆斯林要像兄弟一样和睦相处。他特别要求作为多数派的印度教徒要以身作则，用行动表明自己的诚意。他要求住在清真寺里的难民无条件地全部撤出，但响应者寥寥。这时，因巴基斯坦部落民侵入克什米尔，印巴关系紧张。印度政府中以副总理帕特尔为首的一部分官员，力主扣留巴基斯坦政府根据分治时达成的协议应该得到的 55000 万卢比的资产。甘地不赞成，认为这样做是不大度和不正义的。可是政府不准备接受他的意见。眼看着宗教仇视的毒焰就要在首都燃起，想到政府这一措施又会起火上浇油的作用，1948 年 1 月 12 日，这位 79 岁的心力交瘁的老人，在绝望之际又一次绝食，要求停止一切宗教仇视，印度政府要无条件履行自己的义务。这是他一生 18 次绝食的最后一次。反对宗教仇视的力量大声疾呼支持甘地。在舆论的强大压力下，印度教和伊斯兰教领袖做出了尽力维护宗教团结的庄严保证，帕特尔也同意不再扣留应给巴基斯坦的资产。1 月 18

日，甘地停止绝食。

甘地用生命来维护宗教团结，这种坦诚无私的高尚行动却招致印度教极端分子的怨恨。他们咒骂甘地，说他偏袒穆斯林，出卖印度教利益；嘲弄地称他为“穆罕默德·甘地”。谋杀他的阴谋早就在策划。1948 年 1 月 20 日就有人向他投掷炸弹，所幸未遂。甘地住在新德里比尔拉宅邸。1 月 30 日下午 5 点 10 分，当他去后花园参加晚祷集会时，罪恶的阴谋者采取了丧心病狂的暗杀行动。这位为非暴力不合作运动献出毕生心血的圣雄，竟死于凶手的枪口之下。凶手叫那·戈茨，是浦那的一个狂热的印度教极端分子，任浦那《印度教民族报》编辑，曾是印度教教派主义组织国民志愿服务团成员，也曾在印度教大会中担任职务。

尼赫鲁得知甘地遇害的噩耗后立即奔赴比尔拉宅邸。面对导师的平静遗容，他失声痛哭。他竭力克制自己的哀伤，在随后的讲话中，号召人民继续在甘地精神指引下前进。他说：“朋友们、同志们：光明从我们的生活中消失了，到处漆黑一片。……不，我说错了，光明并没有消失，因为照耀我们国家的光明不是普通的光明，而是蕴含着更多内容的光明，是生命之光、永恒真理之光，它指示我们正确的道路，帮助我们纠正错误，引导这个古老的国家走向自由。……一个大灾难是个警钟，可以促使我们记住生活中最珍贵的东西，摒弃那些不值得我们太过于专注的小事。甘地以他的殉难提示我们要珍视生活中最珍贵的价值，即生命的真理。如果我们都能记住，对印度就是个幸事。”①

印度全国上下为自己最敬爱的领袖遇难感到震惊和无限悲痛。清醒的人进一步认识到教派主义的危害，被蒙骗而处于狂热状态中的人也受到强烈震撼，如大梦初醒。各地群众认为凶手与印度教大会和国民志愿服务团有密切关系，是它们竭力煽动宗教狂热，毒化气氛，并怀疑它们是幕后策划者，便自发地捣毁这两个组织在各地的机构。两者都受到舆论的严厉谴责。2 月 4 日，印度政府宣布禁止国民志愿服务团活动，印度教大会实际上也暂停了活动。凶手戈茨被处以极刑。当调查结果认定这次暗杀是个人行为，印度教大会和国民志愿服务团没有直接插手后，1949 年 7 月，印度政府在国民志愿服务团做出了今后只从事文化活动的保证后，解除了对该组

---

① 《尼赫鲁演讲集》第 1 卷，新德里，1949，第 42~44 页。

织的取缔令。猖獗一时的宗教狂热得以降温。

甘地遇刺是教派主义极度泛滥的结果。他一生致力于民族解放和社会进步，却在民族胜利刚刚来临之际，被教派主义狂焰吞没。这是令人痛心的历史悲剧。不过，甘地在印度人民心中没有消失，也永远不会消失。印度人民永远怀念这位伟大的领袖，怀念他为民族独立所做的突出贡献，怀念他为促进社会平等、进步和提高人的品格所做的不朽的努力。他的丰功伟绩将永垂青史，他高风亮节的崇高品德永远受到人民的爱戴和崇敬。

四　发展经济的初步措施

殖民统治留下来的是落后和畸形的经济，工业虽有一定发展，但印度基本上还是个农业国。工业中铁路、港口等交通设施和大型水利工程都是属于殖民政权的，属于私人的是工商企业，包括矿山和种植园。工商企业中英国资本占主要地位，虽然在第二次世界大战后英国已抽走部分私人资本，但仍在一些部门中占统治地位。据 1948 年 6 月统计，在印度的外国资本总额为 32 亿卢比，其中英国资本占 72%。英资及其他外资（包括美资）占统治地位的部门有石油及石油加工、橡胶、铁路、黄麻、茶叶种植园、采矿、银行、海运、保险公司等。印度人的私营工业和银行业到独立时虽说已有相当规模，不过由于多年受殖民政权压抑和英资排斥，发展规模和速度受到很大限制。

殖民统治时期的印度工业在门类配套、生产布局上也存在着严重的问题。如轻工业相对发展，重工业投资稀少，在 1946 年印度的工业总产值中，纺织工业产品占 64%，钢铁、机械、化学、水泥等重工业产品加在一起只占 16.48%；工厂集中在孟买、加尔各答等少数沿海城市，内地较少；重工业致命的弱点是缺乏机械制造工业，新建工厂的设备绝大部分依靠进口；等等。这样，虽说独立前印资和英资工业在一起形成了一个粗略的体系，但它是畸形的，且没有核心部门，因而是严重残缺不全的。

独立前印度工业产量虽然在世界排名第十，在亚洲仅次于日本，但和发达国家完全不能相比。1947 年，印度钢产量为 150 万吨，美国是 8760 万吨，英国是 1660 万吨，日本是 450 万吨，如果按人均占有量计算，那更是有天壤之别。到独立后的 1948～1949 年度，印度工业产值在国民经济总产值中也只占 17.1%，农业占 48.1%，服务业占 34.8%。1947 年独立时，工业产值的比重就更小了。

工业发展的不足必然使农业处于超负荷状态。印度独立时，全国人口的 85%以农业为生。农业劳力占总劳力的 70%，制造业部门的劳力仅 240 万人。和工业相比，农业的发展更缓慢、更落后。生产工具还是古老的犁、锄、刀、镰，生产力极其低下；农业经营体制还是古老的封建租佃制和小农制，集约经营的农场少之又少。英国统治时期，为了适应宗主国对原料的需要，印度大量土地用来种植经济作物，粮食种植面积日益缩小，造成独立前一段时期粮食短缺，依靠进口补足。大量原料出口使农业商品化程度日益加深，但是资本在农业上极少投资，技术极少改进，经营方式没有变化，因此农业产量没有多大提高，农村依然贫穷落后。广大农民和农业工人遭受地主和高利贷者的严重剥削，大部分人经常处于半饥饿状态。农业落后是殖民统治造成的最突出的恶果之一。

工业发展不足和农业落后带来的最严重的问题是失业、半失业者的数量极为庞大。城市里，大量人口一年中只有半年能找到工作，连学校的毕业生就业也很困难；在农村，劳力过剩和潜在失业更为突出，在无地的农业劳工中有 1/4～1/3 是剩余劳力，常年处于半饥饿状态。如果他们去城市，也只是失业队伍在空间上转移，使城市失业大军更加膨胀。甘地曾痛切地把这种半饥饿状态称为“永久性的强迫绝食”，指出那么多人失业是印度“最大的悲剧”，是“最严重的问题”。①

在殖民统治下，印度下层人民收入很低。由于极端贫困，孩子上学对多数穷苦人家来说是可望而不可即的。独立时全国文盲率高达 84%，60%以上的学龄儿童进不了学校。全国 56 万个农村与城市间的交通主要靠泥泞土路和牛车，只有较大的城市间才有公路或铁路联结。多数居民生活条件极为恶劣，使用电力照明的住户在大城市不及一半，小城市更少，农村则几乎没有。城市中只有 1/4 的区域有安全的饮水供应和污水排放系统；农村地区每 25000 人才有 1 个医生。印度人口死亡率高达 27%，平均预期寿命只有 32 岁。

在经济发展方面，殖民统治本来就造成很多问题，印巴分治又带来了

① 印度计划委员会：《新印度》，纽约，1958，第 7～8 页。

新的困难。分治在经济方面最严重的恶果是，次大陆西北地区及东北地区工业和农业间业已形成的经济联系突然断裂，打破了产供销间的相对平衡。分治使印度留下原来总人口的82%，但粮食种植面积只留下原来总面积的75%，而且由于信德、旁遮普大部分大型水利工程和水浇地划归巴基斯坦，印度只留下原来水浇地的69%，灌溉面积只占耕地总面积的1/6，使农业产量低下和粮食不足的问题更加突出。这一切使得自治领成立后头几年黄麻业、棉纺织业生产大幅度跌落，粮食产量也大幅度下降，每年缺粮近1000万吨。1948~1951年，每年进口粮食低者250万吨，高者达400万吨，创历史纪录。

英国移交政权时，自治领政府从英国殖民政权手里接管了在印度自治领境内的属于殖民政权的铁路、港口、邮电、大型水利工程、煤矿和以军工厂、修配厂、棉纺织厂、造纸厂为主的少量工厂企业。这些基础设施和企业仍属国家所有，由政府继续经营，成为印度独立后最早的一批公营企业。原属国家所有的森林、荒地、矿藏等自然资源也继续为国家所有。自治领政府还接收了英国殖民政权在印度储备银行的167亿卢比的资产和第二次世界大战期间印度在英格兰银行的12亿英镑的结余（资产在印巴间做了划分）。1950年，印度对殖民统治时期执行中央银行职能的印度储备银行实行了国有化，这就有了第一家属国家所有的银行。英国私人资本和其他外国私人资本在印度的全部企业，包括工厂、矿山、银行、经理行、种植园和商业公司等都没有触动，它们被允许继续经营，不受政权移交的影响。在属于殖民政权的全部基础设施和公营企业变成印度自治领的公营企业后，剩下的外国私人企业，其资产和产值在印度国民经济总资产和产值中已不再占有显著地位。

自治领成立后面临的任务千头万绪，最紧迫的任务是迅速恢复因分治而打乱了的经济秩序，大力发展生产，抑制通货膨胀，改善人民处境。和发展工业比较起来，发展农业、解决缺粮问题是更紧要的任务，工业的恢复和发展也亟须农业提供原料。据此，印度政府首先在全国开展了农业增产运动，核心是增产粮食，提出的目标是5年内增产400万吨，到1952年实现粮食自给。1950~1951年度，印度增产粮食270万吨，多少解决了一些粮食问题，但原定的增产指标未能完成。农业增产运动也包括增产棉花和黄麻，减少这两种工业原料的进口，在这方面也取得一定进展。

自治领政府不但要恢复经济，更重要的任务是制定长远的战略规划，确立印度经济发展的目标、体制和战略，形成中长期的政策。国大党在尼赫鲁领导下较圆满地完成了这个任务。

早在独立斗争时期，关于印度未来经济发展的方向和道路问题，国大党内部就已有过多次讨论。以尼赫鲁、国大社会党为代表的党内社会主义派在形成国大党未来的经济主张中起着重要作用。他们认为，时代不同了，印度不可能也不应该再把西方资本主义的发展体制和道路照搬到印度来，而且西方资本主义社会暴露出的种种弊端表明它并不是最理想的社会。他们强调印度的国情是经济落后和大多数人口的极端贫困，印度必须快速发展经济，追赶世界潮流，同时避免使财富越来越集中于少数人手中。尼赫鲁强调说，资本主义经济制度有其优点，但缺陷也有很多，苏联的社会主义制度存在问题，但经济上也有明显的优点，印度应兼采两者之长，走一条适合印度的中间道路。在左翼的积极促进下，国大党内在一些基本问题上达成了共识。所以自治领政府建立后，在确立长远目标、体制和发展战略上理所当然地把这些共识作为基本出发点。党组织内在原则上没有异议，虽然在如何具体落实上存在很多分歧。

在宪法颁布前的两年多时间里，印度主要解决了以下四大问题。

第一，确定以经济增长、社会公平和自力更生为经济发展的总目标，就是说，经济发展并不是单纯片面追求增长，要同样重视社会公平和自力更生，把三者摆在同等重要的位置上。这就是多元并重的总目标。1947 年国大党全国委员会通过的决议提出，国大党的目标是在印度建立“一个既能最大限度实现增长，又不致造成私人垄断和财富集中的经济结构，以取代贪得无厌的私人资本主义经济和极权国家统治”。[①] 多元并重，这是印度发展目标的突出特点，既表达了发展资本主义的强烈期望，又反映了广大下层人民改善自己地位的迫切要求。所以能制定这样的目标，与印度国大党长期领导群众进行独立斗争有密切关系。

第二，确立了经济发展的体制，即混合经济体制。内容包括：公营经济成分与私营经济成分并存；公营成分要占领国民经济的制高点，即控制关键工业、基础设施和金融业；要让私营成分在符合国家发展目标的框架

① B. R. 纳雅尔：《印度混合经济：观念和利益在其中的作用》，孟买，1989，第 18 页。

下发展。

1948 年 4 月 6 日，根据政府提议，制宪会议通过了《工业政策决议》。这是印度政府在工业方面制定的第一个根本性政策。决议把工业划分为四类。第一类包括军事工业、原子能工业和铁路，由中央政府垄断，不许私人经营。第二类包括煤炭、钢铁、飞机制造、造船、电信设备和矿产 6 个部门，这类工业此后新建企业只能是公营成分的，现有私营企业可在今后至少 10 年内继续经营，之后实现国有化，给以公平补偿。第三类包括汽车、拖拉机、机床、电力设备、有色金属、化肥、制盐等，这些部门由私人经营，但要在国家计划和控制下发展，政府有权在必要时把私营企业收归国有。第四类包括所有不属于前三类的工业，允许私人经营。这个决议第一次划定公营成分和私营成分的经营范围，明确规定重工业和基础工业主要由国家经营，同时为私营工业留下广大领域，规定私营企业要在国家计划目标下发展，这就确立了公私营经济并存，以公营为主导，对私营经济实行控制下发展的混合经济体制。政府之所以要垄断或控制重工业和基础工业，是考虑到国家安全的需要；重工业、基础工业是国家工业发展的脊骨，不能由少数人垄断；重工业和基础工业投资大、收效慢，私人投资有困难，通常也不愿积极投资。这样划分公私营范围也就把国大党以往一再表示的关键工业国有的主张具体化了。不过，和前述国大党计划委员会的报告比较起来，不但私营企业国有化的期限放宽，留给私人经营的领域也宽得多。这又一次反映了国大党内左右翼主张的折中。

1951 年，人民院又通过了《工业（发展和管理）法》。该法规定，无论公营、私营，凡建立新企业、扩大生产规模、制造新产品，都必须向联邦政府申请许可证。雇工不足 10 人，固定资产不足 100 万卢比的小型企业（包括乡村企业）除外。政府如认为必要，可对工厂的厂址选择、生产规模、经营条件、资金及股权等问题提出异议，让申请者修改；对经营不善的企业，政府有权接管。许可证制度的目的据宣布是通过国家控制，促进工业企业门类、数量和布局的平衡，防止盲目发展。这个法案的实际意义是在经营活动领域把对私营企业的控制法定化，以促使私营经济在国家计划目标下发展。

《工业政策决议》和《工业（发展和管理）法》可以看作印度实行混合经济体制的首块里程碑。

上述各项规定同样适用于外资企业。对外资，政府采取鼓励和控制相结合的政策。《工业政策决议》提到，外国人在印度建立企业有助于弥补印度资金、技术的不足，对印度经济发展是有利的，政府在税收和办理批准手续方面要给予优待，但同时强调政府可根据国家利益进行必要的节制，引进外资要由联邦政府审查批准。在一般情况下，企业的大部分股权和对企业的有效控制权应掌握在印度人手里，同时企业要培训印度技术人员以便最终取代外国专家。1949 年 4 月，尼赫鲁在制宪会议上进一步表示，外资企业享有与印度私人企业同样的待遇，对外国投资要给以鼓励，要保证投资安全和获取合理利润。在国家外汇条件许可的情况下，要为外国投资者自由汇出利润、利息甚至本金提供合理的方便条件。对外资企业一般不实行国有化，特殊需要时要给以公平补偿。尼赫鲁还说，印度政府不希望以任何形式损害英资和其他外资在印度的利益。

第三，确立了实行计划经济的原则。尼赫鲁认为，实行计划经济是实现经济发展总目标不可缺少的手段。要实现经济发展的多元目标，必须统一筹划，全面安排，逐步实行，这就要有长远的和分阶段实行的计划。混合经济体制的实现也要求这样做。既然要发展公营经济，特别是要使公营成分起主导作用，就要有宏观考虑、统一部署，合理地分配与利用资源，使之达到最佳配置。对私人资本的鼓励和控制也需要有全面安排。因此，计划是必不可少的。1950 年 3 月成立了以尼赫鲁为主席的国家计划委员会，该委员会负责编制以五年为期的发展计划。计划委员会虽是政府的咨询机构，但由于总理尼赫鲁担任主席，重要的内阁成员参加，所以实际上握有很大的权力。计划的规定对公营成分起指令作用，对私营成分起引导作用。计划的执行需要各省政府与中央的积极配合和相互协调。为达到这个目的，1952 年 8 月又建立了国家发展委员会。其主要职能为：掌握计划的实施情况；考虑影响国家发展的重要的社会和经济政策问题；对计划目标和实施中的问题提出改进建议。国家发展委员会由内阁总理担任主席，计划委员会成员和各邦首席部长参加。

第四，确立了改革农村土地关系的原则，决定由各省（邦）政府着手制定本省（邦）的土改法律。

独立时，在印度广大农村占统治地位的依然是半封建的土地关系。全国耕地的大约 1/3 为拥有 30 英亩以上土地的各类地主占有。全国总耕地中佃耕地占 1/2 以上，其中 1/3 以上采取分成制，佃耕地有一半属于不在村地主。自耕农和佃农耕种的土地规模都很小，全国 2/3 农户的持有地不足 5 英亩，其总面积不到全国耕地面积的 1/5。在农村，还有大量完全没有土地的劳工，人数大约 4800 万，是农村的最下层。

地主大致可分为三种类型。英国殖民统治时期实行柴明达尔地税制地区的柴明达尔和实行马哈瓦尔地税制地区的柴明达尔，又被称作“中间人地主”。这类地主的所有权是殖民当局法定的。他们拥有的土地规模不一，从数十英亩到成千上万英亩的都有。由于许多柴明达尔不能按时缴税，到独立前，已有相当部分土地被政府收回拍卖，换了主人。新的柴明达尔一般来说更善于钻营榨取。这些人中有很多住在城市，成为“不在村地主”，其收租事宜则雇用管家料理。有的富裕佃农把租佃土地转租，成了二地主。这样土地被多层转租，造成在耕种者头上盘踞一大批“寄生虫”，成了这种土地制度最丑恶的特征。至于住在农村的那些柴明达尔，其中有一些除把土地大部分出租外，自己常常留有少部分“自营地”，由佃农耕种。整个来说，柴明达尔中间人地主、二地主、三地主……是纯粹的寄生阶层，其产权和财富直接来自殖民统治者的法定，这也就是国大党领导人早就宣布要废除此种中间人地主制的原因。

第二类地主是原实行莱特瓦尔地税制地区和马哈瓦尔地税制地区由土地兼并而形成的地主。这两种税制确立了农民的土地所有权（有些地区村社还保存时，产权归村社）。但由于商品经济的发展，土地兼并流行，从 19 世纪中期起，出现了大量地主。他们不是法定的，而是在土地流通中自然形成的。土地兼并者中，有城市商人高利贷者等“不在村地主”，但大多数是农村商人高利贷者或富裕农民。他们住在农村，与农业经营多少有一些联系，其土地多以分成制形式出租，收获物对半分成。国大党认为他们的产权是自然形成的，就像工厂主一样，土改不打算触动这部分地主的土地所有权。

第三类地主是原土邦地区的封建主，如札吉达尔、柴明达尔、伊纳姆达尔等，是由王公赠赐封赏的。土邦在英国殖民统治时期没有像英属印度那样确立土地私有权，其法律地位到独立时仍然只是封建土地占有者。国大党认为，尽管如此，由于其对持有地的占有权和收租权系来源于王公赐予，多世代享用，与法定中间人地主类似，故宣布他们的地权也属于废除之列。

除了废除法定的中间人地主外，国大党的土改计划还包括租佃立法和实行最高土地持有限额，期望用这种办法对各类地主的占地规模和剥削程度进行干预、限制。

取消封建地主土地所有制，实行耕者有其田，是独立斗争中广大下层农民早就提出的要求。自治领建立后农业的现实状况也清楚地表明，半封建地主所有制的存在是农业发展的根本障碍，不解决制度改革问题，农业经济就不可能有长足发展；国家工业的发展是需要农业大力支援的（在资金、粮食、原料供应及提供广阔的市场等各方面），农业落后不但起不了应有的支援作用，还会严重地拖工业化的后腿；农民占印度人口多数，土地制度不改革，实现社会公平也就无从谈起，政治形势也难以保持稳定。所以自治领政府成立后，土地改革就成了当务之急。

不过，土改应包括哪些内容，应改到什么程度，不同政党对此主张不同。当制定土改法律成了各省（邦）面临的现实任务时，大量尖锐的问题便扑面而来。首先遇到的问题是哪些地主制应予废除，采取什么方式废除。印度共产党主张取消所有类型的地主土地所有制，无偿没收所有地主的土地，分配给无地、少地的农民。社会党主张只取消柴明达尔制，但主张无偿没收。而右翼政党和势力则反对任何触动所有权、占有权的土改。至于国大党主张的租佃立法和实行土地持有最高限额，右翼势力也持反对态度。

国大党坚持自己的主张，没有向左翼政党让步，也没有对右翼势力妥协。关于土改的具体内容，国大党最后规定为：（1）取消柴明达尔中间人地主制（包括第一类和第三类地主），给予一定补偿；（2）实行租佃改革，改善佃农地位；（3）实行土地持有最高限额，限额以外土地分配给无地农民。土改的目的按土改委员会的认识可归纳为二，即消除法定的中间人地主的剥削，改善佃农地位，分配土地给无地者，以实现社会公正；通过这些措施促使地主转化为经营者，提高农民的生产积极性，并通过实行最高土地持有限额，经济有效地利用土地资源，以实现农业的增长。

五　工农运动和政府的态度

独立斗争时期，无论国大党还是印度共产党，都积极领导工农运动，作为发动群众、壮大民族主义力量的重要手段。自治领政府成立后，国大党对改善工农地位是表示关心的，允诺认真考虑他们的要求。不过作为执政者，它从维护稳定出发，不再希望工农群众以激烈的、法律途径以外的、暴力的手段维权，而主张自下而上提出要求，通过协商解决问题；同时希望工农群众相信政府关心他们的利益，会逐步采取立法手段和可能的行政措施，满足他们的合理愿望。

但事情并没有按这个期望的方向发展。一方面，工农所受的剥削和压迫看不出有任何重大改变，国大党和政府说的多做的少，下层群众感到焦虑不安；另一方面，印度共产党并不承认印度真正独立，对国大党和自治领政府完全不信任，社会党在一定程度上也是如此。印度共产党和社会党没有改变以往的做法，而是继续发动和领导工农以各种形式进行维护自身权利的斗争。不同的是，以前矛头主要针对的是殖民统治者，如今的对象主要是国大党。

自治领政府采取了一些立法措施改善工人劳动条件。1948 年颁布了《保护童工法》，童工年龄的上限从 12 岁提高到 14 岁，其劳动时间规定每天不得超过 4 个半小时；又颁布了《职工疾病和伤亡保障法》和《最低工资法》。这些反映了自治领政府在改善工人境遇方面做出了一定努力。政府同时也采取了压制手段，禁止公营企业工人和职员罢工，并呼吁民营企业劳资双方尽量通过协商的方式解决出现的各种纠纷。

印度独立斗争取得胜利后，资产阶级欢欣鼓舞地享受胜利带来的政治经济成果，下层人民却只能盼望国大党改善其地位的诺言尽早落实。由于分治带来的社会动乱和经济破坏，城市里粮食和生活日用品奇缺，黑市猖獗，物价飞涨，工人实际工资降低。工厂开工不足使失业工人队伍不断扩大。在农村，地主和高利贷者对农民的盘剥依然如故。当拟议中的土改还处在准备阶段的时候，许多地区的地主就急忙开始夺佃，不少地主抢在土改前增加地租，致使佃农遭到更沉重的剥削，不少人失去佃耕地，沦为雇工。广大工人、农民积极参加独立斗争，对胜利后改善自己的地位抱有很高期望。当感到失望时，他们便不得不使用自己拥有的唯一武器——斗争，来维护自己的生存权利了。

1947 年 9 月至 12 月，印度就有 51.7 万工人罢工。1948 年共罢工 1639 次，参加者有 130 余万人。几乎每个工业城市、每个工业部门都有罢工发生。在许多情况下，资本家不得不多少答应罢工者的要求，在提高工资、改进工人福利方面做一些让步。

印度的工人组织是分裂的，分属于不同政党，这是独立前就形成的局面。自治领成立后，工人组织的分裂愈加严重。由于全印工会大会的领导权在第二次世界大战期间和战后已在印共掌握中，拥护国大党的工会分裂出去，1947 年 5 月在帕特尔的策划下，成立了由国大党掌握的全国工会大会，其人数超过全印工大。1948 年 3 月，受国大社会党影响的工会组织也退出全印工大，12 月单独成立了印度劳工协会。1949 年 5 月，以 M. K. 鲍斯为首的全印工大内的反对派也宣布退出，建立团结工会大会。这样，工人阶级队伍就进一步分裂为几大派系。这是自治领成立后各政党政治立场不同给工人运动带来的后果，对工人阶级的团结和维护自己的利益造成了不利影响。

自治领成立后不久，农民运动也逐渐在各地展开，由原来的少数地区扩展到更多地区，参加者主要是分成制佃农和农业工人。斗争形式和内容各地也有不同，如分成制佃农要求改变分成比例，减少地租份额；无地或少地的佃农和雇工要求得到土地；有的地方主要是反对地主夺佃和提高地租；有的则是反对地主强制农民无偿服役。1948~1949 年农民的斗争接连不断，其中最突出的是特仑甘纳地区（在海得拉巴土邦）的农民武装斗争和孟加拉的“三一运动”。这两个运动在独立前就已开展起来，自治领政府成立后继续发展。特仑甘纳的农民武装斗争由受印共影响的安得拉大会领导，有一支 2000 人的农民武装队伍。到 1948 年下半年，其已在海得拉巴土邦约 1/6 的土地上（有 2500 个村庄，500 万人口）建立起了农民政权，没收了地主 120 万英亩的土地，分给无地或少地农民，深受下层群众拥护。海得拉巴土邦王公在加入印度前多次派军队讨伐，均被击溃。局势的发展使印度自治领政府也感到不安。自治领政府于 1948 年 9 月派军队进攻海得拉巴，一则是因为和土邦王公关于海得拉巴加入印度的谈判长期没有结果，二则也是担心土邦王公无力对付特仑甘纳农民武装斗争会影响其他地区的安定。镇压这里的农民起义显然是这次军事行动的潜在用意之一。在海得拉巴土邦归并印度后，印度军队用了两年时间剿灭农民武装，4000 多人被杀，10000 多人被捕。农民武装转入森林进行游击战，直到 1951 年才全部被镇压。孟加拉“三一运动”因分成制佃农要求把地租份额由 1/2 降至 1/3 而得名。运动采取集会、陈请等非暴力方式，扩展的地区越来越大，直到省政府颁布新的租佃法、答应佃农要求后，斗争才停止。

农民的全国性组织和全国性的工人组织一样也是分裂的。全国农民组织全印农协在独立前夕就已分裂，全印农协的领导权掌握在印度共产党手里；国大党控制的农民组织分离出去，成立了单独的农协；社会党也有自己的农民组织。不同的农民组织受其所属的不同政党政治立场的影响。由于国大党已经掌权，这一时期农民运动的发动和领导者主要是印度共产党，国大党控制的农协也领导了一些运动。不过由于印共影响的地区有限，而国大党控制的农协按照国大党的要求尽量维持农村的稳定，所以更多的小规模的斗争是农民自发进行的。农民运动的分裂对全印农民争取改善地位的斗争同样造成了很大的消极影响。

印度政府对农民运动的态度是希望各省政府通过土地立法来解决或缓解，不赞成农民自发的行动，更不赞成左翼农协去组织发动，认为既然独立了，农民的要求可以通过合法的途径反映，各省政府会予以解决的。然而，印度政府过于乐观地估计形势了，事实上，各省政府的土改立法不仅迁延时日，而且范围狭窄，农民的要求绝大部分不可能得到满足，因而自发的斗争和左翼农协领导的斗争仍持续不断。

六　自治领政府的外交政策

独立后的印度虽然是英联邦的自治领，但从一开始就奉行独立自主的外交政策。独立斗争时期，尼赫鲁就是甘地指定的国大党外交政策的制定者；自治领政府建立后，他身兼总理和外长，外交事务的决策和执行基本上由他总揽。

各国的外交政策都是以维护自己国家利益为最高准则，同时对世界事务遵循一个基本的价值判断。印度也不例外，作为一个刚从殖民奴役下获得解放的国家，维护自己的独立自主是其最高利益。其领导人也清楚地认识到，维护印度国家利益和反对殖民主义、帝国主义侵略，捍卫亚洲和世界和平的目标是一致的。印度政府正是以这个认识为出发点制定自己的外交政策。

不结盟是印度政府确立的外交基本原则。第二次世界大战后，国际上形成资本主义和社会主义两大阵营对垒和冷战的格局。美国、英国希望印度追随它们的政策，参加它们成立的军事集团，使之成为在亚洲遏制共产主义和与新中国抗衡的力量，并希望在这个过程中通过经济援助，把印度塑造成一个显示资本主义民主制度优越性的橱窗。然而，尼赫鲁政府决定实行不结盟政策，明确宣布印度不参加任何军事政治集团，愿与所有国家建立友好关系。印度决定实行不结盟政策是因为作为一个民族主义国家，它反对帝国主义侵略，不愿意介入战争；同时印度也知道，要想在两极世界格局中生存，唯一可行的道路就是根据自己的利益而不是大国的利益决定自己外交政策的取舍。再者，印度刚获独立，百废待举，需要把力量集中于经济发展，没有经济独立，政治独立就没有保障。印度不愿卷入大国冲突，影响经济建设，何况印度在资金和技术上需要得到尽可能多的国家包括社会主义国家的援助。这些因素决定了印度必须实行多方位外交，而不是把自己束缚在任何一个集团的营垒内。尼赫鲁说："纯粹从机会主义的观点看……把所有鸡蛋都放在一个篮子内不是明智的政策。坦诚的、正直的和独立的政策才是最好的政策。"① 他进而解释说，不结盟不是对世界事务抱消极的中立态度，印度会非常关心和积极参与国际事务，按照自己的判断来决定自己的行动。他说："当人类的自由与和平处于危险中时，我们不能也不应当保持中立，否则就是对我们所主张和为之奋斗的原则的背叛。"② 他还说，不结盟当然也并不意味着印度在国际事务中对所有国家保持等距离，作为一个与世界资本主义体系有密切联系的国家，特别是还处在英联邦中，印度自然更倾向于接近西方国家，特别是在经济方面。1949年他就坦率地说："当我说我们不愿意参加任何联盟的时候，这并不意味着我们不愿对某些国家比另一些国家更接近些。大家知道，现在我们对西方国家更为接近。"③ 正因为较偏向西方，虽然印度把不结盟作为自己的外交基石，但对帝国主义的某些政策（如"联合国军"出兵朝鲜）的反对还是有一定限度的。

支持被压迫民族的斗争，反对殖民主义和种族歧视，是自治领政府确

① 尼赫鲁：《印度的外交政策》，新德里，1961，第 35 页。

② S. 戈帕尔：《贾瓦哈拉尔·尼赫鲁传》第 2 卷，新德里，1979，第 61 页。

③ 尼赫鲁：《印度外交政策言论选集（1946 年 9 月 ~1961 年 4 月）》，新德里，1961，第 47 页。

定的另一个基本外交原则。印度独立斗争曾得益于世界进步力量的支持。尼赫鲁认为印度独立后有义务向尚在为独立而斗争的民族伸出援助之手。对战后荷兰、英国、法国在东南亚恢复殖民统治，镇压那里的民族运动，印度政府持谴责态度。1948 年底，当荷兰镇压印尼的民族斗争并拘捕印尼共和国领导人时，印度严厉谴责荷兰的侵略行径，并邀请印度洋周边国家在德里举行国际会议。会上各国一致抗议荷兰的军事行动，对印尼反侵略的正义斗争表示声援，还要求联合国安理会采取措施，使印尼在一年内得到独立。对南非和罗得西亚（今津巴布韦）的白人种族主义统治，印度政府也多次在国际会议上予以谴责，要求给非洲人以平等权利。

在和世界大国的关系上，尼赫鲁政府首先希望和英国及英联邦国家建立平等互利的友好关系。作为自治领，印度在接受移交政权时是英联邦的一员。不过双方已约定，这只是暂时性的，印度未来是否留在英联邦内完全由印度自己决定。要不要留在英联邦，在尼赫鲁看来，这是原则问题，也是策略问题。说它是原则问题，是因为与英国和英联邦国家保持友好联系是印度切身利益的要求；说它是策略问题，是因为保持与这些国家的友好联系并不是非得参加英联邦不可，关键是要权衡利弊，看看怎样做对印度最有利。在这个问题上，印度全国上下有不同意见。左翼政党和部分报刊主张退出，认为只要留在英联邦内就不可避免地会受到英国的掣肘。国大党领导人则认为，印度作为独立自主的成员国在英联邦内不会接受任何国家的控制，留在英联邦内对加强印度与世界的经济联系、增强国防以及提高印度的国际地位都有好处。然而，印度决意要成为共和国，这与英联邦成员国承认英王为联邦元首的现行体制相矛盾，必须找到无损于印度的解决办法。英国与英联邦多数成员国都希望印度留在英联邦内。经过多方协商，终于找到了折中办法。1949 年 4 月，尼赫鲁在英联邦总理会议上声明："印度政府宣布并确认，印度愿意继续作为英联邦全权成员国，承认英国国王是英联邦各独立成员国自由联合的象征及这个意义上的联邦元首。"① 只是象征就不涉及共和和君主体制的问题，这样就绕开了体制上的矛盾，不致损害印度未来成为共和国的意愿。1949 年 5 月，印度制宪会议批准印度作为一个主权国家继续留在英联邦内。留在英联邦完全是印度的自愿选

① 布朗：《英国与印度、巴基斯坦、孟加拉》，哈佛大学出版社，1972，第 369 页。

择。印度是否取得独立地位取决于它能否实行独立自主的政策，与是否留在英联邦内并无直接关系。印度虽然留在英联邦内，但与英国的关系并不十分融洽。印度非常不满英国在克什米尔问题上的立场，指责英国、美国混淆是非，偏袒巴基斯坦，并一起利用克什米尔问题向印度施加压力，目的是迫使印度放弃独立自主的外交政策。

除与英国保持联系外，印度积极主动谋求与美国接近。尼赫鲁看到，美国是战后资本主义世界中经济和军事力量最强的国家，印度与美国建立正常的联系对增强印度的经济和军事力量有利，但他也知道，美国不会无条件援助印度，一定要把印度拉上它的战车，而印度是绝不能为接受援助而放弃不结盟原则的。1949 年 10 月，美国邀请尼赫鲁访美，想利用印度急需粮食、资金和机器设备之机，以援助为诱饵，使尼赫鲁就范。尼赫鲁宁肯不要援助，也要坚持不结盟立场。在哥伦比亚大学的一次演说中，他强调印度要通过独立自主的外交政策而不是集团结盟的手段谋求世界和平。① 他的态度使美国大失所望。后来谈到此事时他说："他们（指美国）希望得到比感激和善意更多的东西，而我没有提供给他们。"② 美国不满印度承认新中国，不满它为恢复中国在联合国中的合法席位呼号，更不满印度倡导不结盟，因为这些都与美国实行的遏制共产主义的全球战略相悖。当尼赫鲁表示要坚持印度的立场时，美国立即表现出了冷淡态度，对印度给予粮食援助的请求并无热情回应，只是在苏联、中国开始给予援助后，才被迫表示同意。不过，美国从其亚洲和世界战略全局考虑，一直很看重印度，希望影响印度，促其改变立场，因而对印度在以冷淡态度施加压力的同时，也并不放弃争取的努力，至少在口头上总要大讲特讲加强美印友谊的重要性，在实践上则对印度的援助要求多少给予回应。1950 年 12 月 8 日，印度与美国签订双边经济协定，美国允诺在资金和技术上给印度以援助。从 50 年代起，印度得到了一些援助。

印度和苏联的关系最初十分冷淡。苏联对印度通过和平移交政权获得独立持否定态度，不承认印度真正获得了独立；对印度留在英联邦内更持

---

① S. 戈帕尔：《贾瓦哈拉尔 · 尼赫鲁传》第 2 卷，新德里，1979，第 66~61 页。

② S. C. 鲍普莱主编《印度 1947~1950 年亚洲事务文件选集》第 2 卷，牛津大学出版社，1959，第 51 页。

批判立场，把这说成是印度继续受帝国主义控制的集中表现。在美苏两大阵营尖锐对立的情况下，苏联对印度极不信任，倾向于把它看作帝国主义的同盟者。尼赫鲁为加强和苏联的关系，派他的妹妹潘迪特夫人为驻苏大使，但斯大林从未接见。尼赫鲁对苏联的态度十分失望，他说："我们盼望在很多方面与俄国发展友谊和合作，但我们是个敏感的民族，绝不愿受辱骂和诽谤。俄国政策的基础似乎是，印度没有发生实质的变化，依然是英国的仆从。这当然是很荒谬的。"① 印苏关系还因印共的反政府方针而更为复杂化，只是后来鉴于印度在国际舞台上并不附和美国的立场，苏联才稍许改变态度，部分接受了印度外交自主性的现实。1949 年 7 月，拉达克里希南被任命为驻苏大使，两国关系逐渐改善。1949 年在印度的提议下，苏联同意供应印度 22 万吨粮食（小麦和玉米），用来交换印度的黄麻和茶叶。

印度从成为自治领起，就认为自己作为亚洲大国之一，在维护亚洲和平和处理亚洲事务中负有重要责任，甚至是领导责任。这种认识的产生可以追溯到印度独立前，特别是第二次世界大战结束前后，当时尼赫鲁不止一次地讲到印度和中国战后在亚洲负有领导使命。独立前夕，1947 年 3~4 月国大党在新德里举行了一次亚洲会议，有许多国家的民族主义组织参加，就亚洲民族运动和复兴经济等问题做了探讨。自治领政府建立后继承了这个方针。1948 年底在德里举行的有 10 多个国家参加的支持印尼独立斗争的国际会议就是由印度政府出面组织和主持的。1949 年在政府内谈到这次会议时，尼赫鲁说："就亚洲来说，这次会议是一个历史转折点。它意味着——如果不是现在，也是不远的未来——一种新的安排和新的力量平衡。我们不打算建立一个新的集团，但是亚洲国家将不可避免地走在一起，印度将在其中起领导作用。"② 同年，在论及印美关系时他又说，印度对美国来说是非常重要的。"今天世界公认，亚洲的未来在相当大的程度上要由印度的未来决定。印度越来越成为亚洲的轴心。"③ 印度的这种态度有促进亚洲团结的积极一面，也反映了印度希望在亚洲政治舞台上起主导作用的地区大国主义心理。

---

① S. 戈帕尔：《贾瓦哈拉尔·尼赫鲁传》第 2 卷，新德里，1979，第 45 页。
② S. 戈帕尔：《贾瓦哈拉尔·尼赫鲁传》第 2 卷，新德里，1979，第 55 页。
③ S. 戈帕尔：《贾瓦哈拉尔·尼赫鲁传》第 2 卷，新德里，1979，第 59 页。

尼赫鲁及国大党在中国抗日战争时期与重庆的国民政府有较密切的合作关系，对抗日战争衷心支持。尼赫鲁曾来重庆访问，双方议定了许多具体的合作办法。中国内战时期，以尼赫鲁为首的印度政府对中国内战持谨慎的不介入政策。新中国成立后，尼赫鲁看清现实，于 1949 年 12 月 30 日宣布承认新中国，1950 年 4 月两国建交。印度是社会主义国家之外第二个承认新中国的国家（第一个是缅甸）。在印度政府内，以帕特尔为首的保守势力不喜欢中国出现共产党政权，不赞成尽早承认。尼赫鲁也担心共产党在中国执政会给印度共产主义运动以鼓励，认为对国大党政权“是一种威胁”,[①] 但他主张承认现实，希望与中国建立友好关系，他说服了同僚同意尽早与中国建交。而且在联合国，印度是较早积极主张恢复中华人民共和国合法席位的国家之一。不过尼赫鲁对社会主义中国仍心存隔膜，他在政府内为外交部门确定的对中国的方针是“谨慎友好”。他要使印度在亚洲舞台上扮演积极的角色，不希望看到中国社会主义制度的政治影响扩大。在对我国西藏问题上，印度竟原封不动地把所谓的英国“驻藏办事机构”和原英国人在西藏享有的特权继承下来，印度宗教封建势力还支持达赖集团分裂势力的活动。这些做法显然与尼赫鲁宣布奉行的反对殖民主义及与中国友好的外交方针相悖。对此，《人民日报》发表文章提出了批评。

在与南亚次大陆的小国锡金、不丹的关系上，印度的地区大国主义倾向鲜明地表现出来。在英国殖民统治印度时期，锡金、不丹也都处在英国统治或控制下。在英国退出次大陆前，两国君主都提出了恢复独立的愿望。英国殖民政权把与它们谈判的任务推给了印度自治领政府，印度政府却无意恢复两国的独立。1948 年 2 月，像对待其他土邦一样，印度和锡金签订了维持现状协定。1949 年 6 月 2 日，印度政府派军队进入锡金首都甘托克，并以锡金王公无法维持秩序为由，命令印度驻锡金专员掌管锡金政务。1950 年 12 月 5 日，印度和锡金王公签订《印度—锡金和平条约》，规定锡金为印度的保护国，锡金的外交、国防和交通由印度负责，印度可以在锡金驻扎军队和采取任何措施保卫锡金与印度的安全，印度向锡金派出常驻“代表”，锡金政府必须为他提供适当的便利条件。如果对条约各款的解释发生争议，争议将提交印度高等法院，由首席法官做出裁决。条约签订后，印

① R. K. 贾因编《1947~1980 年中国与南亚的关系》第 1 卷，新德里，1981，第 10 页。

度向锡金派驻军队，不久又派一印度人担任锡金的首相，控制锡金的内政。对喜马拉雅山的另一王国不丹，印度也不想放手，但不丹争取独立地位的呼声较高，使印度不能不受限制。印度也是先与不丹签订维持现状协定，1949 年 8 月 8 日与不丹签订《印度—不丹和平与友好条约》，规定不丹外交受印度指导，印度不干预其内政，印度和不丹间保持自由贸易等，并规定除非双方同意终止或修订此条约，否则此条约将永远有效。不丹实际上也成了印度的半保护国。印度与尼泊尔的关系也非同寻常。1950 年 7 月 31 日，两国签订和平友好条约，规定彼此尊重主权、领土完整和独立。在伴随条约交换的秘密信件中还有一些关于两国特殊关系的规定，包括缔约一方决不容许外国侵略威胁另一方的安全，在出现这种情况时，两国政府应共同商定采取有效的应对措施；两国同意不任用可能从事有损另一方利益的活动的人员；尼泊尔在从印度过境输入武器装备时需得到印度的同意；尼泊尔政府同意在开发自然资源和发展工业中给印度政府和印度人优先待遇；等等。这实际上是把尼泊尔置于印度的军事保护下。印度的地区大国主义态度是其外交政策的消极的一面，很早就受到南亚一些国家政界人士的批评。

印度和巴基斯坦分治不久就在克什米尔问题上发生严重冲突，以致酿成战祸，给两国的未来关系蒙上了浓重的阴影。1949 年 1 月 1 日，两国虽然在联合国的调停下停火，但并没有真正实现和平，不过是以冷战代替了热战，斗争的场地由战场转到了外交舞台。蒙巴顿、尼赫鲁在接纳克什米尔加入时都曾公开许诺，鉴于克什米尔的居民中穆斯林占多数的事实，为尊重民意，在克什米尔外来势力撤出，正常秩序得以恢复后，将在克什米尔举行全民公决，由克什米尔人民最终决定土邦的归属。1948 年 1 月 27 日，印度政府提议，只要外来势力撤出，选举产生了立法会议并建立起克什米尔政府，印度愿意在国际监督下在克什米尔举行公民投票。联合国安理会也就克什米尔争端多次通过决议并多次派人调停，1948 年 8 月 13 日通过的决议要求巴基斯坦撤军，同时印度撤出大部分军队，在联合国监督下在克什米尔实行全民公决。印度宣布同意安理会这一决议，但认为巴基斯坦未撤军，没有实行全民公决的条件。印度对联合国的态度是不满意的，指责它回避认定巴基斯坦是入侵者，偏袒巴基斯坦。克什米尔问题是横亘在改善印巴两国关系道路上的最大障碍，这个问题不解决，两国的敌对状态就难以解除，就没有实现正常化的气氛。当然，这不是说两国在其他方面就什么事也不能做了。由于分治留下来的问题太多，必须一一解决，因此即便处于敌对状态，两国的接触仍然不断，在一些较次要的方面不断达成协议。如对发生在边界两侧的居民大迁移，印度与巴基斯坦政府都深为关切。为了使留在两国境内的宗教少数派有安全感，双方都强调保障少数派权益，并就移民的安置问题协商解决办法。1950 年 4 月，两国总理为此专门签订了《尼赫鲁—利亚奎特汗协定》，双方都保证做出合理安排，对少数派不应有任何歧视。分治给两国带来的经济纠纷很多，如原料和产品的供应保障问题、印度河水系水资源利用问题、两国间的外汇支付办法问题等，对两国经济发展都有不利影响。印度与巴基斯坦政府都希望尽快解决这些问题，以免妨碍两国的贸易往来。两国政府签订了几个协定，但由于两国间缺乏友善气氛，彼此相互猜疑和不信任，因此大多数协定不能很好落实。河水使用争议的具体内容是：巴基斯坦指责印度拦截印度河东部水系诸河上游的河水，使处于下游的巴基斯坦农田得不到灌溉，要求印度政府停止这种做法。印度指出，巴基斯坦应该兴建新的渠道引用处在自己版图内的印度河西部水系的河水。巴基斯坦则说，按照国际法，它作为一个下游国家有权使用上游流过来的河水。1948 年 5 月双方签订协议，印度同意巴基斯坦在一段时期内继续使用东部水系河水，巴基斯坦应尽快找到替代办法。协议签订后冲突仍然不断，巴基斯坦指责印度没有供给足够的水量，印度则指责巴基斯坦迟迟不动手寻找替代办法。此争端在整个 50 年代都未能解决。

七 印度共产党和社会党

自治领时期，印度主要的全国性政党除执政的国大党以外，还有印度共产党和从国大党分离出来而形成的社会党。

印度共产党在印巴分治方案公布后，曾在总书记 P. C. 约希主持下于 1947 年 6 月通过决议，认为国大党接受移交政权是民族资产阶级与英帝国主义妥协，独立是不彻底的，但国大党掌权为民族进步提供了机会，印度新政权是民族资产阶级政权，应予支持。但印共在印度自治领成立后不久（1947 年 12 月）就在苏联共产党影响下改变了立场，约希路线受到批判。

新的观点是，对国大党接受移交政权和成立自治领持完全否定的态度，认为是代表大资产阶级大地主利益的国大党和穆斯林联盟上层与英妥协，目的是阻止革命深入发展，移交政权是英国保存自己势力的狡猾手段，独立是虚假的。1948 年 2~3 月在加尔各答召开的印共第二次代表大会上，约希被指责为修正主义者，受到进一步批判并被解除职务。会上建立了以兰那地夫为总书记的新的中央委员会，通过了作为新时期行动纲领的指导性文件《政治提纲》和兰那地夫《关于政治提纲草案的报告》。随后，印共中央政治局根据提纲精神形成了一系列文件。包括《政治提纲》在内的这些文件不但强调印度是“假独立”，而且把国大党代表的资产阶级视作“帝国主义的代理人”“反革命先锋”，宣称自治领政权实际上是掌握在资产阶级、封建主义、帝国主义的联盟手里。联盟中帝国主义依然占主导地位，资产阶级不过是个小伙伴。联盟的目的“是阻止革命发展”，由帝国主义和资产阶级分享权力和利益。文件号召建立工人阶级领导下的工人、农民、小资产阶级、进步知识分子的联盟，采取俄国的斗争道路，用罢工、政治总罢工和武装起义等一切可能的方式在短期内推翻资产阶级政权，建立无产阶级政权，断绝与英帝国的一切关系，实现充分的和真正的独立。[①] 印共中央决定，不考虑海得拉巴已加入印度自治领的事实，把特仑甘纳的农民武装斗争继续进行下去，并决定于 1949 年 3 月 9 日举行全国铁路工人总罢工，显示人民的战斗力量，并顺势“在各个城市中把斗争发展到武装斗争这个最高峰”。[②] 显然，印共对形势的估计和对国大党政权性质的认识是完全错误的，不符合实际情况。《政治提纲》及随后政治局的文件提出的行动纲领是左倾冒险主义的错误纲领。这个纲领对广大群众没有号召力，却不可避免地招来自治领政府的严厉镇压。3 月 9 日的前两个星期，印度当局援引公共安全法，对印共和左翼工会开始了镇压，约 2000 名印共和工会干部、积极分子被捕。印共领导的工运组织完全瘫痪，结果到预定总罢工的日子，加尔各答、孟买等大城市没有任何动静，冒险主义的号召落得了个毫无作为。在印共势力较强的西孟加拉等省，省政府先后宣布共产党和左翼工会组织非法。党的机关被查抄，报刊遭到封禁，大批领导人和干部被捕。印

---

① 印共中央教育部：《印度共产党历史纲要》，新德里，1974，第 77~78 页。

② 印共政治局：《铁路罢工与我们的任务》，1949 年 2 月 22 日。

共第二次代表大会时党员发展到 89263 人，到 1950 年减至 2 万多人。印共多年积蓄的力量遭到破坏。各地政府趁势对印共领导的工农斗争实行镇压。到 1949 年，被捕入狱的工农运动领导骨干达 25000 人。自治领政府也承认，到 1950 年 8 月 1 日，警察开枪 1982 次，打死 3784 人，打伤近 1 万人，监禁 5 万人，充分暴露了新政权对人民武装斗争无情镇压的一面。这个镇压狂潮总的策划与指挥者就是内务部部长帕特尔。

面对当局的严酷镇压，印共党内又出现了一种新的左倾冒险主义势力。他们主要来自领导特仑甘纳武装斗争的安得拉邦，领导人是印共安得拉邦省委书记拉吉斯瓦尔·拉奥。这部分人以印度国情不似苏联而更接近中国为由，鼓吹走农村包围城市的中国式的武装斗争道路，强调应着重在全国发动农民起义。1950 年 5 月，这个集团在印共中央委员会会议上取代了兰那地夫的领导地位，成立了新的中央委员会，拉·拉奥成了总书记。安得拉集团的新冒险主义同样不能吸引广大群众，又雪上加霜地使党遭到新的惨重损失。特仑甘纳的武装斗争遭到残酷镇压，以失败告终。这种完全凭主观愿望办事的新的冒险主义的做法终于在党内引起强烈反对。中央委员会内的反对派指责安得拉集团和兰那地夫一样，照搬外国的斗争经验，完全脱离印度实际，对党的事业的危害同样严重。这种批判得到越来越多的党员支持，不过安得拉集团仍充耳不闻，并千方百计地加以压制。

社会党的前身是国大党内的社会主义派组织，原来叫国大社会党。这一派与国大党主体不同，对国大党接受英国移交政权是不赞成的，认为英国不会真正移交权力，接受移交政权是使革命半途而废。1947 年 3 月，国大社会党在康浦尔举行全国代表大会，决定取消党的名称中的“国大党”几个字，并提出要制定新的党纲党章，为建立独立的政党做准备。以帕特尔为代表的国大党右翼不愿党内继续存在一个有组织的左翼派别，在他的操纵下，1948 年 2 月国大党全印委员会通过决议，禁止党内存在派别组织，实际上是驱逐他们出党。1948 年 3 月，国大社会党在纳西克召开全国代表大会，正式决定退出国大党，建立社会党。在社会党成立大会上，贾·普·纳拉扬当选为总书记。原处在国大社会党影响下的工农组织也都从国大党控制的工农组织中退出，成为受社会党领导的单独的工会、农协组织。1949 年在巴特那会议上社会党通过了新的党章，1950 年在马德拉斯代表会议上又做了修订。新的党章规定，社会党的宗旨是在印度建立民主社会主义社会。纳拉扬在政治报告中解释说，民主社会主义的含义是重视人的价值，运用民主方法反对一切形式的剥削、歧视和压迫；在具体政策上，宣布反对大资产阶级大地主对国家政权的垄断，主张政治和经济权力分散，重点发展小型工业、乡村工业，还主张把英资企业国有化，把银行、保险公司和关键工业国有化，无偿取消柴明达尔制，并以立法形式规定最低工资和个人收入最高限额；在对国大党的态度上，主张社会党应成为“一个代表人民利益的反对党”，反对国大党的集权主义和利己主义，为了国家和人民的利益积极发挥建设性作用。[①] 虽然在基本方针上党内观点一致，但在具体策略上出现了分歧。有的主张与国大党建立合作关系，推动它实行激进的社会改革；有的主张不与国大党合作，认为国大党处在资产阶级影响下，只知贪求权力，不会实行有利于下层人民的改革，主张把主要精力放在发动与组织工农群众上。在组织方面，新党章允许工会、农协、青年和妇女组织集体附属于社会党，认为这是扩大党的群众基础的重要方式。社会党支持自治领政府的进步政策，在自治领政治体制中起反对党的作用。

八　宪法的制定，印度成为主权共和国

自治领政府成立后，制宪会议一直在进行制定印度宪法的工作。根据英国移交政权前与印度国大党、穆斯林联盟达成的协议，印度和巴基斯坦在以自治领形式接受移交政权后，有权制定本国的宪法，决定自己国家的性质、地位和前途。

图 1-4　普拉沙德

早在蒙巴顿方案出台前，根据英国内阁使团方案，1946 年底已建立印度制宪会议，国大党领导人之一 R. 普拉沙德被选为议长。在印巴分治方案确定后，印度制宪会议也就成了印度自治领的制宪

① 《印度社会党第六次全会报告》，纳西克，1948，第 94 页。

会议。

制宪工作自始至终都是在尼赫鲁、帕特尔的领导下进行的，成立了 12 个委员会，分别拟议宪法内容的不同方面，提出报告供全体会议讨论。尼赫鲁、帕特尔等国大党领导人担任各委员会的负责人。1946 年底，尼赫鲁提出了宪法目标决议案，获得制宪会议通过。这个决议案实际上是宪法内容的基本设想，其中包括印度应成为独立主权共和国，实行联邦制，国家的权力来自人民，人民享有各种自由、平等权利，保障宗教信仰自由，保障少数教派和弱势种姓、部落的权益等。这些设想都成了后来制定的宪法的根本原则。1947 年 8 月 29 日，制宪会议选举产生了宪法起草委员会，由 7 位著名的法学家组成，自治领政府法律部部长安姆贝德卡担任主席。制宪工作花了近 3 年时间，1949 年 11 月 26 日完成全部程序，宪法草案在制宪会议上通过。1950 年 1 月 24 日，制宪会议举行最后一次会议，会上选举 R. 普拉沙德为印度首任总统。1 月 26 日总统就职。同日总统颁令，宪法于 1950 年 1 月 26 日正式生效。

宪法的制定是以英国殖民统治时制定的 1935 年《印度政府法》为基础架构，吸收了外国宪法的一些思想。如从英国政治体制中吸收了内阁制的特点，从美国、爱尔兰、加拿大宪法中分别吸收了公民基本权利、国家指导原则和联邦制的一些思想。尽管如此，宪法制定者主要考虑的是印度国情，从印度国情出发吸收外国宪法中他们认为有益的因素。它不是拼凑出来的，而是特点鲜明的印度宪法。由于印度国情的复杂性，宪法不仅规定了基本原则，还对一些方面做了很具体的规定，因此它成了世界上最长的宪法。全文分 22 个部分，共 395 条，还有附表 8 件。

宪法规定，印度是主权的民主共和国①，其权力来自人民。这就意味着，从 1950 年 1 月 26 日印度的自治领地位结束，印度成了独立的共和国。印度的主权完整不再受任何妨碍，哪怕仅仅是形式上的妨碍。

在政治体制方面，宪法规定印度实行联邦制和议会民主制。联邦的宪政构成单位是邦。宪法把全国统一划分为 29 个邦，分为四类（详见本章第

---

① 1976 年通过的宪法第 42 修正案在“主权的”“民主的”定语之外，又把“社会主义的”“世俗的”定语列为印度国家的属性。印度宪法的序言说：“我们，印度人民决心建立一个主权的、社会主义的、世俗的和民主的共和国。”

图 1-5 宪法起草委员会成员

二节)。联邦一级的立法权力机关由总统、人民院和联邦院构成。人民院议员由全国公民普选产生(少数名额由总统任命),任期 5 年。联邦院议员按各邦人口确定各邦名额,从各邦立法院议员中选举产生(少数名额由总统任命),任期 6 年,每两年改选 1/3 的议员。人民院设议长、副议长,从议员中选举产生。联邦院议长由副总统担任,副议长从议员中产生。任何立法须经两院通过、总统批准方有效。联邦的行政权力由总统及协助他的部长会议行使。总统是国家宪政首脑,由议会两院议员和邦立法院议员按比例选出的代表共同构成的选举团选举产生,任期 5 年。副总统协助其工作,副总统由两院议员联席会选举产生。总统的行政权力是名义上的,实际行使行政权力的是以总理为首的部长会议。总理由总统任命,他组织的部长会议由总统批准。联邦最高司法机构是最高法院,由一名首席法官和不超过 7 名法官组成(后来人数增加),由总统任命。邦一级的立法权力机关是邦长和立法院,有些大的邦保留两院制(立法院和立法会议,后者相当于联邦的联邦院)。邦立法机构制定的法律,须报请联邦总统批准。邦长由总统任命,任期 5 年,是总统的代表和邦的宪政首脑。邦的行政权力由邦长和以首席部长为首的邦部长会议行使,实际上行使行政权力的主要是后者。首席部长由邦长任命,部长会议其他成员由邦长根据首席部长建议任命。

邦的司法权力机关是高等法院。

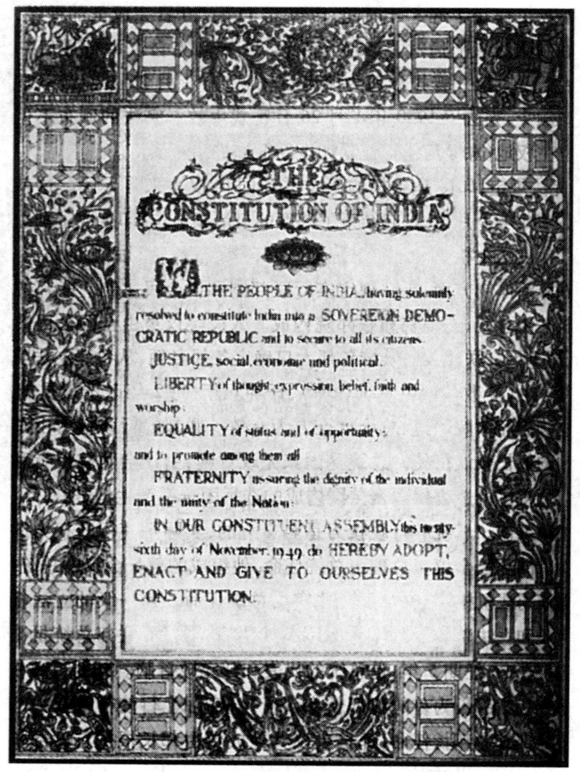

THE CONSTITUTION OF INDIA

WE, THE PEOPLE OF INDIA, having solemnly resolved to constitute India into a SOVEREIGN DEMOCRATIC REPUBLIC and to secure to all its citizens:

JUSTICE, social, economic and political;

LIBERTY of thought, expression, belief, faith and worship;

EQUALITY of status and of opportunity;

and to promote among them all

FRATERNITY assuring the dignity of the individual and the unity of the Nation;

IN OUR CONSTITUENT ASSEMBLY this twenty-sixth day of November, 1949, do HEREBY ADOPT, ENACT AND GIVE TO OURSELVES THIS CONSTITUTION.

图 1-6　印度宪法首页

宪法对联邦和邦的职权范围做了具体划分，列出了联邦职权范围表、邦职权范围表和共同职权范围表。联邦、邦在一般情况下只能在自己的职权范围和共同的职权范围内行使立法和行政权力。属于联邦职权范围的有国防、军事、外交、货币、铁路、航空、邮电、外贸等 97 项，属于邦职权范围的有农业、教育、警察、邦内交通、森林、渔业等 66 项，属于共同职权范围的有刑法、商业、工业、社会和经济计划等 47 项。在共同职权范围的立法方面，如果邦立法与联邦立法冲突，要服从联邦立法。职权表中未列项目的立法权属于联邦。税收项目也分属于联邦和邦，成立财政委员会负责联邦和邦的税收分配。实行联邦制适应印度政治、经济、文化多元的复杂形势，有利于调动各地区的积极性，形成多元下的统一或统一下的多元的、生动活泼的局面。印度联邦制具有单一性强和强中央的特点，表现在全印奉行统一的宪法，实行统一的法律法规、统一的文官制度和会计审计制度，只有单一的公民资格（都是印度公民），邦立法都要由邦长提交总统批准，联邦总统可在必要时宣布全国或部分地区处于紧急状态，可暂时接管邦的统治权力，实行总统治理，联邦议会可实行邦改组或改变邦的边界，邦没有退出联邦的自由（1963 年宪法第 16 修正案进而规定鼓吹分裂是犯罪）等。宪法制定者们在宪法中宁肯用 Union 一词，也不用 Federation，便说明这一点。这种特点是为了在联邦制条件下强化统一领导，增强国家的内聚力，以适应巩固国家统一和发展建设的需要。印度联邦制形成的历史背景和美国、加拿大等不同，不是由一些实体通过协定构成联邦，而是由单一制改为联邦制，因而有可能这样做。联邦国家的建立在印度历史上第一次真正实现了政治上的国家整合。

宪法规定印度实行以成人普选权为基础的议会民主制，采取内阁制的政府体制。议会民主制在联邦和邦两级实行。凡年满 21 岁（后改为 18 岁）的公民，不分性别、宗教信仰、种姓、财产状况和社会地位，都有选举权。在印度历史上，这样充分的民主是从来没有过的，它体现了权力来自人民和对群众最广泛的政治动员的思想。人民院每 5 年实行换届，整个选举工作由直属总统的联邦选举委员会主持。选举按以人口比例为基础统一划分的选区举行，不再允许按宗教或社团设立单独选举区。各选区候选人由各政党提名，独立人士也可自荐为候选人。联邦政府由在人民院选举中获得议会多数席位的政党组成。经总统授权，由该党领袖组成联邦部长会议并担任总理。部长人选由总理提名、总统任命。如果没有一个党获得多数席位，可以经由总统授权，由获得相对多数的党联合其他党共同组成部长会议。部长会议集体向议会负责，如果不被人民院信任，应即辞职，由总统授权另外的获得较多席位的党组成部长会议，或解散人民院，重新举行大选。各邦立法院的选举也是按人口比例划分选区，办法与人民院选举相同。邦的部长会议由在邦立法院选举中获得多数席位的党组成，若没有一个党获得多数席位，可以建立联合政府，办法与建立联邦政府的办法相同。邦部长会议集体向邦立法院负责，若不被信任，亦应辞职。

在议会民主制下，立法、司法和行政三权是分立的。联邦议会的立法固然多由执政党提议，由执政党的多数票通过，但议会内若反对党力量强大，政府的提议未必都能通过。不过由于政府是由在人民院中占多数或相对多数的党组成，一般来说拥有通过立法所需要的多数。所以在通常情况下，立法权力和行政权力相对来说较为一致，只有少数派政府才会出现两者不一致的情况。这与美国那种总统制不同，在制定法律、政策上，可以减少立法权力和行政权力的冲突。在议会民主制下，司法权力是独立的。宪法规定了法官特殊的任免和任期制度，以防止行政权对司法权的干预。宪法还特别规定，作为最高司法机关的最高法院对议会通过的法律有审查权，可以判定一项法律违宪。不过，宪法也赋予议会修宪权。政府可以运用在议会中的多数，通过修改宪法的提案，以期使自己提出的法案和颁布的政策法规不致被判定违宪。

实行议会民主制要求有稳定的文官系统。宪法肯定了继续实行基于考试选拔基础上的文官制度。当时存在的文官系统有两个，即印度行政官系统和印度警官系统，宪法肯定了两者，并授权联邦院可以根据需要建立新的系统（以后建立了森林官员系统、工程官员系统等）。1951年，议会根据宪法有关规定制定了全印文官法。文官分为全印文官、邦文官和中央文官三类。全印文官适用的领域广泛，可在中央和全印各邦工作。宪法中提到的印度行政官系统和印度警官系统都属于全印文官类。邦文官同样是适用范围广泛，但只能在本邦工作。中央文官是一些中央管辖的专门系统的官员，如国防、外交、税务、海关、铁道、邮电等，可在该部门的中央机构或地方机构工作。第一类和第三类文官由直属总统的全印文官委员会负责考试、选拔、考核，第二类由直属邦长的邦文官委员会负责。政府对文官的要求是正直、办事效率高，忠实执行政府的政策，不介入党派斗争，不受政府变动的影响。这种制度是为了保证在政府不断更替的情况下行政机器运转的正常和稳定，是实行议会民主制的必需。

关于印度的军事领导体制，宪法规定，总统是全国武装部队的最高统帅，有权任命陆、海、空三军将领，主持印度最高军事决策机构的会议，并根据该机构的决定宣布战争或媾和。不过，与议会民主制相适应，总统应由政府总理和国防部部长协助行使权力。宪法还规定，总统在总理协助下行使军事权力不能独立于立法的控制，重大决策必须以议会通过的法律为依据。这样规定是为了保证军队服从政府指挥，而政府要受立法权的制约。这也是实行议会民主制的要求。

印度实行议会民主制是有基础的。英国统治时期一步步实行的宪政改革虽然只有议会民主制的皮毛，却在政治体制方面为实行这种制度奠定了基石。印度政治家都是受西方教育熏陶培养，在这种体制下从事政治活动并一向以英国的宪政体制为追求目标，所以独立后实行议会民主制在他们看来是理所当然的。印度政治家选择议会民主制体制，还因为他们认识到，在印度这样的宗教、语言、文化多元，各地区的特色又非常突出的国家，只有议会民主制，而且是联邦和邦两级议会民主制的体制，才能有最大的包容性，使随着国家和各地区经济文化发展而形成或增长的各种政治力量和各地区力量能够被现有体制吸纳，并有充分发散其能量的空间。这样才能实现国家的政治整合，保持国家政治制度的稳定。

印度宪法另一个重要内容是确立了世俗主义的国策。独立前的印度惨遭英国殖民统治者挑起的教派主义的蹂躏，独立后必须根除这一祸害。虽然“世俗化”的字眼没有在最初的宪法中出现（1976 年通过的第 42 修宪案才写进宪法），但宪法通篇贯彻了要建立一个世俗国家的精神。宪法规定，国家对所有宗教一视同仁，实行宗教信仰自由，宗教和政治脱离，不能以宗教为由对公民的任何权利有任何歧视。国家出资办的学校不允许设宗教课。宗教信仰是私人的事，各教派可自由传教、办学、拥有财产，政府不加干涉。在存在多种宗教的情况下，宪法制定者们决心在印度营造一种所有宗教和睦共处的祥和气氛，以利于国家和社会的进步发展。

宪法规定公民享有一系列根本权利，包括在法律面前人人平等以及依法享有言论、集会、结社、迁徙、选择职业的自由等，禁止以宗教、种族、种姓、性别和出生地为由的任何歧视，公民担任公职的机会平等，私有财产权受到保障。宪法规定取消不可接触制。为了扶助表列种姓（原贱民）和表列部落这两部分境况最差的社会弱势群体，使他们尽快改变现状，积极参与国家政治生活，宪法还特别规定，在十年内为这两部分人按其人口比例保留一定的人民院的席位和邦立法院的席位。

宪法还辟有专章规定了国家政策指导原则，目的是指明国家政权为实现社会公平原则应做的努力。这方面的规定不带司法强制性质，但任何政府在制定政策时都必须以此为指导。这些原则包括：国家应有效地建立能够实施社会、经济、政治正义的社会秩序，应同样保障男女公民都享有适当的生活手段，物质资源的占有和分配应最大限度地满足大众需要，经济制度的运作不应使生产手段和财富集中于少数人手中，实现充分就业，实行男女同工同酬，人人有受教育的权利，保障工人最低限度工资和人道的工作条件，维护老弱病残的权益，组织农村潘查雅特，使其成为自治单位等。宪法没有规定这一部分具有强制性质，显然是因为这些都属于长期任务，需要随着经济的发展制定具体的政策逐步实现，不是在宪法上做出规定就能立即解决的问题。而制定什么样的政策，不同的政府会有不同的认识，不能强求一致；且政策有时限性，会随着形势变化而变化，不宜在宪法中预先具体规定。

公民根本权利和国家政策指导原则都是人民长期奋斗的目标，只有独立后政权掌握在印度人自己手里才有提出和实现这些目标的可能。许多规定如取消贱民制，经济发展要考虑社会福利，要使下层人民的地位切实得到改善等，在独立斗争时期下层人民就提出了强烈要求，国大党也做过许诺。宪法的这些规定也是胜利后国大党对人民的一种交代。公民根本权利与国家指导原则是相辅相成的。公民根本权利体现了保障资产阶级私有财产权的原则，体现了自由、平等原则，对宪法制定者来说，这是必须实现的。但他们也认识到，在严重的贫富分化的情况下，如不实现国家指导原则，使下层人民经济地位得到切实改善，根本权利的实现对广大贫苦群众来说就只是纸上谈兵。只要情况是这样，就不会有社会的安定，而没有社会的安定，包括私有财产权在内的所有公民根本权利就不可能真正实现。所以宪法制定者在规定根本权利的同时，又专门规定了国家政策指导原则，使两者结合起来。不过，两者的实现也有矛盾之处。实现国家政策指导原则需要实行一系列制度改革，不可避免地要触动某些私有财产权，从全局和长远利益考虑，这是必要的、不能回避的，否则，国家政策指导原则的落实就是空话。但是，在出现这种情况时既得利益集团是否能从全局利益考虑接受改革政策，司法机关在维护根本权利和维护国家政策指导原则的矛盾面前会做出什么样的抉择，这些都是未知数，所以在以后的实践中出现对宪法解释的争端是不可避免的。可能是预见到这一点，宪法原则上规定公民根本权利的实现不应妨碍国家从社会整体利益考虑实现国家政策指导原则。这是非常正确的，只有这样，公民根本权利才能真正普遍地得到实现。后来通过的宪法修正案有一些就是对两者冲突所做的调整。

宪法对联邦官方语言问题做了规定。印度流行数百种地方语言，大语种就有 14 种，使用人口最多的是印地语，但没有一种语言在全国通用，即便是印地语，也仅限于北方几个邦使用，使用人口也只占全国人口的 1/3 左右。英国统治时期是将英语作为殖民政权的官方语言。宪法制定者们认为这种情况与印度的独立目标是不相符的，应逐步改变。所以《宪法》规定，以使用人口最多的、用天城体书写的印地语为联邦的官方语言，同时规定，在未来 15 年内，英语将在联邦官方继续使用，15 年后是否继续使用，由联邦议会决定。至于各邦选择用哪种地方语言为自己邦的官方语言，由各邦立法机构自行决定，但在与联邦的交往中以及邦际交往中必须使用联邦的官方语言。

宪法还对修宪的程序做了具体规定。第 368 条说，联邦议会通过修宪案需要两院议员 2/3 多数通过；属于非常重要的内容的修正案，还需要有半数以上的邦立法院通过。这种规定使印度宪法既有灵活的一面，可以随着形势的发展，根据需要做一定的修改，又有刚性的一面，不允许轻易做根本的改动。后来由于出现了某些修正案不适当的情况，为防止利用修宪根本改变既定的国家属性，1973 年最高法院在一项判决中裁定，议会可以修正宪法中的某些规定，但不得改变宪法的“基本结构”。对什么是宪法的“基本结构”并没有统一的解释，法官们的说法也不尽相同。大多数人认为宪法的至高地位、民主共和的政治体制、联邦制、世俗化方针、公民的根本权利、国家政策指导原则以及立法、司法、行政三权分立都属“基本结构”之列。

印度宪法是印度人民为了国家独立和发展而进行的长期斗争和实践的结晶，是印度资产阶级及其政治家的理想的具体化。广大人民群众在独立斗争中的流血牺牲和自治领时期的艰苦奋斗，推动宪法的制定者们在一定程度上考虑他们的要求，从而在宪法中多少打上了关注下层人民利益的烙印。这是一部较民主的宪法，主要是保障资产阶级的利益，也反映了资产阶级政治家对改善下层人民生活条件和政治地位的一定程度的关心和重视。

第二章

尼赫鲁执政时期

在宣布印度为主权共和国的宪法生效后，印度历史进入共和国时期。原制宪会议改为临时议会，原自治领政府继续行使权力，直至按宪法规定举行大选，成立新的政府。从第一届人民院选举起，头几届大选都是国大党获胜组织政府，尼赫鲁一直担任总理，直至1964年病逝。尼赫鲁执政的17年（包括自治领时期）是印度政府为国家的进步发展制定目标、体制和基本政策并开始实施的时期。印度是一个贫穷落后、人口众多的大国，要找到一条既符合历史潮流又适合本国国情的发展道路不是一件轻而易举的事。尼赫鲁做了最大的努力，加上其他方面力量的共同配合，在解决这个困难的问题上迈出了胜利的一大步，从而为印度的现代发展奠定了基础并打开了局面。

一　议会民主制实施的开始

根据印度宪法关于联邦和邦议会选举的规定，印度在1951年10月25日至1952年2月21日进行了首届联邦人民院和各邦立法院选举（查谟和克什米尔邦未进行）。在印度历史上，建立在成人普选制基础上的这样的全国选举还是第一次出现。全国登记的年满21岁的选民达1.73亿人，他们不分性别、宗教、种姓、社会地位，都有了直接参与国家政治生活的权利。

选举由专设的全国选举委员会和邦选举委员会主持。全国选举委员会按人口比例分配人民院议员名额给各邦，各邦再划分人民院议员选区。邦立法院的选举依此类推。无论人民院还是邦立法院的选举，每个选区只产生 1 名议员。由于宪法规定对表列种姓和表列部落按其人口比例保留席位，经选举委员会确定，凡这两部分人居住集中的选区，提名的候选人必须是表列种姓或表列部落的人。

选举前全国普遍进行了选民登记，全国共设立 22.4 万个投票站。为便于选民（很多是文盲）识别不同政党的候选人，还专门确定了各政党的选举图形标识。投票总时间定为 4 个月，分批举行。这表明选举委员会考虑到了这是第一次举行选举，选民还不熟悉，应给他们提供充分的时间和投票的便利。

参加人民院竞选的有印度国大党、印度共产党、社会党、农工人民党、人民同盟、印度教大会等 50 多个政党，其中除少数具有全国影响外，绝大多数是地方性政党。此外还有许多无党派人士。大量政党都是为参加竞选而刚成立的，如人民同盟是由原印度教大会副主席 S. P. 穆克吉于 1951 年 10 月建立的，农工人民党是 1951 年 6 月由几个团体组成的。

所有参选政党和团体都发表竞选宣言。

国大党在领导独立运动中已发展成为一个包括资产阶级、自由派地主、知识分子、小资产阶级、工人、农民等许多阶级、阶层参加的组织，其中资产阶级占主导地位，资产阶级知识分子构成其领导核心。独立后，凭着以往树立的威望，加之自治领政府建立后取得的工作成绩，其在群众中的政治影响之大、基础之雄厚，是任何其他政党都望尘莫及的。因为有这个独特的优势，它在人民院和各邦立法院的绝大部分选区提出了自己的候选人。国大党基层组织遍及全国，为它声势浩大的竞选造势提供了极大的方便。

印度共产党参加竞选是因为它的斗争策略不久前发生了重大转变。特仑甘纳起义被镇压和印共鼓吹武装斗争道路的碰壁使印共领导层越来越认识到，无视印度独立的事实，把独立的印度与解放前的中国等同看待，要走所谓农村包围城市的道路，是完全不现实的。1951 年 10 月，印共在加尔各答秘密举行全国代表会议，对兰那地夫和拉奥的两种形式的极左路线都进行了批判，分析了印度独立后的政治局势，起草了印共《新纲领》和《政策声明》，两者在 1953 年马杜赖召开的印共第三次代表大会上通过。这两个文件指出，印度目前不存在革命的形势，党面临的任务不是发动武装斗争，而是广泛深入地做发动和组织群众的工作，参加议会选举，捍卫下层群众利益，逐渐扩大党的影响，建立工人、农民、小资产阶级和民族资产阶级的人民民主战线，以实现建立人民民主政权的目标。正是基于这种新认识，印共决定放弃武装斗争策略，参加大选。新建立的中央委员会以阿约艾·高士为总书记。不过直到这时，印共只是部分地纠正了极左路线，其仍然认为尼赫鲁政府是“与英国帝国主义结盟的地主、王公和大资产阶级的政权”，必须推翻它，只是目前还没有实行武装斗争的条件。[①] 由于印共放弃了武装斗争策略，政府不能再继续使用镇压手段，各邦解除了对它的禁令，被关押的印共党员多数获得释放。印共在竞选宣言中提出要实行彻底的土改、无偿没收地主的土地、没收英资企业、退出英联邦、恢复公民的自由民主权利等。

社会党人数不多，但在群众中有一定影响。它坚持实行生产资料公有和公平分配，主张建立民主的社会主义社会。社会党的领导人是纳拉扬、A. 梅塔、A. N. D. 洛希亚等。

全国登记选民有 1.0595 亿人参加投票，占选民总数的 61.1%，其中约 40%是女性选民，表明妇女参加大选的积极性很高。人民院席位为 491 个，其中应选举席位 489 个，另有 2 人由总统任命，主要是照顾人数很少、很难有当选机会的英-印人群体。选举结果，国大党大获全胜，取得了人民院绝大多数席位，另有 20 个党在人民院得到了数量不等的席位。国大党获得的选票占总选票的 45%，席位 364 个，占总席位数的 74.1%。印共得到的选票占总选票的 3.3%，获 16 席，占总席位数的 3.3%。社会党得到的选票占 10.6%，获 12 席，占 2.5%。农工人民党得到的选票占 5.8%，获 9 席，占 1.8%。人民同盟得到的选票占 3.1%，获 3 个席位，占 0.6%。其余选票和席位由一些小党派和无党派人士获得。国大党在人民院获得绝对多数席位，原在人们意料之中，印共成了第二大党则出乎当时舆论预料，说明印共在工农群众中有相当的影响。

邦立法院的选举结果也是国大党遥遥领先，在所有邦都得到多数或相对多数席位。印共和社会党各在一些邦获得少数选票和席位。

从选举组织工作的角度说虽然存在不少不足之处，但这第一次实践无疑取得了巨大的成功。整体来说，选举很有秩序，选民热情很高，参选率

① 《印度共产党历史纲要》，第 89 页。

较高。尼赫鲁就此评述道："这次选举充分证明了成人普选制的正确，坚定了我们对人民的信心。"① 西方国家不少媒体曾对印度实行成人普选制的可行性表示怀疑，有的甚至讥讽地称之为"政治奢侈"，事实使它们哑口无言。

在大选基础上，按照宪法规定产生了印度总统、副总统。R. 普拉沙德继续被选为总统，著名梵文学者、哲学家拉达克里希南被选为副总统。总统授权人民院多数党——国大党组成联邦部长会议，结果成立了共和国首届政府，这是清一色的国大党人政府，尼赫鲁被任命为总理。1952 年 5 月 13 日，新政府成员在总统主持下宣誓就职。

图 2-1 尼赫鲁

新政府由 15 名内阁部长和 4 名国务部长组成，后来又增加数名副部长。此时帕特尔已病逝。尼赫鲁兼任外交部部长，阿扎德任教育、自然资源和科学研究部部长，C. D. 德什穆克任财政部部长，N. G. 艾扬加尔任国防部部长。内阁部长是部长会议中的主要成员，经常举行会议，限 15 人。国务部长地位次于内阁部长。

大选后各邦成立了国大党的邦政府。绝大多数邦政府是国大党单独建立的，国大党所得席位未达到半数的邦政府是在地方小党或无党派人士的支持下建立的。各邦首席部长均由国大党地方组织的领导人担任。邦长由总统指派，也多为国大党政治家和亲国大党的社会著名人士。这样，第一届大选后就出现了国大党垄断中央和邦政权的局面。

查谟和克什米尔邦因首先要制定邦宪法未参加此次大选。1951 年 9～10 月进行了邦制宪会议选举，为制宪做准备。

1957 年 2 月 24 日至 3 月 15 日，印度举行了人民院和邦立法院第二届选举（查谟和克什米尔邦未参加）。这次选举登记选民 1.93 亿人。由于有第

① M. 维尔马：《印度联邦内阁（1946～1956）》，斋普尔，1980，第 63 页。

一届大选的经验，选举组织工作有重大改进，包括健全选举委员会组织机构、改进选民登记办法、改进政党选举标识分配办法、改进投票办法、缩短投票时间等。特别重要的是中央选举委员会规定，从这次选举开始，只有在上次人民院选举中获得3%有效选票的政党才可称为全国性政党，选举委员会为其保留选举标识；只有在上次立法院选举中获得3%有效选票的政党才可称为邦一级政党，也为其保留选举标识。① 这样限制后，这次选举中被承认为全国性政党的有国大党、印度共产党、人民社会党和人民同盟，邦一级政党有11个，其余是地方性小党。由于工作的改进，加之人民群众对投票程序已有所了解，选举日程安排紧凑，3个星期便顺利完成。选民继续表现了较高的政治积极性，有1.2051亿人参加投票，占选民总数的62.4%，超过第一届大选。

图 2-2 议会大厦

国大党作为执政党参加大选，除原来的威望外，还拥有头五年执政取得的光辉成就这样的政治资本，但也面临着改善下层群众生活的措施不力

① 从1967年第四届大选起，中央选举委员会把成为全国性政党和邦一级政党必须达到的得票比例提高到4%。

而引起的群众的失望和不满。国大党抱着最大的信心参加竞选。

印度共产党在第一次选举后不断在策略上进行调整，确定在新形势下开展工作的布局。1956 年印共第四次代表大会提出要与资产阶级中的进步阶层合作，建立民族民主阵线，推进印度的非资本主义化发展进程。对国大党政府实行土改和以发展公营重工业为重点的工业化战略给予积极支持，还主张通过对银行、保险业和重要的工业部门的国有化，由国家掌握金融命脉，取消英国资本在某些部门的垄断地位，限制私人垄断资本的发展。由于左的指导思想开始得到纠正，印共在实际工作方面取得了不小进展，特别是在印共工作基础较好的西孟加拉邦、喀拉拉邦和安得拉邦，其在群众中的影响明显增强。在竞选宣言中，印共呼吁所有左翼和民主政党建立联合行动，形成强大的民主反对派，更有力地反映下层人民的呼声；还要求在印共和民主力量较强的邦，印共党组织要尽最大努力，和其他左翼政党合作，争取在邦选举中获胜，建立左翼和民主力量的联合政府。

人民社会党是社会党和农工人民党 1952 年 6 月合并而成的，但不久便分裂，洛希亚率一批人另恢复了社会党，这次大选两个党分别参加竞选。人民社会党最孚众望的领导人贾·普·纳拉扬 1954 年就已退出政治舞台，专心致力于献地运动，该党另一创始人阿·纳·德夫于 1956 年去世，这都影响了该党对群众的号召力。时任人民社会党的主要领导人是阿索卡·梅塔。为改变自己的劣势，人民社会党在一些邦与印共等其他党建立了竞选协调关系。

人民同盟继承了印度教大会传统，印度教意识形态色彩突出，这点与其他党有鲜明的不同。本次大选中，为了吸引更多阶层的人参加它的队伍，它在坚持教派主义主张的同时，也提出了经济主张，以迎合选民的愿望。它表示赞同土改，赞同发展工业，但主张经济权力分散，强调发展小型工业和乡村工业，反对国家对经济的控制，主张给私人资本发展以更多自由。直到此时，它只是在北印度说印地语的一些邦有一定影响，在其他地区影响微弱。

大选结果，国大党又以绝对优势赢得胜利。无论在人民院或是邦立法院，它得到的选票和席位都遥遥领先。在人民院，它得到的选票占总票数的 47.8%，得到 371 个席位，占选举产生的总席位数（494 个）的 75.1%。

两者都超过了第一届大选。在邦立法院选举中，它得到的选票占总选票的44.9%，得到的席位占总席位数（3012个）的64.9%。除喀拉拉邦外，国大党在各邦都占绝对或相对优势。印度共产党在这次大选中取得了远较第一届大选突出的成绩。在人民院选举中，印共得到的选票占总票数的8.9%，获得席位27个，占总席位数的5.47%，继续是议会最大的反对党。在邦立法院选举中，印共得到的选票占总数的9.36%，得到的席位占总数的5.8%，次于国大党和人民社会党，居第三位。最突出的成绩是在喀拉拉邦，它赢得35.3%的选票，60个席位（总席位为126个），在独立人士议员的支持下，第一次获得建立邦政府的权力。在西孟加拉邦和安得拉邦，印共也取得了仅次于国大党的较好成绩。人民社会党在人民院选举中获得的选票占总数的10.41%，获得19个席位，占总数的3.8%；在邦立法院，得到的选票占总数的9.75%，得到的席位占总数的6.7%。人民同盟在人民院选举中只得到4个席位，在邦议会中所得席位也很少。

这样，第二届大选使国大党再度在联邦执政，并取得除查谟和克什米尔、喀拉拉邦以外的所有邦的执政权。这反映了印度人民对国大党第一次执政的政绩的充分肯定，也表明他们对国大党寄有更高的期望。但同时国大党在喀拉拉邦选举失败说明，人民对它的不满情绪也在增长，这也是尼赫鲁和国大党其他领导人不能不承认的事实。

大选之后组成了国大党第二届联邦政府，尼赫鲁继续担任总理。在邦一级也建立了国大党新的邦政府。在喀拉拉邦，印共组织了邦政府，印共政治局委员、邦党组织领导人南布迪里巴德出任首席部长。

第二届大选后进行了例行的总统、副总统选举，普拉沙德和拉达克里希南再度当选为总统、副总统。

二　建立社会主义类型社会决议

在国大党内，围绕印度的发展前途很早就存在不同主张。对国大党多数政治家来说，当然是要建立资本主义社会，党内左翼却把建立社会主义社会当作目标。当时因为面临的任务是争取独立，关于前途的争论被暂时搁下，独立后它成了现实问题。以帕特尔为代表的党内右翼势力不接受社会主义目标。帕特尔借助在党内的控制地位，对左翼提出的任何涉及印度发展方向的激进的政策和设想都加以反对，使尼赫鲁和左翼不能有所作为。

1950 年 8 月，左翼和右翼围绕国大党主席选举展开了激烈斗争。帕特尔提名右翼人物 P. D. 坦顿为候选人，尼赫鲁提名克里帕拉尼为候选人。投票结果，坦顿当选。他指定的工作委员会成员右翼居多。不过右翼的优势未能持久，1950 年 12 月 15 日帕特尔病逝，形势出现急遽转变。右翼虽人多势众，但再没有一个像帕特尔那样有威望和魄力的人做领袖了。

党内左翼认为时机有利，敦促尼赫鲁把党的领导权掌握在手里。尼赫鲁也感到右翼的阻挠使政府在制定政策上束手束脚，而政策过于保守会失去民心，因此右翼的羁绊必须打破。在精心思考后他采取的办法是，1951 年 9 月初提出退出国大党工作委员会。在第一届人民院大选即将举行的重要时刻，尼赫鲁如果离开党中央，会严重影响国大党的得票率，这是任何右翼也不敢冒的风险。工作委员会拒绝他的辞呈，国大党主席坦顿被迫于 9 月 8 日辞职。国大党全印委员会随即选举尼赫鲁为国大党主席。尼赫鲁组成了新的工作委员会，其中包括较多左翼，为全党团结考虑，也保留了坦顿和一些右翼人物。这样，左翼在党内便上升到当权地位。这次变动使尼赫鲁掌握了党政两方面的领导权，处于权力巅峰。第一届大选胜利更使他的声望倍增，党内已无人可与之对抗。尼赫鲁担任党主席至 1954 年。

既然障碍已经排除，尼赫鲁和左翼都认为有条件确立党的社会主义目标了。根据施政以来的经验，尼赫鲁认为，提出建立社会主义社会的目标并形成决议，对统一全党认识、明确发展方向、加速国家的发展建设都是十分必要的。

1955 年 1 月，国大党阿瓦迪年会通过了《关于建立社会主义类型社会的决议》。决议说："为了实现国大党党章第一条规定的目标，实现宪法序言所体现的民主精神和国家政策指导原则，计划的制定应以建立社会主义类型的社会为着眼点。在这个社会里，主要的生产资料为社会所有或为社会所控制，生产应逐步发展，财富应公平分配。"又说："我们全民的任务是建立福利国家和社会主义的经济。"在稍后公布的第二个五年计划文本中，对社会主义类型社会的含义做了进一步的解释："社会主义类型社会的最根本的意思就是，决定发展路线的基本标准必须不是为私人利益考虑，而是要有利于社会；发展模式和社会经济关系结构的设计不仅是为了国民收入和就业最终得到显著增长，而且要使收入和财富的占有更加公平。”①

从以上解释中可见，国大党要建立的社会主义类型社会，中心是强调主要生产资料为社会控制以及公平分配。前者意味着基础工业和关键工业国有或由国家监督，后者意味着改善下层人民的经济地位，不使财富过分集中。这其实也就是尼赫鲁 1936 年以后的基本主张和国大党社会主义派的一贯主张。这样的社会主义并不改变资本主义所有制，只是要建立一个强大的公营工业成分，限制私营企业的经营范围和活动领域。公营重工业的建立特别是基础设施的加强对私营企业的发展有有利的一面，这些部门需要的资金多，收效慢，是私人企业家既无力也不愿投资的，所以一些大资产者独立前就要求这些部门由国家承办。这样发展国营企业资本家能接受，在这样的社会主义下，私营企业仍然有很大的发展空间。至于公平分配，只要不改变生产资料所有制，对资本家就不构成直接威胁，相反却有利于减少工农运动。所以，这也是资本家能接受的。印度最大的资本家之一 G. D. 比尔拉就说：“只有在国大党的社会主义类型社会里，印度资本主义才能生存。”② 这样的社会主义类型社会只不过是对资本主义制度的改良，本质上说，其属于资产阶级小资产阶级社会主义类型，与科学社会主义有本质的不同。

不过，如果据此认为国大党确立这样的目标没有实际意义，那就十分错误了。提出社会主义的目标，说明以尼赫鲁为代表的社会主义派不同于右翼，他们是把国家进步发展与改善下层人民的地位作为一个整体考虑，力求既实现资本主义发展，又能提高下层人民的地位，从而保持社会的稳定。这一方面反映了他们对下层人民的同情，另一方面也是要努力找到一条适合印度国情的现代发展道路。必须承认他们比之右翼，视野更开阔，更有远见。

建立社会主义类型社会不但成了印度国大党的目标，由于国大党使人民院通过了类似决议，故也成了国家的目标。1976 年议会通过的宪法第 42 修正案更是把“社会主义”列为印度国家的属性之一。宪法序言说，印度是一个“主权的、社会主义的、世俗的和民主的共和国”。既然宪法做了明文规定，这就表明建立“社会主义的”社会被正式规定为印度国家发展目标。

---

① 印度计划委员会：《第二个五年计划》，德里，1956，第 23 页。

② 《甘露市场报》1955 年 1 月 20 日。

建立社会主义类型社会必须有物质基础，这就更加突出了发展强大的公营工业的必要性。一个完整的公营工业体系，由国家直接掌握，在国民经济中占主导地位，在尼赫鲁和左翼看来，这是建立社会主义类型社会的根本保证。为确保公营工业尽快发展，1956 年，政府在 1948 年工业决议的基础上制定了新的工业政策，这就是《1956 年工业政策决议》。决议进一步确立混合经济体制，规定国家有直接的责任建立新的工业企业和交通设施，促进工业更快发展；同时要给私营成分留下广阔的发展空间。新的政策宣布，为了实现建立社会主义类型社会的目标，为了适应有计划地和迅速地发展工业的需要，所有基础工业、战略性工业、公益工业都必须掌握在国家手里。那些需要很多的投资、只有国家能担负的工业部门都应由国家经营。不过国家在投资的能力上受客观条件限制，不可能把所有这些部门都包下来，而必须选择重点，量力而为，逐步实行。据此，决议在 1948 年工业政策的基础上，对工业部门重新分类，并重新划分了公营、私营成分的经营范围。全部工业被分成三类。第一类 17 种，包括军事工业、原子能、钢铁、重型机械、电信设备、煤、矿物油、稀有金属、矿产开采和加工、航空、铁路、造船、电话电报、发电输电等，由国家经营。现有的私营企业允许保留。今后国家在需要时不排除与私营成分合作建立新企业。第二类 12 种，包括铝、特种金属、特种钢、机床、化工、化肥、合成橡胶、药品、公路运输、海运等。这些部门新企业由国家创办，私营企业起补充作用，也可与国家合营。第三类是除第一、第二类以外的其他所有部门，都向私营企业开放。国家在财政上给予鼓励、支持，并通过发展交通设施，为私营企业的发展提供便利。国家必要时也可在这些部门建立公营企业。和 1948 年工业政策相比，新政策扩大了国家对具有战略意义的基础工业的垄断范围，在其他重工业部门，也规定增加公营成分的比重，这就进一步突出了公营成分在国民经济中的主导地位。1956 年还通过了公司法，赋予政府以广泛的权力对私营公司的活动进行规范和监督。

农村土改后实行全面的合作化，在尼赫鲁和左翼看来，是建立社会主义类型社会的另一个根本保证。合作化不仅被认为是提高农业生产的重要手段，更被认为是缩小农村贫富差距的基本保证。在国大党确定土改原则时，尼赫鲁就想把土改后组织互助合作的方针也一并提出来，但由于国大党右翼认为互助合作会损害土地私有制，坚决反对，故他没有坚持。如今国大党既决定以建立社会主义类型社会为国家发展目标，而且土改也已开始实行，尼赫鲁认为是时候了，必须正面、明确地提出互助合作的构想，统一党内认识，形成决议，付诸实施。

从现实情况看，组织供销合作和信贷合作在独立前已经实行，有较好基础，下一步是扩大推广的问题；困难的是组织生产互助合作，这是新课题，遇到的阻力大。尼赫鲁和左翼倾全力做说服工作，强调互助合作只是生产形式和分配形式的改变，并不改变土地所有权。只有使合作化成为印度未来农业经济的主要组织形式，才能防止社会两极分化，改变农民的经济地位和农村面貌。

在左翼思想占上风的情况下，1959 年国大党那格浦尔年会通过了实现农村合作化的决议。决议说，印度“未来的农业型式应是合作的联合耕种，土地集中起来实行联合经营，农户仍保留他们的财产权，并根据他们的土地比例从净产量中分得自己的份额。而且，实际的田间劳动者不论拥有土地与否，都将根据他们在联合农场投入劳动的比例，分得自己的份额”。还说：“作为第一步，在实行联合耕种之前，需要在全国范围内组织服务合作社。这个任务需要在三年内完成。但即使是在这段时期之内，只要有可能，只要农户一般表示同意，即可开始实行联合经营。”① 这段文字把尼赫鲁关于未来农村的蓝图勾画出来，也表明了他希望印度实现农村合作化的强烈愿望。

然而，这只是他和国大党左翼的美好想象。其他党派并不接受国大党的决议，建立社会主义社会的目标虽然被写进宪法，其他党派并未把它作为自己的纲领。右翼政党、教派主义政党对所有与社会主义社会有关的提法不屑一顾；左翼政党则批评国大党的社会主义主张不够激进，甚至认为是欺骗群众的虚伪宣传。在国大党内，虽然右翼不再公开反对，但并不心甘情愿，举手表决也是装模作样，言不由衷。右翼势力仍然是相当强的，他们在待机而动。这样，围绕国家发展方向、发展公营工业、实行农业合作化等重大问题的不同主张此后不仅一直是国大党与在野党政见分歧的焦点，也成了国大党内冲突不断以致党一再分裂的一个根本原因。

---

① F. R. 弗兰克尔：《印度独立后政治经济发展史》，孙培钧等译，中国社会科学出版社，1989，第 186 页。

三　马哈拉诺比斯模式和计划经济的实施

1951 年 4 月，印度开始实行经济建设第一个五年计划，1956 年完成。计划规定的主要任务是恢复和发展农业生产，增产粮食和工业原料，解决印巴分治造成的经济失衡。结果一批规模巨大的水利工程建立起来，增产指标基本完成。工业方面，针对现有工业体系中的许多空白点，国家投资兴建了一批重工业工厂。

就在第一个五年计划结束前，尼赫鲁根据在印度建立社会主义类型社会的目标，形成了他的发展经济战略的构想。他委托其首席顾问、经济学家 P. C. 马哈拉诺比斯按这个构想编制第二个五年计划。马哈拉诺比斯贯彻他的思想，加以具体化，提出了发展印度经济的战略模式，这就是尼赫鲁-马哈拉诺比斯模式。这是个以加速工业化来促进经济增长的发展战略，主要内容是：快速发展重工业和基础工业，以资本品工业的发展来提高自力更生发展工业的能力，通过增加对消费品工业设备的供应，带动后者发展；重工业基础工业的快速发展靠大力新建公营企业实现，要使公营成分在国民经济中迅速占据主导地位；通过国家计划和政策调节，促进私营工业在国家计划的方向和框架下发展，满足社会对日用消费品的需求；积极鼓励发展小型企业和乡村企业，在政策上给以支持和保护，以扩大就业，补充对日用消费品的供应；坚持自力更生原则，实行进口替代方针，逐渐做到日用消费品、中间产品和资本货物都能够自给。总之，这是个优先发展重工业和公营成分的模式，是个以进口替代为导向的内向型发展模式。第二个五年计划就是按这个模式的要求编制的，是为实现这个模式迈出的第一步。

第二个五年计划 1956 年开始执行。预定支出资金总额为 790 亿卢比，其中公营部门支出 480 亿卢比，私营部门支出 310 亿卢比。在公营部门支出中，工业和基础设施方面的投资比重最大。实行结果，公营部门支出总额为 467.2 亿卢比，其中 56%是国内财政筹集，24%是通过外援获得，其余 20%为财政赤字。

在公营总开支中，工业占 24%，能源占 10%，交通运输占 28%，农业和灌溉占 20%，社会服务占 18%。这表明公营工业和基础设施建设获得了最大的关注。创办的公营工业企业都是规模较大的基础工业和重工业企业。

如钢铁业方面，新建的杜加普尔、比莱和鲁尔克拉钢铁厂都是年生产能力达百万吨的大企业。这时期建设的印度重型电器公司、印度重型机械公司、奇塔兰占机车厂、阿瓦迪汽车制造厂，都是亚洲一流的大企业。新建的大企业还有重型化工厂、铝冶炼厂等。全印公营企业属于联邦一级的1950~1951年度只有5家，1955~1956年度有21家，到1961年增至48家。工业体系中的薄弱环节和空白点又有部分得到强化和弥补，工业布局也趋向分散。比莱钢铁厂设在中央邦，鲁尔克拉钢铁厂设在奥里萨邦，杜加普尔钢铁厂设在西孟加拉邦。像奥里萨邦、中央邦这样的邦，工业基础都较薄弱。由于一批大工厂的兴建，出现了新的工业中心，落后的状况也有所改变。

大型公营重工业企业的建立，有一些得益于外援。鲁尔克拉钢铁厂由德国克虏伯财团援建，杜加普尔钢铁厂由英国钢铁制造业财团贷款建立，比莱钢铁厂由苏联援助建立，印度重型电器公司则为印度政府与英国联合电器公司合建。外援不仅包括提供资金，也包括提供先进技术和设备，对印度重工业领域迅速补缺起了重要作用。1958年在西海岸的坎拜发现了蕴藏量丰富的油田，这对急切地盼望找到石油资源的印度来说是一大喜讯。政府和一些外国公司签订了勘探合同。

“二五”计划期间，私营企业家显示了很强的投资愿望和潜力，投资增长率超过了计划指标。这导致轻工业领域一大批新工厂的建立，其部门更加多样化。私人投资也有部分用于现有私营重工业企业的扩建。如塔塔钢铁厂、印度钢铁厂都进行了设备更新和扩建，生产能力分别达到200万吨和100万吨。外国私人投资在“二五”计划期间也稍有增长。政府为吸引外资，在政策上又不断做出调整，包括简化批准手续和程序，在税收上给予优惠，1958年又规定外国投资者在特殊情况下，在与印资的合营企业中可持有51.1%~73.9%的股权。

“二五”计划期间，一方面由于外汇紧缺，另一方面对现有的和新建的工业需要实行市场保护，印度政府开始实行严格的进口限制政策。进口也要申请许可证，粮食以外的消费品严格限制进口。在外汇紧缺的情况下，这一措施保证了新建工业企业所需设备和原材料得以及时购进。

“二五”计划规定的重要指标大部分得到实现。国内生产总值年增长率为4.27%。工业方面，制造业年增长率为6.28%，采矿业为6.96%，能源和供水为12%。农业年增长率为3.35%。国民收入（按1980~1981年度价格计算）年增长率为4%，人均收入年增长率为2%。

“二五”计划不足之处，一是农业产量提高的幅度不大，许多农作物的产量没有达到指标，与工业的迅速增长形成了强烈反差。由于粮食增长率低，印度不得不年年大量进口粮食，1956 年进口 140 万吨，1957 年增至 370 万吨，“二五”期间共进口 1700 万吨。1960 年印度与美国又签订一项新的协议，规定四年内美国再向印度提供 1600 万吨小麦、100 万吨大米。进口粮食耗去大量资金和外汇，严重地影响了工业化的进展。农业之所以发展迟缓，其原因一是土改不彻底，二是政府资金有限，对发展农业的拨款削减过多，大大影响了农业基础设施的建设和支持农业的信贷投入。“二五”计划造成的另一个严重问题，是失业大军继续存在。由于土改不彻底，农村大量剩余劳力的问题没有解决。乡村工业和小型工业只有有限的发展，对解决就业问题只能起有限的作用。“二五”计划规定解决 1000 万人的就业问题，但到计划完成时，失业人口仍有 710 万。贫富差距未能缩小，收入得到改善的是少数人，多数人贫困依旧。连尼赫鲁也不无遗憾地说：“计划的执行帮助了富人而没有使穷人得益。”①

第三个五年计划继续遵行马哈拉诺比斯模式，1961 年 4 月开始执行。在公营部分的支出中，仍以发展基础工业和重工业，包括钢铁、燃料、电力、机械制造、石油、化工等部门为投资重点。“三五”计划也提出了大力增产粮食以达到粮食自给的目标。不过，农业支出只是略有增加。尼赫鲁把增产的希望寄托于土改和合作化的推动。

“三五”计划在实施中同样一直受资金紧张的困扰。预定的资金不敷使用，有许多资金根本不能到位。在这种情况下，唯一的办法是紧缩投资并更加依赖外援。“三五”期间从国外筹集的资金有 239 亿卢比，占公营部分总支出的约 28%。到 1966 年，印度的外债达 350 亿卢比。资金方面的捉襟见肘和外汇短缺，使许多计划进口的设备、材料不能进口，许多项目不得不推迟上马。

“三五”计划执行的结果，国内生产总值年增长率为 2.84%。工业方面，制造业年增长率为 6.6%，采矿业年增长率为 6.7%，能源和供水年增长率为 12.84%。重工业和基础工业部门有了新的较大的发展，特别是机器

---

① 《印度教徒报》1963 年 3 月 12 日。

制造和重型机械方面。轻工业领域也有新的发展，供应市场的日用消费品较以前明显增多。

“三五”计划的实施在工业方面的主要成就在于，进一步扩展了重工业和基础工业的建设，使建立完整的工业体系的任务基本完成。经过“二五”“三五”计划的实施，独立时畸形的工业体系得到纠正，薄弱环节得到填补，对设备和原材料进口的依赖大大减少，工业品自给能力达到80%左右。自力更生目标基本实现，印度已具有自我装备、自我发展的相当能力。重工业的兴建带动了轻工业的发展，使印度在60年代成了新独立国家中工业发展走在最前列的国家。

但“三五”计划在农业方面实施的情况很糟。除甘蔗外，农作物增产指标都没有完成。粮食计划生产1亿吨，实际完成7230万吨；棉花计划生产700万包，实际完成460万包。“三五”计划期间共进口粮食2500万吨，比“二五”计划期间还要多。“三五”计划期间农业年增长率为-0.28%，是独立以来最差的。农业的受挫固然与1965~1966年的旱灾有关，但也表明，在当时印度的现实情况下，主要靠制度改革来促进增产是行不通的，必须在制度改革的同时，在生产率增长方面开辟新的道路。

“三五”计划期间国民收入年增长率为2.4%，不足预定的5%指标的一半。由于人口的快速增长，人均收入年增长率仅为0.2%。失业人口数量有增无减，从“二五”时期的710万人上升到960万人。

四 土地改革和乡村发展

1948年自治领政府在确立了土改原则后，就要求各邦为实行土改立法做准备。宪法颁布后，按照其中关于联邦和邦分权的规定，农业的立法和管理属于邦的权限范围。这样，土改法就不能由中央统一制定，只能由各邦根据中央提出的土改原则结合本邦具体情况制定本邦的土改法。1953年联邦政府建立了中央土改委员会，作为土改指导机构。全国范围的土地制度改革就此正式拉开了帷幕。

（一）废除柴明达尔中间人地主制

柴明达尔中间人地主制包括原英属印度的柴明达尔制、马哈瓦尔制下的地主所有制部分和土邦的封建土地占有制，其地区包括原英属印度的阿萨姆、孟加拉、比哈尔、奥里萨诸省，以及北方邦、马德拉斯的一部分和原来的所有土邦地区。柴明达尔占有土地的总数约占全国总耕地面积的60%。各邦的法律出台时间有先有后，多数邦在50年代完成了立法。

各邦立法的内容大同小异，基本点是取消各种名称的中间人地主制，包括柴明达尔制、札吉达尔制、达鲁克达尔制、伊纳姆达尔制（宗教赐地）等，使耕种这些土地的佃农直接与政府建立纳税关系；中间人地主的“自营地”可以留下，其余土地及荒地、渔场等由政府征收，政府给予补偿金，其标准一般为土地年收入的若干倍，或为地租的10~15倍，也有些邦按土地价格决定。补偿金有的规定以现金支付，有的作为定期债务支付；原柴明达尔土地上的佃农在取消中间人地主制后有权根据地方土地法庭裁定的价格，购买所耕土地的所有权，可以一次付清，也可以分期付款，后者价格要高一些。各邦法律不同之处主要是补偿金、地价定得高低不一；另外，对“自营地”的解释、对享有不同佃权的佃户购买土地的办法也有不同的规定。

废除柴明达尔制的整个过程，遇到了不甘心失去封建特权的各类中间人地主的反抗和破坏。各邦议会内的地主及其代理人与之呼应，用种种办法阻碍、拖延土改法的制定，或使法律的内容尽可能有利于柴明达尔保留更多土地或得到更多补偿。例如，北方邦于1950年制定的废除柴明达尔制法经过4年才生效，给了柴明达尔充分时间通过逐佃扩大所谓“自营地”，以留下更多土地。各邦法律规定柴明达尔“自营地”可留下，而对“自营”的含义都规定得极为宽泛，如把雇工耕种、分成农耕种都算“自营”，这就为柴明达尔们在所谓“自营”的名义下尽可能保留土地大开方便之门。保留“自营地”的漏洞引发了柴明达尔夺佃高潮，各类地主急急忙忙尽可能多地收回佃农耕种的土地，使本来属于征收范围的大片土地逃避征收。北方邦就很典型，该邦柴明达尔拥有土地共约3300万英亩，以“自营地”名义就保留了约700万英亩，结果这些柴明达尔在土改后依然是大土地所有者。

在土改全面铺开后，柴明达尔又使用另一手段来抗拒土改。他们以宪法规定私有财产权受保障为护身符，向法院呈递了成千上万份起诉书，诡称土改法侵犯了公民根本权利，违反了宪法。有些法官竟也这样认定，判定邦立法院制定的土改法违宪。为了克服这个法律上的障碍，政府只得通过修宪来保障土改的实行。1951 年，政府使议会通过第一个宪法修正案，肯定议会有权根据国家政策指导原则就征收个人财产问题立法，法院不能以有悖宪法关于公民根本权利的规定为由否定其有效性。修正案在宪法正文中增加了特地说明这点的 31A 款，又把各邦制定的土改法统统列出，作为宪法第 9 附表，在宪法正文中增加 31B 款，明确说明附表所列所有法律均不得被认为违反宪法关于公民权利的规定。这样就保障了这些法律的有效性。

柴明达尔们见否定土改立法的图谋破产，就又在没收土地的补偿价格上找突破口，起诉政府定的价格过低，侵犯公民的财产权。最高法院也做出裁决，规定征收土地的补偿价应是土改时土地的市场价格。为解决这个问题，议会于 1955 年又通过宪法修正案（第 4 修正案），规定议会确定的补偿价格法院无权提出异议。至于为什么补偿数额要以议会法定额为准，尼赫鲁在讨论修宪案中做了解释，他说："如果我们的目的是改变社会结构，我们就不能考虑给予充分补偿。这是因为，第一，我们做不到；第二，那样做是不适当的，不符合正义的要求；第三，即便能做到，也不应那样做。如果我们给予充分补偿，那么富人就仍然是富人，穷人依然是穷人。……所以在实施任何社会工程时，我们都不能给予充分补偿。"①

柴明达尔们诬称土改侵犯私有财产权，其依据是宪法关于公民根本权利的规定；而议会通过修宪案所依据的是国家政策指导原则。宪法这两处规定的潜在矛盾，在土改中第一次凸现出来。1951 年 6 月在提出第一次修宪案时，尼赫鲁对如何看待两者关系做了说明，他说："国家政策指导原则代表向既定目标前进，公民根本权利则代表静态地维护现存的权利。两者都是正确的。"但宪法的目的是引导国家一步步地前进，以达到既定目标，如果把强调静态地维护现有权利置于动态地实施国家政策指导原则的需要之上，那么宪法规定的国家目标就不可能实现。②

尽管柴明达尔及其代理人采取种种手段破坏，印度政府和国大党领导层还是坚持要求各邦政府贯彻中央精神，克服障碍，落实土改法令。毕竟柴明达尔类型的法定地主一直是英国殖民统治者和土邦王公的支柱，名声恶劣，在国大党内同情他们的人也是少数，所以各邦的立法基本上得到实

---

① P. 格里夫特斯：《现代印度》，伦敦，1957，第 200 页。
② P. 格里夫特斯：《现代印度》，第 126~127 页。

施。结果到第一个五年计划完成时，全国各地的中间人地主制差不多都已取消，剩下的少数地方，以后也陆续取消。总计有259万中间人地主的土地被政府收回，土地总量为1.73亿英亩，约占全国耕地总面积3.6亿英亩的48%。原柴明达尔等中间人地主的佃农有2000万户摆脱了中间人地主的剥削，与政府建立了直接的纳税关系。政府共支付给柴明达尔中间人地主补偿金约67亿卢比，少量为现金，大部分发给债券，20~40年还清。佃农中有相当部分人通过分期付款，购买到所耕土地的所有权，成了自耕农，其中原来较富裕的佃农获得较多土地，或出租，或雇工经营，成了富农。

柴明达尔制的废除取消了一大部分寄生性地主，这些地主中许多是不在村地主，只知剥削农民，对农业发展毫无建树。这种制度的取消部分地实现了耕者有其田，解放了生产力，并促使保留“自营地”的地主真正关注其“自营地”的经营，初步实现产权和经营的结合，这对农业的发展和实现农业现代化、对乡村建设和社会进步无疑都具有重大意义。

不过柴明达尔制的废除只是取消了印度封建土地制度的一部分。首先，很多原柴明达尔保留了相当数量“自营地”，继续是大土地所有者，其土地的相当部分继续由分成农耕种，因此这些人依然是地主。如比哈尔邦取消柴明达尔制后，拥有500英亩、700英亩甚至1000英亩土地的地主并不少见。原柴明达尔制下的次佃农、分成农和农业雇工仍然没有土地而继续受封建剥削。其次，由于废除柴明达尔制并不包括清除莱特瓦尔制和马哈瓦尔制下那些通过土地兼并形成的地主，这些地主的封建剥削继续存在，其占有的土地约占这些地区耕地总面积的1/5，他们中也有一部分是不在村地主。这些地区的佃农多为分成农，尽管他们也强烈要求得到土地，政府仍坚持认为这些地区地主的土地是通过正常手段获得的私有财产，应受到法律保护。

（二）租佃立法

据1953~1954年度印度全国抽样调查推算，印度佃耕地约占耕地总面积的20%，这还不包括非正式佃农（即只有口头契约的临时佃农）的耕地。所有佃农都强烈要求改善地位，这是政府不能不考虑的。

从1948年起到50年代上半期，根据联邦政府要求，各邦先后制定了改善佃农地位的法律。其主要内容为：规定地租率不得超过产量的1/4或1/5；

禁止地主强迫佃农无偿服役；禁止勒索杂税和附加地租；一般佃农（不包括分成农和次佃农）连续耕种租佃地若干年（有的规定6年，有的规定12年，有的规定不足6年）者，可获得永佃权或对所耕土地的购买权；地主收回佃耕地自营要有一定限量，必须留给佃农能维持生活的最低限度的土地等。各邦在具体规定上略有差异。

出乎人们预料的是，这项改革遇到的阻力比废除柴明达尔制大得多。这是因为租佃改革不仅与原柴明达尔制地区保留大量土地的大土地所有者利害相关，而且涉及这些地区新兴的富农的利益，涉及所有非柴明达尔制地区地主和富农的利益。相关联的人不但人多势众，而且在国大党内、在各邦立法院和政府中有强大的势力，因而可以在法律范围内和法律范围外，以各种形式进行阻挠和破坏。前者如拖延立法、立法规定偏宽、立法中故意形成一些漏洞、执法不力等。例如，有些邦把地租率规定为50%甚至更多；有些邦通过的法律几年后才生效，给土地出租者逃避法律规定留下了充裕的时间。后者如土地出租者对佃农的佃耕地不断调换，不让佃农在一块土地上连续耕作，使之不能具有购买佃耕地的年限资格。更普遍的情况是，地主纷纷以自耕名义夺佃，或逼使佃户“自愿”退佃，使地主收回出租土地要有限制的规定形同虚设，地主夺佃几乎不受任何限制。结果，这方面的立法可以说收效甚微。关于地租率不超过1/4或1/5的规定以及使佃农得到永佃权和对所耕地购买权的规定基本上都停留在纸面上，不能执行。只有少数邦地租率较低的规定能够实行；只有很少佃农得到永佃权，其中较富裕者购买了佃耕地。地租之外非法勒索的现象在许多地区依然存在。佃农的地位不但没有得到保障和改善，反而有很大数量的佃农因地主夺佃失去了佃耕地，或失去了正式的佃权，成为非正式的也即不受法律保护的临时佃农。印度学者库斯罗提供的海得拉巴的情况就很典型。那里实行土改法后，原来的佃农中有2.6%的农户被合法夺佃，有22.1%被非法夺佃，有17.5%“自愿”退还佃耕地，三者共达42.2%，只有12%的农户购买了佃耕地，剩下的农户保留了原来的佃耕地，得到了多少不同的佃权。[①] 另两位经济学家V. M. 丹德卡尔和G. J. 昆丹普尔对孟买租佃法实施结果的研究也表明，在1947~1948年度和1952~1953年度，有佃权的佃农在佃农总户

① R. 达特、K. P. M. 桑达拉姆：《印度经济》，德里，2001，第536页。

数中的比例由 60%下降到 40%稍强，大量佃农在地主夺佃的威胁下，为保住佃耕地，不得不接受更恶劣的佃耕条件。[①]

（三）规定土地持有最高限额

废除柴明达尔地主制和租佃改革并没有完全解决土地大量集中于少数人手中，多数人无地或少地的问题。在原柴明达尔制地区，原柴明达尔们以“自营地”名义把所占有土地的相当大部分保留下来。在原莱特瓦尔制地区，地主的土地尽管田连阡陌，也不在废除中间人地主之列。这样，少数人继续是大土地所有者，而多数人依然贫无立锥之地。1954~1955 年，全国 50%以上的土地为不到 10%的农户所有，25%的农户完全没有土地，另外 25%的农户只拥有全国土地的 1%强。

1955 年，尼赫鲁政府使议会通过了一项宪法修正案，赋予邦政府规定土地持有最高限额和分配超额土地的权力。50 年代末和 60 年代，各邦先后制定了这类法律。由于联邦政府在如何实行土地最高限额方面只是提出原则，对做法没有明确规定，各邦的立法自行其是。

关于土地持有最高限额的计算单位和标准，各邦的规定很不一致。多数邦规定以个人为计算单位，所定最高限额标准都很宽。如北方邦规定个人最高限额为 27~324 英亩（不同土质有不同最高限额），马哈拉施特拉为 18~126 英亩，古吉拉特为 19~132 英亩。此外，都还有形形色色的免除限额规定，如机械化农场、经营良好的农场、饲养场、奶牛场、种植园、糖厂的甘蔗田、果园和慈善机构的土地均不受最高限额限制。由于标准太宽，又有大量的例外，再加上各邦立法低效和执行不力，给大土地所有者逃避法律留下了足够的时间和空间。大土地所有者采取化整为零、转移土地和把农田临时改为果园、奶牛场等各种办法逃避，结果，政府能征收的超过限额的土地所剩无几。如旁遮普邦，政府最初估计可征收 20 万英亩土地，但到 1962 年实际征收的能分配的土地仅有 1.6 万英亩；泰米尔纳杜邦估计有 12.5 万英亩超额土地，实际只能征收 2.4 万英亩；西孟加拉邦原估计有 60 万英亩超额土地，最后只征收到 10 万英亩。土地征收和分配也都是有偿的。

---

① R. 达特、K. P. M. 桑达拉姆：《印度经济》，第 536 页。

规定持有最高限额的工作在后来英·甘地执政时于 1972 年又做了一次推动。根据联邦政府的要求，各邦实行了新的立法，实行以户为单位的计算办法，大大降低了最高持有额标准，减少了不受限额限制的用地种类，结果使征收和分配剩余土地的工作比前一阶段有了一些进展。不过，由于立法中漏洞很多，便利了大土地所有者继续逃避，实行结果离预期目标仍相当遥远。据抽样调查推算，全国超过最高限额的土地应当有 3000 万英亩。到 1980 年 3 月 31 日，根据新的立法计算出的剩余土地只有 691.3 万英亩，已征收 485 万英亩，分配 355 万英亩，有 247.5 万无地或少地的农户分到了土地。

（四）互助合作

对尼赫鲁来说，互助合作和土改具有同样的重要性。土改实际开始后，他一直提醒各邦要准备在土改后组织开展互助合作，强调只有走互助合作道路，才能巩固土改成果，缩小农村必然要出现的两极分化。他提出的互助合作方案是在保留土地私有权基础上的联合经营，按土地大小和投入劳动的多少分配。这只是初级形式的合作制，并不改变土地私有制。然而，他的主张遭到农村富裕阶层和右翼政党的强烈反对，他们故意耸人听闻，把互助合作说成要“取消财产权”、“赤化”农村。国大党内的右翼也一直不赞成。各邦政府对尼赫鲁的要求实行软抵制，没有人打算执行。在 1959 年那格浦尔年会上通过《关于农业组织模式的决议》后，互助合作依然是雷声大雨点小，并没有任何实际的改观。尼赫鲁对此非常不满，因为这不仅意味着他通过制度改革和合作化改变农业落后面貌的设想无法实现，也意味着国大党建立“社会主义类型社会”的目标在农村落实的希望落空。尼赫鲁去世前不久在和一位记者的谈话中，他抱着非常遗憾的心情说，1959 年国大党决议提出的互助合作道路是有利于缩小贫富差距，有利于国家，有利于发展生产的道路，但由于柴明达尔等封建势力及受其影响的政治势力的反对而未能实行，结果“使我们的开端良好的土改半途而废”。“决议已被忘记，今天我们正为我们的过错付出代价。”① 这表明，直到最后他也没有改变对合作化的憧憬和期望。不过，如果着眼现实，就不难看出，他

---

① R. K. 卡拉恩加：《尼赫鲁的哲学》，新德里，1966。

的想法是建立在主观愿望的基础上的。他没有认识到在存在大土地所有制的情况下，在土地持有不平衡，很多农民根本没有土地的情况下，要在印度走合作化道路是没有可能的。事实上那些响应号召成立起来的少量生产合作社，也多在成立不久就因资金、管理、分配等一系列问题无法运转而解体。

（五）农业资本主义的初步发展

土改虽然整体取得的成就有限，但还是为农业资本主义的发展创造了条件。在原来的柴明达尔保留自耕地的人中，有一些开始面向市场，扩大投入，使用机械耕种，雇工经营，牟利成了生产的主要动力。有些大土地所有者看到土地持有最高限额法中那些免除限额的规定，为了逃避征收，便把部分土地改变成果园、甘蔗地或办起了饲养场、奶牛场、使用农机的农场等。还有些大土地所有者，为了能从政府得到贷款，便打起了合作社旗号，实际是雇工经营农场。这样，就出现了一批资本主义性质的农场。北方邦就很典型。50 年代中期，该邦经营 50 英亩以上土地的农户有 11544 家，土地总面积 148 万英亩，其中采用机械化耕作技术的有 2088 家，1951 年有拖拉机 2669 台，1956 年增加到 5839 台。[①] 美国学者丹尼尔·索纳在印度做了 3 年实地调查后，在 1955 年出版的《印度农业前景》一书中说，北方邦在废除柴明达尔制后，出现一大批占地 20 英亩以上的经营地主，他们的经营方式是资本主义性质的。邦政府给以贷款资助，鼓励和支持他们采用新技术，农场经济显得颇有生气。[②] 在自耕农（包括原佃农）中，特别是较富裕的农民中，也有一些与市场有较多联系的人，看到市场上粮食和某些经济作物的行情较好，就开始在可能的范围内增加投入，如兴修水利、选用良种、购置小型农业机器等，劳力不足的就雇工经营。这部分农户逐渐以市场取向来规划自己的经营，他们的家庭农场已经纳入商品经济的范畴，成为资本主义农业经济的辅助部分，也为其进一步发展提供了广阔的土壤。

资本主义经济的发展对雇用劳动力有了较多要求。1951 年印度农业工

① 《新世纪》1961 年 2 月号。

② 丹尼尔·索纳：《印度农业前景》，新德里，1955，第 21~25 页。

人为 2350 万人，1961 年增至 3150 万人。其中按日雇用的临时短工比重增加，常年雇工比重减少。这是因为以往雇长工耕种的地主中有些改变了经营方式，不需要那么多长工了，而是根据农活需要，随时雇用日工。

这些都表明，一种新的经营方式不期而至并在逐渐扩大。伴随土改的进行，农业生产制度的变革也不知不觉地开始了。

（六）乡村建设

农村的贫困和落后是印度最醒目的现象。独立前，甘地在乡村建设方面有很多设想，并付出了极大努力。在他身体力行的积极感召下，原来不重视农村建设的国大党领导人也有了一定变化。独立后，当实现社会公平明确地被定为印度发展目标之一时，乡村建设的必要性就显得尤其突出。政府在这方面开始做出努力。

1952 年，政府开始自上而下实施一项乡村发展计划，内容包括实现充分就业、普及科学知识、培训技术人员、推广合作运动、举办公益事业、建立福利设施、修筑乡村道路、改进卫生条件等，以达到向农村传播科学知识和文明、改变乡村面貌、发展农业生产和改善农民生活的目的。乡村发展计划实施单位为发展区，每个发展区包括 100 个村庄，10 万人口，每区又分为若干组。每个发展区有政府派的发展官员负责计划的实施。计划的各项活动都强调农民自愿参加。其资金主要由政府提供，同时也号召农村居民自行筹集补充。为实现这个计划，成千上万名专职工作者在经过必要的培训后，满怀热情地投入工作。到第一个五年计划结束时，实施这项计划的发展区达 1075 个，占全国地区的 1/5 以上，有 12.3 万个乡村、8000 万居民参与。这是印度政府发动人民群众自己动手改变农村落后面貌的第一个尝试。尼赫鲁对此抱有很高期望，他说：“这项计划的重要性不仅在于它将带来的物质成就，更重要的是，它是乡村社区和人们自身的建设，将使后者不仅成为其自己乡村的建设者，而且在更大的意义上成为印度的建设者。”①

关于乡村基层政权的形式宪法并未规定，只是在国家政策指导原则中提出，各邦有义务组织农村潘查雅特（评议会），使之担负起村一级行政机构职能。独立后，各邦都在建立健全潘查雅特方面做了一定工作。在实现

① 印度计划委员会：《新印度》，纽约，1958，第 169 页。

乡村发展计划中，县一级政权机构薄弱是个突出问题，特别是缺乏负责地方发展的领导机构。1956 年，政府根据 B. 梅塔调查委员会的建议，决定在全国建立村、县、区三级结构的潘查雅特体制，即村潘查雅特、区代表会议和县代表会议。前者由村民直接选举产生；区代表会议由所属村潘查雅特的代表、本地区的议员及合作运动官员构成；县代表会议由各区代表会议的代表、本地区的议员和有关官员构成。三级潘查雅特是自治组织，行使县以下基层政权在地方发展建设方面的职能；同时仍保留县长、治安长官，由邦政府任命，负责税收、治安工作。在联邦政府的决定下，1959～1962 年各邦都建立了这种基层体制。县下属的农村很广阔，仅仅由上面任命几名县级官员来管理是非常无力的，何况这些官员对农村情况了解很少，很难有所作为。在邦与广大农村基层间缺乏强有力的联结纽带，实现基层自治也就没有体制上的切实保证。三级潘查雅特体制的建立弥补了这个缺陷，这是行政体制的一项重大创新。

五　教育的初步发展

英国殖民统治时期，为了培养维持殖民统治和剥削所需要的公务员、公司职员、工程技术人员和自由职业者，殖民统治者不得不从印度人中培养大批知识分子。这样做还有更深一层的目的，就是如马考莱所说，要通过培养一大批思想情趣完全英国化的印度知识分子，并通过他们发挥扩散效应，以达到对印度的思想同化的目的。因此，印度早在 1857 年就建立了三所大学和一批学院，用英语做媒介，实行西化教育。殖民当局对初等教育和中等教育的态度就是另外一回事了，他们不希望广大下层群众掌握文化，对他们来说，听话、不反抗、除了干活以外什么也不懂的苦力才是最理想的统治对象。所以，对涉及面更广的初等和中等教育他们并不关心，即便制定了一两份发展基础教育的文件，也只是在民族力量的谴责面前装装样子而已，根本不去认真贯彻。结果，殖民统治造成了教育发展严重畸形。一方面，印度高等教育的发展和高校毕业生的数量在当时的殖民地半殖民地中走在前列；另一方面，全国文盲之多、学童在学率之低在殖民地半殖民地中也是极为突出的。独立时，全国高等学校的学生有 30 万人，而全国识字人口到 1951 年只占总人口的 16.6%，农村识字人口只占总人口的

6%，学龄儿童有60%不能入学，妇女识字率只有8.9%。

独立后，政府面临的紧迫任务之一是发展教育，改变殖民统治造成的教育落后和畸形。这不仅是保障公民受教育权利、体现机会平等所必需，也是促进国家经济文化发展和社会进步的前提条件和重要内容之一。印度作为世界人口大国，潜在的人力资源极为丰富，如能通过充分的教育提高全民思想文化素质，使潜在的资源变为现实，那将是一笔巨大的财富。宪法的制定者和政府领导人对这一点都有很清楚的认识。宪法规定要使教育得到全面而充分的发展，要在10年内实现14周岁以内学龄儿童的普遍义务教育；还规定凡国家主办的任何教育机构或接受国家基金拨款的任何教育机构均不得以宗教、种族、种姓、语言或其他理由拒绝学生入学，信奉不同宗教和操不同语言的少数派都有权建立自己的教育机构，国家在教育方面对妇女要特别关心，对表列种姓和表列部族要加以扶植和照顾。这些规定既体现了宪法制定者们对教育的高度关心，也是政府在教育领域贯彻公民权利平等原则的体现。

尼赫鲁政府成立后，尽管要做的事举不胜举，但还是把振兴教育放在非常重要的地位。独立后的第二年尼赫鲁就指出："教育的整个基础必须进行一次革命。现行的教育制度或许适应以往的形势，但在现在的情况下继续这种制度只会妨碍国家的发展。"① 在发展资金十分缺乏的情况下，政府还是拨出大笔经费来发展教育。1951~1952年度国家财政预算中的教育支出为1.98亿卢比，1964~1965年度增加到14.627亿卢比，增长了6倍多。教育经费占国民生产总值的比重1950~1951年度为1.2%，1960~1961年度增加到2.5%。教育经费绝大部分来自政府拨款，少部分来自地方机构资助、馈赠和学费收入。政府拨款分为计划经费和计划外经费，中央拨一部分，邦政府担负大部分。尼赫鲁发现，有些邦对教育重视不够，借口经费紧张，对初等教育拨款不到位或大幅度削减，以致教育的发展受到很大影响。尼赫鲁严厉批评这种做法，他说，"教育是一切的基础"，② 除非经费紧张以致很多项目都取消了，我们已动弹不得，否则就不能削减教育拨款。他甚至说如果确有困难，宁可适当削减工业拨款。

① M. R. 杜阿：《印度教育的发展，印度人和外国人的看法》，德里，1988，第9页。

② S. 戈帕尔：《贾瓦哈拉尔·尼赫鲁传》第2卷，伦敦，1984，第158~159页。

按宪法对联邦和邦的职权划分，教育的立法和执行属邦职权范围，中央在原则上加以指导。1951 年开始实行第一个五年计划后，每个五年计划中都有发展教育的内容，包括发展的重点、所要达到的目标、要克服的问题以及经费的分配等。各邦也分别制定出本邦的发展计划。中央为了掌握全国教育的现状和存在的问题，以便有针对性地提出总的政策、指导原则和改革方案，1948 年和 1952 年先后任命了以拉达克里希南为主席的大学教育委员会和以马达利尔为主席的中等教育委员会，分别就高等教育和中等教育的状况进行调查研究，提出改进和发展的建议。两个委员会提出的具体建议经政府采纳，对 50~60 年代高等教育和中等教育的初步改革和发展起了重要作用。但这还只涉及整个教育问题的局部。为了使教育有一个根本的变化，明确制定出国家的教育政策，还需要对教育的整体状况有更清楚的掌握。1964 年议会又任命了以科塔里为主席的教育委员会，要求就教育体制、结构、行政、财政、教师地位及各门类教育状况等各方面进行综合调查研究，提出建议。科塔里领导的教育委员会做了大量工作，完成了大部头的调查报告。不过报告的提出和政府相应地制定国家教育政策都是英·甘地执政时期的事情了。

尼赫鲁执政的 17 年中，尽管在整个教育体制上还没有来得及进行根本性的改革，但在量的增长方面成绩是显著的。初等教育方面，一年级至五年级入学学生数 1950~1951 年度为男生 1377 万人，女生 538 万人；1965~1966 年度增加到男生 3218 万人，女生 1829 万人。中等教育方面，入学学生数 1950~1951 年度为男生 102 万人，女生 19 万人；1965~1966 年度增加到男生 408 万人，女生 120 万人。同期中等学校的数量由 7288 所增加到 24477 所。高等教育方面，独立时大学有 18 所，学生近 30 万人；1964 年大学增加到 54 所，学院增加到 2500 所，大学生和研究生增加到 61.3 万人，其中女生占学生总数的 22%。

然而，邦一级对教育的重视是不平衡的，特别是对初等教育重视不够。结果，印度大学和中学的发展速度快于小学，独立前那种重高等教育、轻初等和中等教育的畸形发展没有改变。就基础教育来说，如果把人口增长的因素考虑在内，则初等和中等教育的发展是远远落后的。宪法规定的到 1961 年完成 14 岁以内学龄儿童义务教育的指标未能完成，不得不把期限延长到 1966 年。而 1965~1966 年，6~14 岁的学龄男童只有 61%在校，女童只有43%在校，而且入学的学生有相当高的比例中途辍学，女童辍学率更高。这就是说，宪法规定的1966年完成义务教育的期限指标再次落空，不得不再度延期。到1965年，占全国农村人口5%的地区连小学都没有。至于现有的大部分农村小学，其教师的缺乏、资金的短缺、设备的落后在十多年内几乎没有大的变化。

六 世俗化政策的实施

世俗化是印度立国原则之一。独立后，印度政府一面致力于经济发展，一面开始采取措施推进世俗化进程。按照宪法规定的精神，世俗化在印度的推行包括两大领域：一是宗教和政治分离，实现宗教平等和睦；二是消除各宗教内部的压迫和歧视。

（一）落实宗教平等政策

英国挑动教派冲突的政策造成了教派主义恶性泛滥，最终不得不付出惨重代价。独立后，宪法的制定者们痛定思痛，把实行世俗主义定为国策。尼赫鲁政府决心清除教派主义，努力实现宗教平等，使不同宗教和睦共处。

首先是实现政治和宗教分离。政府宣布宗教是个人的事，政府对各宗教一律平等对待。政治不干预宗教，也不许宗教支配政治。英国统治时期为挑动宗教冲突而特别设立的穆斯林单独选区被取消，从第一届大选起，所有公民不分宗教信仰，在按人口划分的统一选区内参加选举。

印巴分治后，印度穆斯林人口约为4500万人，占总人口34700万人的近13%，居住最集中的地区是克什米尔、北方邦、西孟加拉、比哈尔和喀拉拉。穆斯林享有公民的各种权利，他们积极参与国家的政治、经济和文化生活，在各条战线上发挥自己的作用。许多穆斯林被选为人民院和邦立法院议员，有些人在联邦政府和邦政府担任部长。由于国大党坚决主张奉行世俗主义政策，印度穆斯林中有相当多人在第一届、第二届大选中投国大党的票，期望过安定的生活。

印巴分治后，原全印穆斯林联盟大多数成员在巴基斯坦。作为一个政治组织，它在印度不再存在。印度穆斯林没有再建立全国性的穆斯林政治组织。多数穆斯林的态度是，没有必要再建立这样的全国性政党了，既然国大党奉行世俗主义，就应该支持国大党，以促使世俗主义方针的贯彻落实，使伊斯兰教和穆斯林的合法地位得到保障。少数邦出现了一些穆斯林政治组织，有的还用“全印”的名号，实际上都只具有地方性。这些穆斯林政治组织同其他政党一样参加选举，希望通过合法途径反映穆斯林的要求。

由于独立后就发生了甘地遇难的悲剧，血的教训唤醒了人们的良知，越来越多的人认识到这种自相残杀毫无意义。加上政府一度取缔国民志愿服务团，教派主义的活动不能不有所收敛。广大人民群众拥护世俗主义原则，赞同政府所做的所有与此有关的努力，在实际行动中表现出大局意识，有责任感。这就使得 50 年代前半期教派相处较为平和，教派冲突事件较少发生。

不过，教派主义者只是暂时收敛而已。在印度教方面，印度教大会和国民志愿服务团这两大教派主义组织继续活动，特别是后者，此时已是一个组织严密的团体。甘地遇害后一度被取缔，后被要求明确宣布自己是宗教文化团体，以此作为恢复活动的条件。它被迫这样做了，以期有机会重整旗鼓。在建国之初这段时期里，它大量散布对留在印度的穆斯林的国家认同的怀疑。如其领袖 M. S. 戈瓦尔卡尔就说，穆斯林一直要分裂国家，现在国家分裂了，他们怎么可能一夜之间就变成了热爱印度的人？他们肯定是只对伊斯兰世界效忠，至于所宣布的对印度忠诚，不能轻信。印度教狂热分子甚至把穆斯林称为潜在的“第五纵队”，叫嚷说他们要证实对印度忠诚，就必须放弃自己的异质文化性质，接受印度化。这种宣传带有强烈的蛊惑性，是推进世俗化、实现宗教和睦和国家安定团结的主要障碍。除了这两个教派组织的活动外，更值得重视的新动向是人民同盟的出现及其活动。人民同盟的建立是教派主义组织第一次以政党的面貌出现，它自称和别的政党没有不同，但其主要行动纲领还是鼓吹印度印度教化，新的手法是把自己的教派主义面目裹藏在追求印度精神文化特性的外衣下，这对群众有相当的迷惑作用。这就是它首次参加大选竟然也得到了不少选票和席位，并因而获得了全国性政党资格的原因。在伊斯兰教方面，教派主义者不再鼓吹两个宗教不能共处于一个国家的论调了，而是强调穆斯林要团结一致，维护伊斯兰教法，争取穆斯林的“生存权利”，抵御印度教对伊斯兰教的任何进攻。两方教派主义者针锋相对，剑拔弩张，暂时消停的教派冲突随时有再被煽动起来的可能。

（二）废除印度教种姓压迫和歧视妇女的制度

推进世俗化进程的另一个重要方面是以立法形式废除印度教种姓压迫和对妇女的歧视，并通过立法和其他援助手段帮助他（她）们改变落后和屈辱的地位。

种姓压迫最突出的表现是对贱民的残酷压迫，这是印度社会最黑暗的一面。宪法已宣布废除贱民制，并规定政府应在经济、政治、社会和文化各方面为切实改变原贱民和部落民的地位做出必要的安排。还具体规定在人民院和邦立法院要为表列种姓（即原贱民）和表列部落按人口比例保留席位。改善表列种姓和表列部落的工作由联邦和邦内务部负责。联邦政府专门设立 1 名由总统任命的表列种姓和表列部落专员，负责监督宪法有关规定的落实。

据 1951 年普查，独立初表列种姓为 5100 万人，占总人口的 15.3%，表列部落为 1900 万人，占总人口的 6.2%。据 1971 年普查，表列种姓增加到 8000 万人，占总人口的 14.8%，表列部落增加到 3640 万人，占总人口的 6.8%。表列种姓和表列部落处于农村最下层，生活最为困苦。据 1961 年普查，全国 3150 万无地的农业工人中，有 1040 万人是表列种姓，占 33%，330 万人是表列部落，占 10.5%。

改善表列种姓和表列部落的地位受到政府高度重视，第一届大选就按照宪法规定实现了为表列种姓和表列部落保留席位。人民院 491 个席位中，按人口比例为表列种姓保留 70 席，为表列部落保留 27 席。邦立法会议也按人口比例保留席位。此外，大选后建立的尼赫鲁政府开始为表列种姓和表列部落保留一定的政府机关公职名额，其比例在联邦政府最初定为 17.5%，后提高到 22.5%，其中表列种姓 15%，表列部落 7.5%。按照政府规定，公营企业的人员编制、学校的奖学金名额，也都分别为他们做了同以上比例的保留。议会席位保留制宪法原规定以 10 年为限，后来政府认为 10 年不够，所以期满后又通过制定宪法修正案把期限延长 10 年。以后的历届政府也都采取了到期续延的办法。保留制的实行使表列种姓和表列部落这两个社会弱势群体第一次享受到担任公职、参与国家管理及享受同样教育的权利，一大批有能力的人走上各种公共岗位和职业岗位，改变了社会对这两个群体的看法，也大大提高了他们的自尊心和自信心。不过由于一时还不可能有足够的胜任者，许多名额空缺。为了使表列种姓和表列部落在经济地位上能得到改善，政府在每个五年计划中都有用于改善他们地位的专项计划和专门款项，第一个五年计划的开支为3.004亿卢比，第二个、第三个五年计划分别增加到7.941亿卢比、10.04亿卢比。

表列种姓长期处在社会最底层，其地位的改善绝非上述法令、措施就可实现的，而社会上世代形成的种姓偏见也非一朝一夕就能革除。尽管政府利用舆论努力消除传统的偏见和弊端，歧视原贱民仍然是普遍现象，迫害事件多有发生。为切实保障废除贱民制的落实，1955年政府颁布了《不可接触制（犯罪）法》，明确规定对原贱民的任何歧视都是犯罪行为，要受到法律究办。然而虽有此法的颁布，歧视、压迫原贱民的现象并未能完全制止。政府一面继续大力开展宣传教育，一面鼓励原贱民要有自信，要勇于应对各种困难，要通过坚持不懈的努力改变自己的地位。政府的号召和鼓励是必要的，因为精神的、心理的解放是自我的、内在的解放，长期受压抑的原贱民没有这种解放，就没有自信心，就挺不起腰板来。不过，由于政府的土改政策不落实，原贱民大多数无地或少地，分到的土地有限，要摆脱贫困地位是很难的。政府看到了这一点，在做了保留安排后，把工作重点逐步转移到帮助表列种姓积极改善经济地位和提高文化水平上来，不过缺乏有力的措施。面对依然是困难重重的局面，原贱民中有些人对未来缺乏信心，把选择改宗作为一条出路。1956年10月14日，原贱民运动领袖、自治领政府法律部部长安姆贝德卡因不满消除不可接触制阻力重重，在那格浦尔率20万表列种姓男女皈依佛教。此举对印度教社会震动很大，也使政府和社会各界更加认识到切实保障表列种姓合法地位对保持社会稳定的重要性。

消除对妇女的歧视和压迫是政府推行世俗化政策面临的另一重大改革任务。对妇女的压迫是一种社会压迫，在印度，无论印度教社会还是伊斯兰社会，妇女都处在受压迫的地位。英国统治时，殖民当局虽然制定了一些民法法典，但考虑到印度存在不同宗教，各有各的宗教法或习惯法，为了不触动这一敏感问题，故对涉及婚姻、家庭、收养子女和财产继承等属于个人法的领域，没有制定统一的法典，而是允许继续沿用各宗教的宗教法或习惯法。尼赫鲁政府建立后，意识到要彻底改变妇女地位，就必须制定个人法，而要制定个人法就不能不涉及宗教法和习惯法中那些歧视压迫妇女的规定。这与政治不干预宗教的原则看起来似乎矛盾，其实并不矛盾，因为立法是从维护公民的根本权利考虑，是不受宗教限制的，无论是哪个教，只要宗教的教规违背公民的根本权利，就应予废止。这不是干预哪个特定的宗教，而是维护公民根本权利、实现国家法治的大问题。如果说这也是政治对宗教的一种干预，那么这是一种宪法规定的特殊干预，是为了最后实现不干预而必须实行的干预。

印度教人口占全国人口的大多数，要消除对妇女的压迫，就要首先解决印度教的问题。1949 年政府制定了印度教徒婚姻确认法，取消婚姻的种姓限制，提倡高低种姓间的通婚。50 年代初，尼赫鲁进一步考虑革除印度教压迫妇女的种种规定。1951 年政府向议会提出了印度教个人法法典草案，但遭到人民同盟、印度教大会的强烈反对。考虑到这一涉及宗教的立法需要一定时间来做事先的宣传解释工作以争取多数人理解和接受，也考虑到第一届大选在即，不能影响国大党的选票，尼赫鲁决定暂时把草案搁置起来。此举遭到法律部部长、原贱民领袖安姆贝德卡的强烈不满，他因此愤然辞职。其实尼赫鲁并没有放弃立法的打算，他利用去全国各地竞选的机会，对制定印度教个人法法典的必要性做了广泛宣传；在组成新政府后很快就又把此项立法提上日程。为了减少阻力，这一次采取化整为零的办法，即把原提交议会讨论的立法草案分解为一些单独的法律草案，分别提交议会通过。这就是 1954 年通过的特别婚姻法，把结婚年龄确定为男 21 岁、女 18 岁；1955 年通过的印度教徒婚姻法，规定禁止童婚，允许离婚，禁止一夫多妻，提倡不同种姓通婚；1956 年通过的印度教未成年人监护法，规定父亲为未成年子女第一自然监护人，母亲为第二监护人，但对 5 岁以下幼儿有优先权；1956 年通过的印度教徒收养法，规定丈夫收养子女需要妻子同意，收养男孩、女孩均可，未婚女子、离婚者、寡妇都能收养；1956 年通过的印度教徒继承法，规定男女在财产继承方面有平等权利。这些法令合在一起构成了印度教个人法法典，较彻底地革除了印度教内压迫妇女的陋规。尼赫鲁在评述这些法令的重大意义时说，这些法令的通过“在印度具有划时代的意义。它表明，我们不仅努力实现了政治革命，不仅正在积极进行经济革命，也同样打算进行社会革命。只有三者都取得成就并整合为一个整体，印度人民才能前进”。[①] 在以后的年代里，政府对上述法令不足之处，又通过人民院制定新的法令做了补充和修正。如 1961 年通过妆奁法，禁止收取大量妆奁；1972 年通过收养子女法，规定丈夫和妻子在收养子女的权利上完全平等；1978 年通过新的禁止童婚法，把继续实行童婚定为犯罪。尽管上述法令的出台和真正执行之间还有很大距离，但至少在法律上确认了妇女的平等地位，对印度教徒来说这也是历史上从未有过的事。不过，由于执法不力，在落实上有很大问题，几乎每个法令都不能彻底贯彻，尤其是在农村。就拿废除一夫多妻制来说，据 1961 年对农村 10 万户居民进行的抽样调查，继续实行一夫多妻制的家庭，在印度教徒中有 5.8%，在耆那教徒中有 6.72%，在佛教徒中有 7.97%，在穆斯林中有 5.7%。童婚仍然较多，妆奁制更是盛行不衰。关键是人们思想意识的改变具有滞后性，旧的宗教陋习和观念根深蒂固，非短时期所能消除。尤其是在农村，有钱有势的高级种姓力图维护自己的特权，土改的不彻底使他们的经济地位和社会影响未受到根本动摇；而广大下层农民由于文化水平低，政府的宣传活动又深入不到农村，所以不能期望他们很快都能抛弃旧观念、接受新思想。当然这也与农村经济落后有直接关系。农村儿童入学率低，文盲众多，农民接受新事物的机会少，都是农村贫困的产物。要使各项法令能够切实执行，不但要扩大法制宣传，还必须促进农村经济文化的发展，使下层农民的生活水平和受教育程度真正得到提高。当然这需要一个较长的过程。

上述印度教个人法法典的适用范围除印度教徒外，还包括耆那教徒、佛教徒和锡克教徒。对于袄教徒、基督徒，印度另外制定了专门的法律。唯有对于穆斯林，政府没有为他们制定个人法，他们的婚姻、家庭和财产继承仍遵循伊斯兰教法。伊斯兰教法赋予丈夫绝对的权利，可以休妻，可以一夫多妻，女子实行闺阃制，一般没有提出离婚的权利，也没有财产继承权。作为一个世俗国家，尼赫鲁政府对穆斯林妇女问题同样关心，也希望同时立法革除。但考虑到印巴刚分治不久，留在印度的穆斯林还有不少人对印度政府是否能保护少数派的合法权益有疑虑，外部世界也有人故意散布诽谤言论，为了向穆斯林昭示印度政府保护少数派的诚意，为了防止引起穆斯林波动，影响大局，尼赫鲁决定暂时延缓制定全国统一的个人法，

① S. 戈帕尔：《贾瓦哈拉尔·尼赫鲁传》第 2 卷，新德里，1979，第 313 页。

先制定印度教个人法，待时机成熟后再制定伊斯兰教个人法，然后再制定适用于所有人的全国统一的个人法。他不愿在穆斯林思想准备不足的情况下硬性立法，而考虑在穆斯林开明人士有了这样的要求后再实行。尼赫鲁的这一决定在当时的情况下是可以理解的，但在他在任后期仍拖延不解决就是明显的偏差了。这一偏差被后来的历届政府继承下来，拖延至今仍未解决，这点恐怕连他本人也想不到。后来的历届政府不实行主要是从政党私利考虑，都怕失去穆斯林的选票，以至于至今印度仍没有全国统一的、适用于一切教派的个人法，穆斯林仍使用其传统的伊斯兰教法。这种做法成了印度教舆论激烈指责尼赫鲁和国大党“偏袒穆斯林”，“实行假世俗主义”的重要论据。这不仅增加了印度教个人法在贯彻执行上的困难，也增加了深入推行世俗化进程的难度。

改善妇女地位的根本途径在于提高全体人民的思想认识和文化教育程度。政府采取了积极措施兴办学校，扩大教育，尤其是鼓励女童入学。50年代开始有较多女童接受初等和中等教育，1960 年大学里有 20 万名女学生，说明和以前比，女子教育有一定进展。不过，女子教育仍很落后。据1961 年普查，全国识字率为 23.7%，女子识字率仅为 12.8%。

各个政党为了争取选票也或多或少致力于发动妇女的工作。印共等左翼政党和国大党做的工作较多。1954 年印共领导的全印妇女联合会建立了印度妇女全国联合会，在各阶层妇女中加强了宣传组织工作。妇女政治热情的提高从她们积极参加大选上表现出来。1952 年妇女参选率为 38.15%，1957 年为 38.73%，1962 年为 46.63%。不过由于妇女受教育程度低和参加社会活动较少等历史原因，妇女被选进议会和担任领导职务的人数并不多。1951 年第一届大选，人民院 491 名议员中只有 14 名女议员，1957 年第二届大选也才增加到 27 人。

（三）教派主义鼓动重新抬头

印度政府推行世俗化进程的坚定态度，对教派主义分子和宗教正统势力的狂热心理是个沉重打击。他们按捺不住了，急切地跳出来阻挠。这样，到 50 年代后半期，出现了教派主义重新抬头之势。此时，表现最活跃的是印度教教派主义。

人民同盟在第一、第二两届大选中不算差的开端，对印度教大会和国民志愿服务团显然是个刺激和鼓舞。50 年代中期后，他们便顺势重新大张旗鼓地进行教派主义宣传。国民志愿服务团领导人戈瓦尔卡尔把独立前印度教大会领导人萨瓦尔卡提出的“印度教民族”的说法拿来大力鼓吹，说既然穆斯林联盟以“穆斯林和印度教徒是两个民族”为由建立了穆斯林的巴基斯坦，印度就理应成为一个印度教国家，应以印度教文明为正宗，以印度教思想和印度教的价值观作为政府制定政策的思想基础。他指责尼赫鲁政府以推进世俗主义进程为旗号，丢掉了这个立国的根本，损害国家利益。印度独立前，积极鼓吹“两个民族论”的是穆斯林联盟，那是为分治制造理论依据；独立后，印度教教派主义组织竭力宣扬“印度教民族”说，实际上是把“两个民族论”的接力棒接了过来，目的是建立大印度教主义国家，同化其他所谓“异质”教派。两者的危害是同样严重的：独立前前者是主要危险，危害民族力量团结和反英斗争；独立后后者成了主要危险，危害国家的整合、社会和谐和现代化建设。50 年代中期，后者日益抬头并采取攻势。人民同盟、国民志愿服务团和印度教大会相互呼应，把教派组织的主张以人民同盟的政纲的形式直接搬上政坛，作为与执政党不同的政治主张，迷惑、误导群众，制造混乱。最初主要有两点：一是反对宪法第 370 条关于查谟和克什米尔邦特殊地位的规定；二是利用政府在制定个人法方面只约束印度教徒不约束穆斯林的偏差，攻击国大党牺牲印度教徒的利益讨好穆斯林，提出制定全国统一的个人法。这种教派主义的鼓噪显然是对宪法规定的、现政府奉行的世俗原则的公开挑战。

面对印度教教派主义的攻势，穆斯林中的教派主义者宣称“伊斯兰教处于危险中”，呼吁穆斯林组织起来和印度教徒对抗。在印巴分治后，穆斯林作为宗教少数派对印度教教派主义的恐惧心理是很重的。有些群众在教派主义者领导下建立了教派组织，如印度穆斯林会议、战斗穆斯林联盟等。这些组织号召穆斯林起来捍卫伊斯兰教利益，抵御印度教的“新的扩张势力”。不过一般群众并不认为穆斯林建立自己的组织是最安全的办法，而是认为支持国大党，推动国大党政府坚定不移地实行世俗主义政策才是上策。穆斯林群众基本上相信政府的诚意，但在一些具体问题的处理上有分歧时，又会产生抱怨情绪甚至不安全感。在这种情况下，只要双方教派主义者从中挑动，爆发教派冲突的可能性就很大。

50 年代后半期到 60 年代，穆斯林与印度教徒发生冲突的具体问题主要有如下一些。

伊斯兰教个人法问题。尼赫鲁是希望穆斯林中的先进分子自己提出要求，政府再给以支持，岂料没有人自告奋勇。不仅如此，当印度教方面对政府的做法提出指责时，不少有影响的穆斯林地方领导人还出面反驳，声称伊斯兰教法除安拉外任何人也无权改变。一个叫印度伊斯兰学者协会的组织就宣称，成立该组织的主要目的就是捍卫穆斯林个人法，反对“国家改变或干预它的任何企图，不论是通过特别立法或制定统一的民法典”。[①]这样一来，印度教徒更被激怒，于是不可避免地要把对政府的不满同时发泄到穆斯林身上。

乌尔都语地位问题。乌尔都语是穆斯林使用的主要语言之一，在全国使用的人口较多。在北方邦和比哈尔邦穆斯林人口集中，在这里乌尔都语一直是一种重要语言，英国统治时期还被定为官方语言之一。独立后，1951 年普查显示，北方邦说乌尔都语的人口占总人口的 10.5%，比哈尔邦占 3.3%。两个邦的国大党政府认为说乌尔都语的人口比例不高，两个邦绝大多数人说印地语，因而都通过立法把印地语定为这两个邦的唯一官方语言。穆斯林非常不满，一直要求把乌尔都语定为第二官方语言，但遭到拒绝。由于许多小学取消了乌尔都语的教学，说乌尔都语的人越来越少，穆斯林愤愤不平，认为这是印度教徒蓄意歧视穆斯林，排斥伊斯兰文化。尼赫鲁对穆斯林的要求是支持的。他强调乌尔都语对丰富印度思想文化贡献很大，要求北方邦首席部长宣布乌尔都语在其被广泛使用的县为第二官方语言。北方邦政府口头同意，实际拖延实行，比哈尔邦也持同样态度。只是到 80 年代，乌尔都语才被比哈尔邦政府定为该邦 15 个县的第二官方语言，被北方邦政府定为该邦西部一些县的第二官方语言（后来又撤销）。

阿里加穆斯林大学地位问题。阿里加学院成立于英国统治时期，由穆斯林管理，学校在宗教教育方面享有很多权利，设有宗教必修课。独立后，政府于 1951 年、1965 年两次通过法令，基本上取消了学校的这些权利。穆斯林认为这侵犯了其在文化方面享有的权利，因而开展鼓动，要求恢复原来的规定。这个问题长期没有解决，直到 1981 年通过一个修正案，承认该

---

① P. B. 布莱斯：《北印度的语言、宗教和政治》，伦敦，1974，第 238 页。

大学可享有少数派享有的优待，才满足了穆斯林的要求。

穆斯林在议会和政府机关中的人数问题。穆斯林中的教派主义者很看重这个问题，认为这涉及穆斯林的利益能否有效得到保护。有些穆斯林组织掀起鼓动，要求政府在考虑把保留制扩大到“其他落后阶级”（指低种姓）时，也把穆斯林包括在内。尼赫鲁很重视这个问题，指示联邦各部门和各邦首席部长要特别注意少数群体在公务员中特别是警官和军官中的比例，对比例过低的要采取适当的办法予以提高。

由于上述要求一时没有得到解决，穆斯林中的不满气氛逐渐增强。国际上，印度和巴基斯坦的敌对和战争也在印度教徒和穆斯林中投下了驱之不散的阴影。穆斯林教派主义者和印度教教派主义者相互攻击，使双方群众都受到影响，宗教情绪迅速升温。尽管国大党、印度共产党和许许多多社会进步人士都谴责这股重新泛起的浊流，但还是无力遏制它的泛滥。结果，从50年代中期起，教派冲突又开始接连不断地发生。1954~1963年，每年都有数十起冲突发生。1964年后冲突进一步扩大，每年都要发生100多次乃至数百次冲突。50年代发生的冲突中死亡316人，而仅1961年一年就有108人死亡，1967年丧生人数达301人。冲突有很多发生在气氛较为保守的中小城市。冲突的导火线大多还是那些传统的宗教文化差异和偏见，如屠宰母牛问题、宗教游行问题、跨教通婚问题等，也有些新的因素，多与失业、贫困和经济利益的争夺有关。当经济发展在群众中造成利益不平衡涉及教派时，把这种对利益不平衡的气愤转化为对对方教派的攻击是常有的事。教派主义的抬头和教派冲突的增多使印度世俗化方针的落实面临严峻的考验。

尼赫鲁清醒地看到了教派主义抬头的极端危险性，他利用各种机会揭露和批判教派主义，并特别指出，由于印度教徒占全国人口多数，印度教教派主义是当前的主要危险，号召全民提高警觉，不要受其欺骗。他说，教派主义的蛊惑是违背印度的发展目标和世界历史进步潮流的，对于像印度这样的文化多元的国家，只有实行多元基础上的统一，即让各种文化的有益因素都能充分地发展，相互补充，相得益彰，才是唯一可行的道路。印度教文明作为印度思想文化的主要源泉，其精华固然要继承和发扬，但不能以继承印度教文明为由来排斥其他因素，破坏多元统一的平等基础；对印度教文明本身，也不能不加分析地一概继承。尼赫鲁反复指出，教派主义是国家团结进步的大敌，听任教派主义泛滥而不加制止，就会毁灭印度。[①] 教派主义作为一种意识形态是需要长期与之斗争才能消除的，反对教派主义是印度今后长时期内思想战线和政治战线的重要任务。1957 年在给友人的信中他不无忧虑地说："就个人而言，我感到印度面临的任务不仅是发展经济，实现印度人民心理和精神上的整合是更重要的任务。"[②]

七 语言邦的建立和官方语言的确定

（一）按语言分布实行邦改组

一个多语言国家在划分行政区时，尽可能考虑居民语言分布，使两者协调，给地区发展和居民提供最大便利，这应该不会有多大困难，在独立后的印度却成了一大难题。为了解决这个问题，中央和地方间、某些地区与地区间形成尖锐对立，酿成流血冲突，造成动乱。最后的解决不是中央的主动行为，而多是出于无奈被迫做出的允诺。

由于历史形成的复杂原因，印度存在许多各不相同的地区语言及其众多分支。据 1961 年普查，有 1549 种语言被列为母语，其中使用较广的、在宪法中列出的就有 14 种，即阿萨姆语、孟加拉语、古吉拉特语、印地语、卡纳达语、克什米尔语、马拉雅兰语、马拉特语、奥里萨语、旁遮普语、梵语、泰米尔语、泰卢固语和乌尔都语。其中卡纳达语、马拉雅兰语、泰米尔语和泰卢固语属泰米尔语系，其余 10 种属印欧语系。据 1951 年普查，全国 92% 的人口是这 14 种主要语言的使用者，其中说印地语的占 30% 以上，居第一位，泰米尔语系各语种使用人数占总人口的 18%。不同语言地区的居民在印度历史文化大框架下形成了各具特色的文化，共同语言成了地区居民维系内聚力、促进地区经济文化发展的重要纽带。随着地区经济文化的发展，在同一地区使用共同语言的居民逐渐形成不同的近代民族或其前身。由于英国征服印度过程中省的划分是按照征服时间先后，并不考虑语言因素，加之为了实行分而治之政策，又特意把印度分成英属印度和

① 比潘·钱德拉等：《独立后的印度》，新德里，1999，第 78~79、180~181 页。

② S. 戈帕尔：《贾瓦哈拉尔·尼赫鲁传》第 3 卷，伦敦，1984，第 22 页。

土邦印度两部分，结果同一语言的地区多被分割得支离破碎，有的分属几个英属印度的省，有的则分属英属印度和土邦。

民族运动兴起后，各地区的领导人早就提出希望按语言分布调整行政区划。国大党考虑到语言地区的分割给经济文化发展带来种种不便，更考虑到这种情况不利于广泛地动员群众参加民族运动，所以早在 1920 年就决定把国大党省一级组织按语言地区而不是现行行政区划建立，并把按语言建立行省作为未来执政后施政纲领的内容之一。

独立后，应该是实行这一既定方针的时候了。然而由于印巴分治带来的创痛，尼赫鲁等国大党领导人担心实行这样的调整会导致地区间的领土争夺和地区分裂主义因素的增长，不利于维护全印的团结和统一，因而迟迟不准备实行。尼赫鲁希望 10 年后再实行。1948 年任命的研究这个问题的委员会（达尔委员会）在其报告中也不赞成按语言重新划省，认为重新划省会助长地方主义，不利于民族整合。

然而国大党领导人的这种忧虑，地方领导人并不认同，相反，他们认为从发展角度看建立语言邦是必要的，而且越早越好。达尔委员会的报告受到许多邦，特别是南方泰米尔语系各邦的指责。为了表示对这个问题的重视，1948 年国大党年会任命了由党的最高领导人尼赫鲁、帕特尔和西塔拉马尼亚组成的委员会（即 JVP 委员会①）审查达尔委员会的报告。JVP 委员会肯定了达尔委员会的结论，认为此时实行按语言建邦“将会妨碍国家整合的进程，打乱我们的行政、经济和财政结构，并且在我们处在国家初建时期就释放出扰乱与分裂的力量”。② 委员会建议，此项调整工作至少要推迟 10 年进行。

报告书的发表在全国引起了震荡。马德拉斯邦泰卢固语地区的人 1949 年起就要求建立一个讲泰卢固语的安得拉邦，他们首先掀起了群众性政治鼓动，采取了集会、示威游行等手段。1952 年 10 月 19 日，运动领导人帕提·斯利拉穆卢开始绝食，向中央施加压力，58 天后死去。这导致该地区发生大规模骚乱。南印泰米尔语系各邦支持泰卢固人的要求，有些地区也发生了群众性的游行示威。鉴于形势极度危险，尼赫鲁和国大党领导人不

---

① JVP 分别是 Jawaharlal Nehru、Vallabhbhai Patel、Pattabhi Sitaramayya 三人名字的第一个字母。

② 米歇尔·布里切：《尼赫鲁政治传记》，纽约，1959，第 481 页。

得不屈服于压力。1953 年 8 月 27 日，人民院通过了建立安得拉邦的法令，10 月 1 日安得拉邦成立。这是印度建立的第一个语言邦。各邦似乎受到了鼓舞，紧接着纷纷提出了建立语言邦的要求，势不可挡。

1953 年 8 月，政府任命了以法兹尔·阿里法官为首的委员会，重新研究建立语言邦问题。面对现实，该委员会经过调查研究得出了肯定结论，认为建立语言邦并不必然会引发分裂主义，相反，一个邦内多数人语言相同，交际方便，无疑有利于地区经济文化发展和稳定，从而从根本上有利于全国的建设和国家整合。在 1955 年 10 月提出的报告中，委员会根据语言分布的实际情况，建议按主要语言分布把全国改组为 16 个邦。不过对孟买邦内古吉拉特人、马拉特人分别建邦的要求和旁遮普邦内锡克人单独建邦的要求，委员会未予考虑。报告书公布后受到多数地区的欢迎，同时遭到问题未解决地区的人民的强烈反对。1956 年 1 月，孟买发生了流血动乱，死 60 人，伤数百人。

鉴于建立语言邦的趋势已不可遏止，为维护全国的安定团结，尼赫鲁原则上接受了邦改组委员会的建议。1956 年 8 月，国大党在邦改组委员会建议的基础上提议，人民院通过了邦改组法。根据该法，从 1956 年 11 月 1 日起，全国按主要语言分布重新划分为 14 个邦和 6 个直辖区。14 个邦是安得拉邦、阿萨姆邦、比哈尔邦、孟买邦、喀拉拉邦、中央邦、马德拉斯邦、迈索尔邦、奥里萨邦、旁遮普邦、拉贾斯坦邦、北方邦、西孟加拉邦、查谟和克什米尔邦，6 个直辖区是德里、喜马偕尔、曼尼普尔、特里普拉、安达曼-尼科巴群岛和拉凯迪夫-米利考-阿敏迪夫群岛。各邦以本邦主要语言为官方语言。与调整前相比，变化主要是，在南印，泰米尔语系的 4 个主要语种地区分别成为 4 个邦，即讲泰卢固语的安得拉邦，讲泰米尔语的马德拉斯邦，讲马拉雅兰语的喀拉拉邦，讲卡纳达语的迈索尔邦。海得拉巴讲泰卢固语的地区并入安得拉邦，讲马拉特语的地区并入孟买邦，海得拉巴邦不再存在。原马德拉斯邦的马拉巴尔县与特拉凡柯尔-科钦邦合并，构成喀拉拉邦。孟买邦、马德拉斯邦说卡纳达语的地区并入迈索尔邦。在西印、北印，一些讲同一语言的小邦或地区合并到附近的大邦，如索拉施特拉邦并入孟买邦，中印度邦并入中央邦，帕地亚纳-东旁遮普邦并入旁遮普邦，等等。

对于孟买邦古吉拉特人和马拉特人分别建邦的要求，1956 年邦改组法也没能解决。这主要是因为双方都要求把孟买市划归本邦，这个问题得不到解决。孟买市是印度最大、最繁华的经济中心，居民中马拉特人较多，但从经济力量来说，古吉拉特人较强。双方都成立了强大的组织，力量不相上下，在解决办法上不能取得一致。联邦政府试图找到折中的解决办法，但一时没有结果。孟买骚乱不断，一再发生流血冲突。当时任国大党主席的英迪拉·甘地和孟买邦首席部长巴·恰范力劝尼赫鲁下决心解决问题。经与双方反复协商，终于有了结果。最后确定，在原孟买邦地区建立古吉拉特和马哈拉施特拉两个邦，孟买市划作马哈拉施特拉邦的首府，马哈拉施特拉邦出钱帮助古吉拉特邦在阿默达巴德建设新的首府。1960 年 5 月，议会通过了孟买邦改组法。

1956 年邦改组法没有解决的另一个重要问题是，锡克人建立单独的旁遮普邦的要求。这个问题比孟买邦的改组更为复杂，因为它与宗教问题联系在一起。锡克教徒本来主要集中住在原英属印度的旁遮普省，印巴分治把旁遮普一分为二，他们中一部分被划到印度，一部分被划到巴基斯坦。被划到巴基斯坦的那些锡克教徒在随后发生的边境宗教冲突和人口大迁移中都来到属于印度的东旁遮普即旁遮普邦，使旁遮普邦锡克教徒的人口比例达到 35%（印度教徒占 61%）。锡克教徒在锡克教形成以后的几个世纪里，由于具有共同的居住地域、经济生活、宗教、语言（旁遮普语）和文化特征，在长期共同斗争的凝聚下，已逐渐成为一个独立的民族。印巴分治时，锡克教徒反对自己的家园被分割，当时有人提出要从印度分裂出去，建立独立的“卡利斯坦国”。国大党领导人为安抚锡克教徒，答应独立后的印度会对锡克教徒的利益给予照顾和保护，可是独立后未见有落实诺言的明显举措。由于旁遮普邦印度教徒人数居多，其在政治上处于优势，锡克教徒的政治组织阿卡利党在 1950 年 5 月通过决议，要求建立一个以旁遮普语为官方语言的大旁遮普邦，把周围讲旁遮普语的地区都划进来，以维护锡克人的宗教文化特色和合法利益。尼赫鲁和其他国大党成员不予考虑，理由是即便阿卡利党拟议的大旁遮普邦中讲旁遮普语的人也不占多数，构不成单独建邦的必要条件，并说锡克人实际是要建立一个锡克教徒占主导地位的邦，如果答应，会助长锡克教的分立主义倾向。阿卡利党断然否认国大党的指责，坚持自己的要求并谴责国大党背弃诺言。当 1955 年邦改组委员会用与国大党同样的理由否定了锡克人建立单独的旁遮普语邦的要求后，阿卡利党谴责国大党和邦改组委员会对锡克人抱有偏见和歧视，并愤怒地质问道：宪法列出了 14 种主要语言，其中包括旁遮普语，为什么别的地区语言都能建立相应的语言邦，唯独旁遮普语不能？是不是中央怀疑锡克人对国家的忠诚？阿卡利党主席塔拉·辛格更宣称邦改组委员会否定锡克人的要求是“灭亡锡克”的判决书，表示要誓死抗争。[①] 旁遮普的印度教徒在印度教极端分子的煽动下，则针锋相对表示拥护邦改组委员会的决定，坚决反对建立旁遮普语言邦。印度教徒中原来有一些人是说旁遮普语的，为了阻挠建立新邦，在极端分子的指使下，许多人在后来的语种登记中都登记为讲印地语，进一步缩小了讲旁遮普语的人口比例。在这种情况下，阿卡利党决定开展大规模的政治鼓动，来争取实现建立语言邦的目标。

从 1955 年起，阿卡利党组织游行示威，向德里施加压力。联邦政府禁止在游行时呼喊单独建邦口号。阿卡利党蔑视这个禁令，遭到镇压。在将近两个月的时间内，被逮捕人数达 12000 人。镇压只能使紧张气氛更加炽热化。政府见镇压无效，被迫撤销禁令。1956 年，国大党在阿姆利则举行会议，阿卡利党乘机组织了一次规模巨大的示威游行，要求允许建立旁遮普语言邦。示威者手持剑、斧，塔拉·辛格骑着大象指挥。印度政府鉴于形势有恶化的危险，为防止出现混乱局面，便与阿卡利党谈判，达成了一项妥协性的协议。双方同意印地语和旁遮普语同为旁遮普邦官方语言，在邦一级建立两个委员会，分别管理印度教徒事务和锡克教徒事务。但这并没有根本解决问题。阿卡利党中很多人不赞成这种妥协，印度教教派组织更是反对这种办法，一些极端分子组织了保护印地语协会，煞有介事地发动“拯救印地语”运动，宣称“印度教在危险中”。这种气氛使协议不可能实行。

1960 年初，阿卡利党重新发动单独建邦运动，并称锡克人在各方面都受到歧视。在遭到中央政府拒绝后，塔拉·辛格决定发动一场向德里的进军，并宣称若遇印度教徒阻拦，就要开展“圣战”。政府立即逮捕了塔拉·辛格等人，导致矛盾迅速激化。阿卡利党坚持执行原计划，每天都有一批人被捕，入狱者数以万计。与塔拉·辛格不同，阿卡利党另一领导人法泰赫·辛格完全从世俗主义立场解释要求建邦的理由，他说锡克教徒要求建

① 《政治家报》1955 年 10 月 19 日。

立旁遮普语言邦的理由与其他地区要求建立语言邦没有不同，与锡克教没有关系，联邦政府硬要把建邦要求说成是教派主义的要求是故意歪曲。他宣布，如果在 12 月 18 日前从中央得不到单独建邦的允诺，他将绝食至死。12 月 18 日，他开始绝食。在此压力下，政府释放了塔拉·辛格，后者则说服了法泰赫·辛格停止绝食，期待政府做出承诺。但没有结果。根据阿卡利党的决定，这次改由塔拉·辛格宣布绝食至死。尼赫鲁仍坚持认为锡克人的建邦要求是教派主义要求，但同意任命一个委员会调查阿卡利党提出的锡克人受歧视的问题。塔拉·辛格停止绝食，同时宣布决不会放弃建立语言邦的要求。旁遮普的问题直到尼赫鲁去世都没有解决。

还有一类问题 1956 年邦改组法没有涉及，这就是阿萨姆山区和边境地区部族那加族、米佐族、加洛族等的单独建邦要求。这是比旁遮普问题更为复杂的问题，其中有建语言邦的因素，更主要的是要建立自己部族的统治权，以维护自己部族的利益。有的不仅要建邦，而且要充分自治，有的甚至要建立单独的国家。所以，印度政府并没有把它们作为单纯要求建立语言邦问题看待。

阿萨姆在英国统治时期是一个专员辖省，其境内山区和边境地区有大量部落民。他们各有自己的语言、文化，经济发展水平都比较落后，在相互交往中逐渐结合为几个较大的部族集团，其中势力较大的有那加族、米佐族、加洛族等。阿萨姆省当时设有单独的行政系统管理这些部落民。

山区和边境地区部族不仅使用的语言不同于阿萨姆语，在英国统治时期，许多部落在其首领的带动下信奉了基督教，这也与信奉印度教的阿萨姆邦多数居民不同。阿萨姆在英国统治时期因大量文化素质较高的孟加拉人移入，并在城市中担任各级官员，故以孟加拉语为该省官方语言。独立后继续实行。在按语言实行邦改组后，1960 年阿萨姆语被定为阿萨姆邦的官方语言。山区和边境地区部族既反对以孟加拉语为官方语言，又反对把官方语言改为阿萨姆语。他们要求在各自地区确定他们自己的语言的官方地位，认为以阿萨姆语为官方语言是把阿萨姆语言和文化强加给他们，是要同化他们，因此表示强烈反对。此前，有些部族就提出了自治要求，以维护自己的经济利益和文化特质。有的部族受独立前基督教传教士关于建立基督教国家的煽动，甚至要求建立单独的国家。1960 年后，这种单独建邦甚至分裂主义的要求大大加强，最典型的是那加族和米佐族。

那加族1961年有50万人，主要信奉基督教。其在印度独立前就成立了一个政治组织，叫那加民族会议，在印巴分治时曾提出独立要求。1949年，该组织领导人是安加米部族（那加人的一支）的扎普·菲佐。这个组织要求阿萨姆邦政府承认它为那加山区的主要政治力量，有权管理整个那加人居住的地区。1950年，该组织进而提出建立独立国家的要求。1952年，尼赫鲁与菲佐谈判，答应让邦政府考虑他们的自治愿望，未能成功。1954年，菲佐建立了所谓的“自由那加兰德人民主权共和国”，开始进行游击战争，后因形势不利，逃往伦敦。在与伊姆康利巴·奥为首的温和派长时期谈判后，中央政府确认，建立一个单独的邦有利于那加部族居住地区的全面发展，同意建立那加兰德邦。1962年议会通过了建邦法案，1963年那加兰德邦成立。持极端立场的部分那加人坚持分裂要求，联邦军队继续对他们采取军事行动，直到1975年才结束。

米佐部族居住在阿萨姆邦南部山区，信仰基督教的人口占整个部族的87%。印巴分治前，米佐部族就曾在英国某些官员煽动下提出分立要求，国大党许诺独立后允许其自治，但并未实行。米佐部族1948年发动不服从运动表示抗议。直到1952年，阿萨姆邦才同意成立米佐县，给米佐人一定的管理权。米佐人的主要政治组织是米佐联盟。它以米佐人利益维护者的身份，要求邦政府和联邦政府给米佐人更多自治权。1960年米佐民族阵线成立，拉尔·登加担任主席。受那加族极端派的影响，1966年3月该组织也提出了分裂要求，宣布要建立独立的米佐拉姆国家，并开始了武装反叛。中央政府迅速派兵镇压，在几个星期内粉碎了叛乱，但反叛分子进行的游击战一直继续。另一组织米佐联盟则保持冷静，只主张单独建邦，并采取非暴力方式斗争。两派势力后来经过协商，决定一致行动，目标是在印度联邦内建立语言邦。中央政府没有答应，两派则立志要把斗争持续下去，不达目的决不停止。这个问题在尼赫鲁去世前没有解决，直到1973年才得到解决。中央决定把米佐山区县从阿萨姆邦划出，成为中央直辖区，叫米佐拉姆，官方语言为米佐语和英语。

在米佐族居住区以北和以西的广阔山区，居住着大量的小部族，如加洛、卡西、贾恩提亚等。他们各有自己的语言，主要信仰基督教。1954年起，这里的一些较大的部族开始提出建立单独的山区邦的要求，遭到邦改组委员会拒绝。1960年成立了所有部族山区领导人大会，派代表团晋见总理尼赫鲁。尼赫鲁拒绝了单独建邦的要求，理由是这里部族多，不可能建立语言邦，但允诺给予山区各部族以最大程度的自治，并委任了一个专门的委员会拟定具体实施方案。这一问题到英·甘地执政时才最后解决。1972 年，中央同意在这里建立梅加拉亚邦，官方语言是加洛语、卡西语和英语。

尽管上述问题有些在 50 年代中后期还未能解决，但这次牵涉面很广的邦改组在全国大部分地区把建立语言邦的原则变成了现实。

语言邦的建立有利于促进地区经济文化的发展，发挥地方的积极性，贯彻统一中的多元或多元统一的国家整合原则，也有利于国家的行政管理。语言邦的建立还带来了一个积极结果：由于原来按土邦地域构成的邦除查谟和克什米尔外，这次统统做了调整，新的邦与原来的土邦地域都不同了，这样就彻底消除了土邦制的痕迹（查谟和克什米尔邦除外）。

不过建立语言邦后，每个邦依然存在大量的语言少数派。据 1971 年普查，少的如喀拉拉邦还占邦总人口的 4%，多的如卡纳塔克邦占 34%，全国约有 18%的人口其母语不是邦的官方语言。这大量的语言少数派仍然需要妥善对待。议会和中央政府都一再强调对语言少数派要给予保护，不得有任何歧视。各语言少数派有权建立自己语种的学校，发展自己的文化。同时也要求少数语言派承认邦官方语言的地位，努力加强彼此间的沟通与合作。各邦大致都这样做了，当然实践中存在的问题还不少。

（二）官方语言的最后确定

在语言方面，另一个突出的、有争议的问题是如何确定全国官方语言。英国统治时期，英语被定为官方语言，但实际上印度人中只有很小部分知识分子通晓这种语言，绝大多数人还是使用自己的母语。独立后，为消除殖民主义痕迹，宪法把以天城体书写的印地语规定为印度的官方语言，同时规定英语继续在官方使用到 1965 年。由于印地语在印度也只是不到半数人口使用的语言，主要集中在北印、中印几个邦，所以宪法规定政府应采取措施在全国逐步推广印地语。然而，使用其他语言的邦特别是讲泰米尔语的南印各邦，不愿接受印地语的国家官方语言地位，宁愿以英语为国家官方语言。他们认为，接受印地语为国语将使其他语种地位降低，导致使用其他语种的人在中央单位就业和具有竞争性的全国性行政官考试中处于不利地位。对宪法的这一规定，这些邦反应非常强烈。1952 年人民院开会期间，因为铁道和运输部部长在会上用印地语讲话，从南印各邦来的议员以集体退场表示抗议。强烈的反对声浪使尼赫鲁政府不能不小心行事，政府原打算加速在全印推广印地语，在这种情况下不得不放慢步伐。

1955 年建立了官方语言委员会，就印地语取代英语的官方语言地位问题听取各方面的意见，提出解决办法。委员会内部出现分歧。在 1956 年公布的报告书中，多数人主张按宪法规定办事，建议政府开始逐步在官方场合以印地语取代英语，以便在 1965 年实现全部取代。委员会内有两位分别来自西孟加拉邦和泰米尔纳杜邦的成员表示反对，谴责多数人的主张带有亲印地语的偏见，主张继续将英语作为官方语言。议会建立了一个专门委员会讨论官方语言委员会的报告。当官方语言委员会的报告公布后，南印泰米尔语系各邦群情激愤，到处举行群众集会，谴责中央强行推广印地语，并把这一做法称为“印地语帝国主义”，是北方印地语集团压制南方非印地语集团。国大党元老、前印度总督和马德拉斯邦首席部长拉贾戈帕拉恰雷是这一鼓动的主要领导人之一。他写信给尼赫鲁，提出修改宪法，使英语永远成为印度联邦机构的官方语言和邦际联系的语言，印地语只应是有关邦的邦级官方语言。许多地区群众的游行示威发展成骚乱。在泰米尔纳杜邦，德拉维达进步联盟甚至提出，如中央坚持将印地语作为官方语言取代英语，它就要争取把南印四邦的泰米尔人分裂出去，建立一个单独的德拉维达斯坦国家。与此同时，讲印地语的一些组织（人民同盟和国民志愿服务团等）极端的领导人则指责尼赫鲁政府软弱，执行宪法的规定不力，并鼓动群众，向政府施加压力。这种形势使尼赫鲁政府认识到问题的复杂性，不得不再度细致考虑这个问题。尼赫鲁一再解释，在这个问题上会稳妥慎重，不会强制和感情用事。议会又建立了一个委员会研究解决办法。该委员会提议 1965 年后印地语应成为主要官方语言，英语作为辅助官方语言继续使用，并建议政府制定一个从英语过渡到印地语的计划。议会接受和通过了这项建议，并由总统于 1960 年 4 月颁令实行。为打消非印地语地区群众的顾虑，尼赫鲁 1959～1960 年反复说明，印地语的官方语言地位绝不能强加给非印地语地区，印地语取代英语的时限将根据非印地语地区人民的希望而定。他在一次议会讲话中还说，取代英语的时间将不是由讲印地语的人决定，而是由讲非印地语的人来决定。[①] 非印地语地区的领导人对尼赫鲁的保证还不放心，希望议会以立法形式来确保上述保证的兑现。1963 年 5 月，议会通过了《官方语言法》。其中说，鉴于印地语取代英语的条件尚未成熟，决定在 1965 年 1 月 26 日印地语成为官方语言后，英语继续作为联邦和议会的官方语言使用。尼赫鲁还解释说，这个法案的目的是撤销宪法中规定的使用英语的确切时限，即 1965 年。为鼓励全印的语言沟通，政府还提出了一个“三种语言公式”，即规定学校必须教三种语言，即本地区语言、英语、印地语（对非印地语地区）或其他一种地区语言（对印地语地区）。

图 2-3 尼赫鲁演讲

《官方语言法》的通过暂时平息了南方各邦的不满声浪，尼赫鲁政府在关键时刻的这个让步是必要的、正确的。非印地语地区人口在全国占大多数，他们要求继续使用英语有很现实的经济和政治利益的考虑，不重视这一点而强制执行宪法规定，将会引起意想不到的动乱。正像对待语言邦问题一样，尼赫鲁始则考虑欠周，后来的态度表现了审时度势的灵活性，这是他处理这两个问题最后能成功之所在。不过，非印地语地区的疑虑并未完全打消，以致他去世后动乱又起，至于“三种语言公式”也未能实现，

① 《尼赫鲁演讲集》第 4 卷，第 54~60 页。

非印地语地区并不热心学习印地语，而印地语地区则以学习梵语代替其他地区语言。

八　外交政策的波动

（一）清除残余殖民据点

印度独立时，在印度海岸和内地还有一些地方被英国以外的殖民国家占据，没有收复，它们是葡萄牙人占据的达达尔-纳加尔·哈维里、果阿、达曼和第乌，法国占领的昌德尔纳戈尔、本地治里、卡里卡尔、马埃和亚纳姆。这些殖民据点都设有工事，驻扎有军队。果阿是葡萄牙在印度的殖民据点的首府，本地治里是法国殖民据点的大本营。收复这些领土，最终消除殖民统治的残迹，实现全国的完全统一，是摆在印度政府面前的一项重要任务。

清除残存殖民据点的工作从印度独立后就在逐步进行。印度既然是通过非暴力斗争道路从英国统治者手里收回统治权的，就也希望通过外交手段和平地收回这些被占领土。但谈判除个别较顺利外，大都非常艰难。总体来说，这是一场艰巨的外交、政治乃至军事的斗争。

自治领政府建立后就开始和法国政府与葡萄牙政府交涉。法属殖民据点大都在南印东、西两海岸，只有昌德尔纳戈尔在西孟加拉，后者成了一块嵌入内陆的飞地，严重妨碍印度的交通发展和建设。法国也觉得难以维持，所以独立后两国就开始就收复昌德尔纳戈尔问题举行谈判。根据两国达成的协议，1949 年 6 月在昌德尔纳戈尔举行全民公决，全体居民赞成回归印度。1950 年 2 月 2 日，印度和法国政府在巴黎签订了法国交还昌德尔纳戈尔的协议。葡萄牙 1954 年把它占领的达达尔-纳加尔·哈维里交还印度。

然而法国和葡萄牙都避而不谈全部归还所占印度领土的问题，对印度政府的谈判要求置之不理。独立之初印度忙于医治印巴分治带来的创伤和恢复经济，一时顾不上解决这个问题，但思想上很明确：殖民据点的继续存在是与印度作为一个主权国家不相容的，收复领土只是时间问题。

1954 年 4 月，法属殖民地的印度居民在自己的房屋上升起印度国旗。这一表达爱国感情的行动却遭到法国殖民当局的镇压，有 350 人被捕，后来更发生枪击印度居民事件。印度政府为此向法国殖民当局提出抗议。这年，印度政府进而与法、葡两国政府接触，要两国就交还所占印度所有领土问题与印度举行谈判，并要求两国政府立即把在所占印度领土上的驻军撤走。

法国政府接受了印度政府的谈判提议。1954 年 10 月，法国殖民当局在占领地进行了民意投票，绝大多数印度居民赞成回归。1954 年 10 月 21 日，印度与法国在德里签订协议，根据该协议，法国政府于 1954 年 11 月 1 日把本地治里、卡里卡尔、马埃和亚纳姆全部交还印度政府。

但葡萄牙不打算从其占领的其他据点撤走，它宣称，果阿、达曼和第乌已是葡萄牙领土的一部分，不存在交还的问题。对葡萄牙这种无赖的态度，印度人民十分气愤。1954 年 7 月 2 日，100 名果阿著名人士呼吁果阿居民行动起来，摆脱葡萄牙的殖民统治。果阿居民群起响应，开展了迫使葡萄牙人退出的坚持真理运动，得到印度人民的一致支持。葡萄牙殖民当局实行血腥镇压，1955 年 8 月一个月就有 30 人被杀，许多人被捕。印度政府发表声明，严正抗议葡萄牙政府的野蛮暴行。鉴于与葡萄牙一再交涉无效，印度政府别无选择，实行武力收复。1961 年 12 月 17 日夜，印度出动军队进入果阿。葡萄牙总督自知无力抵御，未做抵抗，立即宣布投降。至 19 日，印军全部解放了被葡萄牙侵占 400 多年的果阿、达曼和第乌。至此，印度境内残留的殖民据点被全部拔除，所有殖民者强占的领土被全部收回，印度完全地实现了领土完整和国家统一。印度人民早就盼望这一天的到来，无不额手称庆。葡萄牙提出抗议，一些西方国家也对印度采取暴力行动说三道四。然而，在印度人民正义的、历史性的行动面前，它们无可奈何，只得接受现实。

1962 年印度议会决定，把法国交还的 4 块地区合并建立本地治里中央直辖区，把从葡萄牙占领下收回的 3 块地区合并建立果阿、达曼和第乌中央直辖区。这两个直辖区的建立，加上 1961 年 8 月建立的达达尔-纳加尔·哈维里直辖区，使印度直辖区的数量增加到 9 个。1963 年 12 月，果阿直辖区举行有史以来第一次自由选举，建立了民选的立法和行政机构。

（二）不结盟外交的波动

印度独立后制定的不结盟外交政策在共和国初期得到了进一步发展。不结盟不仅是不参加任何一个集团，和所有国家发展外交关系，而且是以反对战争和殖民主义、保卫民族独立和世界和平为其内涵。尼赫鲁政府以其活跃的、富有生气的外交活动，为印度在国际舞台上树立了良好的形象，赢得了进步力量的称赞。

战后美国为称霸世界，不仅对社会主义国家实行冷战，而且盗用联合国旗号发动侵朝战争，并妄图把战火扩大到中国领土。美国以武力庇护逃到台湾的国民党，阻止中国统一，并在日本、菲律宾、韩国建立军事基地，形成对中国的包围圈。印度在一系列问题上不附和美国，而是提出自己的主张。在联合国，印度投票反对美国指责中国进行抗美援朝正义战争是“侵略者”的提案，不参加美国纠集其仆从国家拼凑成的、打着联合国旗号的所谓“联合国军”，并为促使朝鲜停战做出了不懈的努力。印度主持了中立国战俘遣返委员会和军事停战监察委员会的工作，与其他国家一起坚持正义原则，为战俘遣返和停战的实施贡献了力量。1953 年 2 月，美国总统艾森豪威尔发表关于“台湾海峡中立化”的声明后，尼赫鲁给予严厉谴责，反对美国对中国的封锁。印度还在联合国多次呼吁恢复中华人民共和国的合法席位，为此受到美国的冷嘲热讽和种种压力。美国国务卿杜勒斯还指责印度的不结盟立场“不道德”。[①] 美国一直想影响印度，鉴于印度坚持不结盟政策不为所惑，便转而着重拉拢巴基斯坦。美国以帮助抵御可能的外来进攻为由，拉巴基斯坦进入美国拼凑的军事集团。1954 年 5 月，美巴签订《美巴共同防御协定》。9 月巴基斯坦加入东南亚条约组织，次年 11 月又加入中央条约组织。这样，美国就把冷战扩大到南亚地区。巴基斯坦参加这些集团是为了增强自己的实力，同印度对抗，与美国的战略意图有所不同。

印度政府反对美国把其军事结盟政策伸展到南亚，表示担心美国向巴基斯坦大量供应武器会加剧南亚地区的紧张局势。舆论界对美国展开前所未有的激烈批评，群众掀起了抗议浪潮。美国以军事援助为诱饵，力图把印度也拉进来，声称印度如果加入地区联盟，也可同样得到军事援助，不期遭到尼赫鲁的断然拒绝。杜鲁门邀请他参加在马尼拉举行的东南亚条约组织签字仪式，他拒绝参加，态度鲜明地表示反对美国的战争结盟政策。在这种情况下，美国总统艾森豪威尔赶忙致信尼赫鲁，一再说明联盟的目

① K. B. 克斯瓦尼：《现代印度史（1800~1984）》，新德里，1985，第 436 页。

标是针对共产主义，供应巴基斯坦武器不会用来反对印度，又派国务卿杜勒斯来印度做安抚工作。然而，印度并未被其花言巧语打动，舆论对美国的批评没有停止。对法国在印度支那发动的侵略战争，印度也是反对的。1954 年 2 月，尼赫鲁发表声明，提出在印度支那立即停火的六点建议。他还参与发起在科伦坡举行印度、巴基斯坦、印度尼西亚、缅甸和锡兰（今斯里兰卡）五国总理会议（1954 年 4 月），以共同的努力，呼吁实现印度支那停火，允许印度支那国家独立。在随后（1954 年 7 月）召开的解决朝鲜和印度支那问题的日内瓦会议上，印度作为列席国，为促成问题的解决在会下开展了活跃的外交活动。印度这些努力对穷兵黩武的帝国主义造成了冲击，对印度支那人民则是有力的道义支持。

1954 年 4 月，在中印两国政府签订的《关于中国西藏地方和印度之间的通商和交通协定》中，共同提出了著名的国与国之间和平共处五项原则（印地语为“潘查希拉”），即互相尊重领土主权、互不侵犯、互不干涉内政、平等互惠、和平共处。[①] 1954 年 6 月 28 日，周恩来、尼赫鲁在共同发表的《中印两国总理联合声明》中又重申了这些原则，并提出在两国“与亚洲以及世界其他国家的关系中也应该适用这些原则”。“如果这些原则不仅适用于各国之间，而且适用于一般国际关系之中，它们将形成和平和安全的坚固基础，而现时存在的恐惧和疑虑，则将为信任感所代替。”[②] 和平共处五项原则的提出和倡导是对确立平等的新的国际关系准则的重大贡献，是对帝国主义一直强制推行的少数发达国家欺压大多数弱小国家的国际秩序的根本否定，不仅得到中印两国人民的热烈拥护，也得到国际上一切进步力量的赞扬。

印度也是 1955 年 4 月在印度尼西亚万隆召开的亚非会议的 5 个发起国之一。邀请中国参加也有尼赫鲁的一份努力。他曾受到力图阻挠中国参会的来自美国和英国施加的种种压力，但他顶住了压力。会议期间，尼赫鲁和周恩来在许多问题上积极合作，克服种种困难，促进了会议的成功。大会的最后公报在中印总理倡导的和平共处五项原则的基础上，提出了处理

---

① 和平共处五项原则是 1953 年 12 月 31 日周恩来总理在会见印度前来谈判的代表团时首先提出来的，应印方要求写进协定序言中。1954 年 6 月 28 日《中印两国总理联合声明》中重申和平共处五项原则，把“平等互惠”改为“平等互利”。

② 世界知识社编《日内瓦会议文件汇编》，北京，1954，第 315 页。

国际关系的十项准则，中心内容是尊重各国主权和领土完整、国家不分大小一律平等、反对干涉别国内政、反对侵略、用和平方式解决争端。这就是著名的万隆精神。它象征亚非两大洲民族决心维护自己的生存、发展权利，再不愿受帝国主义、殖民主义的蹂躏和干涉。

1956 年 7 月，尼赫鲁与南斯拉夫总统铁托、埃及总统纳赛尔在南斯拉夫的布里俄尼岛共同商讨了发展不结盟运动问题，在发表的联合公报中肯定了万隆会议精神，反对集团政策，提出不结盟运动应奉行和平共处、民族独立、不参加对立的军事集团、开展各国间经济文化的广泛合作和建立平等友好关系等原则。这些主张得到新独立国家的广泛赞同，为不结盟运动在世界范围的兴起奠定了基础。1956 年 10 月发生苏伊士运河危机时，印度强烈谴责英法对埃及的侵略，表示全力支持埃及。以尼赫鲁为首的印度政府的上述努力自然使美、英等帝国主义国家不高兴，西方国家与印度的关系大大疏远。

图 2-4 尼赫鲁、纳赛尔（中）和铁托

总之，20世纪50年代到60年代初，尼赫鲁政府奉行以不结盟为主轴的对外政策，在国际舞台上发挥了积极的作用。

不过，印度领导人认为，虽然不结盟原则要坚持，争取改善与美国的关系也非常重要。1956年底，尼赫鲁再度访美。他认为印度需要大量的资金和粮食援助，而能够满足印度需要的只有美国，印度与美国疏远于己不利。就美国来说，虽然它对印度推行不结盟政策不满，但一直期望在亚洲树立一个能与共产主义抗衡的“民主橱窗”，通过这个橱窗，既要显示“民主政治体制的优越性”，又要表明在这种制度下经济可以得到最快的发展。美国认为能够成为这个橱窗的唯有印度，这就要求它不但在政治上不能过于露骨地干预印度外交政策的自主性，而且要在经济发展上给予有力的支持。50年代，中国社会主义建设呈现出突飞猛进的态势，中国的经济发展有可能走在印度前面，这是美国绝不愿看到的。再则，美国也相信，通过经济支援的手段也许能够收到影响外交政策的实效。所以，对印度给予援助的要求，美国还是在一定程度上予以满足。这就使两国关系既有不协调和冲突的一面，也始终存在着合作和相互支持的一面。50年代美国给印度的援助虽然数额不是很多，但对印度经济发展和解决缺粮问题还是起了很大作用的。1951年初，美国给印度1.897亿美元贷款，用于购买200万吨美国粮食，以解决印度的粮食危机。1952年1月，美国根据杜鲁门“第四点计划”精神与印度签订协定，允诺帮助印度的经济建设，称为“发展援助”。从1951年4月到1956年3月，印度从美国获得的贷款和捐赠共计22.6亿卢比。不过，两国间的贸易额和美国在印度的投资额数量仍很小。

印度与苏联的关系在50年代上半期逐渐有了改善。美国拉巴基斯坦加入其军事集团促使印度不得不从苏联寻求支持以保持平衡。从苏联方面来说，印度在恢复中国在联合国的席位问题和朝鲜战争问题上的立场使其改变了对印度的看法。印度新任驻苏大使拉达克里希南受到斯大林两次接见，斯大林主动表示要加强苏印友好。斯大林逝世后，苏联外交方针的改变为印苏加强接触消除了意识形态上的隔阂。50年代上半期，苏联更加感到需要在南亚寻求盟友，抗衡美国，以突破美国设置的包围圈，于是与印度改善关系对苏联来说就成了迫切需要。1953年12月，印度与苏联签订长期贸易协定，其中特别规定印度从苏联进口商品可以用卢比而不是外汇结算，这对外汇短缺的印度来说是个优惠。印度为了发展重工业，对外国资金和技术援助的需要日益迫切，在向西方求援的同时，也开始向苏联谋求帮助。

（三）与巴基斯坦、尼泊尔的关系

50 年代上半期，印度与巴基斯坦的关系因克什米尔争端而继续恶化。印度宪法把查谟和克什米尔定为一个邦，并给予特殊地位。巴基斯坦则仍坚持不承认克什米尔加入印度联邦，要印度兑现举行全民公决的诺言。1953 年，印巴两国总理互访。尼赫鲁访问卡拉奇时，与巴基斯坦总理穆罕默德·阿里签订了《卡拉奇协议》，双方都表示用和平方式解决问题，尼赫鲁同意通过公民投票最后决定克什米尔的归属。8 月 20 日，两国总理又在一份联合公报中讲道，双方同意未来在条件具备后在克什米尔举行全民公决。这时的印度仍然信守关于全民公决的许诺。但 1954 年 5 月起，印度以美巴军事协定的签订改变了克什米尔问题的背景为由，不再许诺实行公民投票。1954 年 2 月，印控克什米尔地区的制宪会议批准克什米尔加入印度联邦的决定。5 月 14 日，印度总统普拉沙德宣布印度宪法适用于查谟和克什米尔邦（在邦政府和制宪会议赞同下）。1956 年 10 月 30 日，印控克什米尔地区制宪会议一致通过该邦制定的宪法中肯定查谟和克什米尔是印度联邦一个组成部分的条款，宪法 1957 年 5 月 26 日生效。巴基斯坦拒绝承认。1957 年 1 月 24 日，联合国安理会呼吁在克什米尔举行全民公决，印度拒绝。印度一直认为联合国在克什米尔问题上提出的许多调停建议混淆是非，偏袒巴基斯坦，此时更加这样认定。这样，克什米尔问题的僵局就持续下来，解决的前景更加渺茫。关于印度河水系水资源分配的争端也仍然存在，巴基斯坦认为印度从上游拦截过多河水损害巴基斯坦利益，要求国际仲裁。

60 年代，印巴关系略有缓和。印度因与中国发生边界冲突而无力分身，加之美国从中撮合，故对巴基斯坦采取了缓和关系的方针。河水争执在世界银行的斡旋下得到解决。1960 年 9 月 19 日，印巴两国和世界银行签订协议，对印度河东西水系的使用在两国间做了明确的划分，大致上印度使用印度河东部水系萨特莱杰河、比阿斯河和拉维河的河水，巴基斯坦使用西部水系奇纳布河、杰卢姆河和印度河的河水。巴基斯坦新建水坝和渠道工程的经费议定由美、英等西方国家和世界银行贷款解决，印度支付部分补偿金。1959 年，尼赫鲁与巴基斯坦总统阿尤布·汗举行非正式会谈，发表了公报，强调双方要本着友好和睦精神解决两国争端。两国贸易也有所增长。然而在最敏感的克什米尔问题上两国依然坚持各自的立场。印度已宣布克什米尔为印度的一个邦，而且自 1956 年起还表示愿意以现有停火线为基础解决归属问题，巴基斯坦则继续要求在整个克什米尔实行全民公决。印控克什米尔和巴控克什米尔的分界线上冲突不断，使印巴关系随时都有恶化的可能。

在与尼泊尔的关系上，印度表现出了某种地区大国主义特色。1955 年，尼泊尔新继位的国王马亨德拉和中国建立友好关系，次年两国签订友好和贸易交流协定，1956 年尼泊尔又同苏联建交（此前已与主要西方国家建立了外交关系）。1955 年底，新任首相 T. P. 阿查利亚在记者招待会上宣布，尼泊尔要奉行新的外交政策，内容包括：与所有国家建立平等友好关系；接受包括中国、苏联在内的所有友好国家的经济援助和其他援助，只要这种援助是无条件的；与外国发展直接的贸易关系；等等。他还是第一位来中国访问（1956）的尼泊尔首相。1956 年发生匈牙利事件，印度在联合国通过谴责苏联的决议时投反对票，尼泊尔则投赞成票，表明自己外交的自主性。作为一个独立国家，尼泊尔这样做的目的是使自己在外交上自主和多元化，不过分依赖印度，并非要敌视印度，它是完全有权做出这种选择的，但这被印度某些人看作对印度与尼泊尔的“特殊关系”的挑战。印度舆论发动攻势，指责尼泊尔的新政策是“危险的”，“危害印度利益”。1957 年 7 月，T. P. 阿查利亚被撤换。印度政府为保持自己的影响，一面增加对尼泊尔的经济和财政援助，实行拉拢，一面继续攻击马亨德拉国王的新外交政策。马亨德拉国王要求印度关闭其驻加德满都的军事使团办事处，并撤销其在尼泊尔—中国边界上的哨所。两国关系趋向紧张。1959 年尼泊尔大选，尼泊尔大会党获胜，B. P. 柯依拉腊担任首相。柯依拉腊不想得罪印度，只想保持中立。但这在印度舆论界看来也是对印度不友好的表现。印度报刊对柯依拉腊的政策进行激烈抨击。尼泊尔的《协会报》《纳雅协会报》等报刊奋起反击，指出来自印度的无端指责只能暴露它的专横、霸权主义，并且是在露骨地践踏尼泊尔的主权，还说尼泊尔希望与印度保持友谊，但“友谊绝不意味着尼泊尔应当放弃自己的行动自由”。60 年代，两国关系跌到了最低点。

（四）与中国的关系

和中国发展友好关系是印度政府独立后公开宣布的外交政策重要目标之一。在中国问题上，尼赫鲁政府有着矛盾的心理。从它的外交总原则考虑，它欢迎中国国际地位的提高，希望和中国一起在维护亚洲和世界和平上共同发挥积极作用；中印同为刚从殖民主义统治压迫下获得解放的国家，同样面临着维护独立和发展经济的任务，两国有很多共同点，印度愿意和中国发展友好关系并建立密切的经济文化联系。但同时它又对中国的社会主义改革特别是对西藏的民主改革心存疑虑，怕在印度造成影响；在中印边界问题上，它抱着民族利己主义观点，不愿承认这是个待解决的历史遗留问题。正因此，印度就不能把它宣布的外交总原则全部落实到具体问题的处理上。

英帝国主义 1914 年非法炮制的、侵占中国 9 万平方公里领土的所谓“麦克马洪线”，中国中央政府始终未予承认，尼赫鲁政府不是不知道，却硬把它作为既成事实要中国政府承认。西藏是中国的一部分，印度却说中国对西藏只有宗主权。对中国人民解放军解放西藏，印度横加干涉。印度政府在 1950 年 10 月到 11 月三次照会中国政府，说“中国军队之侵入西藏不得不被认为是可悲叹的”，是“没有理由的”，说这使印度政府“最为惊异和遗憾”。[①] 中国方面指出解放西藏纯属中国内政，呼吁印度不要做有损两国友好关系的事，并以大局为重，继续发展与印度的友好关系。印度面临的美国的压力也要求它在实现和平外交政策方面打开局面，逐渐地，在继承英国留下的在西藏的特权问题上它的态度有了变化，这才有 1954 年中印《关于中国西藏地方和印度之间的通商和交通协定》的签订。根据该协定，印度政府放弃了它从英国统治时期继承下来的在西藏的特权，撤走了它在西藏的武装卫队和邮电设施。协定规定，建立印度与中国西藏地方的正常的贸易关系。两国互设商务代办处，各自指定了向对方开放的一批贸易地点和往来路线，对两国香客到对方国家进行宗教朝拜也就具体地点和路线做了规定。协定中首次提出的和平共处五项原则，表达了中印双方友

---

① 《人民日报》1959 年 5 月 6 日。

好地解决两国关系中存在的历史遗留问题、发展睦邻友好的愿望。

在和平共处五项原则的指导下，50 年代中期中印总理互访，文化团体交流频繁，贸易往来增加，“印地-秦尼巴依巴依”的欢呼声不绝于耳，在国际事务中也相互配合，两国友好关系进入一个气氛热烈的高潮时期。

然而，在边界问题上，印度并没有改变立场，只是期望中国在友好关系气氛下做出让步，同意尼赫鲁所说的中印边界早已确立的说法，也即承认非法的“麦克马洪线”。同时利用中国忙于抗美援朝之机，赶忙向它还未实际占领的“麦克马洪线”以南地区“推进”。1951 年 2 月派兵占领了达旺，到 1954 年，几乎占领了“麦克马洪线”以南的全部中国领土，在这里设置了所谓“东北边境特区”，后来改称所谓“阿鲁纳恰尔邦”（中国藏南地区）①。另外，印度极右翼势力在西藏问题上兴风作浪并未停止，随着西藏社会改革的开始，其加紧伙同帝国主义势力，煽动西藏农奴主叛乱。对此，印度政府没有采取有力措施制止。这股掩盖在友好高潮下的暗流不能不说是一个潜在的危险的溃疡。

果然，到了 60 年代初，这个溃疡就恶性发作了。印度与中国的冲突不断升级，最后不幸酿成边界战争。

中国人民解放军进驻西藏和中央政府在西藏实行改革，印度资产阶级右翼势力和宗教封建上层是很不舒服的，他们希望把西藏变成隔离社会主义中国的思想政治影响的缓冲带，希望保持印度对西藏的影响力。尼赫鲁政府在西藏问题上也受民族沙文主义右翼的牵制，屈服于其压力。印度朝野对中国人民解放军解放西藏横加指责。西藏某些反动农奴主以印度噶伦堡为据点，与美英特务勾结，酝酿叛乱，得到印度反动势力支持，印度政府也持纵容态度。1958 年 5 月，西藏东部昌都、黑河地区农奴主叛乱，印度反动势力是支持的。1959 年 3 月，拉萨上层农奴主叛乱，劫持达赖喇嘛逃往印度穆索里，不但受到印度政府庇护，印度宣传媒介还帮助叛乱分子传布信息和发放反动宣传材料。尼赫鲁接见了达赖。包括国大党人士在内的一些人组织了所谓“支援西藏人民委员会”，进行反华鼓噪，并叫嚷要把西藏问题提交联合国。一些反华狂热分子还组织游行示威，向中国施加压力。尼赫鲁虽然要达赖喇嘛做出不在印度从事政治活动的保证，但对达赖

① 中国政府不承认这种侵占中国领土的做法。

及叛乱农奴主"表示同情"，对其一伙在印度进行明目张胆的反对中国的活动佯装不知；同时，把印度右翼和宗教极端势力对达赖及叛乱农奴主的鼓励和支持说成是"一种基于感情和人道原因的同情"。[①] 尼赫鲁还指责中国不遵守与印度签订的关于西藏问题的协议，指责中国破坏和平共处五项原则。

与在西藏问题上鼓噪同时，印度右翼和宗教封建势力竭力敦促政府在边界问题上发动对中国的另一个攻势。50 年代上半期，边界争端主要集中在"麦克马洪线"问题上。然而，就在中国平定西藏农奴主叛乱后 10 多天，尼赫鲁屈服于右翼的压力，1959 年 3 月 22 日写信给周恩来总理，向中国提出了总的领土要求，不但在边界东段要中国承认非法的"麦克马洪线"从中国划出的 9 万平方公里领土为印度领土，而且在西段把一向处在中国管辖下的新疆阿克赛钦地区和西藏阿里地区的一部分共 3.3 万平方公里领土和中段传统习惯线以东和以北一些地区共 2000 平方公里的土地说成是印度的，也都要中国承认。这种要求完全是没有道理的。

中印边界线全长约 2000 公里，整个边界从未正式划定，但存在一条按照双方实际行政管辖范围形成的传统习惯边界线。这条传统习惯边界线的走势，东段是沿着喜马拉雅山的南麓，中段是沿着喜马拉雅山脉，西段是沿着喀喇昆仑山脉。两国人民都尊重它，所以在英国统治印度前并没有发生过边界争执。英国侵略者炮制的"麦克马洪线"非法地在东段传统习惯边界线以北属于中国的版图内划"边界线"，也就是说，把"麦克马洪线"以南、传统习惯线以北大片中国领土划归印度。中国政府从来没有承认过这个强加在中国人民身上的"麦克马洪线"，而英印统治者在很长时期内也没有敢侵入被"麦克马洪线"划出的中国领土，只是在第二次世界大战末期才占领了这个地区的一小部分。新中国成立伊始，中国政府就宣布中印边界问题是英帝国主义侵略遗留的历史问题，必须由中印双方协商解决。在最终解决之前，双方应尊重实际形成的传统习惯线，保持边界和睦。然而印度政府却一味要中国承认"麦克马洪线"，并在 50 年代中期匆忙地把其哨所向北推进到"麦克马洪线"以南的大部分地区。1954 年印度官方出版的地图竟把"麦克马洪线"作为中印边界已定界标出。在中印边界中段，

① 《关于西藏问题》，人民出版社，1959，第 195 页。

英国统治时期已侵占了属于中国领土的桑和葱莎，印度独立后借口“分水岭”原则，越过传统习惯线，侵占了我国巨哇、曲惹、香扎等地，到 1958 年共侵占和控制了约 2000 平方公里中国领土。1954 年以后，印度又在中印边界西段侵占了属于我国的巴里加斯，约 450 平方公里。尽管中国政府一再照会印度政府，抗议印度方面用军事行动强行改变传统习惯线，尼赫鲁政府不但不接受中方要求，反而继续向它还没有占领的“麦克马洪线”以南、传统习惯线以北地区派出军事人员，设置哨所，有些地方甚至越过“麦克马洪线”，进入线北地区。而且在西段，加紧派军队侵入阿克赛钦地区并设置哨所。

印度这种做法使边界冲突趋于激化。1959 年 8 月 25 日晨，一小股侵入“麦克马洪线”北的印军从马及墩（朗久所在地区）南端向中国边防部队开火，遭反击后撤走。26 日，驻朗久哨所的印军又向中国部队开火，中国部队反击，印军退出朗久。此即“朗久事件”，是中印边界武装冲突的开始。“朗久事件”不久，1959 年 10 月 20 日在中印边界西段，印度特种边防警察部队的一支小分队在空喀山口以南地区进入中国境内被扣。21 日，印度特种边防警察部队 70 余人由其司令官率领，又从同一地点闯入中国领土，并向中国边防战士开枪，中国边防战士被迫还击，双方互有伤亡。此即“空喀山口事件”。这两起事件预示大规模的边界冲突即将来临。尼赫鲁个人本来也承认中印边界中段、西段的界线从未划定，也曾主张避免扩大事态，为此受到右翼反对党和宗教封建势力的攻击，但在强大的反华声浪的驱使下，他的态度也变得越来越强硬。

1960 年 4 月，周恩来总理亲赴新德里与尼赫鲁会谈，寻求和平解决争端的途径。但在右翼和宗教封建势力的一片反华鼓噪下，会谈无果而终。离开印度前，周总理举行记者招待会，会上发表的声明概述了中国政府的立场：中印边界从未划定；边界争议可通过友好协商解决；在解决前双方应当维持边界现状，不以片面的行动，更不允许使用武力，来改变这种状况。声明还提出，为了保卫边界安宁，便于商谈的进行，双方在边界各段应该继续停止巡逻。周总理还据理驳斥了各种对中国的无理指责和诬蔑。

1960 年初，印度政府决定采取“前进政策”，即抢在中国之先，把哨所“推进”到所有它认为属于印度的中国领土上，造成既成事实。但由于面临许多具体困难，未能立即实行。1961 年 11 月 2 日，尼赫鲁召开高层会议，决定实施“前进政策”。这年末和 1962 年初，印度利用中国单方面在边境停止巡逻之机，向中国境内全线推进其哨所。中方多次抗议，被置之不理，不得不恢复在边境的巡逻。10 月 12 日，尼赫鲁下令调集大量军队，准备展开大规模军事行动。

面对印度军队几乎全线的攻击，中国军队被迫进行全线自卫反击。1962 年 10 月 20 日，反击战开始。中国军队在东段越过“麦克马洪线”，把战线推进到达旺河一线；在西段，扫除了印军“进入”中国领土建立的 37 个据点，把印军赶到佐卢—楚舒勒—东堤一线。10 月 24 日，周恩来总理致信尼赫鲁总理，建议停火谈判。印度拒绝，同时增调军队，于 11 月 14 日再次发起进攻。经过一周激战，中国军队在东段推进到中印边界传统习惯线，收复了“麦克马洪线”以南的中国领土；在西段，也把入侵中国领土的残存印军全部赶走。在取得自卫反击战的胜利后，中国政府 11 月 21 日发表声明，宣布 24 小时后中国方面全线停火，从 12 月 1 日起，中国边防部队将从 1959 年 11 月 7 日存在于中印之间的实际控制线后撤 20 公里；在东段，撤回到实际控制线，即非法的“麦克马洪线”以北，并从这条线再后撤 20 公里；在中段和西段，从实际控制线后撤 20 公里。这种豁达态度表明中国自卫反击是出于不得已，中国政府仍然希望双方通过谈判解决边界争端。印度虽然默认了中国的停火和撤军，但仍不停地诬蔑中国侵略，并坚持要求恢复 1962 年 9 月 8 日的状态，即要中国承认印度推行“前进政策”后所取得的位置。

（五）向美苏两强靠拢

中印边界战争爆发后，印度右翼和宗教封建势力掀起歇斯底里的反华反共喧嚣，同时在议会内外对尼赫鲁也发动了猛烈攻击，指责他不该奉行和中国友好的政策及不结盟政策，追究他对战败应负的责任。尼赫鲁屈服于压力，在战争开始后，就向美国、英国呼吁军事支持，美国、英国立即做出响应，派运输机和军用飞机向印度运送武器。美国答应提供价值 6000 万美元的紧急军事援助。当中国军队迅速向前推进后，11 月 20 日尼赫鲁又紧急致信美国总统肯尼迪，要求美国供给武器、筑路设备、雷达和运输机。此外，还秘密要求美国派飞机对印度实行空中保护和加强印度空军的战斗力。美国国务院和五角大楼立即派 12 架 C-130 大力士运输机前往印度，帮助运送部队和军事物资到前线，还从太平洋调派一艘航空母舰到孟加拉湾，并派远东事务助理国务卿 A. H. 哈里曼率一个高级顾问代表团到新德里实地考察印度的需要。英国也派了一个军事代表团。肯尼迪还和英国一起策划对印度提供空中保护的方案。但在美英两国政府做出进一步的决定前，中国已单方面宣布停火撤军。

印度政府为了同时取得苏美两大世界强国的支持对付中国，从这以后开始实行向这两国靠拢，从两国接受军援的新外交政策。

印度要求美国军事援助扩大了美国在印度的影响，在美国插手后，印度舆论界对美国已是一片赞扬声，印度与美国的关系大有改善。事实上，从 50 年代末期起两国关系已出现转机。1959 年美国总统艾森豪威尔访问印度，1961 年尼赫鲁回访美国，这是两国关系迅速升温的标志。印度接近美国首先是因为“二五”计划遇到资金困难和粮食短缺，需要美国援助。美国则认为印度是在南亚遏制共产主义势力的关键力量，又是一个广阔的市场，把印度拉到西方国家一边始终是它的外交政策目标之一。50 年代中期以后，美国对印度的经济援助大幅度增加。1958 年，印度从美国得到 3.25 亿美元的贷款，另有 3.5 亿美元贷款是用来根据第 480 号公法购买美国小麦的。1960 年 5 月，美国与印度签订了根据第 480 号公法提供价值 12.76 亿美元粮食的协定。在实施第一个和第二个五年计划中，印度共得到美国 33 亿美元的贷款。① 据另外的统计材料，1956 年 4 月到 1961 年 3 月 5 年间印度从美国得到的贷款由前 5 年的 22.6 亿卢比上升到 207.82 亿卢比。同期在美国影响下，世界银行给印度的援助也由 3.07 亿卢比上升到 45.61 亿卢比，国际货币基金组织也在 1956 年给了 21.4 亿卢比的援助。1958 年在美国的促进下还成立了由美国、英国、联邦德国、加拿大、日本和世界银行共同组成的国际援印财团。美国的援助很大部分是以每年提供粮食实现的，美国剩余农产品在印度找到了最广阔的市场。中印边界冲突发生后，印度开始要求美国给予军事援助。美国迅速抓住这个难得的机会在印度扩大政治影响。肯尼迪总统立即致信尼赫鲁，表示将全力支持印度。美国不仅以最快的速度把大批武器装备运抵印度，而且同意印度以卢比偿还。美国很想乘机从更多方面插手印度的军事领域，只是由于中国单方面撤军未能得逞。但美、英仍表示愿意给印度长期的军事援助，尼赫鲁也没有改变长期从美、英获得先进武器的打算。1962 年 12 月 1 日，印度外事秘书 M. J. 德赛和美

---

① A. 阿帕多莱、M. S. 莱贾恩：《印度的外交政策和外交关系》，新德里，1985，第 252~253 页。

驻印大使加尔布雷思讨论签订防空协定问题。1964 年印美达成协议，美国在此后 5 年每年向印度提供 1.1 亿美元的军事援助。

50 年代中期，印度与苏联的关系进一步密切。为了突破美国的包围圈，苏联需要进一步扩大在印度的影响。除此之外，这一时期又出现了促使苏联与印度更加接近的新因素。50 年代末 60 年代初，中苏两国关系恶化。苏共新领导人赫鲁晓夫鉴于印度国大党宣布要在印度建立“社会主义类型社会”，很希望印度能成为一个和平过渡的典型，以作为现实依据，便于他在国际共产主义运动中宣传自己的主张。为实现此目的，赫鲁晓夫从经济上大力援助印度，帮助建立公营重工业。1955 年 2 月，印度与苏联签订了第一个经济技术合作协定，规定苏联帮助印度建立年产百万吨钢的比莱钢铁厂。1957 年又签订新的协定，苏联向印度提供 5 亿卢布贷款，帮助建立一个重型机械制造厂、一个采矿设备制造厂和一些其他工厂。1955 年下半年，两国领导人互访，双方都强调要在经济、科技、文化各领域加强合作。中印边界冲突发生后，苏联对印度的支持扩大到外交、军事方面。在中印冲突中，苏联实际站在印度一方，遏制中国。印苏两国领导人互访频繁，苏联领导人对印度破坏中印边境稳定的活动缄口不言，却以公允的假面貌出现，指责中国，公开支持印度。中印边界战争爆发后，印度与苏联达成购买 12 架苏联米格-21 战斗机的协议。苏联还向印度提供大量直升机和在边境上修路的机械设备。1961～1964 年，印度从苏联得到的军事援助达 1.3 亿美元。除军事援助之外，还有经济援助，包括贷款、援建大型工矿企业等。1963 年 6 月，印苏签订新的贸易协定，两国贸易额较 1962 年增加了一倍，达到 4 亿卢比。

印度既然依靠苏美两个超级大国来加强自己的军事地位，其在国际舞台上反殖反侵略就没有先前那样理直气壮，它已部分背离了不结盟原则。不过，既然尼赫鲁是不结盟运动的倡导者之一，他还要维护印度的形象。既然边界战争已停止，除接受军事援助外，没有在军事方面与外部力量更密切合作的必要；再则，他也并不愿意真正和哪个大国结盟，那将使印度失去从苏美两方得到经济援助的机会。因而，他没有再往前走，依然宣布恪守不结盟立场。印度对美国支持以色列压制阿拉伯国家的中东政策和对美国的核试验继续给予批评谴责。

这一时期，世界上新独立的国家越来越多。印度、埃及和南斯拉夫倡导的不结盟获得大多数国家的赞成，因而逐渐形成一个世界性的运动。1961年9月，在贝尔格莱德召开了第一次不结盟国家首脑会议，有25个国家参加。1964年10月，在开罗召开了第二次会议，有46个国家参加。印度作为倡导国之一继续受到不结盟国家尊重，不过，由于它和两大超级强国军事关系日趋密切，它在国际舞台上的不结盟形象已经大为逊色。

九　主要在野党的活动

（一）在野党总体特点

第一届、第二届大选后，国大党处于执政党地位，其他政党都是在野党，起合法反对派的作用。议会民主制以多党存在和竞争为条件，一般来说，反对派力量越强，对执政党的压力越大，议会民主的实施就越彻底。在印度，由于历史形成的原因，虽有众多政党，但国大党一党独大，其他政党在实力和群众影响方面没有一个能与之匹敌，结果就造成了多党制下国大党有机会长期一党执政的局面。不但联邦一级如此，在邦一级也差不多这样。第一届大选，国大党囊括了从联邦到邦一级的全部政权（查谟和克什米尔邦未参加选举）。第二届大选，除喀拉拉邦外也复如是（查谟和克什米尔邦也未参加选举）。由于在议会中国大党拥有多数席位，国大党提出的各项立法议案都能在议会中顺利通过，成为政府的施政依据。

然而，虽然其他政党单个说不能与国大党相比，如果把它们对群众的影响力加在一起，也有相当大的力量。国大党在第一届人民院选举中得票率只有45%，其他政党和无党派人士得票总和为55%；邦立法院选举，国大党得票占总票数的42%，其他政党和无党派人士共占58%。第二届大选变化不大，这就很能说明问题。所以在向国大党施加压力方面，在野党如方向一致，还是能起相当大作用的，对国大党的决策有一定的影响力。特别是像印共这样的拥有庞大的群众组织的党，在政治舞台上的作用更是不能低估。不过，在野党从不同立场出发，对国大党施压的方向是不一致的，有时甚至完全相反，使施加的压力相互抵消。由于政治倾向不同，反对党要实现联合是相当困难的，这就使国大党在头几次选举中能稳操胜券。

随着形势的发展，各党派包括国大党在内都在不断地分化，或党内形成派别，或一个党变成两个党。各党各派都想借助于与其他党派实行策略上、战术上的合作来壮大自己一方的势力，因而在印度政坛上不停地出现时而这些党派联合，时而那些党派结盟的现象，多为昙花一现，维持不久，形成一幅动荡不定、错综复杂的情景，这对政局发展所产生的影响也是变幻莫测的。当然，各个党派的基本倾向是不会有根本变化的，其策略变化是为其基本倾向服务的。所以透过令人眼花缭乱的外表，还是可以通过研究各党派的纲领和实践，把握它们的基本脉络。

（二）印度共产党

印度共产党是在野党的激进左翼，主张生产资料国有化，无偿没收地主土地分给农民，建立人民民主政权取代国大党政权。第一届大选后，印度共产党承认，在发动工农群众以及党的自身建设方面存在严重缺点，以致大多数群众跟着国大党走，拥护国大党执政。印共中央号召全党继续努力做工农的发动组织工作，建立工农和小资产阶级的统一战线，以民主力量的联合，为未来战胜国大党、建立人民民主政权做准备。此时印共在指导思想上仍然是左倾思想占支配地位，依然是错误地把国大党政府看作民族叛逆和帝国主义的同盟者，不过对国大党政府的和平外交政策表示有条件的支持。

1953 年 12 月 27 日至 1954 年 1 月 4 日，印共在马杜赖召开了第三次代表大会。这次大会认为工农的不满和自发斗争意味着印度已处于一场新的政治危机的初期阶段。大会提出的中心口号是“争取实现建立在由各政治党派根据形势拟定的最低纲领基础上的民主团结政府，以解救人民于水深火热之中”。[①] 大会还提出应该利用议会、市县自治机构、村潘查雅特等各种组织形式，宣传党的主张，争取更多群众站到印共的旗帜下参加斗争。大会对建立语言邦的要求表示支持，认为这对消除殖民统治的遗迹，便利广大群众参政是非常必要的。马杜赖代表大会表明印共在印度政治舞台上是一支活跃的力量，不过，此时在指导思想上仍是正确和错误的因素交织在一起，这妨碍了它充分有效地发挥民主反对派的作用。在这次大会上，阿约艾·高士重新当选为印共中央总书记。1955 年上半年，安得拉邦国大

① 《印度共产党历史纲要》，第 94 页。

党政府垮台，重新进行邦立法院的选举。印共参加选举，期望能在这个它认为自己有雄厚群众基础的邦获胜，结果又败于国大党。此事对印共震动很大，加之国大党 1955 年通过了在印度建立社会主义类型社会决议，制定了重点发展公营重工业的第二个五年计划，在外交政策上主张不结盟，这些变化促使印共不得不对自己的方针路线再次进行检讨。

1955 年 6 月，印共中央委员会以多数票赞成通过一项决议，指出“印度作为一个维护和平和自由事业的主权的独立的共和国出现，是当今世界具有重大意义的因素”。“印度的外交政策就主要方面来说，是反对帝国主义战争势力的，是维护亚洲团结和反对殖民主义的。”决议宣布印共“欢迎和支持这个倾向，并将努力使之进一步加强”。讲到政府的经济政策包括“二五”计划和重点发展公营重工业的方针，决议指出：“政府的经济政策的主要方向，始终是发展资本主义”，“工业的发展必将导致印度资产阶级与强有力的英国资本及封建半封建关系发生冲突，并使资产阶级内部矛盾尖锐化，从而有利于削弱和孤立最反动的因素。在群众民主运动日益发展的情况下，这个冲突的增长将促使政府采取某些努力反对帝国主义、封建势力和反动的垄断势力。我们不仅关心所有这些发展，而且将努力通过群众动员推进这一趋向的发展。政府反对外国资本势力、反对封建半封建的农业关系以及削弱垄断资本势力的每一步努力都将受到我们的最热情和最真诚的支持”。决议还认为，政府在对待工农的态度上“整个说依然是反动的，在实践上是不民主的”，并号召全党继续进行斗争，捍卫工农利益，反映工农要求。另外还指出，印共必须起民主反对派的作用，当前的首要任务是克服民主力量的分裂，包括群众组织的分裂，建立民主阵线。鉴于多数群众处在国大党影响下的事实，决议提出印共要努力开展一些能和处在国大党影响下的群众一起进行的活动，以影响他们，还提出要和其他左翼力量联合。[①] 这个决议是对左倾路线统治的一个重大突破，它对印度国情提出的新认识和据此提出的新方针成了 1956 年 4 月在帕尔加特召开的印共四大通过的决议的基础。

印共四大认定，印度 1947 年获得了独立，建立了主权共和国，印度社会的基本矛盾是帝国主义、封建势力和包括资产阶级在内的印度人民的矛

① 《印度共产党历史纲要》，第 97~99 页。

盾，面临的任务是进一步完成民主革命。印度政府是资产阶级为主导的资产阶级地主的政府，它的目标是发展资本主义，它执行发展民族经济、捍卫民族自由的政策，但对帝国主义、封建势力妥协，放纵垄断资本势力剥削人民，对民主运动采取镇压态度。因此，印共的方针是"团结国大党左翼"，支持政府进步的政策，"通过群众压力和人民团结，促使它向民主改革方向前进，反对它向反动势力妥协"。[①] 对政府重点发展公营重工业的方针，印共宣布支持，认为这将减少在资本货物方面对外国的依赖，加强印度的独立地位。对政府的土改政策，在支持的同时，严厉批评其不彻底性。印共四大确立的新方针，标志着印共在正确认识印度国情、不断纠正自己错误的道路上达到了一个新的转折点。在付出了沉重的代价后，印共终于勇敢地面对现实，采取了基本上适合印度国情的新路线。不过，印共党内的认识不是很快就能统一的，某些宗派教条主义者仍在抗阻。由于对左倾路线没有在思想上进行彻底的清算，在决议通过后的一段时期内并没有能切实贯彻执行。阿约艾·高士在印共四大上继续当选为总书记，1958 年在阿姆利则召开的印共五大上再次当选。

正是由于确立了新的方针，加上党组织积极开展群众工作，在 1957 年第二届全国大选中，印度共产党在其原来基础较好的喀拉拉邦取得了邦立法院选举的胜利，从而在印度现代历史上建立了第一个共产党执政的邦政权。

喀拉拉邦是印度南端西海岸一个较小的邦，工业基础薄弱，主要出产热带亚热带作物，如橡胶、可可、茶叶、香料、椰子肉等，部分输出，粮食则靠外省输入。由于历史形成的原因，印共在这里发展较早，势力较强。1951 年第一届大选，这个邦（当时叫特拉凡柯尔-科钦邦）建立了国大党政权，但不久因其失去议会多数席位，被人民社会党-国大党联合政府取代。因联合政府管理混乱，丧失民心，被总统接管。对这些政党失望的广大群众把希望转而寄托于共产党，使印共得以在第二届大选中获胜。印共主要领导人之一 E. M. S. 南布迪里巴德担任首席部长。

在议会民主制下，无论哪个党执政都必须在宪法的框架内行事，超越宪法是不许可的，共产党也不例外。但在宪法许可的范围内，一个在邦级

---

① 《印度共产党历史纲要》，第 101 页。

执政的党如果想多做些于社会进步、于人民群众有益的事，在立法和行政方面都仍然有一定的施展空间。

新政权在宪法的框架内进行了较激进的改革。土改不彻底是当时各邦普遍存在的问题，印共喀拉拉邦政权决心在本邦真正落实国大党中央政府的要求。邦政府通过立法，不仅废除了称为金米的中间人地主制度，还把国家拥有的适于耕种的荒地分给无地农民耕种；颁布了较激进的租佃法，严格禁止地主夺佃，还特别规定，分成制佃农和无权的次佃农也应包括在享有租佃法保护的佃农之列，这是其他多数邦没有做到的；又制定了较严格的土地持有最高限额法令，把最高限额定为 10 英亩，这比其他邦的标准都严得多。这些立法使广大佃农较多地得到了实惠。在政治方面，政府释放了所有政治犯，他们中多数是对前国大党政权有反对行为的左翼人士。在教育方面，政府使立法院通过一项法律，把所有私立学校和学院（包括天主教会办的）置于政府的监督下，以保证学校的教育有利于培养国家需要的人才。这个邦的财政以往入不敷出，新政权采取措施整顿财政，第一次做到了预算收支平衡。上述这些政策和措施都没有超出宪法范围。正像南布迪里巴德在就任首席部长之初所说的，他的政府并不是要在这个邦建立社会主义社会，而是要实现国大党中央政府提出的或允诺过但国大党邦政府没有彻底实行的改革主张。①

但该邦右翼势力和国大党从一开始就对共产党政权持敌视态度，认为共产党政权存在本身就威胁到它们的现有地位，该邦制定的土改法、教育法较为激进在它们看来就是个证明。所以它们很早就开始策划，要颠覆这个使它们感到不安的政权。反对势力中除资产阶级、地主和大土地所有者势力外，还包括天主教教会势力及该邦最高种姓奈尔种姓势力等。地主和大土地所有者不满政府较激进的土改政策；教会和高种姓一向控制教育，邦政府要对学校实行监督，它们自然是反对的。国大党虽只是反对势力中的一支，但起着核心领导作用。为了壮大反对派的力量，它竟违背党的世俗主义原则，与穆斯林联盟等教派政党和奈尔种姓集团联合行动。从 1957 年起，反对势力就不断组织集会、游行示威和罢工，企图打乱社会正常秩序，挑起冲突，造成局势动荡，以便为实行总统治理制造借口。

① 《经济和政治周刊》1979 年 1 月 6 日，第 31 页。

尼赫鲁和国大党中央（此时英迪拉·甘地是秘书长）了解这个情况后，虽口头上表示反对使用非宪法手段，但并没有采取措施制止这种有计划地使用暴力反对一个合法政府的行动。实际上他们是支持反对派的颠覆活动的。南布迪里巴德邀请尼赫鲁亲自来喀拉拉邦察看局势，制止非法行动。尼赫鲁前来视察后，认为形势比他想象得更坏，解决办法只能是解散立法院，进行新的选举。南布迪里巴德认为这样做不符合宪法，只能助长以非法手段颠覆合法政府的气焰，故拒绝接受其建议。反对势力则继续以联合的街头行动无休无止地干扰，使邦政府疲于应对，正常活动难以开展。1959年7月31日，联邦总统以该邦法律和秩序遭到破坏、政府“失去民心”为由接管政权，实行总统治理。印共这时在邦议会还保持多数席位，所谓“失去民心”的理由不能成立，但法律和秩序确实遭到破坏，这是反对派蓄意造成的。

尼赫鲁和国大党之所以持这种态度，主要是因为他们认为印共在喀拉拉执政对国大党构成了来自左的威胁，甚至认为其严重性较右翼的威胁尤甚。其实这种认识是没有根据的。印共邦政权的所作所为一点也没有超出宪法框架，对国大党谈不上威胁；相反，不同政党的竞争和竞赛，各种主张的公开争论，这才正是资产阶级民主政治的活力所在。尼赫鲁对国大党的许多邦政府贯彻中央决议不力也是不满意的。其实国大党正可以利用先进者来促进落后者，以保证中央政策在全国的贯彻落实。遗憾的是，它没有这样的宽阔胸怀，而是从政党和阶级私利出发，必欲除之而后快。一个在中央执政的党对在邦级执政的其他党的态度应是一视同仁，严格按宪法办事，没有任何歧视，可惜国大党连这个起码的要求也没有做到。

国大党作为中央执政党和大多数邦的执政党，竟以歧视、排斥的态度对待一个合法的非国大党邦政权，这是很不光彩的。尼赫鲁政府和国大党尽管声称自己忠于议会民主制，但共产党在一个邦执政却不能容纳，这也清楚地说明，其主张的民主是有鲜明的阶级性的。这一颠覆行动既是受党派利益指使，又是受阶级利益左右，这可以说是尼赫鲁政府的一个污点。而且喀拉拉邦政府的被推翻也开了一个颠覆合法政权的先例，后来被仿行成了惯例，严重破坏了议会民主制的正常运作。

印共在喀拉拉邦执政是该党争取执政地位的第一个尝试。它在宪法允许的范围内，从推进民主和改善下层人民生活考虑，制定了较激进的法律，采取了更民主的措施，表明它作为左翼政党在现体制下是能够起民主激进翼的积极作用的。此前，印共于 1958 年 4 月在阿姆利则召开了第五次代表大会，会议的主题是以印共在喀拉拉邦建立政权为例，肯定通过议会斗争和平取得政权的可能性。再次当选为总书记的阿·高士提出的设想是，"如果一个邦跟着一个邦成立共产党政府，就会从地方到中央最后成立一个由工人阶级领导的，包括民族资产阶级在内的各民主阶级共同构成的人民民主政权"。[①] 印共确定这样的方向是合乎逻辑的。不过以高士为首的印共对形势的估计过于乐观，国大党和右翼保守势力绝不会允许出现这种情况。何况喀拉拉邦的阶级力量对比并不代表全印。就全印而言，国大党的领导得到广大群众的拥护，印共势力很弱，所以不存在印共一个邦跟着一个邦掌权的可能性，更不要说在全国掌权了。印共对印度国情的认识与实际状况间仍有相当差距。

（三）社会党的分分合合

社会党在印度政坛上属左翼温和派，它的目标是在印度建立民主社会主义社会。在 1948 年 3 月脱离国大党成为独立政党后，它的力量十分薄弱，后经发展，1951 年党员达 30 万人。它在第一届大选中只在人民院获 12 个席位。大选之后，为进一步壮大自己的力量，它积极谋求与原国大党政治家 A. 克里帕拉尼领导的农工人民党合并。克里帕拉尼担任过国大党主席，他不满于党内右翼对党的控制，并认为尼赫鲁在右翼的进攻面前过于软弱，因而退出国大党，建立国大党民主阵线，不久与普·钱·高士领导的西孟加拉邦的农民工人党和 T. 普拉卡萨姆领导的安得拉邦的人民党合并成农工人民党，其政治主张与社会党接近。1952 年 6 月，社会党与农工人民党领导人达成协议，9 月两党正式合并，定名为人民社会党，由克里帕拉尼任主席，原社会党领导人阿索卡·梅塔任秘书长。纳拉扬没有担任职务，打算退出政治活动，致力于献田运动和"共同繁荣运动"，实现他的"人民社会主义"理想。1954 年他退出人民社会党。尼赫鲁认为，社会主义者特别是纳拉扬、克里帕拉尼等著名政治家退出国大党，对国大党是重大损失。他很想把他们再请回国大党，至少也要他们与国大党保持密切的合作关系。

① 印共中央：《印度共产党第四次代表大会决议》，1956 年 4 月。

为此，1952 年秋至 1953 年 3 月，他与纳拉扬多次谈判。作为回应，人民社会党提出一个“十四点纲领”作为合作的基础，希望尼赫鲁考虑，其中包括无偿没收地主土地，建立合作社，实行银行、保险公司、矿山的国有化，并在 4 年内完成。尼赫鲁知道，国大党没有可能接受这样的条件，谈判无果而终。西孟加拉邦的前进同盟不久也加入了人民社会党，使其力量进一步壮大。

1953 年 12 月，人民社会党在阿拉哈巴德举行第一次全国代表会议，通过了党章和政策声明。党的纲领是，通过和平革命，建立没有社会压迫、没有政治经济压迫的民主社会主义社会。其政策主张包括实行政治、经济权力分散化，控制资本集中和生产集中，大力扶植小型工业，实行充分就业等。在与其他党的关系方面，主张既反对国大党，也反对共产党，对两者抱等距离态度。克里帕拉尼继续当选为党的主席，原社会党另一领导人拉·曼·洛希亚当选为秘书长。由于很多党员来自国大党，对国大党的基本政治倾向特别是对尼赫鲁并无反感，所以对国大党的态度在党内并不一致。由于党内对印度政治形势和党应采取的路线没有充分讨论，对国大党认识的不一致很快就形成严重的政治分歧。纳拉扬退党前，积极主张人民社会党与国大党合作建国，得到阿索卡·梅塔、阿·纳·德夫、克里帕拉尼的支持，但在党内不占上风。洛希亚反对与国大党合作，得到多数人支持。1955 年国大党通过“建立社会主义类型社会”决议后，在人民社会党内引起了更大的波澜。阿索卡·梅塔强烈要求党抛弃偏见，采取对国大党既合作又批评的方针，团结一切左翼力量，实现经济发展和建立社会主义社会的目标。有越来越多的党员成了他的追随者。以洛希亚和党中央联合秘书长马杜·利马耶为首的另一部分人则认为国大党标榜社会主义只是一个骗局，目的是要夺走社会党人的旗帜，瓦解社会党，并削弱共产党的群众影响；主张不但不能与国大党合作，相反要发动强大的宣传攻势，揭露国大党的骗术，采取一切可能的斗争手段，竭力把群众从国大党的影响下解放出来。由于多数党员对国大党认识已经改变，这种主张在党内只有很少人支持。洛希亚、利马耶感到被孤立，1955 年 12 月 28 日，他们与其追随者在海得拉巴举行分裂会议，宣布脱离人民社会党，恢复社会党。

社会党激烈批评国大党，宣布继续奉行对国大党、共产党等距离政策。作为未来竞选纲领的一部分，它提出要立即取消英语的官方语言地位，以印地语取代；要为落后种姓和妇女实行保留席位和保留公职制度。显然这是为了吸引更多群众站到它的旗帜下，壮大其声势。人民社会党继续存在。这样此时就有了两个社会党。两个党的社会基础是一样的，其成员多属社会中下层，包括自耕农、雇员、小商人、自由职业者等。社会党本身的分分合合并不是它的阶级基础有什么分化，而是因为它的方针摇摆不定。在国大党打出社会主义旗号后，由于与社会党的社会主义纲领近似，社会党就失去了自己的特色，失去了对中下层群众的吸引力。在这种情况下，党的领导人主张不同，必然使党员们分不清该往哪个方向走，结果只能是跟着某个领导人走。国大党打起社会主义旗号和社会党领导人的主张不一，严重地限制了社会党的发展前途。

（四）人民同盟

人民同盟（1967 年后叫印度人民同盟）是印度教大会原副主席希雅玛·普拉沙德·穆克吉于 1951 年建立的，从一开始就得到国民志愿服务团的全力支持。这是印度教教派主义势力第一次和政党结合。独立前，伊斯兰教教派主义和政党早就通过穆斯林联盟结合起来，印度教方面只有教派组织而没有教派政党。人民同盟的成立改变了这种局面。教派主义和政党的结合使印度教教派主义势力的活动力量大大增强。

穆克吉原为印度自治领政府的工业和供应部部长，因认为尼赫鲁在克什米尔问题上对巴基斯坦态度软弱，对东孟加拉难民也处理不当，损害了印度教徒利益和国家利益，于 1950 年 4 月辞职。此前，他因与印度教大会领导人在组织问题上有分歧，也已于 1948 年 12 月退出了印度教大会。但他在印度教群众中依然有威望，具有一定的号召力，因而在第一届大选前夕，主动出面建立新组织参加竞选。在人民同盟成立大会上，他讲到要把人民同盟建设成一个全国性政党，起主要反对派的作用。人民同盟的成员很多来自印度教大会和国民志愿服务团，其各级骨干基本上是由国民志愿服务团提供。

人民同盟推行的纲领与印度教大会和国民志愿服务团的纲领相似，但也有区别。相似之处在于，其主张的核心也是要把印度建成印度教文明的国家。穆克吉同样认为，住在印度的人同属印度教民族，都是从印度教古代文明和传统中吸取营养，以印度教文明为立国根基理所当然。至于印度穆斯林和基督徒，可以保持自己的宗教身份，但应认同印度教文明和传统。他同样反对国大党的政教分离和世俗主义政策，认为是抄袭西方，不符合印度国情。人民同盟提出的口号是“一个国家，一个民族，一种文化”。“一个国家”指要恢复印巴分治前的印度（这点后来放弃），“一个民族”是使全国居民都成为印度教民族的一分子，“一种文化”指要把印度教的思想文化作为立国根基。据此，人民同盟对人民院只制定印度教个人法强烈反对，指责国大党不触动伊斯兰教个人法是“亲穆斯林”，是实行“绥靖穆斯林的自杀性政策”，严重损害印度教利益。[①] 在文化方面，它否定多元文化并存，主张向非印度教徒灌输印度教文化思想，使印地语成为唯一的官方语言，使梵文成为所有学校的必修课，禁止屠宰母牛，宣称要“通过向所有非印度教徒灌输印度教文化思想，使他们民族化”。[②] 人民同盟与印度教大会、国民志愿服务团的主张不同之处在于，作为一个政党，它要争取群众、争取选票、争取掌权，因而就不能只讲本教派的振兴，也必须在经济、政治、社会、外交等世俗方面提出自己的主张。它提出的目标是建设现代国家，不过强调其现代发展不应是西方式的，而是要植根于印度文明和传统，实际上是印度教文化传统（主张一定的改革）。在建党之初，它还提不出完整的政策，只提出了一些倾向性主张，如不赞成工业国有化，主张私人企业自由发展，对外实行保护政策；主张经济权力下放，分散经营，重视发展小型企业等。在政治方面，对印度共产党持激烈反对态度，认为其意识形态是外来物，常把共产党人、穆斯林、基督徒并列，称之为“异质文化”和“内部威胁”。在对外政策上，指责尼赫鲁政府过于亲苏，强调奉行平衡的外交政策。对巴基斯坦持强烈敌视态度，甚至主张印度夺回克什米尔的巴基斯坦控制区。穆克吉知道，作为一个政党，人民同盟不能太露骨地突出自己的教派主义身份，为此就不能成为纯印度教徒的组织，他一再声言，人民同盟不是教派政党，同盟的大门向所有人敞开，欢迎穆斯林和其他非印度教徒加入。

第一届大选，人民同盟得到了人民院 3.1%的选票和邦立法院 2.76%的选票，在人民院得到了 3 个席位。由于印度教大会也参加了竞选，一大批受

---

①　麦·维特尔：《印度政党政治》，新德里，1990，第 183 页。

②　道·E. 史密斯：《作为世俗国家的印度》，普林斯顿，1963，第 471 页。

教派主义影响较深的群众还站在印度教大会的旗帜下，人民同盟的选绩受到影响。大选后，穆克吉为了扩大人民同盟的影响，在人民院积极活动，把带有教派主义色彩和持右翼观点的一些政党的议员，共 32 名（包括人民同盟、印度教大会、阿卡利党等的成员）集结在一起，组成联合阵线，称作“民族民主集团”，由他领导，与国大党及由共产党、社会党、农工人民党构成的议会中左翼相对抗。这个右翼联合阵线反对激进的改革立法，主张基本上维护现行社会秩序，包括土地关系，主张给私人资本发展以最大程度的自由。不过穆克吉不久逝世（1953 年 6 月 23 日），这个阵线也就解体了。

穆克吉曾与印度教大会谈判合并的问题，因在党员资格（人民同盟主张向所有人开放，印度教大会坚持只吸收印度教徒）、未来领导人选等问题上存在分歧，未能达成协议。

穆克吉逝世前参与了克什米尔的教派主义鼓动。查谟和克什米尔邦查谟地区印度教徒占人口多数。这里的印度教教派主义组织人民协会（后来并入人民同盟）在 50 年代初一直开展鼓动，反对宪法给查谟和克什米尔邦特殊地位，要求提高印度教徒在邦政府官员中的比例，甚至主张查谟从查谟和克什米尔邦分出。1952 年底，人民同盟、阿卡利党、印度教大会和国民志愿服务团与人民协会携手，就克什米尔特殊地位问题、东孟加拉难民问题和禁宰母牛问题联合开展鼓动，组织示威，反对政府的政策，造成很大的混乱。为及时遏制住这股逆流，尼赫鲁命令德里和旁遮普政府逮捕包括穆克吉在内的从事鼓动的领导人，甚至要内务部部长必要时禁止人民同盟活动。查谟和克什米尔邦政府也颁布命令，禁止教派鼓动领导人入境。穆克吉在被释放后继续在北印度开展鼓动，并不顾查谟和克什米尔邦政府禁令，从旁遮普越境进入克什米尔，去那里声援查谟人民协会的鼓动。阿卜杜拉政府迅速将他逮捕，他被关在狱中直到病逝。

人民同盟在最初一段时间里影响有限，1957 年只有党员 7 万人，支持者主要集中在北方讲印地语的地区，多为印度教高级种姓，阶级基础多为城市中小商人、自由职业者和部分富裕农民。很多人由于对它的教派主义色彩有警惕，对它保持距离。

（五）自由党的出现

50 年代末期，印度政党政治中一个最重要的变化是全国性右翼政党——自由党的出现。它代表大资产阶级和大土地所有者的利益，公开向国大党挑战，反对限制私人资本，反对农业合作化，主张取消公营经济的主导地位，走西方式资本主义自由发展道路。这个党的出现表明了大资产阶级和大土地所有者对国大党要在印度建立“社会主义类型社会”的激烈反对。

50年代后半期，印度完成了第二个五年计划并开始准备实行第三个五年计划。由于工业的较快发展和废除柴明达尔地主制的实行，印度经济形势较独立之初发生了很大变化。尽管印度实行的是混合经济体制，尽管发展公营重工业是“二五”“三五”计划的重点，印度私人垄断资本通过在轻工业领域和部分政府允许的重工业领域扩大投资，并得到政府支持，经济力量迅速壮大。印度大资产阶级从这个角度来说，对政府是深为满意的。塔塔财团首脑J. R. D. 塔塔1982年在一次股东大会上讲到这段时期的巨大发展时说：“我们应该深为感激地记住尼赫鲁政府给予我们的鼓励和支持。”①

国大党政府在制定经济政策时注意征询大资产阶级的意见。如比尔拉财团家族的主要成员分别被邀请参加政府的工业许可证咨询委员会、纺织工业咨询委员会、计划咨询委员会等，塔塔财团企业一名董事长马泰甚至被邀请入阁，担任自治领政府的部长。他们对政府决策无疑有一定影响力，至少有表达大资产阶级要求的机会，这也是大资产阶级感到满意的地方。

然而大资产阶级对尼赫鲁政府的政策又确实有很多不满。在国大党阿瓦迪年会通过建立“社会主义类型社会”的决议后，大资产阶级中有些较有远见的、与国大党关系较密切的人表示支持。如G. D. 比尔拉1957年4月在孟买说：“三个国营钢铁厂（指比莱钢铁厂、鲁尔克拉钢铁厂和杜加普尔钢铁厂——引者注）就需要60亿卢比投资，工商界是无法筹集这笔资金的，其他重工业部门也是如此。……当印度生产600万吨钢的时候，用钢的还是私营部门。”② 但大资产阶级中以塔塔为首的一部分历来较亲西方、强烈鼓吹自由放任主义的人，对国大党要建立社会主义类型社会不能容忍，立即出面反对。塔塔反对还因为他的家族企业在重工业领域较多，非常害

① 《经济时报》1982年7月20日。

② 转引自孙培钧等《印度垄断财团》，时事出版社，1984，第106~107页。

怕国营重工业的发展会使其企业连立足之地都难保。

1956 年，包括塔塔财团成员和印度制造商协会主要成员在内的一部分孟买大商人成立了一个组织，叫“自由企业论坛”，在其中起积极作用的是一度为塔塔财团高级管理人员的 M. R. 马萨尼和仍为塔塔财团高级管理人员的 A. D. 什若夫等。论坛利用各种宣传手段开展活动，反对尼赫鲁政府的“社会主义类型社会”目标和相应的经济政策，竭力鼓吹限制公营工业的发展，提出要给私营经济以充分的发展自由。论坛以孟买为中心，逐渐在许多城市建立了分支。它宣称自己的任务是“提供权威材料教育公众……使公众注意这个国家自由企业的成就以及它们是如何为印度经济发展和人民生活水平的提高做出贡献的”。[①] 在进行反国大党政策的鼓动时，大资产阶级发现对国大党政策不满的大土地所有者、不甘失去统治权的前王公以及国大党内外的右翼政治家是很好的同盟者。

大土地所有者的不满与租佃立法、土地持有最高限额立法，特别是国大党 1959 年那格浦尔年会通过的推进农业合作化的决议密切相关。他们认为土改措施损害了自己的利益，特别是合作化会危及自己的存在。那格浦尔决议公布后，他们便积极活动，希望向国大党施加压力。1958 年成立了全印农业经营者联合会，宣称其目的是反对实行土地持有最高限额，抵制合作化，参加者以南印的大土地所有者居多，其领导人中包括原国大党议会党团秘书、曾为全国农协著名领导人的兰加。全印农业经营者联合会举行集会，散发宣传品，攻击租佃立法和实行最高土地限额是侵犯土地所有权，并特别危言耸听地说政府企图以合作化消灭土地私有制。大土地所有者这种鼓动得到大资产阶级和自由企业论坛的支持。马萨尼就说，那格浦尔决议“是一个阴险的企图，其目的是把共产党的集体农庄模式从后门偷偷塞进印度”。[②] 大资产阶级对那格浦尔决议同样恐惧，生怕合作化的烽火一旦燃起，会殃及工商业，最终导致私人工商企业被剥夺。自由企业论坛专门举办一系列合作化问题演讲会，为反对者诋毁合作化决议、攻击尼赫鲁的政策提供讲坛。

在土邦被取消后，并不是所有原土邦王公都心甘情愿地接受国大党

---

① H. L. 爱德曼：《自由党和印度保守主义》，剑桥，1967，第 66 页。

② H. L. 爱德曼：《自由党和印度保守主义》，第 68 页。

的安排。有少数王公对失去昔日的政治地位不甘心，仍想在政治舞台上占有一席地位。他们自恃在群众中还有一定影响，在宣布举行大选后便出来参与政党活动，甚至出面组织地方政党。如比哈尔邦境内原纳姆加土邦的王公发起组织了人民党（一个地方小党），奥里萨的一些前王公参加了该邦的民主联盟，索拉施特拉、拉贾斯坦和南印度的一些前王公参加了自由企业论坛和全印农业经营者联合会的活动。这些前王公政治上自然是支持大土地所有者和大资产阶级的，或者毋宁说，他们是两者的天然盟友。这不仅是因为他们对剥夺其特权地位的国大党的敌意尚未消失，还因为他们的经济特权依然保留，他们依然是大有产者，有的在土改后还保留相当土地，故与大土地所有者、大资产阶级自然有惺惺相惜之情结。

国大党外的右翼政治家谴责尼赫鲁的带有社会主义色彩的政策固不待说，党内的右翼政治家在1955年阿瓦迪年会后也开始有一种难以继续忍受的感觉。特别是推进农业合作化的那格浦尔决议的通过，更使有些人再也无法按捺心中的不满，非公开出来发难不可。最有影响的人物就是国大党元老和著名领导人之一、前自治领总督拉贾戈帕拉恰雷。早在独立斗争时期，他作为党内右翼代表人物之一，就和以尼赫鲁为代表的党内左翼在一系列问题上形成尖锐冲突。独立后他担任邦长、总督、内阁部长，之后又担任马德拉斯邦邦长（1952～1954），地位虽高，但多数时间不处在党和联邦政府的决策核心圈之中。表面看来其政见与政府一致，其实在国家发展目标、道路和基本政策方面，他都有自己的看法，与尼赫鲁有很大分歧。总的来说，他持保守主义立场，反对激进的社会变革；和党内其他右翼领袖一样，对社会主义类型社会的目标和政策不赞成，主张国家对私营经济的控制应保持在最低限度。50年代中期起，拉贾戈帕拉恰雷不再担任领导职务，逐渐脱离了国大党主流政治。此后，对党关于建立社会主义类型社会的决议和推进农业合作化的决议，他开始公开发表一些批评性的甚至尖锐指责的言论，在行动上也不再受任何约束。如在一篇题为《我们的民主》的短论里，他写道："由于国大党已经左倾，现在缺少的不是更左，而是一个强有力的敢于公开表明自己立场的右翼势力。"并说国家需要这样的右翼党，其迫切性丝毫不亚于对改革和发展的需要。还说："除非全国的保守势力认识到自己的责任，克服气馁，战胜恐惧，团结起来，建立一个有作为的反对派，否则印度的民主制就不会有美好的未来。”① 像他这样公开站出来反对党的社会主义目标和合作化决议的国大党活动家，还有国大党议会党团秘书兰加、国大党议员纳戈克、孟买邦著名国大党人 K. M. 蒙西（曾任联邦内阁粮食和农业部部长）、北方邦著名国大党人 S. K. D. 帕里瓦等。

这样，在印度独立后的历史上第一次出现了右翼势力公开登台亮相的不寻常的局面。大资产阶级的代言人马萨尼乘机鼓吹建立一个全国性的有活力的保守政党，集结各种反对力量，与国大党对抗。这一主张得到响应。于是，以塔塔为首的西部财团便与一部分地主、前王公和一些从国大党游离出来的右翼活动家一起，在“反对把国家引向共产主义”的借口下，积极酝酿建立新党。

大资产阶级、大土地所有者和前王公要组成一个全国性的有统一目标、统一领导的党，就需要具有全国威望的政治家作为领导人。拉贾戈帕拉恰雷是国大党元老之一，正好适合担当这个主导角色。应他们的私下请求，拉贾戈帕拉恰雷表示同意出面支持这个政党，与国大党抗衡，并争取取代国大党的地位。这样，这位国大党元老就公开站到了反国大党势力一边，成了他们的政治代言人。在解释自己改变立场的原因时，他说，那格浦尔决议表明，国大党在尼赫鲁领导下把印度引上了歧途。他感到在他的有生之年，有责任做出最后的努力，纠正国大党的偏差。不过，对新党筹划者们一致要求他担任党的领导职务，他却固辞不就。他说自己年事已高，长期身为国大党人，且与尼赫鲁接触很多，不适合再来担任一个新组织的领导人。1959 年 3 月 29 日，自由企业论坛在班加罗尔举办演讲会，拉贾戈帕拉恰雷应邀主持。马萨尼和拉贾戈帕拉恰雷先后讲话，都对那格浦尔决议进行了激烈的攻击。正是这次会议，为建立新党做了充分的准备。

1959 年 6 月 4 日，全印农业联合会在马德拉斯邦的迈拉波尔召开会议，由拉贾戈帕拉恰雷主持。自由企业论坛班加罗尔会议的出席者都去参加，马萨尼也参加了。拉贾戈帕拉恰雷提出的“争取人的自由，争取建立农场和家庭的自由，反对极权主义对人的自由的一切侵犯”的口号成了大会的主旨。按照事先的安排，会上正式宣布建立自由党。兰加被定为主席，拉贾戈帕拉恰雷是党的精神领袖和真正的领导核心。随后又确定马萨尼为秘

① 拉贾戈帕拉恰雷：《〈我们的民主〉及其他短文》，马德拉斯，1957，第 3~5 页。

书长，决定党的总部设在孟买。1960 年、1962 年分别在帕特那、阿格拉召开了自由党第一次和第二次全国会议。自由企业论坛和全印农业经营者联合会的参加者、支持者构成了自由党的骨干力量，有的人在地方上有自己的小政党，也归并到自由党中。

自由党的右翼政党性质从它制定的二十一点根本原则的文件中可以看出。对国大党政府制定的发展目标、战略和经济政策，它持全面否定态度。以维护公民权利平等和个人自由为旗帜，它提出的基本口号是“最大限度的自由经济，最小限度的国家干预”。在工业方面，反对大力发展公营企业，反对把私营企业国有化，反对国家控制私营经济的发展，反对政府实行的计划经济原则，它把这些称作“国家主义政策”，诬之为“滥用权力”，“实行剥夺政策”，声称“国家主义”是经济发展道路上最主要的危险；主张私营工商业有充分的发展自由，私营经济的自由竞争不受限制，公营经济只能作为私营经济的补充，只能在私人经济无力兴办的部门兴办。在农业方面，宣称反对“集体化和官僚管理农村”，主张土地所有者有充分的占有、管理和耕种土地的权利，国家不应加以限制，只应发展信贷等服务性合作，提供社会服务。凡政府强迫触动私有财产者必须给予公平补偿。总之，对国大党的每项经济政策，它都按照它提出的自由标准加以抨击，如宣称土地持有最高限额立法、租佃立法都侵犯了公民自由权利和私人财产权。这就表明，它是大资产阶级、大土地所有者特权的卫道士。在对外政策方面，二十一点根本原则虽然没有提出统一的口径，但从党的领导人的讲话中可以看出，多数人持反对不结盟和反共立场，主张同西方国家结盟，认为不结盟于印度毫无意义。在独立后的印度，自由党是第一个公开鼓吹按纯西方模式发展资本主义的政党。

其实，参加自由党的多个阶层虽在维护私有制和经营自由、反对国家控制、反对共产主义等方面有共同点，但也有很多不同点，甚至存在相互对立之处。就思想体系来说大致可分为四种：一种主张通过自由发展资本主义实现工业化，马萨尼为其代表；一种主张政治、经济权力分散，在传统的基础上建立改良的新农村，辅之以资本主义的自由的适度的发展，拉贾戈帕拉恰雷为其代表；一种主张通过制度改革，重点建设以农民土地私有制为基础的新农村，兰加为其代表；还有一种主张维护社会的和农村的原有秩序尽可能不变、少变，这是前王公们的愿望。大致说，大资产阶级及西方化的知识分子是第一种主张的支柱，大土地所有者和富裕农民是第二种、第三种主张的支持者，前王公及其代理人拥护第四种主张，地方势力则倾向第二种主张的居多。思想体系如此复杂，各派的政策主张自然五花八门。但作为一个党必然要有正式宣布的最基本的政策，也就是说只能以一种思想体系为主，最大限度地兼顾其他。由于大资产阶级的代表是这个党的中坚力量，也由于在当时的印度反对尼赫鲁的社会主义和合作化政策被党内各派普遍认为是最重要、最紧迫的任务，在这方面各派利益的共同点最突出，因此，反对国家控制私营企业和合作化，主张城乡资本主义自由发展便被作为党的基本政策推出，也就是说，上述四种思想体系的第一种占了上风。不过，考虑到各种复杂的情况，为保持党的统一，该党中央允许党的成员在非根本问题上有不同的立场，可以提出不同的要求。这种弹性原则使自由党成为一个松散的右翼各派势力的联盟，也正因此，它有广阔的空间和很大的机动性广泛吸纳各地各派的力量加入它的队伍。由于前王公及其影响的势力涌入自由党，故该党在那些原来存在较多土邦的邦，如古吉拉特、奥里萨、比哈尔、拉贾斯坦等势力较强。1960 年，该党党员达 319358 人。

自由党得到更多企业家、大土地所有者和前王公从党外的支持，来势甚猛，对国大党和政府构成严重威胁。尼赫鲁立即发动反击，称它是一个“由顽固派、亡命徒、既得利益者和反动人物所组成的党”。[①] 自由党则攻击尼赫鲁的社会主义是“陈腐的过时物”，指责他的政策是要通过建立一种许可证和配给制的统治，限制印度的发展和个人自由。马萨尼恶毒地诬蔑说：“新德里的新婆罗门们，为了……新的国家资本家阶级的更大荣誉，打着建立社会主义模式的招牌，正努力制造一个新的首陀罗种姓作为苦力。”[②] 他贬损尼赫鲁是过时的“19 世纪的社会主义者”，说他假借社会主义之名，其实是“反动的国家资本家”。[③]

自由党是富人上层的党，反映了大资产阶级和大土地所有者力图扭转国家的发展方向，它自然得到富人上层大部分人的衷心拥护。不过大资产

---

① S. A. 科钦纳克：《印度的工商界和政治》，伯克利，1974，第 221 页。
② 《印度斯坦时报》1959 年 10 月 27 日。
③ 《印度时报》1962 年 1 月 6 日。

阶级虽赞同自由党的主张，绝大多数人并不敢与国大党正面对抗。他们看到毕竟国大党势力强大，地位巩固，且其政策对自己的发展也有利，而自由党至多能通过鼓动影响国大党，要取国大党的地位而代之是完全没有把握的，所以在行动上非常谨慎，有所限制，主要是资助自由党的宣传活动，在选举时投自由党的票。有些大企业家是既向自由党捐款，又向国大党捐款，甚至捐给后者的数额大大超过前者。也有部分人从一开始就干脆表示不支持自由党，他们认为自由党的自由主义主张过于理想化，在印度没有实行的条件，何况其党内又有大量不赞成工业化、强调经济分权的保守势力，故与之保持距离。

除全国性政党外，印度各地都有地方性政党，为数众多。其中有少数势力较大，被选举委员会承认为邦级政党。最重要的有：查谟和克什米尔邦的国民会议党，是1940年由谢赫·阿卜杜拉建立的，奉行世俗主义方针；旁遮普邦的阿卡利党，是锡克人的政党，1920年建立；泰米尔纳杜邦的德拉维达进步联盟，1949年由C.N.安纳杜莱里建立，参加者主要是泰米尔人，以反对北方来的婆罗门统治、争取平等权利为主要斗争目标。这些党在各自的邦都有广泛的群众基础，是国大党在各邦强有力的竞争者，对邦政治发展有举足轻重的影响。有的地方政党除参加本邦立法会议选举外，还积极参加人民院选举，并能得到或多或少的席位。

十　尼赫鲁执政的最后岁月

（一）第三届大选

1962年2月，印度举行了第三届人民院和邦立法院选举。选举前的形势是，由于第二个五年计划期间缺粮严重、物价飞涨和失业人数激增，广大下层群众对政府的不满情绪加强，工农斗争持续发展；另外，也正是由于出现这些困难以及中印边界冲突日益走向激化，大资产阶级、右翼和封建宗教势力得以利用来大肆攻击政府，煽动群众的宗教情绪，结果右翼政党对群众的影响力大为增强。不过，国大党的控制力仍基本保持。

参加这次大选的全国性政党有国大党、印度共产党、人民社会党、社会党、人民同盟和自由党，还有11个邦级政党和大量地方小党。这次要选出人民院议员 494 名，另有 6 名议员留待查谟和克什米尔邦选出，总统任命议员 7 人，代表边远地区和岛屿。邦立法院选举要选出 2930 名议员。喀拉拉邦和奥里萨邦因在 1960 年、1961 年已分别进行过中期选举，不再参加本次邦立法院选举。

国大党察觉到形势的变化，为保证在本次选举中能继续取胜，尼赫鲁又像第一届大选那样，奔波于印度各地，为国大党造势。其他政党也都利用各种形式开展竞选宣传。这次选举全国登记选民 2.163 亿人，有 1.19 亿人参加投票，投票率为 55%。

选举结果，国大党又一次赢得胜利，不过和上次相比，选绩有一定下降。在人民院，它获得 44.7%的选票，席位 361 个，占总席位数的 73.1%。选票比上次少 600 万张，席位比上次少 10 席。在邦议会，它继续取得了相对多数席位，但和上次大选比，选绩也有所下降。在安得拉邦、旁遮普邦、中央邦和拉贾斯坦邦，它的优势地位是很微弱的，有不少在联邦和邦政府中担任要职的国大党人落选。

印度共产党在人民院选举中获得 9.94%的选票，29 个席位，占总席位数的 5.9%，两者都比上次大选有显著增加，仍保持人民院最大的反对党地位。在邦议会，印共也取得了较好的选绩。人民社会党在人民院获得 6.8%的选票，12 个席位，占总席位数的 2.4%，由上届第二大反对党下降到第四位；但在邦议会还保持了与上届接近的选绩。洛希亚的社会党在人民院只获得 2.7%的选票，6 个席位。

出人意料的是，自由党建立不到 3 年，却以 7.89%的选票、18 个席位的选绩一举成为人民院第二大反对党。在邦立法院，该党也有较好的成绩，在比哈尔、拉贾斯坦、古吉拉特、奥里萨四个邦成为最大的反对党。之所以能如此，主要是在党成立后宣传活动开展得很卖力，利用了它在资金上和对媒体掌控上的优势，挑动群众对国大党的不满；此外，它把一批地方政党合并过来，包括比哈尔邦的人民党、奥里萨邦的民主联盟、马德拉斯的民族民主党和旁遮普的农村人民党等，结果其势力由南印迅速扩展到北印一些邦。

人民同盟这次获得的选票和席位也超过上届。在人民院选举中获得了 6.44%的选票，14 个席位，占总席位数的 2.8%，超过人民社会党而居反对党的第三位。在邦立法院，得到的席位较上届增加 1 倍以上，在北方邦和中央邦都成了较有势力的反对党。人民同盟在竞选中充分利用中印边界冲突，煽动群众的宗教情绪和民族沙文主义情绪，这是它得以从国大党夺走一部分选票的主要原因。

自由党和人民同盟加在一起所得人民院选票占总数的14.33%，共得人民院席位32个。右翼政党势力在人民院虽然比不上国大党，却超过了印共等左翼政党，这就表明右翼势力成了国大党推行其方针路线的主要威胁。这种局面必然导致印度国内阶级矛盾和社会矛盾的加剧。

大选之后成立了新一届联邦政府和邦政府，尼赫鲁再度被任命为总理。

（二）与党内外右翼的斗争

第三届大选国大党虽然再度取得执政地位，但右翼势力的增长、工农斗争的持续不断，使它从左右两面感受到沉重压力。国大党执政以来第一次陷于艰难的境地。

中印边界战争之后，印度政府采取扩充军备政策，大大增加了军事开支，使"三五"计划实行后原本紧张的国家财政更为拮据。1963～1964年度政府财政预算中军费支出高达86.74亿卢比，占总支出的46%，相当于1953～1963年年均数的2.5倍。如此庞大的军费开支政府金库是不够支付的，只得一面更多地借外债，一面扩大财政赤字。1963～1964年度赤字达45亿卢比，比1962～1963年度几乎增加1倍，达到独立以来的最高峰。外债数额到1963年3月也陡然升高到189.1亿卢比，为1951年的29倍。大量借款不是用在经济建设上，而主要是用来扩张军备，带来的只能是越来越严重的资源耗竭和财政负担。这一切严重影响了政府"三五"计划的拨款能力，使许多原定投资项目不得不紧缩或推迟完成。政府为开辟新的财源，不顾人民的疾苦，又增加了许多税收项目。1963～1964年度预算中，新征税收总额为27.5亿卢比，超过以往6年的总和，其中70%为各种间接税，致使物价上升和通货膨胀加剧。商人大肆囤积居奇，投机倒把，更造成市场混乱，黑市猖獗。工人实际工资进一步降低，农民食不果腹的情况更为严重。内阁计划部部长1963年在议会公开承认，"最底层的10%人口每天平均开支在城市为7.5安那，在农村为4.3安那。60%人口每天平均为7.5安那，他们都达不到摄取最低热量的标准"。[①] 换言之，是处在半饥饿状态。

---

① 《印度教徒报》1963年3月12日。

印度报刊也承认，工人、农民中相当部分人生活水平降到了独立以来的最低点。

工人、农民对政府的政策甚为失望。在印共和人民社会党的参与领导下，罢工规模越来越大。1963 年底，印共召开工会积极分子会议，通过决议，要开展群众性的斗争，促使政府立即制止物价上涨，降低税收，提高工人工资。印共在全国范围内发动征集签名运动，并举行了向德里的进军，向议会递交了包括上述内容的申请书。有 1020 万人在申请书上签名，20 万人参加了进军。印共还和全印工大一起，制定了 1964 年开展罢工运动的计划，并按计划于 2 月 20 日在马哈拉施特拉、喀拉拉、北方邦、古吉拉特等邦举行了一天的总罢工；还组织了公营企业白领工人、蓝领工人的罢工，并和社会党人一起组织了一些地方性的总罢工。国大党所属工会的不少地方组织也积极参与领导罢工。1964 年成了 60 年代中期持续数年的大规模罢工浪潮的起点。

第三届大选后，自由党、人民同盟为自己的选绩得意忘形，它们迫不及待地对政府优先发展公营重工业的方针发动了猛烈攻击。自由党鼓吹承认私营企业在发展经济中的支配作用，主张取消对私营企业经营活动的一切限制，包括经营领域的限制、许可证制等。虽然自由党不像人民同盟那样鼓吹教派主义，但两党在反对尼赫鲁的社会主义类型社会目标和计划经济政策方面基本上是一致的。自由党享有一些大财团经济上的支持，控制了一些重要的报刊，有较好的条件在中上层制造舆论。人民同盟则有组织严密的国民志愿服务团作为其在广大群众中开展活动的骨干。两者的配合行动一时显得颇有声势。

中印边界战争中印度的受挫给了自由党、人民同盟和一切右翼势力新的把柄来攻击尼赫鲁政府和国大党。1964 年 2 月自由党班加罗尔全国会议通过决议，谴责尼赫鲁的不结盟政策。人民同盟更不止一次提出类似谴责。这两个党竭力在人民群众中煽动民族复仇情绪，指责尼赫鲁政府无能，并以“国家利益受到损害”为由追究尼赫鲁政府的责任，目的显然是要败坏国大党的威望，颠覆尼赫鲁的政策。民族沙文主义浪潮的掀起也席卷了其他政治势力，不仅人民社会党、洛希亚的社会党，连国大党内的右翼也都在不同程度上附和对尼赫鲁的谴责。这股来势凶猛的恶潮令尼赫鲁几乎难以招架。当年他缺乏深思熟虑，屈服于右翼的压力推行“前进政策”，现在真的是要自食其果了。

尼赫鲁把他的亲密同事，被认为对军事失利负有责任的国防部部长梅农解职，任命恰范为国防部部长。陆军参谋长也被更换。不用说，新任国防部部长的首要任务就是扩军备战。也只有大大充实边境的军事力量和空军力量，才算是政府对舆论责难的一种交代。在这种思想指导下，他制定了五年扩军计划，部队将扩充到100万人以上，相应的军费大幅度增加。其结果是政府财政更加紧张，执行"三五"计划拨款简直到了捉襟见肘的地步。而经济形势的恶化不但使工农改善地位的要求无法满足，而且使右翼又有了新的口实攻击政府的经济政策，谴责政府的经济政策"完全错误"。这是个凶险的旋涡，它以吞噬一切之势猛烈地向尼赫鲁政府卷来。

1963年8月19日，A. J. B. 克里帕拉尼在人民院对尼赫鲁政府提出不信任案，得到一些反对党的支持。这是独立以来反对党第一次联合起来公开对尼赫鲁政府的执政地位提出挑战。虽然不信任案被否决，但尼赫鲁政府的威望受到了很大的打击。

在外部形势的强烈影响下，国大党内右翼势力也重新对尼赫鲁经济方面的方针政策发动进攻。这时，右翼代表人物有联邦政府内务部部长 G. D. 潘特、财政部部长莫尔拉吉·德赛等。1961年潘特去世，德赛成了最有实力的右翼领导人。德赛很早就参加了民族独立运动，是孟买省国大党领导人之一。独立后1956年就成了联邦内阁成员，还担任过孟买邦首席部长。他虽然是尼赫鲁政府的重要成员，但对尼赫鲁提出的社会主义理念和方法一直持怀疑和不赞同态度。他自称是一个反共分子，从不放过攻击马克思主义的机会。在政府内，他是反对公营成分在国民经济中占主导地位的最有影响的代表人物，一直主张更多鼓励私营成分的发展。尼赫鲁请他参加内阁是出于全党团结的考虑，避免他与政府正面对立；让他置身政府内，有利于通过协商缩小党内左右翼的分歧。对国大党把尼赫鲁提出的建立社会主义类型社会确立为目标，德赛持反对立场，只是因为党的决议必须服从，才没有公开反对，而持保留态度。在邦一级拥有实力的地方领导人中，持右翼立场的更多，他们不但力求左右自己邦的国大党政府的政策，还给在中央工作的右翼领导人以全力支持。如德赛得到了古吉拉特邦保守势力的支持，而马哈拉施特拉邦保守势力则是粮食和农业部部长 S. K. 帕提尔的后盾。1962年后，在社会上对尼赫鲁的指责日甚一日的大气候下，党内右翼也起来附和右翼政党的责难，把经济建设出现的困难归罪于尼赫鲁的社会主义理念。这样，尼赫鲁受到内外两方面的夹攻。

尼赫鲁意识到，为了有效地和右翼政党斗争，维护国大党和政府既定的目标和路线，就必须首先在党内制止右翼的抬头。在这方面，他采取的一个重要措施是设法加强党内社会主义左翼的能动性，使之有效地组织和行动起来，突破右翼的阻挠，协助推动国大党有关社会主义决议的贯彻执行。为此，他先后支持党内左翼建立社会主义论坛和社会主义行动论坛，但都未能取得实效。右翼的攻势在继续。1962 年 11 月，在尼赫鲁召开的国家发展委员会会议上，一批邦首席部长发难，要求大量削减五年计划开支，特别是对重工业的投资，只是由于尼赫鲁坚持不让，他们才未能得逞。

与右翼抬头并存的另一个党内严重问题是腐败现象日渐加重。不少有一定权势的党员干部追求高官厚禄，营私舞弊，争权夺利，专横跋扈，他们对群众像官老爷，对工作敷衍塞责，却利用各种手段扩张自己的势力，为自己谋求利益。在群众的眼中，国大党政府有些高级领导人对待群众的冷漠与殖民统治时期的官僚几乎没有差别。60 年代初，揭发出了矿产和燃料部部长马拉维亚受贿事件，尼赫鲁不得不把他解职。不久又发生几起控告首席部长贪污事件。国大党多年树立的威望大为降低，党员人数 1950 年号称 1700 万人，到 1963 年只有 264.6 万人。1963 年一些选区补选人民院议员，许多国大党的候选人被反对党击败。这一切使尼赫鲁十分焦虑。

60 年代初，一批在邦一级政府工作的国大党地方实力派对参与中央决策表现出越来越大的积极性。1963 年春国大党在一些邦补选中失利后，马德拉斯邦首席部长库马拉斯瓦米・卡马拉季在与奥里萨邦首席部长帕特奈克协商后，向尼赫鲁提议，为加强党的活力，制止腐败现象蔓延，恢复党的形象，应对党组织加以整顿，充实领导力量。为此，他们建议在联邦和邦政府担任要职的国大党资深党员放弃政府职务，而以全部精力和时间做党的工作，加强党的组织。这正合尼赫鲁的心意。1963 年 8 月国大党全国委员会特别会议通过了这个提议，授权尼赫鲁全权处理具体人员的去留问题。这就是卡马拉季计划。尼赫鲁自己首先提出了辞呈，自然未获国大党工作委员会同意。内阁部长们和邦首席部长们相继提出辞呈。结果，国大党根据尼赫鲁的提议，批准了 6 名内阁部长和 6 名邦首席部长辞职。6 名内阁部长是：财政部部长莫・德赛、粮食和农业部部长 S. K. 帕提尔、交通运输部部长贾·拉姆、内务部部长拉·巴·夏斯特里、教育部部长 K. L. 斯里马利、新闻和广播部部长 B. G. 雷迪。6 名邦首席部长是：马德拉斯邦的卡马拉季、奥里萨邦的 B. 帕特奈克、比哈尔邦的 B. 哈吉、北方邦的 C. B. 古普塔、中央邦的 B. A. 曼德罗伊、查谟和克什米尔邦总理 B. G. 穆罕默德。在决定离职名单时，尼赫鲁既考虑到了把富有朝气的干部派去做党的工作，同时也借此机会把党内某些被人民指责腐化的官老爷清除出去，也让那些执意阻挠贯彻党的决议的右翼离开关键岗位。对他来说，这是一次排除干扰势力的好机会。

卡马拉季计划没有也不可能完全排除右翼干扰，制止党内腐败，但使德赛和 S. K. 帕提尔离开内阁确是对右翼保守势力的沉重打击。尼赫鲁任命支持发展公营成分的 T. T. 克里希纳马查里为财政部部长，让计划委员会副主席古·南达改任内务部部长，任命人民社会党领导人阿索卡·梅塔接替南达的位置。这样就使政府中他的支持者的力量得到加强。

在实行卡马拉季计划的同时，尼赫鲁还采取了行动加强国大党的组织工作。为了使党能更好地发挥作用，根据他的提议，国大党工作委员会成立了两个委员会，一个考虑如何改进党的组织工作，一个考虑修改党章。前一个委员会对如何加强党的全国委员会和邦委员会的工作、如何协调从事党务和从事政府工作的两部分党员的关系、如何消除党内派系集团、如何加强骨干培训以及如何更广泛地发动各阶层参加建设工作等，提出了系统的意见。党章修改委员会则建议在县委员会下的每个乡村发展区建立党组织，并扩大吸收党员，以加强党的群众工作基础。关于党的目标，它建议明确地提出，党的目标是通过和平与合法的宪政手段建立一个“以议会民主为基础的社会主义国家”。两个委员会的建议都得到了国大党全国委员会的肯定。

1963 年 12 月，国大党在布伐尼什瓦尔举行年会。此前（1963 年 10 月），卡马拉季当选为国大党主席。在卡马拉季主持下，年会通过了《关于民主和社会主义的决议》，重申了建立社会主义类型社会的目标和发展道路。这时，尼赫鲁已发现自己心脏不适，他坚持工作。这是他最后一次为实现自己的理想而做出努力。他希望能在目标与道路的问题上廓清阴霾，真正使全党认识一致，同心协力来实现这个目标。就在这次年会上，他把他的主张概括为“民主社会主义”。民主既是指社会主义要在议会民主的政治体制下实现，又指所有改革都必须通过民主的、非暴力的手段进行。尼赫鲁认为这正是印度式的社会主义的特色。这可以说是他对毕生探求的印度发展道路的总结。决议重申充分发展公营工业，使公营工业占据国民经济主导地位的重要性。在农业政策方面，针对存在的严重缺粮问题，决议再次突出强调发展农业的重要性以及合作化在农业发展中的决定性作用。决议写道，在一个像印度这样的农业国家，农业经济的发展是非常重要的，“其重要性在于，工业的发展是与农业生产的增长密切联系在一起的，没有农业的较大幅度增长，印度就只有依赖外部帮助来解决它日益膨胀的人口的粮食问题”，工业化也难有进展。之所以在这个决议里又大讲农业问题，是因为尼赫鲁在他执政后期认识到农业没有发展上去是个很大的缺憾。1963年7月，在安得拉邦立法院的讲话中，他说：“我一直在抓工业，一直在抓钢铁厂，等等，但是现在我要说，农业是比任何工业都重要得多的部门。”[①]同年8月在人民院的讲话中，他甚至提出要实行新的发展战略，即在奠定工业结构的基础的同时，要以发展农业为“第一位的和最重要的”任务。[②] 50年代到60年代初，印度农业的发展更多的是依靠扩大种植面积和增加水利设施。扩大种植面积是受土地资源限制的，增加水利设施还有很大潜力，但仅仅依靠这两项措施还不足以提高生产率。尼赫鲁要求各邦政府要想方设法，不仅兴修水利，还要改进技术，增施化肥，以提高农田的单位面积产量。农业精耕县计划也就是在这个时期开始酝酿实行。为了使农业能得到较快的发展，又不致农村两极分化，他仍然坚持认为实现农业合作化是最好的保证。年会决议重申：“土改的目的，就是要建立农业合作经济。”要想实现农业增长而又使全体农民摆脱贫困，就必须实行合作化，包括服务性合作和生产互助合作。[③] 这就表明，尼赫鲁在执政的最后一段时期，在农业发展战略思想上开始有了部分变化，即在坚持合作化的同时，开始把更多注意力转到改进技术、提高农业生产率上。正是为了唤起全党对发展农业的重视，他特地在这次年会的决议中再次特别强调发展农业问题。不过，又要很快提高农业生产率，又要坚持实行得不到响应的农业合作化，

---

① S. 戈帕尔：《贾瓦哈拉尔·尼赫鲁传》第3卷，伦敦，1984，第242页。

② S. 戈帕尔：《贾瓦哈拉尔·尼赫鲁传》第3卷，伦敦，1984，第242页。

③ 《印度时报》1964年1月1日。

两者显然是矛盾的，这表明尼赫鲁并没有真正地为解决面临的农业危机找到一条可行的道路。布伐尼什瓦尔决议的意义在于重申尼赫鲁的基本主张，再一次从国大党年会的讲坛上庄重地表示国大党实现社会主义类型社会不可动摇的决心。这是尼赫鲁本人在他的晚年最关心的问题，也是他最大的期望。但和以往一样，这个决议的通过并不意味着与会代表真正消除了分歧，取得了共识，右翼见形势于己不利，只是未公开站出来阻挠罢了，但他们思想上是反对的，根本不打算实行。

（三）尼赫鲁逝世

布伐尼什瓦尔年会后，尼赫鲁的健康状况一直不佳，患轻度中风，行动不便。他感到身心交瘁，已难以承担全部政务。他重召夏斯特里入阁，担任不管部长，负责处理外交部、原子能部和内阁秘书厅呈报总理的文件，并执行总理的特别指令。这时，尼赫鲁接班人的问题已成为上层圈子秘密议论的话题。尼赫鲁执政十多年，由于他威望太高，所有重大问题部长们都请他最后定夺，这样就没有自然形成的明显的接班人选，老政治家思想多偏向守成，年轻者中又没有特别出类拔萃者。尼赫鲁本人不主张事先指定，这就使选择接班人成为一件困难的事。在卡马拉季没有当选国大党主席前，1963 年 10 月，他就和另外 4 名有实力的地方领导人——西孟加拉邦党的负责人阿·高士、安得拉邦首席部长桑·雷迪、迈索尔邦首席部长斯·尼贾林加帕和孟买邦党的负责人 S. K. 帕提尔在安得拉邦的提鲁帕蒂聚会，秘密商讨总理继承人问题。此时，论资格和威望，原财政部部长莫·德赛最具有做候选人的条件。但这 5 人一致主张提名夏斯特里为候选人，他们排除德赛并不是因为德赛的右翼立场，他们自己也并非左翼，而是因为他资格老，能力强，性格固执，不容易听进不同意见，如果德赛当总理，他们就没有插手中央决策的余地，而夏斯特里为人温和谦恭，资历又不深，便于操控。由于在中央，在尼赫鲁周围没有形成一个强有力的领导核心，结果挑选接班人这种本来应该由中央领导核心做的事，却被地方实力派操纵，对后来的政治发展带来了很多负面影响。从这时起，党内形成了一个力图操纵中央决策的地方实力派小集团，被称为“辛迪加派”。

除了把夏斯特里安排到内阁外，尼赫鲁还让女儿英迪拉·甘地在自己身边协助料理事务。英迪拉年轻时留学牛津大学，1941 年回国参加国大党活动，1942 年与在英国留学时结识的费罗兹·甘地结婚，同年因参加反英示威被捕入狱。独立后担任父亲的秘书，经常随父亲参加国际会议和出国访问。1955 年被选进国大党工作委员会。1959 年担任过 11 个月的国大党主席。至此，她在政治上已逐渐成熟，成了父亲的得力助手。

尼赫鲁身体一度稍有好转，还出席了人民院 1964 年 4 月 22 日的会议并讲话，然而 5 月 27 日清早他突然感到腹部剧痛并昏迷摔倒，之后再没有醒来，享年 74 岁。此时国家的“三五”计划尚未完成，经济上正面临严重困难。

尼赫鲁的逝世使印度人民感到震惊和无比悲痛，全国举哀 12 天，沉痛悼念这位深受人民敬爱的领袖。

尼赫鲁是一位把毕生精力献给印度民族独立运动和国家现代化建设事业的杰出的领导人。在独立斗争时期，他被捕 10 余次，坐牢累计达 10 年之久。作为国大党领袖和党内左翼领导人，他在确立独立和社会解放相结合的目标、促进民族力量团结、发动和组织工农群众参加斗争、协助甘地领导民族运动直至取得最后胜利等方面，都起了关键性的作用。独立后，作为党和国家的主要领导人，他执政长达 17 年，不仅是国家发展方向、道路的主要设计师，而且是兢兢业业、坚忍不拔的执行者。领导印度这样的经济落后、人口众多的大国实现现代化和追赶世界先进潮流是十分艰难的事，没有先例可循，全靠对印度国情和对世界发展潮流的深刻认识，靠把两者恰当结合起来的智慧和勇气。作为资产阶级政治家，尼赫鲁对资本主义政治经济制度始终是信仰和维护的；作为左翼领导人，他又较多地把下层群众的利益置于视野之内，关心改善他们的地位。这就是他殚精竭虑地力求在资本主义、社会主义两种制度间寻找一条适合印度国情的中间道路（他称之为“民主社会主义”）的原因。他认为只有这样，印度的发展才能建立在稳固的基础上。在他执政的整个时期，他一直在探索和规划这条道路，设计了相应的体制和发展模式，制定了整套相关的政策。

总的来看，印度在尼赫鲁执政的 17 年里，开始走上一条巩固统一和全线推进现代化建设的道路。政治上，联邦制和议会民主制的政治体制确立下来而且运作良好，这种体制开始深入人心；经济上，工业化进程取得了突出进展，完整的工业体系建立起来，自力更生的成就有目共睹，实行了一定程度的土地改革，使农业生产得到恢复和初步发展；社会方面，世俗化政策在排除阻力中得到贯彻，社会秩序基本稳定；外交方面，印度以其独立自主的不结盟外交政策在国际舞台上为自己争得一定地位，发挥了积极作用。这就表明，他的执政给独立伊始的印度打下了全面发展的坚实基础，并使印度在他设计的实现现代化的道路上向前迈了一大步。这些成就是在他的政府领导下印度人民共同努力的结果，他本人在其中的功绩，印度人民不会忘记。

但是，在这近 17 年的发展中暴露出的问题也很多。最主要的是，他向往和追求的使经济增长和社会公平并进的目标并没有取得显著的进展。农村的封建势力经过土改虽有所削弱，但仍然有较大的力量，成为生产力发展的重大障碍。农业落后的状况没有大的改变，经济增长速度不够快，贫富差距没有缩小，下层人民的境况没有实现预期的改善。是什么造成了这样的结果呢？当然，社会上既得利益阶层对土改和合作化的抗阻、党内右翼的阻挠，使预定的制度改革不能彻底实行，这是一个重要因素。但除此以外，人们还会问，出现的这些问题与尼赫鲁规划的道路和制定的政策本身有无关系；尼赫鲁规划的道路和制定的政策是否周到完备；从指导思想上说是否有认识偏差的地方；等等。这就需要认真地、实事求是地进行分析，特别是要依赖以后的实践来检验了。

应该承认，尼赫鲁规划的道路、体制、政策确有不少问题。例如，作为民主社会主义核心内容的经济增长与实现社会公平并重就不现实，社会公平只能在经济增长中逐步实现，要求同步实现只能是为了公平而牺牲效益，在低水平上搞再分配，结果必然会阻碍经济增长潜力的充分发挥。又如，把公营成分定位过高，对它抱的期望太大，事实上是行不通的。国家的资金有限，应该集中投入最需要国家承担的部门。摊子铺得过大势必使资金分散，用非所急，并使政府精力消耗在不该用的地方，何况公营企业本身就有管理难的问题。再如，对私营经济的控制虽属必要，但控制过死则会压制私营成分增长潜力的发挥，严重影响效益，把市场机制对经济增长所起的驱动作用化为乌有。在农业发展战略上也存在着过分看重合作化、对合作化的期望不切实际、对农业技术投入长期重视不足的缺陷，等等。这些缺陷和不足当然都给经济发展带来重大损害。

印度也有学者认为，问题不止这些，整个道路、体制和战略根本上就是错误的。他们说，尼赫鲁太强调优先发展重工业，太强调大力发展公营工业，太强调把经济增长和社会公平结合起来，这都是人为地干预经济活动，是根本没有必要的。从抽象的经济学理论来说，这种指责似乎可以找到教科书的根据，但如果我们不是凭课本的条条，不是凭主观臆断，而是正视印度现实，实事求是地考虑问题，就可以断言，这种指责离开了印度国情和印度历史发展的特点，是想当然的，是不正确的。印度不能走西方国家的老路，时代不同了，国情也完全不同。作为一个后进国家，又是一个大国，要在尽可能短的时间内追赶世界先进潮流，就不能不充分发挥国家政权的能动作用，就不能不把发展重工业放在首位，迅速建立具有自我装备能力的工业体系。印度有那么多食不果腹、衣不蔽体的贫困群众，仅靠“滴流”理论是不能解决问题的，也绝不会被广大下层群众接受，必须有特别的措施来保证在经济增长的过程中改善他们的地位。一个有远见的政治家是不会回避这些问题的，找到妥当的解决办法，这正是历史赋予领导者的使命。尼赫鲁是这样做的。他和他领导的政府以辛勤的努力和勇敢的探索精神，努力寻找妥善的办法。受历史条件的各种限制，他们的认识和制定的政策不可避免地会有偏差之处，有错误之处，这些应该分析到。但如果以某些具体问题上的偏差和错误来否定他设计的整个道路和整个政策体系，那就是以偏概全，脱离历史背景看问题，把复杂的问题简单化、公式化了。

尼赫鲁的社会主义追求，愿望是美好的，但过于理想化。中间道路不是不可以走，但在存在着资本主义经济政治制度的社会里，把实现社会公平的期望值定得过高，并想用严格约束利润机制的办法来保证实现，这只能是一种美好的想象，因为这既不符合经济发展的客观规律，也与政治斗争的现实相悖。从这个意义上说，尼赫鲁坚持他的社会主义理念固然值得敬重，但其不可能取得太多成功也是“命中注定”，对此所有他的支持者、同情者也都是爱莫能助的。

和其他人一样，尼赫鲁也摆脱不了历史的、实践地位的局限性。我们不能回避这一点，但对他的评价一定要着眼于全局，特别是要从历史发展的角度看他所起的作用，只有这样，才能真正做到实事求是。

第三章

夏斯特里短期执政和英·甘地第一次执政

一 夏斯特里执政

（一）调整经济政策的开始

尼赫鲁逝世后，总理职务暂由内务部部长 G. L. 南达代理。国大党主席卡马拉季立即就新总理人选与党内领导人及部分邦领导人磋商，提名的候选人包括莫·德赛、夏斯特里、英·甘地、贾·拉姆等。主张前两人者居多。德赛则公开宣布要竞争总理职位。卡马拉季和国大党工作委员会不赞成党内竞选，认为这会影响团结，主张通过协商，达成一致。工作委员会委托卡马拉季与持各种意见的人包括候选人本人进行协商，提出人选意见。前已述及，关于人选，卡马拉季及 4 位地方实力派领导人早已幕后商定提名夏斯特里为唯一人选。卡马拉季努力说服德赛放弃竞选，德赛始则惊愕不已，后来不得不服从大局，接受提议。1964 年 6 月 2 日，根据卡马拉季的建议，国大党议会党团一致通过了由南达提议、德赛附议的提案，选举夏斯特里为国大党议会党团领袖。经总统批准，6 月 9 日他出任总理，组成新内阁，成为印度共和国的第二任总理。

拉尔·巴哈杜尔·夏斯特里 1904 年生于联合省（今北方邦）贝拿勒斯城附近的一个低级种姓家庭。他的父亲是个教员，英年早逝，全家靠亲戚接济维持生活。贫困锻炼了夏斯特里的意志，也使他养成了简朴的生活作风。在学校读书时，他就关心时事，逐渐对英国殖民统治的本质和民族运动的意义有了认识，对甘地无限崇拜。1921 年在聆听了甘地号召开展不合作运动的一次演说后，16 岁的他虽然离高中毕业只剩下 3 个月，还是毅然响应甘地的召唤，参加抵制运动，退出了他所在的公立学校，转到一所在运动中兴办的民族学校继续学习。在这里，他完成了相当于学士学位的学业。此后他在家乡加入了拉·拉伊创办的“人民之仆协会”的分支，在扶困济贫工作中得到锻炼。就在这时，在阿拉哈巴德，他有机会开始与尼赫鲁接触。他的能力、作风与品格深得尼赫鲁赏识，被任命为国大党联合省一个区委会的秘书。按照省里的统一布置，他在这个区积极领导开展不合作运动，曾多次被捕。尼赫鲁欣赏他的才干和他脚踏实地的作风，把他调到国大党联合省省委，把领导省委的重任实际上交他担负，他出色地完成了任务。印度独立后，夏斯特里从北方邦被调到中央，任国大党秘书长，后被吸收入阁，任铁道和运输部部长、工商业部部长、内务部部长等职。在实行卡马拉季计划中，他请辞内阁部长职务得到批准，但因深得尼赫鲁信任，在尼赫鲁卧病期间又被召回，委任为不管部长。他非常崇敬尼赫鲁，一直兢兢业业地执行尼赫鲁的指示。

图 3-1　夏斯特里

夏斯特里政府由 16 名内阁部长、15 名国务部长和 20 名副部长组成。前内阁成员大多数留任，也有一些重要变动。为取得“辛迪加派”的进一步支持，安得拉邦首席部长 N.S. 雷迪和孟买邦国大党负责人 S.K. 帕提尔都被吸收入阁，分别担任钢铁和矿业部部长、铁道和运输部部长。为表示新政府继承尼赫鲁的政策，也为了争取国大党内大多数尼赫鲁拥护者的信任，夏斯特里邀请尼赫鲁的女儿英迪拉·甘地入阁，担任新闻和广播部部长，并破格把她的名次排在内阁部长的第四位，还让她进入权力很大的内阁紧急委员会。苏布拉马尼亚被任命为粮食和农业部部长，他被寄予重望发挥其杰出的才能，促进农业发展。夏斯特里还希望把德赛也吸收入阁，但德赛不愿屈居第三位（排在内务部部长 G.L. 南达之后）。外交部部长最初由夏斯特里兼任，后任命 S.S. 辛格担任。夏斯特里本人并没有太高声望，他是“辛迪加派”扶上台的，因此虽为总理，但他并不能掌握全部权力，“辛迪加派”在他的政府决策中起着重要的作用。

夏斯特里宣布：“印度政府在外交方面将继续奉行尼赫鲁的政策。在国内政策方面，民主社会主义继续是我们的目标。我们的政策早经确定并已阐明，需要做的是正确地和尽快地加以贯彻。”并说民主社会主义“意味着公营成分的巨大增长”。① 这就表明，夏斯特里政府将继续奉行尼赫鲁政府的内外政策，在基本方向上不会改变。

作为尼赫鲁的下属和同事，夏斯特里对尼赫鲁规划的建立社会主义类型社会的目标和基本道路是赞同的。但不像尼赫鲁，他较少从学说角度去认知，而主要是从现实需要去理解。他认为，下层群众饱受饥寒交迫的痛苦，许多人生活在贫困线下，不尽快使他们的地位得到改善，他们就会对国大党感到失望，离开国大党，在这种情况下，国大党提出的发展计划再好，都会因为没有足够的群众支持而成为空中楼阁。他充分肯定尼赫鲁为实现这一目标而做的努力，但认为独立近 20 年，下层人民的生活依然没有改善，连吃饭的问题都没有解决，这种情况必须尽快改变。他认为，现行的政策需要调整的就要调整，不论从学说看它在社会主义社会的概念中是多么重要。

夏斯特里虽然认为经济政策该调整的就调整，但以他的认知水平、资历和所处环境，要做较大的改变是没有条件的。难能可贵的是，在一段时期谨小慎微的摸索后，他还是敢于对发现的问题提出大胆改变的设想，并努力冲破阻力去付诸实施。

新政府面临的经济形势是严峻的。第三个五年计划执行中遇到的资金短缺和缺粮困难还未克服，1965 年又遭严重旱灾，农业减产 20%，使粮荒问题更为突出。粮价、物价一起上涨，粮食和日用消费品双双短缺。1964~1965 年度，价格水平上升 10%，1965~1966 年度又升高 7.6%。下层群众的收入减少，支出增多，处境雪上加霜。由于资金、原料都不能按原计划到位，“三五”计划的完成遇到很大困难。利益受到影响的资产阶级也对这种形势不满，右翼的攻势变本加厉。显然，这些问题都到了该认真解决的时候了。不解决这些问题，国大党就有负广大群众的厚望，印度的经济发展

① 《拉·巴·夏斯特里言论选》，新德里，1974，第 16、65 页。

也有中断的危险。

在对“二五”“三五”计划的执行情况做了仔细研究后，夏斯特里认为投入重工业的资金过多是造成经济困难、影响人民生活改善的重要原因之一。他说，“二五”“三五”计划把资金资源过分集中地投入重工业，使日用消费品工业和农业资金短缺、发展不足，导致粮食紧缺，日用品供应不足，物价上涨，实际工资降低，这是下层人民生活得不到改善的重要原因。1962年7月12日他在一次会议上说：“无疑，我们必须有较宏伟的计划，较大的工业、基础工业，但更重要的是，我们必须关心普通人即社会的弱势阶层。就是说，关心他们的衣食住行、医疗条件、儿童福利等，这是人人都离不开的基本的生活条件。对农村更要关心。我们无论做什么计划，无论计划多大，都不能忽视这个事实。”① 还说，重工业用去资金过多，使外汇短缺，造成对外援的严重依赖，结果经济增长基础不牢固，增长速度受到限制。他主张现有的发展模式需要做一些调整，把重点适当做一些转移，即除少数核心工业继续大力投资兴建外，要更多强调有效地使用现有的生产能力，而不是大量建设新的大型工程项目，应该拨出更多资金用于发展农业和收效快的轻工业。尼赫鲁去世前几个星期，曾为编制中的第四个五年计划制定了指导方针。当时拟定的“四五”计划总开支为“三五”计划的两倍，公营部分支出仍以发展公营重工业和基础工业为重点。夏斯特里同意总支出的规划指标，但坚持在分配资金时应优先考虑农业。计划委员会根据夏斯特里指示重新考虑了资金分配的先后次序。尼赫鲁是从长远着想考虑问题，夏斯特里主张不能太强调长远利益而使这一代人生活受到太大影响。这就是他制定各项政策的指导思想。

夏斯特里另一关心点是保留给公营企业经营的领域太广和公营企业的效益过低的问题。前者由于政府资金缺乏，因此在这一时期暴露得更为明显。有些工业部门如化肥工业亟须建厂，国家却拿不出钱，私人又无权兴建，致使许多急需的产品只能靠进口补足。关于后者，他认为经济方面的许多问题都源于企业的所有权集中于国家手中，而国家缺乏有效经营的保障手段。国家对企业的管理重形式，不重效益，结果到了该收取回报的时候企业却普遍表现出效益不佳。夏斯特里主张在公营经济的规划和管理方

① 《夏斯特里选集》，新德里，1974，第192页。

面也应像农业一样做必要的调整。不过在这方面他只是开始有所感觉，不像对农业那样看得透彻，因为那时公营企业体制上的问题虽已暴露，但还不是十分充分。

夏斯特里政府在工业、金融方面实行的政策主要有：（1）开放一些原规定只能由公营企业经营的基础工业部门，鼓励外资参与经营。1964 年以来，为吸引外资，一批批外国工业家被邀请到印度考察投资的可能性。石油部与美国国际比奇特公司关于在印度建立 5 座大型化肥厂的谈判本已取得了进展，美方接受由印度政府持股 51%，但由于它坚持有权控制全印的化肥产品的价格、销售和分配，印度政府最终停止了这项谈判。1965 年印度工商业联合会把国际商会年会定在德里召开，国际上各大商业公司 1000 多名代表参加，夏斯特里亲自参加这次年会，表示对吸引外资的重视。（2）化肥生产除公营外，允许私人经营。（3）促进发展小型工业和乡村工业，增加对农民日用消费品的供应。（4）开始考虑卢比贬值的可能性，减少了对美国要印度卢比贬值的批评。

尼赫鲁时期计划委员会被赋予很大实权。由于尼赫鲁身兼该机构主席，内阁数名重要成员参与其中，结果本来应由内阁讨论决策的重大经济问题常常是在这里讨论决定，而内阁决策成了走过场。这样它就超越了一个政府咨询机构的法定职权范围，在相当程度上影响甚至取代了政府的决策。这种情况引起了越来越多的批评，右翼对它的指责更为激烈，认为它是用苏联式的官僚操纵经济模式取代民主决策模式。夏斯特里也认为是不正常的，不动声色地实行了改革。他任命一位谙熟财政经济的高级行政官 L. K. 贾为总理府秘书，在经济管理方面较多听取这位秘书的意见，大大减少了对计划委员会的依赖。他还取消了计划委员会成员无限期任职的特权，中止了计划委员会秘书由内阁秘书兼任的做法。更重要的是，夏斯特里的重大经济决策都是在内阁会议上做出的，在必要时内阁会议吸收计划委员会副主席列席并参与讨论。这样，虽然没有改变计划委员会的架构，但恢复了内阁在经济决策中的作用，使计划委员会回到它正常的位置上。

夏斯特里关注实行调整，但对那些涉及改变印度发展目标和道路的建议，他坚决拒绝。1965 年世界银行一个代表团来印，在做了半年考察后，向印度政府提出了一套全面经济改革的方案。代表团宣称，接受这套改革方案是世界银行给予印度较多贷款的前提条件。夏斯特里认为，这是以贷款为诱饵，向印度政府施加强大压力，促使印度根本上改变发展方向和政策。建议的内容虽有可取之处，而且有些正是夏斯特里准备和已经试行改革的，但世界银行所要求的是印度整个经济政策的改弦易辙，也就是要印度完全走西方国家的道路。夏斯特里果断地拒绝了世界银行的建议。他准备实行调整和改革，但决不愿在西方的压力下，根据西方的图式进行。他的目标和西方要求的改变是完全不同的。

夏斯特里在调整经济政策方面所做的最重要的工作，是酝酿制定农业发展的新战略。

粮食短缺是50~60年代印度面临的最严重的经济和政治问题，需要政府年年拿出相当多的资金从国外进口粮食，不但拖了工业化的后腿，也影响人民对政府领导能力的信任，损害印度的国际形象。提高农业产量，保证粮食供应，这是新一届政府要担负起的最紧要的任务之一。夏斯特里审视以往政府的农业政策，认为“二五”计划以来农业发展缓慢固然与土改不深入有直接关系，太强调合作化和实现农村共同富裕，对效益考虑不够也是一个重要因素。他要求计划委员会按农业优先发展的原则，在正在拟订的“四五”计划中尽可能增加对农业的投资。建议把农村中收效快的工程列为优先项目，并特别重视发展中小型水利设施、化肥工业及其他服务于农业的工业。还要求计划委员会制定出促进农业发展，保证尽快实现粮食自给的计划。鉴于土改和合作化一时难以取得更大进展，他指示粮食和农业部部长尽快考虑实行一种旨在提高农业产量的新战略。

农业发展要考虑实行新战略，在这方面，粮食和农业部部长苏布拉马尼亚想法与他相同。两人一致认为，不投入更多资金兴修水利和推广良种、化肥，就不能指望提高农业生产率，农业就不能有较快发展。由于资金有限和其他条件的限制，这种新办法只能首先选择有条件的地区进行，不能全面铺开。苏布拉马尼亚还认为，要解决缺粮问题，除提高产量外，还必须改变政府以往实行的价格政策。独立以来，为了支援工业化资金，为了照顾城市普通人的购买力，政府实行了一套严格管制的粮食政策，包括收购价格管制，规定私商只能作为政府收购代理人以及在城市实行粮食平价供应政策等。粮食收购价定得很低，这种政策的负面影响是很明显的。他主张为了调动粮食生产者的积极性，提高农业生产力，应利用市场机制，适当提高粮价，使粮食生产者能得到合理报酬。夏斯特里支持他的想法，政府成立了农业价格委员会，负责确定农产品的最高收购价和销售价。根据该委员会的建议，同意粮价提高16%。政府又建立了国营粮食贸易公司，在公开市场的收购中提供较优惠的价格，与私商竞争，以确保粮食生产者能从新政策中获益。增加农业投入需要进口良种、化肥，苏布拉马尼亚通过谈判得以进口18000吨小麦良种，夏斯特里指示财政部提供外汇方便。为使农民能从实例中看到新技术的好处，打破顾虑采用新技术，苏布拉马尼亚打算从种植小麦地区和水稻地区分别选定一批小地块做实验田。这种做法夏斯特里也赞成。这样，夏斯特里和苏布拉马尼亚就以一系列新思路逐渐构筑起了一个农业发展新战略的基础。

整个1965年，苏布拉马尼亚都在制定新的农业政策，把夏斯特里和他本人的改革主张具体化。这年8月，粮食和农业部向国家发展委员会提交了一份题为《第四个五年计划的农业生产：战略和计划》的文件，正式提出了发展农业的新战略。新战略吸收了世界银行、美国国际开发署和福特基金会的许多建议，其内容包括：（1）新政策。要鼓励使用各种现代技术，选择水利条件好的地区集中实行一揽子计划。（2）对农户的刺激。农产品价格要确定得合理，使生产者有利可图。（3）要推行以高产品种为基础的特别集约生产计划，实行高产品种、化肥、水利配套使用，以大大提高农业生产率。苏布拉马尼亚充满信心地说，已找到一条可行的道路，只要国家能拨给足够的资金和外汇，就能在未来一定时期内达到粮食自给。然而这个新战略构思在计划委员会和财政部却没有得到认同，主要认为新构思偏离了尼赫鲁规划的方向，再者所需要的大量资金根本无法解决。1965年下半年发生的事件客观上加强了苏布拉马尼亚在与计划委员会和财政部争论中的地位：美国因印巴战争停止了对印度的一切援助，还拒绝在关于美国向印度供应粮食的协定满期后续签。保证粮食进口是印度压倒一切的最迫切的需要，现实政治终于压倒了一切反对意见。1965年底，苏布拉马尼亚在与夏斯特里讨论后，向内阁全体会议提交了一份体现新构思的关于实现粮食自给的计划。这份计划得到内阁批准，只有财政部部长激烈反对，他不久辞职。

为了准备实施新的农业战略，政府决定加快化肥工业发展。为了解决资金不足的困难，采取了大力吸引外商投资的办法。美国也与印度签订了提供5000万美元贷款用以购买化肥和化肥原料的协定。

夏斯特里和苏布拉马尼亚拟定的农业新战略是把以前的以制度改革和合作化为主的农业战略改变为以生物技术投入为主的战略。前者的指导思想是防止农村两极分化，使农民共同富裕；后者着眼于效益，帮助有条件的地区和有条件的农户先富，认为这对国家发展有利。这是一个很大的转变，与尼赫鲁的指导思想有很大不同。

正是有夏斯特里执政时农业新战略的全面构思筹划，才有后来英·甘地执政时绿色革命的实行，后者正是在前者搭建的基础上实施和完成的。

尽管夏斯特里只是根据现实的需要，在现行的混合经济体制内做一些调整，他的做法在国大党内外还是引起了强烈反响。党内右翼欢迎他的做法，左翼则态度冷淡甚至反对。英·甘地就多次批评他偏离社会主义方向，计划委员会有些成员更以退出该机构表示抗议。在国大党外，自由党嘲笑他蹑手蹑脚，不敢触及根本问题。印共等左翼政党则激烈指责他以发展经济为名，行放弃发展重工业之实。印共议员希·穆克尔吉在 1964 年 9 月人民院会议上抨击他口是心非，蓄意“越轨”。其他左翼反对党也都以这种或那种理由反对他的举措。反对党还在人民院提出了对政府的不信任案。在 9 月 18 日人民院就不信任案进行的辩论中，夏斯特里反驳了包括“越轨”在内的种种指责，强调政府在制定政策时，有必要根据客观形势的变化和现实需要，对现行政策做适当的调整。他说，议会民主制的优点之一，就是能集中各种意见，重新审视已制定的方针政策，根据需要制定新的方针政策，改变已不适应形势的部分，既然没有一成不变的规则，就不存在什么“越轨”问题。他还说，新政府坚持民主制度和社会主义方向，而在印度建立社会主义就是要建立一种能保障人民福利的社会和经济制度。“不能用尼赫鲁的名字来掩盖我们工作中的疏漏和无效。”“在政治领域，局势会变化，人会变化，条件会变化，环境会变化，真正的领导人必须能对变化的形势做出反应。”[①] 多数议员支持夏斯特里的观点，不信任案被否决。

（二）内政方面的措施和第二次印巴战争

在内政方面，鉴于工人罢工持续不断，夏斯特里呼吁全国工人保持克制，许诺政府会采取有力措施，保证粮食和日用消费品的供应，降低物价。

---

① 《夏斯特里选集》，第 16~17 页。

国家官方语言问题也曾引起新的骚乱。这个问题在尼赫鲁执政时本已解决，但随着宪法规定的英语作为官方语言使用的最后期限（1965 年 1 月 26 日）临近，很多人还是感到忐忑不安，空气中弥漫着不安宁的气氛，任何相关变动都可能引起联想或误解，引发轩然大波。夏斯特里似乎对这一敏感时刻没有足够重视，他宣布，正在考虑将印地语作为官员选拔考试的另一种应用语言。此举被非印地语邦认为是夏斯特里要改变尼赫鲁的许诺和 1963 年官方语言法，纷纷表示强烈抗议。马德拉斯邦的德拉维达进步联盟提出了“不要印地语，永远要英语”的口号，并要求修改宪法，规定英语为官方语言。这种形势由于以下变动而更为恶化：政府下发通知，规定在 1965 年 1 月 26 日印地语成为联邦官方语言后，要在行政部门广为使用。非印地语邦更加怀疑夏斯特里政府不遵守 1963 年官方语言法，因而举行大规模抗议游行。马德拉斯邦有些地区示威游行演变为暴力骚乱。政府机关建筑物被烧毁，铁路被破坏，发生了大规模流血冲突，死伤甚众。各行各业停止营业，学生罢课。马德拉斯邦的国大党政府逮捕骚乱参加者，其中有德拉维达进步联盟的成员，包括 4 名大学生在内的泰米尔青年以自焚抗议。动乱扩大到南印各邦，联邦内阁中两名来自马德拉斯邦的泰米尔人部长也提出辞呈。夏斯特里没有料到事态会变得如此严重，2 月 11 日他在电台发表讲话，再次保证完全遵守 1963 年官方语言法和尼赫鲁的承诺，说政府不打算强迫任何地区使用印地语，选拔官员的考试英语仍继续使用，还派英・甘地到马德拉斯邦，卡马拉季到喀拉拉邦，做安抚人心的工作。这样人们的顾虑才消除，局势才安定下来。在持续了大约两个月的骚乱中，有 60 多人死于警察开火。为巩固取得的成果，防止再次发生事端，后来在英・甘地执政后的 1967 年 12 月又使议会通过了官方语言（修正）法，规定印地语作为官方语言的同时，英语继续作为辅助的官方语言使用，只要非印地语邦有这种要求，就不会改变。议会还通过决议，规定文官考试可用印地语、英语和任何地区语言进行。这个法案的通过最终为这场持续多年的官方语言风波画上了句号。

在外交方面，政府宣布继续奉行不结盟政策。夏斯特里出访频繁，努力同时加强与西方国家和苏联的联系。在与美国的关系方面，除了派粮食和农业部部长访美，争取美国增加对印度的粮食供应外，还在美国轰炸越南问题上谴责美国，后应美国总统约翰逊的要求，在美国和苏联间充当调停人。夏斯特里本人预定在 1966 年与苏联领导人会晤后访美，不过没能实现。印度与英国的联系也加强了。1964 年 12 月，夏斯特里访问英国，除与首相威尔逊会谈外，还会见了工商界人士，介绍了印度经济发展情况，欢迎他们来印度投资。夏斯特里还访问了加拿大，在新德里接待了来访的法国总理蓬皮杜。印度与苏联的关系在尼赫鲁执政后期已变得较为密切。印度既从苏联得到军事援助，又得到经济援助，还与之开展了广泛的贸易。1964 年 9 月印苏签订武器协定，规定苏联帮助印度建立 3 座米格飞机制造厂，并向印度提供大量米格战斗机、坦克和直升机。印度原来指望美国帮助建立一座年产 150 万~200 万吨钢的波卡罗钢铁厂，未能如愿，苏联答应愿意帮助，1965 年 1 月两国签订援建协定。苏联提供 1.9 亿卢布的贷款，作为印度在苏联购买设备的费用，贷款利率为 2.5%，12 年还清。1966 年两国还签订了新的贸易协定，进一步扩大了贸易的规模。这年底，苏联又给了印度 25 亿卢比的贷款，用来发展冶炼业和采矿业。至此，苏联给印度的经济援助已达 12.272 亿卢布。印度在政治上也得益于苏联的支持，当尼赫鲁由于向美苏要求军事援助而偏离不结盟的基本立场时，正是苏联大力赞扬印度的不结盟政策，对印度在不结盟世界已经下滑的地位起了支撑作用。尼赫鲁的去世使苏联对印度外交政策的未来走向感到担心。1965 年 5 月，夏斯特里访问苏联，向柯西金总理表示印度不会改变既定的不结盟方针，在加强与西方国家的联系的同时，不会削弱与苏联的友好关系。他还特别强调，苏联的帮助对印度发展经济和提高国防能力具有特别重要的意义。这次访问消除了苏联的顾虑，夏斯特里因而成了在西方世界和苏联都受到赞赏的印度新领导人。

1964 年 10 月，夏斯特里出席了在开罗举行的第二届不结盟国家首脑会议。会上他强调，为了促进世界和平应该销毁核武器，和平解决边界冲突，消除外国统治、侵略、颠覆及种族歧视，通过国际合作促进各国的经济发展，还呼吁充分支持联合国的和平纲领与行动。他的讲话受到与会各国首脑的热烈欢迎。1965 年 7 月，他又出访南斯拉夫，与不结盟运动发起人之一的铁托总统会晤，就进一步加强双边关系和推进不结盟运动交换了看法。这些活动对尼赫鲁后期外交政策的部分移位客观上起了纠正作用，印度在国际舞台上的不结盟形象得到了一定程度的恢复。

印度和周边国家的关系这一时期比较复杂，改善和恶化兼而有之。与中国的关系处于冻结状态，右翼政党的反华鼓噪声浪未减，在这种情况下，夏斯特里不可能有什么举动。对其他周边国家，他努力改善关系。他派外交部部长萨·斯·辛格去阿富汗、尼泊尔、缅甸和锡兰进行友好访问。印度与锡兰的关系是友好的，但也存在着冲突，主要是锡兰的印度泰米尔人的公民地位问题悬而未决。这是英国殖民统治留下来的问题。英国统治锡兰时，在那里大量兴建咖啡种植园和茶叶种植园，为解决劳力不足的问题，大力鼓励印度人移居锡兰，结果南印度泰米尔人大量迁居锡兰。印度和锡兰独立后，这些泰米尔人就面临着属于哪国国籍的问题。锡兰希望印度移民尽可能多地回印度去，可是许多人在该国已经扎根，不可能返回。两国1954年曾达成协议，提出解决办法，但未能实行。锡兰对印度甚为不满。夏斯特里决心解决这个问题。他邀请锡兰总理班达纳奈克夫人于1964年10月22日访印，经过谈判，双方签订协定，同意现有的无国籍的97.5万名印度移民中，由锡兰接受30万人入锡兰国籍，印度接受52.5万人入印度籍，其余待定（1974年最终协商决定两国各接受一半）。虽然协议的执行进展缓慢，但这个长期困扰两国的问题总算有了解决办法。1965年4月，夏斯特里又去尼泊尔访问，加深两国的联系。毛里求斯、阿富汗、缅甸和尼泊尔的领导人也先后到印度访问。

然而，印度与巴基斯坦的关系不但没有改善，相反还进一步恶化，终于导致了第二次印巴战争。

中印边界战争期间和以后美国向印度大量供应武器使巴基斯坦感到不安，巴方向美国强烈表示自己的担忧，认为这样加强印度的军事实力会使印巴军事实力对比更有利于印度，从而危及巴基斯坦的安全。美国一再向巴基斯坦解释，说加强印度的军事实力是为了对付中国，并诡称这也是为了巴基斯坦的安全。自然，巴基斯坦对美国的解释并不相信，不过巴基斯坦听从了美国的建议，在中印边界战争期间保持了边界的平静。夏斯特里继任总理后希望为改善两国关系做出努力。1964年开罗会议前夕，他向巴基斯坦总统阿尤布·汗建议，在回国途中在卡拉奇与他会晤，后者同意。两位领导人于10月12日在卡拉奇举行了简短的会谈，双方都表示要努力改善关系，但都没有实际行动。

1965年两国关系又告紧张，核心问题仍是克什米尔争端。这年2月起，两国就因边境线上库奇兰恩地区（在印度河入海口南）的归属问题发生纠纷，4 月演变成武装冲突。巴基斯坦称这块地方是巴基斯坦的领土，属信德省范围，派武装力量进入。印度则说库奇兰恩是印度领土，也派军队进入该地。双方多次交火，互有伤亡。在英国首相道格拉斯-霍姆调停下，两国同意国际仲裁。7 月双方停火。但这个事件新点燃的敌对情绪并未消失，不久又在克什米尔问题上更强烈地爆发出来。8 月 5 日起，印控克什米尔地区出现大批外来渗透力量。据印度说，外来势力来自巴控克什米尔和巴基斯坦，是巴基斯坦制定的武装进攻计划的一部分。巴基斯坦否认卷入。印度驻克什米尔的军队和当地警察投入了镇压，一系列地方发生了战斗。8 月底，印巴双方都出动军队，越过停火线，进入对方控制的克什米尔地区。印度军队占领了重要的哈吉-皮尔山口。9 月 1 日，巴基斯坦军队对印控克什米尔西南部的恰布地区发动大规模进攻，目的是切断从东旁遮普到克什米尔的供应线。巴军迅速占领了大约 200 平方英里的领土。9 月 6 日，印度为解除克什米尔西南地区所受压力，越过印巴国境线进入巴基斯坦，向拉合尔、锡亚尔科特和卡苏尔三个方向发动进攻。夏斯特里发表广播讲话，解释这一行动的必要性。这样，印巴两国在克什米尔的战争就转变成了印巴两国间的战争。双方不仅在地面作战，还进行激烈空战和深入对方领土轰炸。双方都有大量伤亡。在克姆-卡兰的阿萨尔-乌塔尔和锡亚尔科特地区两次决定性战役中，印军取得胜利，巴方损失大量坦克，印方也有不小损失。巴基斯坦边境的大片领土被印军占领，印度也有部分领土被巴军占领。

这场战争引起国际关注。9 月 20 日联合国安理会通过决议，要求双方于 9 月 23 日停火。美国担心印巴战争打乱它在南亚的战略计划，用停止对印度和巴基斯坦的一切援助来对双方施加压力。印度提出巴基斯坦先从印占克什米尔撤走军队和渗透者才能停火，只是顶不住国际压力并考虑到国内经济形势才不得不让步。在联合国调停下，双方于 1965 年 9 月 23 日停火。这就是印巴两国为克什米尔争端爆发的第二次战争。

1966 年 1 月 4~10 日，在苏联部长会议主席柯西金的邀请和安排下，印度总理夏斯特里和巴基斯坦总统阿尤布·汗在苏联的塔什干举行和谈。虽然谈判很艰辛，开始时分歧很大，但最终还是达成协议，1966 年 1 月 10 日发表了《塔什干宣言》。双方同意，两国军队应在 1966 年 2 月 25 日前从战争期间占领的对方领土上撤出，回到 1965 年 8 月 5 日前各自的位置上。双方表示遵守克什米尔停火线，释放战俘。还讲到双方要尽最大努力，遵循《联合国宪章》，在两国间创造睦邻关系，和平解决冲突，互不干涉内政，并努力加强两国的经济文化交流。《塔什干宣言》是在包括苏联在内的国际力量的压力下达成的，两国的这次交战结束了，但克什米尔争端并没有解决。正因如此，双方在宣言中表达的那些美好愿望都不可能落到实处。

虽然印巴双方都说自己是第二次印巴战争的胜利者，实际上是打了个平手，除了增加两国的积怨外，这场战争没有解决任何问题。

夏斯特里完成了谈判，然而过度的思虑和劳累却摧残了他的身体。就在协定签字后几小时，1966 年 1 月 11 日，在塔什干宾馆，他的心脏病突然发作，不幸逝世。

夏斯特里担任总理只有短暂的 19 个月，但他在印度政坛上留下的印迹却是深刻的。他作风朴实，工作勤恳，认准的事情能踏踏实实坚持去做，改变农业战略就是个突出的例子。虽然实际实行的改革措施不多，但当后人谈起尼赫鲁去世后印度的政策调整时，都会不约而同地第一个提到夏斯特里的名字。当然党内外也有不少人批评他行动缺乏决断，特别是执政初期，指责他处理事变的能力较差。这也不奇怪，人们已经熟习了尼赫鲁的决断力和能力，脑海里有这个标尺，出山未久的这位新总理，又怎么能和尼赫鲁相比呢？

二 英·甘地继任总理

夏斯特里的突然去世，使国大党在不到两年内再次面临挑选领袖的困难局面。上次做了让步的德赛这次毫不踌躇地就宣布要在党内竞争总理继任人的位置，内务部部长古·南达（夏斯特里逝世后代理总理）、国防部部长恰范也加入竞选行列。这一次，又是辛迪加派在幕后操纵。掌握党组织实权的辛迪加派倾向于选择英迪拉·甘地。这是因为英·甘地是尼赫鲁的女儿，时年 47 岁，精明强干，拥有广大党员和全国群众的好感，她继任总理可以给人以尼赫鲁政策在继续的感觉，有利于保持党的稳定，也有利于国大党迎接即将到来的第四次人民院和邦立法院选举。另外，英·甘地年轻，缺乏主持政府工作的经验，便于辛迪加派幕后控制。英·甘地始则保持沉默，后在卡马拉季劝说下宣布参选。由于卡马拉季的积极活动，1 月 15

日有 8 个邦的首席部长发表联合声明，宣布支持英迪拉竞选。国大党多数议员也表示要投英迪拉的票。南达、恰范在这种情况下退出，只有德赛坚持竞选。从国大党执政以来，这是第一次党内竞选党的议会党团领袖，也即竞选总理。1 月 19 日举行选举，结果在全部 526 票中，英迪拉获 355 票，德赛获 169 票。这样，英迪拉便以国大党议会党团领袖身份，由总统任命，出任政府总理，成为印度共和国第三任总理和第一位女总理。在记者招待会上，当有人请她谈谈以妇女身份担任总理的感想时，她充满信心地回答说："我并没有从我是个女性的角度来看待这项工作。如果一个女性具备了某种职业所需的品格，那就应该让她去从事那项事业。"① 是辛迪加派把总理的桂冠戴到英·甘地头上，后来的事实证明，辛迪加派的选择并没有错。但令他们始料不及的是，英·甘地不但有领导智慧，而且有魄力，正是她最终把辛迪加派这个"王位制造者"送进了坟墓。

1966 年 1 月 24 日，英迪拉·甘地宣誓就职。新政府在人事上略为做了调整。总理仍兼管原子能事务部，G. L. 南达仍任内务部部长，S. S. 辛格任外交部部长，Y. B. 恰范任国防部部长，C. 苏布拉马尼亚任粮食和农业部部长，S. 乔杜里任财政部部长。原参加夏斯特里内阁的辛迪加派成员 N. S. 雷迪和 S. K. 帕提尔都继续留在新内阁里。

英·甘地在英国求学时与左翼印度学生接触较多，回国后长期生活在尼赫鲁身边，受到父亲社会主义思想倾向的熏陶。但她并不像父亲那样，把社会主义当作一种信仰和理念，而更多是作为解决现实问题的一种手段。信仰的成分也是有的，也许在这点上超过了夏斯特里，但只有和政治需要相结合时，信仰的因素才具有重要意义。她自己就说："我从未自诩为一个以学说为宗旨的社会主义者，我有我自己版本的社会主义和我自己对印度社会应是什么样子的看法，我一直在逐步地为实现这个目标而努力。这是一个较长的过程，但这是最安全的道路。"又说："社会主义在每个国家都不是一样的。社会主义不是我们的主要目的，我们的主要目的是消除人民的贫困。社会主义只是工具和道路。"② 这表明，尼赫鲁提出的建立社会主义类型社会的理想在她的心目中简化成了消除贫困，使人人都能过上好生

---

① 伊曼纽尔·波奇帕达斯笔录《甘地夫人自述》，亚南译，时事出版社，1985，第 109 页。

② M. C. 凯拉斯：《英迪拉·甘地：领导的考验，政治传记》，波士顿，1979，第 156、251 页。

活的手段。正因为这样，我们看到，在以后的实践中，她可以根据政治需要，把尼赫鲁已不实行的政策奉为经典；也可以根据经济发展的现实需要，改变尼赫鲁某方面的战略和政策。

图 3-2　英迪拉 · 甘地

执政之初，她颇为小心谨慎，显得魄力不足。但她善于在实践中学习，积累经验。很快她处理问题的能力就显示出来，雷厉风行和果断成了她办事的风格。

1966 年 3 月，第三个五年计划期满。考虑到经济形势的困难和调整政策的必要性，又考虑到调整政策需要时间酝酿，她的政府决定暂停实行下一个五年计划，改为实行若干个年度计划，以便一步步实行调整，逐步到位。年度计划规定，要紧缩对工业部门特别是公营工业部门的投资，增加农业投资，把经济增长速度适当放缓。

粮食短缺是突出的困难。英 · 甘地决定把国家仅有的库存粮食运到重灾区喀拉拉邦和西孟加拉邦赈济灾民，她又到奥里萨、中央邦和马哈拉施特拉等灾区视察，要求邦政府切实有效地做好救济工作。1966 年 3 月底 4 月初，她出访美国，希望得到较有保障的美国小麦供应，还希望得到优惠贷款。美国总统约翰逊同意再拨 350 万吨小麦给印度，暂时缓和了紧张局势。

从长远说，解决粮食问题的根本途径是提高农作物产量。英 · 甘地尽管过去批评夏斯特里偏离了尼赫鲁路线，但从实际情况考虑，还是毅然赞同夏斯特里政府制定的农业改革计划，并决定立即实施。她支持选择有条件的地区实行技术投入以提高产量，批准进口种子和化肥，又派梅塔访美，向美国表明印度决定实行以技术投入和价格刺激为重点的农业改革，从美国和世界银行获得了资金支持。正是由于这样的决策，很快就开始了绿色革命。

英 · 甘地就任总理后，外汇拮据是面临的另一个严重困难。印巴战争军费消耗巨大，再加上战争开始后美国一度停止了一切援助，使政府财政出现困难，外汇储备急剧减少。为减轻财政负担，增加外汇收入，她要求紧缩开支并扩大出口。当时印度出口的产品因成本较高销路有限，政府不得已采用补贴办法促进出口，这对政府财政来说是一大负担。为了减少政府补贴，降低出口产品的成本，扩大出口，增加外汇收入，1966 年 6 月，英·甘地就任总理不久就决定实行卢比贬值，即从 1 美元兑换 4.76 卢比降为 1 美元兑换 7.5 卢比，贬值 36.5%。实行卢比贬值也是为了获得国际货币基金组织的一笔 1.87 亿美元的贷款，卢比贬值被定为先决条件。其实，国际金融组织早就希望印度实行卢比贬值，夏斯特里政府考虑过这样做的可能性，因为这个问题过于敏感，一时不能做出决定。英·甘地并非不了解这点，她主要是从有利出口的现实需要考虑，认为这样做利大于弊，何况获得贷款也是印度所急需的。卢比贬值的决定立即引起党内外一片指责声。由于英·甘地事先没有在党内酝酿，连党主席卡马拉季也起而反对。党内外左翼指责她屈服于西方压力，有损国家尊严和民族利益。印共全国会议通过决议，要英·甘地政府立即辞职，宣称它已不值得信任。卡马拉季等党内领导人表示担心这会削弱国大党在群众中的形象，影响党下届大选的成绩。英·甘地没有屈服，她认为既然这项措施是需要的，政府就应排除干扰坚决实行。不过当她后来知道由于旱灾农业减产，出口不但没有增加反而大幅度减少后，她承认卢比贬值刺激出口的预期效果没有达到，相反，由于进口未减，进口费用大大提高，外贸收入蒙受了损失。

从 1966~1967 年度起，年度计划已连续实行三年。鉴于预期目的已经达到，1969 年起恢复实行五年计划，第四个五年计划从这年 4 月开始实行。第四个五年计划强调稳步增长和逐步实现自力更生。前者是指要改变以往不顾资金限制，片面追求扩大投资规模的做法；后者则是从印巴战争中美国停止援助得到警示，努力改变在粮食和农用工业品方面对进口的依赖以及在建设资金方面对外国贷款的依赖。计划的重点是：优先考虑能促进出口和减少进口的工农业生产项目；最大限度地发展农业生产，增加粮食与原料的供应，提高农民的收入；在工业发展方面，优先考虑为农业服务和增加基本消费品供应的部门；积极扩大出口，扭转国际收支的失衡。“四五”计划在发展指导思想上和“二五”“三五”计划已有所不同，对优先发展重工业和国营企业的强调减弱，对发展农业甚为强调，促进出口也受到重视。

考虑到经过三个五年计划印度工业体系已建立起来，工业品自给能力已达到80%，为了保护国内市场，政府又采取了进一步的措施加强对进口的限制，规定凡是国内已经生产的和有能力生产但尚未生产的工业品一律不准进口；其他准进口的商品除紧缺者外，也要高筑关税壁垒加以扼制。政府期望促进出口和减少进口会成为实现自力更生方针的有效手段。

上述这些经济方面的措施表明，虽然英·甘地前不久还对夏斯特里的经济调整持批评态度，但她自己执政后考虑问题就比较实际。现实的困难和需要使她不得不承认对原来的经济政策做一些调整是必要的。她不但把夏斯特里开始进行的农业战略调整规划付诸实施，还在其他方面如卢比贬值问题，把夏斯特里考虑了但还没有做的事情也做了。但必须指出，她做的所有调整都是以眼前需要为着眼点，对尼赫鲁制定的发展战略和整套政策并没有进行全面的反思和总结，按说，这个工作到了应该做的时候了，多年的经济建设实践已提供了丰富的资料，现在做判断也已具备条件。英·甘地没有做，这固然与她刚就任，没有充裕时间和精力有关，但更重要的是受历史条件和眼界的限制，她还没有认识到有这样做的必要。正因为这样，她在决策时常常犹豫不定。如她原主张“四五”计划继续扩大对工业部门和公营企业的投资，同时增收农业收入税，只是遇到激烈反对才做了改变。

就政治方面来说，摆在新政府面前亟须解决的问题是旁遮普邦锡克人建立旁遮普语言邦的要求。这是尼赫鲁执政时留下的问题，夏斯特里执政时期也被搁置一旁。但锡克人的要求和向中央施压未曾有一日停止。英·甘地以前也是反对成立旁遮普语言邦的，理由是在旁遮普邦讲旁遮普语的居民不占多数。此时，她发现要继续压制已不可能，于是说服国大党工作委员会于1966年3月9日做出了同意成立旁遮普语言邦的决定，并经议会立法实施。根据议会法案的规定，原旁遮普邦一分为三：讲旁遮普语为主的地区成为新的旁遮普邦，以旁遮普语为官方语言；东南部讲印地语为主的地区成立哈里亚纳邦，官方语言是印地语；另外，东北部一小部分讲印地语的地区并入邻近的喜马偕尔邦。这一行动遭到党内外不少人激烈地反对，但她顶住了压力。应该说，英·甘地同意建邦是对的。旁遮普语是印度宪法列出的印度14种主要语言之一，讲旁遮普语的锡克人不算少，要求建邦理所当然，这个问题早就应该解决。

1966 年 11 月，人民同盟发起禁止屠宰母牛运动，以煽动印度教徒的宗教情绪。在德里，组织了大规模示威游行，向议会大厦进军，甚至让僧人出面，结果发生流血冲突，死伤多人。这一行动据查受到内务部部长南达的暗中支持。英·甘地撤换南达，改由恰范担任，把这个可能发展为全国事件的苗头消灭在最初阶段。

英·甘地就任头两年政绩斐然，党内外尽管对她的政策评价不一，但对她是有主见、有魄力的领导人则不再怀疑。这两年的政绩使她初步获得了群众的好感，不过群众的期望值很高，而印度面临的经济困难并没有消除。右翼对尼赫鲁的社会主义目标攻击未减，并力促英·甘地彻底改变方针政策。怎样才能既进行政策调整，又坚持社会主义目标，就成了摆在她面前必须拿捏好的头等大事。

三 绿色革命的开始

尼赫鲁制定的优先发展重工业的经济发展战略经“二五”“三五”两个五年计划的实施，在扩大基础工业和重工业、完善工业体系方面取得了突出成就，为实现国家的工业化、现代化奠定了牢固的基础。但这一战略中对农业投资的不足也暴露出它的严重后果。“二五”“三五”计划十年间，工业生产增长 1 倍，农业生产仅增长 14%。在一个像印度这样人口众多、70%以上人口依赖农业为生的国家，农业生产率低下，收成由气候决定，以致经常闹饥荒，年年靠粮食进口填补亏空是极不正常的，不但耗费大量发展资金，使工业原料供应不足和市场狭窄，从而严重地拖了工业化的后腿，而且使占人口相当数量的贫苦农民和城市下层人民始终处在饥饿线上，造成政局严重不稳。大量人口连最低限度的口粮也难以保证，使国大党建立社会主义类型社会、实现公平分配的口号显得苍白无力。年年请求外国供应粮食，也有损印度的国际形象。民以食为天，不解决这个基本问题，就谈不上实现国家的各项发展目标。

夏斯特里时期，为解决这一问题已经制定了一个发展农业的新战略，英·甘地执政后，决定立即实施这个新战略，这就是绿色革命。

所谓绿色革命，就是在特别选择的地区，采取增加农业投资，引进现代农业技术的办法，提高农业生产率，以促进粮食增产。具体说，就是选择耕作条件好、雨量充足，又有一定水利设施基础的地区，采用优良品种、化肥、农药和灌溉配套的现代农业技术，以及必要的农业机械，大幅度地提高农作物的单位面积产量。这是以生物技术投入为主的战略，首先强调的是使用良种和改进耕作技术。这种投入所需费用比购买农业机械要低，也比使用农业机械简便易行。大中小土地经营者都可投入，地块集中还是分散都不受影响。世界银行等国际金融组织欢迎印度终于接受了它们的方案。引进新技术所需资金由世界银行附属组织国际发展协会提供贷款。1968年，印度从国外共获得农业贷款 1.24 亿美元。

政府选定首批实施新战略的地区为北印度的旁遮普邦、哈里亚纳邦和北方邦的西部。这一大片地区耕地共约 3200 万英亩，占全国耕地总面积的10%左右。这里水利条件较优越，农业有较好的基础。这里土改后还留有一部分大土地所有者，更多的是中小土地所有者。为了鼓励所有土地经营者积极在土地上投资、采用新技术，政府通过贷款在资金上给予帮助，从国外购买种子、化肥并以较低价格出售，兴修水利工程，帮助解决技术难题。政府的农业价格委员会根据市场行情，确定适当的粮食价格，以确保经营者能通过投资得到合理的回报。有了这样的保障机制和激励机制，新战略才有可能被土地经营者广泛接受。

引进、培育和推广高产良种是绿色革命的核心。1966~1967 年度，政府就从墨西哥引进优良的矮秆小麦高产品种，经试验成功，开始推广。70 年代又从菲律宾引进水稻高产品种，经试验，开发出更适合印度自然条件的水稻高产新品种，同时着手培育玉米、高粱、小米等高产品种。1966~1967年度，小麦、水稻、玉米、高粱、小米五类作物的高产品种播种面积为 188万公顷，到 1970~1971 年度增至 1538 万公顷，其中以小麦为主。在技术投入的新战略中，兴修水利占据关键地位。扩大灌溉能力是广泛采用新技术的物质前提和最重要的保证。播种高产种子、使用化肥和农药都要求水的供应充分而及时。有效地利用地力，种植两季或三季作物也必须有充分的灌溉条件。被首批选择的这大片地区虽然整体来说在全国是属于灌溉条件好的，但在这个区域内，也是很不平衡的。水源不足的需要引水灌溉；即便离河道近的，也要修建方便使用的灌排体系。所以兴修水利成了头等重要的事。政府投资兴建了一些较大的工程，如水坝、渠道、管井系统，同时要求民间自筹互助，加上政府资助，广为兴办。土地经营者响应热烈，结果灌溉面积有了较大增加。绿色革命前，灌溉面积每年大约增加100万公顷，而在70年代每年增加的面积达到250万公顷。1965～1966年度印度灌溉总面积为3361万公顷，到1970～1971年度增加到3819万公顷。化肥使用量1960～1961年度为30.6万吨，1965～1966年度为78.46万吨，到1970～1971年度猛增到235万吨。农业机械的推广方面也有进展。1960～1961年度印度农用拖拉机只有3.1万台，柴油和电动水泵42.1万台，管井9万个，1970～1971年度三者分别增加到14万台、240万台和46万个。

农业新技术的采用使首批实施新战略地区的粮食产量很快得到提高。如1962年至1973年全国农业年均增长率为1.95%，旁遮普邦却达到7.91%，哈里亚纳邦达到5.73%。[①] 最突出的是小麦产量的增加。

全印的粮食产量也相应得到提高。从1967～1968年度到1970～1971年度，粮食产量增长了35%。1964～1965年度全国粮食总产量是8900万吨，1970～1971年度由于绿色革命取得成效，也因为风调雨顺，粮食总产量达到了10800万吨，1971～1972年度更上升到创历史纪录的11200万吨。小麦产量增长最多，1961～1965年年均产量为1100万吨，1966～1970年为1800万吨，1971～1975年为2500万吨。水稻产量也有一定增长，1961～1965年年均产量为3500万吨，1966～1970年为3800万吨，1971～1975年为4300万吨。粮食的增产导致进口粮食减少，1966年进口量为1030万吨，1970年只有360万吨。虽然1972年、1973年又连续两年发生旱灾，造成农业减产（1972～1973年度跌到9500万吨），湮没了实行绿色革命地区增产的成绩，但实践证明，采用以技术投入为主的新战略是有效的。这就使英·甘地政府得以在此后继续坚持这一新战略，并在70年代后半期取得更大成功。

绿色革命前，粮食产量的增加主要靠扩大种植面积和增加灌溉。绿色革命开始后，虽然种植面积仍有增加，但数量很少，产量的提高主要靠提高单位面积产量，也即提高生产率。扩大种植面积是受空间限制的，到60年代中期，未开垦的可耕地已经不多，而提高单位面积产量则有相当大的潜力，这就为印度争取农业的更大发展指明了主要途径。

对绿色革命在首批实行地区取得的进展，人们是称赞的。但毕竟实行

---

① G.S.巴拉：《印度独立以来的农业变革》，《南亚研究》1985年第2期。

的地区有限，对全国的农业形势还不具有决定性作用。要根本改变全国的农业形势，还必须把这一新战略因地制宜推广到全国更多地区并扩及更多农作物品种。这当然是一项更艰巨的任务。

四 1967年大选，国大党受挫

1967年到了大选年，印度按例行规定于2月举行了第四届人民院和邦立法院选举。由于长期积累的对国大党不利的各种负面影响发酵，而夏斯特里和英·甘地的政策调整虽有一些效果但远不足以根本改变局势，这次大选使国大党严重受挫。国大党虽保住了执政地位，但在人民院的优势减弱，在一批邦中丧失了执政地位。对英·甘地来说，这样的结果无疑是个沉重打击。

参加大选的有国大党、印度共产党、印度共产党（马克思主义者）、自由党、印度人民同盟、人民社会党、统一社会党7个全国性政党，14个邦级政党和许多小的地方性政党及无党派人士。

国大党是在处境困难的情况下参加大选的。第一，严峻的经济形势未有缓解。1965年大旱之后，1966年又是个旱灾年，全国农业再次歉收。经济发展受到牵累，1966~1967年度物价上涨了约14%，是实行计划经济以来涨幅最高的年度。1966~1967年度国民收入只增长1.9%，人均收入只增长0.5%。人们从不同立场指责夏斯特里和英·甘地政府解决不了经济困境，下层群众不满情绪增长。第二，右翼各政党在尼赫鲁执政后期发动的对尼赫鲁和他的社会主义目标的攻击，虽然不能撼动广大下层群众对国大党的基本信赖，但在社会中上层造成的影响不可低估。人民同盟利用中印边界战争和第二次印巴战争煽动宗教狂热和民族沙文主义污染了很多人的意识，造成思想混乱。第三，由于国大党在群众中威望降低，国大党出现了地区组织的分裂。一些地方党组织领导人认为国大党选票不再是自己获得权势的保证，不如拉个山头更为可靠，同时认为国大党的旗号在群众中仍有强大影响，可以为我所用，于是，1965~1966年的突出现象是国大党一个接一个邦党组织发生分裂，各邦一些地方实力派人物带领一批人退党，成立独立的地方小党，其中有不少党继续打着国大党名号。这样的小党有，在西孟加拉邦建立的孟加拉国大党（1966），在比哈尔邦建立的人民革命党

（1966），在奥里萨邦、中央邦分别建立的人民国大党（1966），在拉贾斯坦邦建立的人民党（1966），在喀拉拉邦建立的喀拉拉国大党等，在北方邦、安得拉邦、马哈拉施特拉邦、旁遮普邦也都酝酿着分裂。这种情形使国大党的力量严重受损。英·甘地是第一次领导全党参加竞选，她号召全党团结起来迎接挑战，争取胜利。为了消除广大群众对国大党的失望情绪，国大党竞选宣言特别强调："印度国大党确定的国家建设目标是民主社会主义社会。""最重要的是保证每个人的基本口粮，并且尽快地满足国民在食品、衣着、住房、教育和健康方面的最低限度的需要。"① 她以父亲为榜样，奔赴全国各地演讲，增强与群众的感情联系。她乘坐一辆吉普车，从喧闹的孟买一直到青葱的阿萨姆山地，行程 15200 英里，演说 160 余次。她到人民中，询问他们的生活情况，回答他们的问题，所到之处受到群众的热情欢迎。人民把对尼赫鲁的敬爱倾注到他女儿身上，因国大党由她领导而对国大党的困难和某些失误表示理解。当然，反对者也有不少。有人在她演讲时喊叫闹场，甚至向她扔石块，但她保持冷静，不受干扰。她的表现不仅稳定了大多数群众对国大党的信任，也使自己的威望得到提高。当然，并不是所有国大党的竞选活动都能得到热烈的反响，不少候选人受到的是冷遇。

这次大选有两个印度共产党参加，是因为此前印共自上而下地发生了分裂，统一的党分成了两个党，即印度共产党和印度共产党（马克思主义者）。分裂是由于在一系列重大问题上党内认识发生严重分歧，这些分歧包括对印度国情的认识，对党应该执行什么路线的认识，以及对国际共运中的争论和中印边界冲突的态度等。其实，分歧在 50 年代末就已出现。1962 年初印共总书记阿·高士病逝后，丹吉担任新设立的党主席职务，南布迪里巴德任总书记。党内以孙达拉雅、南布迪里巴德为首的一派与以丹吉为首的一派的矛盾逐渐公开化。在对国际共运中的争论和中印边界冲突的态度上，两派的认识有了区别，在对国大党政权性质的认识上分歧更大。孙达拉雅派认为丹吉派太亲近国大党，斥之为修正主义。1964 年 4 月在德里举行的印共全国会议上发生分裂，10 月 31 日至 11 月 7 日，孙达拉雅、南

---

① 转引自迪利普·希罗《今日印度内幕》，裴匡丽、戴可景译，天津人民出版社，1980，第 98 页。

布迪里巴德一派单独在加尔各答召开印度共产党第七次代表大会，选举孙达拉雅为总书记，改党的名称为印度共产党（马克思主义者）。11 月 20 日，这一派发表了单独参加印度第四届大选的宣言。12 月 13~23 日，以丹吉为首的一派也在孟买召开印共七大，选举丹吉为总书记，继续用印度共产党的名称。这样，印度共产党就分裂成两个党。

两个党的主要分歧如下。印度共产党对印度社会性质的认定是，印度是资本主义国家，是新独立国家中经济发展最先进的，但在农业中残存着半封建的生产关系，它与日益增长的资本主义生产关系相互渗透，特别是在农村。印度政府是民族资产阶级的政府，大资产阶级具有重要的影响。这个政府实行的是发展资本主义的政策，它发展公营成分，是要建立国家资本主义。它也向封建地主妥协，使土改不能彻底进行。印度现阶段的革命任务是联合反帝反封建反垄断资本的力量，组成包括工人阶级、广大农民、知识分子和民族资产阶级（不包括垄断阶层）在内的民族民主阵线，进行反帝反封建的民族民主革命，建立由工人阶级、资产阶级和其他阶级共同领导的民族民主国家，通过非资本主义的和相对和平的道路过渡到社会主义。印度共产党宣布支持国大党的进步政策，特别是大力发展重工业和公营成分的政策，认为国大党政府代表民族资产阶级左翼，其政策是反帝的，有利于巩固民族独立。丹吉强调对国大党要采取联合方针，甚至可以参加联合政府，以影响其政策。同时也批评国大党政府政策还不够激进，如对私营大财团的企业没有实行国有化、过分依赖外援、土改不彻底、对无地和少地农民缺乏关心等。在对外政策上，强调要支持国大党奉行不结盟方针，同时主张大力加强与苏联的合作，说苏联是不结盟国家“最可靠的盟友”，是“世界和平的堡垒”，印度应该亲近苏联。

印度共产党（马克思主义者）［以下简称印共（马）］对印度国情和对国大党政府性质的认识与印度共产党不同，它认为“现在的印度国家是大资产阶级占主导地位的资产阶级和地主阶级联合统治的机器。大资产阶级日益加强与外国财政资本的合作，走资本主义的发展道路”。[①] 它反对印度共产党关于印度的社会已是资本主义社会的论断，认为印度社会是一种占支配地位的垄断资本主义与种姓、教派、部落制度的特殊混合体，印度

① 印度共产党（马克思主义者）：《印度共产党纲领》，新德里，1979，第 22~23 页。

的资本主义是附在前资本主义社会之上，存在着浓厚的封建因素，现在的国家政权是由资产阶级与地主阶级分享。还认为英帝国主义不仅保持了在印度的经济势力，而且企图使用其经济力量使印度的独立流于形式。关于印度面临的革命的性质，它认为是反帝反封建反垄断资本、争取民主的人民民主革命。关于革命的道路，它提出的公式是议会斗争和议会外的群众运动相结合。它认为议会民主制提供了机会使人民可以捍卫自己的利益，在一定程度上参与国家事务，这种制度也为动员人民群众为民主进步而斗争提供了可能。印共（马）主张建立由工人、农民、小资产阶级和民族资产阶级下层组成的广泛的人民民主战线，在工人阶级领导下，积极参加议会斗争，力求通过合法途径实现人民民主和社会改革，但也必须准备“应付一切突然事变”。由于议会斗争是有局限的，必须把在议会外开展群众斗争作为主要手段，通过下层施加压力，以促成激进的社会改革。对国大党政权，印共（马）认为，它有民族资产阶级的两面性，它要走资本主义道路，但妥协面很突出。它留给私营经济的活动空间太大，对垄断大财团没有实现国有化，实际上公营经济并未占主导地位，而且由公营经济构成的国家资本主义对垄断资产阶级起不了控制作用，却更便利其发展，便利外资渗透，使印度在财政上日益依赖西方国家特别是美国。印共（马）还批评国大党土改不彻底，主张没收大地主的土地，无偿分给无地和少地的农民，并取消债务，保障佃权。印共（马）宣布对国大党政权持反对派立场，不与国大党合作，不考虑参加联合政府的可能性，而要与进步的左翼党派谋求联合，争取建立更多的左翼邦政府。它批评印度共产党与资产阶级一起走非资本主义道路的设想是不现实的，认为印共立场错了，成了阶级合作论者，也就是修正主义者。不过，印共（马）在英·甘地后来与辛迪加派的斗争中支持英·甘地，表明它宣布的不与国大党合作的立场也不是绝对的。在对外政策上，它支持政府奉行不结盟政策，赞同与苏联亲近。

印度共产主义运动的分裂对左翼力量的联合斗争、对印度的进步发展是非常不利的。两个党目标是一致的，对印度社会性质和国大党政权性质的认识本可以通过讨论逐渐达成共识。事实上，这是一个既需要理论分析又需要实践检验的极复杂的认识过程，有分歧在所难免。就当时的认识说，印共和印共（马）不能说哪一方完全正确，哪一方绝对错误。如印共对印度社会中封建主义因素的估计似乎过低，而印共（马）则估计偏高；印共提出的“共同领导”论和“共同走非资本主义道路”论是轻视了国大党和共产党的阶级差异，是不切实际的，而印共（马）断言印度正变得日益依赖西方也是缺乏分析的，是把利用外资和依附等量齐观。这都不奇怪，因为事情本身还在发展中，要很快确切把握是很困难的。发生分裂后，每一派为了论证自己正确，都竭力为自己的观点辩护。其结果不是考虑问题更全面了，而常常是一味为自己那些并不完全正确的观点辩护，越走越远。印共的分裂使它现阶段作为民主激进翼的作用难以充分发挥。

印共、印共（马）都参加1967年竞选，各自依据自己的党纲发表了竞选宣言。由于对印度国情和执政的国大党看法不同，竞选主张也各有侧重点，但总的来说大同小异。党的分裂使人民群众中原支持印共的力量一分为二，不能不影响选举结果。

人民社会党由于洛希亚派分离出去恢复原社会党而力量大为减弱，在第三届大选中受到很大挫折。大选之后，两党广大党员都要求重新谈判统一问题，都主张以一个统一的政党参加第四届大选。人民社会党部分领导人和许多党员鉴于国大党在竞选中竭力排除异己，对它的不满情绪大大加强，许多原主张与国大党合作的人也改变了态度，转到了社会党的立场上。1962年12月，两党在北方邦议会的议员首先联合，组成联合社会党，决定以社会党1962年竞选宣言为联合的基础。社会党领导人洛希亚和纳拉因（全国执行局主席）最初谴责北方邦社会党议员的行动，后在主张联合的潮流推动下，变被动为主动，表示支持联合的要求。在人民社会党方面，领导层也出现了意见分歧，多数人主张联合。面对这种形势，强烈主张与国大党合作的阿·梅塔感到继续留在党内已很困难。当尼赫鲁提出任命他为国家计划委员会副主席时，他不顾党纪，欣然接受。1964年2月，人民社会党开除了他的党籍，他带着一批拥护者随即加入了国大党。在这批人退出后，人民社会党领导人在博帕尔会议上强调了该党反对国大党的立场，这就为社会党和人民社会党合并扫清了道路。1964年6月两党正式合并，定名为统一社会党。原人民社会党主席S. M. 约希当选为主席，原社会党主席拉杰·纳拉因当选为秘书长。洛希亚虽表示支持新党，但组织上未加入。两党合并是以反对国大党为共同基础的，然而，合并不久即在党的策略问题上发生分歧。洛希亚派提出了“非国大党主义”的策略，即为了把国大党赶下台，可以和任何反对党联合，包括印共、人民同盟和自由党。原人民社会党多数领导人反对和共产党、教派主义政党及右翼政党合作。1965年1月，统一社会党在贝纳勒斯举行特别会议，准备制定党的纲领。两派都坚持自己的立场，形成僵局。原人民社会党的多数领导成员宣布两党合并无效，决定恢复人民社会党，仍采用原来的党纲、党章。同年2月，选举N. G. 戈拉伊为主席，普勒姆·巴辛为秘书长。人民社会党还有部分领导成员和党员留在统一社会党内，原社会党也决定继续留在统一社会党内。S. M. 约希继续担任党的主席，纳拉因为秘书长。1967年，原社会党的K. 塔库尔被选为主席。1967年10月，纳拉扬和洛希亚做了最后努力来促进社会主义者恢复团结，但徒劳无功。此后不久洛希亚去世。这样，为参加第四届大选而合并的两党到头来还是作为两个党参加大选。两党竞选宣言提出的政策主张大同小异，包括银行国有化，以农业收入税取代土地税，把发展农业和小型工业摆在首位，取消英语的官方辅助语言地位，取消王公特权和年金等。统一社会党主张和所有政党结盟，把国大党赶下台，这是它的宣言不同于人民社会党的一个很突出的地方。党的分裂使倾向社会党的选民莫衷一是，从而大大地动摇、削弱了两党的群众根基。

自由党由于利用“三五”计划执行中出现的严重问题攻击国大党政府以及利用中印边界冲突煽动反华，在资产阶级、大土地所有者和封建宗教势力中得到了进一步的支持。它露骨地鼓吹维护上层利益，如要求国家对经济的干预要减少到最低限度，取消计划委员会，公营工业只应限于提供基础设施，取消许可证制，使私营企业在工业中占主导地位，发展目标应主要依靠刺激私人投资实现，征收私人财产必须给予公平补偿等。在对外方面，该党污蔑中国是印度自由的主要威胁，公开要求放弃不结盟，采取“毫不含糊地同西方列强结盟”的政策。塔塔财团是这个右翼党的主要支持者。这个党攻击国大党政府有独裁倾向，宣称要取而代之。由于党的基础主要在上层，该党没有附属的工农组织，党本身也缺乏健全的组织网络。

人民同盟利用中印边界冲突和第二次印巴战争煽动宗教狂热和民族沙文主义，使自己在宗教意识浓厚的群众中影响力倍增，追随者猛翻几番。1961年它的党员人数上升到597047人，1966年底更上升到1257000人，成了仅次于国大党的第二大党。原来该党主要活动地区在北印度，1967年该党年会首次在喀拉拉邦的卡利卡特市举行，表明其势力已开始延伸到南印度。人民同盟在经济方面的观点与自由党有接近的一面，如反对重点发展公营工业，主张以发展私营企业为主，反对国有化，主张取消许可证制等。它与自由党的不同之处是有强烈的印度教民族主义情绪，不赞成过多依靠外援和引进外资发展工业。在对外政策上，它对不结盟持保留态度，认为在独立和互惠原则下必要时可以和一些西方大国结盟，这显然指的是美国和英国。人民同盟在竞选中得到国民志愿服务团的全力支持。国民志愿服务团领导人戈瓦尔卡尔在《组织家》报上发表文章，号召其成员动员选民把票投给那些赞成禁宰母牛的候选人。人民同盟力量的增长给印度政坛罩上了浓重的教派主义阴影，成了国家沿世俗化方向发展的严重障碍。对人民同盟进一步扩大势力，左翼政党和国大党都抱警惕态度，从各个党的讲坛上对教派主义的膨胀展开了激烈抨击。

本次选举，全国登记选民 2.502 亿人，有 1.527 亿人参加投票，参选率为 61.03%，超过以往三届大选。

选举结果，国大党继续处于领先地位，但与前几次大选比，优势丧失很多。在人民院，国大党获得的选票占总选票数的 40.78%，比上次减少近 4 个百分点；获得席位 283 个，占总席位数的 54.4%，比上次减少近 20 个百分点，这是独立以来国大党选绩最差的一次，它的绝对多数地位丧失，许多重要人物包括卡马拉季、10 多个部长、副部长和一批邦首席部长落选。在邦立法院选举中，国大党获得的选票占 42%，比上次减少 1.5%，获得席位 1694 个，占总席位数的 48.6%，比上次减少近 12 个百分点，也是独立以来最低的一次。上次大选国大党在几乎所有邦都获得多数或相对多数，这次只在安得拉、阿萨姆、古吉拉特、哈里亚纳、中央邦、马哈拉施特拉和迈索尔 7 个邦获得多数，在其他邦或只有微弱的相对多数，或降为少数。

印度共产党在人民院选举中获得 5.11% 的选票，席位 23 个，占 4.4%；印共（马）获得 4.28% 的选票，19 个席位，占 3.6%。昔日人民院第一大反对党的地位丧失，两者都落到自由党和印度人民同盟之下。在邦议会选举中，印共获得 4.1% 的选票，123 个席位，占 3.4%；印共（马）获得 4.5% 的选票，126 个席位，占 3.6%。两者的成绩都不如印度人民同盟、自由党和统一社会党。不过，印共（马）在西孟加拉邦和喀拉拉邦议会获得了较多席位，它同印共及其他小党派结盟，构成了多数，在这两个邦组成了邦政府。这是一个局部的胜利，是独立以来共产主义政党第二次有机会在邦一级掌权。

社会党分裂成两个党参选同样使投给社会党的选票分散。两党得到的选票、席位都很少，统一社会党的选绩略好于人民社会党。

这次大选使人感到震惊的是自由党和印度人民同盟势力突飞猛进。自由党在人民院选举中获得8.67%的选票，44个席位，占8.4%，成为第一大反对党；在邦议会选举中获得6.6%的选票，257个席位，占7.3%，仅次于国大党和印度人民同盟。印度人民同盟在人民院选举中获得9.31%的选票，35个席位，占6.7%，成为第二大反对党；在邦议会选举中获得8.8%的选票，269个席位，占7.7%，仅次于国大党。这样，这两个右翼政党便包揽了人民院和邦立法院的第一和第二大反对党的地位。右翼政党在选举中势力的上升对国大党在联邦执政第一次构成严重的挑战。

大选之后，组成了新一届国大党政府，英·甘地继续担任总理。在辛迪加派力主下，M. 德赛被邀请担任副总理兼财政部部长，内阁其他部长也有少部分变动。

在邦一级，国大党基本上一统天下的局面第一次被打破，一批邦的政权转到其他政党或政党联盟手中。到1967年夏，全国17个邦中非国大党掌权的邦有8个，即喀拉拉、马德拉斯、西孟加拉、北方邦、比哈尔、哈里亚纳、中央邦和旁遮普。喀拉拉和西孟加拉建立了以两个共产党为主的联合政府，马德拉斯由该邦主要的地方政党德拉维达进步联盟掌权，旁遮普由该邦地方政党阿卡利党联合其他政党执政，其他4个邦都是由几个党建立的联合政府。在邦级新掌权的党有些是地方性政党，由于它们本身力量还较弱，故多与其他党联合执政。由于政见不同，这样的联合政府极不稳定，加之倒戈盛行，所以政府变动性很大，有的一年会有好几次变动。值得注意的是，印度人民同盟以前因其带有强烈的教派主义色彩，很多政党都不愿与它接近，被称为“政治上的不可接触者”。如今它已成气候，简单地算算政治账就能驱使不少渴望在邦一级执政而又没有足够席位的党不顾意识形态的禁忌向它伸出联合之手，这就给印度人民同盟提供了进入邦政权的机会。结果，印度人民同盟参加了比哈尔、哈里亚纳、中央邦、旁遮普和北方邦5个邦的联合政府，虽然还没有一个邦是以它为主。

大选之后于1967年5月进行的例行总统选举，也出现了非国大党向国大党挑战的局面。以往三届总统选举都是国大党提名，由于国大党在中央及绝大多数邦掌权，实际上总统选举并没有竞争对手。这一次不同了。国大党提名副总统 Z. 侯赛因为候选人，在几个邦执政的非国大党联合提名首席法官 K. S. 拉奥为候选人，与国大党竞争。这是总统选举第一次带有反对党与国大党争权的性质。由于国大党在全国仍占优势，Z. 侯赛因当选。工人运动领导人 V. V. 吉里当选为副总统。

1967 年大选是国大党执政史上的一个重要转折点，表明它对全国政权的垄断地位在邦一级开始丧失。这是个必然会发生的变化过程。一方面，独立以来，经过 20 年的经济和社会发展，国内的阶级力量配置和政治生态已发生重大变化。国大党最初是几乎包纳所有阶级阶层的党，具有大联盟性质，这种情况随着时间的推移逐渐发生变化。不同阶级和阶层由于利益不同，不再满足国大党的共同保护伞作用，希望有特定的组织作为自己的政治代言人，这样就出现了代表不同阶级、阶层利益的新的政党，使国大党的社会基础不断缩小。特别是全国性的右翼政党得到一定发展，把部分对国大党政府的经济政策不满的工商业者吸引过去；而教派主义政党的出现，则吸引了对政府经济政策和世俗化政策不满的许多城市小工商业者和自由职业者；表列种姓和低级种姓也开始建立自己的党，把本种姓和相近的群体联合起来。每成立一个新党，就会拉走一批群众，使国大党的群众基础不断被剥离，利益不同的各阶级、阶层再也不可能都站在国大党这一面旗帜下，群众的政治取向不可阻挡地趋向多元化。另一方面，经过 20 年的发展，地方政治势力有了较大增长，表现在不但像德拉维达进步联盟、阿卡利党这样的地方政党得到了进一步的巩固发展，成为邦内的主要政党，而且雨后春笋般地出现了众多地方性小党，它们都要跻身于政治舞台，从而夺走了国大党在许多邦的拥护者。地方政党的大量出现和势力增强也是国家经济文化发展的直接结果。正是由于在更多地区建立新的企业，以往落后的地区有了新的企业家阶层，有基础的地区得到了新的充实；正是由于土改和绿色革命，农村的经济权力转到大土地所有者和富裕农民手里，他们成了农村精英。企业家和农村精英这两部分人希望参政，首先是在自己所在的地区参政。而语言邦的建立不仅为他们提供了施展抱负的舞台，而且使地方语知识精英形成，为他们提供了政治代言人。发展地方经济文化的共同要求，地方语言媒介的广泛使用，使上述三阶层结合，逐渐形成一种强有力的地区认同和地区利益认同，希望本邦的事务由他们这些地方人来管理，这样就形成了对全国性政党的一种排斥力。鼓吹地区利益和地区特点成为他们吸引群众、壮大自己势力的主要手段，而他们也常常能如愿以偿。地方势力的发展就全国来说还不平衡，但发展的趋向在全国是一致的，这就不可避免地在不同程度上削弱国大党在全国的地域基础和群众基础。政党多元化和地方政党大量出现这两方面因素的结合，就使得原来集中在国大党旗帜下的全国多数群众如今不可避免地要按利益差异和地区差异分道扬镳。这是独立以后印度经济政治发展的必然趋势，从名义上多党制、事实上一党独大到事实上的多党竞争是一种前进运动，对印度真正实现政治民主化有积极的一面。政党多元化和地方政党的大量出现当然也会带来许多负面因素，如政局动荡、政策摇摆、党派争权的破坏作用等，但那是前进中都会产生的问题，就看人们会不会在前进中逐渐找到并形成有效的平衡机制了。

大选后的结果就是这样，国大党虽仍在执政的宝座上，但再难有先前那种叱咤天下、呼风唤雨的能力。这是出乎英·甘地和国大党上层预料的。在新的形势下，该怎样做呢？怎样才能重新赢得多数群众的信任？这是摆在英·甘地和国大党上层面前的一大挑战。

五　纳萨尔巴里农民武装斗争

1967年印度政治舞台上还发生了另一件大事，即西孟加拉邦和安得拉邦的下层农民因对土改的不彻底感到失望，在印共（马）极端派的领导下，走上了武装斗争的道路，宣布要自己动手解决土地问题。如何应对农民的斗争？这是对英·甘地政权提出的另一严重挑战。

50年代和60年代上半期不彻底的土改并未能根本改变农村土地占有极不平衡的状况。原来无地、少地的下层农民绝大部分依然无地、少地，继续受大土地所有者的苛重剥削，连最低的生活水平都难以维持。1960~1961年度印度有57.59%的农户没有土地或只有不足2.5英亩土地，后者占有土地的总和只是全国耕地的7%。[①] 1966~1967年度，据全国抽样调查材料，全国3.43亿英亩耕地中有40%属于大农户和地主所有，他们只占农户总数的5%；50%以上农户没有土地或只有少量土地。地主土地所有制没有因土

① 《经济政治周刊》1971年1月9日。

改而完全废除，不仅莱特瓦尔制下的地主土地所有制未触动，许多先前的柴明达尔地主也在“自营”的名义下继续保留大量土地。租佃改革也未能达到预期目的，不但在改善佃农的地位方面收效甚微，反而引来夺佃高潮，使广大佃农要么失去佃耕地，要么成了没有书面契约、不受法律保护的分成制佃农，受到更沉重的剥削。全国无地农业工人数 1951 年是 3060 万人，1971 年是 4540 万人，除去人口增长的因素外，农业工人队伍膨胀主要是大量夺佃的结果。无地工人一年中只有农忙时有活干，农闲时就处于失业或半失业状态，许多人只有靠借贷度日。一旦借债还不起，便沦为债务契约劳工，很难走出这个陷阱。这种情况在每个邦都很普遍。最高土地持有限额的立法在实施中更是被重重打了折扣，征收的限额以上的土地不足预期的零头，能分配的寥寥无几。广大下层农民本来对国大党领导土改抱有很大期望，到这时已普遍感到失望。再继续提出土改要求，已是无人理会。在走投无路的情况下，有些地区的农民只要有人号召，便会不顾一切地行动起来，自己动手解决土地问题。纳萨尔巴里农民武装斗争就是在这样的背景下发生的。

号召和领导农民起来斗争的，是印共（马）内部新出现的极端派。首先采取行动的地区是西孟加拉邦。

印共（马）成立不久，党内就有一批持更激进立场的干部和党员对中央把党的活动局限于现行体制内的合法斗争表示不满。他们宣称，国大党是大地主大资产阶级的党，指望国大党政府实行彻底的土改是非常幼稚的，不改变现行统治体制，不采取暴力的方法，要满足广大下层农民的愿望是根本不可能的。持这种立场的干部和党员不仅西孟加拉邦有不少，在安得拉邦也较为集中，其他邦也有。

在西孟加拉邦，其代表人物是查鲁·马宗达。他是印共（马）西孟加拉邦大吉岭县委会的书记。1965~1967 年他写了 8 篇文章，总结印共革命斗争的经验教训。他在文章中谴责印共（马）中央接受现行统治体制，沉湎于议会斗争，是修正主义；主张走革命的路，建立一个革命的政党，武装夺取政权；还提出现阶段的迫切任务是发动农民进行土地革命。马宗达认为印度存在革命形势，所缺少的是强有力的组织领导。党内有一批党员认同这种说法，甚至有的是整个基层组织都拥护他的主张。事实上有些基层干部和党员 1966 年已在农民中进行革命鼓动，得到下层农民的拥护。

1967 年 2 月，在西孟加拉邦立法院选举中，由印共（马）、印共、孟加拉国大党和另一些左翼小党派组成的联合阵线获胜，建立了联合政府，孟加拉国大党领袖阿·穆克吉担任首席部长。印共（马）西孟加拉邦领导人 J. 巴苏任内务部部长，土地和地税部部长哈·柯纳尔也是印共（马）成员。后者就任后，很快就宣布要加速进行分配剩余土地给无地农民的工作，并要采取措施落实保障佃权的立法。印共（马）领导层希望利用掌权的机会为改善佃农地位多做些工作，但马宗达和党内极端派不以为然，他们认为即便印共（马）和左翼掌握邦政权，在现行体制下实行土改也不可能有实效，因为国大党中央制定的不彻底的土改原则邦政权只能执行，无权改变；还认为印共（马）土地和地税部部长提出的实施计划是以微小的改良代替革命，误导群众。1967 年 3 月 18 日，印共（马）大吉岭县西里吉里区委员会召开农民代表会议，会上提出要推翻地主的土地垄断，分配土地给无地和少地的农民，并号召广大下层农民积极准备开展夺取地主土地的斗争。农民热烈响应，在西里吉里区委会领导下，很快就在该区纳萨尔巴里等地开始了夺取土地的行动。从 3 月到 4 月，西里吉里区几乎所有农村都行动起来，有 15000~20000 名农民参加斗争。各村都建立了农民委员会。马宗达 4 月 13 日在该地区党的干部会议上讲话，强调党在斗争中要始终站在穷苦农民一边，要清除富裕农民的影响，真正建立穷苦农民在农村的领导权。到 5 月下旬，这一地区都处在起义农民的控制下。农民委员会宣布不属农民自己所有的土地一律没收，重新分配。在农民委员会领导下，从地主家里搜到的地契被统统焚烧，没收的土地立即分配，并宣布废除盘剥农民的债务，取缔囤积居奇，对恶霸地主进行公审并处死，还宣布资产阶级的法律和法庭无效。在此期间，警察不断对农民开枪，造成伤亡。农民用弓箭、长矛、大刀以及夺来的枪支武装自己，多次击退地方警察的讨伐。5 月底在纳萨尔巴里的一次遭遇中，有 9 个农民被警察枪杀，也有一名警官死亡。从这时起，一向不为人知的纳萨尔巴里便成了报纸上频繁出现的名词，纳萨尔巴里运动成了印共（马）极端派领导下的农民武装斗争的代名词。印共（马）和邦政府派土地和地税部部长哈·柯纳尔到西里吉里，力图说服这里的领导人停止暴力斗争，遭到拒绝。内务部部长 J. 巴苏也做出努力与这里的领导人卡·桑亚尔谈判，也未能成功。印共（马）和西孟加拉政府希望尽量用谈判的办法解决，毕竟农民斗争的领导人出自印共（马）党内，由印共

（马）参与的邦政府来镇压本党党员领导的运动，会成为人们嘲笑的话柄，有损党的形象和自己的群众基础。但国大党的中央政府对这里的局势表示担忧，要求邦政府尽速镇压。在中央政府的压力下，7月5日，西孟加拉邦联合阵线政府下令派大批警察部队前去镇压，大规模围剿行动开始。以刀、矛作武器的农民武装无力抵御，有75名地方领导人和骨干被捕，主要领导人卡·桑亚尔数月后也被捕。农民武装斗争在7月底被镇压。由于纳萨尔巴里是西里吉里区内斗争开展得最早、最激烈的地区，故整个区和附近的大约同时发生的农民暴力斗争，被泛称为"纳萨尔巴里运动"。

印共（马）内的极端派并没有从这次斗争中总结经验教训，重新审视现实和自己的战略方针，运动被镇压只是加强了他们走自己道路的决心。马宗达就说，纳萨尔巴里的火种会燃起新的烈火，"纳萨尔巴里精神没有死亡，也永远不会死亡"。①

印共（马）西孟加拉邦委员会对采取暴力斗争形式的纳萨尔巴里运动不赞成，认为目前没有进行武装斗争的条件，下层农民的要求可以通过合法斗争的形式争取最大限度的解决，以武装斗争的道路求解决只能是事与愿违。最初他们顾及党的政治影响和党员情绪，不赞成政府武力镇压，主张谈判，认真调查，听取农民的呼声，但当看到运动领导人不听劝阻，坚持暴力斗争的立场时，转而采取支持镇压的态度。印共（马）是邦联合阵线政府的主要成分之一，正是得到它的认可，才有邦政府派武装力量前来镇压之举。对印共（马）邦委员会这种态度，党内的极端派表示强烈愤怒，不仅这里的运动领导人和参加者，而且别的县、别的邦的许多党员也因此退党。为了把分散的持相同立场的力量组织起来，查鲁·马宗达于1967年11月在加尔各答建立了"印共（马）革命派全印协调委员会"，向单独建党的目标迈进了一步。印共（马）西孟加拉邦组织和印共（马）中央指责发动农民起义是左倾冒险主义并激烈谴责马宗达等人的分裂活动。

马宗达的活动和纳萨尔巴里运动在印共（马）安得拉邦组织内得到强烈反响。1967年8月印共（马）中央委员会为即将召开的全国党代会起草了一份重要文件，发给各邦委员会征求意见，其中涉及对印度政权性质、向社会主义转变的形式等的看法以及对国际共产主义运动中的争论的看法

① S. 班奈吉：《印度日益发展的革命》，伦敦，1984，第98页。

等。安得拉邦委员会部分领导人包括 T. N. 雷迪、C. P. 雷迪、K. 文卡亚、D. V. 拉奥等反对文件中的许多观点，另外准备了表明自己观点的文件。其中强调统治印度的大资产阶级是官僚买办资产阶级，批评党中央局限于议会活动是迷恋议会道路，在国际共产主义运动方面指责中央呼吁加强团结是模糊是非界限，削弱反对修正主义的斗争。1968 年 4 月，在布尔德万召开的全国党代会上，在讨论中央的文件草案时，安得拉邦部分领导人提出了自己准备的文件。安得拉邦的激进派和西孟加拉邦的激进派不同，并不主张立即开展武装斗争，认为时机还不成熟，他们只是要求党不要沉溺于议会活动，要把主要精力用于准备武装斗争上。他们的文件被拒绝，然而他们坚持自己的观点，会后继续宣传自己的主张。1968 年 6 月，在被开除出党后，他们召开自己一派成员的会议，成立了“安得拉邦共产主义革命派合作委员会”，T. N. 雷迪任召集人。安得拉邦印共（马）一半以上成员站到合作委员会一边。该委员会谴责印共（马）的做法是修正主义，宣布有必要在安得拉邦准备开展另一场特仑甘纳武装斗争。为落实这个目标，委员会确定了两个准备武装斗争的中心：一个是东北部的斯里卡库兰县，一个是原特仑甘纳农民起义地区。前者由 V. 萨提亚纳拉亚纳领导，后者由 T. N. 雷迪直接领导。

作为邦合作委员会的负责人，T. N. 雷迪提出必须把合法斗争和非法斗争结合起来，武装起义要有长期准备，首先应开展土地斗争，广泛动员群众，提高其觉悟并增强其组织性，条件成熟时再进入武装斗争阶段。然而安得拉邦的极端派内部观点也并不一致，萨提亚纳拉亚纳就认为已经存在武装斗争的客观条件，主张效仿纳萨尔巴里，立即开展武装斗争。附近的贡土尔地方一批青年知识分子成立的一个组织也支持萨提亚纳拉亚纳的主张。T. N. 雷迪不赞成萨提亚纳拉亚纳的看法，指出认为武装斗争条件已成熟并无根据，但萨提亚纳拉亚纳坚持己见，绕过 T. N. 雷迪，派人和马宗达联络，参加了马宗达领导的全印协调委员会，决定立即开始领导农民进行武装斗争，最终要夺取政权。

萨提亚纳拉亚纳之所以持这种极端立场与他在斯里卡库兰县领导部落民斗争的经历有关，他在这里的吉里江人部落地区领导斗争已经有十多年，斗争有失败也有成功。总的来看，部落民的地位改变不大，政府关于保护部落民权益的法令未能执行，地主、高利贷者在一些腐败官员的支持下，继续盘剥部落民。萨提亚纳拉亚纳原指望通过合法的非暴力的途径改善部落民的境遇，但十多年斗争的经历使他失望，因而他的思想越来越趋于激进。促使他发生激变的是1967年两个部落民被枪杀的事件。1967年播种季节开始时，吉里江人协会又提出了提高雇工工资的要求。心怀不满的地主蓄意制造事端。这年10月31日，一大群吉里江人去孟德姆卡参加在那里举行的吉里江人协会的年会，路上遇到地主武装袭击，有两人被枪杀。在地主贿赂下警察没有逮捕凶手，反而逮捕前去开会的群众。地主的气焰更加嚣张，他们豢养的武装打手越来越咄咄逼人。这使部落民感到人身安全受到威胁。萨提亚纳拉亚纳认为，既然政府不能保障部落民的安全，就只有自己武装起来，保护自己的安全和利益。在他和协会的积极领导下，在吉里江人下层，开始建立了武装小分队。正是在这样的背景下，当纳萨尔巴里运动的消息传来时，在安得拉印共（马）组织的激进派内，萨提亚纳拉亚纳成了武装斗争的积极主张者。1968年11月，在他和协会的领导下，斯里卡库兰县建立了中心游击队和一两百个游击小组，在300多个村庄建立了人民委员会和人民法庭，成立了乡村自卫队。地主的土地被没收分给农民，高利贷者握有的债契被焚毁，恶霸地主受到严惩，部分地主仓皇出逃。此时，吉里江人和斯里卡库兰农民运动的性质已经发生转化，它虽然仍是地方性的改善下层境遇的运动，但就其领导人的指导思想来说，已成了谋求农民解放的运动，就像纳萨尔巴里运动一样。起义农民事实上建立了农民政权，并着手根本改变现有的土地关系。马宗达数次来斯里卡库兰访问，赞扬这里的斗争，给予思想指导。在运动开展起来后，有一批外来的左翼知识分子、大学生参加到斗争行列中来。他们缺乏实际斗争经验，对这里的实际情况也不甚了解，但较多地知道纳萨尔巴里的情况，更多是从全国革命的角度看待这里的斗争。这批外来的知识分子对萨提亚纳拉亚纳的影响越来越强，以至于萨提亚纳拉亚纳越来越失去主见，成了纳萨尔巴里策略的简单的追随者。

在武装斗争初期，萨提亚纳拉亚纳还重视发动群众的工作，最初游击小分队为筹集经费实行的打土豪、分财产的行动都有大批群众参加，群众也分得一些粮食。斗志昂扬的农民多次打退当地警察的围攻。但不久，马宗达在纳萨尔巴里实行的新策略就贯彻到这里，其中心思想是不要在发动和组织群众工作上浪费时光，首先要做的事是“消灭阶级敌人”，即杀掉和吓跑影响最大的地主、高利贷者和告密者，只要这样做了自然会得到群众拥护，群众会立即响应，跟着行动。从这时起，发动和组织群众的工作被放在一边，游击小分队消灭阶级敌人、夺取富人钱财、袭击警察成了活动的全部内容。萨提亚纳拉亚纳原来工作的地区，因为群众基础较好，小分队的秘密活动还能得到广大群众的支持；在后来扩展的地区，小分队的秘密活动完全与群众脱离，群众不了解他们为什么要进行抢劫，不支持他们的行动，甚至把他们视为土匪，协助警察追捕。在西孟加拉纳萨尔巴里的斗争被镇压后，这里的运动成了全印最引人注目的事件。当局为尽快镇压，动用了大量警力。除县里的警察外，邦政府派来了3营特别武装警察部队，联邦政府也派来2营中央后备警察部队，总共参加围剿的有3500人。农民武装小分队共约1500人，采取分散活动的方式，出没山区，以游击战的形式坚持斗争达半年之久。1970年7月，在与警察的遭遇战中，萨提亚纳拉亚纳不幸牺牲，其他领导人也先后战死。斯里卡库兰的武装斗争最终被镇压。

T. N. 雷迪直接领导斗争的地区选定在瓦朗加尔县和坎曼县。这里是原印共领导的特仑甘纳农民武装斗争地区，群众对那次斗争还有强烈印象，有较好的工作基础。这里的运动最初是按T. N. 雷迪长期准备的思路开展的。1968年8月2日，T. N. 雷迪在记者招待会上宣布，他对议会斗争的方法失去信心，决定走逐步创造条件实行武装斗争的道路。从这时起，在他的指导下，各村建立了农民组织，在农民中广泛进行政治动员。受斯里卡库兰的影响，T. N. 雷迪也曾一度与全印协调委员会建立联系，作为其成员组织。但后者对T. N. 雷迪不信任，除了不赞同他的策略外，还对他没有辞去邦立法院议员职务抱有疑心。不久，全印协调委员会终止了与T. N. 雷迪的联系。特仑甘纳地区有些农民领导人在得知斯里卡库兰武装斗争的情况后，表示也希望在特仑甘纳实行武装斗争。1969年马宗达曾到特仑甘纳访问。他去了几个县，在各种会议上赞扬斯里卡库兰的做法，对有些积极分子表示要效仿斯里卡库兰给予肯定和鼓励。这种形势促使雷迪不得不改变做法。1969年3月，他辞去邦立法院议员职务。之后，在一次特仑甘纳领导人的秘密会议上（1969年4月）做出了开展武装斗争的决定。会上通过的一份名为《立即行动纲领》的文件中提到，特仑甘纳地区的运动经过充分准备现已达到可以开展武装斗争的阶段，应立即转变行动方式，没收地主的土地给无地和少地农民，实现期待已久的土地革命。为此要积极武装起来，准备迎击政府派来镇压的警察部队。瓦朗加尔县、坎曼县的柯亚、贡德等部落民和下层农民立即行动起来，建立了武装小分队，也和斯里卡库兰最初的做法一样，对地主、高利贷者实行打土豪、分财产的行动，出现了同样轰轰烈烈的局面。当邦警察部队和中央后备警察部队前来镇压时，这里的农民武装也用游击战术抵御，坚持了几个月才被镇压。斯里卡库兰、瓦朗加尔和坎曼的武装斗争震动了整个安得拉邦。到 1969 年底，全邦有 15 个县出现了规模不等的农民运动，到 1971 年初都被镇压。

纳萨尔巴里和斯里卡库兰的农民斗争也影响到其他邦。比哈尔邦的穆扎法普尔县、北方邦的拉金普尔县、奥里萨邦的柯拉普特县、喀拉拉邦的维纳德地区都出现了规模大小不一的农民武装斗争。所有这些地区的斗争，都是由原印共（马）内部的极端派领导的，大致上都以纳萨尔巴里的斗争为模式，故被一起称为“纳萨尔巴里运动”。斯里卡库兰的特点是在武装斗争上增添了游击战术。

纳萨尔巴里运动是自特仑甘纳起义之后在印度发生的一次斗争形式最激烈、影响最大的农民运动，它的出现反映了贫困农民要求得到土地和摆脱地主压迫的强烈愿望，反映了他们对国大党领导土改的失望和严重不满。这种不满是合理的，他们诉诸暴力是不得已的，因为他们对政府的土改不再抱有希望。印共（马）内的极端派引领他们走武装斗争的道路，从主观上说是出于对下层农民的关心和同情，希望找到一条帮助农民自己解放自己的道路。他们给农民灌输自信、自强、自救精神，调动起了农民的积极性。然而，他们指引的这条道路是建立在对印度国情错误认识的基础上的。按他们的说法，印度现政权一定要被推翻，也一定能够推翻，而农民武装斗争正是推翻这个政权的主要力量。这种主观臆想严重脱离实际，因而在行动上不可避免地要碰壁，不能真正解决农民问题。印共（马）内的极端派以为自己的认识和路线最正确，其实他们对印度国情和国大党政权性质的分析是完全错误的，他们不了解本国的实际，在革命道路问题上照搬外国做法，是十足的教条主义。

当然这不会是这些极端派的认识。相反，从农民武装斗争爆发的最初效应中他们似乎得到更大鼓舞，更坚定了自己的信念。对他们来说，下一步最紧迫的任务是把全国的志同道合者组织起来，建立一个独立的政党。在这方面，马宗达继续走在前列。1969 年 3 月，他提出了立即建立一个

“全印革命政党”的任务。

1969年4月，西孟加拉的全印协调委员会（基本上是西孟加拉邦的成员）在加尔各答的会议上宣布单独成立一个共产党，叫印度共产党（马克思列宁主义者）[以下简称印共（马列）]，马宗达当选为临时中央组织委员会的总书记。这样，在印度就出现了第三个共产党。印共（马列）持极左立场，它认为印度仍然是半殖民地半封建社会，现政权是大地主、买办官僚资产阶级的政权，是美帝国主义和苏联社会帝国主义的代理人；现阶段的革命是人民民主革命，其实质是土地革命；面临的任务是推翻国大党政权所代表的帝国主义、社会帝国主义、买办官僚资本主义和封建主义四座大山。为了实现这个目标，要建立工人阶级、农民、小资产阶级和部分中下层资产阶级的统一战线。印度革命的道路是以农村包围城市，通过游击战形式的武装斗争夺取政权。关于武装斗争，它强调无须以发动和组织群众为先决条件，开始时也不一定要有广大群众参加，可以由少数先进分子进行，然后逐渐吸引群众参加。它还强调为了创造有利的斗争局面，为了扫除发动群众中的障碍，应有目的、有选择地实行“消灭阶级敌人”的果断措施。马宗达在政治报告中更把“消灭阶级敌人”说成“阶级斗争的较高形式和游击战的开始”。[①] 后面这种认识，为以后该党热衷于个人恐怖策略埋下了伏笔。各邦从印共（马）退出的极端派都加入了这个党。有少数极端派，包括安得拉邦以T. N. 雷迪为首的部分人，尽管同意武装斗争的必要性，但不同意马宗达的策略路线，没有参加这个党。他们自己建立了安得拉革命共产党委员会，努力按自己的发动群众的路线开展游击战争。印共（马列）谴责这些集团和个人，把他们称为“革命运动内部的反革命倾向”。[②] 这就意味着从这时起，对印共（马列）来说，不但印共（马），而且那些先前被马宗达称作“朋友和同志”的不愿加入印共（马列）的集团和个人也都变成了敌人。

1970年5月，印共（马列）在加尔各答召开第一次代表大会，通过了党纲、党章，选出了以马宗达为首的中央委员会。它指责印共（马）沉湎于议会斗争，和印度共产党一样，也沦为修正主义的俘虏，成了戴着假面

---

① S. 班奈吉：《印度日益发展的革命》，第153页。

② S. 班奈吉：《印度日益发展的革命》，第132页。

具愚弄人民的统治阶级的帮凶。

到 1971 年底，各地的农民斗争相继遭到镇压，大批党的干部和起义农民被杀害。农民武装也针锋相对地实行“消灭阶级敌人”的新策略，处死引起民愤和帮助警察镇压农民运动的地主、高利贷者。1972 年 7 月查鲁·马宗达在加尔各答被捕，死于狱中。印共（马列）被政府宣布为非法，此后在政府的严厉镇压下分裂成许多小集团，主要从事个人恐怖活动，除少数地区外，其在群众中的影响逐渐消失。

英·甘地对起义的农民采取严厉镇压和分化瓦解两手政策。在镇压的同时，她一再强调要切实执行各项土改法令，要把土地持有最高限额的标准降低，使更多无地和少地农民能分到土地。这样做是着眼于缓和农民的不满，给他们以安抚，杜绝类似起义再度发生。各有关邦政府也都是用这种两手政策恢复局势的安定。如在斯里卡库兰县，在运动被镇压后，邦政府一面大张旗鼓地对运动参加者进行公开审判，还把部分山区居民集体搬迁到易控制的平原地区；一面实施各种赈济计划和发展计划，拨出粮食分发给贫困者，拨出大笔经费用于兴修水利，修建道路，扶植发展家庭副业和小工业，以增加部落民的收入。对部落民最不满的土地兼并和债务两大问题也采取了缓和措施：政府颁令追回了部分被地主、高利贷者非法兼并的土地，通过落实最高土地限额法把征收的土地分给无地者，又把国有的部分森林荒地分给无地者垦种；对部落民欠高利贷者的小额陈年债务也颁令予以免除。这些补救措施虽然离真正改善部落民地位还有相当距离，但在缓和不满方面起了明显的作用。

六　经济政策的激进化与国大党的分裂

1967 年大选的结果和纳萨尔巴里农民武装斗争的爆发使英·甘地颇为震惊。站在国大党的立场上，她总希望保持国大党一统天下的局面，即不但在联邦执政，还要在全国绝大多数邦执政。她认为国大党在大选中受挫，在很大程度上是由于社会两极分化加强，而政府没有采取有效措施实现社会公平的目标，致使占人口很大比例的收入菲薄的下层群众对政府失望、不满，投向其他政党。她要改善国大党的形象，挽回群众信任，决心在政策上有一番革新，以激励民心，争取更多群众回到国大党的旗帜下。大选前，她较多注意的是根据现实需要实行政策调整，尽快提高农业生产水平，解决缺粮问题，也就是说对经济效益、经济发展更为看重。大选之后，除继续完成已开始的调整项目外，她的考虑重点迅速转到了如何实现社会公平上。

（一）“10 点计划”：政策转向的信号

大选之后，她得出结论，能不能实现社会公平，这是决定人心向背的主要因素。如果广大群众没有从国大党政府的经济发展政策中得到切实的好处，要扭转他们对国大党和政府的不满是不可能的。从维护国大党的群众基础这个实用主义的目的出发，在她内心的天平上，强调社会公平获得了越来越大的分量，到后来甚至成了高于一切的考虑。经济效益、市场作用、发展速度，这些都可以为社会公平而置于暂缓考虑的地位。怎样才能旗帜鲜明地表明政府重视社会公平，强调社会公平？她认为，最好的办法莫过于使政策左倾和激进化。正如她后来所说的：“1967 年挫折之后，认真地思考导致我得出结论：实行一个进步的、激进的纲领对振兴国大党，重新获得人民的信任，是至关重要的。我采取了主动的态度。”[①] 国大党另一重要领导人贾·拉姆也说：“国大党的处境要求必须实行激进的政策，否则就会垮台。”[②] 当然，在英·甘地看来，维护国大党的执政地位也就是维护印度的进步发展和尼赫鲁规划的社会主义方向，在她的心目中两者是画等号的。

还有一个因素对英·甘地政策激进化倾向的形成起重要作用，这就是她本人急于摆脱辛迪加派的控制。大选后，在成立新一届政府时，英·甘地不能不同意继续让辛迪加派成员入阁，并允诺接受辛迪加派的提议请德赛担任副总理兼财政部部长，但为了加强自己的力量，她也给自己的主要支持者安排了重要职位。她要有所准备，使自己有力量与辛迪加派抗衡。辛迪加派力主德赛入阁，是想用他这个右翼领袖牵制英·甘地，并使英·甘地因面临德赛的挑战不能不依靠辛迪加派的支持。德赛入阁目的也很明确，就是要对英·甘地形成掣肘之势。他煞有介事地公开说，没有他在内

① A. M. 宰迪：《1969～1972 年的大变动》，新德里，1972，第 44 页。

② A. M. 宰迪：《1969～1972 年的大变动》，第 44 页。

阁把关，“这个女人将会把国家出卖给共产党人”。[①] 辛迪加派领袖卡马拉季是党主席，他要求政府在做任何重大决策前都要先和党组织商量，以图影响政府的决策，遭到英·甘地拒绝。这几件事使英·甘地不得不及早考虑如何摆脱辛迪加派控制的问题。她很快就得出结论，摆在她面前的唯一道路是使政策激进化，把强调社会公平提到首位。辛迪加派的经济观点接近党内右翼，如果政府实行激进政策，必然会站出来反对，那样就会在党内和人民群众中暴露其右翼面目，同时又为她树立起最关心下层群众的进步形象，那样也就使她有了摆脱辛迪加派的政治资本，不怕必要时摊牌。

大选后不久，人们看到英·甘地越来越多地谈论实现尼赫鲁遗愿、建立“社会主义类型社会”的必要性，并强调必须采取有力的措施缩小贫富差距。党内左翼也积极敦促她采取有效手段，遏止右翼势力的抬头。1967 年 5 月，在英·甘地的倡议下，国大党工作委员会通过了《关于贯彻国大党纲领的决议》。其中规定要以最大的努力，在 1967 年实行以下“10 点计划”：（1）对银行实行社会控制；（2）普通保险业实行国有化；（3）私营进出口贸易逐步由国营公司接管；（4）实行粮食的配给政策；（5）广泛建立城乡消费合作社；（6）采取有效步骤遏制垄断和经济权力的集中；（7）采取措施保证整个社会的最低限度的需要；（8）限制个人在城市土地上的不劳而获的收入；（9）进一步实行土地改革和农村发展计划；（10）废除前王公的除年金以外的一切特权。这“10 点计划”多数以往都提出过，有些是新提出的，例如保证整个社会的最低限度的需要，还有第 10 点废除前王公除年金以外的一切特权。虽然如此，此次集中提出就形成了声势，显得很有力量。党内左翼热烈拥护这“10 点计划”；在大选受挫所带来的震惊情绪和不安气氛还笼罩着国大党的情况下，右翼也不便站出来公开反对。“10 点计划”被党接受，这使英·甘地的信心得到加强。

1967 年 10 月，国大党在贾巴尔普尔召开全国委员会，批准了“10 点计划”。左翼在会上要求立即把银行国有化，认为大商业银行与大垄断集团关系密切，拥有全国存款的大部分，银行的私有既代表了经济权力集中，又妨碍了资金资源的合理使用。私人银行发放贷款范围很窄，不愿贷款给小生产者，不能满足向农村和落后地区提供贷款的要求，起不了扶植广大小

---

① K. 纳雅尔：《印度危机年代》，新德里，1971，第 29 页。

企业的作用。英·甘地也倾向于这种认识，赞成把私人大银行国有化，这样就又从“10点计划”向前跨进一步，“10点计划”只讲到对银行实行社会控制，这里提出要国有化。德赛和辛迪加派反对银行国有化，认为这会使银行受政府控制，不能发挥应有作用。1967年10月25日的内阁会议讨论了这个问题，贾·拉姆、恰范和斯瓦兰·辛格赞成国有化，德赛及另外几位部长反对。英·甘地感到自己的地位还不稳固，为避免与德赛及辛迪加派公开交锋，同意仍按“10点计划”的规定办事。在具体做法上接受了德赛的主张，决定在财政部部长管辖下，建立全国信贷委员会，由这个机构对大银行实行社会监督，决定贷款及投资政策和重点。

1967年，西孟加拉邦和安得拉邦农民武装斗争爆发后，英·甘地更加认识到使政策激进化的必要性。她公开说，政策激进化可以防止共产主义势力得势，“如果我不做任何事情先发制人对付共产主义者，整个国家就会赤化”。又说：“如果我们不和穷人一道前进，他们就会造反。……我们没有选择余地，要么我们自己和平地做这些事情，要么我们将被一场暴力革命推翻。”① 这样，使政策激进化对英·甘地来说又成了瓦解农民武装起义的手段。农民起义当时规模很小，并不像英·甘地说得那么严重。她危言耸听，是说给右翼听的，目的是增强政府实行激进化措施的理由，减少来自右翼的阻力。

以德赛为代表的党内右翼和辛迪加派原以为英·甘地提出“10点计划”不过是大选后做的样子，是为了给选民一个交代，当觉察到她真的打算付诸实施时，便立即联合起来加以阻挠，并发起攻势。1967年国大党年会上，辛迪加派成员之一尼贾林加帕当选为党的主席，他指定的工作委员会绝大多数成员属右翼和辛迪加派，英·甘地提名的几位左翼候选人都被拒绝。

1969年4月，在法里达巴德召开的国大党全印委员会成了右翼发难的场地。尼贾林加帕在会上激烈指责在重工业和基础工业部门大力建立公营企业的做法，说这仅仅是为了适应社会主义口号的需要。他还指责公营企业管理混乱，效益不高，要求少发展公营企业，而给私营企业以较多的鼓励和刺激，并说现在是重新审查建立大型公营工业是否适宜的时候了。他还批评发放许可证中存在的拖延、腐败等问题，说“除非十分必要，我们

① K. 纳雅尔：《印度危机年代》，第48、65~66、106页。

的许可证制和对经营活动的控制越快取消越好”。[1] 左翼马上指出，这是辛迪加派和右翼对社会主义目标公开发起进攻的信号。此前一直小心谨慎避免与辛迪加派和右翼正面交锋的英·甘地，此时不得不起而迎战。她说，关键性的重工业和基础工业必须国营，这不仅是因为私营企业家不大可能向投资周期长、风险大的这些部门投资，而且因为把这些部门交给私人经营于国计民生是非常有害的。针对公营企业效益不佳的指责，她说：“谋求利润不是公营经济的唯一动机。公营经济是印度工业的基础，能使国家有更多机器、更多钢，也能保障印度的自由，适应国防和农业的需要。”她认为如果没有公营工业，一切就都要依赖进口。“印度在多大程度上依赖进口，它的独立就在多大程度上受到损害。”[2] 针对发放许可证拖延的批评，她反驳说，政府在发放许可证时必须考虑到方方面面，所以需要一些时间。她对各种指责一一做了批驳。

从这次全印委员会上的斗争看，右翼和辛迪加派的联合进攻遭到英·甘地和左翼的有力还击。从维护尼赫鲁规划的印度发展方向来说，这是必要的、不可少的，否则发展方向就会被右翼篡改。然而应该承认，发难者提出的问题，并非一无是处，其中有一些正是现行模式中存在的政策上的缺陷或执行中的问题。对所有提出的问题不加分析地一律辩护，对所提出的指责一律批驳，明明是缺陷也要说成正确，明明是需要改革的地方也要加以维护，这不是正确的态度。以这样的态度来“捍卫尼赫鲁路线”，其结果势必是，在反击右翼进攻的堂皇理由和赫然声势下，把有些提得对的问题和改革建议也都一股脑儿地拒之门外。这样一来，维护既定方向路线的需要就把对现行实践中暴露的问题进行改革的需要掩盖了、抹杀了，使本属于调整范围的问题被搁置。更有害的是逐渐形成了这样一种思维定式，即谁要是对既定的战略、方针政策提出进行调整的意见，谁就是企图改变社会主义目标。维护社会主义目标的神圣性鼓励了人们思想的僵化。左翼、右翼在会议上的激烈斗争被工作委员会制止，工作委员会决定暂时搁置这些问题，留待以后解决。这只不过是暂时掩盖分歧而已，更尖锐的冲突不可避免地要爆发。

---

① A. M. 宰迪：《1969~1972 年的大变动》，第 70 页。
② A. M. 宰迪：《1969~1972 年的大变动》，第 71 页。

鉴于与辛迪加派的斗争已公开化，为了给英·甘地以支持，左翼在尼赫鲁后期在党内一度建立的社会主义行动论坛重新活跃起来。论坛的领导人向国大党工作委员会和英·甘地提交了一份《关于经济政策的意见书》，其中不仅表示支持英·甘地的“10点计划”，而且主张采取包括银行国有化、限制垄断、限制大财团扩大生产规模在内的更有力的措施，改变经济权力过于集中的状况。英·甘地考虑了这些建议，吸收了其部分主张，起草了一份《关于经济政策的意见书》，同年7月，在班加罗尔召开的国大党全印委员会开幕前夕，提交工作委员会和全印委员会考虑。其中再次强调实行激进化政策的迫切必要性，建议大银行实行国有化或强制使其把更多资金用于公共目的。全印委员会赞成英·甘地的意见书，责成工作委员会协助政府研究实施办法。在内阁内，德赛和辛迪加派的S. K. 帕提尔仍坚持反对银行国有化，在背后加紧筹划阻挠。英·甘地要求作为财政部部长的德赛就大银行国有化问题制定实施方案。德赛坚持说国有化是不必要的，只要通过立法和行政手段影响银行的信贷政策即可。他公开说：“只要我是财政部部长，这件事就不能实行；如果总理非要做，她就自己当财政部部长吧！”① 对于德赛的公开阻挠，英·甘地不能容忍，她又得知，德赛与辛迪加派的卡马拉季、帕提尔等有针对她的私下接触，这使她对德赛和辛迪加派更提高了警惕。

就在这时，斗争又在另一个场地展开。1969年5月，总统侯赛因病逝，需要选举一位新总统。按宪法规定，总统候选人可由各政党提名。辛迪加派为提高自己的地位，提名辛迪加派成员桑吉瓦·雷迪为国大党的候选人。印度总统是国家首脑，宪法规定在一般情况下总统要根据内阁建议行使职权，并无决策主动权；但在发生危机时期，在议会缺乏明显多数时期，总统的裁断具有决定性的作用。辛迪加派希望让雷迪担任总统可以牵制英·甘地的行动，在可能和必要时可以更换总理。英·甘地觉察到辛迪加派的用心，便提名和自己观点一致的贾格吉万·拉姆为国大党的候选人。国大党不得不在党内就两个提名进行表决（这是有史以来第一次），结果雷迪得到多数票，被确认为国大党提名的候选人。参加总统竞选的除雷迪外，还有时任副总统的V. V. 吉里（国大党人，但作为独立候选人参选）和自由

① 《印度教徒报》1969年9月14日。

党、印度人民同盟提名的候选人，原财政部部长德什穆克。英·甘地清楚地知道雷迪若当选会有什么结果，决定采取一个非常行动：不支持本党提名的候选人雷迪竞选，而支持独立候选人吉里，并号召国大党的联邦两院议员和邦立法院的议员不要受任何约束，凭“良心”投票。她的决策圈的成员，包括贾·拉姆、F.A. 艾哈迈德、斯瓦兰·辛格等都支持她的决定。这一违反党纪的行动使辛迪加派感到震惊，而党内左翼则表示完全理解和支持她。尼贾林加帕为了保证雷迪当选，秘密与自由党和印度人民同盟领导人接触，劝说他们在如果出现第一轮投票没有结果，雷迪和吉里得票较多需要进行第二轮投票的情况下，支持雷迪。英·甘地立即揭露辛迪加派的这个幕后活动，并尖锐地指出，这是与反动势力勾结，共同谋求推翻她的政府。

既然已与辛迪加派摊牌，英·甘地在银行国有化问题上也立即采取强硬措施。在总统选举之前，1969 年 7 月 16 日，她在给德赛的信中说，银行国有化必须实行，鉴于你的反对态度，“我不会把这个责任强加在作为财政部部长的你的身上，我宁愿自己直接担负这个责任”。[①] 7 月 18 日，她宣布解除德赛的财政部部长职务，由自己兼任财政部部长，不过仍希望他留任副总理。德赛拒绝留任，退出内阁。紧接着在 7 月 21 日，政府以总统令的形式宣布把全国 14 家最大的私人银行实行国有化。这些银行的存款达 5 亿卢比以上，占全国存款总额的 85%，贷款占全国贷款总额的 84%。在广播讲话中，她说这是个经过长期准备的行动，是建立社会主义类型社会的重大步骤，是公营经济占领国民经济制高点的必要措施。她特别讲到银行国有化会大大改善对农村和对小型工业的信贷帮助。银行国有化是对保守势力的沉重打击，赢得了全国广大群众特别是城市中小工商业者和农村富裕农民的称赞。各左翼政党团体都支持这一行动，如印共指出，这是沿正确方向前进的一步。只有右翼政党如自由党、印度人民同盟和大资产阶级的组织印度工商业联合会等表示反对，自由党明确宣布：“自由党反对国大党实行的银行国有化，认为这与国家面临的问题毫不相干，相反，把数十万储户的存款交给想控制一切资源的政府掌管会破坏财政稳定，损害安全和储蓄，阻碍经济发

① 《英·甘地致德赛信》，1969 年 7 月 16 日。

展。”[①] 印度工商业联合会主席指责这个决定考虑不周，断言它只会给经济发展带来负面影响。针对这种攻击，1969 年 8 月 13 日，英·甘地在国大党的一次干部会议上说，大有产者和右翼自然是反对银行国有化的，“我们现在的立场是广义上的中派，或者毋宁说是在极左和极右中间的中左派。在变化了的环境下这是不可避免的，只有这样，国大党才能继续成为有广泛群众基础的党”。[②] 英·甘地这一行动不仅是为了实现她的“10 点计划”，也为了抢在总统选举前，创造有利于己的政治气氛，使总统选举取得满意的结果。

她的这种巧妙的策略取得了成功。8 月举行总统选举，由于国大党议员有近 1/3 的票投给了吉里，也由于两个共产党、部分社会主义者、阿卡利党和德拉维达进步联盟都支持吉里，结果吉里以微弱的多数票当选。随后，G. S. 帕达克被选为副总统。辛迪加派的这一失败使政治风向变得有利于英·甘地，首都德里成千上万的普通群众向她敬献金盏花和晚香玉编成的花环，表达对她的祝贺和信任。

（二）国大党的分裂

辛迪加派和德赛威风扫地，为了挽回面子，他们只好利用他们在国大党工作委员会中的微弱优势，对英·甘地实行党纪惩罚。第一步是把支持英·甘地的 F. A. 艾哈迈德、C. 苏布拉马尼亚和 S. D. 夏尔玛驱逐出工作委员会。作为抗议，英·甘地抵制工作委员会的会议，与工作委员会中支持她的 9 名成员单独开会。在致全党的公开信中，英·甘地写道：“我们今天看到的这场斗争，不是个人冲突，更不是权力之争……它是主张社会主义、变革和组织内部充分民主和思想活跃的势力与主张保持现状、墨守成规的势力的斗争。”[③] 辛迪加派则谴责英·甘地虚伪，企图实行专制独裁。辛迪加派不顾许多人的反对，在 1969 年 11 月 12 日召开的工作委员会会议上以英·甘地专横跋扈和破坏党的纪律为由，宣布开除她的党籍，并要求国大党议会党团重新选举领袖，以期把她从总理一职上拉下来。国大党议会党团 282 人，选举结果有 220 人信任她，她再次当选。支持辛迪加派的 62 名

---

① R. 钱迪达斯：《印度的选择》，纽约，1968，第 11 页。

② P. K. 贾因：《印度的光荣革命》，新德里，1978，第 100 页。

③ Z. 马萨尼：《英迪拉·甘地传》，伦敦，1975，第 241 页。

议员只得另行组成议会党团，选举 R. S. 辛格（联邦内阁铁道和运输部部长）为领袖。这样，国大党议会党团便分裂为二。国大党议会党团分裂后，英·甘地一派的议员在议会中已不足半数（议员总人数 523 人），但由于得到印度共产党和德拉维达进步联盟的支持，仍能保持微弱的多数。辛迪加派搞垮英·甘地政府的图谋破产。

1969 年 11 月 17 日，英·甘地在德里召开国大党全国委员会，她的支持者参加。会议决定，解除辛迪加派首脑尼贾林加帕的党主席职务，任命 C. 苏布拉马尼亚暂时代理主席。尼贾林加帕的支持者则在阿拉哈巴德召开自己的会议，决定延长他的主席任期。12 月，英·甘地一派的国大党在孟买召开年会，批准把尼贾林加帕开除出党，选举贾·拉姆为主席。这样，国大党正式分裂。英·甘地领导的一派称为国大党（执政派），尼贾林加帕领导的一派称为国大党（组织派）。讲到党的分裂，英·甘地说，两派的分歧绝非个人分歧，“而是对国大党目标和国大党发挥作用的方法的不同观点和态度的分歧”。还说：“反对社会主义目标的势力在以往 22 年甚至更早一直在党内存在。我知道这个势力一直力图阻挠我父亲实现有深远意义的经济和社会变革……我自己在第四届大选前的经历也告诉我，这个力图维持现状的力量一直和强有力的经济势力联合起来反对我。”①

英·甘地把她与辛迪加派及右翼的分歧概括为两种发展方向和道路的根本分歧，这是对的。因为右翼和辛迪加派实际上是要根本改变尼赫鲁为印度规划的社会主义类型社会的方向和道路，使印度走自由发展资本主义的道路。但是，辛迪加派和右翼还是略有区别，他们的观点并不像右翼那样明确，至少在最初阶段，他们的更大兴趣是控制中央权力。从这个意义上说，英·甘地与他们的斗争有方向路线之争的一面，也有权力之争即控制与反控制斗争的一面，是两者的混合。他们及右翼在经济政策上提出的问题未必都是方向路线之争，有些是现实的问题，是利用提出这些问题来削弱对方，加强自己的力量。英·甘地不愿承认这一点，把她与辛迪加派的斗争都上升到方向路线之争的高度，实际上是要掩盖她一直在自觉地进行的权力斗争的一面。这样做当然也是为了更有利于争取广大党员和下层群众的支持，更有利于争取舆论的支持。

---

① A. M. 宰迪：《1969～1972 年的大变动》，第 40 页。

（三）大力实行激进政策

英·甘地在排除了辛迪加派从内部的干扰后，便准备大刀阔斧地实施预定的激进措施。她要实现“10点计划”以争取民心，而且在国大党分裂后还有个与对手争夺国大党影响下的群众的问题，她相信只要她按照预定的计划去做，就能把所有拥护原国大党的群众争取到自己一边。

1969年12月，国大党（执政派）在孟买举行年会，通过了《关于经济政策的决议》，重申了“10点计划”的基本内容。决议强调要在工业领域进一步发展国营成分，普通保险事业国有化，进口贸易逐步由国家控制，发展主要农产品的国营批发贸易，规定城市财产持有的最高限额，停止向前王公支付年金等。关于土地改革，虽然决议没有讲到，但党的领导人宣布，土地持有最高限额的标准应该降低。如果把这个决议和“10点计划”做个比较，就会看到在有些点上它比“10点计划”又进了一步，如“10点计划”还保留前王公的年金，这个决议则主张连年金一并取消。

根据这个决议，1969年12月国大党（执政派）使议会通过了《垄断和限制性贸易行为法》（1970年6月生效），对大财团的经济活动实行限制。尼赫鲁执政时就宣布要防止经济权力集中在少数人手里，然而经过三个五年计划后，垄断财团的势力不但未减，相反，它利用市场保护和社会对日用消费品需求的增加，在1956年工业政策法划定的领域内得到更大发展，资本集中和生产集中的趋势更为加强。他们通过公开和暗地里的联合，有效地操纵市场，甚至竭力影响政府的财政税收政策。尼赫鲁政府曾接连几次使议会指派专门的调查委员会对垄断发展情况进行调查，提出的报告都肯定垄断势力增长的事实，建议立法干预。英·甘地政府就是根据这些报告制定上述反垄断法法案的。法令中关于“垄断贸易行为”和“限制性贸易行为”的界定是，前者指“占统治地位的公司”，即一个公司或一个不超过三个公司的寡头集团，在工业生产中占统治地位，能够通过规定价格、产量和限制竞争来控制市场；后者指两个以上的公司的联合集团，用同样办法操纵市场。法令指出，这两种操纵市场的行为都是危害公共利益的，必须予以限制。规定：凡一个企业与同该企业有资本联系的企业的资产总和在2亿卢比以上者，凡一个企业与同该企业有资本联系的企业生产的产品占该类产品1/3以上且资产在1000万卢比以上者，都要在联邦政府登记注册。这类企业增加股本、更新设备、扩大生产能力和经营范围、兼并其他企业和其成员兼任其他企业董事均需经政府批准。还规定，成立常设的垄断和限制性贸易委员会负责执行法令的有关限制规定。这是对大财团经济活动专门加以限制的第一个法令，也是控制私营经济措施的进一步延伸。

1970 年 4 月，政府又使议会通过了取消经理行制度的法令。经理行制度是英国统治时期出现的一种特殊的经济组织，后来势力较大的经理行演化成垄断组织。印度资本财团的成长也有赖这种形式，它成了少数寡头控制一大批企业的有效工具，独立后被沿袭下来。不过，大财团一旦发展起来，垄断形式和组织也演变得多种多样，而经理行这种形式和组织的缺陷也暴露得越来越明显。一方面它在一些部门形成垄断势力，侵害消费者的利益，也妨碍新的投资者进入；另一方面，在经理行控制下的企业，其资产者的利益也常常受到控制经理行的寡头的损害，以满足其私利。取消经理行制度早已成为广大群众特别是中小企业主的要求。这是反对垄断控制的合理要求，因此这个法令得到广大有产者的拥护。当然取消经理行制度不等于取消垄断势力，经理行只是垄断资本的一种形式，大财团还有其他多种垄断形式可以利用。

1970 年 9 月，英·甘地在人民院和联邦院提出了取消前王公年金和所有其他特权的宪法修正案。由于前王公在土邦归并后可享有年金和某些原来享有的特权是宪法规定的，因此要取消其年金和特权需要两院以 2/3 的多数票通过一个宪法修正案。英·甘地政府的这个议案在人民院和联邦院都遭到强烈反对。反对者声称取消年金和特权是失信于前王公，会降低他们及他们影响下的人对政府的信任度。英·甘地拒绝这些指责，指出独立 20 多年来，情况已发生很大变化，如果继续以牺牲穷苦的亿万人民的利益为代价，使少数富有的前王公家族保持王家气派不减，那就是对穷苦人民最大的不公正和侵害。表决结果，议案在人民院获得了 2/3 的多数票，在联邦院却以一票之差未能以 2/3 的多数票通过。在失败后，英·甘地采取了另外的办法，在她建议下总统颁布一项总统令，宣布撤销对前王公的承认，从而取消前王公的年金和所有特权。但最高法院以总统无权以总统令修改宪法为由判决总统令违宪，使这项改革不能实行。法官的保守态度受到社会各界的广泛批评，有人甚至提出要弹劾法官，但从执行宪法的角度看，用总统令解决这一问题确实不符合宪法规定。问题不在于法官保守，而在于联邦院的许多议员属社会上层，阻挠实行这项改革，他们从维护财产权的角度考虑问题，担心取消前王公年金会在其他方面引起连锁反应。有些议员与前王公们有直接联系，或本人就是前王公或王公亲属，其反对自不待说。

在土改方面，英·甘地要求各邦首席部长切实贯彻执行土地持有最高限额的法令，并要求最高限额定得太宽的邦，修改现有的法令，降低限额标准，以保证这项改革真正取得实效。

上述这些初步的改革措施，在议会讨论中，都遭到自由党和印度人民同盟的反对，国大党（组织派）在多数情况下是站在它们一边加以阻挠，但由于得到左翼政党的支持，大多数提案获得通过。

这些措施其积极面都是十分突出的。大银行的国有化使政府在真正掌握国家的金融命脉方面前进了一大步。国大党既然把经济增长和社会公平放在并重的地位，就要不仅在政策上和资源分配上，而且在信贷上，向小型企业和农村的各种合作事业倾斜，向落后地区倾斜，给予更多的支持。然而大银行掌握在私人手里，银行寡头并不配合政府的这个方针，他们不愿向小型企业、农村的合作组织和落后地区贷款，因为利润不高，也认为不安全。实行国有化后，这些银行作为国家的金融机构，成为执行政府政策的工具，对政府实行既定的倾斜政策起了十分重要的作用。又如取消前王公的年金和特权，在制定宪法时，因为土邦归并问题还没有完全解决，为减少阻力，在宪法中规定保留年金和特权是需要的，可是独立 20 多年了，形势已发生根本变化，继续执行这个规定已经不合时宜。提出废除完全是应该的，不仅是实现政治平等的需要，也是集中国家资源于建设的需要。虽然修宪案没有通过，但提出这个问题本身就有积极意义，虽未能立法，但还是起了舆论准备的作用。这些改革措施博得广大中下层群众的热烈欢迎，英·甘地和她的党的威望也随之上升。

七 1971 年大选，英·甘地政策走向极端化

（一）提前举行人民院选举

英·甘地实行的一系列激进政策甚得民心，但是，由于国大党（执政派）在人民院中的席位不足半数，要通过任何一项法令都遇到自由党、人

民同盟和国大党（组织派）的联合反对，都得靠印度共产党等左翼政党的支持，这使她的地位十分脆弱。为了改变这种局面，为了把对辛迪加派斗争获得的群众支持变为国大党（执政派）的议会实力，英·甘地决定提前一年举行人民院选举。她自信地认为她实行的激进措施已经赢得民心，新的选举她将稳操胜券，并相信只要取得人民院的多数席位，使她能继续顺利推行激进化措施，感到满意的广大群众就会在随后邦一级的选举中把票投给国大党（执政派），从而扭转国大党失去许多邦政权的不利局面。在英·甘地的建议下，总统吉里宣布 1970 年 12 月 27 日解散人民院，1971 年 3 月举行第五届人民院选举。这是独立以来人民院第一次任期未满就举行下届选举。

印度人民同盟、自由党等反对党立即做出反应，强烈指责国大党（执政派）提前举行人民院选举是玩弄政治手腕。印度人民同盟领导人瓦杰帕伊指出，此举是“抛弃一切民主惯例，向这个国家的所有民主主义者挑战”，还批评总统批准提前选举是放弃自己的独立判断，“纯粹成了总理的橡皮图章”。[①] 自由党领导人马萨尼说：“总理决定提前大选无非是怕 1972 年选举会遭到惨败。”因为到那时“她的政策的恶果就会暴露得明明白白，国大党就会被人民唾弃”。[②] 针对这些指责，英·甘地竭力为自己的做法辩解。在广播讲话中，她说提前选举是为了尽早取得人民的新的授权来有效地实行急待实行的“社会主义的和世俗的政策和纲领”。[③] 她特别以取消前王公的年金为例，说明政府的提案如何遇到阻力没有得到议会通过，然后说：“现在的紧迫形势提出的挑战，只能通过民主程序适当而有效地实施我们的社会主义的和世俗的政策和纲领来应对。时不我待，千百万急切期盼得到食物、住所和工作的人要求采取行动。一个民主政体的权力来自人民，这就是我们决定诉诸人民，寻求新的授权的原因。”[④]

第五届人民院选举因是提前举行，邦议会不同时举行选举，这样，从这届开始，人民院和邦立法院的选举在时间上不再同步。

参加人民院选举的有国大党（执政派）、国大党（组织派）、印度共产

---

① 《星期日泰晤士报》1970 年 12 月 28 日。

② 《星期日泰晤士报》1971 年 3 月 15 日。

③ 《印度时报》1970 年 12 月 28 日。

④ J. 莫汉主编《印度独立 25 年》，德里，1973，第 52 页。

党、印共（马）、统一社会党、人民社会党、自由党和印度人民同盟8个全国性政党及17个邦级政党和大量地方小党。

国大党（组织派）为加强自己的力量，揭掉了面纱，公开同印度人民同盟、自由党、统一社会党站在一起，建立反英·甘地的竞选联合战线，叫“大联盟”。这几个党因政见不同，无法达成共同的竞选纲领，但在把英·甘地和国大党（执政派）赶下台这点上是一致的。它们紧密配合，把攻击英·甘地作为竞选造势的主基调，共同的口号是“消除英迪拉”。它们在提名各选区候选人时进行彼此协调，参加“大联盟”的党的党员在选举时都要投经过协调提出的候选人的票，无论候选人属于哪个党。

国大党（组织派）、自由党和印度人民同盟是抱着与英·甘地的国大党（执政派）一决雌雄的态度参加竞选的。它们清楚地知道，英·甘地如果得胜，就是激进政策得胜，垄断势力和有产者上层的利益必然会受到更大冲击，所以要抛开意识形态和政治主张的差异，尽一切可能联合起来。这完全是机会主义的联合。

国大党（组织派）把自己说成是民主和宪法的维护者，而把英·甘地说成是为了垄断政治权力不惜采取一切手段破坏法治和宪法的野心家。它的成员在演讲中竭力攻击英·甘地的经济政策，说英·甘地的执政已把国家引向威权主义和共产主义方向。其竞选宣言说，这次选举的结果“将决定印度民主的命运”，[①] 如让英·甘地再次掌权，将会给国家带来无法估量的灾难。

自由党在竞选中重点强调维护宪法、保障私有财产权的迫切必要性，说任何以损害私有制为目的的宪法修正案都是危险的、不能允许的。它攻击说，英·甘地取消前王公年金和特权的提案是企图破坏宪法的根本原则，银行国有化是破坏国家的经济发展，限制大财团扩大生产规模是严重侵犯公民的自由权利。它还蛊惑人心地说，英·甘地继续执政会把国家出卖给共产党人。自由党自知自己的阶级基础狭小，主动与国大党（组织派）接近，支持它反英·甘地的一切努力。

印度人民同盟的竞选基调是，印度正处在十字路口，面临“要民主还是要极权主义，要和平变革还是要暴力动乱，要有秩序的进步还是要无政

① J. 莫汉主编《印度独立25年》，第19页。

府主义，要法治还是要一片混乱”的严峻选择，[1] 它要各政党“认识共产主义威胁的严重性，彼此间要以合作来代替竞争”。[2] 为了争取更多阶层对它的支持，印度人民同盟不断根据形势的变化修改其主张。60 年代后期以来，它不再坚持立即以印地语取代英语作为唯一使用的官方语言和以梵语为必修课的主张，而改为主张努力推广使用印地语，这就减少了非印地语地区群众对它的上述主张的反感。它还注意大选前不发表或少发表反穆斯林的言论，缓和“印度化”宣传的语调，以减轻穆斯林的恐惧，争取得到穆斯林的一些选票。大选前夕，印度人民同盟主席瓦杰帕伊在一次记者招待会上甚至说，印度人民同盟主张的“印度化”的意思是对宗教、种姓、地区、语言或教义的狭隘的忠诚都要服从于对国家的忠诚。这个解释和印度人民同盟原来鼓吹的“印度化”的含义有很大不同（当然他的解释并不能代表整个印度人民同盟的看法），得到很多人的欢迎。印度人民同盟的经济纲领 60 年代后期以来也不断得到充实和修改。在大选的造势中，它强调私营企业和公营企业在印度经济中都应占有适当的位置，要重视发挥私营企业主和个体经营者的积极性。印度人民同盟反对经济权力集中，既不赞成集中到少数私人手中，也不赞成集中到国家手里，主张大力发展中小企业和家庭手工业，实行经济民主、分散经营，使各地区能平衡发展，并减少对外援的依赖。这些政策上的变化反映了印度人民同盟某种政治灵活态度，得到了新的部分城市中小工商业者和富裕农民的支持。

英·甘地的国大党（执政派）竭尽全力开展竞选活动，对它来说，这是一场生死决战。英·甘地做了 6 万公里的竞选旅行，每到一地便发表演说，走进群众中嘘寒问暖，回答问题，大型竞选集会有 210 次以上，小型的有数百次。针对右翼反对派“大联盟”提出的“消除英迪拉”的口号，国大党（执政派）提出了“消除贫困”的口号。这个口号提得很巧妙，既表现了英·甘地高风亮节，不理会反对派把她个人作为攻击的对象，又抓住了广大人民最关心、最热切盼望解决的问题，因此深得民心。英·甘地抓住这点反复说，他们要除掉我，而我要消除贫困。并说，政府在实现“10 点计划”方面之所以进展缓慢，是因为国大党（执政派）在人民院居少数

---

① H. 梅塔：《1971 年选举中的国大党（执政派）等政党的竞选宣言》，新德里，1971，第 3 页。

② D. C. 古普塔：《印度的政权和政治》，新德里，1983，第 239 页。

地位，只要人民通过投票表示赞同她的政策，她就会把激进的改革进行到底。在1970年12月28日的广播讲话中，她说：“一个国家的生活中往往有这种时候，即政府必须采取非常的步骤，解决使国家感到困扰的迫切问题。现在就是这样的时候。”① 她重申国大党（执政派）坚持社会主义类型社会的目标，坚持混合经济体制和在生产不断增长的同时实现公平分配，提高人民群众的物质生活水平的方针。还说，自由党等右翼势力竭力利用宪法中保障私有权的规定，阻挠政府实行任何有利于人民的改革，他们只讲保障公民根本权利，却避而不谈宪法中还有国家政策指导原则的规定。她强调，为了实现国家的进步发展，如果宪法关于公民权利的规定影响国家政策指导原则的实现，就需要对宪法中的这些规定做出修改，这种修改是正常的、必要的、合理的，只要获得人民的授权，国大党（执政派）将为实行必要的修宪而努力。在竞选纲领中，国大党（执政派）重申要取消前王公的年金和特权，通过限制垄断势力的增长减少财富的集中，进一步实行绿色革命，改善小农和无地农业工人的生活条件，提供更多就业机会，控制物价，保证人民基本生活日用品的供应等；还许诺改善公营企业的经营管理，允许私营企业发挥更大的作用。前面那些许诺主要是用来争取广大下层群众的支持，这是取得选举胜利的关键，因为在一个实行成人普选制的国家里，下层人民拥有数量优势，是最大的选票库，正是他们的向背决定竞选的结果，英·甘地面向下层群众的竞选策略使她有可能得到下层群众多数的拥护。至于后面的许诺主要是说给中上层有产者听的，是和右翼政党争夺这部分人特别是中产阶级的选票。英·甘地以主要力量对付右翼的“大联盟”的攻势，同时也抨击左翼政党热衷发动工农斗争的做法，认为这会给经济发展带来困难，也会给骚乱和暴力斗争提供土壤。她把国大党的立场概括为中左立场。为了争取年轻一代的更多选票，英·甘地还重视通过青年国大党和全国学生联盟在青年和学生中开展工作。这样，她和国大党的竞选活动就成功地掀起了一股“英迪拉热”。是投英迪拉还是投“大联盟”，在广大群众看来是要激进政策还是要保守政策的一个重大选择。原来跟着国大党（组织派）走的普通党员也有很多转到了英·甘地一边。

印度共产党是英·甘地激进政策的支持者，在竞选宣言中表示支持

---

① P. K. 贾因：《印度的光荣革命》，新德里，1978，第118页。

英·甘地的一切进步改革。在修改宪法问题上，它的观点与英·甘地的观点一样，认为议会有权为了国家利益和社会进步对宪法关于公民基本权利的规定做必要的修改。印共与国大党（执政派）在一些邦就竞选席位达成谅解，后者在印共提出候选人的部分选区，不再提国大党（执政派）的候选人，以便印共候选人有较大的可能当选；印共则在自己没有提候选人的选区帮助国大党（执政派）的候选人当选。在共产主义运动分裂后，原印共喀拉拉邦、西孟加拉邦党组织的主要部分和安得拉邦、泰米尔纳杜邦党组织的一部分都加入了印共（马），印共在这些邦保留的拥护者人数锐减，只好另外开辟阵地，结果在北印地区特别是比哈尔邦和北方邦取得了较大进展。1972 年印共召开的第九次代表大会重申，党的目的是建立一个由印共、国大党左翼和其他左翼政党共同组成的民族民主阵线，共同反对帝国主义、垄断资本和封建主义，通过实行民主改革，转变国家政权的性质，实现非资本主义方向的发展。对国大党（执政派），决定采取又联合又斗争的方针，推动它继续实行激进的改革。

印共（马）的竞选立场与印共不同，上届大选后，它在西孟加拉邦和喀拉拉邦联合其他政党执政。在西孟加拉邦，由于爆发了纳萨尔巴里运动及严重的劳资纠纷，国大党中央政府指责该邦政府维持治安不力，于 1967 年 11 月对该邦实行了总统治理。1969 年 2 月重新进行选举，印共（马）与其他左翼政党及地方政党的联合阵线再度取胜，又一次成立联合政府，但因内部矛盾无法解决，3 月中央再度实行总统治理。在喀拉拉邦，印共（马）联合其他政党组成的政府也因执政党之间矛盾激化，于 1969 年 10 月垮台，实行总统治理。印共（马）认为，两个邦政权的垮台固然是内部矛盾所致，但与国大党（执政派）的排斥、拆台也不无关系。联系到印共第一次在喀拉拉邦执政的被颠覆，更增强了印共（马）的这样一种认识，即英·甘地虽然高喊团结民主力量反对右翼势力进攻的口号，但在排斥左翼势力方面丝毫不亚于右翼政党。印共（马）的竞选宣言号召人民群众既反对国大党（组织派）-印度人民同盟-自由党的联盟，又反对国大党（执政派）；称前者为“巨商、大地主和垄断资本家”的工具，说后者主要是受“大资产阶级和地主”利益的支配，两者中任何一个集团统治都会牺牲下层人民的利益来满足少数剥削上层的需要。对右翼政党维护上层有产者特权的种种主张，印共（马）给予了尖锐的批判；对于英·甘地和国大党（执政派)，其激进改革虽是进步的，但由于其阶级局限性，采取的措施缺乏力度，很多该做的事未做。还提出右翼势力的进攻固然严重威胁国家的进步发展，国大党（执政派）追求过分的中央集权同样是对民主制度的威胁。印共（马）呼吁左翼和民主力量联合起来，挫败国大党（组织派）-印度人民同盟-自由党联盟夺取中央政权的图谋，同时坚决反对英·甘地的中央专权和个人独裁的政策措施。关于修宪问题，宣言表示的立场是，印度宪法是保护剥削制度和资产阶级、地主所有权的，应做根本的修改，应使联邦和邦议会有权立法消除外国私人资本势力、垄断势力、地主势力和前王公势力，不应允许法院干预议会为实行进步的社会经济改革而实行的立法。印共（马）的力量主要集中在喀拉拉、西孟加拉、安得拉、泰米尔纳杜等几个邦，在其他邦或只有很薄弱的工作基础，或完全是空白。为改变这种局面，它在更多邦加强了发动和组织群众的工作。

统一社会党和人民社会党参加竞选所持的立场也各不相同，两党对国大党（执政派）抱截然相反的态度。统一社会党的基本立场是坚持洛希亚提出的“非国大党主义”。1970 年初该党在绍尼普尔召开的特别会议上，提出愿与任何政党结盟以推翻英·甘地政府。不过党内有的人主张对英·甘地政府实行有条件的合作，也有人主张与国大党（组织派）合作。为了统一党内认识，统一社会党全国委员会通过了一份文件，规定不和国大党任何一派往来，要尽一切努力寻求与别的党联合以推翻国大党（执政派）的政权。人民社会党对国大党（执政派）的态度较统一社会党缓和。它不赞成笼统地提出“非国大党主义”口号，也不赞成不加区别地与任何党结盟反对国大党（执政派），认为应该与国大党（执政派）对话，在制定和执行民主社会主义政策方面进行合作。该党议会党团领袖苏·纳·德维瓦迪同时宣布，该党不同自由党、印度人民同盟和国大党（组织派）建立任何联系。由于两个社会党对国大党（执政派）的态度迥异，它们的大选策略也就完全不同。统一社会党与国大党（组织派）、印度人民同盟和自由党建立联合战线，参加了反英·甘地的“大联盟”；人民社会党则主张与国大党两派建立竞选联盟，遭到两者拒绝后，它单独参加选举，在少数邦与国大党（执政派）达成了竞选谅解。

这次选举全国登记选民为 2.74 亿人，有 1.515 亿人投票，占选民总数的 55.29%。选举结果，国大党（执政派）大获全胜。它获得的选票占总票数的43.7%，席位352个，占选举总席位数（518席）的67.95%。国大党（执政派）控制了人民院2/3的多数席位，接近尼赫鲁执政时期在议会拥有的优势。这不仅是英·甘地竞选策略的巨大成功，更表明广大下层群众肯定她的激进政策，对她采取有力措施改善下层群众的状况抱有很高的期望。

国大党（组织派）和所有右翼政党都遭到惨败，"大联盟"在英·甘地的凌厉攻势下，像泥房子遇到洪水一样顷刻倒塌。国大党（组织派）只获得总选票的10.43%，16个席位（上届有68个），占总席位数的3.09%。它的许多头面人物包括辛迪加派成员纷纷落马，其中有桑·雷迪、R.S.辛格、S.克里帕拉尼、S.K.帕提尔等，只有卡马拉季和德赛当选。迈索尔是国大党（组织派）的根据地之一，是党主席尼贾林加帕的家乡，该邦27个席位全部为国大党（执政派）获得，国大党（组织派）落得两手空空。这表明广大群众不满它的偏向有产者上层的立场，其队伍内的大多数普通党员离它而去。

自由党遭到成立以来最惨重的失败，它只得到总选票的3.07%，8个席位（上届为44个），占总席位数的1.54%。它的领导人不少落选，其中有N.G.兰加、M.R.马萨尼等。这表明在英·甘地的激进主义面前，鼓吹自由主义已经非常不得人心。中等阶级的相当部分看到英·甘地深孚众望，宁肯投票给她的党，甚至一些大资产阶级也投票给英·甘地的党，相信由这个党继续执政，社会才能比较安定。自由党异军突起的局面转眼成为过眼烟云。

印度人民同盟的结果也只是比自由党略微好些，它得到总选票的7.35%，议席由原来的35席下降到22席，占总席位数的4.25%，两者都低于上届大选。它在议会反对党中的排位由第二降到第三。

印共（马）获得总票数的5.12%，25个席位，占总席位数的4.83%，比上届大选有一定提高，上升为议会第一大反对党。印共所得选票占总选票数的4.73%，23个席位，占总席位数的4.44%，成为第二大反对党。不过就席位数而言，两者的进展都很有限。

统一社会党只得到3个席位，人民社会党得到2个席位。两个社会党落到如此地步，是因为英·甘地突然实行激进政策，等于把社会主义旗帜从社会党那里夺了过来，使社会党本来就微弱的吸引力消失殆尽，也因为两个社会党观点尖锐对立，原来拥护社会党的选民莫衷一是，许多人干脆把票投给英·甘地。统一社会党所有主要领导人包括费尔南德斯、M. 利马耶都落选。人民社会党有部分领导人落选。大选后，两党领导人立即谈判合并问题。人民社会党放弃与执政的国大党对话与建立竞选联盟的方针，统一社会党放弃与右翼反对党结盟的主张。1971 年 8 月 9 日，两党合并为社会党。这是这个党自脱离国大党单独建党以来分分合合的第三个轮回。

英·甘地在凯歌声中建立了国大党（执政派）政府，再度出任总理。她把大选胜利看成人民对政府实行激进政策的肯定和新的授权。正如国大党（执政派）的一份文件所说："人民在选举中的裁决是明白无误地授权国大党继续实行激进的社会经济改革，打破实行宪法中规定的国家政策指导原则的障碍，从而使印度沿着进步、社会主义和自力更生的方向前进。"①

人民院选举之后一年，1972 年，举行了各邦立法院的选举。此时印度共有 21 个邦［1966 年原旁遮普邦改组成旁遮普和哈里亚纳两个邦，1971 年喜马偕尔中央直辖区成为邦，1972 年人民院通过《东北地区（改组）法》，给予梅加拉亚、曼尼普尔、特里普拉邦的地位］，有 16 个邦举行了选举，其余的此前已进行。人民院选举结果对选民起了导向作用，对邦选举有直接影响，选举成了英·甘地征服人心的有力证明。结果，国大党（执政派）在参加选举的 16 个邦都取得了政权。从全国来说，国大党（执政派）掌权的邦共达到 18 个，几乎又回到了国大党包揽全国政权的局面。

总之，第五届人民院和邦立法院选举把英·甘地和国大党（执政派）推向权力的巅峰，右翼势力一败涂地。这表明在此次激进主义和保守主义的较量中，保守主义不堪一击。人们把这个胜利归功于英·甘地的魅力和手腕，以至《星期日泰晤士报》称她为"世界上最强有力的女人"。②

在民主社会主义旗号下实行激进主义，这是英·甘地在权力斗争中的创造。依靠这种手段的魅力，她把占选民多数的下层群众转变成自己的支持者，把第四届大选中从国大党分流到其他党的选票大都拉了回来。这也是下层群众展示自己力量的一次机会，是他们用手中的票为英·甘地创造了独占鳌头的辉煌。英·甘地可以感到满足了。不过，怎样把竞选中的诺

① 国大党全印工作委员会：《国大党在前进》，新德里，1972，第 103 页。

② 《星期日泰晤士报》1973 年 3 月 12 日。

言都落到实处，更重要的是，在改革中怎样把强调社会公平与注重经济效益恰当地结合起来，避免片面性，避免极端化，这却不是件轻而易举的事。

（二）政策趋向极端化

大选之后，英·甘地利用前所未有的大好形势，沿着大选前的方向进一步实行以社会公平为主旨的激进化政策。这不仅是为了巩固国大党（执政派）以及她本人在选举中建立的威望和地位，也是为了回馈选民，表示自己信守诺言，不会辜负他们的期望。

大选之后组织的新政府中，英·甘地兼任内务、原子能及新闻和广播部部长，原内阁 4 名高级成员贾·拉姆、Y. B. 恰范、斯瓦里·辛格和 F. A. 艾哈迈德分别担任国防部、财政部、外交部、粮食和农业部部长，其他政府职位多改用新人担任。

国大党（执政派）内，社会主义派占重要地位，其中大多数人是原来党内的左翼，也有一些是从印度共产党脱离出来的，后者的突出代表人物是莫汉·库马拉曼加拉姆。他原是印共中央委员，1971 年退出印共加入国大党。在此前向印共中央提交的一份说明他的观点的文件中，他认定国大党如果激进化，可以实现社会主义目标；主张印共党员加入国大党，从内部推进它激进化。因没有得到支持，他就退出印共而加入了国大党，有一批印共干部跟着他加入了国大党，库马拉曼加拉姆受到英·甘地的重用。这部分人的加入，使国大党内社会主义行动论坛的力量得到加强。据行动论坛人士统计，在大选后人民院的国大党（执政派）议员中，有 60～80 人持论坛派立场。论坛派一些重要成员和支持者被任命担任政府和国大党的高级职务。如库马拉曼加拉姆被任命为钢铁和矿业部部长，希达尔塔·尚·拉伊被任命为社会福利和文化部部长等。党内左翼不仅积极推动英·甘地实行激进化政策，提出各种具体建议，而且在改革遇到阻力时成为捍卫它的最坚决的力量。英·甘地既然要实行激进化改革，就需要一个强有力的参谋班子，所以对论坛的活动持积极支持态度。

新的形势使英·甘地的观点越来越激进化。如果说在就任总理的头几年，她是从两个方向考虑改革：一是对尼赫鲁时期制定的经济发展战略和方针政策进行必要的调整，以促进经济增长；二是采取以社会公平为宗旨的激进措施，以缩小贫富差距，改善下层人民的生活状况。现在，她对第一个方向的考虑越来越少了，对第二个方向的考虑掩盖了一切。而且由于面临和右翼的激烈斗争，似乎只有实行社会公平取向的改革是捍卫建立社会主义类型社会的目标，而促进经济增长取向的调整有悖于这个目标，可以不去考虑。这种认识的错位，加上兑现竞选诺言、回报选民的需要，使英·甘地大选后继续进行的改革虽然有一些是必要的、合理的，但整体上说是越走越远，不免带有片面化、极端化甚至严重违反经济发展规律的缺陷。

对宪法条文做适当的修正，是推行激进化措施必要的开路之举。早在五六十年代，地主资产阶级及其代言人就是用宪法关于保障私有权的规定来阻挠尼赫鲁实行土改和国有化的。英·甘地知道，如果要进一步实行激进的改革，势必会更多地涉及财产权、补偿办法等问题，遇到的阻力一定更大。这个关口是绕不过的。英·甘地也好，行动论坛派也好，都无意否定保障私有权这个基本原则，但他们一致认为，为了实行宪法中的国家政策指导原则，为了实现社会公平，经过立法而触及部分人的私有财产权是不可避免的。修改宪法就是要肯定这种必要性，并使之符合宪法规定。英·甘地及其追随者主张修宪还有另一方面的目的，即要确立并巩固议会在立法中的至上地位，防止司法部门用宪法赋予的法律审查权来牵制立法权。自 50 年代以来，联邦和邦议会为实行社会经济改革而实行的立法常常受到最高法院和高等法院的牵制，既得利益者对改革法案的抗拒常常得到态度保守的一些法官的支持，给改革的顺利进行带来很大困难。前一段遇到矛盾是通过就具体问题制定修宪案解决的。1967 年最高法院在果拉克·纳特诉讼案的判决中，裁定议会无权修改宪法第三部分即关于根本权利的规定，认为根本权利部分按其本身性质是不能修正的，如果要修正，那就必须召开新的制宪会议来修正或制定新宪法。国大党内外的左翼认为，最高法院的这个裁定对政府为贯彻宪法规定的国家政权指导原则而实行必要的社会经济改革是个严重障碍，必须予以消除。1967 年第四届大选的结果，国大党在人民院只有有限的优势，要解决这个问题有一定困难。如今形势不同了，国大党（执政派）既在议会占有绝对多数地位，就想从立法权和司法权的关系这个根本点上解决问题。1971 年 8 月，政府在人民院提出了宪法第 24 修正案草案，其内容是强调议会有权根据宪法第 368 条规定的程序，对宪法的任何部分进行必要的修正，无须法院审查，司法部门不能以违反宪法关于根本权利的规定为由对其提出质疑。修正案草案得以通过。同年 12 月，政府又使人民院通过宪法第 25 修正案，授权政府在触动私人财产权时，有权规定补偿金的数额，司法部门不得以补偿不足提出异议。这两个修正案的通过对阻碍改革的保守势力是个沉重打击。大资产阶级激烈反对这两个修正案。J. R. D. 塔塔就说，这些规定是“为直接的没收和剥夺开放了绿灯”。①

取消前王公年金和特权的宪法修正案，大选前以一票之差未能在联邦院通过。大选后形势极其有利于英·甘地。1971 年 12 月，政府再次在议会提出取消前王公年金和特权的宪法修正案，在两院都得到 2/3 以上多数票通过。这就是宪法第 26 修正案。取消前王公的年金和特权是一项积极的改革，残存的土邦制度的痕迹最终被彻底清除，政府也免除了支付年金的财政重负，可以集中更多资金用于经济建设。

在扫除了可能遇到的宪法障碍后，英·甘地开始对一系列私营企业实行国有化。私营企业的国有化问题曾是独立之初国大党内左右翼斗争的焦点之一。1948 年工业政策决议规定，对属于国家经营范围内的私营企业 10 年后可以实行国有化，但此后并未实行。尼赫鲁认为，私人企业技术设备陈旧，如果国有化，从效益的角度说未必有利，不如建立新企业，可以采用新的技术设备，何况国有化会引起上层思想恐慌，于吸引外资不利。所以在他执政的整个 10 多年间，实行国有化的很少。现在，在英·甘地推行激进化措施的浪潮中，在银行国有化的刺激下，私人重工业企业国有化又成了热门话题。左翼竭力推动把国有化扩大到更多领域，这与英·甘地的想法一致。英·甘地和国大党（执政派）重新举起国有化的利剑，期望收到一石二鸟之效，既进一步加强公营经济成分的主导地位，又能有效地限制经济权力集中于少数人手中。国大党（执政派）全国委员会 1972 年 10 月通过的一项决议说：“在我们的社会-政治目标下经济的迅速增长要求大力扩大工业中和国民经济其他重要领域中的公营成分。……减少经济集中和社会经济不平等的政策必须继续实行。在这方面最重要的步骤是扩大公营成分和削弱资本的经济权力，因为它对我们的社会目标是有害的。”② 党

① 印度工商业联合会：《信件集》，新德里，1973，第 534 页。

② A. M. 宰迪：《1972～1975 年的变化》，新德里，1975，第 67 页。

的主席 S. D. 夏尔玛在国大党全国委员会上更明白地说："公营成分正日益成为主导成分，但垄断资本占领的制高点还未拿下。因此，遏制垄断势力是今日国家面临的重要任务。……国有化并不一定是社会主义，但没有国有化，就没有任何社会主义。大规模的国有化才能转变社会的政治结构。"①

大选后首先实行的是普通保险业国有化。1971 年 5 月颁发总统令，将 106 家保险公司（印资和外资）的经营管理权转交政府。1972 年 8 月由议会立法对这些公司实行了国有化。接着实行国有化的是煤炭业。按照 1956 年工业政策决议，煤炭工业作为基础工业的一种，属于公营成分经营领域，但政府对已有的私营煤矿一直未实行国有化。政府允许这些企业继续经营，但不得再开新矿。1971 年大选后，在保险公司国有化高潮中，在钢铁和矿业部部长库马拉曼加拉姆的提议下，1971 年 10 月政府接收了 214 家私人焦煤矿和焦炭厂的管理权，1972 年 5 月实行了国有化。1973 年 1 月又接管了 464 家普通煤矿，5 月实行了国有化。在解释实行煤矿国有化的理由时，英·甘地说："煤矿国有化非常必要，因为矿主不顾工人死活，其开采方式使矿工饱受痛苦，也使生产本身每况愈下。"② 这样，除了附属于私人钢铁厂的煤矿外，煤炭工业基本上都变成了公营工业。

另一项重大行动是把印度钢铁公司国有化。独立后，私人钢铁公司主要有两家：塔塔钢铁公司和印度钢铁公司。前者是 1907 年建立的，是印资企业；后者是第一次世界大战末期建立的，以英资为主，有印资参与。独立前两者钢产量总计近 100 万吨。1948 年工业政策决议、1956 年工业政策决议都规定只有国家能新建钢铁企业。第二个五年计划期间，因为公营钢铁企业的产品远远不敷需要，政府允许两个私营钢铁企业扩大生产能力。"三五"计划期间不再允许私营钢铁企业扩大生产，不过当公营钢铁厂供不应求时也例外允准。"二五"计划末期，塔塔钢铁公司钢产量达到 200 万吨，印度钢铁公司达到 100 万吨。1972 年 7 月，印度政府从马丁·布恩公司手里接收了印度钢铁公司的管理权，理由是该公司管理不善，企业生产严重滑坡。1974 年该公司被收归国有。

1971~1973 年的国有化浪潮还扩大到铜矿和耐熔金属矿业。后者实行国

---

① 国大党全国委员会：《国大党在前进》，新德里，1972，第 40 页。

② 《人民院辩论集》，新德里，1973，第 213 页。

有化的有两大公司，理由是这两大公司产量低，不能适应钢铁工业的需要。在采铜业方面，1972 年政府接收了印度铜业公司的管理权，同年实行了国有化，理由是国家迫切需要扩大铜的产量以减少进口，国有化有助于更好地利用和扩大其生产能力，并终止私人对铜业的垄断。

私营银行、保险公司和部分重工业企业的国有化，使大资产阶级和右翼政党惶恐不安。企业主和投资人攻击说政府突然掀起国有化热使他们心寒，失去了安全感，还抱怨补偿太少，与没收无异。右翼政党的指责铺天盖地，说英·甘地政府蓄意制造混乱，把印度拖向共产主义。左翼政党则普遍表示欢迎和支持。印共（马）在评论印度钢铁公司国有化的意义时说："尽管在现行的资本主义制度下接管少数私人企业甚至将其国有化不可能带来根本的变化，我们仍支持这个步骤。"① 印度共产党则在对印度钢铁公司国有化表示坚决支持的同时特别说，希望不久的将来，也能看到塔塔钢铁公司被置于国家的管理之下。

国有化浪潮还部分地扩及棉纺织业这个轻工业部门，不过完全是由于另外的原因。棉纺织工业都是私营的，由于独立后不是发展重点，在国家外汇紧缺的情况下不能及时更新设备，技术落后；也由于政府为了扶植小型工业包括纺织业，给以多种优惠，对大中型纺织企业的市场营销起了限制作用，所以这类企业经营状况和经济效益一般都很差。60 年代一系列工厂关闭，更多的厂开工不足，年年亏损，成为病态企业。纺织业是全国最大的工业部门，就业人数达 100 万人。政府不希望看到由于它的衰退造成大量失业，影响社会稳定，于是分两批接收了 103 家病态纺织厂的管理权，占大中型纺织厂总数的 1/6。1974 年对这些厂实行了国有化。1976 年又有两个厂被收归国有。

对小麦批发贸易实行国营是英·甘地政府加强公营经济成分的又一措施，是把国有化的方针扩大到贸易领域。独立后，为了保证对非农业人口的粮食供应，印度的粮食政策基本上采取私人粮食贸易和政府实行公共粮食分配制度相结合的双轨制。政府收购粮食总量的约 1/10，也就是余粮的大部分，以政府控制的公平价格出售给城市中心，其余粮食可在市场上自由销售。由于粮食产量不足，实际上收购的粮食不足以供应城市，所缺

① 《人民院辩论集》，第 181~182 页。

部分靠进口粮食补充。由于供应常有跟不上的时候，这就给商人投机倒把制造了机会。商人囤积居奇，抬高粮价，加剧了紧张局面。为保证粮价稳定，保障城市供应，1966 年成立的国家粮食政策委员会建议政府加强粮食的收购、仓储和地区间以丰补歉的调剂工作。前一年成立了国家粮食贸易公司参与贸易，作为控制市场的手段。到 1971 年该公司已在市场上占重要地位，不过还不能有效地遏制粮价上涨。为彻底控制粮价，党内的左翼力促政府对主要农产品的批发贸易实行国营。1971 年国大党（执政派）的竞选宣言中讲到要扩大国家粮食贸易公司的作用，以保证实现国家的粮食分配政策并给农民一个公平的价格。1972 年 12 月国大党年会上要求对大米、小麦批发贸易实行国营的呼声高涨，但党的领导层意见不一。有些人认为，这会损害农民及商人的利益，使他们离开国大党。英·甘地为慎重起见，决定先从小麦批发贸易做起。1973 年 4 月，开始实行小麦批发贸易国营，由国家粮食贸易公司负责经营。私营批发商表示强烈反对，声称这是取消竞争，实行国家垄断，助长腐败。他们以停止一切粮食贸易的行动抗议。富裕农民也表示反对，强调政府控制粮价会影响他们的合法收入。

一浪高过一浪的国有化浪潮，使政坛上左倾情绪越来越高涨。这时，党内左翼不满足于对私营成分的攻势，把矛头转向外资，敦促政府加强对外资的控制。对于吸引外资参与国家建设，党内一直有不同意见，左翼中有些人持怀疑和保留态度。左翼政党更是反对，认为这是引狼入室，牺牲民族根本利益。尼赫鲁是持肯定态度的，所以“二五”“三五”计划期间对外资进入印度规定的条件较宽松，外国投资的数量也有较大增加，对印度经济发展起了积极作用。但也发现外国投资有相当部分是把在印度赚的钱拿来再投资，外资净流入量不多。另外，印度企业与外资企业签订的大量合作协议中有些对印方使用技术限制过多。印度企业界和舆论界对这些现象提出批评。这种情况被党内部分左翼当作有损民族利益的论据，竭力主张对外资的控制严格化。在这种气氛下，1973 年政府颁布了《外汇管理法》，对外国私人投资加强了限制。其中规定外国投资者在印度办企业必须与印度人合营，其所持股份一般不得超过 40%，只有符合下列条件者可达 51%~74%：（1）国家计划的优先项目，包括输电设备、化肥等 19 种核心工业；（2）面向出口的工业；（3）尖端技术。还规定，外资和印资合营中，外资必须转让技术并允许印方做横向转让，一切合作项目都必须包括培养印度技术人员的条款。这些新规定政府方面说是要改进对外资的管理，但显然条件过严，外国商人的投资积极性被挫伤。结果，1974~1979年在印度的外国跨国公司由540家减少到358家。美国可口可乐公司和国际商用机器公司由于前者拒绝削减股权到40%以下，后者没有执行培养技术人员的规定，被分别勒令关闭，两者都撤出印度。70年代印度与外商签订的合作协议仅2698项，这种状况显然不利于印度的经济发展。

激进化政策中还有一项措施是推进土改。这是经过几年酝酿，最后于1972年开始实行的。土改的不彻底不仅使下层农民十分不满，国大党内的左翼也感到不安。最大的阻力在邦一级立法和行政机构的掌权者，因为农业属邦职权范围，土改的立法和实施由邦负责，而邦的掌权者中有很多人是富农和大土地所有者，出于自身利益考虑，并不想彻底进行土改。这是一个潜在的火药桶，纳萨尔巴里农民武装斗争的爆发使英·甘地和左翼看到如果处理不好则有引爆的危险。英·甘地的一系列措施既然都能得到贯彻，她也希望凭自己的威望，通过国大党组织系统再做一番自上而下的推动，以促进问题进一步解决，并向广大农民表明自己和国大党中央的诚意。她很想在这方面有所作为。此时，废除柴明达尔地主制已告一段落，租佃改革进入了死胡同，英·甘地所能做的，就主要是在实行土地持有最高限额方面做一番努力，促使各邦政府取得一些突破。

60年代各邦制定的土地持有最高限额法对限额都规定得过宽，大土地所有者又千方百计逃避法律制约，结果使限额的规定形同虚设。60年代这项改革几无进展。在废除中间人制和实行租佃改革后，原地主以自耕地名义保留的土地虽然比以前柴明达尔持有地的规模小了很多，但仍然不少，拥有数百英亩的大土地所有者并不少见。另一方面，广大农业工人继续处于一无所有状态，另有更多小农，其持有地少得不足以养家糊口。在这种情况下，英·甘地要做的是促使各邦修改立法，降低限额标准并切实制止大土地所有者逃避法律，以保证能征收更多超过限额的土地，分给无地少地农民。

大选前后，根据她的建议，国大党中央任命了两个委员会即中央土改委员会和国大党9人高级委员会，对最高限额问题重新审查和提出建议。根据两个委员会的建议，1972年7月23日在她主持的全国邦首席部长会议上对进一步实施土地持有最高限额问题做出了新的决定，在其基础上制定了关于实行最高限额立法的指导纲要，要求各邦以纲要精神为基础，对现行的最高限额立法进行全面的修订。指导纲要的主要内容是：（1）关于计算单位。统一规定以五口之家（父母及3个未成年子女）为一个持有额单位，超过五口人的家庭允许适当增加，以该家庭总计不超过一个五口家庭最高持有额的两倍为限，每个成年儿子可单独作为一个持有额单位。（2）降低最高持有额标准。有灌溉保证的、一年两季收成的土地，最高持有额应在10~18英亩，依土质及其他条件好坏而定。有灌溉保证的、一年一季收成的土地，最高持有额为27英亩；所有其他土地最高持有额为54英亩。（3）减少免除限额限制的用地种类。只有种植茶叶、橡胶、小豆蔻、可可、椰子、槟榔、香蕉、葡萄的土地以及工农企业非农业用途的土地不受限额限制；宗教、慈善事业和公立学校的用地是否受限制由邦政府决定；取消糖厂甘蔗园、果园、经营良好的农场和机械化农场不受限额限制的规定。（4）分配剩余土地时，应优先给无地农业工人，特别是属于表列种姓和表列部落者，地价应低于市场价格。指导纲要还规定，各邦新的立法开始生效的日期最晚不应迟于1971年1月24日。

英·甘地政府新的努力迫使各邦政府不能不有所行动。1972年下半年至1973年，各邦对原来颁布的最高限额法做了修改，普遍降低了限额标准，缩小了免除限制的范围，并在计算方法上基本采纳了纲要的规定。这样，征收和分配剩余土地的工作比前一阶段有了一些进展。

不过，各邦在执行这项改革的力度上是不平衡的，总的来说，态度并不坚决，这就影响了预期效果的实现。据1971~1972年度进行的抽样调查推算，全国超过最高限额的土地应当有3000万英亩，截至1972年7月底，正式宣布的全国剩余土地仅404万英亩，转到政府手中的只有210万英亩。到1980年3月31日，宣布的剩余土地增加到691.3万英亩，已征收485万英亩，分配355万英亩，有247.5万无地少地的农户分到了土地。虽然比60年代有一定进展，但离预期的目标还有很大距离。

上述一系列激进化措施的实行，就指导思想来说，主要是为了实现社会公平，因而是再分配取向的改革。如果从经济增长的角度考察，措施大致可分为三类：有些是合理的、必要的，如银行和保险业国有化、取消前王公年金和特权、推进土改等，这些都利于合理配置和使用资源，发展、提高生产力；有些并非必要的，如大多数私营工业的国有化，政府说这些企业管理不善、生产滑坡，然而在接管后，多数企业效益不但没有好转，反而更糟；有些则完全没有必要，如接管病态企业、实行小麦贸易国营等，接管这些企业确实使部分工人免于失业，却把沉重的财政负担套在国家的脖子上。至于小麦批发国营，政府既没有足够的资源和精力揽这么大的摊子，又没有防止黑市买卖的能力，在这种情况下，粮源能保证吗？果然，政府很快就收不上粮食了，商人囤积居奇，黑市盛行，粮价暴涨，百姓不是得到了廉价的供应粮，而是要买高价粮。政府只好于 1974 年 3 月宣布恢复私营批发贸易。

英·甘地实行上述激进政策，有自觉的成分，也有不自觉的成分。可以说，最初她自觉地启动了这个激进化的过程，而在车轮滚动起来后，更多的是她被推着走。处在方向路线之争和权力之争的风口上，她被左翼推着走，也被客观形势推着走。在国有化的道路上走得那么远，恐怕连她自己也没有预想到。她实行这一系列激进政策是特定的政治环境的驱使，其中固然有坚持社会主义类型社会方向的因素，但更主要的是出于巩固国大党（执政派）和她自己的执政地位的考虑，是两者的混合。印度有的学者强调前者，有的强调后者，其实两者都强调才比较公允，因为在当时的情况下，权力之争确实和道路斗争紧紧联系在一起，正是这样，才给了英·甘地用渲染道路斗争来掩盖权力争夺的可能。

英·甘地的所有这些激进的政策，从吸引群众、振奋民心的角度说，达到了预期目的，加强了国大党（执政派）的政治影响，为自己树立亲民的形象，赢得了广大群众的好评，然而，炒出来的这种效果是否都是好事，能否长久维持，那就要另当别论了。

1974 年小麦批发贸易国营的终止标志着这一历时数年的激进浪潮的结束。

八 外交政策与第三次印巴战争

（一）与美国、苏联的关系

英·甘地执政后，外交上继续奉行不结盟方针，对美国和苏联采取大致平衡的政策。1966 年 3 月 28 日至 4 月 1 日，英·甘地首次访美。她希望印美关系能够进一步改善，以便较有保障地得到美国的小麦供应，解决印度的粮食危机，还希望美国在贷款方面给印度更多帮助和优惠。约翰逊总统热情接待，因为美国在中印边界战争后也盼望印度进一步向它靠拢。然而，英·甘地得到的更多是空洞表态，其援助要求却少有令人满意的回应。约翰逊只是要求美国国会同意再拨 350 万吨粮食给印度，此外，还有一张空头支票，提议国际援印财团考虑印度的长期需要给予援助。英·甘地在美期间，为了讨好美国，对美国侵略越南未予谴责，结果还是收获微薄。回国后她的讨好态度受到左翼政党批评。后来，当美国轰炸河内和海防时，她和南斯拉夫总统铁托、埃及总统纳赛尔一起发表声明，要求美国立即无条件停止轰炸，坐下来与越南谈判解决问题。这激怒了约翰逊，作为报复，美国削减了对印度允诺的粮食供应和资金援助。英·甘地没有屈服，坚持印度的立场。当 1967 年第三次中东战争爆发后，她坚决主张制止以色列侵略，要求双方以战争前的领土为基础进行谈判，并敦促美国不要在背后支持以色列，推波助澜。

英·甘地政府继续发展与苏联的密切关系。国大党（组织派）较强调亲美，英·甘地则更强调亲苏。1966 年 7 月，她访问苏联，在与苏联部长会议主席柯西金发表的联合公报中，双方谴责美国对越南的侵略，印度保证继续奉行不结盟政策。苏联又向印度提供 9.7 亿卢布贷款，支持印度的第四个五年计划。1970 年印度与苏联签订新的贸易协定，扩大了贸易的范围，更重要的是苏联同意从印度大量进口工业产品，特别是苏联援建工厂的产品，规定到 1975 年这类产品将占苏联从印度进口额的 60%。这对印度重工业的发展是有利的。苏联成了印度外贸的主要伙伴。70 年代印苏关系的一个重大发展是在军事合作方面，从供应武器发展到订立军事盟约。这与印巴对立有关。1971 年，鉴于东巴基斯坦政治形势动荡，印度打算插手，但担心处在军事集团中的巴基斯坦要求美国军事援助。为排除这种可能性，印度需要依靠苏联作为后盾。8 月 9 日，也就是印巴战争前夕，印度与苏联在新德里签订了为期 20 年的《印苏和平友好合作条约》。其中除了发展两国经济、文化、科技联系的内容外，还规定了军事方面的合作：签约双方保证不参加矛头针对另一方的任何军事同盟；避免对另一方的任何侵略，防止利用它的领土从事可能给另一方造成军事损害的任何行动；不向同另一方发生武装冲突的任何第三方提供援助；在任何一方遭到进攻或受到进攻威胁时，应立即共同协商，以消除威胁并采取适当的有效措施保证两国的和平安全。这个条约实际上带有军事同盟性质，是对不结盟立场的偏离。当受到舆论质疑时，英·甘地竭力解释说，印度不结盟的外交政策没有改变，和苏联结盟只是一种特殊情况下的特殊处置，这样做只是因为巴基斯坦加入了美国拼凑的一系列军事集团，印度不得不考虑一旦印巴关系出现控制不了的局面时，需要有一种对付巴美军事同盟的办法。她竭力冲淡这项条约的政治影响，一再强调这个行动只是出于防御目的，不会影响印度在国际冷战格局中的根本立场。70 年代，苏联一面增加对印度的经济技术援助和扩大两国贸易，一面大量向其供应新式武器，包括制造米格-29 飞机的专门技术。在美苏对印度洋地区的争夺中，在苏联对中国实行的遏制战略中，印度都成了苏联重点拉拢的对象。印度受惠于人不能不感恩图报，1968 年苏军入侵捷克斯洛伐克，遭到世界各国谴责，印度对这一行动却保持沉默。

关于核武器政策，印度是 1963 年莫斯科禁试条约的签字国，其立场是反对试验和制造核武器。从尼赫鲁时期起就一直呼吁和平使用原子能，由于得不到积极响应，印度改变方针，决定自己也要拥有核能力。印度领导人认为，印度要想成为一个在世界上有较大影响的国家，在当今世界上必须拥有核能力，否则就会受制于大国。英·甘地执政时期，印度已经开始秘密准备地下核试验。1974 年 5 月 18 日，在拉贾斯坦的波卡兰进行了第一次成功的地下试验，爆炸了一个核装置。但印度政府声明不打算生产核武器，并表示反对把核试验用于军事目的。印度没有在《不扩散核武器条约》上签字，它认为在超级大国拥有核武库，并且不愿销毁的情况下，限制其他国家拥有是不公正的。印度宣布，它的态度仍然是主张全面销毁核武器，同时，印度作为一个大国，也应该具有制造核武器的能力，具有核选择的权利。从这时起印度一直在秘密研制核武器，事实上在 80 年代已具有了这种能力。美国等西方国家对印度核试验提出强烈指责，并坚决要求印度在《不扩散核武器条约》上签字，在印度不接受的情况下就对它尽可能地施加压力。这方面的冲突一直在继续，成了影响印美关系的一个重要因素。

（二）第三次印巴战争

进入 70 年代后印巴关系又出现了危机，与以往不同，这一次是由于印度插手巴基斯坦内部事务。印巴分治后东孟加拉成了巴基斯坦的一部分，被称为东巴基斯坦。1971 年 3 月，东巴基斯坦的政党人民联盟认为东孟加拉在巴基斯坦内部受到西巴基斯坦政治上的歧视和经济上的剥削，掀起了要求建立独立的孟加拉国运动，受到东孟加拉人民的广泛支持。巴基斯坦政府逮捕了人民联盟领导人穆吉布·拉赫曼等，随即派军队进入东巴基斯坦，对独立运动进行镇压。东巴基斯坦有几百万孟加拉难民越境进入印度。印度议会通过决议对东巴人民的斗争表示同情，并接纳难民，为解决难民的临时安置费用，还通过了加征新税的法案。议会内的右翼势力乘机掀起反巴基斯坦的鼓噪，甚至敦促政府与巴基斯坦开战。巴基斯坦总统叶海亚·汗指责印度鼓励东巴的独立运动是干涉其内政。4 月人民联盟宣布孟加拉独立，建立临时政府，号召人民参战，赶走巴基斯坦军队。英·甘地政府一面密切注视局势发展，一面通过媒体大力宣传难民流入印度问题的严重性及带来的安置和供应上的困难，强调这不仅是巴基斯坦内部问题，也是与印度有直接关系的国际问题。印度政府先后派出 13 个代表团到 70 个国家说明难民流入给印度带来的沉重负担，要求给予财力支持，并动员世界舆论敦促巴基斯坦撤出军队，与人民联盟谈判解决问题。英·甘地也亲率代表团到苏联、比利时、奥地利、英国、美国、法国和联邦德国游说，要求它们为难民提供援助，敦促巴基斯坦总统叶海亚·汗与被关押的人民联盟领导人谈判。印度的游说在西欧和美国没有得到积极反响（后来英法站到印度一方），只有苏联表示全力支持。在进行外交活动的同时，印度开始向东巴反政府军提供武器装备。印度显然是希望东孟加拉脱离巴基斯坦，因为这样将使自己摆脱腹背受敌的局面，并大大削弱巴基斯坦的实力。印度自恃有《印苏和平友好合作条约》做后盾，不怕美国干涉，在做好了充分准备后，决定直接插手。印巴都在边界地区部署军队。1971 年 11 月，印巴军队在边界地区不断交火，印军占领东巴一些边境据点。12 月 3 日，叶海亚·汗宣布迎战入侵的印军，全面战争开始。在印度方面，这一天总统 V. V. 吉里宣布全国处于紧急状态。印度方面说，当天是巴基斯坦飞机首先突袭了印度 9 个机场。战争开始后，印军对东巴北部、东北部同时发动多路进攻，以图速战速决。巴基斯坦军队在印度军队的进攻面前显得软弱和被动。12 月 6 日，印度宣布承认孟加拉独立。12 月 15 日，印军攻占吉大港，另一支军队则绕道向东巴首府达卡进攻。这期间在旁遮普印巴边界线和克什米尔印巴停火线上也发生了战斗。印巴军队相互进入对方领地，占领了一些地区，印度在克什米尔、旁遮普和库奇占领巴方土地较多。巴基斯坦在东巴军事力量有限，无力抵挡印军的攻势，12 月 16 日投降，印军进入达卡。16 日印度宣布停火，17 日巴基斯坦接受停火。印度在军事上取得了完全的胜利。东巴从此脱离巴基斯坦，成为独立的孟加拉国。这就是第三次印巴战争。

总的来看，东巴独立是孟加拉人民自己的选择。当时，孟加拉人民要求独立已成为不可阻挡的潮流，而叶海亚·汗错误的镇压政策只会激起人民的愤怒和反抗。印度的干涉起了加速孟加拉独立进程的作用。

战争结束后，在印度的数百万难民陆续返回孟加拉，但也有相当多难民留了下来。1972 年 3 月 12 日，印军从孟加拉撤回。战争使巴基斯坦实力大为削弱，印度在南亚的优势地位得以稳固确立。印度认为有了孟加拉国作为盟国，就能够更好地对付巴基斯坦。英·甘地因这次战争的胜利，声望如日中天。正如《星期日泰晤士报》1973 年 3 月 12 日的一篇文章中所说，人们为她歌功颂德，把她比作三位一体的大神，说她是梵天——新印度的创造者，是毗湿奴——民主体制的维护者，是湿婆——大败巴基斯坦军队的毁灭神。① 全国舆论界欢欣鼓舞竭力颂扬这场战争的胜利，甚至说这次战争的胜利为印度军队找回了 1962 年中印边界战争丢失的尊严和自信。

美国等西方国家都不支持印度插手东巴基斯坦事务，它们希望保持印巴力量的相对平衡，认为这是维护美英在南亚的战略地位的重要保证，一旦平衡被打破，西方对印度的影响力就更弱。战争前夕美国继续向巴基斯坦供应武器装备，对印度的武器供应则停止。战争开始后，美国停止对印度的所有经济援助，其他西方国家也起而效仿。世界舆论普遍指责印度为了政治目的使用暴力肢解巴基斯坦，印度处境孤立。不过，为了避免把印度完全推入苏联怀抱，战争结束后，面对既成事实，美国总统尼克松又施展拉拢手腕。他第一次把印度称为“大国”和“南亚最强大的国家”，说美

---

① 《星期日泰晤士报》1973 年 3 月 12 日。

国和印度并没有利益冲突，美国准备就双方未来的关系进行认真的对话，并说改善两国关系是个“双行线”，其成功与否取决于双方的努力程度。①1974 年 10 月还派国务卿基辛格访印，传达他对改善两国关系的愿望。双方同意共同建立一个委员会就经济、文化和技术合作进行磋商，两国紧张关系此后略有缓和。1974 年美国新总统福特访问印度。两国的贸易额也有所增长。但进入 1975 年，随着美国大规模地供应巴基斯坦武器，美国精心塑造的友善形象又一次在印度人眼中消失了。

印度和苏联的关系在这次战争后更为密切。1973 年印度与苏联签订的议定书中，苏联允诺大力帮助印度发展关键工业部门，包括钢铁、化肥、石油冶炼、石油化工和发电等。1973 年 11 月勃列日涅夫访印，受到最热情的接待。11 月 29 日，印苏两国领导人签订了未来 15 年的经济贸易合作协定。1976 年英·甘地又一次访苏，在与勃列日涅夫共同发表的联合公报中，双方宣称在世界所有重大问题上两国观点完全一致。

1971 年战争后，巴基斯坦建立了佐勒菲卡尔·阿里·布托总统领导的政府。印度和巴基斯坦都希望稳定局势。1972 年 6 月 28 日起，英·甘地与布托在西姆拉举行和谈。根据 7 月 3 日双方缔结的《西姆拉协定》，两国政府首脑同意今后要以双边谈判及其他双方同意的和平手段解决两国的争端，避免使用武力或以武力威胁破坏彼此的领土完整和独立；双方表示要以《联合国宪章》为指导，努力建立友好和睦关系，实现持久和平；作为建立和平进程的开始，双方军队要撤退到印巴国际边界线自己的一侧，在克什米尔，双方接受 1971 年 12 月 17 日停火时的控制线，双方都不寻求单方面改变这一控制线，并承诺不以武力破坏它；双方都表示要采取措施逐步实现两国关系的正常化。印度和巴基斯坦在战争后都面临着严重的经济困难，都需要有一个相对安定的局面来发展经济，因此保持和平是双方的共同要求。

（三）与其他周边国家关系

在与中国的关系上，印度政府仍以中国为“敌对势力”。1967 年 6 月，中印双方还发生了相互驱逐外交官和边界上的武装冲突事件。德赛主张同

① A. 阿帕多莱、M. S. 拉贾恩：《印度的外交政策和外交关系》，新德里，1985，第 251 页。

中国台湾地区发展某种关系，以对中国政府施加压力。英·甘地拒绝这种主张，表示准备在条件许可时同中国对话。1969 年，英·甘地在两次记者招待会上都讲到应设法寻求解决中印争端的途径。印度表现出这种较灵活的态度，也是因为面对与巴基斯坦的紧张关系，不希望两面树敌。

孟加拉国成立后，最初一段时期在穆吉布·拉赫曼领导下与印度保持着亲密的关系。1972 年 3 月两国签订了友好、合作与和平条约，表示要永远维护两国兄弟般的睦邻关系，还签订了第一个贸易协定，互相给予最惠国待遇。1973 年又签订了新的贸易协定。印度还向孟加拉国提供贷款和物资援助，帮助孟加拉国恢复经济。但人民联盟内外也有些人不赞成过分亲印，认为这对孟加拉国的长远发展不利。到了 70 年代中期，两国间的一些历史遗留问题如恒河河水使用问题、领土争端问题开始暴露出来。1975 年 8 月、11 月，孟加拉国接连发生政变，在齐亚·拉赫曼任军事管制首席执行官后，政局始告稳定。印度政府和舆论对孟加拉国政变持强烈反对态度，两国关系一度十分紧张，经过双方官员会晤才有所缓解。但双方既开始了互相指责，加之历史遗留问题浮出水面，短暂的蜜月也就一去不复返了。印孟的河水使用纠纷是东巴基斯坦时期留下来的。恒河发源于喜马拉雅山南坡，流经尼泊尔、印度和东巴基斯坦，注入孟加拉湾。尼赫鲁执政初期，印度政府就宣布要在离印巴边界不远的法拉卡修筑一座大水坝，拦截恒河水，引向加尔各答，为港口加水。这涉及东巴基斯坦农田灌溉的基本水源问题，事关重大，因而巴基斯坦强烈反对。双方多次会谈，仍得不到解决。印度却按计划于 1962 年开始施工，1970 年大坝建成，全长 2203 米，1974 年引水渠也建成，长 40 公里。孟加拉国建立后，面对既成事实，继续与印度谈判，寻找解决办法，但一直未能突破。1975 年 4 月，印度启用法拉卡工程，两国在恒河水利用上的矛盾随即激化。在这种情况下，作为一个临时解决措施，印度允诺在缺水季节减少截水量。这当然不是治本之法，孟加拉国不得不把这个纠纷提到联合国，要求帮助斡旋，这使印度大为不满。

印度与尼泊尔的关系在 70 年代略有改善。1973 年 2 月，英·甘地访问尼泊尔；1974 年 10 月，尼泊尔新国王比兰德拉回访印度。英·甘地向尼泊尔国王保证不允许柯依拉腊在印度领土上从事任何反对尼泊尔国王的行动或从印度袭击尼泊尔边境地区。不过尼泊尔并不完全信任印度，坚持与更多国家发展友谊。1975 年，比兰德拉提出建立尼泊尔和平区的建议，得到 100 多个国家的支持。印度认为这是为了疏远印度，颇为不悦。

70 年代印度对外关系方面发生的一个重要事件是吞并锡金。1973 年，亲印度的锡金国民大会在议会选举中获得多数席位。随后议会通过决议，把锡金王公变成宪法元首而剥夺其实权。王公拒绝，并在国际上积极活动，争取支持。英·甘地政府希望趁此机会吞并锡金，但怕引起国际反对，遂采取了分步走的办法。1974 年 9 月 4 日，印度人民院通过宪法第 35 修正案，确立锡金与印度的“联系”关系，在印度议会设锡金代表席位。1975 年 3 月 1 日，锡金成为印度联邦的“联系邦”。1975 年 4 月 10 日，锡金国民会议通过决议，并入印度。4 月 26 日，印度人民院通过宪法第 36 修正案，使锡金成为印度联邦的一个邦，最终完成了吞并过程。5 月 16 日，锡金成立了邦政府。

九 经济政治形势恶化

（一）形势恶化原因

英·甘地执政前期，经济形势还比较平稳，1973 年后骤然恶化。导致恶化的原因是：（1）印巴战争从两方面造成了极为沉重的财政负担，一是军费开支的直线上升，二是收容 800 万孟加拉难民的巨大消耗。两者所需款项都只有靠压缩投资、增发纸币和增加税收的办法解决。压缩投资影响“四五”计划指标的实现；增发纸币则引起通货膨胀，使“四五”计划原来的工程预算都必须大幅度追加才相当于原值。这就造成了事先不曾估计到的严重的经费短缺局面。印巴战争开始后，美国停止对印度的军事援助和粮食供应，政府不得不出高价从世界市场进口粮食，从而财政更加紧张，加剧了印度面临的困难。（2）1972 年印度遭遇大旱灾，全国粮食产量由 1971~1972 年度的 1.084 亿吨降到 1972~1973 年度的 9700 万吨，全国有 1.8 亿人不同程度地受到影响，有几百万人陷于半饥饿状态，城市里每天有数以万计的人靠私人慈善机构救济所免费供给的稀粥为生。粮食缺口的扩大，使政府只有用高价进口补足。1972~1973 年度至 1973~1974 年度共进口 408 万吨。这些仍满足不了需求，结果粮价暴涨，黑市猖獗。粮价上涨带动了物价全面上涨，1972~1973 年度商品批发价的指数比 1970~1971 年度增长了 21.57%。城市下层不待说，即便经济条件稍好的小企业主、小商人，也深受物价全面上涨的煎熬。由于原料价格上涨，市场萎缩，许多小企业、小商店倒闭，手工业者破产的更多，导致失业大军空前增加。由于旱灾引起水力发电不足，许多工厂处于半开工状态，在业工人也有相当部分实际上处于半失业状态。（3）一系列的国有化措施没有带来这些部门经营的改善，相反，有些部门如煤矿在国有化后，产量反而降低。最具有讽刺意味的是政府对几百家病态企业的接管，每年从国库拨出巨款维持它们的生存仅仅是为了显示社会公平。（4）1973 年国际石油价格上涨更扩大了“四五”计划预算支出的亏空，对已经捉襟见肘的财政现状实为雪上加霜。

这一切的结果是“四五”计划执行情况很糟。资金捉襟见肘导致投资计划不能兑现，大批工程项目不能完工，建成的企业开工不足。农业项目的投入受资金和能源的限制，远不能按计划实现。结果不可避免的是，计划的增产指标大都没有完成，钢铁、化肥、水泥、棉纱等部门的产量显著下降。国内生产总值增长率也没有完成，原计划为 5.7%，实际上只达到 3.3%；原定工业年增长率为 8%~10%，实际只有 5%；原计划农业年增长率为 5%，实际仅达到 2.8%；原计划粮食 1973~1974 年度达到 1.29 亿吨，实际只有 1.04 亿吨。由于工农业都未能完成计划，国民收入增长指标也就成了泡影。计划完成得如此差是以往从没有过的。

面对日益严重的经济危机，1973 年末，随着小麦批发国营的停止，英·甘地的激进政策也就此收场。此时她终于认识到，再继续这样走下去，经济会崩溃，局面将不可收拾。从这时起，她又重新转到实行经济调整的方向上来，把提高效益、促进发展放到更突出的地位。从 1966 年她担任总理起，客观形势的变化和印度的经济发展就要求对原来实行的体制、战略、政策做必要的调整。她开始时这样做了，但缺乏自觉，加上受政治因素的影响，很快就把主要注意力转到再分配的方向，调整政策的工作被搁置。如今她看到这样做带来了新问题，不得不重新转向经济调整。转回来是应该的，可惜，几年的宝贵时间已被耽搁，而且，她推行的那些再分配取向的激进化措施，使原来存在的问题变本加厉。更成问题的是，直到这时，她并没有长远的、通盘的考虑，不是在这个基础上实行有计划、有步骤的自觉调整，而仍然是抱着应急态度。她的认识还基本停留在原来的水平上。

1974年起，英·甘地开始采取紧缩通货政策，政府颁令限制红利分配，冻结工资，并紧缩政府开支，减少对私营成分的信贷，同时，大力号召提高效益，增加生产。为了解决关键工业部门发展严重落后问题，1973年政府发表了工业政策说明，把部分工业部门划为最优先发展的部门，允许大工业家族与外国公司投资经营。这是对1956年工业政策决议划分的公私营经营范围的初步修改。1973年政府对工业许可证的范围也略有修正，以创造增加生产的有利条件。

1974年4月开始实行第五个五年计划。“五五”计划提出的目标是实现兼顾社会公平的增长，这表明英·甘地在指导思想上已把前一段实行的社会公平优先原则改为增长和社会公平并重，也表明她回到了执政初期的立场上。

经济形势的恶化影响到了政治形势，使“英迪拉热”骤然降温。人民在欢庆英·甘地激进政策的实施以及印度对巴基斯坦战争的胜利后突然发现，这些胜利并没有减轻他们的贫困、改善他们的地位，大多数人困苦窘迫的生活依然如故。英·甘地“消除贫困”的诱人口号以及在大选中对这一口号的火爆炒作，把人们的期望值调动到最高。然而，严峻的现实使他们认识到，许诺是一回事，实际结果又是一回事。那些在竞选中描绘的美好前景原来是空中楼阁，可望而不可即！人们失望了，由失望生出不满，而且由于城市中小有产者也受到经济恶化的困扰，这种不满就从社会下层逐渐扩大到中层，不到一两年光景，就形成了强大的不满浪潮。人们怨声载道，“消除贫困”口号成了笑柄。自然，这种形势很快就被各种反对势力利用，为他们掀起一场全国性的反英·甘地运动提供了出师之名。

人们的不满还因以下两个因素而加强。

第一，国大党高级官员腐败的滋生、发展。官员腐败在尼赫鲁执政时期已经屡见不鲜，以受贿最为突出。这主要是因为政府官员手里集中了太多的权力，一些官员利用手中权力进行钱权交换，以权谋私。尽管尼赫鲁等领导人强调官员要廉洁自律、奉公守法，但腐败的趋势有增无已。国大党长期执政，疏于自身建设，一些人进入党内为的就是升官发财，加之党又缺乏强有力的外部压力促使它自身严格纪律，这都为腐败的滋生、发展提供了温床。英·甘地执政时期，腐败的增长变本加厉，这和党的成分的变化以及党内民主的扭曲有密切关系。1971年大选后，鉴于国大党（执政派）获得了中央和绝大多数邦的政权，许多善于见风使舵的人，不再跟着辛迪加派和右翼走，脱离国大党（组织派）而加入国大党（执政派），还有一批以追逐权力和财富为目标的原反对党的成员和地方集团首领也乘机挤了进来，这就使国大党（执政派）的成分变得庞杂。国大党的分裂使两派党组织系统变得残缺不全，党的纪律形同虚设。结果，国大党干部和政府官员有不少人肆意妄为，官场上贪污盛行，受贿成风。

溜须拍马、任人唯亲是腐败的另一种典型表现。有件事直接与英·甘地有牵连，在舆论界和群众中影响极坏，这就是她的次子桑贾伊获准建立马鲁蒂（意为“风神之子”）汽车制造公司事件。印度政府为发展国内的汽车制造业，决定建立一个大型汽车制造厂，大规模生产小型汽车。当时有 10 多个很有实力的商人都想得到生产的特许权，桑贾伊也参与角逐。他是一个 20 多岁的青年，从国外学习汽车制造技术归来不久，设计了“马鲁蒂”牌小型汽车。他赤手空拳，在实力上根本不能和别人相比，但由于是总理的儿子，周围不乏有权有势的溜须拍马者。凭这个关系，他不费力就战胜了众多竞争者，获得了开办马鲁蒂汽车制造公司的权利，并很快从一些大财团手中筹措到大笔资金，在德里附近的哈里亚纳邦古尔冈县得到 345 英亩土地作为建厂用地，迅速建立了一个大型汽车制造厂，其举事之易、进展速度之快令人瞠目。反对派质问英·甘地，如果不是利用他母亲是总理，哈里亚纳邦首席部长是他母亲下属这一特殊条件，以及他是总理的儿子的特殊身份得到大财团提供资金援助，他有什么力量办成这件平民百姓连想也不敢想的事？然而这个诞生极为顺遂的公司三年间却连一辆汽车都没有生产出来，反而亏本 600 万卢比。这件事使英·甘地在群众心目中的形象大打折扣。忍饥挨饿的群众对官场的种种腐败现象十分憎恶。反对派更借题发挥，使马鲁蒂工厂很快成为众矢之的。

选举中的金钱政治和钱权交易是腐败的又一典型表现。这种腐败不同于前者之处是它与党派私利密切联系在一起，带有很强的政治性。英·甘地规定不允许工商企业向政党捐赠竞选经费，许多大企业家为讨好英·甘地的执政党以图得到回报，便私下捐赠，实际上是进行幕后钱权交易。1971 年人民院选举和 1972 年邦立法院选举，都有英·甘地的高级僚属为国大党（执政派）募集资金，共达数千万卢比。许多“捐款者”名为捐赠，实为贿赂。国大党（执政派）当选后则暗中利用手中权力通过各种优惠给予回报。

这些丑闻被反对派披露，很快传遍全国。

第二，英·甘地的个人专断倾向日益增长，使民主体制受到损害。国大党分裂后，国大党（执政派）既以英·甘地为旗帜，她自然就成了中心。国大党（执政派）成了她的拥护者的组织，分裂实际上是以她为界，加入她这一派以拥护她为前提。1971~1972 年大选的胜利更给许多人，包括她本人在内，造成一种强烈的感觉，即是她英·甘地个人的魅力才取得了这样的胜利，她给党带来了一切。第三次印巴战争胜利又加强了这个印象。英·甘地权力达到顶峰，她的威望无与伦比。正是凭着这样的资本，她越来越倾向于专权独裁，各级党组织不再选举，邦的领导人由她指派。由于国大党（执政派）是执政党，她对民主的践踏就不仅是党内的问题，而必然成为滥用总理职权和中央权力的问题。她独断独行，对不同意见不能容纳，违反她意愿的部长被撤换，她的亲信则被委以重任，一些毫无群众基础、毫无政绩的人，只因对她忠诚，就平步青云、飞黄腾达。这使她的阁僚和下属都对她唯唯诺诺，一事当先完全以她的好恶为转移。她也直接插手邦的事务，邦的党组织负责人、邦长和首席部长都由她指定或认可，邦的派系斗争也都赖她裁断。对地方提出的要求她很少让步，当她派的人不能控制邦的局势时，就实行总统治理。由于她任人唯亲，其亲信行为不轨也受到庇护。官员们领悟到个人的仕途不由政绩决定，而取决于能否取悦英·甘地和上级领导，也就自然对上阿谀奉承，对人民群众漠不关心，造成吏治腐败、滥用权力盛行。这种情况使各阶层群众莫不感到反感和气愤，舆论界讽刺地称英·甘地为“印度的维多利亚女王”。

（二）“J. P. 运动”

人民的不满在 1974 年以大罢工和不断发生的群众与军警的流血冲突表现出来。印巴战争结束后 18 个月中，人们把不满带上街头，不仅工人参加，学生、市民也大量参加。人们不仅要求改善经济形势和自己的经济地位，也对官员的腐败表示愤怒和抗议。在德里、加尔各答、马德拉斯和其他大城市，都发生了罢工和群众示威，不少地方的示威演变成与警察的冲突。抗议的浪潮持续扩展，在北方邦首府勒克瑙，甚至警察也参加到示威群众的行列中，与来镇压的军队交火，死亡 40 余人。1974 年 5 月 8 日爆发了全国铁路工人总罢工，使全国铁路交通几乎陷于瘫痪。面对人民愤怒的爆发，英·甘地感到突然和吃惊，她知道人民不满，但没有料到如此强烈。她意识到自己在群众心目中的地位正在消失，但要扭转这个趋势又无能为力。经济形势在恶化，她解决不了粮食、食油、燃料的短缺问题，也制止不了物价飞涨和商人囤积居奇。这是因为国库已经空虚，实在拿不出钱来改善经济形势，又不能立即从国外贷款解决困难。她陷于一筹莫展的境地。对于铁路工人总罢工，她下令镇压。

这一切自然给反对党提供了攻击她和国大党（执政派）的口实。反对党利用这种有利形势，迅速展开了攻势。

这时，国大党（执政派）内部也出现不稳，党内重新出现左右翼的分野和斗争，削弱了党应付外部攻势的能力。1971 年后进入党内的大批原国大党（组织派）和其他反对党的投机分子很快就与党内一批只求升官发财、对社会主义口号不那么热衷的人联合，构成了新的保守势力。他们在政策上不愿英·甘地太激进，在组织上图谋确立自己的有利地位。他们觉得，党内的社会主义左翼——社会主义行动论坛是他们寻求掌握更大权力的障碍，因而一直设法削弱它对英·甘地的影响。1972 年，这批人针对行动论坛组织了“尼赫鲁研究论坛”，向行动论坛发起挑战，打出的旗号是反对共产党的渗透，维护尼赫鲁制定的社会主义目标。他们的策略就是把行动论坛说成共产党的渗透势力，声称对它必须发动猛烈反击，否则就会被其夺取党的领导权，把印度推向共产主义。这种危言耸听的渲染很快就在党内造成强烈影响，对英·甘地形成了压力。英·甘地不否认行动论坛中有一批前共产党人，但她清楚地知道，她本人才是政策的主导者，她制定政策并非受人驱使；她更清楚地知道，她心目中的社会主义目标与共产主义毫无相同之处。她反对新保守派无中生有的攻击，但也没有公开制止，这是因为她不想给人留下她在党内属于某一派的感觉。所以在公开场合，她保持着对两个论坛的超脱态度，私下暗示行动论坛，为防止党内派别斗争兴起，没有必要再活动下去。1973 年 4 月，两个论坛的争论被提到党的议会局讨论，由于英·甘地已倾向于停止活动，议会局做出决议：为保持党的团结，不应再有任何论坛。两个论坛都解散了。不过虽然论坛不再存在，两派势力的分野却未能消除，两派明争暗斗，竞相对英·甘地施加影响。由于缺乏团结基础，在反对党的攻势面前，国大党（执政派）就不能以共同一致的立场迎击。

与以往不同，反对党这一次可以充分利用人民的不满发动攻势。以往主要是在议会内发难，这一次转移到议会外；以往主要是利用报刊和讲坛制造舆论，这一次则以发动群众、开展广泛的反英迪拉运动为主要形式，同时利用媒体，揭发丑闻，形成轰动效应，吸引更多人参加；以往主要是施加压力，促使英·甘地改变政策，这一次则要逼她下台。反对党在逼她下台的共同目标下，由分散行动到逐渐集结，由协调策略到建立联合组织，终于形成一场声势浩大的反英迪拉和国大党（执政派）政府的运动。在全国性政党中，最后只有印度共产党全力支持英·甘地。

1974年1月，古吉拉特邦莫尔维工程学院发生学潮，抗议增加膳食费。由于处理不及时，事态逐渐扩大，并蔓延到其他城市的学校。学生们指责国大党（执政派）的邦首席部长奇·帕提尔和教育部部长腐败，要求他们辞职。德赛领导的国大党（组织派）趁势在全邦掀起抗议物价上涨运动。工人和市民指责粮食供应不足，粮食配给制存在严重弊端，也要求邦首席部长辞职，并解散邦议会。持极端情绪的青年和大学生建立了组织，采取暴力威胁方式，如包围议员住宅、切断电线等，强迫邦议会成员辞职，甚至对不听从者进行殴打或游行示众。这之后发生了大量抢劫和纵火事件，不但警察开火，政府还动用中央后备警察和边防部队维持秩序。动乱持续了三周之久，死亡100多人，伤300多人。德赛宣布要绝食至死，以抗议邦政府的镇压。邦政府控制不了局势，2月9日首席部长被迫辞职。邦政权由总统接管。3月15日，邦议会也被解散。英·甘地指责反对党践踏民主原则，诉诸暴力；反对党则指责她用军队镇压人民。古吉拉特事件是在反对党领导下利用群众骚乱推翻合法的邦政权，这给其他邦的反对党以鼓励，开了制造群众动乱的先例。

在比哈尔邦也发生了类似古吉拉特邦的学潮，同样是将矛头对准国大党（执政派）的邦政府。反对党立即利用学潮发动攻势。这里的反对党有印度人民同盟、国大党（组织派）和社会党。社会党最孚众望的老资格领袖J. P. 纳拉扬的家乡就在比哈尔邦。出人意料的是，他立即出面，表示愿意领导运动。

纳拉扬倾向于圣雄甘地的哲学和政治见解，主张建立一个以小生产为基础的没有剥削压迫的社会。1954年他脱离政治舞台，献身于开展“献田运动”，但没有什么成效。他逐渐认识到像“献田运动”这样的活动不能解决印度的社会问题，要使印度社会有根本的改变，必须从政治斗争入手。纳拉扬本来对国大党的政策就很不满，特别是对英·甘地的个人专断很反感，认为现行的政治体制是腐败的体制，必须改变。他在等待重返政坛的时机，现在机会来了。没有人邀请，他自动站出来，不仅领导比哈尔邦的反政府运动，而且以古吉拉特邦和比哈尔邦的运动为契机，掀起一场全国性的斗争，并宣称要以古吉拉特邦为榜样，一个邦一个邦地摧垮国大党（执政派）的政权。他宣布，他的目的并不仅仅是推翻国大党的统治，还要逐步开展一场建立在甘地的所有人幸福观念基础上的“全面革命”，根本改变印度的社会制度，建立一个理想社会。什么是“全面革命”？它包含什么内容？他的解释是，“全面革命”是社会的、经济的、政治的、教育的和精神的革命的综合，也就是要对整个社会制度实行变革，长远目标是建立以农村为基础的没有剥削压迫的公有制社会。在这个社会里，种姓和教派歧视不再存在，政治经济权力分散化，乡村实行权利平等的民主制，土地资源共享，经济发展面向就业，主要发展劳动密集型的小型工业，实行普及初等教育和加强农村基本建设等。这实际上是他一贯坚持的社会主义的主张，其中包含了许多甘地思想的成分，是两者的综合。纳拉扬一向不拘泥于非暴力，在独立斗争期间曾主张实行武装斗争，后放弃。这次“全面革命”，他提出不要使用暴力，但要通过开展大规模的群众性斗争实现。他之所以在这个时候提出“全面革命”的主张，是因为在他看来这是个难得的机会，国大党的统治使广泛的社会变革一直不能实行，现在可以从推翻国大党（执政派）的邦政府入手把国大党赶下台，把现在的目标有限的斗争作为一场以实行社会变革为目标的革命运动的第一步。他要求在城市和村庄建立人民委员会，继之建立人民政府、人民法庭，负责实行包括土改、公平分配必需品、消除种姓压迫、清除贪污舞弊等在内的最低纲领。纳拉扬投身运动十分有利于反对党，他立即成了反英迪拉的一面旗帜，仅仅是他的名字就足以吸引许许多多下层群众跟着他走，他的出现也为分散的反对党势力提供了一个集结的轴心。他领导的运动史称“J. P.[①] 运动”。

纳拉扬的亲自领导使比哈尔邦的反政府运动迅速形成规模。比哈尔邦是印度经济发展最落后的邦之一，全邦 80%的人是文盲，1974 年人均收入

---

① J. P. 是纳拉扬名字 Jaya Prakash Narayan 的开头字母。

只有 402 卢比，大多数农民家庭收入在贫困线之下。由于在该邦掌权的国大党上层出身于高级种姓，很多人是地主，因此历次制定的土改法很不彻底，也不能认真执行。行政效率之低在全印也是最突出的。1974 年该邦天花流行，由于政府未及时采取有力措施，几个月里死亡 2 万余人。人民对该邦国大党（执政派）政府十分不满。1974 年 3 月 18 日，巴特那大学生首先举行示威，抗议政府腐败和物价上涨，要求实行教育改革。印度人民同盟、统一社会党及国大党（组织派）立即表示支持。示威游行演变成与警察的流血冲突。有组织的暴乱持续了 4 天，形成了与警察的街垒战。3 月 30 日纳拉扬发表文章，敦促邦政府辞职，并呼吁学生不要采取暴力行动。4 月 6 日，他又在另一篇文章中宣称要与腐败和黑暗的政府战斗到底。4 月 8 日他应学生们的请求，领导了一次沉默进军。人们高举的标语牌写道："我们的心中充满悲伤"，"沉默象征我们的决心"。进军队伍沿途受到热烈欢迎。这种做法很快为其他城市效仿。4 月 9 日，纳拉扬在一次规模盛大的群众集会上宣称要改变现状，说不达目的誓不罢休。4 月 12 日，加雅城发生警察枪杀游行群众事件。纳拉扬到这里，宣布要自行建立调查委员会调查这一事件。印度共产党为支持英·甘地，在巴特那组织了 5 万人的示威游行。纳拉扬则在巴特那组织数十万人的游行示威作为回答。纳拉扬参加的游行队伍与警察发生冲突，有 21 人受伤。邦政府不敢逮捕他，怕出现无法控制的局势。1974 年下半年，要求邦政府辞职的运动已扩大到整个邦，到处发生罢工、罢课、罢市和大规模的示威游行。与警察的暴力冲突不断发生，共有 70 人死亡、500 多人受伤。邦议会有 37 名议员辞职。因为得到印度共产党的支持，邦政府得以勉强维持没有垮台。"J. P. 运动"还扩大到奥里萨邦、中央邦、旁遮普邦，这些邦的反对党同样号召人民群众开展大规模的行动迫使所在邦的国大党（执政派）政府辞职，这些邦也不止一次发生示威群众与警察的冲突。

利用自己控制的工人组织发动大规模罢工是反对党向国大党施加压力的另一手段。1974 年 4 月 23 日，新成立的由社会党主席乔治·费尔南德斯领导的全国铁路工人斗争协调委员会宣布要在 5 月 8 日举行全国铁路工人总罢工，要求将铁路工人工资提高 75%，达到与其他公营工业部门工人工资相同的水准，增加物价补贴，实行八小时工作制等。联邦铁道部部长 L. N. 米什拉赶紧与工人领袖谈判，答应部分提高工人的工资，因未能满足工人的要求，谈判破裂。政府为阻止罢工，逮捕了费尔南德斯和另外的大批工会领导人。可是罢工仍如期举行。英·甘地向工人呼吁说，国家正面临经济困难，无力满足工人的全部要求，希望罢工领导人顾全大局，帮助政府渡过难关。在得不到响应的情况下，政府使用高压手段，包括大逮捕、断水断电等迫使工人复工。5月28日，工人不得不复工。除印共外的所有反对党利用这次总罢工事件在议会内对英·甘地政府联合提出了不信任案，但被挫败。1975年1月2日，米什拉在比哈尔邦一个火车站被暴徒炸伤，次日去世。这是独立以来第一次出现内阁部长被暗杀的事件，使全国局势更加紧张。

当反对党看到由于它们自身力量分散，要撼动英·甘地并非易事时，出现了联合的要求。1973年3月，国大党（组织派）、印度人民同盟、自由党、社会党、印度革命党①、印共（马）和德拉维达进步联盟7个政党的领导人在德里开会，准备制定一个共同行动纲领。这时已有人主张建立统一的党，但没有被采纳。在组织上联合方面，最先采取行动的是一些较小的党。1974年8月29日，印度革命党、自由党、拉杰·纳拉因的统一社会党、乌塔卡尔国大党和其他3个小党共7个政党合并建立了印度民众党，以查兰·辛格为领袖。值得注意的是，自由党也加入了这个党，表明它已彻底衰败，不得不更换门庭。印度民众党宣称反对将社会主义强加于印度，主张走甘地思想指引的道路，反对把工业特别是重工业作为经济发展的重点，也反对大力发展公营成分，强调应把农业摆在首位。在政治体制上，它认为现在中央集权过多，主张给地方更多自治权力。这个党主要反映土改和绿色革命后北印农村新兴的自营地主和富裕农民的利益，反映了城市小资产阶级的要求。印度民众党支持纳拉扬的反政府运动，在北方邦、哈里亚纳邦、拉贾斯坦邦与其他反对党合作，共同掀起反对国大党（执政派）邦政府的群众运动。

---

① 1967年印度政治舞台上出现的一个新党，由好几个邦从国大党分裂出来的小党派——奥里萨人民国大党、中央邦人民国大党、拉贾斯坦人民党、比哈尔人民革命党、孟加拉国大党、安得拉人民国大党、旁遮普人民国大党和马哈拉施特拉人民国大党合并而成。查兰·辛格（1902~1987）被选为主席。查兰·辛格是北方邦人，出身贾特种姓，曾是国大党人，后退出，在该邦一个由反对派组成的联合政府中任首席部长。印度革命党自称是农民和落后阶层的代表。

对民众党的建立，纳拉扬持欢迎态度。此时他开始加强与所有反对党的联系，期望以自己的斡旋，促使反对党走向联合。1974 年，他邀请各反对党领导人商讨联合行动问题。他拒绝了建立一个由他领导的统一的党的提议。会议决定，建立一个由各反对党组成的 23 人的协调委员会，把比哈尔邦开展的运动扩大到其他邦。为推动各地运动的开展，1974 年 12 月至 1975 年 1 月，他去许多邦做巡回演讲，指出运动的目的应不限于推翻国大党（执政派）政府，还要通过人民的直接行动实现社会变革，不仅呼吁各阶层群众参加运动，还号召警察和军人也不应服从现政府的非正义行动的命令。1975 年 3 月他出席了印度人民同盟在新德里召开的一次会议，他在会上说，和印度人民同盟及国民志愿团在一起工作一年之后，发现他们不像左翼政党所说的那样是反动组织或法西斯组织。他说，法西斯的危险不是来自他们，而是来自国大党政府。这种对该两组织立场的辩护在反对党中影响很大，为其他政党与印度人民同盟的合作和联合做了思想准备。

图 3-3　纳拉扬

古吉拉特邦国大党（执政派）政权垮台后，实行了总统治理。英·甘地以条件不成熟为由，拒绝立即举行议会选举、建立新的邦政府。德赛的国大党（组织派）多次鼓动均无结果。在比哈尔邦，逼迫邦政府下台的运动也没有结果。1975 年 3 月 6 日，纳拉扬在新德里和反对党组织了一次请愿进军，据称有 100 多万人参加，向议会递交了一份要求维护民主的请愿书，要求在古吉拉特邦举行正常的立法院选举。请愿书的内容还包括清除腐败、改革选举制度、改革教育制度、政治权力分散化、稳定物价、实现充分就业、充分发展农村经济等。之后，纳拉扬又去古吉拉特邦鼓动，表示支持人民的要求。4 月 6 日，德赛宣布无限期绝食，直至英·甘地答应举行邦议会选举。已经回到比哈尔邦的纳拉扬宣布支持他的绝食行动，并号召同情者 4 月 8 日举行 12 小时的同情绝食。德赛年届八十，他的绝食行动引起人们极大不安。古吉拉特邦许多人举行 24 小时的同情绝食。在人民院，反对党成员以退出会场抗议政府无视德赛的要求。纳拉扬号召 4 月 11 日举行全国性抗议支持德赛。在古吉拉特邦首府阿默达巴德，游行示威发展为与警察的流血冲突。英·甘地担心事态发展超出控制，只得同意提前举行选举，德赛恢复进食。国大党（组织派）和印度人民同盟、印度民众党、社会党立即在该邦结成“人民阵线”准备竞选。古吉拉特邦的选举是在新形势下反对党与英·甘地的一场关键的较量，如果反对党取得胜利，那将会产生连锁反应，激励其他邦反对势力加强推翻国大党（执政派）政府的活动。1975 年 6 月选举前，英·甘地亲自到这里为国大党（执政派）拉选票。纳拉扬则为人民阵线呐喊助威。结果，人民阵线获胜。国大党（执政派）获得 40%的选票和 75 个席位，人民阵线获得 38%的选票和 87 个席位，人民阵线建立了邦政府。英·甘地遭受严重挫折。从此，形势急转直下，对英·甘地越来越不利。

就在宣布古吉拉特邦选举结果的同一天，另一个更沉重的打击朝她袭来。1971 年大选时，英·甘地和印度民众党领导成员拉杰·纳拉因（那时他是社会党人）同为北方邦莱巴雷利选区的候选人。选举结果，英·甘地当选。纳拉因认为英·甘地在选举中有违法行为，选举结束后就向阿拉哈巴德高等法院提出多项指控。1975 年 6 月 12 日，阿拉哈巴德高等法院法官贾·拉·辛哈认定纳拉因对英·甘地的多项指控中有两项罪名成立：（1）利用政府工作人员 Y. 卡普尔为自己的竞选服务；（2）竞选中得到了邦政府官员提供的方便，如建立讲台、安装麦克风等。根据这两点，判决取消英·甘地议员资格，6 年内不得担任任何选举的职务。这个判决对英·甘地来说无异于晴天霹雳，特别是在反对党攻势凌厉的紧要关头。她请求法官同意该判决缓期 20 天执行，同时立即向最高法院提起上诉，并要求最高法院允许在最终判决前无条件缓期执行阿拉哈巴德高等法院的判决。反对党在得知英·甘地判决结果后欣喜若狂，明知英·甘地已获准判决延缓执行并提起上诉，却迫不及待地宣布不承认英·甘地的总理资格，掀起了逼她立即下台的强大浪潮。它们到处组织游行示威，宣称英·甘地已没有资格担任总理，并向总统 F. A. 艾哈迈德递交备忘录，称英·甘地拒不离开总理职位造成了宪政危机，要求总统立即撤销她的职务。国大党（执政派）则于 6 月 20 日在新德里组织了印度有史以来最大的群众集会支持英·甘地，来自德里附近各邦的 100 多万人参加。

在强大的外部压力下，国大党（执政派）内部的分歧加剧。以钱德拉·谢卡尔、莫汉·达里亚为首的被称为少壮派的少数人要求英·甘地与纳拉扬谈判，做出政策调整，以防止矛盾白热化。在遭到英·甘地拒绝后，他们转而要求英·甘地在党内让贤。党内资深领导成员、一向支持英·甘地的贾格吉万·拉姆也转到要英·甘地辞职的立场上。

6月24日，最高法院裁定，英·甘地继续执行总理职责，直至最高法院做出判决；这期间可以在议会发表讲话，但在人民院无表决权。英·甘地的地位暂时得到了法律保障。反对党决定继续施加压力，把逼英·甘地下台的运动推向高峰。6月25日，国大党（组织派）、印度人民同盟、印度民众党、社会党等反对党成立了协调组织——人民斗争委员会。纳拉扬也参加了，决定用开展不合作运动的办法，迫使英·甘地下台。同一天，在德里召开群众大会，纳拉扬在会上号召全民包括警察和军人行动起来，开展一场全国性的不服从英·甘地“非法政府”的坚持真理运动。一场政治大动乱迫在眉睫。

十　宣布全国处于紧急状态

在要不要辞职的问题上，英·甘地犹豫过，但还是很快打消了这个念头。她不甘示弱，而且认为，如果辞职，不仅会造成国大党（执政派）执政地位的动摇，也必然会影响到印度未来的发展方向，也就是说，尼赫鲁为印度规划的社会主义类型社会的目标将成为泡影。尽管她对社会主义并没有理念上的坚定信仰，但从现实需要考虑，她坚持认为缩小贫富差距、改善下层人民地位的任务是决不能漠视的，从这个意义上说，必须捍卫社会主义的目标，否则，就不会有印度的发展、进步和稳定。而没有这些，也就谈不上维护印度来之不易的国际地位。她的拥护者及其小儿子桑贾伊都为她撑腰打气，促使她坚定信心。国大党（执政派）主席巴鲁阿甚至提出“英迪拉就是印度，印度就是英迪拉”的荒唐口号，竭力强调英·甘地对印度保持稳定和实现社会主义类型社会目标的不可缺少性。自然，在为国家利益着想、为人民利益着想的光明正大的理由之外，他们劝英·甘地顶住压力也是为了维护他们这些党和政府的上层官员及其他政治上、经济上既得利益者的特权和地位。反对党立即抓住巴鲁阿的口号，指责国大党

（执政派）把英迪拉和印度等同起来，就是把印度看作英迪拉的“家天下”，以便他们这批人能永久垄断国家的领导权力，谋自己的私利。反对党当然也不放弃继续用“共产主义威胁”的蛊惑宣传攻击英·甘地，似乎把英·甘地赶下台是为了“捍卫民主”，并“防止印度共产主义化”。其实，如果说英·甘地一派坚持不辞职是为了保住自己手中的权力，反对党迫不及待地要赶她下台，则主要是为了夺取权力。这场斗争确实关系到印度发展走什么道路也就是发展目标、体制和战略问题，但对双方大多数人来说，党派私利和个人权力之争占有重要的地位。英·甘地实行激进化措施包含很大的党派和个人私利考虑的成分；而反对派能不顾意识形态和政见的差异联合，也说明争夺权力对它们来说是高于一切的任务。

既然不准备辞职，英·甘地就决定动用宪法允许范围内最强硬的手段——宣布全国处于紧急状态，来制止事态的进一步发展。对在维持法制正常秩序下与反对派斗争，她已失去信心。在她的要求下，6 月 25 日午夜，总统 F. A. 艾哈迈德（吉里总统 1974 年 8 月任满去职，F. A. 艾哈迈德当选总统，B. D. 贾蒂当选副总统）签发了全国处于紧急状态的法令。26 日清晨，英·甘地才召开紧急内阁会议，告知内阁。在对全国人民的广播讲话中，她解释实行紧急状态时说，反对派正在酝酿发动一场全国性的动乱，企图推翻民主选举的合法政府，为达到这一目的，用种种手段制造动乱，甚至煽动军警反叛。全国大多数人的公民权利受到威胁，国家安全和经济发展受到威胁，政府对此不能不闻不问，采取这种非常的措施就是要坚决防止这种动乱发生。在接受《社会主义印度》周刊的记者采访时她说：“如果反对派使用非民主和非宪政的手段，而政府只能以民主的手段应对，民主就不能存在。”在接见纽约《星期六评论》记者时又说，政府宣布紧急状态“不是摧毁民主，而正是为了保障民主所做的一种努力”。[①] 她呼吁人民信任政府，与政府合作，以保证全国局势的稳定和各项工作的正常进行。

在宣布紧急状态后，她立即启动维护国内安全法，下令进行大逮捕，把除印度共产党以外的几乎所有反对党的领袖，包括纳拉扬、国大党（组织派）的德赛、阿索卡·梅塔、印度民众党的查兰·辛格、拉杰·纳拉因、印度人民同盟的瓦杰帕伊、阿德瓦尼以及国大党（执政派）内持不同政见

---

① N. 梅塔：《印度政治制度的新纪元》，居隆杜尔，1980，第 124 页。

一派的领袖钱德拉·谢卡尔、莫汉·达里亚等都投入监狱。社会党领导人费尔南德斯、印共（马）领导人 J. 巴苏后来也被捕。被捕人数持续增加，到 1977 年 3 月 18 日，被关押者达 34630 人。[①] 他们被中断与外界的任何联系，有些人在监狱受到虐待。政府颁布了新闻管制令，实行严格的新闻检查；制定了预防有害出版物法，规定报刊不得刊登任何诋毁总统、副总统、总理、部长、人民院议长和邦长的信息与文章，对不服从中央政府关于新闻管制的规定的，除没收违法出版物、查封印刷设备外，还要收取保证金。批评紧急状态、批评政府和赞扬反对派的新闻、文章既然都属被查禁之列，在报刊上和电视广播中也就不再出现。公民言论、集会、游行等自由权利被取消。就连国大党（执政派）内不赞成实行紧急状态法的议员和高级官员也被盯梢，电话被窃听，来往函件需要接受检查。7 月 4 日，政府又宣布禁止 26 个政治和社会组织的活动，其中包括国民志愿服务团、一些伊斯兰教派主义组织和一批纳萨尔巴里派小集团。有一些官员不同意实施紧急状态法，被调离重要岗位，或被迫长期休假，或提前退休。人民阵线掌权的古吉拉特邦政府和德拉维达进步联盟掌权的泰米尔纳杜邦政府不赞成实行紧急状态，对执行总统令态度消极。1976 年 2 月，联邦政府以“腐败”为由对泰米尔纳杜邦实行总统治理；3 月，古吉拉特邦的人民阵线政府被邦议会的不信任投票推翻，总统接管了邦政权。

这是印度独立以来第一次由于政局不稳实行国内紧急状态，对此，所有反对党（除印共外）都表示愤怒并同声谴责。人们说宣布紧急状态不是因为人民处境危急，而是因为英迪拉处境危急。如印共（马）领导人 A. K. 戈帕兰说：“突然宣布紧急状态不是因为国内安全真正受到威胁，而是因为阿拉哈巴德高等法院的判决和国大党在古吉拉特邦选举的失败。……此举使议会民主被一党独裁取代，所有的权力都集中到一个领导人手里。局势的这种突然转向，从民主向独裁的急剧转变是执政党摆脱危机、保持自己的统治地位的一种手段。”他指出：“国大党对政权的垄断受到威胁，英·甘地在党内和政府内的地位受到威胁，这才是实行紧急状态的直接原因。”[②] 有人把 6

① 有学者说，整个紧急状态期间，被监禁人数达 15 万人。见维·马哈江《印度现代史》，新德里，1983，第 222 页。

② N. 梅塔：《印度政治制度的新纪元》，第 125～126 页。

月26日称为印度现代史上“最可悲和最黑暗的一天”，说这一天标志着“印度第一共和国的死亡”和议会民主制的死亡。[①]

英·甘地这样做，激起政界和舆论界的普遍反感是必然的。在一个自独立以来就实行议会民主制的国家，用这种践踏民主的手段实行镇压是不会得到多数人的支持和谅解的。固然，危机主要是反对党酿成的，而且确实有爆发一场大动乱的可能性，但不是说除了实行紧急状态就没有别的解决途径。英·甘地和她的拥护者如果能抛开个人权力考虑处理问题，未必不能找到可行的解决办法。但问题就在于，要他们抛开个人权力考虑是不可能的。

1975年，国大党（执政派）利用自己在议会的多数地位，使议会接连通过了宪法第38修正案、第39修正案和选举法修正案。前者目的是使总统宣布紧急状态不受司法审查。第39修正案规定，在该法案生效前，任何有关处理选举结果上诉的法律，均不适用于总理、人民院议长参加的竞选活动，目的是使对英·甘地选举舞弊的指控失去法律依据。此举还是为下一步可能采取的措施做准备，即一旦最高法院驳回英·甘地的上诉，国大党（执政派）就可以依据新法案否定法院的判决。选举法修正案对选举中腐败行为的含义又做了新的界定。最高法院立即就宪法第39修正案做出反应，判定该修正案有关选举上诉不适用于总统、总理和议长的规定违宪，理由是它涉及宪法的根本特点，超出了议会修宪权的范围；但同时认定选举法修正案有效。1975年11月7日，最高法院就英·甘地的上诉做出了判决，英·甘地在1971年大选中有腐败行为的指控不能成立，当选议员有效。这个判决客观上给了英·甘地以强有力的支持，使她从法律上可能会丧失执政资格的困境中解脱出来。国大党（执政派）兴高采烈欢庆这个胜利，更加肯定总理拒不辞职和宣布紧急状态的做法了。

在紧急状态法令宣布后，在德里和古吉拉特、马哈拉施特拉、比哈尔等邦，许多群众置禁令于不顾，依然罢工、罢市，甚至出现纵火焚烧电台和电视台事件。英·甘地了解人民的愤懑情绪，但她相信只要她的经济政策能证明她的政府可以使人民得到实惠，就可以逐步转变他们的情绪，取得他们的支持。为此，在实行紧急状态的第六天，即7月1日，她在广播讲话中宣布政府打算实行一个“20点计划”。其内容包括继续采取步骤降低生

① N. 梅塔：《印度政治制度的新纪元》，第128页。

活日用品价格，使日用品生产和分配合理化；政府开支厉行节约；落实土地持有最高限额法，加速分配剩余土地；为无地农民提供住房用地；取消契约劳工制；制定允许无地劳工、小农和手工业者延期还债的法令；重新审查最低限度农业工资法，提高标准；扩大灌溉，增加农业供水和电力供应；鼓励土布生产，改进普通群众用布的供应和质量；惩治经济犯罪；放宽投资审批程序；提高所得税纳税起限；平价供给学生基本学习用品；扩大就业；等等。这个“20点计划”仍是以社会公平为主要取向，目的是改善工人、城市贫民、下层农民和学生的生活状况，以便使占人口多数的这一大部分人得到实惠。以往的“10点计划”也列举了上述“20点计划”中的许多内容，但没有落实，这一次她提得更具体，希望能有实效。“20点计划”之外，英·甘地又提出了“5点计划”作为补充。这五点是：民族和睦、计划生育、植树造林、儿童福利和城市发展。值得注意的是，“20点计划”不再有实行国有化的内容，表明她吸取了前一段的教训，不再对这种没有实效而又会引起有产者恐慌的做法抱有希望。不过，她在紧急状态时期仍然有一些国有化的举动，包括对外资埃索石油公司、伯马石油公司和西孟加拉邦的三家大机械制造厂实行国有化。这两起国有化都是几年前就开始谈判或政府已接管企业，此时不过是完成最后的程序。英·甘地一再表示不会再进行国有化，这也是为了安抚有产者上层，减轻他们对实行紧急状态的反感。

同样是吸取前一段的教训，英·甘地这一时期的经济政策除实行“20点计划”外，还继续实行增长方向的经济政策调整。以往的实践表明，没有经济增长，再分配也是无源之水，下层人民的生活不会得到改善。再则“20点计划”增加那么多内容，不增加生产，不增加国库收入，从哪里获得财源？这都促使她扩展考虑问题的角度。在宣布实行紧急状态后，她就在广播讲话中宣布“我们的目的是增加生产”，① 说明政府将以发展生产作为经济政策的侧重点。1975年政府修改工业政策，把一批原划归国家专营的部门对私营开放，允许处于《垄断和限制性贸易行为法》和《外汇管理法》约束下的公司参与经营。对申请许可证的程序也做了修订，允许部分工业部门的公司扩大生产能力和产量。政府主要从经济增长的角度修订政策，

---

① K. 辛格：《英·甘地再次执政》，新德里，1979，第66页。

不考虑它有悖于防止经济权力集中的方针。这可以说是工业政策松动的端倪。同年，国大党（执政派）全印委员会在一项决议中强调，虽然公营成分应占据国民经济的制高点地位，但是“国大党承认一个有社会自觉的私营成分在促进发展中的积极作用。最近制定的工业许可证政策就是为了方便私营成分发挥作用”。[①]

对政府政策的这个新趋向，党内并不是所有人都赞同。左翼指责英·甘地“向右转”。英·甘地否认，只承认是手段的变化，她说：“某些时候，由于出现了超出我们控制能力的形势和事件，我们必须采取新的步骤，或者实行一些小的变化，不是政策改变，不是方向改变，不是目标改变，只是达到目标的方式变了。所以，我们并没有向右转……我们始终遵循一条独特的道路，即某些人称为中左的道路。这是我们选择的道路。当然，如果形势要求我们做更多的事，如果人民也要求这样做，我们自然必须去做。我们的社会主义不是教条式的社会主义。”[②] 英·甘地说的是实情，她并非在目标和基本路线上有了变化，只是回到了1969年以前的政策上，也就是从增长和社会公平两个方向进行改革，而不像后来那样，只注重后者，把前者丢在一旁。对英·甘地的这种变化，连一向支持她的印度共产党也不满了，开始出现批评的声音。资产阶级却表示欢迎，印度工商业联合会主席哈·马亨德拉说：“我们对政府重新确定政策措施和提高其效率的做法非常满意。政府在工业许可证、进出口规章、价格控制和直接税、间接税等方面采取了积极的、可行的新方向……现在是促进增长的最好机会。”[③]

“20点计划”实行起来遇到资金、物资资源等多方面的困难，加之邦一级掌权者并非都很热心去贯彻，以致许多点仅停留在纸面上。尽管如此，英·甘地政府为了表示诚意，还是在有些点上做了认真的推动，取得一些效果。如土地持有最高限额的立法虽然各邦根据1971年中央指导纲要都做了修订，但执行不力，1972~1975年总共征收了62000英亩土地。实行紧急状态后，在中央强烈要求下，各邦加大执行力度，到1976年12月又征收了

① 国大党全印委员会：《前进中的国大党》第7卷，第229~230页。

② 国大党全印委员会：《前进中的国大党》第7卷，第104页。

③ 印度工商业联合会：《第49次会议录》，新德里，1976，第8页。

170万英亩，远远超过以往几年。1976年制定了城市土地最高持有限额法，规定对城市居民占有城市土地的数量做出限制，以防土地所有权集中到少数人手里。最高限额的标准为500~2000平方米，视土地坐落的位置而定。超过限额的土地由政府征收，给以一定的补偿。又如向无地农业工人提供宅基地，这期间大多数邦制定了这种法令，宣布紧急状态第一年共分配宅基地300万处以上。1976年议会又通过了废除契约劳工制的立法，宣布所有契约劳工恢复自由，其抵押财产应予归还，今后任何人继续实行契约劳工制的要受到惩处，包括罚款和处3年以下有期徒刑。

1975~1976年恰遇风调雨顺，农业丰收。1975年粮食产量达1.14亿吨，这大大缓解了三年来粮食的紧缺，也促使商品价格回复到1971年的水平。1976年粮食产量为1.21亿吨，到1977年粮食储备达1800万吨，创历史最高纪录。由于限制罢工和强调努力增产，工业产量1975~1976年度增加了6%强，1976~1977年度增加10%以上。由于政府1975年11月调整了外汇政策，对外币存款优惠，加上许多在中东经商和从事劳务的印侨汇款回国，外汇储备到1977年达30亿美元。英·甘地把这些成绩说成是“有纪律的民主”的胜利。这里面固然有人的努力，但农业丰收在很大程度上是蒙惠于天。至于人的努力，主要与政策有关，不能说成是紧急状态压制民主才有的成果。

紧急状态期间，经济形势虽有所好转，但掩盖不了政治形势的紧张。这期间特别引起民愤的是桑贾伊及其手下一批人的胡作非为和各地在执行紧急状态中的过火行为（如逮捕面随意扩大，狱中虐待，不少人公报私仇，趁机打击异己，趁火打劫、敲诈勒索等）。桑贾伊是国大党（执政派）下属组织青年国大党的领导人之一，经常为英·甘地出谋划策，实际上成了她的核心顾问和主要助手。英·甘地非常宠爱和赞赏她这个小儿子，对他几乎是言听计从。官员们也因此把他看作总理的代表，他的话甚至被当作总理指示去执行。德里市政当局实际上处在他的支配下。为了扩大青年国大党的影响，桑贾伊除了要求青年国大党积极参与完成“20点计划”外，还单独为青年国大党提出了四点行动计划：每个党员要种植1棵树，至少教会1个人读写，整顿市容，积极参与计划生育工作。这些工作本来都是应该做的，提出这些任务未尝不可，但他和他手下的一批人在德里和其他一些地方不是耐心地做说服教育工作，而是强迫命令，专横跋扈，把计划生育变成强制绝育，数百万人（有印度教徒，也有穆斯林，其中不乏未婚青年和老翁）被强制实行绝育手术，他们还规定拒绝做绝育手术的，政府雇员要解雇，教师不准任教，商人得不到营业许可，司机得不到驾驶执照。有些地方甚至儿童上学也需要持有家长做了绝育手术的证明，否则不能入学。这一强制措施引起了社会各阶层的惊愕和愤怒。青年国大党一伙人还在德里市政当局支持下，以整理市容为名，在德里实行一项大规模拆除贫民窟计划，事先未做妥善安排就一阵风地行动，使成千上万的人无处栖身，引起极大民愤。后虽草草安置，也只是解决了少部分人的居住问题。土尔曼门清真寺一带的贫民窟，是大量贫苦的穆斯林世世代代栖息容身之地，一旦拆除而又没有安置，自然引起反抗。1976 年 4 月 18 日，一些穆斯林阻挠拆迁，遭警察殴打，混乱中警察开火，打死 12 人，打伤多人。消息传开，引起穆斯林的强烈不满。穆斯林一向是国大党（执政派）的支持者，强制绝育和拆迁严重损害了他们对国大党（执政派）的信任。上述两项行动受害最深的地区是德里、哈里亚纳和北方邦。这里的印度教徒和穆斯林原来都是国大党（执政派）的选票库。这两项行动使国大党（执政派）无论在印度教徒还是穆斯林中威望迅速下降。桑贾伊的颐指气使和竭力抓权，他对老一代政治家的蔑视和排斥，也使老一代国大党人对他极为憎恶。英·甘地显然想培养他做自己的接班人，他虽没有政府官职，却可以到处插手，下达指示，替总理接见来访者，俨然总理的影子和“王储”。有一批人阿谀奉迎，肉麻地吹捧他是“印度的未来”“国家的骄傲”，但多数人非常反感。英·甘地不理会多数人的看法，坚持己见，甚至把批评桑贾伊的高级官员罢官，说批评桑贾伊就是藐视她本人。这种盲目袒护和听不得逆耳忠言的态度引起了党内很多人的不满，包括她周围一部分和她比较亲近的人。

紧急状态下民主自由受到限制原是宪法允许的，但官员和警察的过火行为令人难以接受。由于新闻自由受到钳制，许多执法者有恃无恐、知法犯法，百姓有口难言，致使民心振荡，怨声载道。在平静的外表下，一股愤怒的浪潮在逐渐涌起并迅速蔓延。

宪法规定，在实施紧急状态法期间，如果有必要，人民院任期可以经议会批准延长，每次延长不得超过一年。人民院下届选举本应在 1976 年 3 月举行，英·甘地于 1976 年 2 月、11 月两次提议延长任期，都在人民院通过，也即把大选推迟两年举行，第一次推迟到 1977 年 3 月，第二次推迟到

1978 年 3 月。

1976 年，在政府的提议下，议会又通过了几个宪法修正案。宪法第 39、40 修正案把中央和各邦已通过的有关经济改革的 102 项法律列入宪法附表 9,使其合法性受宪法保护。连同之前陆续包括进来的有关改革的法律，附表 9 中中央和邦的法律总数已达 188 项。更重要的宪法修正案是 1976 年通过的第 42 修正案。这是一个内容很广泛，在立法、司法、行政三权的关系上做了一些重要改变的修正案。自 1971 年通过宪法第 24、25 修正案后，最高法院的法官不愿看到宪法被议会毫无限制地修改和最高法院面对修宪无能为力，又提出了新的说法。1973 年最高法院在克萨瓦兰德·巴尔提诉讼案的裁决中一方面同意宪法修正案不属于一般的法律，不受法院的审查，但同时规定，宪法中有些属于根本特点的内容是不能改变的。如果议会通过的宪法修正案涉及根本特点，法院有权审查并以议会越权为由判定其无效，因为宪法允许的“修正”只是指较次要方面的修正，不包括根本特点，而要修正根本特点，那就不是“修正”，而是等于制定新宪法。什么是根本特点呢？最高法院没有明确界定，但提到了人民的主权地位、国家统一、联邦制和立法、司法、行政权的分立及司法审查制度等。有些法官主张公民根本权利也属于根本特点之列。这种新说法和宪法第 24 修正案的规定是不一样的，议会修宪的范围受到限制，而且由于根本特点和非根本特点界限不明确，议会的修宪权在实行上遇到很大的问题。英·甘地和法律部部长 H. R. 郭克雷都激烈地批评最高法院加给议会的这一新限制。英·甘地提出宪法应当是活生生的，能反映现实需要和人民的意志。郭克雷说，议会有充分的权力修改宪法，因为人民具有最高权力，而议会是人民的代表，议会最能代表人民的意志。他质问道：“难道少数法官比人民代表更清楚人民的需要吗?”他表示坚决反对法院对议会修宪权的限制。1976 年 12 月，国大党（执政派）全印委员会决定建立一个由 S. 辛格领导的专门委员会对进一步修宪进行全面的研究。第 42 修正案草案就是在这个委员会的报告的基础上拟订的。其中心是强调议会有权从贯彻国家政权指导原则的需要出发不受限制地修宪，排除最高法院的干预。第 42 修正案的内容包括：(1) 把宪法序言中对印度国家性质的表述——“主权的民主共和国”改为“主权的、社会主义的、世俗的和民主的共和国”。之所以加进“社会主义的”“世俗的”字眼，是因为尽管人民院 1954 年已通过决议把建立社会主义类型社会作为国家发展目标，尽管宪法贯穿世俗主义的精神，但宪法中并没有明确写出这两个词。如果把两者写进宪法，则不但可使两者的实现成为全国人民共同努力的方向，而且一旦成了宪法明确规定的目标，就为政府实行社会经济改革及进行相应的修宪提供最有力的依据。这样做也是为了向国人表明，英·甘地与反对势力斗争、实行激进政策以及实行紧急状态都是为了坚定不移地实现这样的目标。这当然对提高国大党（执政派）和她本人的威望有利。（2）对宪法31A条做了修正，规定议会为实现国家政策指导原则而制定的任何法律，法院都不得以违反宪法有关根本权利的规定为由宣布无效。这实际上是把国家政策指导原则置于高于公民根本权利的地位。（3）对宪法第368条做了修正，规定议会制定的宪法修正案（包括对根本权利的修正），任何法院不得以任何理由提出异议。还规定议会的修宪权不受任何限制，这就确定了议会在修宪上的最高权力。（4）增加226A条，取消了高等法院对联邦议会制定的法律的审查权，规定只有最高法院有权审查中央法律是否符合宪法；还规定当一个诉讼案涉及中央法律和邦法律的有效性时，只有最高法院有权审理。增加32A条，规定最高法院一般也无权审查各邦的法律。（5）新增144A条、228A条，规定在审查某项中央或邦的法律的有效性时，最高法院至少要有7名法官出庭，高等法院至少要有5名法官出庭，都必须有2/3多数同意才能判决某项法律无效。（6）规定议会可以立法在中央和各邦设立行政法庭，负责审理与中央、各邦和公营企业官员执行职务有关的案件。从上可见，第42修正案肯定了实现国家政策指导原则的重要性，确立了议会在修宪方面的至上地位，大大削弱了法院行使司法审查权的权力，扩大了政府的权力，这就减少了法院干预和制约政府实行社会经济改革的可能性，有利于改革的推行。不过，这个修正案使议会的修宪权力过于宽泛，使行政权力过于膨胀，这都易于为政府利用来实行专制独裁，削弱三权分立原则，侵犯公民的自由权利。正因为这样，这个修正案遭到大多数反对党议员的强烈指责。有些人是反对政府可能据此实行过激的改革，更多人是谴责它破坏宪法的根本原则，为英·甘地和国大党（执政派）实行独裁统治制造根据。

紧急状态时期，政府对最高法院和高等法院法官任免调动的干预加强，有些做法显然带有政治目的，即为了削弱与英·甘地和国大党（执政派）不合作的势力。高等法院的法官有16人被从原法院调到另一个法院，其中有些法官是因为他们否定邦议会某项立法而被认为不顺从，有些是被调到新的法院，以改变那里法官的力量对比。政府的干预在最高法院的组成和人事任免上也有清楚的表现。按照惯例，最高法院的首席法官由法官中最年长者担任。1977 年，首席法官出缺。在由总统任命新的首席法官时，根据英·甘地的建议，最年长的法官 H. R. 坎纳被越过，而任命一个较年轻的法官。官方宣布的理由是坎纳很快要退休了。坎纳愤而辞职。司法界都认为坎纳被越过的真正原因是他恪守司法独立，不唯政府之命是从。反对派政党议员指出，英·甘地干预司法是她专权的又一表现。

十一　1977 年大选，国大党惨败

人民院选举本来已决议延期到 1978 年 3 月举行，但做出这个决议不久，英·甘地突然改变主意。她觉得提前选举对她和国大党（执政派）更有利，因为这时的经济形势相对较好，冲淡了人们对实行紧急状态的憎恶，人们会认同她所做的一切；从政治上说，各反对党在紧急状态期间受到很大打击，有的事实上已停止活动，突然提前选举会使它们仓促上阵，没有时间做充分的竞选准备，这当然对国大党十分有利。正是基于这样的考虑，1977 年 1 月 18 日，她突然在广播中宣布，根据她的建议，总统已批准将解散本届人民院，于 1977 年 3 月中旬举行第六届印度人民院选举。英·甘地只是从有利方面着想，对不利因素想的很少。其实经济情况并不如她想的那样乐观，更重要的是，紧急状态在社会各界引起的不满不但没有减弱，反而由于到处发生的过火行为，特别是桑贾伊一伙的肆意妄为而更加强烈。英·甘地对此不够重视，也可能对下情根本不了解，严格的报刊管制使她长期生活在周围那些溜须拍马者的谎言世界中，下面是报喜不报忧，她听不到真实的声音。因此她那份自信可能是真实的，却是建筑在沙滩上。

3 月 19 日，总统 F. A. 艾哈迈德宣布解散人民院，准备新的选举。此前国内外舆论界对印度能否恢复议会民主制普遍持怀疑态度，更有很多人断言民主不可能恢复。突如其来的举行大选的消息廓清了笼罩在人们心头的阴霾，表明议会民主制在印度扎根牢固，任何人、任何力量都不敢改弦易辙。这个好消息给沉闷而凝重的政坛带来了一股清风。

举行大选就要为政党参选和造势提供必要的条件。在 1 月 18 日英·甘地宣布举行大选的当天，所有反对党领导人都被释放。至 1 月 20 日，报刊管制基本被撤销。紧急状态下的其他限制都有所放宽，以便各政党能够进行正常的竞选活动。这样，一场决定英·甘地和国大党（执政派）命运的新的激烈的政治角逐就拉开了帷幕。

对反对党来说，这虽然是个突如其来的好消息，但事情太紧急，给它们的时间只有两个月，这使它们的参选处在很不平等的地位上。这种情况迫使它们不得不采取适应形势需要的断然行动。各反对党领袖一面要求政府立即撤销紧急状态，释放尚在押的全部政治犯，完全撤销报刊管制；一面立即紧锣密鼓地磋商竞选大计。就在从监狱出来的当天，1 月 18 日，根据纳拉扬的倡议，国大党（组织派）、印度人民同盟、印度民众党和社会党四个党的部分领导人和国大党（执政派）中以钱德拉·谢卡尔为首、被称作“少壮派”的一批持不同政见的人会聚于德赛公馆，策划如何在大选中彻底击败英·甘地。与会者一致认为，实行紧急状态激怒了民心，这次是把英·甘地赶下台的最好时机。为了能把反对党的力量高度集中起来，他们一致认为，最好的办法是反对党实行合并，建立一个统一的党，以统一的旗帜、统一的纲领、统一的候选人参加竞选。此前，他们已商讨过各反对党合并的可能性。1 月 19 日，与会的各党派领导人达成合并协议。新党定名为人民党，推举德赛担任党主席，查兰·辛格为副主席，印度人民同盟的 L. K. 阿德瓦尼、社会党的 S. 莫汉、国大党（组织派）的 R. 丹、S. 巴克特为秘书长。成立了人民党全国委员会，其成员包括加入人民党的各党派成员，其中有 A. 梅塔、A. B. 瓦杰帕伊、钱·谢卡尔等。1 月 23 日人民党正式宣布成立，发言人说新党得到了纳拉扬和克里帕拉尼的祝福。纳拉扬被人民党尊崇为精神领袖，他虽然在组织上没有加入人民党，但他公开说把人民党看作“自己的党”。[①] 由于时间仓促，来不及自上而下建立统一的组织，决定各党暂时保留各自的组织，只建立了一个 9 人委员会负责领导党的竞选工作。显然，这种匆忙实现的统一只是为了达到一个目的，即击败英·甘地，夺取政权，至于意识形态和政治主张的分歧暂时都被搁置。这是一种为了眼前利益而不惜采取一切手段的典型的机会主义做法。

① 马哈江：《印度现代史》，第 253 页。

印共（马）、阿卡利党、德拉维达进步联盟都对人民党的成立抱欢迎态度，并表示愿意在大选中与人民党合作。

人民党候选人的提名照顾到构成人民党的原各党派，是由原各党派分别提名，由9人委员会最后统一确定的。党的竞选口号是“自由与面包”。其竞选宣言强调，这次大选对印度人民来说，是在“民主与独裁、自由与奴役”间做出选择。它说英·甘地极尽专制独裁之能事，还是未能解决经济问题。人民党将不仅保障人民的民主权利，而且给人民面包。宣言提出要撤销紧急状态，恢复人民的根本权利，恢复被扭曲的司法权威，保障新闻自由，还提出要重点发展农业，战胜贫穷。纳拉扬虽重病在身，但仍去一些地方，发表演讲，积极为人民党助选。他说，自英·甘地提出“消除贫困”的口号已经过去10年了，结果不是贫困被消除，而是“贫者愈贫，且人数大大增加；失业者继续增多，物价继续上升”。他还说，英·甘地无计可施了，竟然“把15万人投进监狱（指紧急状态下的大逮捕——引者注）来消除贫困”，他呼吁选民“为了自己和国家的利益，投人民党的票，帮助它获胜”。①

国大党（执政派）候选人的提名在党内引发了一场激烈的争夺战。中央选举委员会在英·甘地操纵下最后确定的名单删除了一些资格较老的党员的名字，保留了较多桑贾伊的人。这使一些对桑贾伊不满的资深党员感到气愤。2月初，党内老资格领导人之一、粮食和农业部部长贾·拉姆宣布辞去政府职务并退出国大党（执政派）。他在记者招待会上解释自己行动的理由时说，他对英·甘地的独裁倾向再也不能容忍了。他说，从1969年起他一直支持英·甘地是因为拥护她宣布的结束贫困的进步政策，赞同她表示的在党内消除个人效忠和家长作风的意愿。然而，宣布紧急状态以来的发展，不仅未见这些允诺的实现，而且，公共生活的正直传统和最起码的民主形式也遭到扭曲。党内民主更是完全被抛弃，少数人甚至一个人大权独揽、任人唯亲，破坏民主和纪律的行为受到来自上面的挑唆和鼓励，国大党孜孜以求的民主和社会主义目标被明目张胆地蹂躏。他说，广大党员和群众需要有人领导，起来和破坏民主的独裁势力斗争，捍卫民主，他退党正是为了担负这一义不容辞的任务。在此前一天，他曾会晤英·甘地，

① 马哈江：《印度现代史》，第214页。

要求她立即撤销紧急状态。参加记者招待会并和他一同退出国大党（执政派）的还有前北方邦首席部长 H. N. 巴胡古纳、前奥里萨邦首席部长 N. 萨特帕蒂，两人都因受英·甘地亲信排斥下台。随后，贾·拉姆和他的一批支持者建立了民主国大党，决定同人民党合作。贾·拉姆参加人民党的集会，抨击英·甘地专权。他说："1969 年国大党分裂前，人们说党内有五六个老板统治。以往 19 个月，党内只有一个半老板统治。"[①] 他指的是英·甘地和桑贾伊。贾·拉姆在国大党（执政派）内不仅是老资格的有威望的领导人之一，而且由于他是表列种姓出身，在印度 8000 多万表列种姓中具有其他政治家不可能有的影响力。他的退党对英·甘地是个沉重打击，除了暴露英·甘地就连自己的一贯支持者也不能很好合作外，更重要的是对表列种姓在未来大选中的政治取向会产生严重的影响，后来的大选果然证实了这一点。在贾·拉姆退党后，北方几个邦有一批党员跟着退党，他们对英·甘地专权不满，但又不愿意参加人民党，故都加入了民主国大党。在两军对垒的严峻形势下，民主国大党想成为处于中间立场的第三支势力是不可能的。因为双方在准备决战，力量都很强，都相信自己能胜出，没有人相信中间势力能获胜，会站到中间势力的旗帜下。人民党已把各反对党的力量集结起来，贾·拉姆若置身人民党外，会被看作异己，是起不了多大作用的，将来也只能做配角。当个小配角不符合贾·拉姆的宏大抱负。这样，唯一可行的道路只有向人民党靠拢。贾·拉姆认识到了这点，但从国大党立即转入人民党过于生硬，需要一段过渡。这样，民主国大党并入人民党只是时间问题。英·甘地对贾·拉姆的突然倒戈感到十分震惊，她愤怒谴责贾·拉姆的分裂和背叛行为，指出他作为决策圈里的人当初对实行紧急状态完全赞同，在恢复大选的今天却振振有词地谴责她专制独裁并另立山头，无非是想利用大选，收买人心，骗取拥护，好让他自己当总理。

英·甘地为大选奔忙不停，每个邦的党组织都要求她去发表演讲，哪怕时间很短也行。她几乎走遍全国，竭尽全力为自己的党拉选票。整个行程约 1 万公里，平均每天都要发表 5 次以上讲话，最多的一天是在北方邦，发表了 16 次讲话。对人民党的出现、反对势力纵横捭阖的活动她并不在意，认为这不过是 1971 年大选中右翼反对党拼凑的"大联盟"的花样翻新，是

① 马哈江：《印度现代史》，第 208 页。

大杂烩，不可能形成集中统一的力量。国大党（执政派）的竞选口号是“消除贫困，减少贫富差别，铲除非正义”，强调的重点仍然是实现社会公平。英·甘地竭力为实行紧急状态辩护，说那是在破坏势力实施非法行为的情况下所迫不得已采取的措施，是为了从混乱和灾难中挽救国家。她还突出强调紧急状态期间印度经济上取得的进展，并以此证明实行紧急状态是为国家和民族利益着想，人民从经济发展中得到了实惠。她针对人民党的竞选口号嘲讽地说，人民党各构成部分观点不一，互相冲突，连提出一个统一的经济纲领都很难，怎么能指望它给人民带来面包呢？她还说，一个临时拼凑起来的内部矛盾重重的党是不可能建立稳定的有凝聚力的政府的。

印度共产党和印共（马）的竞选策略也不一样。印共在英·甘地政府最困难的时候给了它最有力的支持，对宣布紧急状态也表示赞同，不过对其过分压制民主和实行个人专权的做法也提出了批评。尽管如此，印共认为人民党是右翼势力大联合，是印度面临的最大危险，因此，仍持与国大党（执政派）合作的立场。在西孟加拉邦、喀拉拉邦和泰米尔纳杜邦，两者达成了竞选合作安排。印共希望国大党外的左翼政党能联合竞选。印共领袖丹吉说：“国大党取得大多数固然不是好事，人民党掌权就更糟。”① 但其他左翼政党因不赞成印共对国大党（执政派）的支持，拒绝与它合作。印共（马）对政治形势的认识与印共相反。它认为英·甘地的国大党（执政派）即便在实行紧急状态前也是一党专制，印共（马）在西孟加拉和喀拉拉邦的政权都被国大党（执政派）推翻，表明英·甘地是个独裁者，容不得异己力量存在。印共（马）认为国大党（执政派）一党独裁是主要危险，决定与人民党结盟，共同推翻国大党（执政派）的独裁统治。其方针是争取在喀拉拉邦自己获胜，在其他邦帮助人民党和其他反英·甘地的政党获胜。在西孟加拉邦，印共（马）与人民党做了候选人调整的安排；在泰米尔纳杜邦，与德拉维达进步联盟和人民党做了竞选协调安排。

这次人民院选举登记选民3.21亿人，参加投票的有1.94亿人，投票率为60.44%。参加大选的全国性政党有4个，即国大党（执政派）、人民党、印度共产党和印共（马）。此外，还有14个邦级政党和一大批地方小党。

---

① 马哈江：《印度现代史》，第223页。

选举结果，人民党获得预期的胜利，英·甘地的国大党（执政派）遭到惨败，不得不下台。这是国大党自独立以来第一次丢掉在联邦的执政权。

人民党共获得总票数的41.3%，获得人民院542个竞选席位中的270个，占49.8%。与人民党紧密合作、不久后加入人民党的民主国大党获得1.7%的选票，28个席位，占5.2%。两者合计共得43%的选票，298个席位，占55%。

国大党（执政派）只获得总票数的34.5%，154个席位，占28.4%。英·甘地落选，内阁49名部长中有34名落选，桑贾伊也被淘汰出局。北方邦、比哈尔邦、哈里亚纳邦和德里直辖区原来都是国大党（执政派）势力较强的地区，这次它一席未得。在中央邦、拉贾斯坦邦这两个它影响较大的邦，这次只各得1席。这表明在北印、中印，它完全被选民抛弃。它的选票和席位主要是在安得拉、卡纳塔克、喀拉拉、泰米尔纳杜、阿萨姆、古吉拉特和马哈拉施特拉等邦得到的，在安得拉、卡纳塔克、喀拉拉和阿萨姆邦取得了绝对多数，在马哈拉施特拉邦获得了相对多数。在泰米尔纳杜邦，39个名额中，国大党（执政派）获得14席，其盟友全印安纳德拉维达进步联盟得18席，人民党只得1席。这样，国大党（执政派）主要在南印各邦和东印、西印个别邦还保留了一定势力。特别突出的是南印4邦还一边倒地支持国大党（执政派）及其盟友，这是因为紧急状态期间的过火行为这里没有北印、中印突出，另外，人民党的主要构成部分民众党和印度人民同盟在南印的群众基础薄弱。

印共只得到2.8%的选票和7个席位，占1.29%。由于支持英·甘地，印共也遭到原来支持它的许多选民抛弃。印共（马）得到4.3%的选票和22个席位，占4.06%，略低于上届大选。人民院其余席位的分配是，泰米尔纳杜邦的安纳德拉维达进步联盟19席，旁遮普邦的阿卡利党9席，其余为无党派人士获得。

反对党推翻英·甘地政权的努力终于取得成功。国大党（执政派）失败的主要原因是紧急状态的实行和其间的过火、非法行为（包括大逮捕、过分压制新闻自由、限制罢工、强迫节育、大拆贫民窟而缺乏妥善安排、桑贾伊和一些官员的胡作非为等），使英·甘地在几乎所有社会阶层中失去民心。议会民主制已深入人心，任何践踏民主的做法都会招致政界、舆论界、知识界、工商界的同声谴责。一向是国大党选票库的表列种姓和穆斯林也因桑贾伊一伙人的暴力行为而失去对它的信任。紧急状态期间经济状况虽有所好转，实际得益的也只是少部分人，多数人生活状况没有改善，他们对英·甘地的期望落空。这样，国大党（执政派）大厦便丧失了主要支柱。其次，反对党的统一行动是前所未有的，有史以来真正把分散的力量集中起来，形成了一支强大的合成势力，与国大党（执政派）分庭抗礼，甚至压倒国大党（执政派）。这是特殊历史条件下的产物。在当时多数选民对国大党（执政派）失去信任处于迷惘的情况下，这个党便成了人民群众或自觉选择或不得不选择的对象。最后，贾·拉姆从国大党（执政派）拉出一批人，建立民主国大党，结果带走了很大一部分原国大党（执政派）的支持者，特别是表列种姓，加剧了国大党（执政派）选票库的分解。上述三个因素的叠加，使胜败的强烈反差形成。国大党（执政派）在北印、中印失败最惨是因为以上三个因素在这里表现得最强烈，而反对党的基地也主要在这些地区，形成了对英·甘地最强有力的挑战。

英·甘地自己也对失败原因做了总结。她说，政府采取的强硬措施激怒了行政官员，计划委员会为了经济快速增长而实行的某些计划激怒了农民，应该发给工人的补贴却没有发而激怒了工人，最后，强制实行的绝育措施招来了很多人的不满。她认为，国大党（执政派）方面固然有这些失误，但这次失败的主要原因是反对党深入每家每户，歪曲宣传，妖言惑众，败坏国大党（执政派）的声望，使国大党（执政派）在群众中形成了错误的印象。① 英·甘地总算承认了政府有很多失误，承认工人、农民等各阶层都不满，也承认紧急状态期间的个别失误。但她不提实行紧急状态的问题，不认为这是引起普遍不满的最主要的原因。这也是自然的，因为如果承认这点错了，她所做的一切就有被反对党彻底否定的可能，她必须固守这条防线。

国大党自独立以来连续执政，这是第一次在人民院的选举中败北。它服从人民的决定，交出政权，变成了议会中的反对党。印度政坛多党制下一党长期执政的格局自此被打破，开始了多党交替执政的新时期。这次大选充分显示了在成人普选制下人心向背的主宰作用，人民群众对国大党不满可以投票反对它，不管它是否在执政。从这个意义上说，人民的政治参与质量确实有了提高。国大党要东山再起，也必须重新争取人民的信任。

---

① M. C. 凯瑞斯：《英·甘地领导权所受的严重挑战》，孟买，1980，第234页。

国大党尽管为印度独立和建设立下了汗马功劳，选举失败则自觉服从人民的意志，这也表明印度议会民主制经过近30年的实施已经比较成熟。

人民党、民主国大党加上其他与之合作的政党（阿卡利党、德拉维达进步联盟等）在人民院共有349席，接近2/3多数。人民党受权组阁，它联合民主国大党、阿卡利党组成政府。3月22日，英·甘地向代理总统B. D. 贾蒂（总统病假）递交辞呈，并发表声明表示作为反对党，愿与新政府实行建设性的合作。此前，在内阁最后一次会议上，通过了要求代理总统撤销紧急状态的建议。代理总统贾蒂于1977年3月21日颁发了撤销紧急状态的命令。所有根据紧急状态法被关押的人都被释放，被禁止活动的组织恢复活动，持续了21个月的紧急状态时期终成过去。

第四章

人民党短期执政和英·甘地第二次执政

一 人民党政府的政策

1977 年 3 月 24 日，人民党和民主国大党的全体议员在纳拉扬和克里帕拉尼率领下首先到甘地墓前宣誓，随后新政府成员宣誓就职。人民党政权是印度独立后第一个非国大党中央政权。

总理人选曾出现争执。莫·德赛、查兰·辛格和贾·拉姆都希望出任总理，互不相让。最后是由纳拉扬在克里帕拉尼主持协商下确定的，由德赛担任总理，查兰·辛格任内务部部长，贾·拉姆任国防部部长。政府的职位分配也是协商决定，参加人民党的每个党和民主国大党各出两名成员担任内阁部长。政府成员（内阁部长、国务部长和副部长）共 44 人，其中有两名阿卡利党人。

新政府建立后，1977 年 5 月，人民党各派才在组织上正式合并，民主国大党也正式并入。由于德赛已担任总理，根据纳拉扬的建议，党主席一职由钱德拉·谢卡尔担任。成立了工作委员会，作为党的最高执行机构。整个合并工作都是在纳拉扬领导下进行的。他说："我多年的信念是，除非出现两党制，印度的民主制度就不可能强固而持久。我非常高兴，去年根据我的倡议在孟买举行的四个民主反对党[①]的领导人会议上提出的彻底合并构想，现已开花结果，一个新党——人民党已跃然出现在印度政坛上。"[②]

---

① 除国大党（组织派）、印度人民同盟、印度民众党、社会党 4 个党外，还有国大党少壮派，共 5 个党派。

② 马哈江：《印度现代史》，第 252~253 页。

克里帕拉尼也出席了成立大会，并呼吁全国人民给新党以全力支持和合作。

不过，虽然实现了合并，但原来各党派各不相同的意识形态和政治主张不是组织上合并就能统一的，这就隐藏着随时爆发冲突的可能性。不仅如此，虽然原来各党派的组织不再存在，但长期形成的派系效忠关系和感情联系也绝非合并所能很快冲淡的，更不要说消失了。一般成员仍以原来的领袖为自己的领袖，以原来的同事为真正可以信赖的对象，对不属于自己原来党派的人则抱着戒心、疑心。这种状况不仅会使党内的任何分歧都带有原来党派分歧的色彩，而且包含着使党极易在原党派基础上分解的可能性。

既然作为一个统一的党执政，首要的任务就是制定统一的施政纲领。在消除紧急状态的伤痕，恢复和保障公民的自由民主权利包括新闻自由、恢复司法的独立等方面，提出全党一致同意的主张是没有什么问题的，困难主要在经济政策方面。原来各党派的主张有很大不同，如何达到统一呢？统一以什么思想为基础？从人民党竞选宣言、党章和政府的政策声明中可以看到，它是把实现甘地的经济政治权力分散化、为最大多数人谋福利的思想和保障公民的自由民主权利的民主思想结合在一起，作为统一的思想基础和政策基础。1977 年 4 月 4 日，德赛总理在发表施政演说时说：“在一个发展的社会，自由和面包并非相互矛盾，而是携手并进，不可分离。人民党允诺 10 年内消除贫困。这个目标不可能由坐在德里和各邦首府的少数人完成，不管他们多么富有智慧。只有通过政治经济权力的分散化，使广大人民都参与进来，共同努力，才能达到目标。”实行政治经济权力的分散化，既是为了使发展能给最广大的群众带来福利，又是发动最广大的群众参与实现发展目标的手段。政治经济权力的分散化在经济政策上的表现是把发展的重点由重工业转向农业，由大工业转向小工业。他说：“我们必须使农村成为我们经济发展的基础。我们的社会自古以来就是以农村为基础的社会，我们人民的 80%住在农村。……大城市、大机器和重大的科学发明有它们的位置，但不能再保有惯常的优先权和统治地位。”他强调发展农业和小型工业应摆在经济发展的突出地位，主张公营工业要促进农业和乡村工业、小型工业的发展；还讲到对大工商业家，建议他们遵循甘地的委托制原则，为国家经济发展和改善人民福利做出贡献。[①] 1977 年 11 月人民

① 马哈江：《印度现代史》，第 249~250 页。

党发表《经济政策声明》，其中强调要以发展农业为重点，把公营部分的资金集中用于发展农业，包括发展农村工业和小型工业；还讲到人民党反对任何以剥削为基础的制度，决心消除两极分化，使贫富差距缩小到最低限度。1977 年 12 月又发表了《工业政策声明》，其中指出，作为以往 20 年工业发展指导文件的《1956 年工业政策决议》虽有一定可取之处，却也造成许多弊端，如失业增加、城乡差别扩大、实际投资率停滞不前、工业增长率不高以及病态企业范围越来越广等。声明说明了人民党工业政策的主要内容，即以发展小型工业和家庭手工业为主要方针，凡是小型工业和家庭手工业能生产的，就只能由它们生产，在每个县设立县工业中心，作为促进小型工业和家庭手工业的机构，为其发展提供支持和服务，工业发展银行也应在信贷上给予优惠；大工业的主要作用应是促进小型工业和乡村工业的发展和支援农业，为其提供必要的基础设施和必需的资本货物；国家不应再在金融方面支持大财团，应让大财团靠自己的积累扩建新建项目，在大工业密集领域要优先照顾中型企业，以限制经济力量的进一步集中，公营工业要向小工业提供技术和管理知识，为促进分散化做出贡献；对吸引外国投资，要坚持真正需要才吸引的原则，凡不需要的领域，现有合同到期后不再续签，外资在合资企业中的股权一般不应超过一半；对病态企业不应再接管。这些政策都是贯彻甘地政治经济权力分散化思想的体现。

由不同意识形态和政治主张的 6 个党派构成的人民党在施政指导思想上和基本政策上之所以统一于此，首先是因为比较说只有这种主张和政策，构成人民党的原各党派才都能接受，因为这方面的主张在各党派原来的纲领中或多或少都存在，各党派为了争取农民和其他下层群众的选票，都提出了发展农业和小型工业的主张，虽然摆的位置高低不同。其次，这种主张突出了人民党和国大党政策侧重点的不同，可以体现人民党的特色。再者，更重要的是，在国大党因改善下层人民地位方面成效不佳而招致广大下层群众不满的情况下，政治经济权力分散化的主张，给人以主要是为下层群众着想的印象，易于得到广大小有产者和下层群众拥护，这对于刚刚取得大选胜利还未站稳脚跟的人民党来说，正符合需要。最后，还有一个因素在一定程度上起作用，这就是纳拉扬是持这种主张的。这种主张是纳拉扬“全面革命”思想的重要部分。纳拉扬作为倒英迪拉运动的旗手，受到各个原来的反对党的推崇，他的思想和主张在新政府的政策中必然要有所体现。正是以上这些因素的综合作用，使政治经济权力分散化成了人民党经济纲领的主调，原来各党派各自提出的主张暂时退到次要地位，不过都各自保留。

以政治经济权力分散化作为基本纲领是否适合印度的客观实际和经济发展规律？是不是促进印度经济发展的更好道路？这需要实践的检验。这条道路偏重于实现社会公平，把工业化降到次要地位，忽视工业发展对农业发展的巨大支援作用。这样做会造成什么结果是不难想象的。

纳拉扬继续置身于人民党和政府之外。但作为人民党的精神领袖，他是政府的灵魂，他把实现“全面革命”的理想寄托在新政府上。但德赛也好，其他领导人也好，只是要利用他的威望号召群众和协调各党派的关系，对于他的“全面革命”思想并没有哪个人真正接受。人民党和政府的文件、政策声明都从未提及“全面革命”，这就很能说明问题。

人民党执政期间实行的政策大体上说是根据上述指导思想制定的。德赛政府把英·甘地政府开始实行而尚未完成的第五个五年计划（1974～1979）提前一年于1978年3月结束，1978年4月开始实行人民党政府编制的、体现人民党主张的新的五年计划，即第六个五年计划（1978～1983）。这个计划的核心是以农村取向型发展代替工业取向型发展，以经济权力分散化代替重点发展大工业和公营工业。为了执行这个计划，政府大大减少了对重工业和公营企业的投资，其结果是这类产品价格猛涨，能源和原材料的短缺更加突出。对农业增加投资需要资金，为扩大政府收入来源，对许多种工业品课税，导致价格提高，相对降低了人民的购买力。政府还撤销了公营工业享有的10%价格优惠，促使其在与私营企业竞争中提高效率。

人民党开始执政时，曾许诺扩大平价商品的供应范围，如扩大到豆类、布匹，目的是减轻穷苦人民的负担。也曾花了一年时间讨论，但由于国家资金有限，可掌握的商品不敷分配，已形成的决议也只能停留在纸面上。在解决农村居民的用水方面取得较大成绩。全国约有153000个村庄存在供水困难问题，国大党执政时期解决了40000个村庄的供水困难问题，人民党执政时期又解决了45000个村庄的供水困难问题。

在支持小型企业、改善下层人民经济地位方面，人民党做了较多努力。1978年把保留给小型工业和家庭手工业经营的项目由180项猛增到807项。在一些农村，推广拉贾斯坦邦首创的办法，提供给特困农民小片荒地和资金，组织自救，取得一定效果。又实行“以工代赈”扶贫计划，由联邦政府拨粮食给邦政府，作为兴修水利、修建农村道路、改善校舍的经费。邦政府组织缺粮户参加建设工程，得到粮食作为工资。在改善表列种姓地位方面也做了一些工作，包括建立专门的机构，提供贷款和生产资料给表列种姓。政府还组织培训了60万名生活困难的表列种姓和落后阶层的青年学习织地毯等技术，使他们在经济上自立。除重点扶助表列种姓和表列部族外，人民党政府1979年还任命了一个曼达尔委员会，对表列种姓以外的其他落后阶级的状况进行调查，提出扶助方案；还支持发展各种乡村工业，使农民有更多的就业机会。

在政治方面，人民党执政后消除了紧急状态法扩大适用范围造成的结果，释放了所有与紧急状态有关的政治犯，把紧急状态期间因持不同政见被调离、被迫长期休假或被迫提前退休的官员、法官都恢复原职。1977~1978年，又使议会通过法令，废除了紧急状态时期制定的有害出版物防止法，目的是完全恢复新闻出版自由；通过了报刊委员会法，恢复这个机构在维护新闻自由上的权力。又通过法令废除1971年制定的维护国内安全法。1977年4月和1978年8月，议会先后通过了宪法第43修正案、第44修正案。这两项修正案把紧急状态时通过的第42修正案关于削弱法院权力、膨胀行政权力的规定几乎完全推翻，恢复了最高法院和高等法院先前拥有的权力。

人民党虽在中央执政，但全国邦政权绝大多数都在国大党（执政派）和其他政党手里。为改变这种不利的局面，它采取了一个非正常的步骤：4月18日，联邦内务部部长C. C. 辛格发布“紧急呼吁”，要求国大党（执政派）执政的北方邦、哈里亚纳邦等9个邦解散邦立法院，重新进行选举，并威胁说，如果拒绝执行，联邦政府将建议总统根据宪法第356条解散邦立法院，实行总统治理。要求解散的理由是国大党（执政派）在这次人民院选举中在这些邦落败，表明它已失去这些邦人民的信任，再没有资格继续掌权。这个理由是不能成立的，人民院和邦立法院选举并不是一回事，不能因国大党（执政派）在人民院选举失败而解散邦议会，这是独立后从未有过的。9个邦表示拒绝，指出这种做法违反民主原则，是没有宪法根据的。代理总统起初不支持内务部部长的要求，后在人民党要解散人民院的威胁下才被迫颁令，宣布把这9个邦的立法院解散，重新举行选举。1977

年6月，这些邦重新选举的结果是，有7个邦人民党获得多数，掌握了邦政权。人民党虽然采取这种非正常手段，在全国掌握的邦政权也只有8个。

德赛政府成立后，在党内和政府内就有强大的呼声要求追究紧急状态期间过火行为和滥用职权行为，严惩英·甘地。1977年5月，政府任命了以高等法院退休法官沙阿为首的委员会调查紧急状态期间所有官员的不法行为。经过7个月的多方调查，委员会在报告中认为有大量不法行为发生，英·甘地要负主要责任。1977年10月3日，政府以英·甘地在实施紧急状态法期间进行经济犯罪为由逮捕了她，但次日法院认定证据不足将她释放。人民党此举颇受非议，很多人认为是蓄意报复。英·甘地的拥护者在许多地方举行示威游行表示抗议，她的获释受到热烈欢迎和祝贺。人民党政府想使她身败名裂，却给她戴上了受难者的光环。

在对外政策方面，人民党宣布继续奉行不结盟政策，同时指出，英·甘地政府对不结盟政策的执行有偏差，在对美苏关系上偏向苏联，这是必须纠正的。在执政的一年多时间里，人民党政府努力增强同美国等西方国家的关系，力求从它们那里获得更多经济援助和军事援助，以平衡对苏倾斜。印度《政治家报》在谈到调整的必要性时说："一个不可否认的事实是，印苏条约多少损害了印度的不结盟形象，不管甘地夫人政府是由于什么迫不得已的原因批准了这种条约。"① 这表明舆论界对平衡与美苏的关系是积极赞同的。人民党持这种方针不仅是因为它的构成部分中有一些在基本政见上原是较亲西方的，也因为它第一次取代国大党执政需要有特色表现，取得美国等西方国家更多的支持在它看来应该是其特色。从美国方面说，对人民党政府这一新动向自然是欢迎的。美国不希望放过任何影响印度的机会，使之尽可能地靠拢美国的立场。再则，英迪拉·甘地实行紧急状态西方国家是一致谴责的，指责她扼杀印度民主。如今人民党上了台，美国自然要给予积极支持。人民党政府成立后，美国国会就批准了向印度提供160万美元援助的法案。1977年美国副国务卿克里斯托弗访印；9月，印度外长瓦杰帕伊回访。双方讨论了改善两国关系及美国在技术发展方面对印援助的问题。1978年1月卡特总统访印，1979年6月德赛回访。随后美国恢复了因1971年印巴战争而中止的对印援助，两国专家在农业和科学

---

① 转引自《人民日报》1977年4月3日。

研究方面开始了合作。1979 年美国还提供了 2200 万美元的新贷款，用以购买化肥。两国关系得到较大改善。

人民党政府继续保持与苏联的密切关系。1977 年 4 月，苏联外长葛罗米柯访印。两国领导人都表示要保持和继续发展两国的友谊与合作。苏联承诺在发展经济方面给印度更多帮助。两国又签订了一系列双边合作协定，内容包括苏联提供 22.5 亿卢比长期贷款用来发展钢铁业和采煤业，扩大两国外贸规模，扩大技术合作，改善两国电信联系，苏联以原油换取印度的某些产品等。1977 年 10 月德赛访问莫斯科，与勃列日涅夫签署了共同声明，强调要把两国现有的友好合作关系进一步发展下去。随后两国签订一系列新协定，进一步扩大了合作的领域和规模。1978~1979 年，两国领导人进行了新一轮的互访：1978 年 9 月印度外交部部长瓦杰帕伊访苏，1979 年 3 月柯西金访印，6 月德赛第二次访苏。双方又签订一系列协定，包括未来 10~15 年长期经济合作协定，苏联给予贷款帮助印度在韦斯卡帕特那姆新建一个年产 150 万吨钢的钢铁厂的协定等。勃列日涅夫在和德赛会谈中还建议在航天飞行方面实行合作。6 月 7 日，印度卫星“巴斯卡拉号”在苏联发射成功。人民党和政府内虽然有些人在意识形态上是强烈反共的，但他们并不想淡化与苏联的关系。撇开经济方面的需要不论，仅从军事和外交方面说，他们也知道保持与苏联的现有关系是不可缺少的。美国与巴基斯坦结盟仍是事实，印度除了打印苏军事合作这张牌外，找不到另外的对付美巴结盟的办法。

人民党政府与巴基斯坦的关系也略有好转，1971 年印巴战争后的冷却局面被打破，巴基斯坦外交秘书与印度外长进行了互访。在对中国的关系方面，人民党政府主张恢复和改善两国关系。1978 年 3 月，中国人民对外友好协会会长王炳南率团访印，这是两国恢复高层往来的开始。1979 年 2 月，印度外交部部长瓦杰帕伊访华，为中断了 10 多年的两国政府领导人和高级官员互访重新开通了道路。尽管在边界问题上仍未达成一致，但两国经济文化联系开始部分地得到恢复，一种对话的气氛逐渐形成。在与孟加拉国的关系方面，人民党政府做了一些让步，就恒河河水使用问题与孟加拉国达成了协议。1977 年 11 月两国签订了为期 5 年的协议，把干旱季节分配给孟加拉国的河水流量大大提高。人民党政府与尼泊尔、不丹、缅甸和阿富汗等周边国家有较多的高层往来，与东南亚国家联盟也建立了新的联系。

总的来看，人民党政府的主要成绩是消除了紧急状态遗留的问题，使原来的政治民主和公民权利得到恢复。在经济政策方面，由于对农业和扶贫投入了较多资金，加上雨水充足，1977~1978年农业取得了较好成绩。但1979~1980年收成不好，农业减产。由于经济发展重点转移，工业的发展速度放慢，导致出口缩减，进口增加，外贸逆差加大，外汇储备急遽减少。整体来看经济增长率不高，城乡普通人民的生活改善有限。政府的开支却不断上升，在入不敷出的情况下只得动用库存。不到两年时间，英·甘地政府留下的1800万吨储备粮和30亿美元的外汇储备就被消耗殆尽。人民党竞选时曾对选民许下的种种美好的诺言，看来多数只能停留在口头上。

人民党面临的最棘手的问题是它内部原来各党派之间的钩心斗角和相互拆台。这种情况一直存在，并日益加剧。由于每个派系都想掌握更多权力，必然是同床异梦，互相排斥，抢占山头，争权夺利。除了当选总理的德赛希望保持党和政府的稳定，也即保持自己地位的稳定外，各派系更感兴趣的是尽可能快地扩展自己的势力，尽可能多地摘取胜利果实。这种尔虞我诈、相互倾轧的斗争不仅发生在中央，地方也一样，可以说，上上下下各级政府内部都弥漫着争夺权力的恶劣气氛。除此以外，多数派系不满意印度人民同盟与教派组织国民志愿服务团的密切关系（印度人民同盟成员参加国民志愿服务团的可保持双重身份），因为这种关系不仅与世俗主义原则不符，还因为有高度组织性的国民志愿服务团为印度人民同盟不断输送骨干，使其他派系感觉受到了威胁。多数派系希望印度人民同盟切断与国民志愿服务团的联系，遭到拒绝。

查兰·辛格始终放不下总理梦，总想取代德赛，德赛也以对付他为主要任务。他们两人和两派的矛盾构成了此后人民党内部错综复杂的矛盾的主线。查兰·辛格与党主席谢卡尔也有深刻的矛盾。

1977年4月国大党（执政派）掌权的9个邦的立法院被总统解散后，争夺这些邦立法院的席位，从而争取在更多邦掌权就成了各派系的当务之急。党主席谢卡尔在各邦首席部长候选人提名中秘密支持原国大党（组织派）和原印度人民同盟的人选，以削弱查兰·辛格派系的实力和影响。为了破坏谢卡尔的图谋，查兰·辛格设法与原印度人民同盟领导人接近，达成秘密谅解，瓜分了9个邦中人民党可能胜选的7个邦的首席部长职位。此举也是为了削弱德赛派系的力量。当这个幕后活动为其他派系知晓后，引起它们的强烈反对和愤慨。查兰·辛格与原印度人民同盟的接近未能持久，因后者许多成员的双重身份问题双方再起争端。查兰·辛格指责原印度人民同盟拒绝让其成员放弃国民志愿服务团身份是玷污人民党形象。作为报复，原印度人民同盟在人民院哈里亚纳邦补缺选举时不支持属于原印度民众党的候选人。

1978 年，9 个邦重新选举的结果有 2 个邦人民党败选，各派系都把责任推到党主席谢卡尔身上。查兰·辛格乘机提出谢卡尔辞职，重新选举主席。作为对查兰·辛格攻势的反击，谢卡尔与德赛联合起来，在查兰·辛格一派掌权的邦暗中支持反查兰·辛格的势力，这一行动也得到原印度人民同盟一派心照不宣的支持。当意识到受到左右夹攻后，1978 年 4 月 28 日，查兰·辛格宣布辞去人民党全国执行委员会委员和议会党团成员职务，并指使本派系的拉杰·纳拉因更加紧锣密鼓地开展逼谢卡尔辞职的鼓动。拉杰·纳拉因因此被清除出人民党全国执行委员会。

此后查兰·辛格发动新攻势，他绕过总理和内阁以个人名义发表声明，主张成立特别法庭审理对英·甘地在紧急状态期间的过火行为的指控，目的是给人造成一种他的这一主张被德赛压制的印象，引起很大反响。6 月 29 日，德赛解除了他的内务部部长职务。原印度民众党立即指责德赛这一行动是要摧垮该派。4 名属于原印度民众党的部长向总理递交了辞呈。查兰·辛格随后在人民院发表声明，说他被解职的真实原因是他不顾德赛的反对坚持要调查德赛儿子的经济犯罪问题。接着在德里组织了有数十万农民参加的群众大会，向德赛示威，声称将根据事态发展决定自己派系未来的行动方针。在各方人士不懈的调停下，德赛同意让步。1979 年 1 月 24 日，查兰·辛格再度被邀入阁，担任副总理兼财政部部长。同时作为一项平衡措施，贾·拉姆也被任命为副总理，4 名辞职的部长也回到内阁。

但妥协只是暂时的。查兰·辛格表面不露声色，暗地里却开始与英·甘地的国大党秘密接触。桑贾伊和纳拉因多次会晤，挑动他和查兰·辛格率领原印度民众党退出人民党，并保证国大党支持查兰·辛格担任总理，还鼓动纳拉因抓住原印度人民同盟成员双重身份问题做文章，促使人民党分裂。纳拉因如法炮制，引起印度人民同盟强烈反对。1979 年 6 月 23 日，在受到纪律处分的情况下，纳拉因退出人民党，一批属于原印度民众党的议员跟着退出。他们在一起成立了以纳拉因为首的新党，叫人民党（世俗派）。这标志着人民党开始解体。纳拉因退党是得到查兰·辛格同意的，他觉得有人在党外，可以自由发声，便于他里应外合。他的下一步计划是等到时机成熟，在议会公布德赛儿子经济犯罪的证据，逼德赛下台。

1979 年 6 月至 7 月初，由于原印度民众党的大批议员退党，人民党在议会中的席位大幅减少。这时国大党（执政派）已分裂为国大党（英迪拉）［简称国大党（英）］和国大党（斯瓦兰·辛格）［简称国大党（斯）］两个党。谢卡尔与国大党（斯）接触，探讨建立联合政府的可能性，因党内很多人不赞成而没有结果。此时，留在人民党内的印度民众党议员强烈要求德赛下台，由查兰·辛格担任总理。德赛的拥护者、谢卡尔和印度人民同盟都表示反对。在人民党一片混乱中，7 月 9 日，国大党（斯）议会党团领袖 Y. B. 恰范对政府提出了不信任案。人民院决定 7 月 11 日进行辩论，16 日投票表决。在这一关键时刻，11～12 日，人民党又有近 30 名议员退党，其议员总数从 302 席降至 247 席，已不足半数。7 月 13 日，又有 1 名属于原民主国大党的部长辞职，带动 10 名议员一同退党。15 日，人民党内原社会党领导人费尔南德斯也辞去部长职务，并与原属社会党的大部分议员一同退出人民党。人民党的席位进一步减少。至此，人民党政府在未来的表决中被推翻已成定局，德赛不得不于 7 月 15 日晚即表决前夕向总统提交辞呈，执政仅两年 4 个月的人民党政权就这样被无休止的内斗和最终的裂解葬送。

一个中央政府任期未满就提出辞职，这在印度还是首次。按照宪法规定，当总统接受政府辞职后，如果执政党在议会中拥有多数席位，应由该党推选新的领袖，由总统任命为总理；如果执政党不具有多数席位，则总统有权授权能获得议会多数议员支持的原执政党或反对党的领袖组阁，也可解散人民院，重新举行大选。采取哪种方式由总统决断。

德赛政府辞职后，总统雷迪鉴于人民党已丧失多数地位，便首先与反对党之一的国大党（斯）领袖恰范商讨组织新内阁的可能性。恰范在下面未能凑集到必要的多数。总统又请德赛和查兰·辛格分别向他报告能否获得多数的支持。查兰·辛格已于 7 月 16 日退出人民党，加入了人民党（世俗派），成为其议会党团领袖，他表示有信心获得必要的多数。总统决定授权查兰·辛格组阁，同时提出在 8 月的第三周在人民院举行信任投票，他的政府必须在信任投票中证明自己确实拥有议会多数的支持。1979 年 7 月 28 日，由人民党（世俗派）和国大党（斯）共同建立的新政府成立，查兰·辛格担任总理，国大党（斯）领袖恰范任副总理。国大党（英）和印共（马）表示支持政府但没有直接参加。英·甘地支持查兰·辛格是希望他的政府撤销特别法庭，停止受理对她和桑贾伊的与紧急状态有关的指控，但查兰·辛格迫于形势不能允诺这个要求。在遭到明确拒绝后，8 月 20 日，在预定的议会信任投票之前，英·甘地宣布，国大党（英）在表决中将不支持查兰·辛格政府。国大党（英）不支持意味着新政府得不到议会多数支持，这个突如其来的打击一下就粉碎了查兰·辛格在议会闯关的一线希望。面对这一现实，他不得不立即向总统辞职，并建议解散人民院，提前举行大选。他的政府仅存在 23 天。在这 23 天里，政府为了争取民心，在议会提议通过了铁路员工津贴法、防止黑市和保证基本消费品供应法、为落后种姓保留公务员名额法等。随着他的政府垮台，这些法令也基本上被搁置。

在查兰·辛格政府宣布辞职后，人民党主席贾·拉姆要求总统授权他组阁。然而，人民党显然得不到多数支持。8 月 22 日，总统雷迪宣布解散人民院，于 1979 年 11～12 月提前举行选举（后来选举日期改为 1980 年 1 月）。这样，新一轮选举突然来临。

德赛政府和查兰·辛格政府的执政时间合起来不到两年半，人们通常把这段时期称为人民党执政时期。实际上这是不正确的，查兰·辛格的党与人民党属不同政党，他的党执政不再是人民党执政。

二　1980 年大选，英·甘地东山再起

（一）1980 年人民院选举

第七届人民院选举于 1980 年 1 月举行，参加竞选的有 6 个全国性政党——人民党、民众党、国大党（英）、国大党（斯）、印度共产党和印共（马），此外还有 19 个邦级政党和其他小党。竞争主要在三支力量间展开：英·甘地领导的国大党（英）、贾·拉姆领导的人民党和查兰·辛格领导的民众党。国家广播电台和电视台有史以来第一次为竞选提供服务，每个全

国性政党被允许使用全印广播电台两次、电视台一次，每次 15 分钟。

人民党带着一种要再次证明自己的力量的强烈情绪竭尽全力投入竞选。此时还留在该党的成员主要是原印度人民同盟派、以德赛为首的原国大党（组织派）、以谢卡尔为首的原国大党少壮派和以贾·拉姆为首的原民主国大党人。其竞选宣言说，人民党是印度民主史上划时代斗争的产儿，虽遇到挫折，但在议会党团选出的新领袖贾·拉姆充满活力的领导下，内聚力大大增强。它呼吁广大人民群众再次授权它执政，并保证能有效地治理国家，不辜负人民的期望。然而，不管竞选宣传说得多么好，实际情况却是，党的解体在继续发展，现有的几派人依然是同床异梦，各有各的盘算，根本不可能再以鲜活的形象出现。人民党的精神领袖和奠基人纳拉扬对党的解体和政府的垮台甚为痛心，在深深的郁闷中，这位为实现印度的独立和社会进步贡献了毕生精力的活动家 1979 年 10 月病逝于孟买。他的逝世对人民党来说，意味着失去了号召群众的旗帜。人民党在群众中的影响力进一步降低。

民众党即人民党（世俗派），其成员主要是原印度民众党的班底。为突出对传统的继承性，1979 年 9 月改名为民众党，仍以查兰·辛格为主席，拉杰·纳拉因任执行主席，M. 利马耶为秘书长。加入民众党的还有社会党的几个小派别（主要是前统一社会党人）和少数前国大党人。为了壮大自己的力量，该党尝试与国大党（斯）建立竞选联盟，但因在政策与候选人问题上发生分歧，联盟不久破裂。民众党的竞选纲领强调国家发展的首要任务是振兴农业，使农业经营者得到合理收益，大力缩小城乡收入差距。

国大党（英）、国大党（斯）作为两个国大党参选，是国大党（执政派）分裂的结果。分裂发生在 1978 年初。1977 年 3 月国大党（执政派）败选后，尽管英·甘地承担所有责任，但党内一部分人对她作风专断和宠信亲信的不满有增无减。他们要求党整肃纪律，清除桑贾伊和对败选有责任的英·甘地亲信。英·甘地不同意，千方百计袒护他们，特别是桑贾伊。党的工作委员会屈从英·甘地的意志，未触动桑贾伊，但把她的亲信之一 B. 拉尔开除出党，另一亲信 V. C. 苏克拉遭斥责处分。党主席 D. K. 巴鲁阿随后也引咎辞职。1977 年 5 月初，亲英·甘地者和不满英·甘地者的斗争激烈化。后者猛烈抨击桑贾伊一伙人在紧急状态期间操纵全国事务，指责英·甘地纵容他胡作非为。在后一部分人坚持下，英·甘地的议会党团领袖职务被解除，由 Y. B. 恰范代替。新成立的工作委员会成员多数还是亲英·甘地者。英·甘地也是成员之一。亲英·甘地者要求今后党主席和中央议会局重大决策时要同英·甘地商量，遭到拒绝。恰范指责这个要求违反党内民主原则。分歧还发生在选举党主席提名等其他问题上。英·甘地得出结论，这些人的目的是彻底整垮她。她的支持者纷纷进言，要她采取措施解决面临的危机。卡纳塔克邦首席部长 D. R. 乌尔斯是英·甘地的支持者，国大党上层的斗争扩及该邦党组织，导致乌尔斯被党主席 B. 雷迪开除党籍。12 月 18 日，英·甘地以辞去工作委员会委员职务的方式表示抗议，另 7 名支持她的委员也随之辞职。1978 年 1 月 1～2 日，在她和乌尔斯共同策划下，在新德里自行召开国大党全国会议，包括一部分国大党全印委员会委员、一些邦党组织负责人、人民院议员、邦立法院议员在内的 5000 多人参加会议。发言者纷纷谴责党的领导人排斥异己。会议宣布本次会议有国大党全印委员会多数成员参加，代表“真正的”国大党，就是一次党的全国代表会议。会上选举英·甘地为党主席，并组成了工作委员会。这一突如其来的分裂行动使国大党（执政派）领导人 B. 雷迪、恰范等十分愤怒，立即把她及参加分裂会议的主要领导人开除出党。英·甘地的工作委员会反过来把 B. 雷迪、恰范和他们的工作委员会成员也开除出党。这样，国大党（执政派）便分裂成两个党，并都宣布自己是真正的国大党。因在大选中不能两党同名，英·甘地的党此后就称国大党（英迪拉）。B. 雷迪在 1978 年 2 月辞去国大党（执政派）主席职务，由斯瓦兰·辛格接任，他领导的党被称为国大党（斯）。国大党再次分裂是英·甘地长期以自己为中心专权独裁的新的体现和必然结果。

分裂之初，英·甘地派国大党力量远不及 B. 雷迪为主席的国大党。原国大党议会党团成员只有 1/6 支持她，国大党掌权的 5 个邦的首席部长中只有卡纳塔克邦的乌尔斯属于她这一派。英·甘地还面临着沙阿委员会对她的政府在紧急状态期间的非法行为的调查和指控，她的儿子桑贾伊也有被判刑的可能（后来被判两年监禁，罚款 10000 卢比）。但英·甘地并不气馁，决心重整旗鼓，积蓄和扩大力量，以求东山再起。她奔波各地，会见党员，访问群众，召开各种会议，宣传自己的主张，渐渐地重新赢得人民的好感。至于拥护她的群众，则始终把她看作最关心下层疾苦的领导人。人民党的执政没有给下层人民带来实惠，越来越多感到失望的人又回过头来寄希望于英·甘地。人民党政府以经济犯罪为由对她的逮捕和被迫释放，不仅增加了群众对她的关注，也表明了她为官清白，从而使她赢得更多尊敬。正因为此，在1978年2月邦立法院选举中，国大党（英）在南印的安得拉、卡纳塔克两邦取得多数，重新掌握邦政权。11月，她本人在卡纳塔克邦契克马加鲁尔选区人民院议员补缺选举中当选，重返人民院。

契克马加鲁尔选区的补缺竞选可以说是1977年大选后国大党（英）与人民党间的一场激烈的竞选战。人民党的候选人是V. 帕提尔，当英·甘地被提名为国大党（英）候选人后，人民党认识到事态严重，立即派联邦内务部部长费尔南德斯前来为V. 帕提尔助选。人民党领导人德赛、谢卡尔、查兰·辛格等，甚至纳拉扬都通过媒体为该党候选人呐喊助威。他们知道，帕提尔不是英·甘地的对手，一旦英·甘地当选，将会成为她发动反攻的开始。选举果然英·甘地获胜。

英·甘地重进人民院使人民党政府感到了威胁。当她在议会再度露面时，迎接她的是“恶魔又回来了”的咒骂声。人民党无法阻止她回到议会，就制造借口，剥夺她的议员资格。12月19日，人民党议员指控她在任总理时曾阻挠议会派出的调查人员收集咨询问题的材料，卸任后又阻挠沙阿委员会的调查工作，犯了“严重破坏议会特权和蔑视议会”罪。人民党及其盟友利用其在议会的多数地位操纵议会通过决议，剥夺她的议员资格，并决定将她拘禁至议会闭会。此举在全国引起强烈反响，不但没能打击英·甘地的威信，反而使她成为受难英雄而获得人民的同情。全国各地群众纷纷举行集会、游行、罢课、罢市，抗议对她的迫害。有些邦的国大党（英）组织还开展了不服从运动，为此遭拘捕的人数超过10万人。连国大党（斯）的成员也有大批转到英·甘地一边。12月26日，议会不得不将她释放。在监狱门口，聚集在那里的人群热烈欢呼和祝贺。人民党政府弄巧成拙，使人们对英·甘地的不满逐渐被同情取代。英·甘地也抓住每一个机会，抨击人民党不光彩的报复行为，争取民心，准备反击。正如她后来对伦敦一位记者说的：“政府对我采取的每一步迫害行动，结果都帮了我的忙。”①

当1980年1月将举行新一届人民院选举的决定公布后，英·甘地认为

① 马哈江：《现代印度史》，第487页。

展开反攻的时机到了，便以最大的努力投入竞选，以期夺回执政党地位。在全印广播电台的讲话中，她说印度人民不再会相信那些说国大党奉行威权主义的诬蔑之词了，也不再会相信人民党的自吹自擂了，人民需要的是一个“能工作的政府”。她呼吁人民投国大党（英）的票，以使国家能重新步入民主、稳定、有秩序和进步发展的道路。针对人民党政府不断内争、动荡和在决策上的软弱无力，国大党（英）提出的竞选口号是，“只有英迪拉能把国家从混乱和动荡不定中拯救出来”，“要英迪拉，拯救国家”，“建立稳定和有力的政府”，“实现社会主义类型社会目标”等。这些口号充分迎合了群众对人民党政府的失望心理，使人似乎看到了新的希望。竞选纲领还强调民主和自由将受到保障，以消除实行紧急状态在人们心中留下的阴影。针对当时恶化的经济形势，竞选宣言特别提出要以最大努力制止物价上涨，改善下层人民生活，扩大就业，还特别强调恢复实施“20点计划”，宣称要把穷人最需要的这个礼物送给他们。这些都是百姓最关心、最迫切要求解决的问题，因此深得民心。英·甘地重新展示以往的活力，到全国各地发表演说，会见群众。在60多天的竞选日子里，她走了40000英里，去了384个选区，在1000多个大小集会上讲话。她还刻意参加下级属员的婚礼，到最贫苦的地方访问，以树立自己的良好形象。有一次吉普车在途中陷进泥坑，不能开动，她就下车在泥泞的小道上艰难跋涉，后改骑大象，颠簸了3个半小时。这些行为，经支持她的媒体广为渲染，使她的竞选形象更加富有光彩和魅力。

国大党（斯）既没有这样出众的领导人，也做不出这种刻意追求效果的举动。更使它感到困难的是，提不出比英·甘地更吸引人的口号。显然，在竞选中它处于劣势。意识到这一点的领导人决定与查兰·辛格领导的民众党建立竞选联盟。这样一来却使自己失去了鲜明的个性，留给选民的是模糊不清的形象。结果，一般群众提起国大党想到的就是英·甘地一派，许多地区的选民甚至不知国大党（斯）的存在。1979年8月，原参加英·甘地一派的乌尔斯与英·甘地分道扬镳，转而参加国大党（斯）。两者的分手完全是英·甘地引起的。乌尔斯既是卡纳塔克邦首席部长，又担任该邦国大党（英）的主席，在群众中和党内有很高威望。他支持英·甘地另建新党，但对桑贾伊的专横跋扈也很不满。英·甘地担心他势力的增长对自己和桑贾伊可能带来不利，故以他身兼两职会影响党的工作为由，要求他把邦党主席的职务让给由她指定的人担任。乌尔斯认为这是对他的不信任，率领其影响下的该邦广大党员脱离英·甘地的党，宣布成立卡纳塔克国大党，不久该党与国大党（斯）合并。9月，乌尔斯被选为国大党（斯）的主席。此后，国大党（斯）改称国大党（乌尔斯）［简称国大党（乌）］。国大党（乌）指望借助乌尔斯的声望为自己竞选增加几分号召力，但乌尔斯在别的邦名望并不大，更重要的是，他长期追随英·甘地，很难一下就提出与英·甘地的党截然不同的竞选纲领。他也想努力为国大党（乌）树立新形象，如针对英·甘地的专权，强调反对集权主义；针对广大下层群众对贫富差距越来越大的不满，提出要改变国大党传统的在贫富之间、高级种姓与低级种姓之间维持平衡的方针，在制定的政策中坚决维护贫苦群众、表列种姓、表列部落、落后种姓和各种弱势群体的利益。但这些主张在竞选中几乎每个党都会挂在嘴上，对广大选民起不了特别的振奋作用，所以他的领导并未能改变这个党的竞选劣势。该党与民众党的竞选联盟没有存在多久也告破裂。

印度共产党在上届大选中因支持英·甘地遭受严重挫折。从这时起，党内发生分歧。以总书记 C. R. 拉奥为首的多数派认为支持英·甘地是个方向性错误，这种看法较之此前党的观点是个 180 度的转变。以丹吉为首的少数派强烈反对这种新看法，坚持党原来的观点。1977 年 12 月 30 日，丹吉辞去印共中央主席职务。此后分歧愈演愈烈，到了无可挽回的地步。只是面临大选暂时搁置了争论。对人民党，印度共产党一直持反对态度，认为它是几个老的反动政党的结盟。人民党政府倒台它抱欢迎态度。这次大选中印共的方针是，既不支持英·甘地的国大党，也不支持人民党和民众党，主张左翼政党联合，争取建立一个左翼的民主的中央政权。

印共（马）对人民党执政是支持的。人民党政府垮台后，又支持人民党（世俗派）查兰·辛格组阁。这次大选中它仍谋求与查兰·辛格领导的民众党合作。它认为印度进步发展面临的主要矛盾是民主势力与独裁势力的斗争，另一个矛盾是世俗势力与教派主义势力的斗争。因此，该党以英·甘地的国大党为主要对手，同时也反对印度人民同盟在其中占主要地位的人民党。它称前者代表专制独裁势力，后者是教派主义势力的工具。它提出愿意与民众党、国大党（乌）结盟，其奋斗目标是建立一个左翼和民主力量的联合政权。

1980 年 1 月 3 日和 6 日第七届人民院选举如期进行。全国登记选民 3.562 亿人，有 2.027 亿人参加投票，参选率为 56.9%。结果，国大党（英）大获全胜。它得到的选票占总选票的 42.69%，得到 353 席，占总席位数的 66.7%。这一成绩几乎可以和 1971 年那次成绩相媲美。英·甘地本人在北方邦莱巴雷利选区击败 25 名竞选对手当选，获得选票 223903 张，创她个人所得选票的最高纪录。同时她还在南印安得拉邦的梅达克选区当选。为了继续扩大国大党（英）在南印的影响，她选择作为梅达克选区的议员进入人民院。除西孟加拉邦和喀拉拉邦外，国大党（英）在其他所有各邦都获得了多数或较多的选票。不过，在说印地语的几个邦它只是以不过半数的选票取胜的。其他政党中，选绩较好的是民众党，获得 9.39%的选票，41 个席位，占总席位数的 7.75%，成为第一大反对党。印共（马）获得 6.24%的选票，37 个席位，占 6.99%，成为第二大反对党。人民党获得总选票较多，占 18.97%，但只得到 31 个席位，占 5.86%。国大党（乌）得到 5.28%的选票，席位 13 个。印度共产党得到 2.49%的选票，席位 10 个。

英·甘地的国大党以这样突出的成绩再次当选是出乎人们意料的。在野三年，它并没有什么新的建树，能取得这样的成绩只是因为人民党政府太使人失望，此时在印度政坛上又没有一支能取代国大党的力量。用反对党组合取代它的办法纵然能击败它取得政权，但要保持政局的安定和有效率的治理，事实证明是不可能的。人民党无休止的内讧，只能使它一事无成。人民群众不需要这样的政府。英·甘地以往的执政虽然有种种不足，但她的“10 点计划”“20 点计划”还是给群众留下了深刻的印象，群众期望她能从失败中吸取教训，做得更好。这就是她又受到大多数人拥戴的原因。可以说，她的重新当选是人民群众基于要稳定不要混乱、要效率不要无所作为的普遍心态而做出的一种新的选择。

人民党落选和国大党（英）重新执政，都是正常的现象。议会民主制运作是否成熟的标志之一，是选民能否积极参选，能否行使公正的评判及选择权利。选民由抛弃国大党（执政派），选择人民党，到重新选择国大党（英），正是他们对每个执政党政绩优劣的评判，是他们正常使用选择权利。这说明人们经过多年实践，已经学会了运用自己的权利，充分发挥自己的作用。这正是人民群众政治意识日臻成熟的表现。

（二）英·甘地巩固执政地位的措施

1980 年 1 月 14 日，在总统主持下，英·甘地率领新一届政府成员宣誓就职，阔别了总理府 34 个月的英·甘地重新回到她的办公室。在新政府中，P. V. 纳拉辛哈·拉奥任外交部部长，宰尔·辛格任内务部部长，R. 文卡塔拉曼任财政部部长。

英·甘地重新执政后，为了不使自己手脚受到束缚，必须除去人民党执政时悬在她头上的达摩克利斯之剑。1980 年 5 月 24 日，新德里首席地方法官撤销了人民党政府时期对她在实行紧急状态时的过火行为的一项指控。3 月 31 日，英·甘地政府颁布命令终止特别法庭的活动，随后议会通过了撤销特别法庭的法令。1981 年 5 月 7 日，人民院又撤销了 1978 年 12 月该院通过的关于英·甘地破坏议会特权的决议。至此，所有对她构成威胁的法令和决议都被推翻，使她真正走出了法律制裁的阴影。

英·甘地政府在紧急状态时期使议会通过的宪法第 42 修正案，在人民党 1977 年当政时期许多内容已被推翻。再次执政后，她接受了这个事实。最高法院这一时期继续强调宪法的基本特点议会无权修正。在 1980 年 5 月 9 日的一例诉讼案的判决中，最高法院重申，宪法第 42 修正案关于议会可以不受限制地修正宪法任何部分任何条款的规定超越了议会修宪权，这样做是违宪的。英·甘地在这个问题上不再坚持原来的立场，因为从上次丢失政权的教训中她终于认识到，允许议会有无限制的修宪权，就是允许一个在议会中居多数地位的政府有在任何问题上任意立法的权力，在现行的民主制度下，这是大多数人绝不会赞成的。她很清楚，如在这方面再次冒险，就会给一直骂自己为独裁者的反对党以新的把柄，自己和国大党（英）失而复得的权力就有可能再度丧失。

虽然再度掌握了联邦政权，国大党（英）在全国只掌握了 4 个邦的政权。她认为这种局面使国大党（英）推行自己的方针政策有很大困难，希望很快改变。但按规定，邦一级例行大选应在各邦现任立法院届满后举行，其时间有先有后，多数是在 1982 年以后，要等待的时间太长了。1980 年 1 月，喀拉拉邦举行选举。国大党（英）领导的联合民主阵线政府被印共（马）领导的左翼民主阵线政府取代，国大党又失去了一个邦政权。为了巩固和加强国大党（英）在邦一级的地位，国大党（英）施展了不同手段夺取其他政党在邦的执政权力，包括策划倒戈、实行总统治理、制造借口解散邦议会重新选举等，用这些办法推翻了国大党（乌）的卡纳塔克邦政府、人民党的哈里亚纳邦政府和喜马偕尔邦政府。在哈里亚纳邦策划倒戈最为典型。国大党（英）利用人民党的内部矛盾，把心怀不满的人民党邦首席部长 B. 拉尔作为重点争取对象，结果他和他的同僚脱离人民党，加入了国大党（英），这样，人民党政府变成了国大党（英）政府。对民众党执政的北方邦，以警察对民众暴虐事件为由实行了总统治理。英·甘地嫌这样一个个夺取太慢，在桑贾伊等人的怂恿策划下，她竟然效仿当年人民党对国大党（执政派）的错误做法，让总统 S. 雷迪于 1980 年 2 月 17 日发布命令，把 9 个由其他党（人民党、全印安纳德拉维达进步联盟、阿卡利党等）掌权的邦立法院解散，重新举行选举，理由也是照搬人民党的说法，只不过加上了这些邦“拖延执行中央的改革政策”的无端指责。这一以牙还牙、以错对错的报复行动，充分表明英·甘地和国大党（英）的其他高级领导人与当年人民党的此项行动决策者一样心胸狭窄，把党的私利摆在首位。各反对党对英·甘地一致强烈谴责。民众党主席查兰·辛格说：“法西斯又当权了。人民必须认识到，民主已处在致命的危险中。”① 他的激烈反应在反对党中很有代表性。5 月，这 9 个邦进行了选举，结果，除泰米尔纳杜仍是全印安纳德拉维达进步联盟获得多数席位外，其余 8 个邦多数席位都被国大党（英）拿去。国大党（英）用这种不光彩的手段最终控制了全国 22 个邦中的 15 个邦。

鉴于国大党（英）已掌握了原国大党党员的大多数，1981 年 7 月，中央选举委员会重新裁定，承认英·甘地一派的国大党为国大党正统，使用印度国大党名称和竞选标志。这使英·甘地和国大党（英）的地位得到进一步增强。该党此后仍称国大党（英）。

三　经济政策调整

（一）转入政策调整轨道

英·甘地再次上台时，印度的经济形势很严峻。首先面临的任务是救

① 马哈江：《印度现代史》，第 500 页。

灾。1979 年的严重干旱，使这个年度粮食减产 17.1%，受灾的 7 个邦有 2.2 亿居民处在饥饿线上。英·甘地放下别的事情，亲自去几个受灾严重的邦视察，提出了 12 点救灾计划，包括动用储备粮、加强中央对各邦救灾工作的监督、防止投机倒把、保证基本日用品供应等；还对受灾地区石油、电力的供应做了安排，以减少旱灾对工业生产的影响。随后，议会紧急通过了防止黑市和保证基本日用品供应法，规定对囤积居奇、投机倒把、破坏基本日用品市场供应者，无论是什么人，中央和邦政府都有权下令拘留（有时间限制）。由于救灾措施较为有力、工作及时，灾害的影响得到减轻。

除了旱灾使农业减产，并直接影响到许多工业部门的原料供应，造成市场紧缩外，另一严重问题是 1979 年国际石油价格暴涨，导致财政支出增加和外汇紧缺，使石油、煤炭、钢铁等部门生产任务的完成和计划中的交通建设都面临重重困难。1979～1980 年度国民生产总值下降 1.4%，外贸逆差达 65 亿美元。

人民党的短期执政把发展重点转向农业和小工业，事实证明是不成功的。农业由于无力抵抗自然灾害，遇到风雨不顺，增产便没有保证。农业一旦歉收，工业发展就立即受到影响，经济增长率从而更为低下。人民党执政两年多，经济很少增长，英·甘地时期积蓄的外汇和粮食储备被消耗殆尽，在实现社会公平方面也不见有多大效果。事实表明，人民党提出的以农业、小型工业为发展重点的模式并不适合印度。

严峻的经济形势急需发展模式回到正确的道路上来，现实提出的最紧迫的任务是提高经济增长率。为此，最迫切的需要就是沿这个方向实行发展战略和经济政策的调整。

英·甘地本人此时对这点有一定感受。前一段执政在政策上以实现社会公平为重点，事实证明是个弯路。缩小贫富差距、实现社会公平固然必须做，但如果没有经济增长作为基础，再好的实现社会公平的设想也没有财力实现，最多不过是在低水平上搞平均主义。实现社会公平的计划落空使她终于认识到，以往对经济增长强调不够是个失误，实行增长取向的经济政策调整再也不能被忽视和拖延了。这不仅是加速国家经济发展的需要，也是真正缩小贫富差距的前提。

新政府成立后，英·甘地就把以增长取向调整经济政策突出地提上议事日程。然而，怎样才能提高增长率？什么是妨碍经济增长的主要问题？

这是在具体政策调整前必须首先明确的。

英·甘地总结以往的经验教训，经过反复考虑，对问题的症结有一定的认识，但必须指出，受历史条件限制，她不是所有问题都想明白了。再者，对她来说，长期形成的思维惯性，要陡然大幅转弯是很困难的，何况她还不愿意给人留下政策前后矛盾的印象。在迈出步伐时她小心翼翼，既要做出实质性的调整，又要尽可能地与前一段时期的政策保持衔接，因此在调整中显得有的针对性不够，有的似乎被回避，该调整而未被触及。

新的“六五”计划的编制和实施就体现了她的努力和思想困境。英·甘地重新执政时，人民党政府编制的第六个五年计划（1978~1979 年至 1982~1983 年）实行还不到两年。由于这个计划是以实现经济分散化和发展农业、小工业为重点，完全改变了国大党确立的发展方向和模式，英·甘地马上组织人手编制新的第六个五年计划（1980~1981 年至 1984~1985 年），经议会批准，立即开始执行。人民党的“六五”计划被废止。英·甘地政府统计部门把人民党执政的整个时期仍看作“五五”计划时期的一部分。

新的“六五”计划体现了英·甘地指导思想的部分变化，国大党既定的体制和基本目标仍被遵循，不过，在发展战略上已不再完全遵循马哈拉诺比斯模式，发展的重点也有部分改变。

“六五”计划规定的总目标是力争在提高经济增长率、有效利用资源和增进生产力方面向前跨进一步；加强推进现代化的力度，实现经济和技术方面的自力更生；逐步减轻贫困，减少失业，改善人民的生活质量，并特别注重改善下层人民的经济状况；控制人口的增长。

计划没有再强调优先发展公营重工业，而是强调要充分利用现有的生产能力，更新技术和设备，提高生产效益。其重点，一是加强已成为经济发展瓶颈的基础设施的建设，包括石油、电力、煤炭和交通运输设施等，为工农业增加投资、产出和产品出口创造条件；二是实行促进出口和进口替代相结合的外贸新方针，以获得更多外汇，解决投资资金的紧缺问题；三是提供更多的就业机会，特别是在农村，以满足人民的最低生活需要。

“六五”计划是把经济增长和消除贫困紧密结合起来，强调通过创造工农业经济全面发展的条件来消除贫困。同时也指出，仅仅靠有限的经济增长不足以消除贫困，必须直接采取有效的消除贫困措施才能取得较好的效果。这种认识较之以往无疑更现实，更切合实际。“六五”计划在消除贫困方面规定的目标是把处在贫困线下的人口比重降到30%。计划采取的措施包括实行“农村综合发展计划”（IRDP）、“全国农村就业计划”（NREP）和“最低需要计划”，这都是开发性的扶贫计划。

计划执行中遇到了很多困难。1979～1980年的严重旱灾使农业大幅度减产；通货膨胀居高不下，严重增加了人民的生活负担；由于进口石油提价，外贸条件恶化，外汇收入大大减少。这一切使计划在执行中面临资金短缺、原料和粮食不足等严重困难。然而，政府采取了种种措施努力克服困难，使计划基本上得以完成。

在具体政策上，1980年7月和1982年4月政府发布了两个新的工业政策说明，又制定了一些相关政策。作为1956年工业政策决议的补充和发展，这几个文件重申了在混合经济体制下发展公营成分的重要意义。不过与以往比，一个显著的不同是，没有再提公营成分要占领国民经济的制高点，而是强调公营成分要成为基础设施建设的支柱。1980年的工业政策说明中首次承认公营部门的效益差，在人民群众中的信任度降低，对此特别提出了批评。文件提出要改善公营企业的经营管理，努力提高其经济效益。另一方面强调对私营企业应改变态度，积极支持其发展，还提出应吸引外资投资高科技部门，以弥补印度技术力量和资金的不足。为落实新的精神，政府采取了一系列改革措施，包括：（1）扩大允许私营企业和外资企业经营的领域。80年代允许私人参与经营的核心工业部门扩大到24类，包括电力、石油等。（2）放宽对私营企业扩大再生产能力的限制，还放宽了国家对私营企业贷款的限制。（3）1981～1984年议会一连制定了几个《垄断和限制性贸易行为法》修正法，对垄断财团扩大生产能力和新建企业的限制逐步放宽。（4）提高小型企业（包括乡村企业）限定资产额的上限。小型企业受政府特别扶植，不但免于申请许可证，而且在税收、信贷、原料供应等方面享受种种优惠。这是尼赫鲁时期就规定的一项政策，目的在于扩大就业机会，支持下层小生产者。小型企业政府规定有资产上限，超过者就不再属于小型企业。上限的标准不断提高，此时又有新的提高，使更多小生产者享受到此项优惠。（5）对“病态企业”，国家不再接管，提倡健康企业合并这样的企业，合并的企业享受税收方面的优惠。(6) 重视新技术的引进，批准了一批技术合作项目，强调自力更生不等于技术孤立。(7) 鼓励出口创汇。给百分之百面向出口的企业以特别优惠，允许它们引进新技术，扩大生产规模。(8) 强调公营、私营企业都要以提高效益为指导思想。英·甘地宣布 1982 年为“全国生产力年”。80 年代的口号是“提高生产力，实现增长”。

这一系列政策的实施收到了良好效果。私人投资 1980~1981 年度为 30 亿卢比,1983~1984 年度增加到 80.9 亿卢比。外贸额 1982~1983 年度比 70 年代增加一倍左右。1982~1983 年外国投资就有 6.2 亿美元，到 1984 年达 11.3 亿美元。

“六五”计划实施的结果，规定的国内生产总值年增长率 5.2%的目标得以实现。农业预定年均增长率为 3.8%，由于绿色革命继续推广到新的地区，也由于水利灌溉设施的增加，实际达到 4.3%。粮食产量 1983~1984 年度达到 1.52 亿吨的最高水平。国民收入年增长率为 5.4%，人均收入年增长率为 3.2%，基本上实现了计划规定的指标，这个成绩超过以往任何一个五年计划。

“六五”计划在解决失业和消除贫困方面也取得了一定成绩，但计划的指标未能完全实现。原定五年中要解决 1200 万现有失业人口的就业问题，并为五年期间新增加的 3400 万劳动力提供就业机会。到“六五”计划结束时，失业人口仍有 920 万人。几个扶贫计划取得的成绩较为显著。“六五”计划结束时，处于贫困线下的人口由占总人口的 48.3%下降到 35%（有许多印度学者认为没有下降这么多）。全印缺乏饮水的 23.1 万个乡村中有 19.2 万个得到了有保障的饮水供应。有 540 万贫苦无地的农户得到了房基地，有 150 万户得到了建房资金补助。在教育、卫生方面取得的效果较差，学龄儿童入学人数仍然保持很低水平，成人扫盲没有进展，改善农村卫生设施和城市贫民居住区环境的计划基本停留在纸面上，成为空话。

总的来说，“六五”计划成绩是突出的，特别是农业和能源工业有较大发展，经济增长率和国民收入都较以前有新的提高，第一次突破了 50~70 年代年均增长率 3.5%的所谓“印度教徒增长率”。这对改善国家的经济状况，保证经济的进一步增长，振奋人心，起了重要的作用。

从上述可见，英·甘地政府已沿着改革的道路迈出了步伐。经济增长和现实发展需要成了政策重点，意识形态的标榜和考虑开始淡化。这是继60年代中后期调整尼赫鲁农业战略之后，政府在发展战略和政策方面继续进行的更大幅度的调整。

“六五”计划期间实行的经济改革只是初步的，从调整的客观需要说，远没有到位。公营企业的效益问题没有解决，多数企业仍然亏损，靠国家财政维持生存；对私营成分和外资的控制没有真正放开，半管制的体制基本依旧；对自力更生理解的片面，仍清楚地表现在对进出口的严格控制上。英·甘地不能改革得更多是可以理解的。

英·甘地政策的转变来自国内现实需要的推动和她多年实践的认知，外部因素也有积极影响。70~80年代初，东亚“四小龙”出现和中国开始实行改革开放，使印度相形见绌。在外部强光的映射下，一向认为印度是亚洲龙头的英·甘地和印度舆论界看到印度落在后面，受到震撼，不能不改变思路，借鉴国际经验，以期迎头赶上。英·甘地的政策转变是迟的，且远没有到位，但转变终于来了，有了开始就是巨大的进步。从这个意义上说，不管她的新政策有多少不足，都应该给予充分肯定。

（二）混合经济体制下公营、私营经济发展状况

经过30年的发展，印度已发展成庞大的以公营经济为主导、以私营经济为重要成分的经济体。尽管还存在其他成分，形态混杂，公营成分和私营成分依然是两个最基本的要素。两者究竟发展得怎么样？经营状况如何？在国民经济发展中是否都起到了应起的作用？这些问题到80年代上半期已经有条件做个小结了。我们已经看到英·甘地的态度和变化。为了正确评述她的政策变化，下面用数据和事实做个说明。

公营经济到80年代上半期已经成为覆盖除农业外所有国民经济部门的经济集合体。

公营企业有属于联邦政府的，有属于中央部门的，有属于邦政府的，前者占主要地位。根据印度公营企业局1990~1991年的普查资料，从1951年起到1984年联邦政府投资兴办的公营企业的发展情况见表4-1。

表 4-1　属于联邦政府的公营企业（1951~1984）

年份	企业数(个)	资本额(亿卢比)
1951	5	2.9
1956	21	8.1
1961	48	95.3
1966	74	241.5
1969	85	390.2
1974	122	623.7
1979	176	1560.2
1980	186	1822.5
1981	185	2110.2
1982	205	2491.6
1983	209	3003.8
1984	214	3541.1

资料来源：《公营企业普查（1990~1991 年）》。

从表 4-1 可见，1984 年和 1951 年相比，企业数增长了 41.8 倍，资本额增长了 1220 倍。联邦政府公营企业在投资的增长率方面在各类工业企业中是最高的。1960~1961 年度至 1968~1969 年度平均增长率为 19.9%，1968~1969 年度至 1973~1974 年度为 9.9%，1973~1974 年度至 1980~1981 年度又上升到 16.5%。

邦一级的公营企业数缺乏精确统计。据公营企业研究所的材料，邦一级公营企业到 1986 年 3 月底共有 636 个，投资额约 1000 亿卢比；而至 1977 年 3 月底只有 286 亿卢比。

以上投资数字只是属于中央和邦一级的非部门性企业的投资，不包括铁路、邮电等部门性企事业投资，这种部门性企事业投资数量也很大。

公营企业的组织形式有四种：部门管理的企业（多为公共事业）、主管局管理的企业、公共股份公司和国营公司。最后一种较普遍。

公营企业涉及的领域，到 80 年代上半期已包括工业、交通运输业、金融业、服务业的各主要部门。除了 1956 年工业政策决议规定的专门或主要由公营部门经营的领域外，在消费品工业的许多领域，如纺织、造纸、钟表、食品等，也都有或多或少的公营企业。此外，许多私营大企业中有公营股份。

公营企业有一些规模很大。据1981年统计，全国250家最大的企业总产值为4580亿卢比。其中最大的58家公营企业，其总产值占这250家企业总产值的55%；150家最大的私营企业，其总产值只占33%；42家最大的外资企业，其总产值占12%。1982~1983年按产值或收入排序，全国最大的100家公司（不包括部门企业如铁路、邮电等）中，公营企业有44家，其总资本占这100家公司总资本的90.3%，纯资产占77.4%，总产值占72.3%。在顶尖的30家大公司中，有22家是公营公司；8家全国最大的公司都是公营公司。其中居第一位的是印度石油公司，纯资产127.8亿卢比，总产值978.6亿卢比；第二位是印度钢铁总公司，纯资产576.2亿卢比，总产值305.4亿卢比。印度钢铁总公司的实收资本相当于100个最大公司中私营公司实收资本总和的3倍还多。塔塔财团所属的两个最大的公司——塔塔机械和机车制造公司、塔塔钢铁公司只排在第9位、第10位。

公营企业的资金来源主要是国家税收收入、公营部门积累和国民储蓄，部分靠外国贷款，外国贷款全部用于公营部门的发展。

公营企业在印度经济发展和社会进步中所起的作用，首先表现在促进国家的经济增长上。公营企业由于国家倾注主要财力、物力促其快速发展，从“二五”计划起就成为国家投资增长最快的部分。“四五”计划以后增长速度放慢，但仍在大力发展。这样，到80年代，它已成了国民经济的重要组成部分和主要支柱之一。据印度经济监测中心1983年公布的数据，从50年代到80年代初，公营成分净产值在国内净产值中的比例分别为：1950~1951年度，占7.5%；1960~1961年度，占10.6%；1970~1971年度，占14.5%；1980~1981年度，占20.2%。[①] 也就是说，在30年中，公营成分净产值在国内净产值中的比重由不到1/13上升到1/5以上。另外一些数据也很能说明问题，1970~1971年度公营企业总产值在国内生产总产值中的比重为14.1%，到1982~1983年度上升到23.8%。公营企业在国内资本形成中所占比重1969~1974年平均为40%，1980~1985年平均为51%。公营企业营业额1970~1971年度为702.5亿卢比，1980~1981年度为4457.5亿卢比。这些都表明，公营成分在国民经济中地位突飞猛进，对国家的经济发展越来越具有举足轻重之影响。

① 印度经济监测中心：《印度经济基本统计》第2卷，1985。

国家工业化中最艰巨的任务是公营工业担负的，创立各种重工业和基础工业部门，为实现工业化奠定坚实的基础。独立后，当尼赫鲁政府把快速实现工业化作为既定国策时，印度只有少得可怜的重工业，机械制造业完全缺乏，交通、能源等基础设施十分薄弱。不首先从基础工业和重工业部门建设起，想快速实现工业化是根本不可能的。重工业和基础工业投资多、周期长、风险大，非一般私人力量所及。国家通过建立公营企业主动承担起了这个任务，从第二个五年计划起到第五个五年计划，政府都把工业企业发展的重点集中在钢铁、机械制造、化工、采矿和能源、交通运输等重工业基础工业部门。政府直接创办大型企业，拨出较多的发展资金，使这些部门优先发展。至 1981 年 3 月底，在公营企业总投资 3541. 088 亿卢比中，钢铁工业占总投资的 16. 1%，煤炭业占 11. 5%，电力占 7. 1%，石油占 10. 7%，采矿业占 8. 3%，这几项合计达 1900. 777 亿卢比，占总投资额的 53. 7%。在投资最多的 10 家公营企业中，印度钢铁有限公司、印度煤炭有限公司、国家热电有限公司、印度石油和天然气委员会 4 家就占投资总额的 70. 83%。国家快速发展这些部门不仅为公营成分的扩展奠定了根基，也为私营企业家创办工业提供了有利条件。公营重工业和基础工业发展的结果，改变了原来畸形的工业结构，使工业体系趋于合理和完整。到 70 年代中期，重工业的比重在全国工业总产值中已接近甚至超过 50%，其中机械工业达 14. 88%。1984～1985 年度，印度钢锭产量为 1081 万吨，成品钢产量为 778 万吨，煤炭产量为 1. 54 亿吨，石油产量为 3000 多万吨，发电量为 1700 亿千瓦·时。公营工业的增长有力地带动了整个工业的增长。

公营工业的发展保证了进口替代方针的实现，加强了经济发展的自力更生能力。独立之初，印度所需资本货物和大部分中间产品仰赖外国进口，费资巨大，造成外汇吃紧，又易为外国控制。所以尼赫鲁政府明确地把自力更生作为经济发展目标之一，实行严格的进口替代方针。创建公营企业的目的之一就是使工业化所需要的绝大部分资本货物和中间产品印度自己能生产，使印度具有扩大再生产的自我装备能力，以尽量减少对进口的依赖。到 80 年代上半期，这个目标基本实现。绝大部分机械设备、中间产品和以往印度不能生产的产品已能够自给。如在石油能源方面，进口数量逐渐减少。石油和天然气委员会、印度石油有限公司、印度电力有限公司都在进口替代方面做出了突出贡献。又如药品以往一直靠进口。印度斯坦抗生素有限公司和印度药品制造有限公司自创立以来制造出了原依靠进口的多种药品，大大减少了外汇开支。

公营工业的发展是促进商品输出、增加外汇收入的重要杠杆之一。尽管多数公营企业的生产主要是面向印度市场，部分企业则兼有外销任务。如金属矿产物是印度第二大宗出口货物，这些货物都来自公营采矿部门。国家贸易公司和矿产金属贸易公司成功地为这些产品在国际市场上，尤其是东欧打开了销路。印度钢铁总公司、印度电力公司、印度斯坦机床公司等公营大企业都有越来越多的产品外销。公营企业为国家赚取的外汇 1969~1970 年度是 17 亿卢比，1984~1985 年度猛增到 583.1 亿卢比。

公营企业向国家上缴利润和纳税（公司税、消费税、关税等），是政府财政收入的重要来源之一。1980~1981 年度向国家上缴的利税总额为 330.2 亿卢比，1984~1985 年度上升到 761 亿卢比。“六五”计划期间，公营企业纳税和上缴利润等共 2757 亿卢比，相当于“六五”计划公营部分总支出的 25%。

公营企业的发展为失业人口和新增劳力提供了广大的就业机会。就有组织的部门（在其中工作的职工占全国总劳力的 10%左右）来说，1971 年公私营成分提供的就业机会共 1750 万个，其中公营成分 1070 万个，占 61.1%。1981 年公私营成分共提供 2287 万个就业机会，其中公营成分 1548 万个，占 67.7%。1985 年公私营成分共提供 2381 万个就业机会，其中公营成分 1628 万个，占 68.4%。这说明在有组织的部门，公营成分提供的就业机会大大超过了私营成分，成了解决就业问题的首要渠道，而且其比重还有逐渐上升之势。公营企业对职工福利较为重视，一般来说，职工的待遇较私营企业要好，工作岗位较有保障。

公营企业的发展还促进了辅助性工业和小工业的增长。按照公营企业局 70 年代的要求，所有公营企业要重新审定生产机会，把可以由小型企业生产或经营的项目，交由小型企业去生产或经营，公营企业为它们的产销提供方便。在这个结构性的安排下，到 1986 年 3 月底，有 1800 个辅助性企业建立起来。公营企业与它们订立合同，购买它们产品的一部分甚至全部。据统计，1973~1974 年度，公营企业从辅助性企业购买的产品总值为 2.1 亿卢比，1985~1986 年度猛增到 45.1 亿卢比。这样，公营企业就以自己的发展促进了小企业的更大发展。

公营企业还通过有计划地布局，对改变全国各地区间经济发展的不平衡做出了贡献。独立初，印度工业主要集中在孟买、古吉拉特和加尔各答，多数地区或完全没有大型工业，或只有星星点点。独立后，政府把改变工业布局的畸形作为经济发展中要解决的一个重要问题。其途径有多种，其中新建公营工业的合理布局是一个主要手段。政府在决定新建一个大型企业时，一方面要考虑产供销的条件和交通要素，也即经济效益；另一方面，要考虑在不违反经济效益的原则下，在可能的限度内，在选址时尽量照顾缩小地区差别的需要，注重促进落后地区的经济发展。在比哈尔邦建立波卡罗钢铁厂、兰契重型机械厂，在中央邦建立比莱钢铁厂，在奥里萨邦建立鲁尔克拉钢铁厂等都是基于这样的考虑。这些经济落后的邦由于一些大型企业的建立，成了某方面的重工业基地，形成了新兴工业区，出现了商业繁荣的大城市，有力地拉动了地区经济的发展，或多或少地改变了落后面貌。除联邦政府在全国范围内这样做外，各邦政府在新建邦公营企业时，也在邦范围内这样做，以改变邦范围内的发展不平衡。

商业银行和保险公司的国有化使国家的金融命脉掌握在政府手中。政府掌握金融命脉所起的主要作用是使银行在贷款方面较多照顾农民、乡村企业和小型企业，在帮助贫困人口脱贫和促进农业与小型企业发展方面发挥积极作用。70 年代后这方面的成绩较为醒目。

总之，公营经济部门的发展壮大，对国大党政府争取实现经济增长、社会公平和自力更生三大发展目标程度不同地都起了积极作用。这正是尼赫鲁和英·甘地的期望所在。他们坚持认为，要实现这三大目标，没有公营成分做支柱是不可能的，公营成分太弱也担当不起这个艰巨的任务。没有公营企业做后盾，对资本家唯利是图的本性便没有足够强大的力量制约；没有公营企业的建立，就不可能较快地建立起基础设施和重工业部门；没有部门齐全的基础设施和重工业，就不会有独立的工业体系，扩大生产就只能靠进口设备；基本设备仰赖外国，就会形成结构性的依附，丧失经济独立。没有独立，经济增长何以保证？他们还认为，私营企业家不会以减少自己的利润来满足下层人民对社会公平的要求。没有公营企业，国家两手空空，拿什么来实现社会公平？总之，发展公营工业不但不可或缺，在他们看来就是保证三大目标实现的决定性环节。这个认识应该说原则上没有什么不对。强大的公营部门的出现使印度在争取实现国家既定目标方面，特别是在建立完整的工业体系和实现自力更生方面，确实起了显著的作用，取得了相当大的成绩，这个客观事实是不能不承认的。

然而，公营企业从发展伊始就存在着严重的问题，而且越到后来越突出。最根本的问题是经济效益差，多数企业效益微薄甚至长年亏损。单就属于联邦的公营企业来说，1960~1982 年这 23 年中，整个公营企业有 11 年亏损，另 12 年只有少量盈利。1980~1981 年度亏损额为 20.3 亿卢比。从 1981~1982 年度至 1984~1985 年度，虽然每年都赢利，但数目甚微，税后净利占已付资本的比例依次仅为 2.03%、2.32%、0.8%和 2.55%。至于邦一级的公营企业，其亏损较中央企业严重得多，特别是灌溉工程、电力局、公路运输公司等方面的企业，几乎“都有最丑陋的亏损的记录”。[①]

经济效益差的原因是多方面的，有的是选址不当，对供产销条件和效益未周密论证，受人为因素和政治因素影响匆忙决定，造成建厂的客观条件不配套，抬高了成本；有的是资金不能及时到位，工期拖延，致使工程造价一再提高；有的是能源和原材料供应不足，造成设备利用率低，生产能力大量闲置。更普遍、更主要的原因是企业管理行政化、管理体制官僚化，严重扭曲了公营企业的经营活动。首先是政府对公营企业的看法和政府制定的管理体制存在严重问题。政府把公营企业主要看作国家控制经济的物质手段和促进社会福利的工具，只要达到了这个目的，对它本身的经济效益并无很高期待，因此对公营企业的经营不强调核算，不讲竞争。公营企业的经理、理事会理事、厂长等高级管理人员均由政府任命，对他们的主要要求是执行政府下达的计划和上级指示。执行计划成了公营企业的生命线。政府的指令就是规章，不管是否符合实际，都必须执行。虽然在规章上也规定要实行成本核算，但在实践中总是以经济利益服从政治需要。政府在规定公营企业的产品价格时，常常把政治考量摆在首位，如有的故意压低，取悦于民，以争取选票，对产品的成本效益并不在意。政府过多过死的管制压得企业难以喘气。所以，企业领导人敷衍塞责者多，具有开拓性者少。他们只是照章办事，让上级满意，至于企业是盈是亏，都不会受到追究，也不妨碍他们的升迁。企业亏损再多，亏损时间再长，也都由国家财政兜底。历届联邦政府和邦政府并没有一个领导人因公营企业亏损

① R. 达特、K. P. M. 桑达拉姆：《印度经济》，新德里，1994，第 172 页。

而受到追究，既然如此，企业的领导人又有谁会为企业亏损真正犯愁呢？

企业经营者本应是善于经营筹划的行家里手，可是在公营企业行政化的体制下，政府任命的领导者中很多人并不懂经济。他们把管理企业当作做官，只知机械地执行上面下达的计划，把经营活动当作行政事务处理。主观臆断，不按经济规律办事，人浮于事、效率低下是普遍现象。领导层假公济私、任人唯亲、营私舞弊、中饱私囊者也比比皆是。即便有些领导人有志于管好企业，办事兢兢业业，也因事事受主管机关约束，难以有所作为。领导职务有一定任期，不少企业领导者为了显示自己的政绩，向上邀功，采取急功近利的做法，造成于己有利的短期行为，而不顾这种行为是否有碍于企业的长远发展。

公营企业效益低下不仅有自身的问题，从更广泛的范围说，它也是政府奉行的政策的产物。从尼赫鲁到英·甘地第一任期，都严格控制私营经济和外资，严格执行进口替代方针。这种政策的负面影响是，为公营企业人为地构筑了一道厚厚的防护墙，给它保留了广大市场，保护它免受内外同行企业的残酷竞争。对企业来说，没有压力去促使它们千方百计地谋求改进技术，降低成本，也没有压力促使它们去改进经营管理，提高效率。公营企业领导岗位是铁饭碗，使得一大批企业官僚只图安逸而几乎不承担责任。

公营部门管理不善、效益低下的问题60年代下半期就有人提出。前已提及，英·甘地最初不去正视，反而把对公营企业问题的揭露、批评，都看成是对国大党的社会主义类型社会目标不满而发动的攻击。她不能把攻击与公营企业实际存在问题两者区别开来。她只顾反击，却从不去认真地调查和思考那些人的说法有多少是真实存在的问题，并及时采取措施解决。在反击进攻时，她甚至为公营企业没有效益辩护。结果，公营企业的问题成堆，政府却长期置若罔闻。1969~1973年国有化高潮后，由于大量企业由私营转为公营，更由于政府把一大批病态企业接管过来，公营企业效益不佳的问题更加凸显。在这之后，特别是第二个任期开始后，英·甘地才认识到问题的严重性，逐渐改变了看法。这在她本人和政府有关官员的言论及政府文件中反映出来。如1983年国大党加尔各答年会的决议中就严肃地批评道："在以往的几个五年计划中，对基础设施、基础工业和矿业的巨大投资并没有产生预期的效果。”① 1983 年末，英·甘地在给公营工业主管部门负责人的一封信中，不仅表达了对公营企业经营状况的不满，而且提出今后每建立一个公营企业，若没有至少 10% 的投资回报率，就不能建立。由于指导思想上有了这样的变化，公营企业的改革在英·甘地第二任期内才开始列入日程。冰冻三尺非一日之寒，要根本解决公营企业的效益问题，就必须在管理体制和经营方针上实行彻底变革，还要在更广的范围内改变那些助长公营企业弊端的发展战略和政策。这样做又涉及一些更深层次的问题，即对公营成分在混合经济中的作用如何定位、如何充分发挥市场机制在国家经济发展中的作用等。英·甘地认识虽有了变化，但还远没有达到对上述深层次问题有全新认识的高度，所以，体现在政策上也只能是做一些修补性的工作，对现有的弊端加以改良而已。

私营经济部门是印度国民经济的重要组成部分，在以往数十年间也获得了长足发展。虽然受政府政策的严格控制，但国家把发展重工业基础工业的任务担负起来，国家在计划框架内对私人投资的鼓励，都为私营工业的发展提供了很大便利。70 年代中期起政府对私营经济限制开始放宽以及 1980 年后对私营经济的各种优惠政策，更推动了私营经济的进一步发展。

以地区来说，私营经济发展程度最高的是马哈拉施特拉邦。到 1986 年 3 月底，该邦共有公司 29633 家，实收资本 151.5 亿卢比。西孟加拉邦居第二位，同期有 20397 家公司，实收资本 117 亿卢比。第三位至第七位依次为德里、泰米尔纳杜、古吉拉特、卡纳塔克和安得拉。就工业门类分，私营工业投资额最大的部门是矿产和金属加工制造业，其次为化学工业，第三位以下依次为纺织业、皮革和皮革制品业、食品加工业等。

在私营经济发展中，最引人注目的是垄断财团势力的迅猛增长。在取消经理行后，垄断财团有的采取巨型公司的形式，有的采取家族控股的形式。无论哪种形式，其在私人资本市场上的统治地位是一样的。

据《经济时报》研究部对 101 个巨型公司的研究，其中 51 家最大的公司 1960～1961 年度总资产为 100 亿卢比，1983～1984 年度猛增到 1168.3 亿卢比，23 年间，年均增长率为 36%。塔塔钢铁公司在上述起讫两个年度都位居榜首。其余的公司在这段时期变化很大，最突出的如信实集团，70 年

① A. M. 宰地编《政党年鉴》，新德里，1985，第 402 页。

代初还鲜受注视，1983~1984年度却成了居全国第三位的实力显赫的巨型公司。巨型公司法律地位上是独立的，有些公司是一个大家族财团的不同企业，如塔塔钢铁公司、塔塔机械和机车公司、塔塔电力公司等，虽然法律上是独立的，但都属于塔塔财团。

就家族财团来说，1965年垄断调查委员会列举了75个总资产超过500万卢比的最大的家族财团，它们共控制1536个公司，总资产为260.595亿卢比，实收资本总额为64.632亿卢比，占印度全部私营公司（25661家）的6%、总资产（555.15亿卢比）的46.94%、实收资本总额（146.54亿卢比）的44.1%。这些公司分属于各个家族财团，各家族财团都有一个核心，对所属企业实行统一领导。家族财团控制企业的资本并非都来自家族本身，有的有相当大部分，有的甚至绝大部分来自家族以外。70~80年代垄断家族财团的实力又有惊人的增长。据印度官方统计，1980年底，资产超过2亿卢比的大财团共92家，总资产达1260.2亿卢比，比1964年75家大财团的总资产260.595亿卢比增加了3.84倍。

据印度经济监测中心提供的统计数据，全国20家最大的家族财团1963~1964年度总资产为134.6亿卢比，1972年增加到251.1亿卢比，到1981年更增加到785.7亿卢比。资产额居第一位的是塔塔家族，1972年资产为64.2亿卢比，1981年增加到184亿卢比。资产额居第二位的是比尔拉家族，1972年资产为58.1亿卢比，1981年增加到169.2亿卢比。资产额居第三位的是马法特拉尔家族，不过和前两者比，其规模要小得多，1972年其资产为18.4亿卢比，1981年达53.5亿卢比。塔塔家族和比尔拉家族资产在这20家最大的实业家族总资产中的比重，1972年分别为25.6%、23.1%，1981年分别为23.4%、21.5%，表明两者一直处于遥遥领先地位，是超级财团。

从地区分布来说，到80年代初，印度的垄断财团已遍布全国。塔塔、比尔拉这两个超级财团是全国性的，其他财团则属于不同的地区财团性质。如果按地区划片（外资财团除外），则包括塔塔财团、帕西人财团在内的西部地区财团在数量和资产上居首位，包括马尔瓦利人财团在内的东部地区财团居第二位，北部地区财团和南部地区财团实力较弱。①

---

① 以上引用了孙培钧等《印度垄断财团》一书的材料。

家族财团资产之所以能突飞猛进地增长，主要是它们基础雄厚、实力强大，虽有政策严格限制，也能通过各种手段尽可能地绕过和逃避，政府的限制并没有能从根本上制止垄断家族实力的增长，只能在速度上有所影响。英·甘地重新执政后，政府对垄断企业的限制有所放宽，大财团又有了某些合法的扩展规模的机会。素来对国大党经济政策抱抵触和批评态度的塔塔家族核心领导成员，在英·甘地开始实行政策调整后，也开始转怒为喜了。尽管放宽是有限的，但对大财团来说，发展的机会还是不少。关键的因素是，国内市场是被封闭的，没有外国竞争，而国内又无竞争对手，所以大企业即便不能公开联合，也能控制市场。

私营经济中更大量的企业是中等规模的工业、商业和服务业公司。中等企业和垄断财团比较起来资产和经营规模有限，但企业数量众多，遍布全国城镇。中等企业面临的最严重的问题是垄断财团的竞争和排斥。垄断财团通过操纵市场价格、控制原料产地，给中等企业的发展带来很大阻碍。反垄断法的主要目的之一是保护中等企业，但实际上效果甚微。垄断财团与中等私营企业的控制与反控制斗争一直是印度经济中的一大问题，在党派斗争中也有清楚的反映。

在中等企业之下还有更大量的小型企业。小型企业受到国家保护，除了在税收、贷款和原料供应等方面享受优惠并不受许可证制的限制外，政府还规定许多种类的商品由小型企业专营。这就使小型企业有可能得到较大发展。小型企业构成了以垄断财团为尖顶的整个私营企业金字塔结构的底座。

私营经济既是国民经济的重要构成部分，其发展速度与国家经济发展自然关系重大。私营企业担负着众多功能，它供给社会几乎全部日用消费品和部分资本货物，它缴纳的各种税赋是国家税收的主要来源之一，它的外贸是国家获取外汇的重要渠道，它的发展为扩大就业提供了众多的门路。国家经济发展战略的实现、各个五年计划的完成都离不开私营企业的发展。可以说，印度的混合经济体制能否有效运转和充分发挥作用，在很大程度上取决于私营经济能否同时获得较大发展。如果没有私营企业的发展，连公营经济本身也会难以生存，更不用说取得发展了。

印度的混合经济以公营经济为主导，这并不意味着公营经济在一切领域都占主要地位。事实上，公营经济主要是控制国家关键工业部门、铁路、金融、外贸和原子能，在这些领域居支配地位。其他绝大多数领域占优势的都是私营经济。就效益来说，私营企业经营者的积极性、主动性较强，追求创新，管理较合理，因而较普遍的情况是，经济效益较高，是多数公营企业比不上的。

私营经济特别是垄断经济在牟利动机下的发展总是有与国家发展目标，特别是增长与社会公平兼顾的目标相违背的一面，造成贫富差距扩大与社会冲突加剧，盲目竞争也会带来资源使用上的巨大浪费。出于限制这些负面因素的考虑，国家对私营企业的经营领域与活动加以限制是完全必要的。然而，独立以来这方面也存在颇多问题，总的来说是限制得过严过死。经营领域的划分为公营企业保留了过大的空间，给私营企业设立了过多的禁区。工业许可证制对私营企业的经营活动干预过多，且申请许可证旷日持久，舞弊丛生，其结果常常是贻误商机，严重影响预期的建厂效益。进出口许可证制虽然是保证实现自力更生原则的途径和保持外汇收支平衡的手段，但过分的限制使印度产品和技术失去了参与国际竞争的机会，从而失去了推动技术革新的强大动力。对垄断财团扩大资产和生产规模的封顶事实表明起不到缩小贫富差距的作用，而大企业因受限制不能充分发挥规模效应，实行技术升级，有效地参与国际竞争。对小型企业的保护也失之过分，过多的行政扶植使它徒有数量而缺乏应有的效益。这一切都阻碍了私营经济潜力的充分发挥，也是造成印度经济发展迟缓的重要原因之一。

英·甘地第二个任期中，开始采取一些放宽的措施，纠正对私营经济控制过头的偏差。不过，如前所说，对私营企业的政策是由对国家发展目标的整体设想所决定的。在这方面，她还没有新的想法，所以只能采取一些修补性的应急措施。这是有益的，但远远不够。

（三）农业资本主义因素的增长

断断续续进行多年的土改虽然没有根本消除封建土地关系，却也使印度土地关系发生了相当大的变化。绿色革命进一步促进了变化，结果形成了与以往有很大不同的土地关系新格局，农业资本主义因素因而也有了进一步发展。变化可归纳为以下四个方面。

第一，租佃制范围大大缩小，土地自耕自营成了占主要地位的经营形式，由大土地所有者、富裕农民和中小自耕农共同构成的有产权的经营者成了农民的主体，佃农的人数锐减。这个变化正是政府决策者所希望的。使所有者直接经营，使耕种者有所有权，从而使人们经营农业能像经营其他产业一样具有积极性和创造性，这正是实行土改的初衷之一。

第二，从土地所有权角度说，土地所有权分布依然是不平衡的，虽然和土改以前比差距小得多。到 80 年代，占全国农户 2%的大土地所有者拥有全国土地总量的近 20%，而占农户大多数的边际农，其所有的土地只占全国土地总量的 10%强。各类土地所有者拥有地产的平均规模都在缩小，大土地所有者地产的缩小主要是土改的结果，中小土地所有者平均地产的缩小，特别是边际农地产的日益细碎化主要是由于人口的增加。

在印度人多地少的情况下，一般中等自耕农拥有的土地为 15 英亩左右，小农和边际农更少。印度农村大家庭居多，由于人口不断增加，大家庭不断细分，每个家庭拥有土地的数量日益减少。中小农都受这个趋势的影响，结果产权日益细碎化成了一个显著的事实，这不但影响到提高农业经营效率，也为农民生活的改善增添了困难。

第三，大土地所有者和中农实际经营的土地有日益扩大的趋势。由于有租佃制存在，产权和经营并不都是结合在一起的。有人租出土地，有人租进土地；有人耕种的土地是自己的，有人耕种的土地是别人的，有的是两者兼有。把一个农户实际耕种的所有土地加在一起，不管是自己的或租进的，都被称为该户的经营地。从生产和经营的角度看，这是农村实际上的生产单位和经济细胞，正因此，印度政府历次农业普查都是以经营地而不是以产权为统计单位。印度学者的研究也是如此，通常是按经营地规模大小对农户分类。分类法各有不同，多数学者是分成四类：大农，经营土地 25 英亩以上；中农，10～25 英亩；小农，2～10 英亩；边际农，2 英亩以下。也有学者另分出一类特大农，即经营地比大农更多者（如有人把 25～50 英亩定为大农，50 英亩以上者为特大农）。构成大农的农户主要是保留了自营地的原柴明达尔、在废除柴明达尔制中得到较多土地的原富裕佃农和莱特瓦尔制、马哈瓦尔制地区的较大的地主和富农。他们的经营地大部分是自己的土地，也有部分是租进的。中农、小农和边际农的经营地有的全是自己的，有的全是租进的，有的两者兼有。

70 年代到 80 年代上半期，出现了大农和中农经营地扩大的趋势。大农和中农经营地扩大，一是收回租给分成农耕种的土地自营，一是租进土地，因为绿色革命显示了经营农业的效益，一些资金雄厚的大农在不能兼并土地的情况下，采取租进土地实行规模经营的办法，采用新技术，以求谋取更多收益。大土地所有者租进的土地多半来自小农，后者或因遇到不可抗拒的天灾人祸，或因土地太少，不得不进入城市或去他地另谋生计。这种大农租进小农土地的现象可称作“逆向租赁”，在绿色革命比较成功的地区较多。中农有些人租进土地，也是在市场机制刺激下，追求规模效益，以谋求更多商业利益。这都是绿色革命带来的新事物，是适应增加技术投入需要而出现的资源更有效的配置。

第四，农业资本主义因素进一步增长。农业生产一向被看作消费性产业或生存农业。农民种地是为了糊口，而地主是为了挥霍。农民根本没有可能从谋取商业利益的角度经营农业，而地主只要能坐收地租，如愿足矣，完全无意去冒可能的风险。土改和绿色革命改变了这一切。地主变成了自营者，他必须在留下的有限的土地资源上谋取更多收益。而大量佃农变成了自耕农，首次获得了产权和获得自己劳动的全部收益的权利。他们的生产积极性空前高涨，要以更辛勤的努力在自己的土地上创造出更丰硕的果实。而绿色革命正好为他们提供了发挥潜能的机会。生物技术的投入相对来说需要的资金不是太多，有政府的帮助技术难度不是太大，而且土地无论多少都可实行。这样，无论是对大土地所有者来说，还是对条件较好的自耕农来说，进入市场的大门就在他们面前打开了。经济利益的驱动使越来越多的大土地所有者、富裕农民和中等农民在土地上增加技术投入，使用高产种子、化肥，兴修水利，购置农业机械，有土地出租的大农把部分由分成农耕种的土地改为雇工经营。经营面向市场，根据市场需要决定农作物的种植品种和数量。这样这一大批经营者实际上就把他们经营的土地变成了与市场联系密切的家庭农场。

分成制是印度租佃关系最后采取的形式，是封建剥削制度最后的堡垒。当采取通常那种定额地租剥削形式的地主面临租佃改革的挤压时，他们找到的最后避难所就是不受任何法律保护的分成制。长期以来，政府故意把分成制佃农置于法律保护范围之外，也正是要网开一面，不把封建地主的所有剥削渠道堵死。可以说，只要分成制这种剥削形式还存在，封建剥削关系就还有赖以生存的土壤。值得注意的是，在绿色革命和农业商品经济的刺激下，连分成制这种最落后的角落也出现了新的变动，这就是有些出租土地的所有者与分成农达成协议，在出租给分成农耕种的土地上投资，如使用良种、兴修水利、实行机耕等，由土地所有者出资，分成农出劳力，按商定的比例劳资分享利益。也有少数情况是由土地所有者和分成农共同担负投资费用，增产的粮食按双方投资比例分配。还有的是土地所有者对所有出租的土地统一实行机耕，由分成农分别管理，分成比例根据不同情况确定。这样，分成制不知不觉也被卷入绿色革命的浪潮中，逐渐发生部分质的变化。

上述农业资本主义因素的发展与绿色革命的进展是如此紧密，以至绿色革命最先实行的地区（旁遮普、哈里亚纳、北方邦西部）正是资本主义因素最发展的地区。80 年代绿色革命推广到干旱地区和水稻种植地区后，也开始在那些地区催生资本主义因素。资本主义因素反过来又总是给绿色革命以推动，对技术投入和推广提出更进一步的需求，也为技术投入提供更适合的依托构架，使它能结出更鲜美的果实。由于直到 80 年代初，绿色革命的推广还受到资金和技术条件的严重限制，全国有很多地区农业生产力和经营方式还停留在多年前的水平，那些地区农业资本主义因素自然是很薄弱的。因此，就全国说，对这一时期资本主义因素发展程度不可估计过高。

新兴的农业资本主义因素是从带封建性的经营地主、富农和旧式小商品生产者中逐渐分化出来的。由于分化的过程是缓慢的、渐进的，这些资本主义因素和旧的因素并没有截然分开，毋宁说还处在转变过程中。不过新质的特点已经凸显出来，新兴的农业主阶层 70～80 年代已经迫不及待提出了提高农产品价格、增加农业补贴、降低农业投入物资的售价等有鲜明阶级特色的要求。如北方邦，在乔杜里·提凯特领导下，经常举行农民集会，提出降低水、电、化肥和农机具价格，提高农产品价格等要求，在得不到回应的情况下，进而提出政治要求，主张议会和政府中要有他们的代表。又如马哈拉施特拉邦夏拉德·约希领导的农民组织，也经常组织农民集会，1980 年 12 月 7 日这个组织领导 1 万多名农民，举行了从贾尔冈到那格浦尔的 365 公里的进军，要求对他们的产品如甘蔗、大葱等实行补贴价格，并要求政府采取有效措施制止物价上涨。除农民组织外，这个阶级还寻求政党支持，通过政党的活动反映他们的要求。在反对党中，由查兰·辛格领导的民众党在印度北方邦、比哈尔邦一带有较强影响，新兴农民的上述要求都被列在该党的行动纲领中。它自诩是农民利益的真正代表，竭力把国大党影响的农民都拉到它的旗帜下。

其实，几乎所有主要政党都看到了利用他们的价值，都竞相表示支持他们的要求，以扩大自己的影响。国大党何尝是例外？英·甘地的国大党内同样有大批富裕农民，他们的要求在党内也早就提出来了。最初，英·甘地重视不够，当看到反对党纷纷插手后才警觉起来。为了阻止富裕农民投入反对党的怀抱，英·甘地于 1981 年 2 月 16 日在德里召开了据称有 200 多万农民参加的大规模的农民大会。其目的，一是向全国富裕农民表明，政府对他们的要求是很重视的；二是向反对党示威，证明国大党对农民有最大的吸引力，农民的大多数是跟着国大党走的。英·甘地在大会上允诺进一步考虑农民的利益和要求，包括进一步调整农产品价格、增加对农业的财政补贴等，并表示要努力限制通货膨胀。此后，政府对农产品价格和农业财政补贴又都做了一些调整。这一应对措施维持住了部分富裕农民对国大党和英·甘地的信赖，从而保持住了国大党在农村的支柱——资产阶级与富裕农民的结盟。

不过，富裕农民越来越形成一支有一定独立性的力量，这已是不争的事实。它并不限于支持国大党或拥护民众党，而是手握选票与不同政党交易，哪个政党同意它的要求就支持哪个。在开展了绿色革命的邦，这个阶层的代表有不少人通过这个或那个党提名当选而进入邦议会，在邦一级拥有一定实力地位，从而对邦政府制定政策有越来越大的影响。为了壮大自己的力量，他们宣称自己是绿色革命地区全体农民利益的代表者和维护者，竭力宣扬农民一体观念，要中小农跟他们走。由于中小农确实有很多人跟他们走，这支力量在选举中的重要性越来越突出，以至于任何党都不敢轻视它，都要争取它的好感和支持。

对满足富裕农民的经济要求，国大党（英）做出允诺容易，实际实行起来是相当困难的。粮价的提高会增加广大城市人口和乡村贫困下层的生活费用，招致广大群众的不满，而降低农用生产资料的价格要求政府再拿出一大笔钱作为补贴，政府是没有这个力量承担的，因此，英·甘地虽允诺了也并不能有力地实行。其他党在邦级掌权的也只能如此。富裕农民只好不断地提出要求，这种内容的农民运动也就断断续续地延续了下来。

要求提高粮价和财政补贴的运动是农民运动的新的内容，它主要反映富裕农民的要求。这是土改和绿色革命开始后出现的新趋向，反映了农村阶级关系已经发生了变化。不过由于这个变化还只是发生在局部地区，在更广大的农村地区，半封建的租佃关系依然存在，所以原来的以分配土地、降低地租、保障佃权为主要内容的农民运动也依然存在，这样就出现了两种内容的农民运动并存的局面。原来内容的农民运动的主要领导者还是印共、印共（马）等左翼政党及其影响下的农民协会。

四　主要政党的分化和重组

（一）国大党（英）和国大党（乌）

英·甘地本人是第二次执政，但作为国大党（英）的领袖执政是第一次。再次执政后，在党内，她的领导作风和党务治理方式有什么变化吗？不幸的是没有。

从 1977 年坠入谷底到 1980 年东山再起，这段经历教会了她许多事理，使她在有些方面（如经济发展战略方面）头脑清醒了许多。然而，并不是所有方面她都能成功地总结经验教训，在有些点上她深陷泥淖不能自拔，越是进入顺境就越严重，最突出的表现就是个人专权和滥用权力。再次登上权力顶峰使她在滥用权力方面达到登峰造极的地步，处理政务方面是如此，处理党务方面更变本加厉。

个人独裁的倾向，在她说来自 1971 年就已形成。1971 年大选国大党（执政派）的胜利和 1972 年印巴战争的胜利使她的威望如日中天，也使她飘飘然起来，开始认为党的、国家的荣誉和地位都是她争得的，把自己凌驾于党和政府之上，目空一切。1973 年后形势的恶化固然主要是其政策失误造成的，但与人们对她的专横不满不无关系。紧急状态期间，她对桑贾伊胡作非为的纵容是她失去人心的一个重要原因。可是在大选失败后，当党内一批力量要追究桑贾伊等人的责任并要求她恢复党内民主时，她为了庇护桑贾伊，也为了维护自己的专制权力，不惜再次造成党的分裂，另立门庭。1980 年大选的再次胜利，被她视作个人魅力的胜利，她自以为是创世的神，没有英迪拉就没有印度的未来。从此，她更听不得半点不同意见。也许是反对派的联合打压、同事的一个个倒戈对她的刺激太深刻了，在党内高层领导圈子里她对旁人不信任，只信任她的小儿子桑贾伊。她喜欢党的干部和政府官员对她唯唯诺诺，能做到这点的，受到重用，常常能飞黄腾达，不听指使的则随时会被免职。对属于她的党控制的邦政府，她完全不顾宪法规定的联邦制的组织原则和邦的合法权利，对待邦首席部长和邦长，欲去则去，欲留则留，一切以是否顺从于己为转移。对知识分子，她也不信任，她曾说："把自己称为知识分子的人有一半是处在对我们不友好的美国人影响下，另一半则处在苏联人影响下。"①

把党政大权都集中到自己手里后，自然会想到如何才能保持，于是她一心要把自己33岁的小儿子、极不得人心的桑贾伊立为接班人，不顾许多人暗示或委婉地规劝，1980年6月13日任命他为国大党秘书长之一，实际上是让他开始管理党务，作为接班的预备步骤。对此举，奉承阿谀者自然大有人在，多数人则心存疑虑，保持沉默。事有凑巧，6月23日桑贾伊在新德里驾机失事，突然死亡。这倒使党内多数人松了一口气，当然，对英·甘地来说，这个打击是空前的、无比沉重的。无奈之下，她立即决定把大儿子拉吉夫召回身边，培养他接班。拉吉夫当时是印度航空公司的班机机长，妻子索尼娅是意大利人，是他在英国求学时结识的。拉吉夫品行端正，不好浮夸，对技术感兴趣，无意从政。此刻应召，感到非常突然，他并不情愿，但也不得不服从。索尼娅也是如此，放弃了意大利国籍，加入印度国籍。英·甘地努力为拉吉夫快速取得政治历练创造条件，1981年6月让拉吉夫在北方邦阿梅提选区参加人民院议员补缺选举，成为人民院议员。从这时起，英·甘地就让他总管自己的一切内外联络，代表她去各地视察工作，听取汇报，传达她的指示，实际上是让他熟悉政务和人事，了解下情。1983年任命他为国大党秘书长之一，负责党务工作。与桑贾伊不同，拉吉夫勤勤恳恳，努力使自己适应新的工作。桑贾伊的遗孀玛尼卡和桑贾伊一样有政治野心，在桑贾伊去世后，想继承他的总理接班人的位置，因英·甘地不理睬，就公开指责英·甘地扶植拉吉夫，还成立了"桑贾伊思想论坛"，网罗党羽。英·甘地立即把她赶出总理府。玛尼卡的公开反对不可能有结果，但对英·甘地的公众形象和威望有一定损害。

国大党（英）内派系众多，矛盾复杂。中央有不同集团，每个邦也有

---

① M. 英德尔：《英迪拉·甘地：个人和政治传记》，伦敦，1989，第228页。

不同集团，并在中央各有后台。各派间为了争夺政府和党内职位，常常打成一团，长期僵持不下。只有英·甘地出面过问、调解和裁决，问题才能解决。即便有哪一方不满意，也不敢公开抗命。党的管理就是靠这种以个人为主轴的家长式机制运作的。

显然，英·甘地的专权和破坏民主原则对党组织是非常有害的。在表面的统一和令行禁止下，掩盖着实际的分裂、无休止的内争、党组织的瘫痪和无所作为。在经历两次大分裂后，党的组织系统残缺不全，有些地方已没有基层组织，许多地方的组织只是一个空架子。按说在分裂后应该及时进行调整，健全各级组织，但这些该做的事情都没有做。党内的选举制度被丢在一边，各级领导机构都由上级任命，一切围绕贯彻英·甘地意旨这个轴心运转。这就形成了“唯上主义”，党的一般干部只求讨好上级，而高级干部则竭力取悦英·甘地本人，实际工作如何都被认为无关紧要。执政党本应在政府和群众间发挥桥梁作用，本应在各方面严格自律，起示范作用，像现在这种情况怎么能起到这种作用呢？结果党执政成了英·甘地个人执政，执政党成了执政者个人的工具，在政府取得某些有限的政绩的背后，党组织却急遽地走向蜕化和衰败。

英迪拉派国大党的对立面——乌尔斯领导的国大党 1980 年大选受到选民冷落，在人民院只获得 13 席，不及英迪拉派的 1/27。在随后进行的 9 个邦的议会选举中，总共也只得到 81 席，占总席位数的 3.65%，可以说微不足道。之所以如此，主要是该党在全国没有深孚众望的领导人，大选中也提不出有自己特色的竞选纲领，对选民没有吸引力。大选后，党内许多人公开要求重新与英迪拉派合并，在桑贾伊死后呼声更高，认为英·甘地庇护桑贾伊问题不再存在。但党的高层领导不同意，他们不相信英·甘地会改变作风，更重要的是，与胜利者合并对他们本人的政治前途显然不利。1980 年 4 月，刚退出人民党的贾·拉姆看到国大党（乌）缺乏领袖人才，自以为能填补这个空缺，便加入该党，但乌尔斯并未让位。而恰范对该党前途丧失信心，1981 年 5 月退党。鉴于两派国大党势力悬殊，1981 年 7 月，中央选举委员会裁决英·甘地派国大党继承印度国大党名称，要乌尔斯派国大党另定党名、党旗。此举进一步造成该党人心涣散，大批党员退党，加入英迪拉派，有些邦整个组织都陷于瓦解。在这种混乱的情况下，贾·拉姆认为不能再拖延了，自己必须把党的领导权拿过来。

鉴于还有很多人不接受他，他就带领一部分拥护他的全国委员会委员于1981年8月5日单独召开全国委员会，宣布建立一个新党，定名为国大党（贾·拉姆）[简称国大党（贾）]。这样，乌尔斯派国大党便分裂成两个党——国大党（乌）和国大党（贾）。8月24日，乌尔斯辞去国大党（乌）主席职务，由夏得拉·帕瓦尔接任，10月该党改称国大党（社会主义者）。国大党（乌）本来就很弱，分裂为两党后，两者在政坛上都成了无足轻重的小党。

（二）人民党、民众党和社会党

人民党在大选落败之后继续分裂。在查兰·辛格领导的原印度民众党、费尔南德斯影响下的一部分原社会党人、贾·拉姆领导的原民主国大党都退出后，瓦杰帕伊领导的原印度人民同盟也因人民党全国执委会通过了禁止党内成员与国民志愿服务团保持联系的决议，于1980年4月退出。这样，留在人民党里的只有原国大党（组织派）、原国大党少壮派和原社会党的一部分人。谢卡尔依然是党的主席，他自知该党已没有多大影响，一再呼吁实现各反对党的合作，商讨建立某种联合阵线的可能性，但没有党回应。对人民党人们已感到厌倦，不愿意和它开始新的一轮联合游戏。

民众党的主要活动范围在北印，分裂的浪头也拍打着这个党。1980~1981年，该党接连发生三次分裂。第一次在1980年3~4月，是由拉杰·纳拉因和查兰·辛格争当该党议会党团领袖引起。纳拉因以新党的缔造者自居，不甘再屈居查兰·辛格之下。愤怒的查兰·辛格通过他控制的党中央宣布开除纳拉因的党籍。纳拉因则以党的执行主席身份宣布解散民众党，恢复人民党（世俗派）。人民党（世俗派）于1981年3月改名为印度社会党，同年7月与巴胡古纳领导的民主社会主义阵线合并，取名为民主社会党。民众党并未因纳拉因的宣布而解散，继续在查兰·辛格领导下活动。1980年12月至1981年4月该党再一次发生分裂。这次是查兰·辛格指责党的议会党团副领袖C. 雅达夫私下与英·甘地往来，决定开除他的党籍。有两位领导成员为雅达夫辩护，结果雅达夫和这两人都被开除。雅达夫遂于1981年4月成立了民主民众党，有一批他的拥护者参加了这个新党。第三次分裂发生在1982年7月，查兰·辛格与党的另一领导人卡普里·塔库尔观点产生分歧相持不下，结果民众党再次分裂为民众党（查兰·辛格）和民众党（卡普里·塔库尔）。1983 年 1 月后者归并于人民党，剩下继承民众党旗号的就只有民众党（查兰·辛格）了。三次分裂使它的这个后继者缩成一个小团体，在政坛上不再有昔日令人重视的地位和力量。

社会党在从人民党退出时不是原班人马退出，而是本身四分五裂，部分人退出，部分人留下。费尔南德斯和马杜·利马耶等一批人（大多为原统一社会党成员）退出后，也并未恢复原来的社会党名号，而是加入了民众党。拉杰·纳拉因一度打起社会党旗号，但那是由人民党（世俗派）改名而成，是利用社会党之名而已，从人民党退出的原社会党人也只有小部分人加入。原社会党人之所以决定不再恢复原来的党，是因为他们看到，社会主义旗帜如今已被多党利用，失去了鲜明的个性，对群众不再具有特别的吸引力和凝聚力。

（三）印度人民党

在人民党瓦解后新成立的政党中，最值得注意的是印度人民党（BJP），它是原印度人民同盟的成员于 1980 年 4 月退出人民党后随即成立的，也有一些从人民党分裂出的其他派系的成员参加。瓦杰帕伊当选党的主席。之所以没有用原来印度人民同盟这个名字，是因为党的领导人认识到，新的党要成为一个真正全国性的党，就要取得最广大群众的支持，而原印度人民同盟过于浓重的教派主义色彩，是不利于它争取群众的，需要与同盟家族其他组织适当拉开距离，需要冲淡教派色彩，树立新的形象。此外，鉴于纳拉扬的思想对广大群众有相当影响，党的领导人希望引进他的一些思想，以充实、完善自己的政策主张。瓦杰帕伊在 1980 年 12 月党的第一次全国会议上就说：“采用印度人民党这个名字并不是简单地更换党的名称，它代表着党接受纳拉扬的思想启示。”[①] 不过党的名称的改变并不意味着它从原则上脱离了印度人民同盟的轨道，它的指导思想依然是宗教民族主义，在组织上是印度人民同盟的延续，它同样具有教派主义性和世俗性两重性，只不过在侧重点上把世俗性放在更加重要的位置。

---

① A. B. 瓦杰帕伊：《印度在十字路口上》，新德里，1980，第 2 页。

印度人民党从成立之日起，就把英·甘地和她领导的国大党作为主要竞争对手。它把英·甘地政府称为专制王朝，激烈抨击其经济、政治和社会政策，宣称党的首要任务就是动员人民群众反对日益增长的王朝专制，并宣布从英·甘地手里夺取政权是该党的历史使命，为达此目的，愿与一切反对英·甘地政府的政党合作。本着这个既定目标，它精心制定了党的纲领，提出了“民族主义、民主、积极的非教派主义和以甘地的政治经济权力分散原则为基础的社会主义”四项基本原则的政纲。1980 年 12 月在第一次全国会议上，又把这四项基本原则发展成五项基本原则，即“民族主义和国家统一、民主、积极的非教派主义、甘地的社会主义和价值基础上的政治”。这个纲领显然是为了吸引全国各阶层的人士站到它的旗帜下，以使自己拥有能与英·甘地的国大党抗衡的实力。

民族主义被列为政纲的第一项，是因为这个口号当年在独立斗争中是最响亮的，在群众中最具吸引力。独立后它被理解为坚持自力更生原则和实现独立自主的外交方针，这是每个党都认同的，几乎每个党的纲领中都可以看到这样的口号和对自力更生、保护民族工商业等的强调。印度人民党的强调民族主义，其用意不限于此，还另有附加的含义。印度人民党的前身印度人民同盟曾提出印度是印度民族的家园，印度民族就是印度教民族。这种说法使其教派主义性质太露骨，遭到多数政党和舆论界的谴责。如今印度人民党不再提这个口号，而提出建立一个“以印度传统文明和价值为立国基础”的现代进步国家的主张。什么是印度传统文明和价值？由于不承认印度文化的多元性，按照他们的界定实际上就是印度教文明和价值。他们还提出，印度人无论属何宗教，都必须接受印度教文明和价值，成为印度民族的一员。这就是他们赋予民族主义的新含义，它与原印度人民同盟的提法略有区别，实际上大同小异。

把民主列入政纲显然矛头是针对英·甘地的，这是每个反对国大党的政党为了吸引群众都要大讲特讲的。几乎所有反对党都把自己标榜为民主的卫道士，印度人民党自然要充分利用这张王牌。

把“积极的非教派主义”作为施政原则之一提出，目的是向公众表白，印度人民党不仅不是教派主义政党，而且是积极的非教派主义者。当年人们从印度人民同盟的纲领和活动中，清楚地闻到了一股浓烈的印度教教派主义味道，故认定它是带有教派主义色彩的党。印度人民党为改变人们的看法，努力解释说，它是主张以印度的文明和价值立国，要突出的是文化民族主义，而不是教派主义。政纲中的确没有再提“一个国家，一个宗教，一种文化”，他们也一再说印度人民党和其他党一样是世俗政党，党有自己的政纲，不可能受一个文化团体（指国民志愿服务团）的影响。还说党不仅主张非教派主义，还是积极的非教派主义者。这里特别用“积极的”一词是针对国大党的。印度人民党一直指责国大党不触动伊斯兰教个人法，是偏袒和讨好穆斯林，损害印度教，其世俗主义是虚伪的。印度人民党宣称自己对多数派宗教和少数派宗教同样对待，才是真正的世俗主义政党。为了使群众相信印度人民党的纲领口号，党的领导人还采取了一些实际行动，如公开表示绝不会强迫穆斯林和基督徒改宗、欢迎穆斯林参加印度人民党等。不过，人们仍然疑惑的是，既然主张非教派主义，为什么不承认印度文化的多元性？如果把非印度教的文明和价值都排除在外，文化民族主义和大印度教主义又有多大区别？

把“甘地的社会主义”作为原则列入政纲是一个新的做法。国大党的社会主义旗号是深得人心的，印度人民党为争取群众支持，便也打起社会主义旗号，提出所谓“甘地的社会主义”的概念。这个口号原是纳拉扬1977年为帮助人民党竞选提出来的，如今印度人民党把它继承过来，做一些自己的解释。尽管党内有许多人不赞成把“甘地的社会主义”作为党的政治原则看待，但党的上层出于政治考虑，还是坚持把它作为五项基本原则之一提出。按照解释，“甘地的社会主义”在政策上的具体体现，是强调分权原则，反对经济权力集中。印度人民党指责公营部分过于庞大而又管理不当，指责私营垄断势力谋求高额利润损害国家和群众利益，主张对这两种经济都实行社会管理。它更多强调发展小工业和个体经营，同时主张大力扶植农民，对农业进行改造，改变乡村面貌。这种经济政策对城市中小工商业者、自由职业者和农民都有一定吸引力。

“价值基础上的政治”被列为原则之一，是影射国大党的政治腐败，彰显自己的清廉，也针对人民党内的争权夺利，突出自己政党的团结。瓦杰帕伊就说：“我认为，印度的危机从根本上说是道德危机。我们生活中的最大祸害是道德价值为自私自利和权力欲所取代，政治变成了纯粹的权力游戏。”① 他

① A. B. 瓦杰帕伊：《印度在十字路口上》，第4页。

表示新党决心以圣雄甘地和纳拉扬的思想为指导，革新政治，恢复政治中的价值主导地位。

印度人民党还着力在加强印度教的团结上做工作。党支持在立法机构中为表列种姓和表列部落保留席位的政策，吸收表列种姓参加党领导的各种团体，并要求党的各级组织发起反对种姓偏见特别是对表列种姓偏见的运动。这方面的努力收到一定效果，有些低种姓，甚至一些表列种姓的印度教徒也加入该党。

可见新成立的印度人民党适应形势需要在纲领和政策上做了一些重要改变，这些改变标志着它有了一个良好的新起点。印度人民党通过大力开展宣传工作在北印度城市和少数乡村得到了发展，党员和支持者明显增加。到 1980 年底，该党宣称已拥有 250 万党员。1981 年该党又把向南印度发展提上日程。这年 4 月，党的全国委员会开会地点选择在科钦，就是要向公众表明，它已不仅是北方地区的党，还是一个在南方也有影响的全国性政党了。1983 年 4 月，针对农村工作薄弱的缺点，瓦杰帕伊又提出“到农村去”的口号，以扩大在农村的阵地。他还要求党的工作者加强在工人群众、表列种姓和部落民中的宣传，吸引他们加入党的队伍。

由于这个党是在 1980 年初人民院选举之后才成立，它遇到的第一个考验不是人民院选举，而是 1980 年 9 个邦的立法院选举。结果它获得 148 席，占总席位数的 6.6%，在中央邦、拉贾斯坦邦成了议会第一大反对党。此后在喜马偕尔邦和德里的议会选举中也都成了较强的反对党。但它在人口较多的北方邦、比哈尔邦和马哈拉施特拉邦力量还较弱，主要是农民还没有被争取过来。该党影响下的工会组织叫印度工人同盟，有会员 180 万人。

为了加强与英·甘地政府的对抗并扩大自己的影响，印度人民党向各反对党发出了建立全国民主阵线的呼吁。此时在反对党中，唯有它的势力在蒸蒸日上。但大多数反对党对它的迅速兴起都抱警惕态度，对它的非教派主义的标榜都不相信。它的呼吁除印度民众党外未得到积极响应。印共(马)、印共等则对它的教派主义色彩继续进行揭露和抨击，如指出它为了扩大自己在群众中的影响，在阿萨姆、北方邦和克什米尔都利用当地发生的争端煽动宗教仇恨。各世俗政党反对它利用教派主义为其党派利益服务，对它的教派主义鼓动起了一定的牵制作用。

（四）印度共产党、印共（马）和印共（马列）

印度共产党在英·甘地重新执政后也发生了分裂，分裂的原因是对英·甘地政权的态度出现分歧。上次大选，英·甘地下台，印共也因支持英·甘地政权跟着受挫。如今英·甘地又重返政坛，该怎样对待？以丹吉为首的一派继续主张支持英·甘地政权，以总书记 C. R. 拉奥为首的一派则持反对态度，提出英·甘地的外交政策虽然基本上是进步的，国内政策却有很多是反民主、反人民的，印共应反对其反民主、反人民的政策。这种主张对英·甘地政府实际上是基本否定为主。由于观点分歧太大，以丹吉的女儿、印共全国委员会委员罗扎·德斯潘德为首的丹吉派于 1981 年 3 月召开了自己一派的代表会议，宣布成立新党，取名全印共产党。丹吉在会上发言指出，一些领导人把英·甘地当作反人民、反民主的势力是错误的。4 月 13 日，印共总书记 C. R. 拉奥控制的中央决定将丹吉开除出党。5 月 1 日丹吉加入全印共产党，并成为党的领导人。印共分裂为两个党使在其领导下的群众组织发生分裂，力量大为削弱。全印共产党成立后始终没有发展起来，群众影响很小，后与其他党合并。

印共（马）在英·甘地重新执政后继续奉行其原来的立场，支持她的不结盟和反帝的外交政策，反对她对内政策的“专制主义”，认为后者是国家面临的主要危险。换言之，是反对为主。印共（马）联合一些左翼政党（包括印共）在西孟加拉、特里普拉和喀拉拉邦议会选举中获胜，分别建立了联合政府，对于国大党有意制造困难和进行颠覆活动，给予了及时的揭露和回击。1982 年 1 月，在该党代表大会上，南布迪里巴德当选为总书记。1981 年党员人数为 27 万人。党领导的群众组织有：印度工会中心，1981 年有 150 万人；全印农民协会，1981 年有 573 万人；还有印度民主青年联合会、印度学生联合会、全印民主妇联等。印共（马）与印度共产党在群众基础空间范围方面的区别是，后者在全国分布较广，但无论在哪个邦势力都很弱小；前者主要集中于西孟加拉、喀拉拉、特里普拉等少数几个邦，但有较大影响。也正是由于这个区别，印共在任何邦都难以取得政权，而印共（马）则不断有在上述邦执政的机会。

印共（马列）自 1972 年后就分裂成许许多多小派别。1981 年初，有 13 个派别曾召开联席会议，商讨联合斗争问题，但无积极结果。该党各派的活动地区主要在西孟加拉、比哈尔、奥里萨、特里普拉、旁遮普、马哈拉施特拉、喀拉拉、泰米尔纳杜等邦的一些农村地区。据《印度快报》等报报道，各派总人数 25000～30000 人，出版物约 70 种，领导的群众组织有 200 多个。多数派别认为当前印度革命形势不成熟，应做的事是发动、组织群众的工作。但也有一些派别盲目乐观地估计形势，坚持立即进行武装斗争，其行动不外乎对警察发动突然袭击，或者袭击富人，搞个人恐怖活动。这种行动毫无意义。当局称之为"匪帮"，人民群众也敬而远之。

总的来看，这一时期各政党的共同点是都在重新组合。人民党政府的下台和党的瓦解，英·甘地的重新执政，把前一段形成的临时组合和平衡彻底打破，引起了所有力量的重新组合和不同政党的重新定位。支持或反对英·甘地和她领导的国大党（英）继续是政治力量纵横捭阖的轴心，不过在反对党中，如今又是群雄并起的混战局面。虽然各政党已经标出新的名号，人员的构成也有变化，但总的来说，山头的格局与人民党成立前没有特别大的不同。这主要是因为，印度面临的还是之前的老问题，各个政治集团的主张还是原来的主张，当人民党匆匆拼凑的政府执政失败后，各个集团又重新回到老问题上，重新搬出自己的主张，竭力鼓吹唯有自己的主张才是印度发展的正确道路。

80 年代上半期，共产党以外的各反对党仍不断努力争取实现某些策略性的局部联合。各个反对党的领导人都清楚，分散的反对党是斗不过英·甘地的执政党的，只有联合，才能形成强大的反对派势力。1983 年 8 月，民众党与印度人民党建立了全国民主联盟，以瓦杰帕伊为主席，查兰·辛格为联盟在人民院的议会党团领导人。9 月，人民党、国大党（社会主义者）、民主社会党、民族国大党建立了联合阵线，以谢卡尔为主席。1984 年 6 月，国大党（社会主义者）、民主社会党和民族国大党等决定合并成一个新党。不过，还没有来得及正式建立，10 月民族国大党改变主意，与民主社会党和民众党合并，取名为被压迫者工农党，以查兰·辛格为主席。民族国大党、民主社会党和民众党的突然行动事先都没有告知各自的盟友，结果三者分别参与的全国民主联盟、联合阵线和拟议中的新党均告瓦解。这表明所有这些联合都缺乏坚实的基础，都是互相利用的策略行为。这样的联合即便建立起来了，也是没有力量且不会持久的。

五 教派冲突和种姓冲突

（一）教派冲突的增长

80年代上半期，印度教和伊斯兰教的教派冲突又凸显出来。60年代后期教派冲突加剧的局面到70年代上半期减弱，但自1978年起又出现新一轮冲突高潮，重点地区是比哈尔、北方邦，还有古吉拉特及南印的安得拉等。据内务部公布的数字，1978~1982年，每年发生的教派冲突事件和死亡人数分别为：1978年，230次，108人；1979年，304次，261人；1980年，427次，375人；1981年，319次，196人；1982年，474次，238人。最严重的一次是1984年8~9月北方邦莫拉达巴德市爆发的教派骚乱，死亡人数官方说有400人，许多房屋被烧毁，学校被迫停课6个星期。政府使用边防安全部队和中央后备警察部队才控制了局势，从许多宗教狂热分子家中搜出了大量枪支。

教派冲突的增加与经济竞争加剧有密切关系。经济发展把各阶层群众更广泛地卷入市场，使竞争加剧。资源缺乏和容纳力有限，人们的活动能力有别，造成了发展的不平衡和穷富不均。这种不平衡若出现在同一宗教内部，那至多会加剧阶级矛盾；当不平衡出现在同一地区的不同教派之间，那就极易被教派主义分子利用，挑起教派怨仇。教派狂热分子竭力煽动，把本教派群众在经济方面处境的欠佳，归因于对方教派抢占了发展的有利条件和资源；似乎要使本教派群众的处境得到改善，就必须把对方教派打垮。毫不奇怪，在这种情况下，任何看似平常的小事都可能酿成一场大的冲突。1984年发生在北方邦莫拉达巴德的巨大的流血冲突就是印度教徒和穆斯林争夺铜器制造业的优势地位引起的。穆斯林业主从西亚得到大量订货，营业兴旺，有较多的资金用来兴建清真寺，兴办学校。印度教徒业主营业清淡，只是勉强维持。教派狂热分子把这种经营状况的差别，说成外国势力帮助穆斯林抢夺印度教徒的饭碗。被煽动起来的印度教徒便把满腔愤怒发泄到对方教派群众身上，酿成一场震惊全国的教派屠杀惨剧。激烈的竞争不仅包括资源利用、市场控制、技术改进，还特别表现在对就业机会的争夺上，后者涉及的面更广，不仅包括大量城乡工人，还包括城市大量的知识分子，竞争的失败意味着失业和饥饿。对于竞争中处于不利地位的群体来说，如果竞争胜利者属于别的教派，就很有可能被本教派的教派主义分子煽动，制造事端。

教派冲突增加也与教派组织和宗教极端分子的宗教蛊惑宣传有密切关系。印度教方面的国民志愿服务团和世界印度教大会所起作用最为突出和恶劣。70 年代末 80 年代一些农村地区的表列种姓在不堪忍受高级种姓的打压下，继续不断有集体改宗伊斯兰教的情况发生。如 1981 年泰米尔纳杜邦农村有不少表列种姓整村整村地改宗伊斯兰教。这里流行的是苏非派的变种，该派强调内心信仰和宗教俭朴，强调教派和睦，很早就在下层群众中活动，对原贱民有较强吸引力。又如 1982 年在北方邦的米鲁特地区农村，也有大批表列种姓改宗伊斯兰教。国民志愿服务团、世界印度教大会和印度教狂热分子就利用改宗事例大肆渲染，危言耸听地说这是伊斯兰教蓄谋的扩张的表现，是对印度教的进攻。80 年代初，国民志愿服务团、世界印度教大会大肆散布一种论调，说海湾伊斯兰国家策划了一个阴谋，要大力帮助印度伊斯兰教扩张。1982 年在马哈拉施特拉邦的普恩、绍拉普尔、巴拉马提的骚乱中，世界印度教大会散发的一份传单中写道："这些骚乱背后有一个精心策划的阴谋。从摩洛哥到马来西亚，在伊斯兰世界里只有印度穆斯林占人口少数，因而，人们一直在努力使印度穆斯林人口增加，办法是计划生育不适用于穆斯林，使穆斯林保持多妻制，以及使更多印度教徒改宗伊斯兰教。他们梦想利用民主制度在印度建立穆斯林统治。"还说，国外的伊斯兰势力"正使用石油-美元力量使穆斯林成为反民族的力量……诱使印度教徒改宗伊斯兰教，以达到在这个国家制造混乱的目的"。另一份国民志愿团的传单写道："人们到处在议论：印度教社会如果容忍这个反民族的阴谋，它还能持续多久？如果印度教不坚持印度教生活方式，还有谁能坚持？印度教徒在世界上还能有栖身之地吗？"①不难想象，这些无中生有的蛊惑人心的言论会在印度教徒心中产生什么样的反响。1982 年初在马哈拉施特拉就发生了印度教狂热分子惨杀改宗伊斯兰教的表列种姓事件。

教派冲突的增加还与政党的利用密切相关。刚刚成立的印度人民党不

---

① A. A. 英吉尼尔主编《独立后印度的教派骚乱》，孟买，1984，第 94 页。

同于大多数世俗主义政党，带有明显的教派主义色彩。人们从它的政纲中不难感受到它那强烈的印度教教派主义气息。它的许多领导骨干继续具有国民志愿服务团成员的身份，尽管受到很多政党质疑，却坚持不变，到底是为什么不是很耐人寻味吗？不过也应当说，在它成立的最初几年，由于瓦杰帕伊的领导，由于要树立新形象，所以在行动上还比较谨慎，没有或很少做出露骨的行动。在印度其他政党中，还有少数像穆斯林联盟、阿卡利党这样的教派政党，只有本教派的群众才能参加。这类政党虽然也是在议会民主制的体制下活动，但通常视野都很局限，主要关注本教派利益。这两种类型的党虽然有所不同，但其思想体系有相同之处，都认为一个教派有共同的政治经济利益，不同教派的利益是不同的甚至对立的。这两类党即便在不是大规模进行教派主义煽动的情况下，其日常的宣传活动也都直接或间接地助长教派主义思想的传播。事实上，80 年代上半期，阿卡利党不断进行大规模的教派主义鼓动，使旁遮普的冲突成了这一时期全印最突出、最严重的动乱（其中还有别的因素，下节另述）。国大党以及其他所有世俗主义政党坚持世俗主义原则，在阻止教派主义传播、遏制其不良后果方面做了很多工作，起了积极作用。但也应指出，这些政党在竞选中为壮大自己的力量，也经常采取无原则的机会主义做法，或与教派主义政党结成联盟，或以毒攻毒，直接扶植教派主义势力，利用它争取群众，削弱竞争对手。最典型的例子是英·甘地的下属在旁遮普扶植狂热的教派主义者宾德兰瓦拉，后者后来成了锡克教极端教派主义分子的首领，对加剧局势恶化起了极为恶劣的作用。执政的国大党也好，其他世俗主义政党也好，对揭露、批判教派主义思想体系的重要性和长期性都重视不够，平时不闻不问，只是等教派暴力冲突发生后再去救火，这不过是头痛医头、脚痛医脚的办法，是治标不治本。事实上，教派主义势力竭力传播的教派主义思想体系是教派冲突发生的根源和土壤，而教派暴力冲突只是它在一定条件下的爆发。只有从根本上彻底揭露与批判教派主义思想体系，使人们都能正视它、识别它，知道其危害，不受它蛊惑，才能使教派主义没有空间可以插足，而要做到这点，最重要的任务就是坚决清除政党竞争中的机会主义。只有政党不再利用宗教，才有可能在根除教派主义方面取得实效。

（二）种姓冲突和种姓制的变化

80年代上半期印度世俗化进程中遇到的另一突出问题是种姓冲突的增加。种姓冲突虽然是老问题，但此时期在内容上和发生的原因上已有了新的变化。

印度独立后，由于废除了贱民制并实行保留制度，由于法律上宣布公民平等、禁止种姓歧视，更由于经济的发展和社会流动性的加强，种姓隔离和歧视已经有很大程度的减弱。

种姓制作为一种被宗教神圣化了的社会等级制，是建立在自然经济和社会发展的慢节奏基础上的，并由视不平等为天经地义的政治统治体制加以保护。一旦自然经济解体，社会流动性加大，它的经济基础便会逐渐发生动摇；而民主政治制度的建立和世俗教育的扩展，又会把它的保护伞和理念上的托架撤除，剩下的最顽强的支撑力量就只有传统观念了。传统观念固然根深蒂固，久存难消，但如果没有别的因素干扰，它也不可避免地会日益淡化。独立以来人们种姓观念日益淡化，这是显而易见的，特别是在大城市，商业越发展，人的社会流动性越强，淡化越明显。相比之下，农村的情况就差了许多，越是偏僻的经济文化不发展的地区，人们留存的种姓观念就越强。

独立以后经过几十年的发展，原先众多的种姓逐步结合成三个大的集团：高级种姓、中等种姓和低级种姓集团。高级种姓集团包括城市部分知识分子和农村大土地所有者的相当部分，他们虽失去了许多传统的种姓特权，但多数人在社会上仍处于上中层地位，享受社会经济政治发展的种种实惠。原高级种姓中也有许多户破落，经济地位下降，有的成了贫民。高级种姓对中等种姓的崛起和政府扶植低级种姓不满，妒忌心重，在他们掌权的地方和领域，在用人上常常偏向高级种姓，许多迫害表列种姓的事件也是他们中的狂热分子所为。

中等种姓集团的崛起是独立后种姓结构最突出的变化。在印度南部，非婆罗门种姓甚至在独立前就形成了独立的政治力量。独立后数十年，富裕农民阶层的出现和发展使这种力量更为强大，其最突出的代表就是德拉维达进步联盟和全印安纳德拉维达进步联盟，两者在泰米尔纳杜邦先后多次执政，其重要纲领之一是反对婆罗门的压迫。在印度北部，中等种姓的典型之一是贾特农业种姓。这个种姓分布在北方邦、哈里亚纳、拉贾斯坦等邦，在土改和绿色革命后经济实力大大增强。民众党声称代表他们的利益，反对国大党的亲高级种姓的政策。中等种姓的另一个构成部分是商业种姓。他们中既包括一些大财团家族，也包括全印各地数量众多的中小工厂主和商人。大财团在国家经济生活中的显著地位自不必说，中小工厂主和商人在城镇也具有比以往强得多的经济实力。印度人民党在城市中小商人和小业主中有相当根基，它宣称代表中小商人势力。

低级种姓集团占全国总人口的1/6，包括表列种姓和另一些属于首陀罗瓦尔纳的低级种姓，就社会职业来说多是农业工人、小农和手工业者。由于政府颁布法令规定继续歧视表列种姓属犯罪行为，也由于政府在财政上每年拨出专款为表列种姓解决住房、饮水、就学、就医、就业的困难，并为表列种姓保留担任公职和享受奖学金的名额，表列种姓利用这些机会，通过自我努力、奋发图强，在政治、社会和经济地位方面得到一定改善。表列种姓中的知识分子积极参与国家政治生活，一大批人担任了公职，或进入高等院校深造，有的成立了自己的组织和政党，积极参与政治活动，谋求进一步改善表列种姓和低种姓的政治地位，成为政坛上新的政治力量。少数表列种姓经济地位也开始上升。总之，表列种姓整体地位已有很大变化，特别是在法律和政治地位方面，少数人变化突出，与原贱民的境遇不可同日而语。不过，多数人实际地位改善还很有限，特别是经济地位和受教育条件方面。至于表列种姓以外的其他落后种姓，虽然经济条件一般比表列种姓要好，但多数仍处在争取温饱的状态。不同于表列种姓，他们享受不到保留制，在政治、教育发展方面反而不如表列种姓。

种姓制既然是一种社会结构，与人们的利益密切相关，它的弱化过程就不会不受到人为因素的干扰，总会有人或某些利益集团从自身的利益出发阻挠这一过程或对这一过程加以利用。到七八十年代，可以明显地看到，有三个因素在起强烈的干扰作用。

一是高级种姓由于传统观念的驱使，或出于维护自己利益的考虑，不愿看到低级种姓在社会地位上和自己平起平坐，更不愿看到国家对他们特别扶植，因而采取非法手段迫害表列种姓，发泄愤恨情绪，或公开反对政府对表列种姓的保留政策，干扰世俗化政策的实行。表列种姓的自我努力常常遭到高级种姓中那些思想极端保守者的压抑打击。如有表列种姓的人到村井打水，竟遭到高级种姓的野蛮殴打。政府越强调平等对待表列种姓，高级种姓中的狂热分子对表列种姓改变自己地位的努力越不能容忍。这样，对表列种姓迫害甚至残杀的事件就不断发生。1968 年在泰米尔纳杜邦一个叫基尔文尼的农村，有 42 名原贱民被高级种姓暴徒活活烧死。表列种姓组织在联合国提出指控，影响很大。1980 年 2 月 6 日，比哈尔邦加雅县帕拉斯比加村有 12 名原贱民被高级种姓印度教徒杀害，许多原贱民的住房被焚毁。这种情况主要发生在农村，不过城市里高级种姓中的狂热分子也不断进行鼓动，反对保留制度，或要求削减保留比例。集会、游行示威不断发生，也有极端分子以自焚抗议。1981 年古吉拉特邦阿默达巴德和另三个城市的 5 所医学院的学生开展鼓动和抗议活动，反对为表列种姓等保留 25% 的研究生名额，多数报刊表示支持，结果演变成高级种姓暴徒对表列种姓的暴力袭击，致使邦内许多地区接连发生暴力冲突。1978 年马哈拉施特拉邦的马拉特瓦达大学经邦议会通过改名为安姆贝德卡大学，以表达对已故贱民运动领袖、原联邦政府法律部部长安姆贝德卡的纪念。此举遭许多高级种姓保守分子的强烈反对，他们在许多城市开展鼓动，表示抗议，有些地方演变成对原贱民的袭击和暴力冲突。1955~1976 年发生的攻击原贱民事件有 22470 起，1977~1981 年增加到 64511 起。仅仅是 1975 年至 1977 年上半年，就有 243 名原贱民被杀害。事件的猛增表明冲突的急遽增加。

二是各种姓有权势的上层为了在激烈的竞争中谋求自己的或自己小集团的经济政治利益，纷纷建立种姓组织，利用本种姓的力量，壮大自己的势力。种姓组织开展多种多样的活动，加强本种姓的团结，强调行动一致。这样，种姓组织的活跃和政治化就成了七八十年代以后的突出现象。独立以来，经过 30 多年的发展，种姓职业世袭已被彻底打破，各种姓内部出现了社会职业的分化。不同社会职业的人地位不同，生活条件有别，在日常的社会联系中，交往的范围早已不是种姓，而是社会职业圈子及与自己经济政治地位相当的人，多数人种姓观念已经淡化。至于各种姓原来的那种类似村社潘查雅特的传统管理机构，早已不复存在。如果说还留下什么，那就是种姓社会结构依然存在，每个种姓仍是一个影子群体。然而，七八十年代以来，在日益激烈的经济竞争和争夺政治权力的斗争中，各种姓中有实力地位的人突然发现，种姓组织也是一种可供他们利用的工具，而且利用起来简便易行。各种姓有钱有势者在竞争中需要群众的支持，在竞选中需要多多益善的选票，种姓组织正好可以发挥作用，这样，他们便开始发起建立种姓协会。对经济条件较差的多数人来说，参与种姓组织举办的各种优惠活动也是扩大生计的手段，因此只要有人组织，也乐意加入。种姓协会大多是某一种姓的组织，有的是以某一种姓为主，吸收地位相近的别的种姓参加。它们的活动多种多样，异常活跃。如筹集资金，创办商店、旅馆、学校、银行，出版报刊，举办慈善事业等，而且与政党挂钩，在竞选中支持本种姓的候选人或他们所属、所倾向的政党的候选人。这些协会中势力较大者为扩大本协会的影响，甚至力图跨出本地区、本邦，实现同一种姓的跨地区、跨邦的横向联合。有些协会还在与自己种姓相近的种姓中串联，以谋求上下相关种姓的纵向联合。有的种姓再前进一步，建立了政党，如 70 年代初马哈拉施特拉邦的达利特①建立的黑豹党、80 年代北方邦达利特建立的社会大多数人党等。

种姓组织的出现和活跃使已被淡化的种姓观念有所复苏，在选举中投票给本种姓的候选人被许多人认为是应尽的义务，不少地方实力派人物就主要是靠本种姓选民的选票当选。这对种姓观念趋向淡化的总进程不能不产生负面的影响。

不过夸大这种作用，把它说成种姓制复活甚至强化也是不正确的。昔日的种姓制度的基本特征是宗教地位的不平等、职业固定化以及严格的婚姻和社会交往限制，如今出现的种姓协会还有这些特征吗？没有了，这些特征已完全消失，剩下的就只是利用原来的种姓作为联结本种姓成员的一种组织形式了。换言之，现在的种姓组织就是和特定的种姓名称联系在一起的特定的社会群体。这个群体中的个体也许对种姓的传统还存在温馨的或凄凉的记忆，如果是中高级种姓的协会，其成员或许还有种姓优越感，但所有种姓协会，不论是高种姓还是低种姓，有意要恢复传统种姓特征哪怕是部分特征的，可以说一个也没有。如今的种姓协会是用种姓来维系其成员，从事现代内容的活动。种姓组织成了少数在该种姓中有权势的人利用来谋取利益的一种特别的群众团体，普通种姓成

① 达利特是表列种姓的另一种称呼。

员参加是希望这个组织可以在经济上给他们带来一些实惠或至少能保护他们的利益。利用旧形式为现实利益服务，或者说使旧传统变换内容适应现代化进程的需要，这就是今日种姓组织活跃的现实意义。从这个角度说，种姓组织的活跃也包含一些积极的因素，可以说是印度现代化进程中出现的一种现象。

三是政党利用种姓制扩大自己的选票库，谋取政治利益。种姓组织的活跃也是议会民主制下政党政治强有力推动的结果。争夺选票对所有政党来说，是头等重要的任务。在成人普选制下，无论什么种姓，是高级种姓还是低级种姓，都是拥有选票的选民，都是各政党争夺的对象。政党争夺群众在各国通常都会利用工会、农会、青年组织、学生组织、妇女组织、职业社团等。在印度，由于存在种姓制度，从第一届大选开始，国大党以及其他所有政党都非常注意在利用其他群众组织的同时利用种姓制度。其做法是在提名候选人时考虑选区内的种姓因素，尽可能提名本党中属于当地最有影响的种姓的成员为候选人，以吸引选票。当种姓协会出现后，各政党领导人不难发现，种姓协会正好可以利用。群众组织还有群众参加面大小的问题，种姓组织则每个该种姓的成员都是当然成员，就是说覆盖面更广。如果能利用种姓组织，通过影响其领导人，把该种姓的选票都争取过来，那是最理想不过的事了。因此，各政党都积极支持、促进种姓组织的建立，有的干脆让自己党内不同种姓的成员出面组织或参与组织。在它们看来，这和组织学生联合会、工会、农协的意义相似，是横向动员的组织形式之一。对于已成立的种姓协会，则尽量与之联系，给予支持，以扩展自己在其中的影响。既然种姓对选举有重大影响，在大选时，所有政党几乎无一例外地都利用种姓。在提名候选人时，都尽可能把本党内在各地区各种姓中有影响的人物推出，以争取得到各种姓协会或各种姓选民（没成立协会的）的支持。英·甘地的国大党如此，别的政党也没有两样。如国大党（乌）把恰范说成马拉特种姓的代表，把乌尔斯说成落后种姓的代表，国大党（贾）把贾·拉姆说成表列种姓的代表。民众党领袖查兰·辛格公开宣称，他是中等种姓的代表，他的党是中等种姓的党。这样，政党对种姓协会的支持和利用就成了推动种姓组合、激发其活力的重要因素。也正因为这样，被选进联邦和邦议会的各党派议员中也确实不乏种姓代表，使种姓组织的影响扩展到议会内。

六 中央—地方矛盾的尖锐化

（一）普遍性的问题

80年代上半期印度政坛并不平静。政党之间为争夺统治权而进行的激烈斗争暂时告一段落，另一个矛盾却迅速上升、恶化，终于发展成严重的动乱，这就是中央—地方关系的矛盾。

印度实行联邦制，邦有法定的利益和权利。印度又是多党制国家，在联邦掌权的党和在邦一级掌权的党可能是同一党，也可能不是。中央和邦在涉及邦的利益出现矛盾时如何处理？中央是否充分尊重邦的权利？在中央和邦由不同政党分别掌权的情况下中央能否对所有邦一视同仁？这些是摆在每个在中央执政的领导人面前必须妥善回答的问题。

尼赫鲁执政时，中央—地方关系的处理虽然存在不少问题，但大多处于没有充分暴露的状态。暴露出来的问题，因为大多数邦也是国大党掌权，可以拿到党内解决。但英·甘地执政以来，在中央和邦一级掌权的党多元化了，中央和地方的冲突也多元化了，靠党内施压的办法已经不可能，矛盾越来越突出，却得不到正确的疏导化解，最终不可避免地趋于激化，造成严重的震荡和危机。

导致中央—地方关系恶化的因素有四个：第一，计划经济体制给中央—地方关系带来的负面影响被英·甘地的政策进一步放大。尼赫鲁时期定下的计划经济体制，许多措施都是从中央角度考虑问题，对邦的权利重视不够、尊重不够。许多做法，包括中央与地方分税的具体办法、中央对各邦拨款的具体办法、中央在大工业企业设置上拥有的决定权、中央在对外借款和吸引外资方面拥有的垄断权等，都偏重强化中央，使中央在发展经济的决策方面权势过重，造成邦对中央的依附，邦在自身发展上没有自主权。尼赫鲁执政后期虽然采取了一些调整措施，但没有从根本上解决问题。英·甘地执政后，这种状况不仅在延续，还因为她实行的对邦的严格控制而变本加厉。第二，英·甘地滥用手中的联邦权力，肆意侵害地方权利，扭曲了宪法关于联邦和邦分权的规定。宪法明确规定，邦的权利受到保护，中央必须给予尊重。然而英·甘地没有把这个规定放在眼里，在处理中央—地方关系问题上，她也像处理国大党内部事务一样，践踏组织原则，藐视民主，专断独裁。其实，她在第一次执政时，不尊重邦的合法权利的情况已屡屡出现，但她不认为有问题；再度执政后，处理问题更是带有主观随意性，为达到打压目标，不惜采取一切手段。例如，扭曲邦长的作用。宪法规定，邦长的职责是维护邦的利益，同时传达、贯彻中央精神，成为沟通中央和邦的桥梁。但英·甘地通过任用亲信，把邦长的作用改变了，变成了贯彻她个人意志、监视和控制邦政权的工具。又如，宪法第356条关于“总统治理”的规定被她肆意滥用。宪法这个规定原为应对特殊情况，如出现严重社会动乱和政府危机，英·甘地却把它变成推翻一个邦政权的“尚方宝剑”，其恶果可想而知。正如被议会授权调查中央—地方关系的萨卡利亚委员会报告所说，宪法关于总统治理这一条“运用得当，可以作为这个系统的一个安全机制。误用或滥用，就可能毁坏联邦和邦之间的宪法平衡”。① 第三，地方力量要求中央放权的呼声越来越强烈，有些过分要求和行动制造了紧张。经过土改和绿色革命，在农村兴起了富裕的农业经营者阶层；在城市，工业的发展推动了各地资产阶级势力的成长。语言邦成立20多年来地区语言文化的发展培养出了一大批地方文化精英。这三部分力量逐渐结合，形成强大的地方势力。他们既具有经济实力，又掌握了地方文化，并逐渐进入政界。他们对地区利益的认同导致了地方政党的出现，或在国大党内形成地方集团。有的地方性政党如旁遮普邦的阿卡利党、查谟和克什米尔邦的国民会议党、泰米尔纳杜邦的德拉维达进步联盟（1972年该党分裂，在原组织之外又出现了全印安纳德拉维达进步联盟，创始人是M. G. 拉马钱德拉）等，成立更早，早就具有掌握邦政权的实力。80年代出现的地方性政党中，最有影响力的是安得拉邦的泰卢固之乡党，它是由著名影星N. T. R. 拉奥于1983年建立的。其宗旨据称是要摆脱来自新德里的控制，维护安得拉邦的利益和权利。地方势力和地方政党宣称它们最能代表地方利益，邦政权应由它们来掌握，不仅挑战联邦执政党的权威，而且强烈要求中央放权，增加邦的自治权限。地方势力和地方政党不但对英·甘地的滥用权力强烈反对，还从邦的利益出发，提出了许多自己的要求，有的涉及与中央重新分权，如提出邦应分得税收的大部分，邦在发展

① K. 帕尔：《中央—地方关系的紧张领域》，新德里，1993，第53页。

经济中要有自主权，中央后备警察部队未经邦同意不能进入邦领土执行任务等；有些涉及与相邻邦的权益协调，如河水使用、边界土地争端等。也有些政党如阿卡利党、德拉维达进步联盟等提出要根本改变现行联邦分权体制，实行弱中央强地方，中央只管国防、外交、货币、交通，其余权力全部下放到邦。地方势力和地方政党维护本地区的合法利益，反对联邦对邦的职权的侵害，这是正当的，符合联邦制的初衷，但它们所提要求，有些过多从地方利益考虑，并不合理。至于弱中央的要求，显然不适合印度国情，是在立宪时就被摈弃的。地方势力的过分要求虽然是对英·甘地专权的一种反弹，但制造了紧张气氛，常常使现有矛盾加剧。第四，政党利己主义利用中央—地方关系这张牌加剧冲突。国大党无疑是最突出的，但并不是只有国大党如此，其他党无论在中央掌权或是在邦一级掌权，以本党利益为中心而利用中央与地方矛盾的也绝不是少数。例如，人民党 1977 年一上台就制造借口把其他党掌权的 9 个邦议会解散，重新举行选举，开了这一做法的恶劣先例。英·甘地再次执政后如法炮制，以牙还牙，使选举史上这一丑恶的做法一演再演。至于其他党，从它们在邦一级掌权的实践看，也大都是本党利益至上，竭力树立自己的形象，尽可能做有利于扩大本党影响的事，以突出本党的政绩，对联邦政权下达的任务配合不积极，执行起来三心二意。有的罔顾印度实情和全局利益，故意提出过分的分权要求，对中央施压。中央—地方关系恶化，这些党也不是没有责任。

上述中央和邦的矛盾是带有普遍性的，无论在哪个邦，都有表现。矛盾都是有的，只是程度的差别。

（二）几个矛盾最尖锐的邦

除普遍性矛盾外，还有少数邦，由于在上述矛盾之外还存在一些特殊问题，它们和中央的矛盾更为复杂化、公开化、尖锐化，那里发生的事情成了全印度中央—地方矛盾的集合点和前沿。这些特殊问题在不同时期也有变化，有些邦的特殊问题随着时间的推移得到了解决（如要求建立语言邦，泰米尔语系的邦反对以印地语为唯一官方语言，东北印那加、米佐等部族的分立主义要求等），有些邦的问题则长期得不到解决。到 80 年代上半期，没有解决的主要有克什米尔问题、阿萨姆问题和旁遮普问题。

查谟和克什米尔邦 由于加入印度的背景特殊且继续存在印巴争议，

印度宪法第 370 条赋予它特殊地位，即享有最广泛的自治权。

为把宪法第 370 条规定的内容具体化，1952 年 7 月 24 日，尼赫鲁代表联邦政府与克什米尔邦总理谢赫·阿卜杜拉签订了《德里协定》。其中规定：查谟和克什米尔邦享有自治权，联邦政府在查谟和克什米尔邦行使的权力限于国防、外交和交通，其余权力由邦政府行使；查谟和克什米尔邦居民是印度公民，但邦议会有权规定邦内永久性居民的权利和特殊利益；联邦政府只有在得到邦政府请求或同意的情况下才能干预邦的事务；总统只能在邦立法院推荐的基础上任命邦宪政首脑；保留邦的旗帜；等等。在全印度，查谟和克什米尔是唯一具有这种特殊地位的邦。谢赫·阿卜杜拉政府实行世俗主义政策，对穆斯林和印度教徒一视同仁。但该邦查谟地区印度教教派主义组织人民协会一直不断地进行鼓动，反对给查谟和克什米尔邦特殊地位，这使阿卜杜拉极为不满，而克什米尔穆斯林中有些人反对克什米尔加入印度，也在伺机活动，加之克什米尔问题被国际化，引起的纷争更难以解决，在这些因素的综合作用下，阿卜杜拉个人的政治立场发生动摇，越来越倾向于主张克什米尔独立。联邦政府对他的变化高度警惕。在制止无效后，根据联邦政府授意，1953 年 8 月 9 日他被邦宪政首脑解除邦总理职务，邦总理一职由国民会议党另一领导人巴克希·古拉姆·穆罕默德取代。穆罕默德政府立即把谢赫·阿卜杜拉投入监狱。

谢赫·阿卜杜拉被监禁后，中央加强了对查谟和克什米尔邦的控制。此后，赋予该邦的特殊权利有很大部分被逐步取消，使该邦的地位和别的邦逐渐趋同。其大致过程是，1954 年普拉沙德总统在和查谟和克什米尔邦政府协商取得同意后，颁令宣布印度宪法除少数条款外适用于查谟和克什米尔邦；1958 年人民院通过法案，印度行政官制度和警官制度适用于查谟和克什米尔邦；1959 年查谟和克什米尔邦立法院通过法案，同意联邦选举委员会的权限扩大到该邦，查谟和克什米尔邦高等法院地位相当于印度其他邦高等法院；1964 年 12 月总统颁令，印度宪法第 356 条（有关总统治理）、第 357 条（邦议会立法权由联邦议会行使或在其监督下行使的办法）适用于查谟和克什米尔邦；1965 年 4 月查谟和克什米尔邦宪政首脑改称邦长，总理改称首席部长；等等。

印度政府采取这种做法是出于多种考虑：第一，在克什米尔地位问题上印度已公开宣布不再准备实行全民公决，而强调克什米尔成为印度的一部分已是不可改变的事实。因此，认为不再有必要过分照顾克什米尔的特殊性，而要更多地考虑国家整合的必要性，认为过分照顾其特殊性，使国家行政体制在这里表现出很大的差异，会带来很多不便。第二，对克什米尔地位特殊性的强调被印度教教派主义者作为口实攻击政府的世俗主义政策。第三，谢赫·阿卜杜拉执政后改变观点对尼赫鲁和国大党是个强烈的震撼。国大党高层领导对继续给克什米尔特殊地位的效果产生了疑问：一向和国大党关系密切的谢赫·阿卜杜拉改变立场是否与克什米尔享有过于广泛的自治权有关？广泛自治意味着联邦政府在那里的影响力很薄弱。既然阿卜杜拉能改变观点，怎么能保证其他人当政不会出现同样的变故？尼赫鲁和国大党高层领导人认识到事情的危险性，为了防患于未然，认为需要根本改变现有体制，使中央权限和国家制度更多适用于该邦，使国大党在该邦能够形成一支可与地方政党抗衡的力量。

这样一种使克什米尔邦逐渐与其他邦地位趋同的做法得到阿卜杜拉所在的克什米尔国民会议党多数人的支持。他们认为，这种整合对克什米尔本身的未来发展其实是有利的。克什米尔要发展经济需要联邦政府的支持，要增进和印度其他地区的贸易需要减少交流上的障碍。此外，政治精英要求在联邦议会中有自己应有的地位，知识分子和学生也需要方便地与内地交往，以期有更多的深造和发展机会。他们认为整合有利于消除现有的很多障碍。邦议会和邦政府对整合同样抱积极响应态度。也有些人反对，他们指责国大党剥夺宪法赋予克什米尔的合法权利是非法行为，有些人从不满逐渐转向分立主义立场。不过持这种主张者只是极少数人，在国民会议党内影响有限。

1963 年，克什米尔国民会议党领导人更往前一步，在与国大党中央谈判后达成一致，把国民会议党并入国大党，作为国大党在查谟和克什米尔邦的邦一级组织。国民会议党领导人认为这样做更有利于保证把邦政权继续保持在自己手里。不过，穆斯林中的教派主义势力和地方势力对此却恶言攻击，认为这是国民会议党领导人为谋求私利而背叛穆斯林利益，旨在削弱穆斯林的权利和克什米尔的地方力量。有些极端分子更认为这是印度教徒对穆斯林力量的排挤和吞并，提出克什米尔独立的口号，从事分裂主义活动。

尼赫鲁希望再度利用谢赫·阿卜杜拉的力量来抚慰穆斯林的不满。在他的授意下，1958 年邦政府释放了谢赫·阿卜杜拉，但后者不愿放弃要求独立的观点，3 个月后再度入狱。尼赫鲁在去世前不久（1964 年 4 月）又释放了阿卜杜拉，可是他的基本观点仍未改变，不久又被软禁，到 1968 年对他行动的所有限制才全部取消。此时，克什米尔已出现一个亲巴基斯坦的组织叫阿瓦米行动委员会，主张克什米尔并入巴基斯坦。还有一个组织叫全民公决战线，由原克什米尔国民会议党部分成员组成，支持谢赫·阿卜杜拉的克什米尔独立主张。谢赫·阿卜杜拉不赞成克什米尔并入巴基斯坦，故也遭到亲巴基斯坦势力的攻击。

1971 年后，可能是受了第三次印巴战争结局的影响，谢赫·阿卜杜拉的思想发生了转变，采取了较现实的态度。1973 年他公开表态，承认克什米尔加入印度是不能改变的事实。这一转变自然受到英·甘地的欢迎。和她父亲一样，她也希望利用谢赫·阿卜杜拉的威望制约分裂势力和亲巴基斯坦势力。在阿卜杜拉完全恢复行动自由后，英·甘地会见了他，希望他重新发挥作用，为克什米尔的稳定和发展做出新的贡献。谢赫·阿卜杜拉同意不再提克什米尔独立的要求，不再提自决或全民公决要求，只要求在印度联邦范围内有更大的自治。中央政府和他达成协议，1975 年 2 月由他组织新的邦政府，他又成了查谟和克什米尔邦首席部长。新政府由国大党和全民公决战线构成，后者也同意不再提独立问题。国大党希望谢赫·阿卜杜拉参加国大党，谢赫·阿卜杜拉拒绝，他不赞成克什米尔国民会议党与国大党合并，认为克什米尔应该有自己的政党。他提议恢复克什米尔国民会议党，得到全民公决战线支持，但国大党不同意。结果，全民公决战线决定自行解散，重建克什米尔国民会议党，谢赫·阿卜杜拉参加，次年被选为主席。谢赫·阿卜杜拉担任首席部长直至 1982 年逝世（中间有一段时间总统治理）。

谢赫·阿卜杜拉逝世后，他的儿子法鲁克·阿卜杜拉继任首席部长。1983 年 6 月，该邦举行中期选举。选举前法鲁克领导的国民会议党与国大党建立了竞选联盟，但不久破裂。选举结果，国民会议党取得多数，建立了国民会议党政权。国大党邦组织宣称选举有弊，指责国民会议党限制选民自由投票。在随后发生的两党支持者的暴力冲突中，有 700 余人受伤。此后各地继续不断发生示威游行和流血冲突，其中有国大党和其他反对派政党组织的，也有不同教派组织的，很多人被捕，秩序甚为紊乱。英·甘地不希望看到这样的选举结果，便支持国大党地方组织对邦政府搞颠覆活动。法鲁克对此抱有警惕，不断发表讲话，希望中央政府不要颠覆他的政府，但无济于事。1984 年 7 月，法鲁克的妹夫 G. M. 沙在国民会议党内制造分裂，宣称法鲁克已失去民心。英·甘地随即指令邦长贾格莫汉撤换法鲁克，任命 G. M. 沙为首席部长。其实，法鲁克在议会内的多数地位并没有因国民会议党分裂而丧失，法鲁克要求邦长召开议会会议证实这点或解散议会另行选举，均遭拒绝。法鲁克指责邦长此举违宪，指出这是国大党蓄意推翻他的政府，就因为他的党没有和国大党邦组织合作共同建立政府。国民会议党多数人认同他的说法，对国大党和英·甘地甚为不满。G. M. 沙的政府既无能又腐败，得到的支持率很低。在其执政期间，克什米尔的混乱局势不但没有缓和，还有愈演愈烈之势。印控克什米尔的动乱正是从这个时候开始的。

阿萨姆邦　阿萨姆邦和中央关系的紧张是由外来人问题引起。在印巴分治后，就不断有孟加拉国的人越境进入阿萨姆，在这里定居务农。1971 年东巴基斯坦战争中有 800 多万孟加拉难民进入印度。孟加拉国独立后大部分难民回国，也有相当多的人留下。此后，越境迁入者仍不断增加。此外，尼泊尔人越境进入者也不少。据 1971 年普查，阿萨姆人口比 1961 年增加了 34.95%，其中大部分是外来人。如果以这种速度增长，到 90 年代人口将比 1961 年增长一倍以上，就是说，外来人将成为阿萨姆邦人口的多数。阿萨姆人认为自己的利益受到侵害，外来人涌入造成资源紧张、工资降低、失业增多。外来人还能参加选举，他们人数的增多使孟加拉语得到传播，阿萨姆人担心过不了几年，自己就会在政治上和文化语言上受外来人排挤，因而强烈要求中央解决这个问题。联邦政府长期置之不理，之所以如此，是因为外来的孟加拉国穆斯林在大选中一般都是投国大党的票，这有助于帮国大党保持执政地位，此外，还涉及与孟加拉国的关系问题，英·甘地不希望两国发生纠纷。

1980 年又是大选年，阿萨姆人决心以实际行动向中央施加压力。他们要求阿萨姆邦选举延期，直到外来人问题得到解决。运动是 1979 年开始的，领导者是全阿萨姆学生联合会和阿萨姆人民斗争大会。由于延期的要求被拒绝，该两组织宣布抵制选举，呼吁所有阿萨姆人参加，候选人放弃候选人资格。1979 年 11 月又宣布开展不合作运动。全阿萨姆教师联合会、其他自由职业者组织和中产阶级都支持这一斗争。印度选举委员会被迫同意选举延期。1980 年 2 月，重新执政的英·甘地邀请运动领导人到德里谈判，但没有结果。不合作运动在全邦继续展开。政府开始镇压，成千上万人被捕。政府同时开展大张旗鼓的宣传，指责阿萨姆人搞反民族的分裂主义运动。这种做法激起阿萨姆更多人参加斗争，甚至有不少政府公务员给予支持。阿萨姆纳云吉石油输出总站被不合作者封锁，政府迅即派军队接管输油站。1981 年阿萨姆邦政权由总统接管。

在实行总统治理后，中央政府宣布了解决外来人问题的办法，中心是 1961 年前进入的将获得印度公民权；1961 年至 1971 年 3 月进入的，凡在 3 个月内提供有效证明的，给予公民权，否则将安排他们到其他邦居住；1971 年 3 月后进入的遣返回国。阿萨姆鼓动者不接受这个办法，要求 60 年代进入者（约 140 万人）都要离开阿萨姆，在得不到应允的情况下号召继续斗争。印度教组织和印度人民党竭力把这场斗争渲染成印度教徒反对伊斯兰教渗透的斗争，煽动教派主义，使局势更加复杂化。结果，许多地方发生骚乱，数百名无辜百姓死于非命。1981 年 9 月，运动领导人号召举行 36 小时罢业，12 月 14 日又号召开展 36 小时的不服从运动，两次都酿成暴力冲突，造成人员伤亡。1983 年 2 月，由于总统治理届满，中央规定必须进行邦议会选举，建立邦政权。运动的领导者以自己的要求未被接受为由继续号召抵制。英·甘地不予理睬，命令选举如期举行。结果更多地方发生流血冲突，造成上千人死亡。最终在警察的严密监视下，举行了一场冷冷清清的、只有少数选民投票的选举，建立了一个国大党政权。这样的政权毫无威信，当然不能使局势平静下来。如果说与此前有什么不同，那就是此前是中央直接面对运动，如今则有了一个“民选”的政府当挡箭牌。阿萨姆人的愤怒有增无已。

旁遮普邦　旁遮普的动乱是英·甘地政府面临的最严重的问题。在 1966 年中央答应建立单独的讲旁遮普语的旁遮普邦后，阿卡利党基本上是满意的，但随后的事态发展引起了新的波澜。新建的旁遮普邦锡克教徒只占总人口的 52%，由于有许多锡克教徒此前加入了国大党，阿卡利党的拥护者在人口比例上不占优势，所以虽然建立了单独的邦，在邦选举中阿卡利党却难以取得多数地位，执政权没有保障。阿卡利党希望增加旁遮普邦锡克教徒的人口比例，提出把分散在邻邦的锡克人居住的地区也划入旁遮普。中央拒绝。昌迪加尔市的归属是另一个争议问题。在分邦时，旁遮普和哈里亚纳都要求把昌迪加尔划归自己。昌迪加尔工商业较发达，旁遮普邦缺少工商业城市，非常想得到它。哈里亚纳则不相让。由于僵持不下，英·甘地决定把它作为中央直辖区和两邦首府的共同所在地，阿卡利党对此不满。阿卡利党的不满还有，成立旁遮普邦时，中央以不便分配为由，把博卡拉、比阿斯大坝综合工程及涉及两邦的电力、水利资源都控制在自己手里。电力和水利，这是旁遮普农业的命脉，阿卡利党要求自己掌握。此外，建新邦时，中央决定有数十个项目由旁遮普和哈里亚纳共管，出现纠纷中央裁决。这有很多不便，也使邦的权力受到限制。阿卡利党要求实行分管。

1966 年 11 月阿卡利党领导人之一的法泰赫·辛格提出了以上诸要求，遭到中央拒绝。为向中央施加压力，法泰赫·辛格于 12 月 17 日在阿姆利则金庙绝食，并宣布如 10 天后还活着就自焚。英·甘地为防止事态扩大，派专使会见法泰赫·辛格，答应考虑其要求。后者停止绝食。但英·甘地并无行动。1969 年 8 月锡克教另一领导人达尔善·辛格·菲鲁马尔绝食死去。1969 年阿卡利党联合其他反对党举行了 50 万人的示威游行。1970 年 1 月法泰赫·辛格再次宣布绝食和准备自焚。英·甘地被迫于 1970 年 1 月同意 5 年后把昌迪加尔划归旁遮普，同时提出旁遮普应把法齐尔卡和阿布迪哈尔划归哈里亚纳邦作为补偿。不过由于哈里亚纳邦反对未能实现。阿卡利党 1967 年、1969 年、1977 年三次在旁遮普议会选举中获得相对多数，三次联合其他党执政，但由于内部派系斗争以及与其他党存在矛盾，都不能长久保住政权。邦政权不止一次被总统接管。这使阿卡利党人感到要保持政权，就要把运动持续下去，并取得更多锡克人的支持。党内有些人开始提出争取旁遮普有更大的自治权。

1973 年 10 月，阿卡利党工作委员会在阿兰德普尔·萨希布开会。因会议决议没有公布，后来产生了不同说法。1978 年 10 月在卢迪亚举行全印阿卡利党会议，通过了 10 多项决议，后来被统称为阿兰德普尔·萨希布决议。决议阐述了该党的纲领主张。决议说：“阿卡利党是锡克民族的体现，因而有充分资格代表它。”党的目的是要确立“卡尔沙①的主导地位”，要创造一

① 卡尔沙（Khalsa），词义为纯洁，原为锡克公社，这里指锡克教社会实体。

种环境，使锡克人的感情和希望能够得到充分反映。[①] 还说为了达到此目的，应该把昌迪加尔和附近所有说旁遮普语的地区都划入旁遮普邦。在这个新邦中，锡克教徒和锡克教要受到特别保护。决议还要求这个新邦要享有比现在的邦更大的自治权，即拥有除国防、外交、货币和交通以外的一切权力。此外，还提出了一些经济和宗教要求，包括在旁遮普发展重工业，反对经济权力过于集中，将运输业、糖业国有化，为锡克教徒建立中小工业提供贷款，制定全印锡克寺庙管理法等。进入 80 年代后，阿卡利党不断向中央施加压力，要中央接受这些要求。

阿卡利党是锡克教教派的政治组织，以遵循锡克教师尊教导为最高原则，只有锡克教徒才允许参加。从阶级性上看，它主要代表锡克农场主和部分年轻知识分子的利益，也有许多小农、无地工人参加。绿色革命使农场主获得了最大利益，但旁遮普工业薄弱，当绿色革命产生“第二代效应”，出现多种经营和非农经营的趋势后，工业基础的薄弱妨碍了他们向新的领域投资。工业和多种经营发展不够，也使知识分子就业面狭窄，所以在阿卡利党内要求发展工业，要求经济权力分散的呼声很高，对中央忽视在旁遮普发展工业十分不满。广大小农和无地工人在绿色革命中得到的改善有限，随着人口增加，“土地饥渴”更为突出，也迫切要求改变现状。阿卡利党认为只有自己掌权，才有可能解决这些现实问题。然而国大党就是千方百计不让阿卡利党掌权。无奈之下，他们才提出最广泛的自治的要求，以期得到更大更多的空间来改变旁遮普的现状。

对于阿卡利党的这一切希望和努力，英·甘地无动于衷。不仅如此，她还把阿兰德普尔·萨希布决议夸张地说成是“分裂的宣言”，是“反国家反民族的”。阿卡利党看到在正常的情况下中央不可能接受锡克人的要求，于是决定诉诸宗教，煽动锡克教徒的宗教感情，发动强大的群众运动，向中央施压，迫使中央让步。这就是 80 年代阿卡利党转向大力煽动教派主义的原因。

还在 70 年代末，在锡克教内出现了由一批“圣人”体现的宗教激进主义势力。这批“圣人”利用锡克教徒对中央的不满进行鼓动。他们强调要

---

① K. 那雅尔、K. 辛格：《旁遮普的悲剧、蓝星行动及以后》，新德里，1984，附录 A，第 135 页。

净化、强化锡克教，与“邪恶势力”国大党抗争，表示支持阿卡利党提出的各种要求，同时指责阿卡利党软弱，不能捍卫锡克教的利益。在这些“圣人”中有一个人最张扬、最狂热，很快上升到领袖地位，他就是宾德兰瓦拉。

最具讽刺性的是，最早扶植宾德兰瓦拉的是国大党（英）。英·甘地的亲信宰尔·辛格主政旁遮普邦时，他也是锡克教徒，为了与阿卡利党争夺锡克群众，也为了打破阿卡利党对锡克寺庙管理委员会的控制，采取了利用宗教的办法，举行了一连串的带宗教色彩的活动，如把从阿兰德普尔到帕地亚纳的路重新以师尊戈宾德·辛格的名字命名，让一群据说来自戈宾德·辛格马厩的马从这条路游行等。不仅如此，他看到“圣人”们的鼓动对群众有吸引力，就挑选了宾德兰瓦拉加以培植，给予金钱支持，还要他在寺庙管理委员会选举中与阿卡利党竞争。宾德兰瓦拉原为乔克梅塔锡克寺庙住持，并没有特别的名气，正是在国大党的扶植下势力日益扩大。

也就在这时，少数阿卡利党外的狂热分子提出了单独建国的分裂主义主张。1971 年贾格吉特·辛格·乔汉在国外把 40 年代曾被鼓吹过的建立“卡利斯坦”[①] 国家的口号重新搬出，但当时无人响应。1980 年 6 月，他的拥护者巴尔比尔·辛格·山杜（全印锡克学生联合会总书记）在阿姆利则宣布建立“卡利斯坦政府”，以乔汉为主席。山杜诬称印度是被反锡克教的印度教徒统治，宣称要把全印锡克教徒组织起来和印度教徒斗争。1981 年，另一个极端分子、美籍锡克人甘加·辛格·迪隆在美国鼓吹建立锡克独立国家。这年他回到印度鼓吹这一主张。全印锡克学生联合会也通过了类似决议。分裂分子还印制了所谓“卡利斯坦国”的“国旗”、“地图”、邮票、护照和货币，竭力给人以既成事实的印象。在阿兰德普尔·萨希布举行的宗教活动中，极端分子打出所谓“卡利斯坦国旗”，撕毁印度宪法，煽起歇斯底里的狂热情绪。这年 9 月，一架印度波音 737 飞机被极端分子劫持。极端分子还在全国各地制造恐怖事件，印度报业巨子拉拉·贾格特·拉瑞因因反对“卡利斯坦”鼓动遭到杀害。分裂主义的猖狂活动得到“圣人”们的支持。宾德兰瓦拉就公开对暗杀拉瑞因表示赞扬。他们与分裂主义者一

① 意为纯洁的土地。“卡利斯坦”一词最早出现于 1940 年，是阿卡利党作为对抗印巴分治的手段而提出的，意即建立锡克人的国家。印巴分治后再没有人提及。

唱一和，形成了漫天阴霾的极为恶劣的气氛。

阿卡利党绝大多数人并不赞成建立“卡利斯坦国”的鼓动。他们认为，旁遮普不可能脱离印度独立发展。锡克教徒的利益不在于独立，而在于争取更大程度的自治。阿卡利党此时内部分为两派，一派以前主席贾格迪夫·辛格·塔尔旺迪为首，一派以现任主席哈钱德·辛格·隆格瓦尔为首。前者较强硬，塔尔旺迪曾说，“锡克人必须有自己的独立国家”，但很快放弃。后者较温和，强调以争取较大的自治为限。不过他们虽然对“卡利斯坦”鼓动两派都不赞成，但对“圣人”们的狂热宗教鼓动却都表示支持。

旁遮普形势越来越严峻，就看英·甘地如何应对。

七　“蓝星行动”和英·甘地殉难

不幸的是，这么严重的形势却没有引起英·甘地足够的警惕。

就在分裂主义和宗教极端主义甚嚣尘上之际，阿卡利党发动了新的攻势。1981 年 9 月 7 日，阿卡利党掀起“反对歧视锡克人”的新的鼓动，向中央提交了一份陈述书，列举了所谓歧视锡克人的种种表现，提出了 15 点要求，包括立即把昌迪加尔划归旁遮普，给旁遮普最广泛的自治权，重新制定拉维-比阿斯河水分配方案，制定全印锡克教寺庙管理法，实行农产品价格补贴制度等。这种鼓动特别是对所谓歧视锡克人的着力渲染，使局势更加紧张。宗教狂热分子和分裂主义者似乎得到鼓舞，其活动更为嚣张。9 月 9 日，当邦政府因宾德兰瓦拉公开赞美暗杀报业巨子贾格特·拉瑞因，涉嫌卷入暗杀事件而将他逮捕时，竟有许多人阻拦警察行动，现场发生流血骚乱。考虑到局势的复杂性，政府很快释放了他。此事使宾德兰瓦拉的身价倍增。为防止事态进一步扩大，政府多次与阿卡利党会谈，但只是呼吁对方冷静，自己却没有让步的打算。会谈毫无结果。英·甘地的这种处理方式显然是不明智的，她本应设法把阿卡利党与宗教狂热分子、分裂主义分子拉开距离，但她没有这样做，相反却以僵硬立场促使阿卡利党行动升级甚至与宗教狂热分子合流。

1982 年 4 月，阿卡利党决定开展大规模的不服从运动，进一步向中央施加压力。大批的参加者每天追求入狱，有几万人被捕。在这种气氛刺激下，各地的骚乱、暗杀事件接连不断。阿卡利党为了壮大自己的群众基础，竟邀请宾德兰瓦拉参加不合作运动，这又提高了他在锡克人心目中的地位，模糊了阿卡利党与宗教狂热分子的界限。

英·甘地这才感到了事态严重，被迫释放被捕者，并派特使再次与阿卡利党谈判。在不服从运动中止的情况下，谈判持续了一年多，就有些问题达成了妥协方案，如广泛自治问题，同意建立一个委员会，在宪法许可的范围内考虑改进；关于河水分配问题，同意交由最高法院裁决等。国大党谈判代表也答应了阿卡利党提出的一些宗教方面的要求。然而，当特使把协议草案报请英·甘地最后批准时，英·甘地以相关问题需要与相关邦协商为由，把达成的协议又搁置起来。相关邦指哈里亚纳、拉贾斯坦，都是印度教徒为主要居民的邦。英·甘地担心对锡克人让步会激起印度教徒不满，影响国大党在整个印度教徒中的支持度。这样又失去了一个解决问题的好时机。

阿卡利党对英·甘地出尔反尔、搁置协议方案、拖延问题的解决极为不满，决定进一步向政府进逼。1983 年 4 月，开始采取有计划阻碍交通的行动。在与警察的冲突中，数十人被击毙。作为报复，阿卡利党领导人宣布打算征召 10 万名志愿者，组成不服从运动的骨干队伍，还宣布打算在全印举行开展不服从运动一周年纪念活动。正是在这种剑拔弩张的气氛下，党内一部分人观点急趋极端化。在 1983 年 9 月的一次会议上，塔尔旺迪提出要在旁遮普建立平行的政府，并且开始征税。政府立即逮捕了他。10 月，总统颁令，接管该邦的政权。在群情激愤之下，以宾德兰瓦拉为代表的宗教狂热分子和分裂主义分子相互呼应，强烈鼓吹分裂主义。宾德兰瓦拉遍游旁遮普各地，煽动锡克教徒仇视政府，仇视印度教徒，在他周围逐步形成了一个武装小集团。他还公开鼓吹暴力斗争，他说："锡克教徒今日所受屈辱，比莫卧儿时和英国统治时尤甚。他们怎能长期忍受这种虐待？"又说："很清楚，锡克教徒无论住在城市或农村，都是奴隶。我们要不惜任何代价获得自由。为此，要武装起来，准备战争，建立新的秩序。"[①] 尽管阿卡利党领导人隆格瓦尔谴责暴力，但党内许多年轻人开始接受宾德兰瓦拉的观点。宾德兰瓦拉的鼓动得到全印锡克学生联盟的响应，随后，开始大量出现暴力和个人恐怖活动。开始时是抢劫银行、珠宝店和仓库，接着是

① A. A. 卡普尔：《锡克教徒和分裂主义》，波士顿，1986，第 227 页。

暗杀活动。1981 年 9 月至 1983 年 4 月，共发生约 100 次袭击和暗杀事件，被害者包括一名锡克警察副总监。此后，甚至对印度教徒也滥施恐怖，企图造成更大混乱。许多恐怖活动都是宾德兰瓦拉属下的人和全印锡克学生联盟成员干的。印度教方面也出现一些极端主义组织，鼓吹针锋相对地对锡克教狂热分子进行报复。

锡克武装恐怖分子不断与警察交火。为制造更大的动乱，他们利用锡克教圣地——阿姆利则的金庙为暴乱基地和策划中心，大量武器被私运到那里。宾德兰瓦拉也入住金庙。隆格瓦尔谴责暗杀活动。宾德兰瓦拉则宣称这是达到目的的唯一道路。他攻击英·甘地政府是“印度教帝国主义者”，把英·甘地说成锡克教徒的“敌人”。他还指责阿卡利党“软弱”，称其领导人为“叛逆”。他的调子越高，越被视为英雄，其追随者也越来越多。

阿卡利党一方面受这种极端主义思潮影响，另一方面为了巩固其群众基础，因而对政府的谴责也逐渐升级，不但把动乱的责任都加在政府头上，而且攻击中央政府要“消灭锡克教徒”。[①] 1984 年 1 月，阿卡利党发动了新一轮鼓动，向人民院议员散发小册子，指责宪法抹杀锡克教和印度教的区别，从而抹杀锡克教的存在，要求修改宪法。极端分子甚至以焚烧宪法进行煽动。政府再次和阿卡利党谈判，依然没有结果。此时，恐怖活动已趋向激烈化。1984 年 4 月，发生了恐怖分子同时袭击 37 个铁路站的事件，表明其活动已高度组织化。金庙成了他们的基地和庇护所，当受到警察追捕时，不少恐怖分子就逃到这里躲藏。从 1982 年 8 月 4 日阿卡利党发动大规模鼓动开始，到 1984 年 6 月 3 日，旁遮普发生的暴力事件达 1200 多次，410 人丧生，1180 多人受伤。

1984 年 4 月 4 日，联邦政府宣布旁遮普为“危险的骚乱地区”。英·甘地做了广播演讲，敦促阿卡利党领导人不要采取过激行动，并呼吁各教派的群众保持冷静，不要受教派主义势力挑动，要相信政府有决心、有能力解决旁遮普的冲突。然而，空洞的号召是无济于事的。政府既未在实质问题上做出让步，阿卡利党便也不准备接受政府的呼吁。不仅如此，它还要进一步对政府施加压力，决定 1984 年 6 月 3 日再一次发动不服从运动，号

① A. A. 卡普尔：《锡克教徒和分裂主义》，第 228 页。

召锡克教徒行动起来，阻止旁遮普粮食外运，拒绝缴纳土地税、水税。1985年是大选年，如果旁遮普问题不能得到解决，显得中央软弱，将给国大党的竞选带来负面影响，因此，英·甘地决定赶在阿卡利党发动新一轮不服从运动之前，采取坚决的军事行动，镇压和清剿武装恐怖分子，并借此阻止不服从运动的开展。

这次军事行动被称为“蓝星行动”。6月2日，政府下令调动数万士兵进入旁遮普，包围恐怖分子盘踞的据点，其中一部分配有坦克的部队，包围了金庙。军队指挥官命令金庙内的所有武装分子出来投降，并要所有人员离开该地。一些人出来了，被拘留，包括阿卡利党的一些领导人。但宾德兰瓦拉和所有武装恐怖分子都拒绝出来投降。6月5日，政府军的坦克向金庙的阿卡尔寺（武装分子盘踞点）开炮，并发动进攻。武装分子还击。经过激烈交火，7日晨政府军占领金庙，缴获大批武器。在另外一些城市，极端分子以锡克寺庙为基地也或多或少与政府军交火。据官方公布数据，锡克教武装分子有554人被打死，其中包括宾德兰瓦拉，121人受伤；政府军方面92人战死，287人受伤。实际双方伤亡人数据称还要比这多。金庙主体建筑有部分被炮火损坏。政府的军事攻势也使阿卡利党发动不服从运动成为不可能。

“蓝星行动”从军事方面来说使旁遮普的武装恐怖分子和分裂主义分子受到沉重打击，阻止了局势的进一步恶化，但从政治方面说，事情发展到靠炮击锡克教圣地来解决的地步，绝不能称之为成功。它会产生什么样的负面影响？这绝非英·甘地所能预料。回过头看，旁遮普问题绝不是不可以通过政治途径解决，之所以未能实现，是因为英·甘地在处置上有重大过错。本来，阿卡利党最初提出的要求属于中央—邦关系的一般性矛盾，其中固然有偏于地方考虑的狭隘成分，但许多要求是合理的或不算过分。如果英·甘地能适当调整政策，接受其合理要求并切实落实，就能阻止阿卡利党行动不断升级；只要阿卡利党的要求和行动保持在正常的宪政范围内，分裂主义分子、宗教极端分子和武装恐怖分子便无计可施，也绝不会有那样大的空间来恶化气氛，蛊惑群众。这是英·甘地处置局势第一个失当之处。局势既然已经恶化，就要求英·甘地分清不同矛盾，实行区别对待，通过对阿卡利党的适当让步，果断地阻止不满势力的联合。然而，她没有这样做。与阿卡利党的谈判本来已呈现转机，但她不愿为了解决旁遮普问题招致印度教徒不满。她拖延时间，无所作为，致使有利时机一再被错过，使矛盾趋于白热化。这是第二个严重失误。最后当不得不依靠军事手段收拾局面时，她却又鲁莽行事，把本应慎重对待的宗教敏感问题置之不顾，只求急功近利，不考虑会带来什么后果，终致酿成无可挽回的政治错误。

“蓝星行动”是旁遮普问题长期得不到解决所导致的恶果。分裂主义者、宗教狂热分子、恐怖分子的骚乱是导致这次行动的主要原因。阿卡利党在自己的要求达不到时诉诸教派主义，为分裂主义者、宗教狂热分子和恐怖分子的猖狂活动提供了温床，因而也起了恶劣作用。

金庙是锡克教圣地，全国1400万锡克教徒不论政治倾向如何都对它崇敬有加，珍视如同生命。尽管政府一再解释，“蓝星行动”不是针对锡克教的，而是为了粉碎叛乱，维护国家完整和旁遮普的安定，政府采取这一行动实属不得已，然而，大量锡克教徒依然感到震惊和愤怒，认为政府袭击他们的宗教圣地就是亵渎他们的宗教，藐视锡克人的感情。谴责的声浪从四面八方涌起。宗教狂热主义者更乘机掀起歇斯底里鼓噪，声称政府的目的是消灭锡克教，使气氛更为紧张。锡克教徒在许多城市举行抗议示威，一些国大党的锡克官员、议员辞职，有的退回以往得到的勋章。在狂热分子挑唆下，不少地方发生了锡克教徒焚烧公共建筑、破坏灌溉渠的骚乱，甚至有人劫持飞机。军队中的锡克教徒也有强烈反应，有些军官辞职，有部分士兵离队，甚至出现了哗变。政府为加强控制，把反应最强烈的全印锡克学生联盟宣布为非法组织，并大举逮捕骚乱分子。被监禁人数迅速增加，但仍于事无补。境外（加拿大、英国、美国等）的锡克教分裂分子进一步鼓吹建立“卡利斯坦国”，呼吁锡克教徒从印度军队中撤出。9月2日，世界锡克教大会通过决议，要求政府军于9月底前撤出金庙，否则将于10月1日组织一次“解放金庙大进军”。迫于压力，政府与锡克教高级僧侣达成协议，9月29日撤出金庙。总统G. Z. 辛格和英·甘地先后来金庙视察，表示对金庙的重视。有人从暗地向总统开枪，但有惊无险。尽管军队撤出，锡克教徒心灵上的创口却久久不能愈合，虽然表面上恢复了平静，在私下里，谋杀英·甘地的阴谋已在紧锣密鼓地酝酿中。

对于锡克教狂热分子谋杀英·甘地的阴谋，印度政府情报部门已有所察觉。情报机构负责人曾建议英·甘地作为一项预防措施撤换其锡克警卫，但没有被采纳。她不能这样做，因为这样的行动等于是发出对锡克人不信任的信号，只会雪上加霜。1984 年 10 月 30 日，英·甘地在德里郊外一次群众集会上说：“如果我今天死，那我也毫无憾意。因为我的每滴血都是为印度民族而流的。”“人的肉体可以消灭，血液可以干涸，但人的灵魂是不会泯灭的。一个人致力于国家进步、民族团结的精神和信仰是永生的。”① 这种豪言壮语表明她对可能发生意外似乎有思想准备。就在这次讲话的第二天，10 月 31 日上午 9 点多，当她从总理府院内的卧室出来，步行去办公室边的草坪会见英国记者时，在院子的拱门前，站在那里的她的锡克警卫本特·辛格按照预定计划，突然拔出左轮手枪向她射击，另一个隐藏在灌木丛后面的锡克警卫萨特万特·辛格跟着跳出来用自动步枪对她连续射击。英·甘地中弹 30 多发，由于伤势过重，抢救无效，当天下午去世。

在圣雄甘地之后，英·甘地是又一位被宗教狂热和恐怖势力杀害的印度领导人。

英·甘地遇刺的消息使全国上下深感震惊，人们沉浸在极大的悲痛中。各界人民愤怒谴责这一可耻的恐怖主义行动，对自己崇敬的领导人表示深切悼念。世界各国领导人和国际组织也纷纷发去唁电，对她在国际舞台上发挥的积极作用给予高度评价。

英·甘地是继尼赫鲁之后印度最重要的领导人之一。在长达 15 年的执政中，她为印度的进步发展和国际地位的提高做出了不懈的努力。她坚持尼赫鲁的认知和决断，即各国国情不同，印度的发展不能照搬西方的模式，一定要考虑印度作为一个人口大国，大多数下层人民极端贫困的事实，选择适合印度国情的发展道路。她认为，尼赫鲁制定的建设社会主义类型社会的目标和实现这一目标的发展道路，就是适合印度国情的道路，因此她要坚守，要顶住右翼的种种压力，努力促使其实现。对社会主义的定义和理念她其实并不拘泥，她要的是国家经济发展、人民生活普遍改善这个实质。正因为这样，对社会主义口号的应用她态度灵活，有时从不提及，有时则言必称社会主义，一切以政治斗争的需要为转移。15 年来，综观她两次执政的结果，包括后期的政策调整，应该说，尽管她在认识上有许多欠缺，制定的具体政策有很多失误，有的还是非常大的失误，但她对目标和

① 李连庆：《英迪拉·甘地》，浙江人民出版社，1988，第 215 页。

道路的恪守达到了预期目的。在她和她的政府的努力下，沿着这个道路取得的成绩是突出的。印度在这 15 年中各方面的发展建设都向前迈进了一大步，国家和社会的面貌较尼赫鲁执政时期都有了明显的变化。英·甘地在政策上倾向下层人民，强调经济发展要给下层人民带来实惠。作为总理，她意志坚定，行动雷厉风行，从不畏缩胆怯。无怪乎在国大党内外，她受到的尊敬和爱戴除了尼赫鲁没有人能比得上。尽管失误多多，人们在评说她的种种不足时，对她的业绩和贡献是不会忘记的。

英·甘地执政最大的失误，是在恪守尼赫鲁制定的目标、道路时掺杂了现实政治考虑，并利用它来为国大党和自己服务，结果就表现为对尼赫鲁道路的解释和践行绝对化、刻板化，拖延了该进行的经济战略和政策调整，造成了难以挽回的损失。英·甘地执政时印度发展处在这样一个时期，即尼赫鲁确定的经济发展模式已实现了预定目标的大部分，基本上完成了历史使命；在新的国内和国际形势下，需要对原来的发展模式和政策进行必要的调整、充实、完善，去除已过时的内容，修正实践证明有缺陷的内容，制定出适应新形势需要的新的模式和政策。坚持印度的道路是必需的，不断调整以保持与时俱进，也是必需的，两者不但不相互排斥，反而是相辅相成、缺一不可的。只有坚持前者，才能保持既定的方向不至于偏离；只有后者也同时坚持，才能保证在不断变化的形势下既定方向的恰当落实。这样，很明显，当英·甘地接班时，摆在她面前的任务有三：第一，坚持尼赫鲁规划的印度发展方向和基本道路；第二，去除他的发展战略和政策中那些不切实际的成分，也就是说要纠正战略和政策上的偏差和错误；第三，有的战略和政策已达到预期目的，完成了历史阶段性任务，必须随着客观形势的改变制定新的战略和政策。英·甘地在较长一段时期对此是认识不清的。她只想到第一点，只去忙于应对各种反对派的挑战，对第二、第三点却没有充分重视，也即没有从调整的必要性的角度考虑这一战略和政策本身有哪些缺陷需要改变。她更缺乏前瞻的眼光，没有放眼看世界，了解时代潮流，找到差距，制定与时俱进的新政策。结果需要改变的她坚决维护，而需要认真考虑的合理主张她却简单地统统拒绝。不仅如此，出于政党利己主义和巩固自己统治地位的考虑，她甚至南辕北辙，与历史发展方向背道而行，而且走得很远。结果，经济发展中出现的问题不但得不到及时解决，反而加重。需要对战略和政策进行调整的这段关键时期，被她白白错过。印度的发展规模和速度在亚洲发展中国家中本来是首屈一指的，七八十年代东亚一些国家和地区利用有利的国际经济形势，调整政策，使经济扶摇直上，而印度却不能利用，原地徘徊，失去了宝贵的十多年时光。可见，虽然在维护尼赫鲁的目标和道路方面，她起了积极作用，但就拖延了对战略和政策的调整而言，她的失误给印度经济发展造成的损失是无法估量的。

英·甘地的失误有政党利己主义和个人考虑的因素，有认识局限性的因素，也与她越来越形成的喜爱彰显自我和过分自信有密切关系。她听不进不同意见，只相信自己的判断和决策。如果她有更多一些民主作风，如果她能发挥党组织和政府同僚的作用，也不至于在经济政治决策失误道路上走得那么远。

一个领导者必须思想敏锐，善于审时度势，驾驭形势，走在时代前列。而英·甘地整个执政时期却是行动盲目，让主观愿望支配一切。她以短期性的应急策略来应对日新月异变化着的形势，她把经济决策变成了政治斗争的工具，也即巩固国大党和她本人统治地位的手段。英·甘地可以为她每个政治策略的成功而扬扬得意，然而这种短期行为给国家经济、政治带来的恶劣影响却是很多年都难以消除的。印度著名史学家比潘·钱德拉等认为，英·甘地在长达 15 年的执政中，处在风口浪尖，不知道该往哪里去。“作为一个政治领导人，她的根本缺陷是缺少一个决定其经济、政治和行政管理等各方面政策的全盘战略和远景设想。……在熟练运用政治策略方面，她是大师，同时代没有人能与她相比，但她运用得十分娴熟的策略并不是一个经过深思熟虑制定的战略的阶段性组成部分。”① 这个论断是非常精辟的。

八　外交政策

英·甘地重新执政后，在外交政策方面，依然以不结盟为主轴，和自己的第一个任期没有什么区别，不过，和人民党时期相比，在对美苏两个超级大国的关系上则略有区别。人民党执政时，认为英·甘地政府的不结

① 比潘·钱德拉等：《独立后的印度》，第 270 页。

盟政策有明显的亲苏倾向，声称要纠正这个“偏差”，故把工作重点放在改善印美关系上，两国关系也确实得到了某些改善。右翼政党希望顺水推舟，再前进一步，使印度的不结盟偏向美国。以印共、印共（马）为代表的左翼政党对此自然是竭力反对，要求继续与苏联等社会主义国家保持密切关系。英·甘地也认为，既奉行不结盟政策，就要在大国间保持平衡，她宣布在对美苏关系上将奉行不偏不倚的政策。虽然如此，但由于加深与美国的关系受一定因素制约，在实际执行上，仍是和苏联关系更为密切。在这点上，可以说是侧重点又回归到以前。

苏联由于出兵阿富汗在外交上陷于孤立，迫切希望拉拢印度以摆脱窘境，所以在加深对印关系上表现得特别积极主动。1980 年 2 月，苏联外长葛罗米柯访印。5 月，印苏签订协定，苏联同意提供给印度价值 130 亿卢比的各种军事装备，以提高印度军队的战斗力，所需资金由苏联贷款，偿还期为 17 年。6 月和 9～10 月，印度外长拉奥和总统雷迪先后访问莫斯科。12 月，苏共中央总书记勃列日涅夫访问新德里。频繁的高层互访进一步密切了两国关系。勃列日涅夫与英·甘地会谈后印苏签订了 6 个协定，其内容包括进一步扩大两国贸易额，苏联提供 5.22 亿卢布贷款帮助印度的经济发展等。苏联还大量供给印度原油，解决印度能源短缺的困难。对于苏联军队入侵阿富汗，英·甘地以往多次为之辩解，在联合国就谴责苏联侵略提案表决时投弃权票。后来，鉴于第三世界几乎没有哪个国家支持苏联，英·甘地也不得不改变态度，要求苏联从阿富汗撤军，不过并没有使用谴责语调。在与苏联领导人会谈中，英·甘地希望苏联撤军，以维护这一地区的和平，还对苏联把印度洋变成和平区的倡议表示支持。1982 年 9 月，英·甘地回访苏联。在继续要求苏联从阿富汗撤军的同时，她在记者招待会上要求其他外国干涉势力也一并撤出。还说，在其他外国干涉势力停止干涉活动之前，苏联军队不可能撤出；苏联军队是否撤出的问题要由阿富汗政府考虑。她还表示在苏联最困难的时刻，印度会站在苏联一边。这个态度自然受到苏联领导人的热烈欢迎。勃列日涅夫向英·甘地保证，在美国不断加强对巴基斯坦军援的情况下，如果印度需要帮助，苏联将向印度提供高精尖设备和军事技术，以加强印度的防御力量。会谈中两国首脑还着重讨论了扩大双边贸易和经济合作关系问题。苏联还同意向印度提供新型的配有导弹装置的驱逐舰，以提高印度的海军实力。这次访问进一步密切了两国关系。英·甘地把这次访问称作“扩大与苏联友谊和谅解领域的决定性步骤”。[①] 1983 年签订了一些新的协议，其中包括印度得到授权制造苏联的米格-27 型飞机。1984 年 4 月 3 日，苏联宇宙飞船 СОЮЗ-Т-11 号成功地把一名印度人拉克什·夏尔玛和两名苏联人一起送入了太空。印度还从苏联得到大量先进武器，包括米格-29 型飞机。

80 年代上半期，印苏贸易进一步扩大。1953 年印苏贸易额只有 1700 万卢比，到 80 年代中期，苏联在印度的外贸伙伴中已位居榜首。根据新达成的协议，苏联将在铝业和能源方面帮助印度建立新的工程项目。苏联还提议帮助印度建立一个 100 万千瓦的核动力站。

虽然以增进印苏关系为重点，英·甘地政府也主动与美国进一步发展关系。美国不希望英·甘地重新执政，但也无可奈何。美国领导人知道，不管英·甘地对美国抱什么样的看法，对印度的拉拢工作还是要继续下去。1980 年 5 月，印度从美国得到了 3.52 亿卢比的发展援助，6 月 30 日又得到了 2.8 亿卢比。在里根当选美国总统后，1980 年 12 月两国签订 4 个协定，其中包括美国给印度 1 亿美元贷款。但 4 月 18 日双方外交官在华盛顿的会晤暴露出两国在塔拉普尔核电站燃料供给和美国供给巴基斯坦武器两个问题上的尖锐分歧。美国坚持终止 1963 年关于美国向塔拉普尔核电站供应燃料的协定，坚持向巴基斯坦大量供应武器，引起印度的愤怒和抗议。印度拒绝接受美国新任命的驻印使馆政治参赞以表达不满，美国则以降低发展援助，允许在印度制造分裂的敌对分子在美国活动作为报复。为缓解这种紧张关系，1982 年 7 月英·甘地访问美国。在与里根的会谈中，双方都表示要互相谅解，加强友好，英·甘地对美国给予印度的帮助表示感谢。会谈多少取得一些实际成果。在塔拉普尔核电站燃料供应问题上，里根允诺请法国代替美国向印度提供浓缩铀。美国对印度的发展援助有所增加。双方也签署了一项科学研究合作协定。英·甘地广泛会见美国政要和其他各界人士，向他们解释印度的不结盟政策，特别强调与苏联的接近并不妨碍印度与其他国家包括美国发展友谊。并且，她大声疾呼，要美国停止对巴基斯坦日益增加的军事援助。英·甘地只是在有限程度上达到了目的，因为里根既没有接受她对印苏亲近的解释，也拒不接受她的停止援助巴基斯

① C. P. 巴布里：《独立以来的印度政治》，德里，1994，第 256 页。

坦的要求。在经济合作方面，英·甘地呼吁美国帮助印度的经济建设，得到的反应也很冷漠。尽管如此，这次访美得以利用多种场合解释印度的政策，使更多美国政界和商界人士了解印度的观点，有利于日后两国关系的进一步改善。1984 年美国副总统乔治·布什访问印度，双方没有取得什么成果。1984 年虽然两国在经济、贸易合作方面继续有所发展，在政治关系方面却陷于低谷。印度在处理旁遮普问题上遇到麻烦，而美国政界和舆论界的许多人却是狂热的锡克教分裂主义的支持者。

英·甘地政府也努力和法国、联邦德国、英国、日本发展关系。1980 年 1 月，法国总统爱斯坦访问印度。1981 年 3 月、4 月，联邦德国总统卡尔·克尔斯顿和英国首相撒切尔夫人先后访问印度。1981 年 11 月，英·甘地回访法国，1982 年 3 月回访英国。1982 年 8 月，她在访美归国途中访问了日本。1982 年 11 月，法国总统米特朗访问印度。1983 年 9 月，英·甘地访问法国。高层领导人的互访使印度与西欧、日本的经济和技术合作有所进展。1980 年 9 月，印度还主持了在新德里举行的英联邦亚洲太平洋地区国家首脑会议，会议结束时发表的联合公报呼吁政治解决阿富汗危机和从柬埔寨撤退外国军队。

英·甘地继续在世界不结盟舞台上扮演积极的角色。1983 年 3 月 7 日至 12 日，在新德里举行第七届不结盟运动首脑会议，英·甘地当选为新一届不结盟运动主席。此时，参加不结盟运动的国家已经由贝尔格莱德会议时的 25 国发展到 100 个国家。不结盟运动已成为世界上任何一个国家都不能小视的强大力量。英·甘地在开幕词中再次论述了印度参加不结盟运动的理由，她说："我的父亲贾瓦哈拉尔·尼赫鲁在 1946 年领导印度政府时，宣布印度决心'远离彼此对立而结盟的集团。此类集团过去已经导致了两次世界大战，今后可能会触发引起更大灾难的战争'。后来他又进一步阐明：'一旦失去对外关系的控制权由他人来支配，就会在相应的程度上和范围内丧失国家的独立性。……所以我们的政策不仅要继续远离各结盟集团，而且要尽量为友好合作开辟道路。我们在友好的基础上和全世界交往。'"她还就不结盟的含义解释说："不结盟就是国家独立和自由。它主张和平及避免对抗。它的目的是摆脱军事同盟。它的含义是国家之间的平等以及国际经济与政治关系的民主化。它要求在平等互利的基础上进行世界性合作以促进发展。"讲到对国家间出现冲突的态度时，她强调"互不干涉和不使用武力是国际关系中的基本准则”，同时批评一些大国粗暴地诉诸武力侵略亚非和拉美一些国家。她要求会议谴责任何这类侵略，“不能宽恕一起事例而谴责另一起事例”。[1] 后面一点显然既指美国的一系列侵略活动，也把苏联侵略阿富汗包括在内。这篇讲话是英·甘地对其政府奉行的不结盟政策的一次最完整的阐述。80 年代上半期，印度与第三世界国家的交往频繁。印度尼西亚、肯尼亚、赞比亚等许多国家的元首或政府首脑到印度访问，英·甘地也访问了印度尼西亚、菲律宾、罗马尼亚、保加利亚等国家。印度政府谴责以色列的侵略扩张政策，支持巴勒斯坦人民的正义斗争，对南非人民反对种族主义的斗争给以道义上的坚决支持。

在与中国改善关系方面，英·甘地政府表现出积极、现实的态度，多次在国际会议上会见中国领导人，并就改善两国关系问题进行商讨。在两国的共同努力下，中印关系比人民党政府时期又有所前进。1981 年 6 月，中国副总理兼外交部部长黄华访问印度，进一步疏通两国高层领导人对话的渠道。虽然在边界问题上双方继续坚持各自的立场，但这次会谈使两国领导人得出共同的结论：必须开始就边界问题举行谈判，以推进两国关系正常化的进程。双方还讨论了发展两国文化、贸易关系问题。黄华代表中国政府邀请英·甘地在适当的时候访华。为着手解决边界问题，两国同意于 1981 年 12 月起每年一次举行官员级会谈。双方都赞扬这是一个良好的、有希望的开端。在解决边界问题的途径上，中国主张互谅互让，采取一揽子解决办法；印度则主张分段讨论，目的是首先使东段的“麦克马洪线”合法化，再在西段索取更多中国领土。双方坚持各自主张，所以一时得不到进展。在恢复和扩大贸易、文化交往方面，相对来说小有进展。80 年代上半期，两国贸易额有所增加，文化交流和民间往来也有了初步发展。

和巴基斯坦的关系这段时期略有缓和。1981 年 6 月，印度外长 P. V. 纳拉辛哈·拉奥和巴基斯坦外长阿迦·沙希在伊斯兰堡会谈后发表声明，宣布在处理两国关系方面不使用武力和武力威胁。这个声明是美好的，不过，并没有规定任何实际可行的措施来保证这一宣言的实现，它仅仅停留在纸面上。克什米尔争端仍悬而未决，这意味着两国武装冲突的温床仍在，武装冲突随时都有可能爆发。

---

① 参见李连庆《英迪拉·甘地》，第 197~199 页。

在与孟加拉国的关系方面，英·甘地重新执政后在河水分配问题上波澜再起。英·甘地认为人民党政府与孟加拉国签订的河水分配协议对孟加拉国让步太多，于印度不公，提出要重签协议。在协议期满后印度应孟加拉国的要求把协议有效期延长了一段时间，然后拒绝再次延长。这样，河水纠纷重新掀起，给两国关系蒙上了阴影。

进入80年代后，印度和斯里兰卡（即锡兰，1972年通过的宪法决定改国名为斯里兰卡）的关系出现了新的不安宁因素。这是由斯里兰卡内部僧伽罗人和泰米尔人的种族矛盾加剧，印度泰米尔邦支持斯里兰卡泰米尔人引起的。僧伽罗人是斯里兰卡的主要民族，在国家政权机构和社会经济生活中占主导地位。他们视泰米尔人为外来人，在各方面歧视排斥。泰米尔人起来争取平等权利，遭到镇压，种族流血冲突不断发生。1972年泰米尔伊拉姆猛虎解放组织建立，开展游击战争，并提出分治要求。印度泰米尔邦两大政党德拉维达进步联盟、全印安纳德拉维达进步联盟和舆论界因为同是泰米尔人的关系，对斯里兰卡泰米尔人的命运表示关注，对发生在斯里兰卡的镇压事件反应强烈，并敦促印度中央政府出面向斯里兰卡政府表示不满。英·甘地政府不赞成斯里兰卡的镇压政策，主张政治解决，碍于外交准则不便公开干预斯里兰卡内部事务，但为了保住国大党（英）在泰米尔邦的政治影响，也不得不对斯里兰卡泰米尔人的斗争表示同情和关注。印度向斯里兰卡派出船只，把南部被逐出家园的泰米尔人运送到北部泰米尔人集中居住的贾夫纳。泰米尔武装分子在印度秘密设立训练营地，英·甘地也佯装不知。斯里兰卡政府认为印度蓄意干涉它的内政，1983年8月7日贾雅瓦德纳总统公开谴责印度支持泰米尔恐怖主义分子，并称要准备迎击印度可能的武装干涉。80年代中期两国的互不信任和指责有愈演愈烈之势。

第五章

拉吉夫·甘地执政时期

一　拉·甘地继任总理与1984年人民院选举

英·甘地遇害后必须由执政的国大党（英）立即产生新的候任总理人选，由总统任命。当时，总统 G. Z. 辛格正在国外访问，在得到消息后立即启程回国。国大党（英）几位重要领导人如内务部部长普拉纳布·穆克吉、财政部部长 P. V. 纳拉辛哈·拉奥和国防部部长 S. B. 恰范都不在首都。拉奥和穆克吉立即赶回新德里。党的中央议会局部分成员经过讨论，决定推选英·甘地的长子、时为国大党秘书长之一的拉吉夫·甘地为党的议会党团新领袖，由他继任总理。这是因为国大党（英）领导层都知道英·甘地早就在培植拉吉夫，了解她的用意，此时提名他为总理，容易为全党接受；如果提别人，或允许竞争，都会导致总理一职的争夺战，破坏党的团结。在党突然失去领袖而受到严重震撼的情况下，在即将进行新一届大选之际，维护党的团结和稳定是压倒一切的重要任务。拉吉夫·甘地此时正在加尔各答视察，得知噩耗后匆忙赶回。

总统返回新德里后，国大党（英）全国委员会秘书长 G. K. 穆帕拉尔向他报告国大党（英）中央的决定，提请任命拉吉夫·甘地为总理。鉴于形势紧急，总统立即任命拉吉夫·甘地为总理。拉·甘地起初不肯接受提名，但在党内领导人劝说下从大局考虑只好接受。

10月31日下午6时55分，也即政府宣布英·甘地逝世4个半小时后，拉吉夫·甘地率新内阁主要成员在总统主持下宣誓就职，他成了印度独立后第六位总理。拉吉夫刚刚40岁，是印度独立以来最年轻的总理。11月2

日国大党（英）全印委员会一致通过决议，批准他为国大党（英）议会党团的新领袖。在这一举国悲痛的时刻，新的国家领导人能如此顺利产生和接班实为国家和人民之幸事。《拉吉夫·甘地——一个英勇的形象》一书作者比·克·阿卢瓦里亚和夏希·阿卢瓦里亚就此写道："拉·甘地和平顺利地接任总理一事，说明了印度民主植根之深及其恢复活力以应付挑战之快。那些参加这一接任过程的人也均能以国家的最高利益为重。"[①] 除了少数反对党外，全国各界都为迅速有了新总理而感到高兴，都给予总统的决断充分肯定。

拉·甘地是临危受命担负起领导国家的重任的。他缺乏政治经验，缺乏对国家状况的实际了解，这是他的弱点。然而他具有年轻人的朝气，对世界科技和经济发展的潮流较为熟习，勇于接受新事物，这是国大党（英）内别的领导人比不上的。他的执政为印度政坛带来了一股清风和强劲的活力，他的经济政治改革初步稳定了国内形势并使印度与外部世界的距离开始缩小。

拉·甘地就任后遇到的第一个考验，是在首都和附近地区当夜爆发的"向锡克教徒复仇"的骚乱。当英·甘地遇刺的消息公布后，对领袖殉难的悲痛和对凶手的仇恨，在一部分丧失了理智的人那里迅速转化为一种盲目的报复欲。在一些印度教狂热分子的煽动下，他们不分青红皂白，把满腔愤怒倾泻到无辜的锡克教群众身上。事态迅速扩大，成为一股汹涌的恶浪。在新德里及附近地区和康浦尔等城市，都出现了印度教徒成群结队袭击当地锡克教居民的暴行。狂热的报复者（其中混有不少歹徒）手持棍棒殴打甚至残杀普通的锡克教居民，焚毁他们的房屋，抢劫他们的住宅和商店，掠取钱财和贵重商品，一时间形成了无法无天的混乱局面。虽然参与暴行的只是少数人，多数群众对他们的行为不赞成，有不少人还冒着危险保护自己的锡克教徒邻居和朋友，但由于骚乱发生初期，所在地有关当局没有立即采取有力的措施加以制止，这股凶猛的浪潮得以蔓延。三天内，总共约有 2800 人被杀，有 50000 多人无家可归，财产损失约达 2000 万美元。这是印巴分治以来出现的最严重的教派屠杀。形势万分危急，迫切要求中央

① 比·克·阿卢瓦里亚、夏希·阿卢瓦里亚：《拉吉夫·甘地——一个英勇的形象》，肖耀先译，上海人民出版社，1986，第 9 页。

采取紧急措施控制局势、镇压骚乱。

拉·甘地就职后，立即召开内阁会议，研究维持局势安定的紧急措施。他命令军队参谋长瓦底亚将军必要时动用军队制止骚乱，又令因英·甘地遇刺而赶来新德里的各邦首席部长立即返回，保证社会的安定。11月1日，他发表讲话，呼吁人民保持冷静，反对任何人的恶意挑动。他说："我们不能任我们的感情冲动，因为愤怒只会导致错误。在任何地方发生骚动都将是对我们敬爱的英迪拉·甘地英灵的极大的伤害。当前最重要的是，我们行动的每一步骤都必须遵循正确的方向。"他说："全国人民都知道，英迪拉·甘地终生不倦地致力于印度的发展事业。""一个统一的、和平繁荣的印度是她心中最崇高的理想。……她的工作没有完成，需要我们继续努力。"① 各反对党对仇杀和骚乱也是普遍反对的，对政府的立场都持赞同态度。当天，拉·甘地和15位反对党领导人发表联合声明说："在国家遭受英迪拉·甘地悲惨去世所带来的严重损失的时刻，我们各主要政党的代表和政府，对在我国某些地区发生的毫无意义的暴乱深表痛心。锡克人从来就是印度人民不可分割的一部分，在争取自由和建立独立的印度的斗争中，锡克人都担负了光荣的责任。……把一小撮误入歧途的人犯下的罪行——不管是如何凶残——归咎于锡克整体而施加暴力和侮辱，那是毫无道理的。这种疯狂行为必须立即停止。""全世界都在关注印度，印度必须珍惜自己的荣誉，从这场灾难中解脱出来。"② 拉·甘地严厉谴责宗教狂热和暴行，在他的指示下，出动军队在许多城市实行戒严，控制局势。然而，有些地方政府，包括新德里在内，在危急的形势面前行动迟缓，应对不力，致使这些地区到11月3日骚乱仍在继续。拉·甘地撤换了德里副行政长官和警察总监，指示军警切实加强对局势的控制。他还到骚乱地区巡视，要求做好受难群众的救助和抚恤工作。正是采取了这种坚定的态度和各政党的合作，才把骚乱平息下去，使局势很快恢复正常。

1984年11月12日，拉·甘地被国大党（英）工作委员会选为党的主席。兼任党主席在这个特殊时期对协调党和政府行动共同渡过难关是有利的。

---

① 比·克·阿卢瓦里亚、夏希·阿卢瓦里亚：《拉吉夫·甘地——一个英勇的形象》，第43~44页。

② 比·克·阿卢瓦里亚、夏希·阿卢瓦里亚：《拉吉夫·甘地——一个英勇的形象》，第44~45页。

当局势稳定后，拉·甘地报请总统批准，将第八届人民院选举提前一个月，即于 1984 年 12 月举行。

1984 年 12 月 24~27 日，在全国仍沉浸在悲痛、愤怒和不安的气氛中之时，举行了第八届人民院选举。参加竞选的有国大党（英）、国大党（社会主义者）、印度共产党、印共（马）、人民党、民众党和印度人民党等 7 个全国性政党[①]、17 个邦级政党以及一批地方小党和无党派人士。参加投票的选民有 2.4124 亿人，占选民总数 3.7954 亿人[②]的 63.56%。在英·甘地遇刺一个多月后就有秩序地举行大选，再次表明了印度议会民主制的运行日益走向成熟。

由于英·甘地第二次执政时期经济开始呈发展趋势，下层人民生活多少有了些改善，对国大党（英）执政没有大的不满；由于英·甘地为维护国家的安定而殉职，广大群众包括相当部分各种社会背景的中间阶层都是带着很大的同情心投票；由于拉·甘地就任总理后在平息骚乱中表现坚定果断和大公无私；由于国大党（英）把维护国家安定和团结作为主要竞选口号深得民心，加之人民欢迎年轻有为的新领导人登上政坛，这些因素综合在一起导致“拉吉夫热”的出现。选民们纷纷把票投给国大党（英），把国大党（英）和拉·甘地推向了胜利的顶峰。选举结果，国大党（英）获得总选票的 49.1%，得到人民院席位 404 个，占总席位数的 78.59%。这是独立后国大党历届大选取得的最好成绩，只有尼赫鲁执政时期三次大选（1952、1957、1962）的成绩接近这个纪录。那三次大选国大党获得席位的比例分别为 74.1%、75.1% 和 73.1%。国大党（英）此次获得这样多的席位表明人民希望这位充满活力的年轻的新领导人能够做一番事业，保持国家的统一安定，使经济发展更有活力，社会更加稳定，并使下层人民生活得到更大改善。有的媒体大选前对选民最关心的问题做了抽样调查，结果是对国家统一安定的关心占第一位（42%），对制止通货膨胀的关心占第二

① 这里所说的“全国性政党”是指符合选举委员会规定的得票标准（即在上届人民院选举中至少在 4 个邦获得 4%选票或 4%席位），被选举委员会承认为“全国性政党”的党，和通常意义上所说的具有全国政治影响的全国性政党不尽相同。一个“全国性政党”分裂后，通常分裂的两部分在下一届大选时都被承认为“全国性政党”。每次大选，“全国性政党”的名单都会有变化。

② 阿萨姆和旁遮普两邦的人民院议员选举 1984 年未能进行，是 1985 年进行的。这里的各项选举数据都不包括该两邦。

位（27%），对革除腐败的关心占第三位（17%）。在这些方面做出成绩正是多数选民对拉·甘地的期望。

这次选举出人意料的是安得拉邦泰卢固之乡党获得总选票的4.17%，得到人民院席位30个，占总席位数的5.5%，成了人民院最大的反对党。一个地方性政党成为人民院最大的反对党，这在独立后历届选举中还是第一次。这不是因为这个党有什么特别受欢迎之处，而是因为别的全国性政党得票都太少，此时没有一个党能特别吸引选民。

图5-1 拉吉夫·甘地

印共（马）获得总选票的5.87%，得到人民院席位22个，占总席位数的4.2%，是人民院第二大反对党。人民党获得总选票的6.89%，得到10个席位，占总席位数的1.94%，是第三大反对党。其余是：印度共产党获得总选票的2.71%，席位6个，占总席位数的1.1%；印度人民党得到总选票数的7.74%，2个席位；民众党获得总选票的5.97%，3个席位；国大党（社会主义者）获得总选票的1.52%，4个席位。

国大党（英）组织了新一届政府，拉吉夫·甘地继续担任总理。和此前接班不同，现在他得到了人民的直接授权，这使他执政信心倍增。

在新一届政府中，拉·甘地还兼任外交、科学技术、原子能等部部长。S.B.恰范任内务部部长，维·普·辛格任财政部部长，P.V.纳拉辛哈·拉奥任国防部部长。

二 缓解中央—地方紧张关系

（一）旁遮普

拉吉夫·甘地虽然以坚决的态度平息了矛头针对普通锡克教徒的骚乱，这场骚乱还是被锡克教极端主义分子和阿卡利党内强硬派利用来进一步煽动锡克教徒与中央政府的对立。尽管政府军队对旁遮普实行控制使此后几个月在紧张中保持了相对平静，极端主义分子和阿卡利党内的强硬派还是采取了一切可能的办法制造紧张气氛。阿卡利党通过一系列决议，要求立刻全部释放其在押领导人，严惩反锡克骚乱的肇事者，并威胁说，如果中央不答应这些要求，将重新开展大规模的政治鼓动。

拉·甘地知道，旁遮普问题已到了非解决不可的地步，而要解决这个问题单靠武力是不行的。在赢得人民院选举后，他就在对全国人民的广播讲话中说："我的政府将把解决旁遮普问题摆在优先地位。"并强调说："锡克人是印度人的一部分，和任何其他群体没有两样。"[①] 拉·甘地认为，要解决旁遮普问题就必须尽力争取阿卡利党的合作，把温和派与极端主义分子区别对待；在方式上最好是通过谈判途径解决，尽可能避免使用武力。拉·甘地宣布："政府只能与那些同意在宪法框架内提出要求的人谈判，对分裂主义者的主张和暴力崇拜决不会有任何让步。"[②] 新一届政府组成后，他建立了一个内阁委员会专门处理旁遮普问题。他主动采取措施缓和锡克人的不满，特别是争取与阿卡利党对话，以打开僵局。1985 年 3 月，政府无条件释放了阿卡利党领导人，撤销了宣布全印锡克学生联盟为非法组织的命令，允诺给旁遮普更多经济优惠与让步。对阿兰德普尔·萨希布决议也停止抨击。处理旁遮普问题的内阁委员会成员去旁遮普各地视察，征询意见。他还任命阿尔琼·辛格为旁遮普邦长，授予他特别权力，为谈判做准备工作。随后，政府宣布对德里的反锡克骚乱进行司法调查，以缓解锡克教徒对政府制止骚乱不力的怨恨情绪。

阿卡利党领导人并没有立即响应拉·甘地的主动措施，相反，连党内的温和派在被释放后也高唱不妥协的调子，这是为了在锡克内部斗争中争取更多人拥护自己。阿卡利党主席、温和派领袖隆格瓦尔去旁遮普各地演讲，指责中央政府一直奉行反锡克政策，并说正是这种政策要对旁遮普的动乱负责。他还拒绝对刺杀英·甘地的行为提出任何谴责，却要中央政府对进攻金庙的行动道歉，并给"蓝星行动"中被打死的锡克极端分子的家属以慰问和抚恤。隆格瓦尔还提出，如果政府要和阿卡利党领导人谈判，

---

① N. 努简特：《拉吉夫·甘地——一个王朝的儿子》，伦敦，1990，第 91 页。

② N. 努简特：《拉吉夫·甘地——一个王朝的儿子》，第 91 页。

必须首先取消对锡克极端分子案审理的特别司法程序，撤销反恐怖法令，释放所有被关押的锡克教徒，妥善安置前一段因不满而离开军队的锡克士兵。还威胁说："我们不是要建立一个单独的国家。我们不是要使我们自己脱离这个国家……但如果政府使我们别无选择，我们只好考虑，并且会说：'就这样办吧！'"[①] 隆格瓦尔其实不赞成分裂主义，他这样说不过是为了和党内极端派争夺锡克群众的支持而故作姿态。至于党内的极端派，则更是继续保持强硬态度。极端派领袖塔尔旺迪要求中央政府必须接受阿兰德普尔·萨希布决议，给旁遮普高度自治。他还攻击阿卡利党温和派领导人在金庙被围时按政府军的要求从建筑物内走出来是"怯懦行为"，并说只有极端派才是锡克教利益最坚定的维护者，才能继承宾德兰瓦拉的未竟事业。

其他领导人也大致如此，如锡克寺庙管理委员会秘书长把宾德兰瓦拉作为殉教者歌颂，诬蔑中央政府对锡克教徒实行"种族灭绝"政策。该委员会主席古·辛格·托拉甚至鼓吹把政府对金庙损毁部分的修复拆除，由锡克教徒自己重新修复。

阿卡利党领导人争先恐后表现一种"战斗"姿态，对党内外的极端主义分裂势力确实是个鼓舞。在宾德兰瓦拉死后，他的父亲佐金达尔·辛格1985年5月宣布，为解决隆格瓦尔和塔尔旺迪两派的矛盾，他要建立一个统一阿卡利党，由一个九人组成的委员会领导，隆格瓦尔、塔尔旺迪、古·托拉、普·辛格·巴达尔（前旁遮普邦首席部长）都被要求参加这个委员会。他要这个组织成为继承宾德兰瓦拉事业的组织。塔尔旺迪欢迎建立这个组织，隆格瓦尔等其他领导人都表示拒绝。佐·辛格的统一阿卡利党还是建立起来了，参加者主要是阿卡利党内的强硬派。这样，阿卡利党就一分为二。温和派保持的阿卡利党继续保持较温和的立场，统一阿卡利党立场与极端主义分子接近。两个阿卡利党都竭力在锡克教徒中争取更多支持者。1985年极端主义分子继续进行恐怖活动，甚至把恐怖活动扩展到旁遮普境外。德里一次炸弹爆炸，死80余人。旁遮普豪西阿尔普尔一位印度教领导人被杀，激起印度教狂热分子报复，袭击锡克人的商店，甚至滥杀过路的锡克教徒。这年7月，一架由多伦多经伦敦飞往德里的印度航空公

① 《星期日》（加尔各答）第12卷第21期，1985年。

司波音 747 飞机在离爱尔兰不远的大西洋坠毁，死 329 人，据专家认定是炸弹爆炸所致，有两个锡克教组织（全印锡克学生联盟和一个克什米尔组织）宣布是自己策划的。拉·甘地本人的生命也受到过威胁，在印度国内外都发生了企图暗杀他的行动。

事态的这种发展是头脑清醒的锡克领导人也不愿看到的。隆格瓦尔就此止步，转而呼吁锡克教徒不要把矛头指向印度教徒，即便反对中央的政策，也无须采取暴力行动。他一再宣布，阿卡利党的目标不是要建立一个单独的锡克人的所谓卡利斯坦国家，而是反对对锡克人的不公正待遇。

拉·甘地立即对隆格瓦尔的新态度做出积极回应。旁遮普邦长阿尔琼·辛格开始秘密地与他接触。7 月，拉·甘地给隆格瓦尔写信，建议与他会谈。为了表示政府的诚意，被关押的锡克人除被指控有谋杀罪和反政府战争罪者外，都被释放。政府还表示准备对特别司法程序的应用范围予以限制。在双方谈判取得突破后，1985 年 7 月 24 日，拉·甘地与隆格瓦尔签订了安定旁遮普局势的 11 点协议。其中最重要的内容有：（1）把昌迪加尔市划归旁遮普邦，哈里亚纳邦将从旁遮普邦得到一块居民说印地语的地区作为补偿，具体是哪片地区，由一个专门成立的委员会去划定。双方土地移交应于 1986 年 1 月 26 日进行。（2）决定建立一个专门的委员会，解决拉维-比阿斯水系河水使用的分配问题。（3）同意制定一个阿卡利党一直要求制定的全印锡克寺庙管理法。（4）关于给旁遮普邦更大的自治权问题，双方同意成立一个单独的委员会考虑，由该委员会向中央政府提出具体建议。

协议的达成表明，拉·甘地和隆格瓦尔都希望以妥协的态度和平地解决旁遮普问题。这是旁遮普事态向好的方向演变的重大转折点。在签订协定的仪式上，拉吉夫和隆格瓦尔都乐观地说，协定的签订标志着冲突时期的结束，和睦、友善、合作时期的开始。协议的签订得到旁遮普邦和全国人民的热烈欢迎。然而，不久就发现，签订协定容易，要落实却难上加难。首先，拉·甘地争取阿卡利党、孤立极端主义分裂势力的方针虽然原则上是正确的，但在阿卡利党人已分裂为两个阿卡利党的情况下，他不是把原阿卡利党内持温和派观点和强硬派观点的人都争取到谈判桌上来，寻求两派都能接受的解决方案，孤立极端主义势力，而是撇开参加统一阿卡利党的原阿卡利党内的强硬派，只和温和派谈判。温和派没有充分的代表性，这样达成的协议强硬派是不会接受的，而强硬派不接受，也就无法削弱极端主义分裂势力，无法制止猖獗的恐怖活动。其次，旁遮普协议在内容上（如昌迪加尔归属问题、边界调整问题、河水分配问题等）与哈里亚纳邦、拉贾斯坦邦都有直接利害关系，谈判却没有邀请这两个邦参加，也没有征求它们的意见。这样达成的协议，要让哈里亚纳和拉贾斯坦两个邦心甘情愿地接受也是困难的，何况这两个邦都是印度教徒占人口多数的邦，两个邦的印度教徒都认为拉·甘地是为了安抚锡克教徒而牺牲印度教徒的利益。以上两点注定了这个协议是极其脆弱、很难落实的。拉·甘地态度非常积极，但求胜心切，过于草率，表明他刚步入政坛，还不够成熟，在处理问题上想得过于简单。

协议宣布后，不仅主张分裂的极端主义势力立即谴责隆格瓦尔，骂他“出卖锡克教利益”，对协议表示坚决反对，而且加入了统一阿卡利党的原阿卡利党内的强硬派也大兴挞伐，指责他是“叛逆”。阿卡利党虽然批准了协议，但党内重要人物旁遮普邦前首席部长普·辛格·巴达尔指责隆格瓦尔是“不坚定分子”，表示不接受协议。另一党内重要人物全印锡克寺庙管理委员会主席古·托拉也对他单独采取和谈行动表示愤怒和反对。统一阿卡利党的强硬态度和阿卡利党自身的分歧影响到两党基层党员和广大群众，很快就使拥护强硬派的群众和拥护温和派的群众尖锐对立起来，有的地方甚至发生了流血冲突。极端主义分子则以加紧恐怖行动来破坏协议的影响，阻挠协议的实施。

为了巩固和平进程，支持隆格瓦尔稳定旁遮普局势的努力，抑制极端主义分裂势力，拉·甘地政府决定这年 9 月结束对旁遮普邦的总统治理，举行邦立法院选举和人民院旁遮普邦应选席位的选举。统一阿卡利党立即宣布抵制选举。隆格瓦尔率阿卡利党积极投入竞选，并说服了锡克寺庙管理委员会主席托拉支持竞选。其他政党也都参加。竞选主要在阿卡利党和国大党（英）间展开。极端主义分子见选举进程已无法阻挠，便于 8 月 20 日暗杀了隆格瓦尔。但此举反而使多数锡克教徒对阿卡利党产生同情。阿卡利党选举隆格瓦尔的主要助手苏尔吉特·辛格·巴尔纳拉为代理主席，竞选活动照常进行。阿卡利党为争取印度教徒和穆斯林的支持，强调锡克教徒与印度教徒、穆斯林和睦相处的重要性，该党所提的候选人中包括少量印度教徒、一位穆斯林和一位基督徒。选举于 9 月底举行。66%的选民参加投票，比参选率较高的 1977 年、1980 年两次选举（均为 64%）还要高。结果阿卡利党获得绝大多数选票（其中包括部分印度教徒的选票），在它的邦议会选举史上第一次取得绝对多数地位。在人民院旁遮普邦应选出的 13 个席位中，阿卡利党也取得 7 席。这表明阿卡利党在旁遮普问题上的立场得到旁遮普多数锡克教徒和很多印度教徒的信任。统一阿卡利党的抵制活动遭到彻底失败。选举也表明，锡克教徒对在旁遮普恢复民主进程是肯定和支持的，那么多人参加选举也是对中央的政策投信任票。这样，锡克教极端分子煽动反中央的鼓动便在相当多锡克教徒中失去了市场。

国大党（英）旁遮普邦组织选举失利后，党内有人抱怨拉·甘地没有着力为国大党（英）保住邦政权。拉·甘地则对国大党（英）的胜败并不介意，相反还赞扬说阿卡利党的胜利是民主对恐怖主义的胜利，并说对这个邦来说，恢复民主政府比哪个党取胜更为重要。①

阿卡利党于 1985 年 9 月 29 日建立了邦政府，党的代理主席（后被选为主席）苏·辛格·巴尔纳拉担任首席部长。参加新政府的还有锡克寺庙管理委员会主席托拉的支持者。新政权实现竞选诺言，立即释放了与安全有关被前邦政府关押的大多数人，并宣布对这些人进行妥善的安置和必要的赔偿。

极端主义分子和统一阿卡利党领导人恼羞成怒，很快就把反对的矛头转向巴尔纳拉政权。金庙再一次被利用作为活动基地，政府不得不授权警察进入金庙搜查。这为极端主义分子和统一阿卡利党提供了煽动锡克教徒仇视新政权的口实。然而，新政权是锡克教徒执政，其人员进入金庙执行公务掀不起英·甘地的军队进攻金庙那样的轩然大波。更重要的是，多数锡克教徒对极端主义主张和暴力活动不感兴趣，他们需要安居乐业，需要和平环境。1985 年 11 月举行锡克教寺庙管理委员会主席选举，统一阿卡利党提出自己的候选人，竭力要夺取这个锡克教最高宗教权力机构的领导权。阿卡利党支持原主席托拉连任。结果托拉获胜。这一选举结果表明统一阿卡利党在锡克教徒中的号召力大大削弱，巴尔纳拉政府的地位则因这次选举而得到加强。旁遮普问题朝着实现解决的方向前进了一大步，这是拉·甘地执政后的一项重要成果。

当然，问题还远没有得到解决。一方面，极端主义分子坚持分裂主义

---

① N. 努简特：《拉吉夫·甘地——一个王朝的儿子》，第 99 页。

和宗教激进主义，对中央政府继续抱敌对立场，而且把这种仇恨发泄到阿卡利党政府和温和派身上，把他们也列为恐怖主义活动攻击的目标；而统一阿卡利党内的原阿卡利党强硬派因恼恨被中央政府撇在一边，对中央政府和邦政府继续抱不合作态度。另一方面，拉·甘地与隆格瓦尔达成的协议因利害相关的邦对协议有不同意见，大部分不能落实。如昌迪加尔的移交，按协议规定应于1986年1月实现，但旁遮普邦用哪些地区补偿长期不能确定，哈里亚纳邦也就不同意按时移交昌迪加尔。中央政府先后任命了3个委员会解决双方土地移交问题，只是达成两点协议：（1）哈里亚纳邦继续使用昌迪加尔作为首府5年，旁遮普邦划出7万英亩土地给哈里亚纳邦；（2）中央政府拨款为哈里亚纳邦建立一座新城作为首府。但是，首府建于何处，以哪里的土地作为补偿仍不能取得一致意见。至于11点协议的其他各条，有的同样是落实不了，如水资源的分配涉及几个邦，意见不一；有的根本没有去落实。协议成了兑现不了的空文，这不但使阿卡利党温和派不满，也使他们在极端分子和统一阿卡利党的攻击面前无言以对。拉·甘地必须继续做出努力，使纸面的成果落到实处。

（二）阿萨姆

签订解决阿萨姆问题的协议是拉·甘地执政头几个月取得的另一个成果。阿萨姆反对外来人的动乱于1983年达到顶峰。由于英·甘地政府和阿萨姆人民联盟在如何处理外来人问题上的谈判未能达成协议，英·甘地政府强行举行阿萨姆邦立法院的选举，在只有20%的选民投票的情况下建立一个没有群众基础的国大党（英）邦政府，并对动乱一味地实行镇压，致使动乱愈演愈烈，1983年有近3000人死于非命。阿萨姆问题和旁遮普问题成了影响全国安定的根源。

拉·甘地执政后，在把解决旁遮普问题摆在首位的同时，派人与阿萨姆人民联盟就解决外来人问题重开谈判。由于政府对阿萨姆人民联盟的要求做了充分考虑，采取了较现实的态度，谈判终于达成共识。1985年8月15日，政府与阿萨姆人民联盟领导人签订了协议。其内容为，1961年1月1日前进入阿萨姆的外来人可享有充分的公民权，包括选举权；1971年3月25日后入境者应予遣返；1961年1月1日至1971年3月25日入境者，10年内没有选举权，但可享有公民的其他权利。还规定在两国边界设立防线，阻止孟加拉国人继续渗入。中央政府还允诺在发展经济方面给阿萨姆以更多帮助，包括建立第二个炼油厂、一个造纸厂和一个技术研究所。联邦政府还允诺提供立法和行政保障，以保护阿萨姆人的文化、社会和语言个性。协议获得阿萨姆各界群众的普遍欢迎。

在根据协议重新进行选民登记后，1985 年 12 月现有的邦立法院被解散，重新进行选举。反对外来人运动领导者们把原来的组织合并，建立了一个新党叫阿萨姆人民协会，参加选举，结果赢得立法院 126 个席位中的 64 个，获得了执政的资格。阿萨姆人民协会组成了新一届邦政府，该党领袖、原全阿萨姆学生联盟领导人普·马汗塔担任首席部长。拉·甘地对这样的选举结果是有准备的，他又一次不介意国大党的胜败，并对此表示满意。阿萨姆人民协会的掌权缓解了该邦群众对中央政府的不满。这样，持续了 5 年的阿萨姆动乱终于结束。

尽管在阿萨姆仍有少数极端分子不满足于协议的内容，继续进行鼓动和暴力活动，尽管遣返的规定事实上难以实行（涉及与孟加拉国的关系），但总的来说，这个协议受到多数人欢迎，没有旁遮普那样强的反对力量。外来人中绝大部分是穆斯林，在阿萨姆活动的有些印度教教派组织企图把外来人问题变成印度教与伊斯兰教教派间的斗争，但在中央政府和阿萨姆人民协会的共同努力下，没有让他们的图谋得逞。

拉·甘地因在执政不到一年的时间里就达成解决旁遮普问题和阿萨姆问题两个协议，声望大为提高，被媒体赞誉为“创造和平的总理”。

（三）纠正被扭曲的中央—地方关系

旁遮普动乱和阿萨姆动乱并非孤立事件，而是显露出水面的日益紧张的中央—地方关系的冰山一角。在英·甘地第二次执政时期，由于她的独裁作风和不尊重联邦原则而使中央—地方关系的扭曲达到极点。不断发生的动乱严重破坏了国家的安定，阻碍了经济的正常发展。拉·甘地执政后，表示要下决心解决这个问题。他重视解决中央—地方矛盾，除了国家安全本身的考虑外，还与他要实现印度经济现代化的目标联系在一起。要快速发展经济，就必须有一个安定的国内环境。中央—地方关系的扭曲是由多种因素造成的，有体制因素、领导人作风因素，也有更深刻的经济因素。拉·甘地并不是对问题的全貌都完全清楚明了，但对由于领导人处理问题破坏民主原则而带来的恶劣影响则有深刻了解。他的改变决心也主要是在这个方面。

以往人民党和国大党（英）在人民院选举中获胜后，都把反对党执政的一大批邦的立法院解散，重新进行选举，以争取建立更多由本党执政的邦政权。解散的理由是它们的执政党在人民院选举中失败，失去了人民的信任。这样做是不符合宪法的，宪法明确地把人民院选举和邦立法院选举区别开来，并没有说人民院选举的结果决定邦政权的合法性。这种公然践踏宪法的行为遭到人们的普遍谴责，也是加剧中央—地方紧张关系的重要因素之一。拉·甘地 1984 年大选在议会中获得的优势地位是空前的，此时有一批邦的政权不在国大党手里，但他没有利用大选的胜利解散反对党执政的邦政权，而是把人民党和英·甘地开的这个恶劣先例扔到一边。

在人民党和英·甘地执政时，滥用宪法中规定的总统治理条款成了中央执政党颠覆反对党执掌的邦政权的惯用手段。拉·甘地由于施政理念与英·甘地不同，他在运用总统治理条款时持非常谨慎的态度。执政 5 年，他只实行过两次总统治理。

人民党和英·甘地执政时期，政坛盛行倒戈之风，特别是在邦一级。策划倒戈成了在中央执政的党颠覆反对党掌握的邦政权的惯用手段。在一个邦，一个重要的政府成员被唆使带领一批同僚倒戈，投到在中央执政的党一方，就可能把一个合法选出的邦政府搞垮。而倒戈的首领照例会得到在中央执政的党的犒赏，常常是让他组成新政府，把他捧上首席部长的位置。更多的情况是，一批执政党的议员倒戈使执政党由议会多数变成少数，使某一在野党由少数变成多数，从而导致政权更迭。这样的事例俯拾皆是。这种对异党政权必欲颠覆而后快的做法是政党追求一党私利的最典型的表现，而一大批政府要员、议员丧失廉耻，唯权是求，唯利是图，为这一恶劣风气的兴盛提供了肥沃的土壤。国大党因为执政时期最长，策划这类倒戈的事件最多，是最大受益者。1967 年以来全印发生倒戈事件共 2700 起，其中 1900 起是国大党受益。从反面说，这也表明国大党对中央—地方关系造成的损害最大。拉·甘地从恢复民主原则，使中央—地方关系正常化的愿望出发，也为了廉政和铲除腐败，决定从法制方面杜绝这一现象。1985 年 1 月，拉·甘地政府使议会通过了反倒戈法（具体内容见本章第五节）。从此，政坛上倒戈现象大大减少，破坏中央—地方正常关系的一条重要渠道被封堵。

英·甘地执政时期，她对国大党（英）以外的党在邦级执政不放心，认为它们与国大党（英）政纲不同，不会认真执行联邦政府的政策；还担心它们执政若成绩突出会缩小国大党（英）的群众影响。拉·甘地的眼光要开阔得多，正像上面提到的对旁遮普邦和阿萨姆邦选举结果的态度所显示的，他能超越党派利益的束缚，从印度民主发展的全局看问题。国大党（英）这两个邦的政权虽然丧失，但民主进程得以恢复，这对全国政治经济的正常发展有利，因而他认为是值得高兴的。英·甘地执政时，当中央—地方矛盾尖锐时，她常常是不加区别地把地方提出要求都说成是“危害国家利益”“搞分裂主义”，诉诸镇压手段。警察被赋予过分的权利，滥捕滥罚、处置过火的情况时常发生，结果使矛盾更加激化。拉·甘地主张对邦一级提出的要求要区别对待，凡是在宪法范围以内的要求都可以谈判。他主张从全国大局考虑，中央该做出让步和妥协的就要让步、妥协，该宽容的就要宽容，能实行政治解决的就决不使用武力镇压手段。他认为除非绝对必要，使用武力解决问题只能产生与预期相反的结果。他对旁遮普、阿萨姆、米佐拉姆问题都采取了这种办法。

他力图尽量少地干预邦的事务，在任命邦的官员时小心谨慎。他并不希望按自己的意愿塑造邦政权，不希望把自己的看法强加于人。他强调，宪法关于中央—邦地位的规定是他行动的准则。在有些情况下，他的决定甚至对本党不利。他因而被误解。他的阁僚和助手维·普·辛格和阿琼·尼赫鲁就认为他软弱。

对一些邦内阁危机的处置方式也表现了他的民主态度，其中对卡纳塔克邦危机的处理就很典型。该邦立法院原来是人民党占优势，人民党组成政府。由于议员倒戈，国大党（英）成了邦议会的大多数。邦的国大党（英）组织要求解散政府，实行总统治理。而人民党政府首席部长 R. K. 赫格德认为议员倒戈是少数人的行为，并不表明群众对人民党失去信任，在辞职后他要求重新进行立法院选举。按英·甘地时期的惯例，总统治理是巩固颠覆成果的好办法，不会答应立即重新选举的要求。可是出乎人们的意料，拉·甘地接受了赫格德的建议，同意重新选举，结果人民党又获得多数，重新执政。他为此受到国大党（英）内许多人的指责，但他坚持认为这样做是实施民主原则的要求，是完全必要的。

在查谟和克什米尔邦问题的处理上也可以看出拉·甘地有意纠正其母

亲的错误做法。英·甘地认为查谟和克什米尔邦首席部长、查谟和克什米尔国民会议党领导人法鲁克在中央镇压旁遮普分裂主义分子问题上配合不力，且在选举中拒绝与国大党（英）合作，因此在1984年6月支持国民会议党内部的G.M.沙阿倒戈，通过邦长解散了法鲁克政府，任命G.M.沙阿为首席部长。此举激起国民会议党广大成员和群众不满，他们指责英·甘地在国民会议党内培植傀儡，排斥异己，制造矛盾，破坏团结，以达到控制国民会议党与查谟和克什米尔邦政权的目的。沙阿政府腐败无能，在邦内复杂的形势面前控制不了局势。拉·甘地执政后，1986年3月，国大党（英）撤销了对他的支持，沙阿政府辞职，中央对查谟和克什米尔邦实行了总统治理。拉·甘地希望尽早恢复民选政府，而且认为以法鲁克具有的威信，不信任他、甩开他都是不恰当的，相反，应当支持他再度组织政府。1986年11月结束总统治理，定于1987年3月重新进行议会选举。鉴于查谟和克什米尔邦存在各种政治势力，法鲁克在选举中未必能取得多数，拉·甘地决定国大党（英）与国民会议党内法鲁克派建立选举联盟，随之签订了拉吉夫-法鲁克协议。选举结果，国民会议党法鲁克派和国大党（英）获胜，建立了联合政府，法鲁克任首席部长。法鲁克因与国大党（英）联盟招来多方面的反对，邦内局势继续不稳。联合之举是否明智姑且不论，但拉·甘地想使查谟和克什米尔邦的局势正常化，不希望由新德里主宰一切，这一点却是明白无误的。

拉·甘地执政后还解决了米佐人要求单独建邦的问题。米佐拉姆1973年已经成了中央直辖区，但米佐人的组织坚持要求建立单独的邦。极端派的组织米佐民族阵线更持分裂主义立场，从事游击战争，在遭到镇压后，其领导人拉尔登加流亡英国。米佐拉姆的形势很不稳定。拉·甘地执政后，拉尔登加改变立场，放弃了单独建国的主张，改为要求在印度联邦内建立单独的邦。拉·甘地政府欢迎他的转变，邀请他返回印度与政府谈判。结果在1986年6月双方达成协议，米佐拉姆被给予邦的地位。米佐民族阵线通过选举组成了邦政府，拉尔登加出任首席部长。未久，民族阵线政府垮台，国大党（英）重掌政权。虽然如此，米佐拉姆局势的正常化却成了不可逆转的进程。这是拉·甘地执政后在调整中央—地方关系方面的又一成绩。

中央—地方关系的扭曲有两类情况，一是中央执政党同时是邦执政党情况下的扭曲，一是反对党掌握邦政权情况下的扭曲。拉·甘地对调整后一类扭曲较为重视，做了一定努力，虽然实际收效未达到预期。对于前一类扭曲，他还没有考虑从根本上解决，或者说还不够重视。这不仅是因为这一类扭曲不像后一类扭曲暴露得那么充分，矛盾常常被作为党内问题，在“维护党的利益”的旗号下以组织手段解决；更重要的是，拉·甘地受其母亲独裁作风的影响，在处理党内问题时，他的民主意识就变得相对薄弱了，家长式的专断作风往往自觉不自觉地在他身上出现。他只想到自己是国大党（英）中央领导人，有权向自己的邦组织发号施令，却忘了中央政府和各邦是联邦关系，邦的正当权利受宪法保护，无论谁掌权都不容侵害。对第二类扭曲要解决但缺乏周详考虑，对第一类扭曲还不够重视，这就表明拉·甘地在调整中央—地方关系的问题上，主观上还存在一定局限性。加上客观条件的限制，这就注定了他只能小有成果，要想取得根本性的突破还不可能。

三　开始实行经济改革

（一）指导思想

英·甘地第二次执政期间，鉴于经济发展的缓慢和经济形势的恶化，已开始从增长取向角度实行一些改革。公营企业开始被要求注重经济效益，对私营企业经营范围和增长规模的限制有所放宽。出口开始受到关注和鼓励，吸收外资也提上日程。改革收到初步成效。但英·甘地的改革不可能是深入的、全面的，她那长期形成的已根深蒂固的经济理念不可能在短期内有根本性的变化，她还有太多的政治上的条条框框要顾及，所以她能施展的空间有限，只能是着眼于最迫切的需要，头痛医头，脚痛医脚。

拉·甘地是不久前还在国外学习工科、较熟习世界科技和经济发展潮流的年轻人。他了解什么是国际先进水平，对比之下，不难看出印度的落后。他涉足印度政治不深，思想上没有那么多的顾忌，富有年轻人的蓬勃朝气、闯劲和锐意进取精神。他认为印度必须紧跟世界潮流，必须在科技上奋起直追，在经济体制上进行一场大的变革，打破现在这种落后状况，根本改变国家的面貌。基于这种认识和决心，他提出了“建立强大的、繁荣的印度”的响亮口号。[①] 还说：“我们错过了工业革命那班车，但不能错过这第二班车，即电子革命或称计算机革命。现在我们必须紧跟这班车，追上并跳上去。”[②]

任何一个政府经济政策的制定都是服从一定的政治目标，体现当权者一定的经济理念的，尼赫鲁、英·甘地都是这样。既然把“建立社会主义类型社会”作为国家建设的目标，既然提出了增长、社会公平和自力更生并重的方针，就要通过制定具体的经济政策保证这一目标和方针的逐步实现。什么样的政策才符合需要呢？尼赫鲁及英·甘地都有自己的基于某种理论的一套看法，这就是他们的经济理念，比如对政府在经济发展中的作用和地位的看法，对增长和社会公平的关系的看法，对公营经济成分作用的理解，对自力更生含义的理解等。他们的这些理念通过具体的政策付诸实践后，证明有些是正确的，符合印度当时的实际因而行之有效；也有些是不正确的，对印度的经济发展起负面作用；有的在一定时期是符合实际的，但时过境迁，也就不再有现实意义。

要实行经济改革首先要在经济理念上有所突破和创新，要解放思想，敢于抛弃那些不正确的或过时的理念。只有这样，才能明确为什么要改革，应当怎样改革以及改革应从哪些方面入手。拉·甘地正是这样做的。

首先，他认为科学技术进步在经济发展中具有突出作用，强调要以先进科学技术为动力来带动经济跃进式发展。对科技在经济发展和国防建设中的巨大作用，尼赫鲁和英·甘地都是重视的。尼赫鲁相信，改变印度贫困落后面貌的根本途径是发展科学技术，只有科学技术发展了，才能提高生产力，创造出满足社会需要的物质财富，并带来文化繁荣和社会进步。尼赫鲁执政时建立了17个国家试验室，他亲自担任全国科学和工业研究委员会的主席，使印度科学家较早就有条件进行多领域的科学研究，包括空间技术和原子能技术。1952年又按照美国麻省理工学院的模式在卡拉格普尔、马德拉斯、孟买、康浦尔和德里建立了5所理工学院，培养高科技人才。1958年人民院通过了独立以来的第一个《科学政策决议》。当时强调的重点是科技为发展重工业、实现自力更生和增强国防服务。政府花在科学研究和技

① 拉吉夫1984年11月12日在印度Doordarshan电视台的讲话。

② B.K.阿努瓦利亚、S.阿努瓦利亚：《拉吉夫·甘地的突破》，新德里，1985，第58页。

术教育上的经费逐渐增多，全国的大学都把培养科技人才作为重要任务。英·甘地对发展科技也是重视的，她执政时继续强调新科技的开发和利用，关注科技人才库的扩大。结果到80年代中期，印度有些领域（原子能研究、空间研究等）的研究已达到或接近世界先进水平。印度有了核发电能力，发射了人造卫星，高等教育的规模和技术人才的数量（1985年有220万人）仅次于美国和苏联，居世界第三位。1983年，当英·甘地从国内外的形势中认识到提高效益，加速经济增长的重要性后，又制定了名为《技术政策声明》的新的技术政策文件。新的政策强调充分利用现有的技术，并开发具有国际竞争力特别是具有出口潜力的技术，以保证以最少的财政支出获得最大限度的发展。在这两个纲领性文件的指导下，印度的科技研究和开发取得了相当的进步。科学研究取得的成就和科技力量的壮大对国家实行以进口替代为重点的经济发展方针，落实自力更生目标起了重大作用。

不过，虽然不轻视科技，但在制定经济政策时，他们都没有把发展科技与发展经济密切联系起来，没有把发展科技促进经济快速增长作为政府的首要任务。这也不奇怪，因为当时他们强调的是增长与社会公平、自力更生并重。为了实现社会公平，在制定政策时，自然是对行政管理的作用比对先进科技的作用更为看重，把政府的职能更多地定位在对经济的直接管制上。强调自力更生对推动国内科学研究有积极作用的一面，但英·甘地走向极端，使技术资源潜力的充分发挥和技术水平的提升都受到束缚。由于封闭国内市场，严格控制技术引进和外货进口，在科技开发和应用上虽有一定成就，但缺乏外部竞争的压力，满足现状，不思进取，也因为缺乏与世界的沟通，结果和世界的科技发展潮流脱节，在日新月异的形势面前逐渐落后，与世界的差距越来越大。这就导致了以下情况的出现：少数领域的研究是先进的，大多数领域是落后的；就全国制造业投资来说，高技术投资所占比重很小，中等技术投资稍多，而最多的是低技术投资。据联合国《1997年世界工业发展报告》的统计材料，1980年印度制造业投资构成按技术分类为：高技术占10.5%，中等技术占26%，而低技术占63.4%。同期新加坡高技术和中等技术所占比例分别为27.6%、14.2%，韩国为10.7%、33.7%，中国为23.9%、16.8%。这就表明印度工业的技术水平不要说和发达国家比，就是和较先进的发展中国家比，也是远远落后的。平均技术水平的落后与技术人才数量居世界前列形成鲜明反差，表明经济发展最宝贵的资源没有得到充分利用，发展的潜力受到严重束缚。技术落后不但制约增长速度，也决定了印度的产品许多是价昂质劣，虽在国内市场中称王称霸，在国际市场上却丝毫没有竞争力。

拉·甘地是从增长角度考虑问题的。当思考聚焦在如何增长时，他的第一反应就是使用新科技。从发达国家的经验中他清楚地看到了科技对提高生产力水平有举足轻重的作用，认为印度的发展要赶上世界先进水平，必须把引进、研究、应用、发展新科技摆在头等重要地位，必须以提高生产率为主要着眼点。而且他认为在科技进步日新月异的现时代，印度的经济发展要追赶世界先进水平不能一切都按部就班从头做起。现时代不发达国家追赶发达国家，发达国家也在追求更大发展，而且由于它们有新科技，发展得会更快，把与不发达国家的差距拉得更大。因而，印度必须发挥后发效应，善于吸收和利用世界先进成果快速发展，实现跳跃式的前进。要做到这点就要有前瞻性，要看准世界经济发展趋势，看准什么是当今科技前沿，结合印度的实际基础，选择一些未来最有发展潜力的高科技产业，首先大力引进和应用新科技，取得实效，对全局形成拉动效应。他认为这方面的工作应该是政府管理经济最重要的任务。在就职两周后第一次阐述政策的广播讲话中，他强调印度要实现现代化，“全面引进新技术”，“公营成分和私营成分都要勇于进入新的领域，发展印度本国的技术”。[①] 他还强调，消除贫困也要靠发展新技术。他说：“如果印度要消除贫困，就应当依靠科学技术的力量。”[②] 科学技术工作者应当自觉地把他们的研究和改变印度农村现状的任务紧密结合起来。还说，衡量任何科学研究成效的标准是看它对消除贫困有多大贡献。1984 年大选中国大党（英）提出的竞选口号就包括“以科学促发展”“技术要为人民谋福利”等。把发展新科技作为促进增长和消除贫困的主要手段是拉·甘地对印度经济发展理念最重要的贡献。

尼赫鲁和英·甘地执政时期在制定每一项促进经济增长的措施时，都会考虑不能拉大贫富差距。尼赫鲁在许多情况下为了防止贫富差距加大，该采取的措施（如实行农业发展新战略）迟迟未采取；英·甘地为了实现

① B. K. 阿努瓦利亚、S. 阿努瓦利亚：《拉吉夫·甘地的突破》，第 61 页。

② K. 赫利：《拉吉夫·甘地执政的年代》，德里，1989，第 235 页。

社会公平大搞国有化，为了避免公营企业倒闭造成失业增多，甚至采取政府把“病态企业”这个沉重包袱背过来的不明智之举。他们之所以这样做，是认为增长和社会公平应该同步前进，如果增长拉大了贫富差距，收不到同步前进的现实效果，宁可不去寻求增长（英·甘地在实行农业新战略问题上例外）。在他们看来，要建立社会主义类型社会就只能这样。两位领导人的这种认识在严峻的实践检验下都碰了壁。事实表明，增长和社会公平虽然都是需要的，但两者不可能处于同步地位，追求两者同步是违背客观经济规律的。两位领导人在他们执政的后期都或多或少地做了纠正。但是认为两者必须同步也可能同步的理念已经在国大党内外广泛传播，彻底扭转还是一项艰巨的任务。拉·甘地在这个问题上认识是明确的。他指出，在经济增长和社会公平两者关系上，必须把经济增长摆在第一位，在增长中兼顾社会公平。针对有些人怕提增长的心理，他说，增长是好事，只有生产力提高了，社会财富大大增加了，才有足够的财力实现社会公平。他还说，在增长的过程中当然应尽可能兼顾公平，除政策调节外还要采取有力的直接扶贫措施，但绝不能以社会公平为由阻止实行合理的旨在促进增长的政策措施。

保护和竞争的关系如何摆正一直是个有争议的问题。为了在私营企业的竞争面前支持公营企业，在大企业的竞争面前支持小工业，在外资和外商的竞争面前支持民族工商业，政府采取了各式各样的保护措施，如对私人资本和外资的管制，对进出口的限制，对大企业经营领域和规模的限制等。在尼赫鲁、英·甘地看来，这都是必要的，为了建立社会主义类型社会实行这些硬性的行政干预正是政府的职责所在。这样的保护在建国之初的一段时期确有其必要性，但若长期维持则消极作用势必越来越严重。竞争是促进企业技术革新、提高生产率的主要动力，提高竞争能力是一个企业的生命线。过分的保护窒息了竞争，使每种企业都徒具外表而生命力却萎缩了，甚至完全丧失。拉·甘地从竞争激烈的西方世界回来，他了解竞争的作用，看到印度这种对客观环境消极适应的全方位保护的危害性，认为必须彻底改变，虽然某些保护一时还不能取消，但必须放宽对内对外的管制，促进建立一种积极有效的竞争机制，使每个企业感到有压力（公营企业、小型企业都不例外），以促使其焕发活力。以往领导人较多看到的是内外竞争对公营企业、小型企业和民族企业的危险性，以为建立一道防护墙是最可靠的保护。拉·甘地则指出，鼓励全方位竞争，提高企业本身的竞争力才是最有效的保护。针对许多公营企业年年依赖国家供养的现状，他说："对公营企业的供养和溺爱必须停止，公营企业必须自己养活自己。"①

自力更生是既定的发展目标，对什么是自力更生，他们却存在着不同的理解。尼赫鲁、英·甘地都肯定自力更生是指经济上具有不依赖外国而自主发展的能力。在制定的政策中，接受外援和吸收外资是允许的，进口设备和原材料也是被认可的。政府强调的重点是要有自己的完整的工业体系，主要的设备和原材料能够自给，在资金、技术和管理上不依赖外国，认为这样就具有了自我装备扩大再生产的能力，不至于被外国拿资金或设备或材料扼住咽喉。这种对自力更生的理解和实践是清楚的和正确的。但是，70 年代后随着进口替代方针的全面贯彻和对进出口实行严格管制，印度的市场被严格保护起来。渐渐地，人们把自力更生和所有产品自己制造、拒绝外国产品进口等同起来，自力更生的含义被扭曲成了自给自足。在英·甘地执政的很长一段时期里，印度在国际贸易中的份额越来越小，印度越来越被边缘化。人们没有觉察到这样做的危险性，反而为一切产品国产化而扬扬得意。英·甘地只是在 80 年代初才注意纠正这种错误认识。如"六五"计划中指出，"自力更生并不意味着所有的经济部门都能自给自足"，对需要进口的设备、产品，"只要国家能支付得起，就不能说是依赖别人"。② 在实践上英·甘地开始重视促进出口，但直到 80 年代中期，国内市场封闭的现实还没有大的改变。拉·甘地反对把封闭国内市场看作自力更生，在他看来，印度已有自己的工业体系，绝大部分设备、原材料和消费品已能自给，自力更生已经基本上实现，今后部分设备、技术、产品还要进口，那是正常的互通有无性质的外贸关系，是进一步发展经济所必需的，任何国家都不例外。据此，他对自力更生的含义做了新的解释。他说："对一个像印度这样的国家来说，自力更生不但不是指不受外部经济力量这种或那种影响，相反，还应以印度对形成国际经济力量的贡献来衡量。"③

---

① K. 赫利：《拉吉夫·甘地执政的年代》，第 236 页。

② 印度政府计划委员会：《第六个五年计划（1980~1985）》，新德里，1980，第 xxi 页。

③ B. R. 纳雅尔：《印度公营成分的政治经济学：政策和运作》，孟买，1990，第 46 页。

“七五”计划文件进而指出：“自力更生不是自给自足，它意味着发展强大的独立的民族经济，在平等的条件下，广泛地与世界发展贸易往来。”① 要更多参与世界经济活动，就要有进有出，印度要以自己的出口所得平衡进口所需。有了这种认识，制定促进出口和放宽进口限制的政策就是顺理成章的事了。拉·甘地强调，印度的迫切需要是引进新技术、新设备，提高企业产品的国际竞争力，并以这种有竞争力产品的大量出口来赚取进口所需的外汇。

这些新的想法并不是拉·甘地一个人的观点，而是他和他的智囊团一起得出的认识。他的智囊团主要包括他的一些同事、同学和挚友，其中有阿伦·尼赫鲁、阿伦·辛格、M. L. 福特达等，还有他挑选的财政部部长维·普·辛格。阿伦·尼赫鲁、阿伦·辛格等在政府中的职务并不是特别显要（都是国务部长），但拉·甘地和他们的关系特别密切。

（二）改革的具体措施

拉·甘地是通过哪些政策贯彻他的新经济理念呢？

1. 经济体制改革

（1）放宽对私营企业的限制，使之在经济发展中发挥更大作用。首先是放宽对私营企业经营领域的限制。1985 年，原属国家经营范围的 27 种工业对私人开放。像电信、发电、国防、石油开采、空运这样的高投资高技术部门，原来都是公营成分垄断，如今都允许私人参与投资经营。申请许可证的制度也有所放松。1985 年宣布特种钢、电力设备、机床等 25 种工业的新建、扩建免除许可证，又开始实行“归大类”方案，即把工业品按性能大致相近的原则归为许多个大类，规定任何企业如已得到该大类中一种产品的生产许可证，就可以生产这大类中的其他产品而无须再申请许可证。1987 年还规定凡去落后地区从事政府规定的 50 多种工业生产门类之一的，可以免除许可证。缩小许可证适用范围的另一种办法，是把可免除许可证的小型企业的资产上限由 100 万卢比上调到 350 万卢比，把辅助性小型企业（指为大企业生产零配件的小企业）的资产上限从 150 万卢比提高到 450 万卢比。这样的改变不仅起到鼓励小型企业扩大生产规模的作用，也使一大

① B. R. 纳雅尔：《印度公营成分的政治经济学：政策和运作》，第 46 页。

批原来资产偏低的中等企业归入小型企业的范畴，享受小型企业享有的优惠待遇。在拉·甘地执政的头三年，许可证使用范围已大大缩小。1988 年拉·甘地再前进一步，规定除了 27 种工业外，其他所有工业免除申请许可证。对私人经营企业来说，经营领域的放宽和许可证制度的放宽解除了加在他们身上的双重桎梏，从而极大地鼓励了他们的创业积极性。

为了促进私营企业扩大生产，政府还采取了一系列激励措施。如降低公司基本税率；允许公司在应交的税额中扣除 20%用于技术和设备投资；把中等企业持有的可兑换的政府债券的利率由 13.5%提高到 15%；降低公司从银行提取的预付款的最高利率；修改增值税征收制度，减少产品在加工过程中多次征税给企业增加的负担，使企业可以更多地增加投资，降低成本，扩大再生产。《垄断和限制性贸易行为法》加给大财团的限制也有了进一步的松动。1985 年采取的一个重大措施，是把受《垄断和限制性贸易行为法》管束的大企业（有 1732 家）的资产起限由 2 亿卢比提高到 10 亿卢比，使原受管束的大企业有 1/3 不再属于该法的适用范围。

拉·甘地的这些措施向私营企业家传递了一个信息，即政府对私营企业的看法有了重大改变，已经把私营企业看作推动国民经济发展的主要力量，加在私营经济上的条条绳索正在逐步解开。资产阶级欢欣鼓舞，感到沉闷的空气因阵阵清风的吹入而舒缓，他们热烈欢呼，盛赞政府与企业合作新时期的开始，投资和改善经营的积极性空前高涨。

（2）放宽进出口限制，推动印度企业积极参与国际贸易。印度的外贸由商业部统管，该部设有进出口管理总署，负责制定和执行进出口政策。政府此前对进出口贸易实行严格控制，特别是英·甘地时期，与世界市场的联系被压缩到极致。在进口方面，英·甘地提出的口号是："只有国内没有的或国内不能制造的工业品才能进口。"换言之，凡是国内能制造的产品，不管其质量如何、成本高低，都被置于关税壁垒的保护下，安然享受无外部竞争之虞的优惠待遇。在出口方面，政府考虑不多，只有在外汇紧缺时，才设法发展出口贸易，作为危机管理的一种措施。在体制上，政府垄断了外贸主要业务，政府设立的各种国营外贸公司是各种重要产品的主要经营者。私人从事外贸，不仅经营范围有严格限制，而且必须申请许可证，而要得到许可证是很难的。

拉·甘地从全球化的角度考虑问题，决定一改这种做法。在进口政策方面，其提出的新口号是，只要是有利于技术更新、有利于出口的，无论是原料、中间产品还是资本品都可以进口。这既是为了打破壁垒，促使印度企业形成应对国际竞争的发展能力，也是为了推动印度的公私营企业主动引进新技术、新设备，以提高生产率。虽然宣布的原则是这样，但考虑到印度企业需要为面临的国际竞争做必要的准备，而进口的支付能力也严重不足，所以政府还是采取了逐步放开的办法。1985 年政府规定，有 201 种以前严格限制进口的资本品可以按一般公开许可证进口。资本品的进口税率从 105%降到 45%，还免除了计算机、电子工业设备和化肥的进口税。对进口的管理办法也逐步从限额管理向关税管理转变。以往进出口政策是每年有新的规定，前后常有较大变动使企业家和进口商有一种不稳定感，行动不免迟疑。1985 年政府出台了 1985~1988 年的进出口政策，使他们不再担心可能的政策变动。新的政策又免除了 53 类商品的进口限制，把 668 种机器设备列入一般许可证的范围，还特设了一个把进出口连接起来的"进出口通行证项目"，对出口生产商进口原材料提供关税豁免等优惠。1988 年政府又公布了 1988~1991 年的进出口政策，进一步扩大了自由进口商品的范围。两个三年政策的公布使政府鼓励进出口的政策稳定下来并带有连续性，增强了企业家和进出口商中期投资和扩大外贸的信心。

促进出口是一项更困难的任务，但势在必行，不能迟延，否则，新技术和设备的大量引进就会因为没有外汇而成为空谈。印度的出口能力很低，在长期保护下成长的国内工业由于技术和管理水平落后，其产品在国际市场上是没有竞争力的。拉·甘地看到要使印度产品打开国际市场，只能寄希望于采用新技术、新设备，提高产品质量，降低成本，再就是发展新型产业。传统的出口产品数量有限，若要扩大出口也必须采用新技术，进行深加工。因此政府把促进出口和进口紧密结合，把促进的重点放在生产那些市场潜力较大的产品上，如电子工业产品、计算机软件等。为鼓励出口，对面向出口的企业，在许可证的适用、税收、进口设备、外汇的提留上都给予优惠。如第一次出口利润的 50%免税，许多产品的出口补贴都有增加。优惠的程度还直接与出口产品的比重挂钩，比重越大，优惠越大。如产品百分之百出口的企业免税 5 年，并可自由进口设备。从进口设备到产品出口需要一定的时间，拉·甘地的鼓励政策一时难有效果，但这种放长线的政策导向是正确的、必需的。放宽进出口限制是拉·甘地自由化改革中最引人注目的改变之一。

（3）大力引进外资和外国先进技术。1980 年英·甘地政府开放了电力、石油、煤炭、机床、化肥等部门，允许私人包括外国人投资。拉·甘地执政后，1985 年又开放了电子、计算机、汽车、港口建设等多个部门，鼓励外资进入，特别鼓励外资投资高科技部门和到落后地区创业，对合资企业的税率也有所降低。审批手续大大简化，所需时间缩短。结果，1980~1990 年印度与外商签订的合资协议增加到 7941 项，平均每年 700 多项，是 70 年代平均数的 2.44 倍。在引进外资的项目中，石油勘探和开采占有重要位置。印度缺乏石油，一直仰赖大量进口，不仅耗费甚多外汇，而且饱受油价暴涨的折腾。在孟买发现近海油田后，印度政府急于进一步勘探和开采所有海上和陆地已发现的石油和天然气资源，但资金、技术缺乏，很希望吸引世界跨国公司参与。70 年代和 80 年代初由于印度开出的招标条件吸引力不足未能如愿。1987 年再一次招标，印度政府提出了较优惠的条件，结果响应热烈，多个国际著名石油公司加入勘探和开采行列。这对改善印度的能源形势起了重要作用。80 年代在印度的外商投资中，居首位的是美国，1980~1990 年签订的合作协议有 1512 项，占印度与外商签订协议总数的 19%。其次为联邦德国、英国、法国、日本，也有其他国家的，但数量有限。80 年代印度引进外国技术的项目也逐渐增多。1984 年政府发表的关于技术进展的白皮书强调技术对提高生产率的重要性，提出在继续鼓励国内技术研究的同时，大力引进国外最新技术。虽然有上述进展，但由于英·甘地执政时 1979 年制定的严格的《外汇管理法》没有触动，外国投资者觉得限制过多，利润空间有限，对到印度投资积极性不高。所以整体来说，吸引外资的成效远远达不到预期值，平均每年不超过 1 亿美元，只及同期中国引进外资数额的 1/20。

（4）公营企业的改革。这是最大的难题。公营企业经过 30 余年的发展，规模已相当庞大。1984~1985 年度公营部门产值占印度国内生产总值的 24.5%，而 1950~1951 年度仅 7.6%。公营企业本应创造大量的效益，成为公营资本扩大的主要源泉，事实却恰恰相反，其反倒成了国家财政的包袱。公营企业的资产占全国工业总资产的 3/4，而产值却只占全国工业产值的 1/3。这个问题早就被提出来了。

拉·甘地执政后看到问题已经严重到了非解决不可的地步。他说，公营企业应肩负起更大的责任，成为更有效益的“能创造更多投资回报”的企业。[①] 但是，公营企业问题在当时还是个非常敏感的禁区，谁要触动它就会遭到铺天盖地的反对。在国大党内许多人看来，在左翼政党和公营企业的广大工人群众看来，公营企业就是在印度建立社会主义类型社会的保证，是改善下层群众经济地位的保证，谁要是把改革改到公营企业头上，就是对社会主义目标的背叛，就是对下层人民的背叛。正因为这样，虽然英·甘地开始批评公营企业无效率，国大党内其他人都还是小心翼翼，不敢讲得太直白。拉·甘地虽然认为公营企业必须改革，但也持谨慎态度，因而他的言论和行动表现出了摇摆和不够明确。开始时，他只强调提高效益。1986 年 8 月初，联邦政府能源部部长 V. 沙特在《印度时报》一连发表三篇激烈批评公营企业的文章，舆论普遍认为，这是拉·甘地放出的气球，反映的是他的观点，目的是探测各界的反应，为公营企业的改革做准备。沙特的文章不仅批评公营企业效益低、经营范围过大，而且对公营企业在人们心目中的位置提出质疑。他写道，公营企业表现差主要是因为人们对公营企业作用的认识有错误，“把人浮于事、规模过大、缺乏效益和不负责任的公营企业等同于社会主义”。又说：“更有甚者，在建立公营企业时，我们就开始把它视作神牛，对任何一个企业的运营哪怕提出疑问就被认为是亵渎神圣，提出疑问就是反动。我们忘记了，……我们让文官负责管理公营企业，而文官在思想观念上并不一致，他们对公营企业的运营及其结果是不负责任的。更坏的是，实行公营成分的垄断，我们就在许多领域消灭了提高效率的基本因素——竞争。”[②] 沙特的文章果然招来了批判的巨浪，不仅国大党内、左翼政党中，而且政府内也有人公开指责他。联邦政府公共事业部部长 K. K. 提瓦里就谴责他是思想上的异端，蓄意否定尼赫鲁的经济哲学，破坏国大党实行多年的社会主义发展模式。反对的声浪如此强烈，使拉·甘地不能不三思而行。他不得不表示，他不完全赞同沙特的看法。1986 年 10 月，他在接受记者采访时，一面批评公营企业效益差是浪费公共资源，损害人民利益，一面强调公营企业在国家发展中具有关键作用。他要求所有真正的社会主义者必须共同努力，使公营企业不至于成为人民的

---

① B. R. 纳雅尔：《印度公营成分的政治经济学：政策和运作》，第 61 页。

② 《印度时报》1986 年 8 月 4~6 日。

累赘，而成为“增长的动力和改变的催化剂”。他衷心呼吁：“我们需要一个充满活力的生气勃勃的为人民工作的公营企业。”① 在另一些场合他又说，对公营工业再不能娇生惯养了，“如果公营工业不能像私营工业一样产生效益，就是剥夺人民应有的收益”。又说，他的政府坚持社会主义方向，坚信公营企业的重要性，但决不允许用社会主义的名义为无效益辩护。② 尽管拉·甘地努力表明自己无意否定公营企业的作用，还是有很多人批评他只强调效益不高的一面而忽略了公营企业所起到的诸多积极作用。

显然，拉·甘地纵然坚持公营企业需要改革，暂时也只能就事论事，把改革的范围局限在提高效益上。他要着手解决，但冰冻三尺非一日之寒，只能从改革管理体制入手。公营企业官僚机构化的现象必须打破，企业领导人必须对企业的效益负责，必须有一定的经营自主权。拉·甘地规定，政府主管部门部长不得兼任下属公司的董事长或董事，公营企业的负责人需聘请专业人才担任，任期由现行的 2~3 年延长到 5 年。在做出这个规定后，一批公营企业如贸易公司、电子公司和印度航空公司等都按规定聘请了专业人士担任总经理。1992 年联邦政府设立了公营企业管理局，规定各公营企业每个季度要向管理局呈报经营状况，包括成本、利润、库存等，以此来加强对企业的监督。建立承包责任制是拉·甘地政府公营企业改革的主要措施。1985 年起逐步实行了公营企业负责人与政府签订谅解备忘录（类似生产承包合同）的制度，其中既规定了企业的权益和企业负责人的职责和义务，也规定了奖惩办法。不过给企业的经营自主权很有限，在生产范围、经营规模、用人制度、转产停业等大的方面企业所受的限制依然如旧。企业负责人纵然有心改变现状，也无力实现，何况他们本人任期不定，随时可能调走，短期行为在所难免，对许多该做的事抱知难而退的态度，所以备忘录的签订没有给公营企业带来多大起色。对公营企业中病态企业的处置，相对来说动作要大一些。政府不再承担病态企业收容所的职责，而是区别情况加以改造。1985 年 12 月议会就病态企业的改造专门制定了《工业企业病态（特别条例）法》，对病态企业的界定为，注册不少于 7 年、连续亏损 2 年、累计亏损额相当于或超过公司净产值的工业公司。1987 年

① A. 戈登、P. 奥登伯格编《1992 年印度概要》，牛津，1992，第 85 页。

② A. 戈登、P. 奥登伯格编《1992 年印度概要》，第 85~86 页。

在中央政府下建立了工业和金融复兴局，拨给一大笔复兴资金，负责帮助病态企业通过改善管理体制或改组、出让、出租、合并以求振兴，对无可救药的实行关闭。鉴于英·甘地执政时政府接管的纺织企业中病态企业较多，新出台的纺织工业政策放宽了对纺织工厂进口设备、扩大生产能力的限制；设立纺织业和黄麻业现代化基金以帮助其技术升级换代；改变在工厂企业与小型工业竞争面前偏向于照顾小型工业的做法，允许两者靠自己的实力竞争；对没有竞争力的纺织厂允许关闭。这些措施使政府终于卸下了接管病态企业的沉重负担，但要帮助病态企业真正起死回生则相当困难。

1987 年政府又任命了一个由印度钢铁管理局主席 V. 克里希那穆尔提领导的委员会，就公营企业进一步改革进行调研，提出报告。该委员会撰写的白皮书建议把公营企业的范围限制在核心工业部门，其他部门的公营企业或出卖，或关闭，或给予更大的自治权。但由于遭到一些部长和官员的反对，政府只好把白皮书降格成一份仅供内部讨论的文件。思想僵化的政治家和既得利益的官员是公营企业改革的严重障碍。

公营企业改革遇到的另一强大阻力是公营企业职工的反对。1987 年 1 月 21 日，公营企业工人在“拯救公营企业”的口号下举行总罢工。1988 年 3 月又举行了三天总罢工，要求改善工人经济状况，保障工人福利。公营企业由于有许多保障工人福利的规定，而且不管企业是否赢利都要执行，其经济状况相对来说比私营企业工人要好。他们担心改革会使他们失去这种较有保障的地位，故倾向于接受左翼政党的鼓动，对公营企业较深入的改革多数人抱不支持态度。例如，勒克瑙的一家公营小型摩托车公司，自 1972 年建立以来从未赢利，亏损逐年累加达 10 亿多卢比。1987 年政府决定把该公司出卖给私营大公司巴杰吉公司，不仅本企业工人反对，而且引起了一场跨行业、跨地区的公营企业工人的总罢工。要说服工人相信公营企业改革的必要性存在很大的困难。

（5）税制改革。税制方面存在的问题很多，如税率过高、税制结构过于复杂、某些方面不合理等。使税制合理化是激励增长的重要条件，是结构性改革必不可少的部分。拉·甘地执政时期，为刺激增长和减少偷税漏税，所得税税率由 30% 降低到 20%，征税的起点线由 15000 卢比提高到 18000 卢比；对公司征的税率也由 57.5%降低到 52.5%；对小型企业征收消费税的起点线由 250 万卢比提高到 750 万卢比。在新起点线之上的税率对产值达到1500万卢比的公司是累进的。1985年11月，政府颁布了长期财政政策说明，允许个人所得税税率和财产税税率五年不变。

总之，在制度改革方面，拉·甘地向前迈出了一大步，对突破旧模式来说，这是破冰性的一步，对日后拉奥改革起了开路的重要作用。不过他的改革仍然是局部性的，对私营企业特别是大企业的管制措施许多还保留，对外资的过分限制未根本扭转，公营企业的改革也只是在治标，总之，还没有跳出原来模式的范围。这不难理解，在进行改革的时候，拉·甘地是被无数羁绊缠绕，不能完全放开脚步。自由化改革是对尼赫鲁发展模式的重大修正，国大党内相当多的人对实施尼赫鲁模式已形成思维定式，骤然转变很难。步子太大会遭到人们对他“偏离既定发展道路”的指责；他还要维护他母亲的威望，考虑和英·甘地政策的适当衔接，避免给人以他全盘推翻母亲的政策过于刺眼的印象。改革还遭到左翼政党的反对和下层人民的不理解，措施过于激烈会引起社会动荡。这一切都制约着他，使他尽管胸怀大志，也只能在原模式的范围内进行局部的改变。

2. 使高科技成为经济发展的强大动力

拉·甘地不但清楚地看到了科学技术对经济发展的重要作用，还特别强调，印度作为一个后进追先进的国家，要充分发挥后发效应，直接引进对经济发展最有影响的当今世界前沿科技，建立高科技产业部门。他主张要选准最有发展潜力的产业，依托高科技，促成这些产业以超常速度增长，成为“增长极”，以期对全局的经济增长和技术升级形成强有力的拉动和辐射效应。结合印度的实际，他选定的高科技产业包括电子产业（他又称为计算机产业）、生物技术、核电、石油开发、建筑材料等。对电子产业他尤其重视，因为他从西方进入信息时代的现实看到了信息技术的革命作用。他说：“虽然电子本身是一个产业，但是它还应该用来强化其他所有的产业，使古老的产业现代化，使它们更具有生产力和竞争力，真正与世界水平接轨。”[①] 他认为，信息技术产业通过发挥其革命作用就能带动其他产业的发展，因而提出要用电子革命（信息技术革命）“把印度带入21世纪”[②]的伟大号召。这是个非常有远见的、真正高瞻远瞩的战略号召。1984年在

① 印度计划委员会：《第七个五年计划（1986~1991）》，新德里，1986，第188页。

② 拉吉夫1985年7月4日答记者问。《东方观察》，伦敦，1985年7月4日。

就任总理后一周内，他就召集与科技有关的部长开会，对运用科技推动经济发展做了强调和布置。联邦政府成立了科学技术部。正是由于这些不同，依靠高科技发展经济的方针才有可能在拉·甘地执政的短短五年时间在一定程度上开始实施。

当然，要使高科技成为经济发展的推动力，不仅要选好目标，还需要在经济体制上实行一系列变革。例如，要改变外资政策，鼓励引进外国高科技技术，鼓励外资进入高科技部门；要更多发挥私营企业的经营积极性，要实行奖励高科技研究的政策；等等。只有这样，才能把高科技是先进生产力的口号落到实处。拉·甘地正是朝这个方向努力的。

考虑到引进、开发高科技需要较强和充分的人力、资金、技术设备条件，且需要长期耐心的工作，无论公营企业还是私营企业单独担负这项任务都有困难，拉·甘地决定在鼓励企业以自己的力量采用高科技的同时，仍由政府承担引进、研究、开发、转化的主要任务。政府用于科研和发展方面的经费较英·甘地执政时有较大增加。为了支持科研成果向实际生产力转化，政府还通过一些全国性的金融机构，专门设立了技术风险基金，所支持的项目包括：具有显著创新的技术、产品、工艺和服务；通过国内的研究开发实现技术升级；新技术的商品化；促进国内研究开发；发展新能源的技术和控制环境污染的技术；工业研究开发计划；等等。以往在科研队伍中有重基础理论轻应用的倾向，这也与工业长期缺乏竞争的压力有关。拉·甘地强调科研要注重可应用性，要把发展高科技产业作为重要任务，要为促进经济发展和消除贫困服务，还建立了相应的激励机制。以往科研机构在体制上比较单一，相关部门缺少协作。拉·甘地鼓励研究机构与大学建立密切的协作关系，并提倡、支持研究单位、大学与企业间的合作。对私营企业从事研究与开发活动的，政府给予税收优惠。

拉·甘地执政期间，发展高科技产业取得最大成就的是信息技术，其次是生物技术、核电、石油开发等。信息技术产业最具典型性。

信息技术是计算机和软件与通信技术的结合。其在现代社会里所占的重要地位，在西方发达国家较早就被认识，在包括印度在内的发展中国家则直到 70 年代末 80 年代才逐渐被认识。在印度，英·甘地是在第二次执政期间才初步认识到其重要性，1984 年 3 月颁布法令，解除公营部门对计算机工业的垄断，允许私营企业经营。拉·甘地的认识远较英·甘地透彻，他不仅是第一个了解信息技术革命是人类社会的一场新的技术革命和社会革命，知道印度要追赶世界先进潮流，必须跳上这班车的领导人，也是第一个看到印度有最好的条件发展信息产业的领导人。他指出在印度大力发展计算机和软件产业完全有可能。计算机和软件产业具有技术要求高、投资少、收效大、风险小的特点，这正适合印度资金缺乏却具有技术人才优势的现实状况。印度知识分子会说英语，一些人已置身于美国计算机和软件行业，掌握了这方面的基本技术，印度的劳力价格特别低廉，这一切使印度发展计算机和软件产业具有别的国家所没有的优势。正是基于这种认识，他把发展计算机和软件产业确定为印度发展高科技产业的重点之一，制定了重点开发计算机和软件的长远战略。他亲自兼任科技、电子部部长就是为了保证他的决策得到贯彻和落实。

拉·甘地政府建立伊始，就出台了新计算机政策（1984 年 12 月），明确规定软件业同样是产业，可以获得相应的补贴和优惠。此后，1985 年制定了电子综合政策，1986 年制定了《计算机软件出口发展和培训政策》，采取了一系列相关配套措施。这些政策措施的主要内容是改变体制，解除束缚，鼓励私人经营，实行种种优惠，奖励创新，从各方面为计算机和软件产业的快速发展创造条件。

新计算机和软件政策解除了政府对私人资本经营该产业的限制，私营企业同样受到政府的支持和鼓励；对公营企业和私营企业的生产能力，都不做任何限制，鼓励扩大经营规模，大大增加产量；削减计算机和元件的进口关税，硬件的关税率由 135%降低到 60%，其中普通计算机的进口税率下调了近一半，比较先进的计算机免税，一些元件的进口税率下调了2/3，辅助设备零件的税率降到 5%，系统费用低于 100 万卢比的计算机和 11 种外部辅助设备无须政府审批就可进口；软件的进口关税率也从 100% 降到 60%，不再需要许可证；鼓励外资与印度人合作创办企业，外资持股可以突破 40%的限制，如果全部产品用于出口，可以建立没有印度股份的外资独资软件企业；为解决一些企业资金不足的问题，政府对软件进出口企业大力进行投资倾斜，10%的项目投资投入软件业，同时提供低息贷款；为进出口提供某些外汇便利。总之，对计算机和软件产业的管理在当时的条件下要比其他产业都宽松，特别是在允许私人经营、放宽进口限制和税收优惠等方面。这样，不仅硬件设备的进口变得容易多了，软件出口受到鼓励，而且为私营企业和外资在计算机和软件领域的投资和发展创造了较好机会。由于这一时期外商直接到印度投资的还不多，因此得益的主要是私人企业和为数不多的公营企业。

在生产领域和进出口贸易方面采取的种种促进措施，目的是生产出大量质量好的计算机和软件，一则供应国内需要，促成国内企业、公共服务部门和政府机构早日实现管理计算机化；一则是用于出口，打开国际市场。80 年代初在国内开始大规模推行企业、事业和机关单位管理计算机化的计划。到 1987 年上半年，各大型企业、各政府机构以及铁路、银行、航空、饭店等公共服务部门基本上实现了信息处理和管理的计算机化。这不仅大大提高了各部门的工作效率和企业的生产效率，也为新兴的计算机和软件产业首先开辟了广阔的国内市场。仅政府采购的计算机就占了国内销售总量的 60%左右。

当然，更大的期望寄托在进入软件国际市场上。政府制定了雄心勃勃的出口计划，大力采取措施鼓励出口。1985 年成立了电子及计算机软件出口促进委员会，在其他外贸组织配合下，负责在国外宣传，举办展览，打通渠道，拓展销路，并为出口企业提供国外的市场和技术信息。政府在贷款、税收和进口政策上对出口企业实行优惠。1987 年，进出口银行和出口信用公司率先为软件出口企业的计算机进口、市场营销、产品运输和出口提供贷款和信用担保。此后，印度工业信用和投资公司、印度开发银行和印度国家银行等金融组织也都参与了此项服务。对于出口有显著成绩的企业在进口限额、所得外汇使用上都有优惠，如规定软件出口额超过规定出口量的企业可以用超出部分外汇收入的半数在来年进口所需要的设备。

也就是在这个时期，拉·甘地政府开始设想吸取美国硅谷的经验，建立计算机软件科技园区，不过没有落实。

为了促进计算机和软件业的快速发展，相应的配套措施是加强人才的培养。这是一个不仅着眼现在而且着眼未来的重要战略措施。1984~1985 年度开始在高中开设计算机课程，满足社会对初级电脑技术人员的需要，又为培养中高级人才打下基础。印度高等教育规模大、基础较强，扩大计算机和软件人才的培养有较好的条件。各高校纷纷增设信息专业，还专门建立了一些信息技术学院，在培养要求和教学手段上向美国看齐。毕业生质量较高，大部分人成了创业的技术骨干，还有不少人活跃在美国的“硅谷”和西方各大著名公司，参与世界尖端产品的开发研制。拉·甘地并不把这看作纯粹的人才外流，而是将其视为印度技术力量在国外实习进修掌握最尖端技术的途径。不少人在国外取得一定经验后，回国创业或兼职，把世界的先进技术、自己的专长和经验带回国内，对促进国内的发展发挥了重要作用。而在外国大公司工作的印度高级技术人员则为印度软件业打开国际市场起了穿针引线作用。

拉·甘地的期望没有落空。由于在生产、需求、研发等各方面采取了较完整的配套措施，计算机和软件业作为一个新产业部门迅速兴起，呈现欣欣向荣之势。1981 年全国计算机生产厂家只有 80 家，1984~1985 年度有 150 家，1985~1986 年度就翻了一番，增至 300 家。虽然多为进口元件组装性质，但随着国内技术研发的进展，有条件的厂家已开始自己制造的努力。个人计算机的产量 1984 年为 200 台，1985 年上升到 5000 台，到 80 年代末年产量猛增到 6 万台。1986 年后，软件的开发骤然兴起，软件业公司如雨后春笋般出现。软件出口的年增长率 1986 年为 40%，1987 年为 39%，1988~1989 年度为 29%，1989~1990 年度为 51%。软件出口额 1984 年为 2530 万美元，1989~1990 年度增加到 1.054 亿美元。软件的出口额 1987 年占整个电子产品出口额的 1/5。重要的还不是这一时期的增长，这一时期生产的计算机、出口的软件数量不多，质量也不够高，重要的是拉·甘地重点发展信息产业高瞻远瞩的战略思想开始逐步转化为实际行动，印度企业较早进入国际软件市场，从而能够对国际市场的变化保持敏感，随时准备抓住新的机遇。这一良好开端昭示着远景的光明，为未来更大的发展奠定了坚实的基础。拉吉夫·甘地看得清楚，他希望并相信，有雄厚技术资源的印度一定能成为软件生产大国。

当然，对他的政策表示怀疑、担心和反对的人也是有的。有人认为在大量失业的情况下，广泛推广使用计算机会增加失业；有人认为政府的进出口政策帮助了外国计算机和软件公司进占印度国内市场，严重损害了稚嫩的民族工业。印度电子业确实受到了进口大潮的冲击，一时反应强烈。但拉·甘地没有动摇。他要人们向前看、看大局，反复指出这样做符合国家经济发展和社会进步的长远利益，并指出这不会增加失业，反而能增加许多就业机会。至于民族工业受冲击，他要求企业家抓住机会，把竞争压力变成动力，吸收国外先进技术，提高产品质量，增强竞争力。

拉·甘地为了发展计算机和软件业采取了打破常规、雷厉风行的态度，表明他对自己的眼光和判断力有充分的信心。这方面正是他的强项。他认定发展高科技，以高科技带动生产是印度经济走向快速发展的最好道路，也是唯一道路。他认为在这个领域，他对形势和发展趋向理解的深刻，国大党（英）和其他所有党派的政治家没有一个人能比得上。一般公众也是这样认识的，他因而获得了“计算机总理”的称号。

总之，拉·甘地发展战略的核心，是以重视发展科技来提高生产率，引进竞争机制和初步实行自由化。

3. *发展教育，大力开发人力资源*

生产发展靠科技，科技进步靠教育。要使经济得到快速发展，就需要培养出大量的科技人才。印度潜在的人力资源是非常丰富的，关键是要提高其文化素质，开发其无尽的能量。这就把发展国民教育、培养高素质人才的任务提到紧迫的日程上。对这一点拉·甘地是看得很清楚的。他强调教育是发展的基础和前提，经济发展的速度、规模和质量是与教育的发展程度成正比的。为突出对开发人力资源的重视，他把联邦政府的教育部、青年部和体育部等合并，组成人力资源发展部，任命纳拉辛哈·拉奥为部长。

独立以来印度的教育取得了巨大成绩，但存在头重脚轻的问题，这既是结构性的缺陷，也是指导上的偏差。前已述及，印度的高等教育在发展中国家中是名列前茅的。印度有些理工学院在教学设备、教师水平和学生质量等方面都具有世界一流水平，其毕业生被政府部门、大财团和国际跨国公司竞相高薪聘用。可是另一方面，印度的基础教育异常落后，文盲率之高（25 岁人口的文盲率达 73%）在世界上也是极为突出的。这种奇怪的巨大反差是这个国家教育发展畸形最清楚不过的表现。此外，重普通教育轻职业教育，女童入学率远远低于男童，教育方法落后，合格的师资不足，这些都是严重制约教育发展的因素。如果不迅速加以改变，则不但国家建设所需的中初级人才会严重缺乏，高级人才的源头也会最终干涸。

造成这些缺陷的原因，一是经济落后和国家教育投资的严重不足；一是在指导思想上存在某些偏差，有急功近利的倾向。拉·甘地执政后加大了教育投入。如 1987~1988 年度政府财政预算的教育投资就从前一个年度的35.2亿卢比猛增到80亿卢比，以后几年大致保持在这个水平。关于教育制度，拉·甘地继任总理伊始就讲到需要改革，以便使新的一代能迎接现代技术的挑战。又说，现在印度许多人还是文盲，要加紧教育，使他们能适应10~15年后电子计算机普遍化的新时代。1985年7月，政府提出了一个具体的教育改革计划供全民讨论，希望把讨论变成一次最广泛的思想动员，使人人关心教育改革，关心提高全国人民的文化素质，关心教育为经济发展服务。在广泛听取各界人士的意见后，1986年新的《全国教育政策》出台。其内容涉及教育体制、发展重点、师资培养、手段更新等多方面，成了新时期教育改革的一个纲领性文件。

新的教育政策规定全国实行统一的学制，即“10+2+3”学制。“10”为5年小学、3年初中和2年高中，“2”为2年中等职业教育或预科教育，“3”为3年高等教育。

在教育资金不足的情况下，资金有限的增加只能用于最急需之处。什么是最急需之处？拉·甘地认为就是要最有效最直接地加固和扩大人才资源金字塔的底座，以保证高级人才的产出能得到源源不断的供应。新教育政策提出的主要办法之一，是在原来的中等教育体系的基础上，在每个县建立一所新型重点中学，配备高质量的教师和较好的设备，为广大农村最优秀的学生提供最好的受教育机会。农村地域辽阔，很多优秀的学生因家境贫寒得不到深造的机会，国家也因此失去了一大批人才苗子。如果能在大城市之外，再在小城市和农村吸收优秀的人才苗子加以培养，则不仅利于为小城市和农村造就所需要的中级人才，也可使高级人才的供应源头得到扩大。这是一举两得的事。学生入学要考试（在小学5年级进行选拔考试），择优录取，学校提供宿舍，食宿费和学杂费免交。中等教育本属邦管辖范围，但这批重点中学直属联邦政府人力资源部初等教育局，经费由联邦政府拨给。为了贯彻对表列种姓和表列部落的保留制，使他们的子弟有同样的入学机会，也按其人口比例为其保留名额。还规定女学生的人数不应少于1/3。学校设置6~12年级的课程，从8年级开始完全用英语和印地语教学。这种办法曾遭到指责，说侵犯了邦的教育权限，但由于经费出自中央，而邦一级没有增加负担却可以受益，所以各邦政府也乐见其成。各邦纷纷行动，很快在各县建立起了这样的学校。它们既可为高等院校提供更多生员，又成了在全国范围内提高中学教育水平的榜样。

国家建设需要大量的初级、中级技术人员和技术工人。针对现行教育制度忽视职业教育的缺陷，新教育政策强调学生在学校不但要学文化、学基础理论，还要学习劳动技能。为此，政府提出了在基础教育阶段增加劳动实践，在预科阶段增加劳动技能教育，在高等教育阶段加强专业化课程建设的要求，以便学生无论在哪个阶段毕业都能较快地适应就业和工作要求。为了加强职业教育，1988 年 2 月中央又专门制定了一项扩大职业中学计划，目的是面向社会，缩小技术劳动者的供求差距，为学生就业打下基础。

重视女子教育是新教育政策的重要特色之一。除了规定女生要有最低比例保证外，还提出了一系列具体措施，包括增加女教师的比例、建立更多的女子技术学校、为生活困难的女生提供特别的照顾、在年轻妇女中加强扫盲等。

针对基础教育薄弱的严重缺陷，新的教育政策对加强基础教育给予了特别的强调。制定了一项被称作“黑板行动”的计划，内容包括保证每所小学有最必要的校舍、教学设备和器材，提供免费午餐，每个学校至少配备 2 名教师，特别注意方便女童入学（女童失学率约 1/3）和在弱势群体居住集中的地区办学等。由于教育资金不足，学校缺教员和教学设备陈旧落后是极普遍的现象，新教育政策要求各邦政府在改善和发展基础教育方面做出切实的努力。

在教育内容和课程设置上新的教育政策强调面向未来进行改革，特别是要加强科学教育。1987~1988 年度，中央推行了提高中学科学教育计划，增加教材中科学的内容，强调改善学校实验室的设备，并组织学生参加国际奥林匹克数学、物理竞赛，以拓宽学生的眼界。还要求有条件的尽早采用包括计算机在内的现代化教学手段。对利用现代化设备发展远程教育也提出了要求。

重视发展教育，重视开发人力资源，是拉·甘地“把印度带入 21 世纪”的宏伟抱负的重要组成部分。在他看来，这不仅是促进经济腾飞的基本保障，也是塑造现代化的人本身的要求。这是很有远见卓识的考虑。尽管政策本身还有缺陷，甚至是重大的缺陷，如对小学教育的改善没有提出切实可行的措施，对发挥邦政府和地方政府的积极性缺乏有力措施等，而且政策也没有完全落实，但提出科技与教育紧密结合的思路和改革方案本身就是个很大的成绩，为日后的进一步改革指明了道路。

4. 利用科技帮助消除贫困

拉·甘地的经济改革虽然是以增长为主要取向，但他并没有把社会公平置于脑后。在国内存在如此大范围的失业和贫困人口的情况下，任何一位领导人都不能无视这个现实而只讲增长。尽管增长是消除贫困的首要条件，要把增长摆在首位，但增长的效益滴流到社会下层绝不是短期之功。广大群众极端贫困的现状不能等到那时再去改变，在促进增长的同时，政府也应尽可能采取直接的扶贫措施来减轻下层群众的困苦。对此，拉·甘地也是有清楚的认识的。

1986 年 8 月，拉·甘地提出了一项新“20 点计划”，并宣布消除贫困是政府的根本任务之一。新“20 点计划”在主要内容上与英·甘地 1982 年提出的“20 点计划”相似，大部分仍是改变农村贫困面貌和改善城市贫民处境的措施，不同的是它强调要把发展科技作为消除贫困的重要手段。

为实现“20 点计划”，他的政府在两方面做得较为突出。一是强调用科技手段帮助改善下层群众的物质生活条件。这就是六项“技术使命”工程的规划和安排。其一是通过卫星遥感技术（第一个自制遥感卫星 1988 年发射成功）和地质勘探技术探测水源，向大部分农村地区的居民提供安全饮用水。其二是通过建立电视和广播接收网，用收看收听、录像录音手段帮助开展扫盲运动。其三是广泛宣传卫生知识，接种疫苗，加强妇幼保健。其四是加强奶牛防疫和科学饲养，提高牛奶的质量和产量，促进“白色革命”更广泛地开展。其五是改进种植技术，增加油料作物的产量，减少食油进口。其六是到 20 世纪末实现全国农村村村通电话。英·甘地执政时制定的两个“20 点计划”，其中有改善下层群众物质条件的内容，但更多的是政策方面的规定，像六项“技术使命”这样集中强调用科技手段帮助改变落后面貌的安排则从未有过。这也和拉·甘地重视科教兴国的方针一致，是这一方针在实现社会公平原则领域的应用。帮助策划这一宏伟计划中的电信工程的，是一位美国培养的印度电信专家，叫沙姆·皮特罗达，他成了拉·甘地实行技术使命工程的顾问。不过，六项“技术使命”提出是一回事，能否落实则是另一回事。执行起来首先遇到的困难是缺乏资金，这是一时难以克服的。其次，如果普遍展开也会受到科技力量和设备的限制，还涉及联邦和邦权限划分的问题（很多内容属邦的权限），所以要真正落实是很困难的，事实上是雷声大雨点小，大部分停留在纸面上。

拉·甘地扶贫方面的另一重大措施是把全国农村就业计划和农村无地者就业保证计划合并，制定了规模更大的贾瓦哈尔就业计划①，其目标是为农村每个穷困家庭的至少一名成员在一年中提供50~100个工作日。当时据抽样调查全国农村失业人口约为1800万人。这个计划打算每年要为失业者提供6.5亿个工作日，即约每天180万个，相当于每天为10%的失业人口提供就业机会。计划所需的经费80%由联邦政府担负，邦政府担负20%。基金在各邦的分配完全根据其贫困人口所占的比重确定。为了保证基金落到实处，规定在基层直接由农村潘查雅特负责实施此计划，禁绝中间人插手操纵。这项计划就其覆盖面之广、目标之大、需要经费之多，在印度都是空前的。它出台较晚，临近大选，反对党不免要攻击拉·甘地此举是慷国家之慨收买人心，为国大党拉选票。不能完全否认有这个因素，但要把拉·甘地解决就业问题的真诚愿望完全抹杀也是不公平的。此计划在拉·甘地下台前着手实施。

拉·甘地重视环境保护，认为这也是改善群众生活质量的一个重要环节。政府中新设立了一个环境和森林管理部门，专门负责环境保护。议会又制定了环境保护法，对环境保护的各个方面做了规定。他任职不久，在博帕尔发生了美国跨国公司所属联合卡尔比德农药厂毒气泄漏的严重事件，几天内有2500名工人和附近居民死亡，更多人严重致残，包括失明。拉·甘地政府一面紧急救援，一面依法向该公司索赔33亿美元，然而在拉·甘地离任前，美方只同意赔偿4.7亿美元。印度舆论对此十分愤慨，也批评政府不应允许这种危险的工厂建在市内。拉·甘地访美时，在华盛顿记者招待会上谴责跨国公司在海外对保障安全缺乏高度责任感。工厂是拉·甘地任职前就已存在的，没有人为这个灾难责怪拉·甘地，此事促使他更重视环境保护。政府规定今后对污染环境的工业的厂址选定要实行严格的审批制度。

乱砍滥伐森林，破坏水土保持是环境保护中另一突出问题。在季候风失常的时候，它使旱情加剧，其危害性表现得特别突出。舆论界早就呼吁重视这个问题。拉·甘地执政后积极响应，禁止乱砍滥伐，大力号召植树

① 因纪念贾瓦哈拉尔·尼赫鲁诞生（1889）一百周年得名。

造林。在喜马拉雅山区，志愿者发起的“爱树运动”受到拉·甘地政府支持，政府还规定减少商业采伐，以提高全国森林覆盖率。拉·甘地政府另一个重要的保护环境的举动是拨款29.3亿卢比治理恒河。这条被印度教徒视作圣河的印度第一大河，由于环境保护力度不够，已被污染得十分严重。拉·甘地此举受到国内外舆论的一致赞扬。

（三）从“七五”计划的实施看改革效果

1985年，拉·甘地政府制定的国民经济发展第七个五年计划开始实施。这个计划与以往的不同之处，就是它把提高生产率、促进增长摆在了突出的位置。它提出的各项指标和措施反映了从封闭转向开放、鼓励竞争、讲求效益的新精神。

“七五”计划实际总投资额为32236.6亿卢比，其中公营部门15421.8亿卢比，占总投资额的47.8%，私营部门16814.8亿卢比，占52.2%。私营部门投资额在比重上超过公营部门这是自实行第二个五年计划以来的第一次，反映了政府在指导思想上对私营经济的地位和作用看法的变化，对私营经济的限制虽未根本解除，倚重却明显加强了。

公营总支出额中用于能源的比重最高，这是因为能源的不足已成为经济增长和技术进步的严重制约因素，必须尽快缩小差距。“七五”计划强调的重点是提高生产率。对工矿业投资新增加的不多，主要要求通过改善现有生产设备的利用来提高效益。新建项目实行精选原则，重点是增强钢铁、化肥、有色金属、石油化工和水泥等紧缺部门。

“七五”计划绝大部分是在拉·甘地执政时期实施的，计划完成的结果整个来说是相当好的。国内生产总值年增长率为6%，超额完成了计划指标。“六五”“七五”两个五年计划的实行使印度80年代年均增长率达到5.5%。所谓“印度教徒增长率”模式（以前5个五年计划平均年增长率仅为3.5%）开始被打破。

“七五”计划执行结果，制造业、建筑业、电、气、水供应增长率达到7.5%，采矿业增长率达到了8.1%，农业增长率达到了年均3%，均超过了计划指标。在制造业的发展中，一个重要的变化是，工业发展的重点开始由重工业转向消费品工业特别是高级耐用消费品工业，包括家用电器、摩托车等。在1980~1990年10年中，一般消费品的生产增长47.6%，而高级耐用消费品的生产增长 1.18 倍，汽车、摩托车、电冰箱、彩电、录音机和计算机的产量都有了较大的提升。整个电子工业的产值 1980~1981 年度为 81 亿卢比，1990~1991 年度猛增到 1000 亿卢比。到 80 年代末，印度有 5 家公司生产小汽车，1988~1989 年度产量为 16 万辆。英·甘地执政时，由于限制汽车进口，全国上上下下使用的都是自产的大使牌小汽车。自从国营马鲁蒂汽车公司引进日本铃木公司的生产线后，质量更高的马鲁蒂牌小汽车不仅打破了大使牌一统天下的局面，而且逐渐在市场上占上风。软件业的发展更是异军突起。到 80 年代末，全国已有软件专家、工程师和操作人员 7000~10000 人。印度研制软件和发展软件产业的深厚潜力受到美英等国重视，西方大公司开始注重利用印度的开发潜力。“七五”期间人均国民净产值年均增长达到 3.5%。人均收入 1984~1985 年度为 1804 卢比，1989~1900 年度提高到 2142 卢比。

当然也有不足的一面，部分重要产品如原油、食用油、水泥、发电量等严重减产，未完成计划指标。其原因，或是技术改造和管理无起色，低效的状况未扭转；或是受能源缺乏的制约，设备不能充分利用。

四　绿色革命的继续和农业的发展

（一）绿色革命的扩展

拉·甘地改革在农业方面并没有采取特别的措施，但在他执政时期，农业保持平稳发展，情况良好。80 年代前半期即英·甘地执政时期情况已是如此。这样，从农业发展的角度说，80 年代是比较好的 10 年。这 10 年中，农作物生产年均增长率为 2.5%，其中粮食生产年均增长率为 2.6%，农业所创造的国内生产总值年增长率为 2.3%。80 年代印度已做到粮食自给有余，不再需要粮食进口，相反，农产品出口有所增加，食用油供需的差距也大为缩小。

这主要是绿色革命继续扩展的结果。自 60 年代中期绿色革命在旁遮普、哈里亚纳和北方邦西部实行取得成果后，政府就面临着如何把它推广到全国更广大地区的问题。旁遮普等邦主要是小麦种植区，在实行绿色革命后效果很好。水稻是印度另一主要粮食作物，在印度东部地区种植集中，如何在水稻种植区推广绿色革命？印度更多地区灌溉条件缺乏，以旱地为主，主要种植干旱作物，绿色革命能不能推广到这些地区？这都是人们最关心的问题。如果答案是否定的，则绿色革命适用范围有限，是解决不了印度缺粮问题的。人们期望得到肯定的答案，只有这样，才能消除绿色革命在旁遮普等地实行后所引起的人们思想的剧烈波动，当时一些政党和媒体强烈谴责绿色革命加剧了地区差距和贫富差距，造成了新的社会不稳。

英·甘地和拉·甘地对推广绿色革命都是重视的，但要成功地向东部水稻种植区和全国干旱半干旱作物种植区推广并不是一件容易的事。首先是技术问题，其次是需要更多资金。两届政府都组织农业技术力量研究技术突破的方案，政府再据此制定相关政策和增加财力投资。

东部地区包括西孟加拉邦、比哈尔邦、奥里萨邦和北方邦东部。这里是恒河中下游和恒河三角洲，支流纵横交错，地下水位也很高，水源较为充足，但都没有得到很好利用，旱灾和涝灾经常发生。这片地区主要种植水稻，产量却很低。1970～1971 年度至 1981～1982 年度，该地区水稻年均增长率仅为 0.78%，而同期全印为 2.39%。政府根据专家研究，认识到这里产量不高的主要问题是灌溉设施很差，水资源没有得到充分利用；缺乏适合当地气候条件的高产水稻品种；改良品种供应不足；有些地区由于交通不便，得不到需要的化肥和改良农机具；等等。据此，中央政府和邦政府一起制定解决方案，认为改善灌溉和排水设施是解决问题的关键。“七五”计划规定，对东部地区实行特殊的投资计划，以提高那里的农业发展水平。计划的核心是以“水利革命”为先导，在综合治理和利用水利资源的基础上，积极引进适合当地气候条件的高产水稻品种，并保证种子、化肥、农机具等的充分和及时的供应。为实现此项计划，政府投资大大增加。政府还通过增加信贷，资助农民因地制宜广泛兴修小型水利工程。1987 年 8 月，拉·甘地政府又制定了农业气候区发展计划，按各气候区的不同生态条件规划灌溉系统，确定农作物的生产类型和其他配套的基础设施。

干旱半干旱作物地区在全国面积更大，约 1.04 亿公顷，占总耕地面积（1.43 亿公顷）的 73%，分布广泛，较集中的地区是中央邦、拉贾斯坦、古吉拉特、马哈拉施特拉、卡纳塔克、安得拉等邦，其他邦或多或少也有部分这类地区。由于降水量少，又缺乏灌溉条件，大部分地区只能种植适合干旱气候的粗粮、豆类，且产量都很低；有些地区有少量的灌溉设施，远不能适应需求，若种植需要水的作物，就必须主要依赖雨水，风调雨顺尚能保持中下等收成，雨水不济则可能大幅度减产。这是印度农业最落后的地区，这片地区农业能否改进，将在很大程度上影响整个印度农业发展的速度。政府同样依靠农业专家对这大片地区如何推广绿色革命进行研究，广泛听取他们的意见。政府决定，在这片地区首要的任务是开发水源，扩大灌溉和增加技术投入；在没有水源的地区，应重点开发干旱作物农业技术，改进现行的作物种植模式，因地制宜地增加投入。实现这个方针的技术研究工作70年代就开始了，1970~1971年政府制定了全印旱地农业协调研究计划，指定一些研究单位分别研究适合不同气候区的旱地农业技术，并在20个邦设立了24个示范项目进行试验。最初项目的实施以发展区为单位，没有考虑地区特点，1982年起改为以流域为单位实行，制定了流域综合发展计划，80年代中期开始实行。这个计划的核心在于通过综合利用，提高流域水资源和其他农业资源的利用率，提高干旱半干旱地区农作物的产量。1987~1988年度，该计划已在许多个小流域，包括2539万公顷土地上实施。此外，还制定了一些地区性发展计划，如易干旱区域计划、沙漠发展计划等。

经过上述努力，绿色革命的车轮得以继续滚动，较成功地推进到东部水稻地区和部分干旱半干旱地区，那里的农业增长率80年代有了显著的提高。如东部地区的西孟加拉邦，1968~1969年度至1981~1982年度印度全国粮食平均增长率为2.33%，该邦只有0.48%，是全国最低的邦之一；1981~1982年度至1991~1992年度全国粮食平均增长率为2.83%，该邦增长率却高达6.1%，是全国最高的邦。其中来自耕地面积增加的只占0.99%，也就是说，增长主要来自生产率提高。这是绿色革命扩展到那里的非常可喜的结果。1981~1982年度至1991~1992年度，比哈尔邦粮食年增长率为3.1%，奥里萨邦为3.43%，均超过了全国平均水平。东部地区以水稻为主的粮食产量的大幅度增长，接近（西孟加拉邦还超过了）旁遮普等较早实行绿色革命的邦的小麦增长率水平，是80年代印度农业取得的最引人瞩目的成就。干旱半干旱地区的增长率没有统计数据，因为这类土地分散，很难统计。80年代末，美国学者托马斯·S. 沃克和詹姆士·G. 瑞恩主持在马哈拉施特拉、古吉拉特和卡纳塔克三个邦选择一些地区做过典型调查，结论是这些地区的灌溉设施（抽水井）有了明显增加，使用高产品种土地的比例和使用化肥量也相应上升。①

除了上述两个重点扩展的地区外，在其他地区，受绿色革命经济实效的吸引，广大农业经营者也在自动采用这种生物技术，增加投入。政府则在普遍号召的基础上，在种子、化肥的供应和农业贷款上加以支持。所以，不能说七八十年代绿色革命只在上述两个重点地区推广，而应该说是在向全印许多地区推广。据统计，全国各类作物高产品种播种面积占该类作物播种总面积的百分比，1966~1967 年度为小麦 3.9%、水稻 2.6%、高粱 1.1%、小米 0.8%、玉米 3.9%，1991~1992 年度增长为小麦 88.1%、水稻 65.7%、高粱 55%、小米 53.8%、玉米 47.8%。全国各种作物使用高产品种的总面积，1966~1967 年度为 189 万公顷，1990~1991 年度增加到 6390 万公顷。再从高产品种的一揽子配套措施看，全国灌溉面积 1960~1961 年度是 2748 万公顷，1991~1992 年度增加到 8300 万公顷。化肥的使用量 1960~1961 年度为 29.2 万吨，1991~1992 年度达 1250 万吨。拖拉机 1961 年全国有 3.14 万台，1991~1992 年度达到 130 万台，柴油机同期由 23 万台增加到 470 万台，电动水泵由 20 万台增加到 850 万台。印度学者推算，从 1967~1968 年度到 1989~1990 年度，印度农业总产量的增长中有 80%来自单位面积产量的提高（年均提高 2.5%），只有 20%来自耕种面积的增加（年均增加 0.26%）。这清楚地显示了绿色革命在全国的胜利进军。

绿色革命的推广在 80 年代给全国带来的不仅是农业增长，还要看到，这种增长分布的地区扩大了，在粮食品种上，高产不再是小麦的特权，水稻已后来居上，某些豆类和雨季作物产量也有较大提高。采用新技术受益最大的当然是大土地所有者，但小农增加技术投入的也能获得一份回报。这样，绿色革命开展之初人们产生的种种忧虑便被基本驱散。1979~1980 年度和 1987~1988 年度，印度两次遇到严重旱灾，但由于政府手里有充足的粮食储备，也由于处理灾荒的措施及时、有力，最终都安然度过，没有饿死人的记录。

不过，尽管绿色革命推广成绩斐然，但到 90 年代初进展的程度仍不理想，存在的问题还很多。第一，由于各邦政府着力程度不同和农民经济条

① T.S. 沃克、J.G. 瑞恩：《印度半干旱地区的农村和农户经济》，约翰斯·霍普金斯大学，1990，第 42 页。

件不同，各地的推广进度不一，相差很大，有些邦落后很远。80年代多数邦农业增产，马哈拉施特拉、古吉拉特、卡纳塔克、安得拉等邦却减产。减产固然有气候因素，也与这些邦推广措施不力有关。第二，投入不足是个重大问题。政府由于担负大量的粮食和支农工业品的补贴，负荷沉重，对农业基础设施的资金投入受到限制，而私人投入方面，有实力的大土地所有者担心效益而不敢充分投资，至于小农、边际农，受经济能力限制，使用技术投入的仍然是少数。这样，许多地区虽然实行了绿色革命，由于投入不足或投入不能配套，生产率依然普遍偏低。干旱半干旱地区发掘灌溉能力成本较高，更非一般农户能承受得起，政府也拿不出有效的解决办法。第三，各地自然条件不同，在推广中许多技术问题还没有得到有效解决。

（二）农业多种经营和走向产业化

绿色革命推广带来的另一重大成果是农业多种经济的发展和农业产业化因素的加强。在粮食十分短缺的时候，增产粮食的迫切需要限制了农业经济其他部门的发展。随着粮食问题的基本解决，收益增加的农业经营者有了可能较多种植收益更高的经济作物，有的甚至经营畜牧场、果园、花圃，傍山近水的则发展起了水产养殖业、各种副业和造林业。有条件的各类农户因地制宜兴办小型加工业，对初级农产品进行加工销售，以求收取再增值的效益。这样，农村经济结构便发生了变化，不仅农业经济呈现生机盎然的多样化局面，而且农工结合的乡村小型企业更充实了经营的内容。

拉·甘地政府顺应这个趋势并努力推动它的发展。1982年制定的流域发展计划就提出了综合开发和利用资源的重要性，不仅是水资源，还有其他各种各样的资源。干旱地区粮食种植业一般收益较差，但有些地区适合发展耐旱的经济作物、畜牧业和林业，应在这些方面多做努力。1988年计划委员会又制定了一项农业气候区域规划，根据不同地区的地理位置、地形结构、土壤类型、降雨量和水资源等特点把全国划分为15个农业气候区。按照各区域的自然环境，要求调整农作物生产结构和布局，对各种自然资源进行综合开发和合理利用，把种植业、养殖业和农产品加工业有机结合起来，做到地尽其利，物尽其用，全面发展，有所侧重。

在政府的积极提倡和支持下，在随着经济发展而日益增长的市场需求的拉动下，80 年代农业多种经营已发展起来，取得了显著的成绩。首先是畜牧业和牛奶业有较大发展，人称“白色革命”。“七五”计划中联邦政府用于促进畜牧业的拨款为 107.67 亿卢比，比“六五”时期增加 26%。一方面是政府增加投资，另一方面一些公司参与投资，奶农也有不少以合作社形式集资经营的。新投入的资金不但用在增加奶牛和其他畜禽类的数量上，而且注重引进高产品种、科学饲养和疫病防治，以提高产品的质量。1986~1987 年度，印度畜牧业和奶制品业产值已达 9670 亿卢比，其在该年度农业总产值中的比重将近 25%。自 1976 年以来，除少数年份外，印度不再需要进口奶粉，而是变成了世界牛奶生产大国和奶制品出口国。畜禽肉类产量和羊毛产量也有较大增长。

渔业和水产养殖业的发展被称作“蓝色革命”，到 80 年代也取得了令人振奋的成绩。印度不仅有长达 7000 多公里的海岸线，还有近 30000 公里的河流，170 万公顷的水库，75.3 万公顷的池塘，渔业资源的雄厚和养殖业潜力之大非一般国家所能相比。然而由于对这方面的开发重视不够，长期以来资源得不到充分利用，水产品的产量很低，大多数渔民生活在贫困线下。80 年代在政府强调综合利用资源的鼓励下，情况有很大改变。1989~1990 年度，海洋渔业和内河渔业的产量分别达到 185 万吨和 140 万吨。1970~1971 年度鱼类和鱼类制成品的出口在农业出口总值中的比重只有 6.37%，1990~1991 年度上升到 15.2%，成了世界鱼类产品出口第五大国。

花卉、蔬菜、瓜果的产量 80 年代较以往大有增加，到 90 年代初印度已是世界第二大水果生产国和第二大蔬菜生产国。但出口量都很小，主要是质量缺乏国际竞争力，在保鲜、储存、包装、运输等方面技术水平和先进国家比还有很大差距。

农业产业化是实现农业现代化的重要途径。个体农业经营者直接面对市场有很多困难，特别是大量的小农，掌握市场信息的能力差，很难随着市场需求规划自己的经营活动，产业化意味着把农民组织起来，可以解决这个难题。农业初级产品进行深加工、精加工可以大大增加附加值，提高农民收入。深加工、精加工需要技术力量和较多资金，实行专业化生产，这也是农民仅以个体力量很难办到的，只有实行产业化才能做到。农业产业化就是把农业生产和农产品加工业及产品的销售结合起来，实现农工商一体化，其形式可以因具体条件不同而多种多样。

其实，农业产业化经营80年代前就已现端倪。80年代政府进一步提倡和在贷款上、技术上给予支持，使产业化经营有了初步进展。主要形式有三，一是一些个体农户组织成农工商结合的合作社，以集体经营的形式进入市场。初级产品的生产分散进行，有统一的技术要求，产品的深加工、精加工统一进行，统一销售。分配也是多种形式，包括按合同收购、按劳分配、投资分红等。合作社接受国家技术部门的指导，随着自身经济实力的增强不断进行技术更新，以适应日益发展和多样化的市场需要。80年代在种植业、畜牧业、副业、林业领域都有一大批这样的合作社。

以阿南德模式著称的牛奶业合作社取得了最为骄人的成绩。阿南德是古吉拉特邦凯拉县一个小镇，这里最先组织起了牛奶业合作社，对附近地区起了带动作用。经过媒体宣传，整个邦内掀起仿效热潮。县、邦也相继成立联合和协调组织，县为奶业公会，邦为奶业联合会，以促进本县和全邦的有序经营。从生产、加工到销售，整个过程都是由农民自己组织自己管理。在从国外引进奶牛新品种、使用现代技术、建立合理的储运、加工和销售体系等方面得到了著名农牧学家库里安博士的帮助和指导。印度政府高度重视古吉拉特邦奶农的首创精神和积极性，决定把古吉拉特邦的经验在全印度推广。1970年、1981年和1985年，印度政府发起三期名为“牛奶流淌行动”的增产运动，提倡各地参考阿南德模式，建立产供销一体化的合作社，促进全国范围“白色革命”的开展。在政府的努力推动下，牛奶业合作社在各地大量建立，到1994年3月已达68500个。合作社生产的鲜奶已占鲜奶总产量的30%。

蔗糖业合作社是另一个取得突出成就的部门。在这些合作社里，甘蔗的种植、榨糖和销售合为一体。为了提高蔗糖的质量、扩大销路，合作社一般聘请专业技术人员指导，根据土壤条件采用优良高产品种，增加灌溉设施。蔗糖的榨制更是在有技术、有经验的人员指导下进行，以保证出糖率。许多合作社在经济条件的许可下还修建道路、购置车辆，改善运输条件。1990~1991年度，全印有220家蔗糖业合作社，其产量占全国蔗糖生产总量的60.4%。马哈拉施特拉邦取得的成就最大。

农业产业化的另一种形式是公司与农户的联合，即以私人大公司为龙头，联结成百上千农户，构成产供销一条龙的联合体。公司根据市场需要，确定供应市场的产品品种和规格，向农民订购初级产品，再进行深加工和精加工，以多种制成品供应市场。公司对初级产品的生产有的也派技术人员给予指导。在牛奶业、蔗糖业、食用油业、食品业、肉类品业有许多这样的联合体，其他领域还不多。政府鼓励私人公司投资农产品加工业，鼓励建立这种联合体，如放宽这类企业占用土地的限额、在贷款上给予优惠待遇等。这种产业化形式的主要问题是在联合体内如何确保农民应得到的合法利益不受侵害，此种情况是时常发生的。

产业化还有一种形式，就是实行规模经营的农场主扩大经营范围，不仅经营种植业，也经营加工业并直接进入市场。这类农户 80 年代逐渐增加，特别是在旁遮普、哈里亚纳等最初实行绿色革命的地区。那里在农业产量大大提高后，正在产生绿色革命的“第二代效应”，也就是说，农产品的剩余带动了各种农产品加工业和各种服务业的发展。加工业和服务业大多数是私商投资兴办的，但农场主兼营的也有一部分。这种形式较上述第二种一般规模较小，加工的技术条件也不好，但数量较多，且有越来越发展之势，不失为实现产业化的一种有益的形式。

80 年代农业多样化和产业化都还处在起步阶段，产业化更是小商品经济汪洋大海中的点点孤帆。对于像印度这样一个长期以增产粮食为主要目标的国家来说，要实现农业经济多元化和产业化的转型绝不是一件轻而易举的事。它需要整个市场需求的迅速增长，也需要市场调节机制充分发挥作用。由于经济改革此时刚刚开始，这种市场拉动力还很软弱。在这种情况下，无论是农业多样化还是产业化都受到需求不足的限制，除少数部门外要迈大步仍是十分困难的。拉·甘地政府继英·甘地政府之后做出了一定努力，但不可能有重大突破。

五　廉洁政治和提高行政效率的努力

（一）行政改革

由于英·甘地长期实行专制独裁排斥异己，也由于各政党中不少人为了私利常常不择手段地在政要中拉拢收买挑拨离间，而政要中又不乏沽名钓誉、见风转舵之辈，印度政坛七八十年代盛行倒戈风，造成邦一级政府动荡不定、瞬息万变，合法政府被颠覆，而投机之徒则青云直上。这样构成的政府自然不会花费精力于廉洁和效率，所关心的只是抓紧时机扩大自己和自己小集团的政治影响，谋求私利。倒戈风加剧了腐败风，使玩弄阴谋、金钱贿买、得势后的损公肥私和利用职权酬劳犒赏成为钻营者行之有效的谋官之道。正直的人士对这种钻营与腐败行为嗤之以鼻。各政党在公开场合下也是口诛笔伐，但私下活动又难脱窠臼。在维护本党利益的旗号下，这类活动得到纵容、鼓励，只要能颠覆异党政权，把政权夺过来，劣迹会变成功绩，罪行也会变成德行。各政党彼此彼此，心照不宣，使这一丑恶现象呈愈演愈烈之势，似乎成了政治不可缺少的“正宗”产品。拉·甘地执政后决心以此为突破口廉洁政治。他的政府 1985 年使议会通过的第一批法案就包括反倒戈法。其中规定，一个政党的议员如在任期内脱党，其议员身份即告丧失；无党派的议员若加入某一政党，其议员身份失效。但如果一个政党有占其议员总数 1/3 以上议员集体脱党，则属于党分裂而不是倒戈行为，不受此法限制。拉·甘地在人民院讲话中说，实行这个法案“是通向净化公共生活的第一步”。[①] 此法案的通过震动了整个政坛，受到正直的政界人士（包括反对党）、舆论界和广大公众的热烈欢迎。人们赞扬拉·甘地，不仅因为此举切中时弊，要使政治清廉化必须解决的最大的弊端，还因为此举固然影响到许多政党，但受影响最大的还是国大党（英），因为国大党（英）一直是这种勾当的最大受益者。拉·甘地提出此法案首先意味着国大党（英）自律，自律方可律人。这种正直不阿的行动把一股清风送进政坛，使倒戈的行为顿时锐减，也为拉·甘地赢得了广泛的尊敬，他得到了“廉洁先生”的美名。

选举中的不正之风是政坛上另一突出弊端。最突出的现象是各政党在提名人民院和邦立法院候选人时只着眼于能拉到更多选票，而不考虑候选人的品德。结果，被提名者有不少人品德不良，仅仅是在地方上有势力或在同种姓的人中有较大影响。在许多地方，连有犯罪记录的人也能当选。自从桑贾伊成了英·甘地的左右手后，在国大党（英）中这个问题更突出。桑贾伊为了培植亲信，把国大党提名议会候选人的大权抓在自己手里。一批正直的不对他溜须拍马的人的名字被从候选人名单上删除，而他的亲信，

---

① N. 努简特：《拉吉夫·甘地——一个王朝的儿子》，第 55 页。

其中许多人属于品质恶劣的打手类型，都被安插做候选人。这样，许多劣迹斑斑的人被选进议会。有些人本应待在监狱里，却堂而皇之地坐在人民院或邦立法院的交椅上。拉·甘地执政后，指出这也是必须清除的政治腐败。1984 年大选，他在确定国大党候选人名单时，不仅考虑能获得多少选票，品德、服务态度也被列为选拔的重要标准。桑贾伊安插的一批人被清除。结果，国大党议员的水平有了一定改变。为了杜绝选举中的弊端，1988 年拉·甘地政府提出了人民代表法案，明确规定有违法行为的人不得被提名为议员候选人，被提名也没有当选资格。虽然凭一纸法令并不能根本杜绝这个弊端，但法令的制定确是向这个方向前进了一步。

官员受贿、权钱交易是官员腐败的另一个突出表现。国家对私人经营活动的严格控制给了主管部门官员极大的权力，他们可以很快批准某项申请，也可以寻找理由拒绝批准或无限期拖延，这时有没有贿赂往往成为决定性因素。贪婪的商人（包括外国大公司）眼睛总是盯着需要大量采买物资的主管部门和有权发包工程、有权签订贸易合同的部门，总是想方设法进行贿赂，或向掌权的政党"捐赠"，或向负责的官员送礼，目的很明确，就是要获得回报，得到工程或订货的合同单。权钱交易的钱是"黑钱"的一部分。所谓"黑钱"就是非法谋取和非法支付的未列入国民收入统计的收支。除贿赂金外，还包括偷漏税款、走私所得、贪污、非法佣金、非法国外存款等。这主要是部分工商业者的非法行为，不过也有不少官员卷了进去。拉·甘地宣布要采取措施对付"黑钱的威胁"，任命了一个委员会研究遏制办法。财政部部长维·普·辛格在工商界开始采取有力的行动，严厉查处偷税漏税和国外非法存款等行为。1985 年这类查处行动有近 3500 次，引起强烈震动。为了堵塞工商业家通过私下捐赠与政党进行钱权交易的渠道，拉·甘地还使议会立法允许公开捐赠。

拉·甘地考虑问题的效益取向，使他不可避免地会把目光从经济领域扩展到行政管理方面。经济效益的取得也要靠行政管理效率的提高来保障。印度政府机构和官员的办事效率是不能令人满意的：机构臃肿，程序僵化，办事拖沓，办公设备陈旧，在日新月异的经济发展形势面前缺乏敏捷的反应能力。拉·甘地强调，正如陈旧的经济政策需要改革一样，政府的陈旧的管理体制也要改革。他为政府工作提出的准则是"目标明确，讲究效率，注重效果，以实绩论赏罚"。为了减少机构重叠和分散，提高工作效率并适应重点发展的需要，拉·甘地对政府机构进行了较大的改组，把有些需要相互紧密协调的部联合成一个更高级别的部，实行集中统一领导；对一些其重要性日益突出，需要加强领导的部门或设立新的局级管理机构，或将原来的局升格为部，或划归更适合的部领导，对职能重叠的机构则予以撤销。英·甘地任总理时，由于许多重要决策都是由她本人通过总理秘书处收集信息，在秘书充当顾问的情况下做出决定，再拿到内阁通过，因此总理秘书处握有实权，成了政府的中枢神经。拉·甘地认为这不正常。他强调恢复内阁决策的做法，辞退了英·甘地执政时的一些总理秘书。各种调整的目的是使管理结构更趋合理，更具有适应性和反应灵活性。针对办事拖沓和设备陈旧的现实，拉·甘地除要求在办事程序上破除烦琐的条条框框，尽可能简化手续外，还带有强制性地要求所有政府机关和事业单位普遍使用计算机，建立数据系统，使办公手段现代化。拉·甘地本人还用电脑指导和监督政府各部的工作。在他的大力倡导和督促下，各部门纷纷行动，使政府机关确实出现了注重提高效率的新风气。

行政机构是由相对稳定的文官系统运作的。文官系统固然有墨守成规、效率低下等弱点，但一般来说执行政府的政策是认真的，不受党派观点的制约。改善政府的管理水平需要提高文官系统运作的效能，除了制度性的改进外，更重要的是政府制定的政策措施要得当，政府的部长们要抓效率、讲实效并能率先垂范，严格要求部属。部长本人的作风对下属有重大影响。正是从工作能力和作风考虑，拉·甘地对许多部长的工作不满意，所以频繁地进行内阁改组。在5年任期内他进行了27次改组，不负责任者和不称职者随时会被撤换。这使部长们都得兢兢业业，不能再高高在上做官。不但政府部长、副部长的选拔注意起用有真才实学、锐意改革的年轻人，国家经济、科技方面重要领导岗位官员（文官）的任用也贯彻这一精神，一些职能部门的重要领导人被替换。英·甘地任总理时，笼罩官场的办事准则是唯上主义，不管有无政绩，只要忠于她，就能保住官位。拉·甘地用人以政绩为主要依据，得到所有正直的官员和舆论界的赞扬，也使那些占据要位只知沽名钓誉而无意尽职的人不能不小心从事。拉·甘地还说，起初他认为政府办事效率低主要是管理不善的问题，所以把主要的注意力放在改进管理上，如简化程序、建立单一窗口、实行计算机化、注重礼貌等，目的是建立“有责任心的行政”，但后来认识到许多问题源自体制，如政府在经济管理上权力过大且过分集权，他表示要进行调查研究，在掌握全部情况的基础上努力从体制上解决问题。可惜他没有机会完成这一任务。

（二）整党

国大党是执政党，而且是多年的执政党。国大党的政治主张、民主作风和干部素质对政府施政具有决定性的影响。从尼赫鲁执政以来，国大党对印度国家发展的贡献是有目共睹的。但是国大党本身不断退化，党内民主的丧失、党员素质的降低和腐败的日益加重，这些弊病都通过它的执政地位直接影响到政府系统，党内的问题变成了政府的问题。英·甘地执政时，更是模糊国大党与政府的界限，把在党内发号施令的一套办法用在政府系统，用在处理中央—地方关系上，使民主原则和联邦制的基本准则受到严重扭曲。国大党在群众心目中的威望也因而受到严重损害。拉·甘地此时要革新政治，他当然知道，如果作为执政党的国大党本身不革新，病枝上是不可能开出鲜花的。所以他在提出廉政要求的同时，也以国大党（英）主席身份提出了整顿国大党（英）的任务。

1985 年 12 月在孟买举行国大党成立一百周年庆祝大典，按照传统，这是给国大党歌功颂德的机会。出人意料的是，拉·甘地在致辞中歌颂国大党丰功伟绩的同时，对党内的严重腐败现象、各级领导道德素质的降低和服务意识的淡薄进行了极其尖锐和猛烈的抨击。他说，作为一个执政党，国大党却“越来越脱离人民群众”，党内存在一些“权力经纪人”，他们利用窃据的职位，以权谋私，玷污党的名声，破坏党群关系，成了党内蛀虫。他说：“这些根深蒂固的党阀把国大党组织变成了空壳，以前所有的服务精神和牺牲精神都被蛀空。……我们嘴里讲的是崇高的原则和理想，说这些是建设强大和繁荣的印度所必需，但是，我们置规章、纪律于不顾，缺乏公共道德，没有社会责任感，不关心公共福利。腐败不仅被容忍，而且被视作本领强。这种说一套做一套的恬不知耻的做法竟然成了我们的生活方式。每一步，我们的行为都与我们的目标冲突；而在每一个方面，个人贪欲的追求都使我们所承担的社会责任遭到损害。”① 他提出整顿党风刻不容缓，要纯洁党的队伍，通过教育和恢复民主，提高全党的纪律性、公共道

① N. 努简特：《拉吉夫·甘地——一个王朝的儿子》，第 56 页。

德水平和服务意识。他强调只有党朝气蓬勃充满活力，才能适应领导国家奔向现代化的现实需要。拉·甘地不落俗套，敢于在党的百年庆典这样的场合公开暴露自己党的缺点，大声疾呼，以求振聋发聩，这是难能可贵的，表明他真心实意地希望振兴党，以便更好地担负起人民赋予的执政责任。然而，他的目的并没有达到。由于缺乏事先的整党思想动员，突然在这样的场合发难并指出党内有权力经纪人，这只能使全党感到惊讶和困惑。党的官员和普通党员都不免私下议论纷纷，猜测所指的经纪人是谁。更有不少国大党（英）有影响的成员质疑拉·甘地此举的适宜性，并散布流言蜚语。整顿思想作风是一项细致的工作，首先需要在领导核心中形成共识，然后自上而下地做深入细致的发动工作。拉·甘地知道这很困难，国大党（英）各级掌权人对可能影响他们地位的整党并不热心。他想绕过领导层直接向广大党员群众呼吁，以为只要党员积极响应，就会对领导层形成压力，促使他们行动。然而他不了解党内多年丧失民主，已经形成各级组织被少数领导人紧紧控制的局面，直接呼吁党员是得不到预期效果的。

拉·甘地想从恢复党内选举打开缺口。英·甘地长期兼任国大党（英）主席，她的独裁使党内各级组织多年处于不选举、领导人由上级指定的状态，邦级党组织领导人选由她本人圈定。这样形成的各级组织缺少威信，只对上级负责，对下则以行政命令代替思想动员。地方组织常常是由地方有权有势出身高种姓的人把持，许多思想品德有问题的人也混迹其中。党在群众中威望日益降低。拉·甘地想通过恢复选举制度重振党内民主，激发党员的积极性，并达到纯洁各级领导机构的目的。在担任国大党（英）主席后，他宣布要在一两年内在党内恢复选举。当时，党的执行主席是K.特里帕提，他是英·甘地任党主席时因为自己太忙而任命的（这不符合党章，党章没有规定设立执行主席岗位），负责领导党内日常工作。拉·甘地当选党主席后对他并不信任。拉·甘地没有把恢复党内选举的工作交给他负责，而是任命自己信任的阿尔琼·辛格（当时是内阁商业部部长）为党的副主席负责这项工作。特里帕提甚为不满，对阿尔琼·辛格的工作不配合，还竭力设置障碍。1986年特里帕提在给拉·甘地的信中不仅指责阿尔琼·辛格膨胀自己的势力，他的下属编造假党员名册，造成党内混乱，还流露出对拉·甘地的不满情绪，例如不满拉·甘地的孟买讲话，质问拉·甘地所说“权力经纪人”指的是谁，充分表露了他和一些老的当权者的失落感和不满。由于阿尔琼·辛格和特里帕提互不合作，党内选举工作迟迟没有进展。拉·甘地不得不把阿尔琼·辛格撤职，重新安排在内阁中任交通部部长。1986 年底，特里帕提也辞去了党执行主席的职务。后来拉·甘地虽然还讲到要落实整党工作，但时机已错过。下一届议会大选的临近使拉·甘地和国大党（英）不得不把主要精力转向备选。这样，恢复党内民主选举的美好打算终于落空。到拉·甘地离职，党内选举也没有进行。其实，落空是必然的。面对这个民主已经被冷落得生锈的庞大机器，拉·甘地想靠从上面安置少数人来重新启动是行不通的。那些在党内已占据重要位置多年的既得利益者是不愿失去位置和特权的。退一步说，即便形式上进行了选举，在缺乏思想整顿基础的情况下，能够保证不走过场吗？能够期望民主真的得到恢复吗？

虽然如此，对拉·甘地的美好愿望还应充分肯定。自 60 年代以来，把廉洁政治和整顿党风联结起来作为紧迫的现实任务提出，并采取一些措施实行，拉·甘地是第一人。这本身就是很有意义的。印度要加快现代化的步伐，不仅要紧紧抓住经济发展这一环节，加强政治民主和实现管理现代化同样重要。拉·甘地较早地认识到这点是非常难能可贵的。

（三）加强基层民主和提高妇女政治地位

实现基层民主的三级（县、区、村）潘查雅特体制是尼赫鲁执政时期建立的。这一则是为了充实全国政治体制的基层环节，因为宪法只规定了联邦和邦一级实行议会民主制，对县级和县以下实行什么体制没有规定；再者，也是为了创立一种与传统衔接的、群众较熟习的、最适合实现自治的基层组织，以便充分发挥其作用，使广大群众能广泛地参与和有效地实行自我管理。50 年代末 60 年代，根据中央的要求，各邦在原来的县自治局和村潘查雅特体制的基础上建立了新的三级潘查雅特体制。各级潘查雅特机构的职责是在各自的范围内落实政府的各项发展计划和扶贫计划，促进经济发展和乡村建设。这种自治体制的建立，在实现基层民主、发动和组织群众积极参与乡村建设方面发挥了积极作用。

但是，后来的事实表明，并不是所有邦政府都重视发挥潘查雅特自治体制的作用。做得较好的邦有国大党执政的古吉拉特邦、马哈拉施特拉邦、印共（马）执政的西孟加拉邦、泰卢固之乡党执政的安得拉邦和人民党执政的卡纳塔克邦。更多邦的执政党（包括国大党）只是在竞选中接触群众，目的是得到更多选票，能在邦内执政，在执政后对提高群众自我管理意识和能力，对积极开展乡村建设并不重视。邦政府不愿放权，本应该交由地方去做的事却要大权独揽。而作为中央政府领导人的英·甘地，由于她本身的专断作风，也根本没有把加强基层民主放在视野之内，对各邦提出要求。结果，到 80 年代上半期，在全国多数地区，潘查雅特体制已处于瘫痪状态，正常的选举和改选长期不能进行，领导权被少数人把持，群众的自我管理权利受到漠视。即便有些地区潘查雅特机构仍在运转，也因缺乏财政支持而难以有效地开展工作。

许多邦政府之所以敢于轻视潘查雅特的作用，一个重要的客观原因是宪法中没有对潘查雅特的地位、作用、任期和建立、改选程序做出硬性规定，宪法只讲到邦政府要帮助建立潘查雅特。许多邦的领导人也就利用这点，轻视潘查雅特的作用，置其于可有可无的境地。有的对是否一定要有潘查雅特体制抱怀疑态度，更多的人则在实践上对潘查雅特能否有效地发挥作用漠不关心，对它作为民主机构的定期改选能拖则拖，总是习惯于以邦政府任命的官员主宰地方事务，以长官意志代替人民自治。

拉·甘地执政后，出于恢复国家和党内民主的考虑，他对加强基层民主，使人民在处理基层事务上真正享有自治权利十分重视，在这个领域他也有实行改革的考虑。再者，六项“技术使命”工程的实施和贾瓦哈尔就业计划的落实也得靠潘查雅特发挥作用。不过，经济改革任务的繁重和艰难，提高联邦和邦政府行政效率的紧迫性，使他不得不把加强基层民主的工作向后推延，直到他任期的后两年，才着手实施这项计划。在这期间，为了掌握下面的实际情况，他先后任命了两个调查委员会，调查地方政治民主化的实施情况，又在 1987~1989 年约见了 400 多位县级官员，从他们那里了解情况特别是存在的问题。还召开了有 8000 人参加的潘查雅特体制会议和专门研究妇女在潘查雅特中的地位的会议。在做了充分准备后，1989 年 5 月 15 日，拉·甘地政府向议会提出了一项健全潘查雅特体制和充分发挥其作用的宪法修正案。在议会做说明时，他说：“提出这个法案的目的，是使正规的定期举行的潘查雅特机构的选举变成宪法的一种规定，并使在全国很多地区长期存在的影响潘查雅特体制发挥作用的错误认识和态度得到纠正。”[1] 在另一场合他还说：“我们决定实现甘地的民主从村庄起步的梦。宪法把这个责任授予邦，但是邦并没有实现这个梦。我们决定（通过修宪）来圆这个梦。”[2] 他强调，三级潘查雅特是县以下的自治机构体制，担负着发扬基层民主，实施中央和邦制定的各种发展计划和扶贫计划，带领群众改变农村面貌的重任。提出这个法案是为了真正实现权力属于人民，使地方的事务由地方广大群众参与决定。

修宪案的内容包括：规定三级潘查雅特体制是印度民主政治体制的一部分，是基层自治体制，各邦都应建立，各邦政府必须充分重视发挥其作用；村、区潘查雅特机构应在成人普选制的基础上直接选举产生；潘查雅特机构任期5年，必须按时进行改选和遗缺成员的补选，使之健全化；在各级潘查雅特机构中，要为表列种姓和表列部落保留与其人口比例相当的名额，也要在各级潘查雅特机构中为妇女保留不少于30%的名额；邦政府要赋予潘查雅特机构一定的权力和责任，包括制定和执行经济发展和社会公平计划；各邦政府要给予潘查雅特机构必要的财政支持并授予其征收某些税费的权力；等等。

拉·甘地认为，印度是近8亿人口的大国，要实行真正的民主体制，仅仅靠选出的5000~6000名联邦和邦的议员来代表民意是不够的，特别是对农村和农民，他们多数人并不熟习。如果民选的潘查雅特体制充分发挥作用，那么联邦、邦议会加上潘查雅特（全国有400多个县、5000多个区、60多万个农村），人民选出的代表就有数十万人，不仅农村的情况和广大农民的意愿、要求会得到更充分的反映，也会使县以下大大小小的权力经纪人丧失控制权力、主宰一切的土壤。他说，农民中蕴含着丰富的人力和智慧资源，要靠真正实行潘查雅特体制去开发。印度民主政治体制上层结构是强有力的，但基层一直是软弱的。这是一个必须克服的缺陷。新的法案如能通过，将成为各邦政府必须遵行的宪法规定，这就为健全潘查雅特体制、充分发挥其作用和充分发掘农民的潜力提供了宪法保障。拉·甘地认为政府的这项议案是“有历史意义的、革命的议案”，是把

---

① http://www.congresssandesh.com/publications/nagarpalikas.html.

② C.K. 贾恩：《拉吉夫·甘地和议会》，新德里，1992，第378页。

“权力交给人民”。①

议案中提议为表列种姓和表列部落保留名额不难理解，这是为了把宪法规定的对这两部分原来最受压迫的人的扶持进一步贯彻到基层自治组织，以便他们能够有更多机会参与公共事务的管理，更快地在政治上站立起来。直接参与基层的管理也有利于在地方经济和社会生活中反映他们的要求，维护他们的合法利益。为妇女保留名额则是宪法没有做过任何规定的，尽管有的邦如卡纳塔克和安得拉 80 年代已经这样做了（在村、区两级保留 22%~25%），建议宪法明确规定在三级潘查雅特机构中为妇女保留名额是拉·甘地政府首次提出的。

印度妇女在独立斗争中积极参与甘地领导的不合作运动，不少人进过监狱，有些人如奈都夫人等成了杰出的政治家。独立后，随着经济和教育的发展，大量妇女积极参与政治生活、经济文化建设和科学研究，成了各条战线上的重要力量。不过，相对来说，城市妇女发动得较好，农村则较差，特别是经济落后的地区。农村妇女占全国妇女人口的多数，由于经济和社会的种种原因，她们受教育程度低，许多人很少走出家门，除了参加大选外，没有机会参加更多社会活动，更不用说从事公共管理工作了。再则，人们的观念中对妇女的作用也存在着偏见，认为她们的活动天地在家庭而不在社会，公共管理是男人的事。拉·甘地认为这种情况不改变，则不能说妇女真正得到了平等地位；没有妇女参与公共活动，她们潜在的才能得不到发挥，对国家也是个重大损失。而发动农村妇女参与公共生活最直接、最可行的途径就是把潘查雅特机构的大门向她们打开，使她们在其中发挥作用，成为重要力量。在解释提案时，拉·甘地说，有三个原因促使政府采取这个提议。第一，妇女构成印度人口的半数，在农村，经济生活的大部分领域都有妇女参加，她们出的力、流的汗水不比男人少，但是，她们的收入和财产却大大低于男性，这是不公正的待遇。她们大量参与潘查雅特机构能够反映妇女的呼声，有助于逐渐改变这种状况。第二，农村妇女负有操持家务的重担，素有精打细算和勤俭节约的美德。她们大量参与潘查雅特机构会把这种美德带进来，使各级组织处理问题和办事更有效率、更正直和更有责任心。第三，妇女担负抚养和教育下一代的重要责任，

① http：//www. congresssandesh. com/publications/nagarpalikas. html.

是印度优秀文化传统和价值观的重要传承者，她们也会把这种精神力量带进潘查雅特机构，而这正是后者所需要的。可见，政府的这一提议不仅考虑到妇女的人数，还考虑到了妇女的品质特点。在拉·甘地看来，通过把对妇女的保留制法定化，使较多妇女进入各级潘查雅特机构既有利于发掘妇女的潜力，还能够用妇女所具有的好品质来净化潘查雅特机构，增强这个组织的活力，提高工作效率，对妇女本身能力的锻炼、提高也是一个最好的途径。

政府提出的上述宪法修正案遭到一些反对党的责难。有些反对党说，政府此举“是匆忙从事的”，“是面临新的大选玩弄的争取选票的花招”。拉·甘地批驳了这些说法，指出政府早就在为提出这个议案做各种准备工作，而且早就在议会讲到要实行新的立法，此时提出这项提议是因为准备工作已经完成。他说，国大党（英）不是因为大选来临才提出此议案，而是考虑人民的需要。大选有结束的时候，加强基层民主建设永远不会结束。如果提案获得通过，作为宪法的规定所有执政党都要遵照执行，无论大选的结果是国大党（英）执政，还是别的党执政。他强调说，提出这样的议案绝不是出于党派利益的考虑，而是“为了国家的利益，为了发展的利益，为了穷人的利益，为了弱势群体的利益”。①

修正案在人民院获得通过，但在国大党不占绝对多数的联邦院，由于有较多反对党的反对，未得到通过。拉·甘地对此深感遗憾，认为这不仅是对他的加强基层民主计划的打击，也使他的改变农村面貌的计划和就业计划的实施受到不利影响。

在提出潘查雅特法案的同时，拉·甘地也考虑到改善城市自治机构的必要性。城市自治局独立前就建立了，独立后被延续下来。独立后，随着经济的发展，城市人口增加迅速。到 80 年代，全国城市人口已近 2 亿，占全国总人口的 1/4。城市是各级政治生活的中心和经济文化中心，人才荟萃，驰骋的空间广大，但也因此市镇自治局的作用就被忽视和边缘化。那里出现的情况与潘查雅特机构类似，也是机构不健全，多年不改选，如马德拉斯市自治局 15 年没有改选，勒克瑙市自治局 16 年没有改选。有的虽有机构但形同虚设。在相当多城市，也是政府官员的意志在很大程度上代替

① http：//www. congresssandesh. com/publications/nagarpalikas. html.

了自治机构的功能。拉·甘地认为，这种情况的出现说明邦政府和城市官员对发动广大市民参与城市管理同样缺乏重视，而这种状况能长期延续，也和潘查雅特体制一样，是因为宪法没有对市镇的体制和运作做出明确规定。

在提出潘查雅特提案后，拉·甘地认为，新提案的精神同样适用于城市自治机构。对加强城市自治机构的作用也应该提出一个宪法修正案。其内容应大致类似潘查雅特法案，包括规定各邦应重视发挥城市自治机构的作用，城市自治机构应定期进行选举，使之健全化；应充分调动广大市民的力量搞好市镇建设，应为表列种姓、表列部落和妇女实行保留名额制；各邦政府要规定城市自治机构的权力和责任，并给予一定的财权。拉·甘地认为，独立后城市人口比独立前增加了几倍甚至几十倍，独立前建立的只有自治局而无基层组织的体制和以商会、学校为选举单位的办法已不适合新的形势，需要改变，建立像潘查雅特那样的多级体制。但城市毕竟不同于农村，城市有大有中有小，城市自治机构如何设置才能适应需要，必须进行充分的调查研究。为此拉·甘地召开了城市自治局和有关方面负责人的会议进行讨论，并广泛听取各方面人士的意见。由于这需要时间，故在其任职期满前，加强城市自治机构作用的议案并没有提出。这个任务是在拉奥任总理期间完成的。

拉·甘地政府提出的加强潘查雅特体制作用的宪法修正案最后通过是在 1992 年拉奥执政时。尽管晚了几年，最终还是被议会接受，成为宪法第 73 修正案。关于加强城市自治机构作用的议案也由拉奥政府提出并得到通过，成为宪法第 74 修正案。其中规定自治机构采取三种类型：大城市为自治局，小城市为自治会议，由乡村发展起来的城市为纳加尔潘查雅特。不同类型的城市自治机构的构成由邦立法院规定。关于健全机构、明确授权、实行保留制等，两个修正案的内容大致相同。两个修正案都在 1993 年 4 月生效。从此，加强潘查雅特体制和城市自治机构的作用有了宪法保障，这对健全基层民主体制，发动最广大群众参与地方建设，推进国家的政治民主化进程具有重要意义。

宪法修正案颁布后，各邦立法院纷纷实行立法贯彻落实修正案关于加强潘查雅特机构和城市自治机构的作用的规定，包括给妇女保留潘查雅特机构和城市自治机构成员的名额。据推算，全国进入各级潘查雅特机构和城市自治机构的妇女就有10多万人。这对发动广大城乡妇女群众包括最底层的妇女群众参加当地的经济文化建设，积极维护自身权益和提高自身素质都有积极的意义。

总的来看，拉·甘地的改革涉及的面较广。他的贡献就在于，他是第一个看到印度实现现代化需要经济、政治、教育全面改革并提出了一套相互有联系的设想和实施方案的领导人。尽管他对改革的认识并非都很到位，尽管他提出的设想并不完整且措施并非都切实可行，有的实行了，有的未能实行或实行了而没有取得预期效果，但是他毕竟提出了各领域的改革方向，对后来的改革者无疑有非常宝贵的启发和借鉴作用。

六　外交政策的新方向

（一）外交重点的转变

拉·甘地的改革思想同样扩展到对外政策领域。要推进印度的现代化，不但国内的安定环境是必要的，有利的国际环境也是必不可少的。他执政期间开展十分活跃的外交活动，就是要积极创造条件，维护和平的国际环境，并努力取得发达国家和国际组织对印度经济建设的支持。

把印度建设成为一个有声有色的世界大国，在亚洲和世界舞台上发挥重要作用，是尼赫鲁的抱负，也是历届政府领导人的奋斗目标。拉·甘地同样把它作为自己外交活动的目标之一。

尼赫鲁执政时制定的不结盟政策以后历届政府都继承了下来。虽然基本原则一直没有改变，但在实践中，各届政府因应不同时期的国际环境变化和国内政策的需要，侧重点都有所不同。拉·甘地时期，一则国际上美苏两极对峙的格局正在发生不利于苏联的变化，美国等西方国家的经济发展速度远远超过苏联；再则，印度对外国军事援助的需要减弱，而在经济上包括资金、技术和先进设备的引进上迫切需要得到西方发达国家的帮助，因而，拉·甘地政府的外交不再是政治外交为主，而改为经济外交为主，不再是偏向苏联，而改为实行全方位外交，利用美苏对立，在保持与苏联紧密关系的同时，重点发展与美国等西方国家的关系。在这方面，拉·甘地政府获得的成功远远超过英·甘地政府。

拉·甘地政府继承了英·甘地政府与苏联建立的密切关系，以继续取得苏联的技术援助和军事援助，平衡美国对巴基斯坦的支持。在5年任期内，他和苏联领导人互访共达8次之多。1985年5月，拉·甘地出访苏联，与苏联领导人签订了《2000年前印度共和国和苏联经济、贸易和科学技术合作基本方针协定》及《苏联和印度共和国经济和技术合作协定》。苏联根据协议向印度提供10亿卢布的优惠贷款，并提供一批先进武器装备。1985年10月，苏联同意向印度提供3台高级计算机，可用于原子能、国防和航天领域。1986年11月，戈尔巴乔夫回访印度，签订了新的经济与技术合作协定。1987年7月，拉·甘地再访苏联，两国又签订了为期12年的内容更广泛的科学技术长期合作纲要。与苏联的合作使印度不仅能在军事上获得好处，也能在技术上、经济上得到实惠。在世界两极格局下，与苏联的接近本身就是一张有用的牌，可以成为它与美国讨价还价的资本。截至1988年3月，苏联对印度的经济援助共594亿卢比，占印度接受外援总额的9.7%。苏援主要用于重工业和基础设施，如钢铁、冶金设备、石油、电力和国防工业等。苏联援建的3个钢铁厂生产能力为1100万吨。80年代以来，苏联还是印度最大的贸易伙伴。苏联的工业品销往印度，印度出口品除棉织品等工业产品外，主要是农产品，包括茶叶、烟草、咖啡、芝麻等。苏联还是印度最大的军事援助国。印度从国外购买的武器70%来自苏联，其中包括米格-29战斗机、T-72坦克和潜艇等。到1985年，苏联向印度提供的军事援助约达40亿美元。

发展与美国的关系，这是拉·甘地外交活动的主攻方向。印度与美国的关系一直是时好时差，起伏不定。拉·甘地既要推进印度的现代化，认为在技术、资金、设备等方面能给印度最大帮助的只有美国，苏联的援助已不能满足需要，所以他决心努力改变这种状况，争取与美国建立较稳定、较密切的关系。美国对印度过分接近苏联一直感到失望，对拉·甘地成为印度新领导人抱有很大期望，也希望利用印度迫切需要得到经济和技术援助的心情，加强对印度的争取工作，以削弱苏联在南亚的影响。1985年5月，美国商务部部长鲍德里奇访印，签订了美国向印度转让高级技术的协议书，规定可向印度转让用于制造计算机、电子产品和电信设备的各种先进技术。6月，拉·甘地访问美国，会见了美国领导人和主要企业家，要求美国提供技术援助，帮助印度实现现代化。两国同意延长科技合作协定。

美国还表示有条件地同意向印度出售1台功能非常先进的超级计算机，这是美国首次同意向西欧盟国以外的国家提供这种技术。美国还原则上同意向印度出售先进军事装备和武器。美国企业家也表示了在印度增加投资的愿望。拉·甘地宣称此次和美国达成的协议是“实质性伙伴关系的开端”。印度媒体也称这次访问是拉·甘地外交巨大的成功，标志着印美合作进入新时期。从1950年至1988年3月，美国共援印641.9亿卢比，占印度接受外援总额的10.4%。美援主要用于发展农业、电力、交通运输和科学教育事业。受美国态度的影响，国际金融组织对印度的贷款有所增加。从1949年至1990年，印度共获得世界银行和国际开发协会的贷款333亿美元。然而，无论拉·甘地、政界还是舆论界，都认为美国的态度并非那么令人满意。美国的援助虽然在数额上大于苏联，但总是附加这样那样的条件，不如苏联提供的援助。更重要的是，美国为对付苏联侵略阿富汗，不断对巴基斯坦增加军援，这是印度最不愿看到的。印度政界、舆论界对美国的不满仍然存在。美苏对峙在南亚形成的美国－巴基斯坦联手和苏联－印度联手的局面对印美关系的改善仍起着相当大的制约作用。

除争取美国的更多援助外，拉·甘地也努力从英、法、德等欧洲国家和日本争取更多技术和资金援助，他出访了几乎所有主要的欧美发达国家和日本。

在努力向美苏双方寻求更多援助的同时，拉·甘地继续高举和平和不结盟的旗帜，在国际舞台上开展活跃的外交，对侵略活动、种族主义表示谴责，扩大印度的国际影响。1985年1月，他倡议并在新德里主持召开了阿根廷、墨西哥、坦桑尼亚、希腊、瑞典和印度六国首脑会议，向全世界呼吁禁止研制和储存核武器，防止外层空间的军备竞赛。印度继续拒绝在《不扩散核武器条约》上签字，认为核大国阻止别的国家拥有核武器的做法不公平。4月，他在有80多个国家参加的不结盟国家外长会议上对南非种族主义表示谴责并赞成给予制裁。两伊战争期间，他派特使去双方斡旋，争取和平解决冲突。对美国的“星球大战”计划，他持批评态度。对苏联侵略阿富汗，他虽然不像世界许多国家那样公开谴责，但也笼统地表示反对任何形式的外来干涉，并在私下里敦促苏联从阿富汗撤军。他重申建立印度洋和平区的主张，要求外国军舰撤出印度洋。1988年1月，在新德里举行了有数十国参加的亚非人民团结会议，拉·甘地在会上呼吁亚非人民加强团结，防止殖民主义势力重新抬头，并主张在平等互利的基础上建立国际经济政治新秩序。这些活动都表明，拉·甘地既力争经济方面同美苏建立密切联系，又注意在政治上和它们保持一定距离。这种把经济政治区分开来的两手策略是他在新形势下对不结盟政策的灵活运用，使印度可以左右逢源，多方受益。拉·甘地活跃的外交为印度在国际舞台上增加了分量，不过，国际舆论对他在苏联侵略阿富汗问题上不敢站出来反对表示失望和不满。

（二）改善与周边国家的关系

对南亚地区周边国家，拉·甘地的外交政策也有所变化。他同样希望看到南亚地区有稳定的和平，希望与周边国家保持友好，并缓和与巴基斯坦的紧张关系。英·甘地执政时，印度对周边国家常常表现出大国主义态度，影响正常关系的保持。拉·甘地要扭转这种状况。他主张通过友好往来、对话、谈判和经济援助，改善同邻国的关系，甚至宣布改善同邻国的关系在政府的外交政策中处于“最优先”的地位。在执政期间，他本人和他的特使遍访南亚各国，并邀请了各国首脑访问印度。

印度与巴基斯坦的关系一直是紧张的。拉·甘地执政后不断进行对话，最初进展很少。1988 年 2 月贝·布托成为巴基斯坦总理后有了变化。拉·甘地在给她的贺电中首先表达了改善两国关系的愿望，接着主动取消了每年在边界举行的例行军事演习。贝·布托积极响应。1988 年 12 月 29 日，拉·甘地借参加第四届南亚区域合作联盟首脑会议之机访问巴基斯坦，实现了两国政府首脑会晤。本着合作的愿望，双方签订了《互不攻击对方核设施》、《避免两国贸易中的双重征税》和《加强两国文化交流》3 个协定，使两国关系得到明显改善。之后，两国又就其他问题举行政府官员磋商。1989 年 7 月，拉·甘地再次访问巴基斯坦，就改善两国关系与贝·布托交换看法。但由于存在克什米尔问题、双方研制核武器问题，加之巴基斯坦在苏联出兵阿富汗后得到大量美国军援，印度要求苏联增加先进武器的供应，这些障碍难以逾越，改善两国关系的努力只能停留在半途中。

印度和斯里兰卡的关系由于斯里兰卡泰米尔人与中央政府的矛盾未得到解决而继续存在紧张形势。1985 年 6 月，拉·甘地与来访的斯里兰卡总统贾亚瓦德纳会谈，承诺印度不支持斯里兰卡泰米尔人的分裂主义和恐怖活动，随后关闭了后者设在印度的训练基地。由于泰米尔人的种族关系，印度表示希望斯里兰卡政府政治解决冲突，当看到政府不准备停止武力镇压时，又给泰米尔人武装力量以物资支援。对此，斯里兰卡指责拉·甘地违背诺言。拉·甘地不希望看到斯里兰卡的内乱发展影响印度的稳定，这年7月，转而采取帮助斯里兰卡政府结束武装叛乱的立场。拉·甘地与斯里兰卡总统贾亚瓦德纳签订协定，允诺帮助斯里兰卡政府解除叛乱势力武装，而贾亚瓦德纳允诺对泰米尔人的要求做出实质性的让步。根据协议，印度随即派维持和平部队数万人进入斯里兰卡。拉·甘地以为很快能平定局势，岂料泰米尔人武装力量并不是都接受印度的维和角色，有些力量不相信政府的诚意，不接受放下武器，印度军队不得不强制执行。这样就引起斯里兰卡泰米尔人的不满。泰米尔主要武装力量——泰米尔伊拉姆猛虎解放组织指责印度帮助斯里兰卡政府解除泰米尔人武装是出卖泰米尔人的利益，宣布印军是敌人，对印军收缴其武器实行武装抵抗。印军不得不以重兵围剿。在持续近两年的战斗中，双方都有很大伤亡。印度军队作为外来势力，在斯里兰卡人民中没有多少支持者，所以没有能力消灭泰米尔武装。1988年12月，普雷马沙达继任斯里兰卡总统。他本来就反对邀请印度军队来斯里兰卡，上任不久，就提出印度军队撤军的要求。1989年6月1日，他正式要求印度政府必须在7月29日前将印军全部撤离斯里兰卡。拉·甘地原则上同意撤军，但不是立即撤军，还提出斯里兰卡政府应履行自己对泰米尔人要求做出让步的承诺，而且不允许印度以外的第三势力插手。印度军队直到拉·甘地下台也没有撤出，为此一直受到斯里兰卡新政府和舆论的指责。深陷斯里兰卡泥潭不能自拔是拉·甘地决策的一个重大失误。拉·甘地低估了斯里兰卡国内形势的复杂性，低估了泰米尔武装组织的实力和潜在力量。关心斯里兰卡的和平固然出于国内泰米尔人的强烈要求，也是他本人的良好愿望，但在斯里兰卡政府与泰米尔武装间严重缺乏信任的情况下，派印军充当维和部队绝非良策，而让印军在泰米尔武装力量拒绝放下武器时充当攻击部队强行收缴更是错误的决策。那样印军就使自己变成了镇压势力，在斯里兰卡人眼里成了不受欢迎的占领军和干涉者。斯里兰卡人对印军进入斯里兰卡由理解转变为憎恶、反对。斯里兰卡政府要求印度迅速撤军后，拉·甘地却以斯里兰卡政府的让步行动作为条件，提出种种借口拒绝按期撤军，明显具有不尊重他国主权的意味。拉·甘地决策的错误源于他的指导思想，即认为印度作为地区大国，对南亚的和平负有责任，南亚地区不应有其他势力介入。这也是印度一直奉行的主张。

在拉·甘地执政期间，马尔代夫于1988年11月3日发生政变。印度政府应马尔代夫政府的请求，派军队到马累粉碎了政变势力，并立即将军队撤回。此举受到国际舆论和周边国家的赞扬。

对印度与孟加拉国间长期存在的恒河河水分配的争执、非法移民问题的争执，拉·甘地与孟加拉国政府开始对话，但受多种因素制约没有找到根本的解决办法。

南亚国家主要由于印度和巴基斯坦的尖锐对立，地区经济合作迟迟不能起步。六七十年代，世界许多地区区域性合作取得的成就使南亚一些国家非常羡慕。1977年，孟加拉国总统齐亚·拉赫曼就萌发了建立南亚区域合作的构想。经各国学者论证、筹划有了眉目后，1980年5月，齐亚·拉赫曼致函南亚各国首脑，倡议召开南亚首脑会议，讨论开展南亚区域合作问题。多数国家立即表示赞同。印度略有犹豫，随即也表示赞同。经过一系列准备，1985年12月8日，南亚7国元首或政府首脑在孟加拉国的达卡通过了具有历史意义的《达卡宣言》，宣告南亚区域合作联盟的成立。英·甘地执政时对成立合作联盟有顾虑，担心这会为南亚一些国家联合起来与印度抗衡提供方便。拉·甘地希望改善同周边国家的关系，认为建立区域合作正是一条重要的渠道。从他执政后，印度对建立区域合作的态度就更加积极起来。

改善与中国的关系也被拉·甘地列入议事日程。中印关系1962年后一度处于冻结状态。中国主张本着“互谅互让”原则，通过友好协商，求得合情合理的一揽子解决。1981年以来，中印两国官员就边界问题进行了多轮会谈，但没有取得任何实质性的进展。拉·甘地执政后，在中印关系上采取了比英·甘地更灵活的政策。为了打破两国关系的僵局，拉·甘地排除国内的阻力，于1988年12月到中国进行了为期5天的具有历史意义的访问。其间拉·甘地对邓小平提到1954年他母亲英·甘地陪同他的外祖父尼赫鲁总理来中国访问时，邓小平说那时候我们两国的关系非常好，“中间相当一段时间的情况是彼此不愉快的，忘掉它！一切着眼于未来”。[①] 拉·甘地和

① 《人民日报》1988年12月22日。

李鹏总理就中印边界问题进行了深入的讨论，一致同意通过和平友好方式协商解决争端，并具体确定了恢复协商的原则、途径和办法。双方同意在寻求边界问题解决办法的同时，积极发展其他方面的关系。两国政府签订了《科学技术合作协定》、《民用航空运输协定》和《文化合作协定，1988年、1989年和1990年交流执行计划》。在两国的共同努力下，坚冰终于被打破，中断了28年的政府领导人互访和对话得以恢复，两国关系终于朝着改善的方向迈出了一大步。

拉·甘地的外交政策是尼赫鲁、英·甘地基本外交政策的延续。他并没有提出新的政策，只是把原来的政策灵活地运用于新的时期、新的环境，以适应新形势下产生的新的需要。在这方面他是成功的。他凭着年轻和熟悉国外情况，一年十几次穿梭于世界各国。1985年他出访了15个国家，1986年是13个国家，1987年是7个国家，1988年是13个国家，还在新德里接待了一大批国家元首或政府领导人。他温和而又富于朝气的形象为各国领导人所欣赏，无论走到哪里，他得到的多是一片赞扬声。外交上的成功增强了他在国内的声望，他在人们心目中成了印度的未来和希望。

拉·甘地的外交活动为印度实现现代化争取到更多的国际支持，也确实在国际舞台上为印度赢得了新的声誉，提高了它的国际地位。但他是否能成为印度的未来和希望却不取决于他取得什么外交成就，而取决于他在国内能把改革推进到什么地步。

七 形势的急转直下

当拉·甘地被全国人民拥戴为国家领导人后，他雄心勃勃，要使印度尽快沐浴到现代化的清风。执政的头两年，他几乎在每个领域都提出了改革目标，改革的措施一个接着一个出台，有些很快执行并收到效果。一时间印度政坛颇有一派欣欣向荣的景象。然而好景不长，大约进入第三个年头后，形势骤然改观，经济改革的措施虽然在继续，但改革的强劲势头消退，其他方面的改革则除个别外俱已偃旗息鼓。从经济方面看，改革显露出了成效，但远不够理想；就政治方面看，则成效较小。给人的总的印象是，印度在迈出最初几步后又在许多方面回到了起跑线上。

出现这样的波折是多种因素综合作用的结果。

像印度这样的多党制国家，任何一项重大政策的出台不同政党都会有不同的反响，拥护者有之，反对者亦有之。对于重大的改革，因涉及不同阶级阶层和社会群体的利益，分歧会更鲜明，反应会更强烈。各政党的阶级阶层构成和利益差别决定了它们不同的价值取向。在相同的阶级阶层中对改革的态度也会因认识水平不一致而产生差别。正因为如此，拉·甘地的改革不可能不遇到强大的阻力。在实行改革时，为了减少阻力，他一再表白，政府不会改变印度建立社会主义类型社会的目标。他对伦敦《泰晤士报》记者说，“我们依然是社会主义国家”，经济需要“新的方向，新的动力。但我们不会放弃（社会主义）而赞成资本主义”。[①] 尽管如此，还是从一开始就遭到许多政党来自不同方向的反对。左翼政党指责他的改革是为资产阶级谋利益，说他不了解印度，不知道广大穷人的疾苦，批评他的政策是使贫者愈贫、富者愈富。他们说，在穷人还没有饭吃的情况下，让富人大量进口高级耐用消费品并鼓励发展此类产业就是完全没有把穷人放在眼里。左翼政党对拉·甘地开放某些重工业领域允许私人投资、放宽对私营企业的限制和放宽进口限制等政策都是反对的。另有一批政党（如人民党、社会党等）从维护城乡小资产者利益出发，批评拉·甘地的政策对上层有产者有利，导致经济权利的进一步集中，使城乡小企业者、小商人在大中资产者的竞争面前处于更加不利的地位。这些政党对拉·甘地的改革也持激烈抨击态度。在政治改革方面，制定反倒戈法和改善中央—地方关系的意愿得到大多数政党的支持，但对于拉·甘地采取的解决旁遮普、阿萨姆问题的方式，许多政党提出指责。这本是不奇怪的，因为在经济改革方面拉·甘地是在英·甘地 80 年代初政策开始转变的基础上进行的；而在政治改革方面，拉·甘地的想法做法都是英·甘地未曾有的。拉·甘地的改革是印度发展道路上的重大转变，对此并不是所有政党都有思想准备，何况他的有些做法（如在解决旁遮普问题上）确实存在缺陷。面临强大的反对声浪，拉·甘地若要不动摇地继续前进，就要有破釜沉舟的决心、披荆斩棘的魄力，要敢于冒国大党（英）在未来选举中失去大批选票的危险。当然，这样做的前提是国大党（英）内认识一致，要有共同的决心，要给拉·甘地充分支持。可惜的是，并没有这种支持。在遇到重重阻力后，

---

① B. S. 古普塔：《拉吉夫·甘地政治研究》，德里，1989，第 57 页。

拉·甘地放慢了改革的步伐，使有些改革停顿下来，而在另外一些方面又走上了回头路。

那么，有哪些客观因素制约了改革的继续进行呢？

第一，经济改革实行两年后，拉·甘地在一般群众中的支持度不是增高了，而是急遽下降，造成国大党（英）群众基础的不稳。经济改革是有成就的，但改革带来贫富差距拉大的效应势必引起广大下层群众的失望和不满。自由化改革放宽了对私营大企业与中等企业经营领域和扩大生产规模的限制，也放宽了进出口限制，私营企业家和商人是改革的最大受益者。私人企业主抓住机会迅速进入以前从不对私人开放的制造业和基础设施领域，开办新企业，或在原来的领域引进新技术、新设备，扩大生产规模，取得了前所未有的经济效益。政府的税收政策、外汇政策、贷款政策都以鼓励他们扩大经营为目标，直接帮助他们扩大生产、增殖财富。无怪乎有的企业家把拉·甘地执政时期称为私营工商业发展的黄金时期。有一位企业家说得更透彻，他说："独立以来，这是第一次不把创造财富看作犯罪，不把'利润'这个词看作肮脏的词。"[①] 据统计，101 家私营大企业的资产年增长率达 20%，1988~1989 年度税前利润增长率达 34%。独立后，经过 40 年的发展，除了大财团实力剧增外，已经形成了一个由中等企业家、公司中上层技术、管理人员和各种自由职业者组成的强大的中产阶级，此时人数在 1 亿人以上。这个阶层虽然就单个人来说掌握的财富远不能和大财团家族相比，但整体来说，他们握有国家物质财富的相当部分，并且是精神文化资源的主要握有者和享用者。这个阶层也是国内制造的和进口的生活资料产品的主要消费者，他们手中握有全国私人存款的大部分，他们的物质文化需要的增长是国内市场容量扩大的决定因素。英·甘地执政时期，由于严格控制高级耐用消费品（汽车、摩托车、彩电、电冰箱、录音机、照相机等）的进口，而这些产品的国内制造能力又很低，他们的消费需求在相当程度上被压抑。拉·甘地为借助竞争促使国内改进技术，放宽了进口限制，结果，高级耐用消费品的需求直线上升，不仅大量进口外货，而且鼓励了印度企业家纷纷进口设备，开办新企业或改建原企业，生产高级耐用消费品。一时间各种产品如流水般涌出，市场兴旺，供不应求。除家

① B.S. 古普塔：《拉吉夫·甘地政治研究》，第 77 页。

用电器有了很大销路外，在日本技术帮助下马鲁蒂厂生产的小轿车因价格相对较低，中产阶级许多人争相购买。室内用具特别是浴室用具从国外进口也成了时尚。据印度《经济时报》对 13 个城市中产阶级的收入和消费抽样调查，1983～1988 年，90%的中产阶级家庭收入增加；月收入 25000～35000 卢比的家庭中，94%有电视机，50%有电冰箱，1/3 有摩托车，1/10 有小汽车；月收入在 35000 卢比以上的家庭中，30%有小汽车。中产阶级的消费水平上升到一个新阶段，生活质量有新的提高。

然而，广大下层群众生活水平却不可能有相应的提高。自由化改革的各种政策虽然从长远来说有利于增长，从而可以通过“滴流”和加强扶贫惠及下层群众，但这是需要较长期的过程的。在短期内，就业扩大有限，工资没有提高，下层人民的生活状况没有得到实际的改善。贾瓦哈尔就业计划虽然是个力度较大的计划，但提出较晚，除了能解决部分就业问题外，一时难有更大成效，何况中央要求各邦拨的扶贫经费，许多不能按时到位，使该计划实行起来并没有达到预期效果。这就使下层人民对拉吉夫执政抱有的热情和期望逐渐降低。1987 年又发生百年未有的大旱灾，造成农业减产、工业停滞、商品短缺、物价飞涨。尽管由于政府有大批储备粮用于赈灾，只进口了 200 万吨粮食，没有造成灾难性的影响，但物价高涨确实影响了广大下层群众，使很多人实际生活水平下降，购买力进一步降低。经济发展并未带来就业的同比例增加，失业和半失业人数达 7000 万人。当一些反对改革的政党把这一切和改革联系起来，宣称物价高涨、失业增多都是改革政策造成的时，对改革的失望和不满情绪便不期而然地在广大群众中迅速蔓延开来。拉·甘地改革由于没有在农业上下功夫，广大农民从改革中得到的实惠很少。由于不存在农业所得税，所得税降低也与农民无关，相反，间接税的提高使得商品价格提高，对农民不利。有的政党趁机散布拉·甘地心中没有农民的论调，竭力挖国大党的墙脚。这样，国大党的农村基础也发生动摇。可以这样说，拉·甘地的改革虽然是为了印度的经济发展和全体人民生活水平的提高，但立即显现的社会效果是贫富差距拉大，与国大党多年来注重树立的代表穷人利益的形象有悖。一些邦中期选举国大党接连败北此为重要原因之一。

第二，在中央—地方关系方面，旁遮普邦的动乱在拉·甘地与隆格瓦尔签订协议后得到缓解，但并没有根本解决问题，不久现实党派利益的压力又驱使拉·甘地走回头路。前已述及，在旁遮普邦，锡克极端分子发现拉·甘地-隆格瓦尔协议落实不了，更加强了反对政府的宣传和恐怖活动。还有一个因素加剧了部分锡克人对联邦政府的不满，就是一些报刊宣传说，联邦政府对 1984 年 11 月的反锡克人骚乱调查不力。有一些非官方组织（“人民民主权力同盟”“公民自由同盟”“公民正义委员会”等）在自行调查后提出的报告认为，死亡的锡克人数比官方公布的 2700 余人多得多，骚乱得到某些官方人士的支持，而政府因为这个问题牵涉面广，怕激起印度教徒的强烈反应，显然不想彻底调查。锡克极端分子煽动锡克人不要再相信联邦政府。1986 年后，极端分子制造的暴力和恐怖活动有增无减。1985 年暴力和暗杀有 64 次，1886 年为 620 次，1987 年为 883 次，1988 年为 2329 次，1989 年为 1700 余次。1986 年，“蓝星行动”时的陆军参谋长 A. S. 瓦伊迪亚将军也被暗杀。

拉·甘地指责阿卡利党政府无力控制局势，他没有从根本上找原因，而是认为巴尔纳拉政府软弱。1987 年 5 月，阿卡利党政府被解散，对旁遮普邦再次实行总统治理。印度许多学者倾向于认为，建立阿卡利党政府本是拉·甘地政府为应对旁遮普局势精心考虑选择的办法，因为这样可以减少中央政府所承受的直接压力，冲淡锡克教—印度教教派冲突色彩。此时拉·甘地匆忙改变主张，固然是出于对巴尔纳拉政府失望，但这不是主要原因。主要原因是他屈服于党内的压力，要以此举为国大党在即将到来的哈里亚纳邦立法院选举取胜创造条件。哈里亚纳邦是国大党（英）经营的重要基地，在北印印地语地带有重大影响。该邦绝大多数选民是印度教徒，他们中许多人认为拉·甘地在旁遮普问题上对阿卡利党让步太多，损害了哈里亚纳邦的利益。一些反对党更抓住这点大做文章。在这种气氛下，国大党（英）担心在未来的选举中支持国大党（英）的多数选民很有可能带着不满的心情投向其他政党。对旁遮普实行总统治理是为了向哈里亚纳邦的印度教徒表明，联邦政府并非偏袒锡克教徒，从而为国大党（英）赢得民心。这个分析不是空穴来风，这就表明，拉·甘地处理旁遮普问题在遇到挫折后，在压力面前不能坚持，又跌入狭隘的政党私利的泥淖中，重新回到英·甘地失败的老路上。这是很可惜的。

总统治理没能保证国大党（英）在哈里亚纳邦选举中取胜，却使旁遮普的局势更加复杂。阿卡利党温和派对拉·甘地此举甚为不满，极端势力又得到了指责联邦政府歧视锡克人的新的口实。1987~1988 年，旁遮普的分裂势力和恐怖主义活动一直是拉·甘地政府面临的最棘手的问题之一。1988 年有 1567 人死于一系列暴力和恐怖事件，其中平民 1210 人，警察 74 人，极端分子 283 人。中央政府对极端主义分子一度采取镇压和争取对话的两手策略。1988 年 3 月通过了宪法第 59 修正案，使总统治理可延长到 3 年，可根据邦内形势需要宣布在该邦实行紧急状态，并赋予军队和警察更大权力。同时释放了包括宾德兰瓦拉的外甥贾斯比尔·辛格·洛迪在内的 5 名锡克高僧和蓝星行动中逮捕的 40 名阿卡利党人。拉·甘地还支持锡克寺庙管理委员会任命贾·辛格·洛迪为金庙负责人之一，期望通过洛迪建立与极端分子对话的渠道，影响其他极端分子放弃暴力。尽管拉·甘地对这种新策略抱很大期望，但极端分子没有人回头。

当认识到这种策略没有效果后，拉·甘地又放弃了这个策略，重新回到联合阿卡利党温和派镇压极端分子暴力行动的道路。1988 年 4 月 25 日，他和温和派领袖、阿卡利党主席巴尔纳拉等商谈解决办法，争取得到温和派支持。5 月中旬，政府又采取了名为“霹雳行动”的新的军事行动，派保安部队清除重新盘踞在金庙的极端分子。在两天的交火中有 9 人死亡。5 月 12 日，一些锡克高僧包括洛迪策划向金庙进军以破坏戒严令，遭逮捕。5 月 14 日，保安部队控制了金庙部分建筑物。极端分子在进行抵抗后于 5 月 18 日投降。

巴尔纳拉不反对政府的军事行动，还对参加统一阿卡利党的以塔尔旺迪为首的原阿卡利党强硬派做工作，呼吁实现团结。为促进这一新苗头的发展，政府于 1988 年 8 月释放了被监禁的 5 名高僧。1988 年最后几个月内，拉·甘地两次去旁遮普视察，允诺做一些让步。有 138 名蓝星行动中被关押的政治犯获释。1989 年初，拉·甘地又提出了解决旁遮普问题的方案，其内容包括削减警察权力、恢复法治、举行潘查雅特选举、释放在押政治犯等。还宣布 1984 年 11 月反锡克人骚乱的罪犯除 6 人已被判终身监禁外，其余的人也都要受到惩处。这些努力在重新争取温和派支持方面有一定作用，极端分子的势力和影响受到削弱，但暴力和恐怖活动仍未停止。

此时阿卡利党内又出现一个新的派别——阿卡利党（曼），领导人是希·辛格·曼，其立场属强硬派，但有时也自称持民族主义立场。他原是一名警官，蓝星行动后离职，后因被怀疑与谋杀英·甘地有牵连，在比哈尔被捕。当局并指控他从事分裂国家的活动，但这些指控都缺乏有力的证据。他的入狱却使他获得了前所未有的声望。1989 年在旁遮普邦举行了人民院旁遮普邦议员选举，14 名当选人民院议员中有 9 名（包括他本人）是希·辛格·曼派的成员和支持者。阿卡利党温和派主流（此时主席是巴达尔）被边缘化。拉·甘地立即派专使去监狱和希·辛格·曼接触，使他立即得到释放，对他的指控撤销，希望缓解他抱有的对立情绪。不过直到拉·甘地离职也没有取得任何结果。

阿萨姆的情况比旁遮普要好些，但对解决外来人问题的协议并非所有阿萨姆人的派别都接受。阿萨姆联合解放阵线声称协议太过于妥协，损害阿萨姆人的根本利益，宣布不接受该协议。在阿萨姆人民协会执掌邦政权后，联合解放阵线仍继续进行暴力活动。

一些反对党抓住旁遮普和阿萨姆仍不平静的现实，大肆鼓动，称拉·甘地处理失败，表明政府无能，不能保持国家安定。国大党（英）内也出现意见分歧。保守的领导人，特别是旁遮普邦和阿萨姆邦国大党（英）组织领导人对国大党（英）失去邦政权耿耿于怀，认为是拉·甘地拱手相送。哈里亚纳邦、拉贾斯坦邦国大党（英）组织则认为拉·甘地是用牺牲印度教徒利益的办法安抚锡克教徒。他们强调，大选在即，国大党（英）不能拆自己的墙脚，为此向拉·甘地施加强大压力。反对派的攻击和国大党（英）内的不支持使拉·甘地继续处理旁遮普和阿萨姆问题已没有多大的回旋空间，加剧了政治解决的困难。1987 年后，他执政之初得到的“创造和平的总理”的赞扬声已经被认为他无能的一片指责声取代。这也是拉·甘地在群众中威望大为降低的原因之一。

第三，财政部部长维·普·辛格查处偷税漏税的严厉做法，弄得大中企业家和商人人心惶惶，对政府普遍产生不满。维·普·辛格认为，偷税漏税和外汇违法行为破坏国家经济运行的正常秩序，如果不彻底清除，拉·甘地的经济改革和廉政措施都会受到严重干扰。作为财政部部长，他认为这是他分内的事，理应负起责任。他采取了奖惩结合的办法，一方面修订税则，降低对企业的税收；另一方面根据得到的情报，对涉嫌企业包括一些顶尖大企业的纳税情况和在外汇方面的守法情况实行突击检查，凡查出有不法行为的企业，不论大小，不论私营、公营，都要补足税款，改正违法行为，否则要受到严厉惩处。维·普·辛格雷厉风行，不留情面。到1987年初受到突击检查的企业有5000多家，查出的偷逃税款达50亿卢比。被检查的企业中包括克尔洛斯卡尔大工业集团，因涉嫌在进口空气压缩机中偷税和在联邦德国一家公司非法投资，其主席克尔洛斯卡尔被捕。受检查的还包括全印排位第五的最大的塔帕尔工业集团，控制这个集团的拉利特·塔帕尔是拉·甘地在杜恩学校念书时的同学和好友。维·普·辛格不徇私情，对他照样严格执法，塔帕尔涉嫌违反外汇管理条例被逮捕。此事在工商界影响很大。在检查中对查出问题较大者经内阁同意给予惩罚的有21人，与他们的过失相关有约200家公司受到惩罚，其中包括少量公营公司。工商业者们看到维·普·辛格连塔帕尔集团都敢触动，不免忧心忡忡。经济界的违法行为是现实存在的问题，维·普·辛格力图改变本身无可厚非，不过，他在做法上似乎简单了些，不仅使企业家人心惶惶，也使国大党（英）上层担心这样大张旗鼓地去做，会产生严重的副作用，影响政府和企业家的关系，导致大企业家和中等企业家离开国大党（英），投向其他政党。拉·甘地本人也认为维·普·辛格走得太远了，若不收步会影响正在开展的经济改革。维·普·辛格还自作主张，聘请一家美国侦探机构 Fairfar Group 调查印度企业家在国外银行设立账户的投诉（在国外设立账户是违反印度外汇管制法的）。此举受到舆论界严厉抨击，认为危害印度安全，指责他独断专行、目无领导。企业家们强烈要求总理把维·普·辛格调离财政部。国大党（英）上层也力主拉·甘地干预，让维·普·辛格停止这种行动。拉·甘地对维·普·辛格打击经济违法行为本来是支持的，这也是他的要求，此时在国大党（英）上层和企业家们的压力下不得不改变态度。1987年1月，他借口国家受巴基斯坦威胁需要非常得力的人去领导国防部，把维·普·辛格调任国防部部长，自己兼任财政部部长。此后，对偷税漏税的查处行动软化了并逐渐停止。舆论界对拉·甘地此举甚为不满，把维·普·辛格的调离称为“那些要他离开财政部的企业家族的胜利”。[①]

第四，国大党（英）在邦选举中连连失利，使党的上层（包括邦领导人）有越来越多的人对改革由口头附和变为公开阻挠。国大党（英）上层推举拉·甘地为领袖只是要借尼赫鲁家族的威望保持国大党（英）对群众

① 《今日印度》1987年2月15日。

的影响力，维护党的执政地位，对拉·甘地的经济政治改革主张不少人是将信将疑，而对他的党内改革和廉政要求则认为是做表面文章，并不认真看待。他们自上而下控制着各级组织，不愿自己的地位因改革受到影响。拉·甘地看到了这一点，所以在自己周围集合了一批自己挑选的年轻人，主要依靠他们筹划改革。对此国大党（英）上层中有些人非常不满。不用说，他们对拉·甘地的改革是有保留的，并不热心。在印度这样的政党竞争激烈的国家，任何领导人实行改革，没有执政党的共识和强有力的支持是不可能的。拉·甘地想较多依靠自己的支持者绕过党内不赞成者，是把复杂的政治看得过于简单了，在现实面前他常常碰壁，有件事很能说明问题。1985 年 5 月，拉·甘地向国大党工作委员会提交了一份他拟订的经济决议草案，请求批准，但遭到拒绝。工作委员会很多成员指出，决议草案没有表明要坚持社会主义目标，也没有提到消除贫困的纲领，而且决议草案中还说，随着时间的推移，在一个阶段适用的政策不一定永远适用，政策本身不是目的。他们说，这些都表明，拉·甘地似乎要实行一种背离国大党传统的政策，这是不能允许的。反对的声音是如此强烈，拉·甘地无奈，只好对决议草案做了重要修改，重申坚持社会主义目标，并表示要遵循国大党以往的经济政策原则，这才使决议草案得到批准。这只是拉·甘地和国大党（英）上层不断发生的冲突中的一个，也是他不断做出的让步中的一个。在处理公营企业问题上也很典型。尽管他认为公营企业不改是不行了，但为了防止出事，他还是小心谨慎避免提及私有化问题。对私营企业，他虽然竭力主张放宽限制，但在他的所有讲话中，只是偶尔使用“自由化”一词，这也是为了避免引起国大党（英）上层的指责。

在拉·甘地名声大振时，国大党（英）中有些人对他的改革动议不便阻挠，也师出无名，只能随声附和。但这种情况从 1987 年开始就改变了。1987 年 3 月喀拉拉邦和西孟加拉邦举行邦立法院选举，国大党（英）分别败于两个邦的印共（马）领导的左翼联盟。1987 年 7 月哈里纳亚邦选举，国大党（英）又败于人民党。国大党（英）在哈里亚纳邦上一届议会有 90 席，是执政党，此次只得到区区 5 席。1989 年泰米尔纳杜邦立法院选举，国大党（英）再次失败。值得注意的是，上述几个邦的选举，除哈里亚纳邦外都是拉·甘地亲往坐镇，为国大党（英）候选人造势助选。国大党（英）候选人的落选固然有许多原因，包括个人原因，但从一定意义上说，也是拉·甘地坐镇领导选举的失败。国大党（英）接二连三丢失邦政权在党内引起了失望和恐慌，党内有些人认为拉·甘地的群众魅力已经丧失，对他的领导能力不再信任。

国大党（英）在几个邦立法院选举的接连受挫，使国大党（英）上自中央下至邦一级的较保守的领导人都有了公开责难改革的理由。他们把国大党（英）选举的失败归罪于改革，一致强调国大党（英）当前的首要任务是维护党的群众基础，准备迎接未来人民院的选举。停止出台改革新措施，安定群众情绪，确保未来国大党（英）在人民院选举中获胜，这成了他们喊得最响的口号，也成了阻挠改革的堂而皇之的借口。在这种强大压力下，拉·甘地知道很难再把改革深入下去，只好收住脚步。这样，国大党（英）在逆境中就没有充分发挥应有的中流砥柱的作用。

联邦政府内的情况也不理想。联邦政府的成员都是拉·甘地挑选的，但其中就有一些人对改革表面赞成实则态度消极，有的根本没有改革的意志，有的则执行既定政策拖拉疲沓。拉·甘地不止一次承认他的失察，不得不对政府频繁地进行改组。不停的调整未见给政府工作带来根本起色，却造成更多政府成员心神不定，难有长期打算。拉·甘地和总统 G. Z. 辛格的关系也一度极为紧张。总统指责拉·甘地与隆格瓦尔谈判直至签订协议都对他封锁消息。这是确实的，因为拉·甘地认为总统以前任旁遮普邦首席部长和联邦内务部部长时处理旁遮普问题有偏见，不希望他知情以避免干预。总统还指责他对自己不尊重，不遵守经常通报重大事件的惯例。当事情发展到总统私下酝酿要罢免总理的地步时，拉·甘地才意识到问题的严重性，只好主动妥协。拉·甘地本来主要依靠他的参谋班子出谋划策，也把他们安置在政府和党的重要岗位上。但面对如此强大的党内守旧势力，他们也无能为力，何况他们中有些人本身也有变化，不久多数人与拉·甘地分道扬镳。

置身于这样的环境里，拉·甘地受到的掣肘太大，不得不屈服于种种压力。当然，不能全怪客观环境，他自己缺乏韧性和坚持力是重要的内因。为了保证国大党（英）在未来大选中获胜，他同意把改革降到次要的服从的地位。执政之初他曾宣布，他处理党内外问题一切都按民主方式行事，可是，他后来在许多情况下都背离这个原则，重走英·甘地的老路。如国大党（英）掌权的邦的首席部长由他来指定；对国大党（英）各邦党组织首脑的依赖加深，把很多权力包括 1989 年人民院选举候选人的提名都交给他们。最能说明问题的是，英·甘地执政时的主要助手 R. K. 达万，在被拉·甘地有意冷落了 4 年后又被起用，成了他处理党务的主要顾问；一批拉·甘地执政后闲置不用的英·甘地时期的地方首脑人物又被纷纷请出，理由是他们熟习情况又有经验，对国大党（英）未来的选举有利。在中央—地方关系上，他又把为国大党（英）争权放在突出重要位置。国大党（英）中央政府与某些非国大党（英）邦政府的关系又告紧张。遇到挫折未能妥善处置，这对改革本身无疑造成了很大损害。

第五，对拉·甘地威望的最后打击来自博福尔斯等丑闻。这些丑闻不管有没有确凿证据，都被反对派利用，舆论界大肆渲染，使拉·甘地陷于泥潭，洗刷不清。维·普·辛格被调任国防部部长后，在新的岗位上继续坚持反腐败，对暴露出的丑闻予以深究。当时揭出的重要丑闻是购买联邦德国舰艇受贿案。事情发生在 1981 年，当时是英·甘地兼任国防部部长，国防部从联邦德国购买几艘舰艇。1987 年印度驻联邦德国大使向国防部报告说，发现联邦德国的 HDW 公司按双方最初议定的销售价支付了 7%的佣金。作为国防部部长的维·普·辛格立即组织调查。因事情牵涉到怀疑前政府和英·甘地，引起国大党（英）的强烈反对与指责。拉·甘地也不支持。维·普·辛格处境尴尬，只好在宣布调查的 3 天后（1987 年 4 月 12 日）向拉·甘地递交了辞呈。他在国防部部长的位置上只待了 79 天。此后，由于他在报刊上公开批评国大党（英），3 个月后被国大党（英）开除，理由是他有反党行为。维·普·辛格其实原是忠于国大党（英）的。由于他坚持反腐败，舆论界把“廉洁先生”的美誉转而送给他。他做事考虑欠周，也有要突出自己的因素，因此就不能见容于国大党（英）和拉·甘地，只能表明国大党（英）活力的衰退和拉·甘地在奉行民主原则和反腐败方面缺乏一贯性。维·普·辛格的离去使拉·甘地政府失去了一位有权威的、改革态度最积极的部长，也使国大党（英）又多了一个新的强大对手。反对党在所谓德国舰艇案受贿丑闻披露后，就大肆渲染，攻击国大党（英）参与受贿和管理失误。维·普·辛格的辞职离党又被他们用来作为证据，攻击政府和国大党（英）腐败，对敢于调查的人实行压制和打击。德国潜艇案的调查没有结果，后来的调查者宣布受贿的指控没有事实根据。

就在维·普·辛格辞职后不久，媒体又揭露了另一件更大的丑闻——

博福尔斯丑闻，掀起了更大的波澜。博福尔斯丑闻的披露始于 1987 年 4 月瑞典广播电台播送的一则消息，该消息说，在瑞典博福尔斯军火公司与印度政府达成的印度向该公司购买 410 门 155mm 榴弹炮的交易中，博福尔斯公司支付了数百万美元的酬金给印度官员和国大党（英）人。合同是 1986 年 3 月签订的，当时是由拉·甘地兼任国防部部长。印度政府立即发表声明否认，指出当时政府已做出规定，谈判由印度政府和博福尔斯公司直接进行，不允许任何一方有中间人介入。政府是在经过缜密考察比较后，从竞争者中最后择优选定博福尔斯公司的，不存在任何人受贿的问题。博福尔斯公司也予以否认。但瑞典广播电台说，它有确凿的证据，证明钱支付给了印度的中间人。此事的重要性在于，合同是在拉·甘地兼任国防部部长期间签订的，就把拉·甘地卷入其中。一些反对党和报刊立即抓住这个消息大肆进行蛊惑，说政府的声明是想掩盖事实真相。拉·甘地请瑞典政府协助调查博福尔斯公司是否使用了印度中间人，支付了佣金。调查的结果是，公司说它支付了大量佣金给中间人，但瑞典政府不能肯定是否有印度人得到佣金。而此时一些印度反对派和报刊已经把这事炒得沸沸扬扬，一些文章甚至质疑拉·甘地的清白。拉·甘地不得不在议会声明，他和他家庭的任何成员绝对未接受任何贿赂，并要求议会组织调查。议会成立了调查团，提出的报告认为合同的签订符合正常程序，不存在使用中间人和收取佣金的事实。但调查委员会中有一位成员（属全印安纳德拉维达进步联盟）发表了与上述意见相反的单独报告，说调查委员会的调查是不认真的，其中还特别提到，总理对选择博福尔斯公司有“特殊兴趣”。反对党和一些报刊便以这位成员并无事实根据的说法为依据，大肆宣扬拉·甘地与此事有牵连。此后，有的报刊又抛出了据说能证明有人接受佣金的新材料。1988 年 11 月，拉·甘地在接受《星期日泰晤士报》记者的谈话中，虽然第一次讲到有支付佣金的事实，但坚持说他不知道有印度人接受佣金。拉·甘地最初不承认有中间人接受佣金的事实，此时转变口风，承认他知道博福尔斯公司使用了印度人以外的中间人。当被问及为什么知道公司违反了印度政府不许中间人介入的规定仍不取消合同时，拉·甘地的回答是国防部不愿因更改合同使获得武器的时间又被推迟至少一年。他再一次强调，印度政府的决策完全是从印度的需要出发，没有受外界的影响。就在这一丑闻的炒作已使人感到厌烦之际，又传来国家总审计长对此项合同的技术上和程序上失误的批评。反对党似乎又受到新的刺激，这一次是要求总理辞职。为了施加压力，反对党在人民院的几乎所有议员集体辞职。博福尔斯丑闻虽然最终也没有查出印度人接受佣金的事实，但此事的被渲染和传播使人们在近两年的时间内把怀疑的目光对准拉·甘地和国大党（英），严重打击了拉·甘地和国大党（英）的威望。当拉·甘地被不信任和怀疑的漫天罗网罩住而不能脱身时，他哪里还有精力和勇气去排除障碍深入进行改革？广大群众又怎么可能还像他执政初期那样相信他和国大党（英）？人心的转向在1988年人民院议员补缺选举和一些邦立法院选举中已表现得很清楚。无论哪个邦，在选战中反对党都是把博福尔斯丑闻作为轰击国大党（英）的最有力的武器，结果国大党（英）的候选人几乎到处被击败。1988年6月，阿拉哈巴德选区人民院议员补选，以绝对优势战胜国大党（英）候选人的不是别人，正是不久前被国大党（英）开除的维·普·辛格。为了表示政府的清白和政府反腐败的意志不亚于任何人，1988年政府提议使议会通过了《公职人员腐败（调查）法》。由于报刊连篇累牍指责拉·甘地受贿，这年拉·甘地政府又在议会提出了反诋毁法法案，在人民院得到通过，但由于报刊普遍反对，出现了示威游行，而且国大党在联邦院的议员也有不少人反对，所以政府主动撤销，没有再提交联邦院表决。

综上所述，拉·甘地原是雄心勃勃要在各条战线上开展改革的，然而改革的道路荆棘丛生，寸步难行。在迈出了最初的几步后，便不得不缩小战线，放慢脚步，最后只有已实行的经济改革政策在延续，但不是深入；其他改革大多停了下来，或根本未能开展。造成这种情况的根本原因，是改革已经实行多年的体制和政策必然会遇到重重阻力。如果国大党（英）上层一致认同他的理念，全力支持他的改革，那么就会有力量克服阻力，至少减少阻力。但国大党（英）上层中有些人不仅不支持他，反而本身也成为阻力，使他陷于缺乏强大后盾的境地。学术界常常侧重批评他遇难而退，缺乏坚忍不拔的毅力。的确，这是他的弱点。毕竟他是一个虽有雄心抱负但缺乏政治历练的年轻人，应变能力需要磨炼。但人们不禁要问，如果他不是这样，而是坚持原则、勇往直前，他是不是就能披荆斩棘、力挽狂澜呢？答案是否定的，他个人能耐再大，只靠少数人也是搞不了改革的。他想靠自己小圈子的人筹划，以政府的力量推动，结果只能使他和国大党（英）上层许多人在思想上产生距离。事实表明，拉·甘地在当时的情况下是无能为力的，即便决心再大，再有坚持力，要突破那么多障碍也是不可能的。这就决定了改革不会真正全面展开，已展开的要深入下去也很难。总之，拉·甘地尽了自己的努力，把印度的经济改革向前推进了一大步，是有很大贡献的。他后来屈从保守势力的压力，放弃自己的部分抱负，是历史条件造成的结果，在当时是很难避免的。

八 教派主义活动增强和拉·甘地的态度

（一）印度教同盟家族

独立后，国大党推行的世俗化方针在 80 年代受到教派主义更大的抗阻。在“振兴印度教”的旗号下，印度教教派主义集结力量发动了新的攻势。现在起领导作用的是一个经过重新打造后崛起的组合力量，即所谓印度教“同盟家族”：国民志愿服务团是核心，世界印度教大会是其延伸组织，印度人民党是其政治翼，还有众多附属群众组织。

国民志愿服务团 70 年代中期乘各反对党联手反对英·甘地和国大党（执政派）之机，竭力在印度教徒中鼓动，指责国大党（执政派）的世俗化政策是牺牲印度教徒利益讨好穆斯林，从而在大众层面对当时“J. P. 运动”的开展起了配合作用。英·甘地在宣布实行紧急状态后，国民志愿服务团是被禁止活动的组织之一。1977 年人民党执政后，国民志愿服务团恢复合法地位，由于印度人民同盟是人民党的组成部分，而人民党的骨干很多人兼有国民志愿服务团成员身份，所以国民志愿服务团事实上渗进了中央政权。不过，外表上看，它继续是一个宗教文化团体，与政权没有关系。

国民志愿服务团 1973 年后的领导人是道拉斯。该团的核心主张是印度应成为一个印度教国家，信奉其他宗教的人应接受印度教和印度教文化，融入这个主流，成为印度教民族的一部分，否则就不要奢望有任何权利。鉴于印度教自身组织松散、派系林立，相互缺少联系，行动步调不一，道拉斯认为首要的任务是加强各派系的联系，增强内聚力，规范行动，以达到印度教的紧密团结和振兴。国民志愿服务团在各地建立分支，1975 年有 11000 个，到 90 年代初增加到 3 万多个，据估计它有能力动员 300 万名志愿者执行它的指令。它还有自己的工会（有 300 多万名会员，是印度第二大工会组织）、全印学生组织、青年组织、妇女组织等，还建立了自己的学校并对年轻成员进行准军事训练。

除积极开展宣传鼓动和自身的组织建设外，国民志愿服务团早就考虑把国内外印度教的各个组织联结起来，就像伊斯兰教一样，形成强大的有组织的力量。1963 年，它当时的领袖戈瓦尔卡尔就委托 S. S. 阿普特尽快建立一个广泛联系印度教各派的中心组织。阿普特与国内各派 600 多个重要人物联系，与 200 多人直接接触，还到 20 多个国家访问，与国外 40 多个印度教组织建立了联系。在此基础上，1964 年 8 月在孟买召开会议，决定成立世界印度教大会，并于 1966 年 1 月在阿拉哈巴德召开成立大会。宣布的宗旨是巩固和强化印度教社会，保护和促进宣传印度教的生活、伦理和精神价值，与世界各地的印度教徒建立紧密的联系，尽可能地组织和帮助他们维护印度教特性。宣布的目标包括消除不可接触制，实现所有印度教徒不分语言、地区、派别和阶级的团结，树立对印度教文化遗产的自豪感，允许改宗基督教、伊斯兰教的印度教徒回到印度教等。国内外大多数教派都参加了这个协调性的组织。该组织设有中央常设机构，以印度舞台为中心，统一策划和指导国内和海外教派组织的活动。新组织的建立使印度教第一次有了一个国内外各教派相互联系的中心组织，这就为松散的印度教此后开展统一的活动提供了便利条件。世界印度教大会得到海外组织大量资助，自成立后就开展了多项活动，弘扬印度教和印度教文化，加强印度教的团结，还创办学校、报刊、医院、旅店和各种福利机构，宣称其目的是把印度建设成强大的繁荣的印度教国家。正是这个组织提出了“所有印度教徒超越种姓，超越政党，觉醒吧，奋起吧，团结起来”的口号，[①] 成了此后站在前台出面领导教派主义鼓动的组织。1984 年世界印度教大会在寺庙之争中又建立了自己的青年组织，叫哈努曼军，作为执行其使命的工具。

国民志愿服务团和世界印度教大会都只是宗教文化组织，更广泛地吸引群众的任务则由其政治翼印度人民党承担起来。作为一个政党，印度人民党有自己的政治经济纲领，它的运作遵循议会民主制的规则，它宣布的目标是建立现代发展的强大的有内聚力的国家，这是与国民志愿服务团和印度教大会不同之处，然而它认为这样的国家只能建立在印度教文明的基

① 《今日印度》1988 年 5 月 31 日。

础上，文明只能是一元的，否定多元统一。这一点在实质上和印度教教派组织的主张没有区别，只是进行了包装。它要把这包装了的教派主义推向群众，利用印度教选民的宗教情绪，扩大自己的群众基础，力求取得执政地位。至于各色各样的附属组织则负责联系各界别的群众。这样就构成了一个分工明确颇具实力的势力组合，进入 80 年代，这个组合成了煽动印度教教派主义的一面大旗。

80 年代，同盟家族在教派主义思想指导下集中力量大张旗鼓地实施“振兴印度教”的计划。这原是他们早就要做的事，80 年代开展更有一些冠冕堂皇的理由，这些理由包括：国大党（英）政府继续拒绝制定伊斯兰教个人法；旁遮普邦锡克教教派主义泛滥；泰米尔纳杜邦表列种姓改宗伊斯兰教；东北部地区更多部落民皈依基督教；克什米尔邦伊斯兰教极端势力的活动有加无已；七八十年代伊斯兰激进主义的盛行；等等。同盟家族蛊惑地宣称，长此以往不但印度教的地位会受到削弱，印度教的人口比例也会缩减，连印度教的生存最终也会受到威胁。

振兴印度教的活动包括：弘扬印度教的精神价值，号召印度教徒不分语言、地区、教派、种姓团结起来，消除对原贱民的歧视并给予他们积极的帮助，建立对印度教文化传统的自豪感等。采取的方式包括：举行促进统一意识和增进文化自豪感的宗教仪式，组织大型集会和节日活动，资助僧侣广泛在群众中讲经布道，鼓励教徒去圣地朝圣等。在有些地区，举行了载着印度教神像的宗教游行，从一村到另一村，还特别经过原贱民居住区，以表示印度教不分种姓的团结。在许多活动中，最引人注目的是一个叫“整合仪式”的活动。这个活动涉及面很广，其特点是除了各派抬着各派通常崇拜的诸神像外，“母亲印度”女神成了受到共同崇拜的神祇，这显然是为了加强印度教的统一。人们抬着女神像，从一个圣地到另一个圣地，总共有几十万人参加，据说有 85 个印度教派别参与了这项活动。这些宣教活动对印度特别是北印度群众心理产生了重要影响。出面组织这些活动的是国民志愿服务团和世界印度教大会。

印度人民党成立之初没有积极介入这种宗教活动，党的主席瓦杰帕伊认为作为一个政党应当和宗教组织有所区别，首先要做的是提出适当的经济政策，争取各阶层更多选民的支持。他努力塑造党的世俗形象，还主张与其他党结成竞选联盟。然而，1984 年大选受到重挫（印度人民党在人民院只得到 2 个席位）后，党内强硬派强烈反对瓦杰帕伊的方针。他们说瓦杰帕伊的方针没有突出印度教意识形态的主导作用，使党失去了自己的个性，成了国大党（英）的“B 队”，要求回到原印度人民同盟的路线上来。1985 年 3 月，党的中央机构——全国执行委员会任命了以党的副主席 K. 夏尔玛为首的 12 人工作小组，对党成立以来的方针路线、竞选战略和工作情况进行全面的研究，提出改进建议。1985 年 7 月，夏尔玛工作小组提出报告，虽然原则上赞同不应完全回到印度人民同盟的路线，但强调党应突出意识形态的主导作用。报告说：“只有意识形态才能激发党的工作者的热情，增强他们的信念。而且，只有意识形态才能体现一个政党的鲜明特色。”[①] 报告建议把 D. 乌帕底阿亚 1967 年提出的“完整的人本主义”作为党的意识形态的核心。报告说，党“主张建立一个以完整的人本主义原则为基础的社会，没有对价值和原则的遵循，政治就会变成追求私利的游戏”。[②] 对 1980 年印度人民党建党时提出的五项政策原则（民族主义和国家统一、民主、积极的非教派主义、甘地的社会主义和价值基础上的政治），工作小组表示要坚持，但强调党致力建设的政治必须符合印度的文化和传统，和任何政党的结盟都不能以模糊和削弱党的特性为代价。根据这个报告，在 1985 年 10 月全国执行委员会甘地纳加尔会议上正式决定把完整的人本主义作为党的哲学基础，并提出党的目标是“把印度建设成一个强大、繁荣的国家，它是现代的、进步的、文明的，骄傲地以印度古代文化和价值为精神源泉”。[③] 这就清楚地表明，党基本上改变了瓦杰帕伊的温和路线，转而采取突出印度教意识形态的立场。1986 年 3 月党的另一领导人、持强硬立场的阿德瓦尼被选为主席。他按照党已确定的新方针，积极主动参与同盟家族的教派主义鼓动，期望利用群众宗教意识的增长壮大印度人民党的群众基础，挽回颓势。从这时起，印度人民党的发展进入了突出教派鼓动的新阶段，它也因此重新得到了国民志愿服务团和世界印度教大会的信任。

① Y. K. 马利克、V. B. 辛格：《印度教民族主义和印度人民党的崛起》，牛津，1994，第 74 页。
② Y. K. 马利克、V. B. 辛格：《印度教民族主义和印度人民党的崛起》，第 74 页。
③ Y. K. 马利克、V. B. 辛格：《印度教民族主义和印度人民党的崛起》，第 74 页。

（二）阿约迪亚的寺庙之争

在同盟家族开展的鼓动中，除坚持要求制定统一的个人法和撤销宪法第370条关于给克什米尔特殊地位的规定外，有一项带有更强进攻性和煽动性的要求，注定会引发尖锐的教派冲突，这就是要穆斯林归还三个印度教圣地，据说这三个圣地在穆斯林征服印度后被改建为清真寺。它们中一个在阿约迪亚（罗摩庙，被认为是罗摩的诞生地），一个在马图拉（毗湿奴庙，被认为是克里希那的诞生地），一个在贝拿勒斯（卡锡·维什瓦纳特庙）。还指定阿约迪亚的罗摩庙遗址首先归还。1984年4月，世界印度教大会在新德里召开会议，正式提出了“解放罗摩出生地”的行动计划。同盟家族希望把要求归还阿约迪亚罗摩庙遗址作为对全国印度教徒进行最广泛的宗教动员和加强内聚力的手段。印度人民党还希望利用印度教群众宗教感情的增长，吸引更多群众站在自己的旗帜下，扩大自己的群众基础。一时间，“解放罗摩出生地”“重建罗摩庙”“恢复罗摩盛世”成了包括印度人民党在内的同盟家族喊得最响亮的口号。

阿约迪亚是北方邦巴士提县的一个小镇，镇上有一座巴布里清真寺，据印度教徒说是莫卧儿帝国奠基者巴布尔率军入侵后，他的一位将军1528年根据他的命令在摧毁原来的罗摩庙基础上建的。穆斯林否认这种说法，不承认这里原来存在罗摩庙。在清真寺建立后，印度教徒要入内，在罗摩庙的原址崇拜罗摩大神，引起冲突。这个冲突可追溯到19世纪中期。1860年，英国统治者规定一个折中办法，允许印度教徒在清真寺外建立一个小殿堂崇拜罗摩。到了1949年12月，一批印度教徒夜间闯入清真寺，把罗摩大神的偶像放到寺内，引发与穆斯林更尖锐的冲突。县法官命令关闭清真寺，谁都不能入内，允许印度教徒在寺外礼拜。尽管穆斯林和印度教徒都不满意这一决定，但关闭的规定一直维持。进入80年代后，同盟家族在振兴印度教的策划中决定利用这个争执。同盟家族进而提出，阿约迪亚巴布里清真寺这块地方不但原来是罗摩庙，它还是罗摩大神的诞生地，是印度教圣地之一，要求毁寺重建罗摩庙。尽管历史学家、考古学家都指出，没有任何历史证据证明这里是罗摩诞生地，同盟家族仍坚持这种说法。1986年2月，在世界印度教大会的强烈要求（得到国民志愿服务团和印度人民党的支持）下，县法官允许开放清真寺，穆斯林、印度教徒都可以入内祈祷或崇拜，使这个潜伏的矛盾重新爆发。由于被同盟家族利用，这一次酿成全国性的教派冲突，这就是巴布里清真寺—罗摩庙之争，媒体简称“寺庙之争”。

清真寺开放后，穆斯林抗议允许印度教徒入内礼拜，提出了反申请，并成立了全印巴布里清真寺运动协调委员会，领导人是赛义德·沙哈布丁（曾是印度外交官），后因和委员会多数成员主张不同，另成立了巴布里清真寺行动委员会。他办有月刊《穆斯林印度》进行鼓动，主张取得世俗主义政党的支持，与印度教教派主义斗争。1987 年 3 月 30 日，约 30 万穆斯林在德里集会，表示维护巴布里清真寺的决心。同盟家族把穆斯林的这种举动说成是对印度教的宣战，大张旗鼓地进行蛊惑宣传，把这个人为制造的寺庙之争说成是关系到印度教尊严的严重事件，表示一定要在原址上重建罗摩庙，不达目的誓不罢休。世界印度教大会还掀起“献砖运动”，号召印度教徒从各地象征性地“献砖”，用来重建罗摩庙。1989 年 11 月 9 日，同盟家族在巴布里清真寺门外举行了建庙奠基仪式。

阿约迪亚寺庙之争的负面影响迅速向印度各地扩散。固然大多数印度教徒和穆斯林只把它看作一个具体争执，但两个教派中确实有相当多的人受到影响，支持自己教派的立场，这样就使独立以来艰难形成的相对的宗教和平气氛遭到毒害。就是在这种情况下，1987 年初，在北方邦的米鲁特市，一件普普通通的涉及印度教和伊斯兰教两派群众的土地纠纷竟演变成大规模流血的教派暴力冲突。警察部队被邦政府派去恢复秩序，岂料他们本身也受印度教教派主义影响，偏袒印度教徒，甚至帮助残害穆斯林，致使数日之内，骚乱变本加厉，至少 300 人（大部分是穆斯林）丧生。尽管北方邦政府答应改组武装警察部队，追究警察中的罪犯，但此事留给穆斯林心理上的创痛是难以用言语和保证抚平的。此后，较大规模的教派冲突又在多处发生。1989 年 10 月发生在比哈尔邦东部巴贾尔普尔的骚乱持续了 10 多天，数百人死于非命，其中大部分是穆斯林。伊斯兰极端分子不甘示弱，在有的地方（如喀拉拉邦）1988 年出现了仿照印度教国民志愿服务团的模式建立的伊斯兰志愿服务团，它号召穆斯林行动起来，针锋相对地“反击印度教的进攻”。当然，这只能使教派冲突加剧。巴布里清真寺运动协调委员会发动了一项“反运动”，但有些做法是错误的，如号召穆斯林抵制 1987 年国庆庆典，这样做只能引起广大群众的反感。80 年代因教派骚乱有近4000人丧命，几乎是70年代的4倍。

同盟家族的教派攻势使国大党政府的世俗化政策面临严峻挑战。拉·甘地不是不知道问题的严重性，他谴责教派主义，1988年10月召开了反对教派主义和分裂势力的全国会议。在会上，他强调要重视教派主义和分裂势力的危害性，并指出仅仅靠行政手段和警察镇压是消除不了教派主义的，必须把法律的力量、警察行动和鼓励人的精神沟通结合起来，消除隔阂，创造友善的气氛。不过正如许多报刊所指出的，尽管拉·甘地口头上这样讲，在实际行动上不见有任何落实的措施，而且出于争取印度教徒选票的考虑，他未能像尼赫鲁那样明确指出印度教教派主义是主要危险，号召人民提高警觉，与之斗争。在有些情况下，他甚至像许多其他政党领导人那样利用宗教拉选票，与教派主义妥协。他执政之初的主要助手之一阿伦·尼赫鲁（后参加人民党）就说，国大党（英）高层领导1986年初在规划选举策略时就曾决定"打印度教牌"，尽管他们知道这样做的危险性。如拉·甘地在竞选中像他母亲那样访问印度教圣人；更重要的，1986年2月法院判决重开阿约迪亚清真寺，他知道可能会引起巨大冲突但没有干预；在阿约迪亚争执中还允许电视台播放印度教徒在寺外崇拜印度教神的镜头；同盟家族1989年11月举行奠基仪式政府也视若不见。这种暧昧态度使人不禁想起拉·甘地对1984年其母遇难后那场对锡克人报复性大屠杀的调查，当时也曾信誓旦旦表示要彻底调查和严惩罪犯，最后为了不触怒印度教徒却是虎头蛇尾。本身既不能摆脱争取选票的魔力棒的支配，要在反对教派主义的关键时刻有大的作为是根本不可能的。拉·甘地的态度受到穆斯林和许多印度教徒的批评，他们指责他为了国大党的私利而放弃维护社会安定的责任。

（三）沙·巴诺案与拉·甘地

拉·甘地执政期间，在提高印度教妇女地位方面做了些努力。歧视妇女的妆奁制度50年代已被明令禁止，但观念改变的滞后和地方执法不力使少数人到80年代仍顽固坚持这个陋习。仅1986年前10个月，法庭登记的因夫家认为妆奁太少新娘被折磨致死和烧死的案件就有56起。1986年拉·甘地政府使议会通过新的《禁止妆奁法》，加大了打击力度，规定对罪犯要判处7年以上监禁至无期徒刑。政府认识到，提高妇女地位仅仅靠法律保障是不够的，必须积极促进妇女教育，增加妇女就业机会，缩小她们和男子在经济文化地位上的差距，并在社会上坚持不懈地开展宣传教育工作，使男女平等和公民权利的思想在农村也能深入人心。政府还支持妇女界、学术界开展各种维护妇女权利的活动。如 1986 年 10 月在德里就举行了一次“发展中的妇女”的讨论会，讨论的主题是如何提高妇女的地位和妇女的权利意识，使她们在国家发展中起更大作用。

然而，拉·甘地提高妇女地位的态度一旦涉及伊斯兰教个人法，便发生了异化。国家制定的印度教个人法已实行 30 年，穆斯林一直奉行的是自己的宗教法。人们对在许多方面提出改革主张的拉·甘地抱有期望，以为他敢于迈过这个门槛。然而，拉·甘地对此也没有提出妥善的解决办法，也是担心引起社会动荡，担心国大党（英）丢失大量穆斯林的选票。

与此同时发生了一件事，使人们对拉·甘地的失望加剧。1985 年，一名叫沙·巴诺的穆斯林老妪在丈夫与她离婚后，向一个地方法院申诉，要求她前夫供给她生活费。法院依据《刑事程序法典》第 125 条判决她前夫每月供给她生活费 500 卢比。高等法院维持了这个判决。尽管有远见的穆斯林特别是知识分子欢迎这个判决，但在正统的穆斯林中却立刻引起轩然大波。正统的穆斯林上层声称这违反了伊斯兰教法，根据该教法，丈夫对离婚的妻子没有供养义务。他们说，不按伊斯兰教法而按《刑事程序法典》审判是错误的，此举是侵犯伊斯兰教个人法领域，抹杀穆斯林遵循伊斯兰教法的神圣权利。他们宣称，任何人都没有资格改变体现安拉意志的伊斯兰教法，还煽动一批穆斯林上街游行示威，抗议高等法院的判决，要求政府干预，撤销判决。拉·甘地政府的一名穆斯林部长——能源国务部长阿里夫·穆罕默德·汗赞同法院判决，另一名穆斯林部长反对。阿里夫受到穆斯林正统主义者的讥讽和激烈攻击。印度教教派主义者本来就对政府没有为穆斯林制定个人法不满，看到穆斯林正统主义者如此强烈地固守伊斯兰教法，顿时产生激烈反应，指责穆斯林上层是要维护所得到的特权，而这个特权是不正当的和不应有的，早就应该废除。这样，一个伊斯兰教离婚妇女的供养问题迅速转变为印度教教派主义和伊斯兰教激进主义势力之间的相互攻击，并涉及政府和法院。舆论界和一般群众大都认为法院的判决合理。政府在这个事件中应采取什么态度，这是对拉·甘地政府世俗化政策的一个考验。

人们期望，作为一个奉行世俗化政策的政府领导人，拉·甘地会表态支持高等法院的判决，从而向朝着制定穆斯林个人法的方向前进一步。然而，拉·甘地因不愿失去穆斯林选票，却出人意料地采取了相反的行动。在和穆斯林上层商谈以后，拉·甘地政府向议会提交了《穆斯林妇女（保护离婚权）法》法案，内容为承认伊斯兰教个人法是处理穆斯林婚姻、继承和财产诉讼的依据，确定《刑事程序法典》第 125 条不适用于穆斯林妇女。1986 年议会通过了该法案，这样就使高等法院的判决失效。能源国务部长阿里夫·穆罕默德·汗对拉·甘地这种无原则的行为十分气愤，立即辞职，后来又退出国大党（英），成了新成立的人民党的重要成员。印度教广大群众和舆论界对拉·甘地的做法莫不感到惊讶和不解，认为此举不但表明政府对穆斯林妇女的无权状况继续抱漠视态度，而且在保留伊斯兰教个人法之外，又在《刑事程序法典》的使用上对穆斯林别样看待。印度教教派主义者攻击国大党的世俗化虚伪有了新的把柄，说拉·甘地“向伊斯兰激进主义者献媚，出卖宗教多数派，事实上接受了‘两个民族论’”。[①] 一般群众和部分国大党人也很不满。曾在拉·甘地政府中当过部长的伐山特·赛特后来一针见血地指出，政府此举是“在实用主义的名义下屈服于宗教激进主义”。[②] 实用主义就是保选票。拉·甘地也许保住了部分穆斯林的选票，但在印度教群众中的威望又跌到一个新的低度。

九　1989 年大选和拉·甘地政府下台

拉·甘地任期的最后几个月，形势对他越来越不利，反对党继续利用博福尔斯丑闻步步相逼，甚至把怀疑的矛头直指他本人。尽管真凭实据谁也拿不出，反对党却把这事炒得铺天盖地，让拉·甘地有口难辩。在人民院大厅里，一大片席位醒目地空闲着，反对党议员已经辞职离去；联邦院的反对党议员留了下来，据声称仅仅是为了不让国大党（英）“为所欲为地利用议会的表决机器”。1989 年 5 月，拉·甘地政府向人民院提交了一份宪

---

① S. K. 高士：《印度的穆斯林政治》，新德里，1987，第 21 页。

② N. 努简特：《拉吉夫·甘地——一个王朝的儿子》，第 185 页。

法修正案草案，内容是对现行的潘查雅特体制进行改组和强化。当人民院通过后提交国大党不占绝对多数的联邦院表决时，遭到反对党联合反对而未通过。反对党认为，拉·甘地此举纯粹是为了取悦广大农村群众，为国大党（英）拉选票。此事是一个清楚的信号，表明反对党为了把国大党（英）拉下台又有联合的趋向。经济形势尚好，但 1987 年旱灾后的物价飞涨，特别是食糖价格的飙升直接影响到人民的生活。而在人民群众对国大党（英）执政越来越感到失望的紧要关头，印度教同盟家族的教派主义蛊惑显示了力量，把越来越多的群众吸引过去。显然，对国大党（英）来说，除非有特别的举措，否则想在这次大选中稳操胜券是相当困难的。

拉·甘地决定把选举日期提前几个星期，以防形势更不利于己。10 月 17 日联邦选举委员会宣布，第九届人民院选举定于 1989 年 11 月 22 日、24 日和 26 日举行。

拉·甘地引为自豪的政治资本是有限的。经济改革特别是发展新科技有突出的成绩，受到中产阶级的称赞，但经济改革的实惠未及下层群众，对下层群众缺乏号召力。旁遮普的动乱仍未彻底平息，拉吉夫对旁遮普问题的处理不再被赞扬而是受到指责。他执政初期得到的“廉洁先生”的美名也因博福尔斯丑闻招致太多怀疑而失去。拉·甘地意识到形势的严峻，在竞选的 4 个星期中奔走全国各地，在 170 多个会场讲话，一天要去三四个邦。拉·甘地竞选宣传的主调是：“只有国大党（英）的经济改革和世俗化政策才能保证印度的繁荣、社会进步和宗教平等”，“拉·甘地真正关心广大下层群众，关心权力属于人民”。

被国大党（英）排斥出党的维·普·辛格带着新的团队，以新的面貌出现在竞选中。在离开国大党（英）后，他和一些同样是脱离了国大党（英）的志同道合者阿里夫·穆罕默德·汗、阿伦·尼赫鲁、拉姆·达恩、V. C. 苏克拉等于 1987 年 10 月建立了人民阵线。1988 年 10 月 11 日，人民阵线与人民党（Janata Party）部分人、民众党部分人合并，成立了一个新的党，叫 Janata Dal，也译作人民党，维·普·辛格任主席。1989 年初，新的人民党又与 3 个力量较强的地区性政党即德拉维达进步联盟、泰卢固之乡党和阿萨姆人民协会，以及国大党（英）的对立面国大党（社会主义者），共同结成全国阵线，以全国阵线的名义参加选举。新的人民党成了全国阵线的核心。大选之前，维·普·辛格在 1988 年 6 月阿拉哈巴德选区人民院议员补缺选举中初试锋芒，以绝对优势的选票击败了国大党（英）候选人，当选人民院议员，证明了他在拉·甘地政府任职期间的反腐败行动为自己树立了威望。新的人民党把博福尔斯丑闻和腐败作为攻击国大党（英）的主要武器，讽刺地把博福尔斯丑闻称作印度的“水门事件”，写有这样字样的标语在选区的许多公共场合都可以看到。为了迎接人民院的选举，维·普·辛格在各种竞选集会上大讲反腐败的重要性，赢得许多选民的信任。

印度人民党乘着寺庙之争煽起的宗教狂热参加竞选。自然，攻击国大党（英）的世俗化政策、宣扬印度教特性是它竞选造势的主题。它蛊惑人心地提问道：“为什么我们不应当以我们印度教遗产为荣？为什么我们应当向穆斯林和其他少数派献媚？”也就是从这时起，它着重向选民灌输“印度教特性”的思想。“印度教特性”的提法由来已久。早在独立斗争时期，印度教民族主义者萨瓦尔卡就在其著作中提出了“印度教特性”的概念，他成为印度教大会领导人后更是扩大宣传这种概念，以之为印度教大会的指导思想。其含义是，印度是印度教徒的家园，印度教徒由于宗教、种族、文化、历史的关系，形成一个民族，有共同的宗教信仰、共同的价值观念、共同的骄傲、共同的英雄、共同的圣地、共同的文化，一句话，有区别于其他宗教和民族的共同特点。萨瓦尔卡认为，既然印度是印度教徒的家园，印度教在国家政治和社会生活中的主导地位就是理所当然的。既然印度已失去了印度教特性，从而失去了它本来的面貌，印度教大会和所有印度教组织就应该挺身而出，恢复原来的面貌。这实际上就是“使印度印度教化”的主张。80年代印度教同盟家族鼓吹的就是这种思想。如今印度人民党的强硬派接过这面旗帜，其真正的目的不言自明。1989年印度人民党正式把“印度教特性”作为党的指导思想。据解释，“印度教特性”是一种基于宗教、文化的民族主义，是规范印度教和国家关系的准则。就是说，印度教文明应在印度政治生活中居主导地位，必须用印度教文明统一全民思想、规范全民行动，并作为制定国家政策的准则。在印度，只有单一的民族，就是印度教民族，非印度教的人应当丢弃外来的文化特质，通过接受印度教主流文化融入印度教民族。总之，“印度教特性”是把印度教、印度民族、印度文化、印度国家等同起来。印度人民党的一切宣传鼓动都是为了灌输这种意识，它认为只要使印度教徒接受这种思想，国大党（英）的世俗主义也就会失去市场，原拥护国大党（英）的群众就会转而投到印度人民党的麾下。

印度共产党和印共（马）在竞选中着重抨击拉·甘地的经济改革迎合上层有产者的需要，忽视大众利益，批评他的教育改革是精英路线，批评他没有采取有效措施平息旁遮普的动乱和制止教派主义的抬头，也指责国大党（英）腐败，失去人民信任。

总之，这次大选的热点话题包括国家的统一安定、反腐败、教派主义鼓动、经济改革和社会平等。其中反腐败成了反对党最主要的话题。

国大党[①]、人民党（Janata Dal）、印度人民党、印共、印共（马）等作为主要的全国性政党参加大选。此外，还有20个邦级政党和一大批地方小党参加。民意调查显示，大选的主要竞争双方是国大党和人民党。人民党为了得到更多席位，与印度人民党及印度共产党、印共（马）达成了协调竞选协议。

这次大选[②]有选举资格的选民为4.989亿人（从这时起，选举年龄资格从21岁降到18岁），参加投票的选民为3.090亿人，参选率为61.94%。由于政党斗争和教派冲突造成的紧张气氛，选举中多处发生暴力事件，是独立以来选举中发生暴力事件最多的一次。

选举结果，国大党只获得39.5%的选票，197个席位，占总席位数的37.24%，不足半数。虽然和其他党比起来它仍然是得票和席位最多的党，然而除了1977年那次选举惨败外，还没有过这样差的选绩。在北印主要的邦它得票都很少，党的席位主要来自南印4邦。人民党（Janata Dal）获得17.8%的选票，143个席位，占总席位数的27.03%，成了得票第二多的政党。此外，参加全国阵线的泰卢固之乡党得到2席。这样，全国阵线共有145席。印度人民党得票占总票数的11.36%，所获议席从上届的2席猛增到85席，占16.06%，表明同盟家族80年代中期以来精心筹划的教派主义鼓动开始收到效果。印共（马）获得6.55%的选票，33个席位，占6.23%。印度共产党获得2.6%的选票，12个席位，占2.22%。

总的结果是没有一个党获得议会过半数席位，在独立以来的选举史上

---

① 由于国大党（英）的对立面国大党（社会主义者）已参与组成全国阵线，不再作为一个党单独存在，为叙述简便，下文凡提到国大党（英）时，都简称为国大党。

② 阿萨姆邦未能举行，以下数据不包括该邦。

第一次出现了这种“悬浮议会”。

国大党遭受重挫原在人们意料之中。此前数年，各反对党的指责、攻击、丑化已深刻地影响了不同阶层的大批群众，决定了他们的投票倾向。拉·甘地的改革时间尚短，带给下层人民的实惠不多，下层群众感受更深切的是通货膨胀。拉·甘地对“寺庙之争”态度模糊使他失去了许多穆斯林支持者，许多印度教徒对他也并不满意，这决定了在反对党的攻击面前他无力应对。国大党受挫还因为，人民党通过建立全国阵线与部分有实力的地方政党实现了联合，全国阵线又和印度人民党及左翼政党达成竞选协调协议，这都削弱了国大党的竞争力。

国大党席位不足半数，要组织政府必须联合其他政党共同执政。它自知这很困难，没有去寻求其他党的支持，而是主动向总统提出放弃组织政府。总统转而要求全国阵线寻求其他党支持组织政府，全国阵线得到印度人民党和印共（马）、印度共产党的支持。这样，就建立了以人民党为核心的全国阵线政府。这是又一次非国大党在中央执政。拉·甘地代表国大党表示愿给新政府以建设性的合作。

拉·甘地这个曾得到人民厚爱、带着很大抱负执政的总理，就这样以不过半数的选绩交出了执政权。1984 年是轰轰烈烈的一边倒，如今冷冷清清，形成了强烈反差。不是因为他执政特别差或者有很大过错，而是主客观条件的欠缺使他无力实现他美好的愿望。不过，应该强调的是，虽然未达目的，他 5 年执政留下的印迹是深刻的、令人难忘的。他是印度经济改革火炬的点燃者，也是政治改革的倡导者，他开启的经济改革和政治改革两大工程并没有结束，后来的继任者都在有意无意地继续他的未竟事业。他的这两方面的政绩并不因为当时成效不显而有所逊色。

3 个月后，有 8 个邦举行立法院选举，这些邦此前都是国大党掌权，这次选举国大党只在 2 个邦获胜，表明作为印度第一大党，它的势力在全国范围开始走向衰落。

第六章

全国阵线执政时期

全国阵线执政时期印度媒体习惯的说法是包括两届政府：维·普·辛格政府和谢卡尔政府。执政时间前者为 1989 年 12 月到 1990 年 11 月，后者为 1990 年 11 月到 1991 年 6 月，共计 1 年零 7 个月。实际上，这种说法是不准确的，谢卡尔政府已经不是全国阵线政府，而是从人民党分裂出的一个新党——人民党（社会主义者）建立的政府。

为了便于读者了解，本书还是把这两届政府放在一章叙述。

一　为什么会出现中央联合政府

全国阵线政府是联合政府，由几个党联合执政；又是少数派政府，本身在议会席位不足 1/3，靠别的党在政府外支持执政。谢卡尔政府更是靠别的党从外部支持生存。这样的政府是印度政坛的一个新现象，表明建立联合政府的做法此前主要是在邦一级（中央政府偶尔有之），如今发展到联邦一级，出现了中央联合政府。

这种情况是国内政治经济发展的自然结果，是一种正常现象。独立以来，随着全国经济文化发展，社会的分层日益细化；随着地区经济文化的发展，地区认同感越来越加强、普遍。这就导致了政党的多元化和地区化，使国大党不再可能充当全国各阶级大联盟的角色。它的成员一批批离开了，另立旗号，其中较多的是建立地区政党。国大党在长期执政中，在思想和政策上缺乏与时俱进的活力，加之党组织日趋涣散，到七八十年代已呈现严重衰落征象，这更加速了它的分解。然而，虽然处在衰落的过程中，它遍及全国的组织网仍然使它拥有大量群众的支持，其他原有的和新成立的全国性政党要赶上它并非易事，要取代它更非短期内所能做到。这样，在国大党丧失了一党统治地位后，就必然会出现一段国大党和另外的党都不能在议会选举中取得多数席位的时期，任何党都没有力量单独执政，要执政就必须联合别的党建立执政联盟，或依靠别的党在政府外支持。这就使中央联合政府成为必然的趋势。

联合政府在联邦一级出现最早是在 1979 年，不过，如果我们说 1977 年就已经出现了也并不为错。因为由国大党（组织派）、印度民众党、社会党、印度人民同盟、国大党少壮派和民主国大党 6 个不同政治倾向的党派 1977 年匆匆合并而成的老人民党（Janata Party），只是在表面上是一个党，实际上各构成单位都继续若隐若现地作为不同的实体存在。以德赛为总理的老人民党政权只是在表面上是一个党执政，实际上和多党共同执政的联合政府没有根本的区别。老人民党的执政无论从哪个方面（施政纲领和政策的制定、政策的执行、内阁职位的分配、官员的任命等）看，都带有强烈的联合政府印记，只不过打着统一的人民党的旗号而已。德赛政府垮台后，1979 年 7 月建立的查兰·辛格政府是第一个地道的中央联合政府，它是由人民党（世俗派）和国大党（斯）共同执政的，而且两者在议会席位的总和尚不及半数，靠国大党（英）的外部支持才得以执政，国大党（英）撤销支持，它也就立即垮台。

老人民党政府和人民党（世俗派）为主的联合政府的出现在当时还只是个历史的插曲，因为那时的国大党（执政派）还有较强的力量，而反对派只是采取了合并成一个党这种极特殊的做法才具有与国大党（执政派）竞争的实力。所以，一旦反对派的合并瓦解，在政坛上独占鳌头的依然是国大党。1980 年大选，国大党（英）获胜，重新掌握联邦政权，在人民院取得席位之多不逊当年。而 1984 年那次选举，拉·甘地领导的国大党（英）所得席位更是超过以往历届选举，创独立以来的最高纪录。

然而，80 年代末的情况就不同了。国内形势的发展导致政党急趋多元化和地区化，而国大党（英）虽在选绩上登上顶峰，自身的衰败却在急剧发展，终于造成它不得不再次交出联邦政权的局面。从这时起，印度政治中的中央联合政府时期就开始了。90 年代上半期国大党虽然还有一段一党执政时期（拉奥政府），但最初它也是少数派政府，靠别的党外部支持，只是后来国大党在议席补选中又得到一些席位，加之人民党（阿吉特）[①] 一批议员加入国大党，国大党总席位超过了半数，才巩固了自己的地位。

中央联合政府时期的到来造成政局不断震荡、政策乏力、发展速度下降，这些都是它的明显缺陷。但也应看到，联合政府也并非一无是处，有一些在前段一党执政下容易出现的问题（如中央—地方关系的扭曲等），在联合政府下反而得到解决。当然，每个联合政府表现如何，关键要看它实行什么样的政策，能否在动荡中保持正确的方向。不同的联合政府，其构成的状况不同，表现的活力也有很大差别。

二 维·普·辛格政府的政策

全国阵线是靠两个印度共产党和印度人民党在政府外的双重支持组织政府的，因而被媒体讥讽地称为“双拐政府”。印共、印共（马）和印度人民党，政见都和人民党显著不同，都不参加政府。它们一左一右联手在外部支持全国阵线执政，共同的目的是阻止国大党继续执政。当然，还有各自的目的，两个共产党希望借此机会扩大自己在全印特别是北印度印地语地带的政治影响。印度人民党则是为了向全国显示它已具有的实力，并借此机会扩大在北印度各邦的影响，以便在未来的邦选举中与人民党联合击败在那些邦掌权的国大党势力。印度人民党并未把全国阵线政府放在眼里，只当它是过渡性政府。该党仍然以国大党为主要竞争对手，以在下次竞选中压倒国大党、取得在中央的执政地位为目标。

全国阵线政府以人民党为核心，参加全国阵线的德拉维达进步联盟、泰卢固之乡党、阿萨姆人民协会和国大党（社会主义者）都参加了政府，得到了一些部长职位。人民党主席维·普·辛格任总理兼国防、原子能等部部长，原哈里亚纳邦首席部长戴维·拉尔任副总理兼粮食和农业部部长。1989 年 12 月 2 日，新政府主要成员在总统文卡塔拉曼主持下宣誓就职。

---

① 阿吉特·辛格是原民众党领袖查兰·辛格的儿子。民众党分裂后，阿吉特为其中一派即民众党（阿吉特）的领导人，1988 年该派与人民阵线等合并组成新人民党（Janata Dal），阿吉特·辛格任维·普·辛格政府工业部部长。1991 年大选人民党失败后，因与维·普·辛格发生政见分歧，阿吉特·辛格和其支持者先后被人民党开除。此后他们作为一个独立的党存在，即人民党（阿吉特）。

维什瓦纳特·普拉塔普·辛格 1931 年生于北方邦阿拉哈巴德市，是北方邦东部的原曼达土邦王公的后代，拉其普特种姓，毕业于阿拉哈巴德和浦那大学，曾任人民院和联邦院议员、北方邦首席部长，在进入拉·甘地政府前，担任过英·甘地政府的商业部部长。在被拉·甘地任命为财政部部长后，他是拉·甘地实行经济改革的主要助手之一，并以在经济领域反腐败雷厉风行著称。与拉·甘地分手是他政治生涯的重大转折。

全国阵线政府继承了老人民党的基本特色，主张经济政治权力分散化，赞成世俗主义，对国大党垄断权力和腐败非常不满，对印度人民党的教派主义鼓动也竭力反对。接受印度人民党和共产主义政党的支持对它来说也是不得已，因为它知道接受支持意味着政府在制定政策时要受那些党的牵制。但没有别的办法，要单独执政，它自己远没有这个实力。

（一）新政府的政策措施

全国阵线既然执政，就要表现出自己不同于国大党的特色。维·普·辛格针对国大党执政的弱点，也着眼于现实需要，就任后在政治方面采取了如下措施。

高举反腐败的旗帜。这是维·普·辛格吸引选民的主要手段。他规定联邦政府部长们要公布个人财产，还宣布要在议会立法，建立人民检察官制度，即在联邦调查局之外，设立专职的人民检察官，后者有权对揭露出的高级官员腐败案件进行调查。类似主张早在 1968 年就有人（1966 年建立的行政改革委员会）提议，但在英·甘地执政下没有得到支持。拉·甘地执政时在关于反腐败的讲话中也曾提及这个主张，但并没有采取措施去推动。维·普·辛格和英·甘地、拉·甘地不同，他是以反腐败获得声望、取代国大党政权的。上任不久为了表示自己坚持反腐败的决心，就在议会提出了这项动议。不过未及立案，他的政府就倒台了。

英·甘地、拉·甘地都是身兼总理和国大党主席两职，集政府和政党的领导权于一身。维·普·辛格认为，过分集权会形成个人独裁倾向，不利于民主制度的实施。他提出实行“一人一岗”原则，带头辞去人民党主席职务。党主席由 S. R. 鲍迈担任。

英·甘地和拉·甘地执政时，都出现了总理顾问班子权力增大的不正常状况。前者是由于英·甘地大权独揽，对政府各部门的职权尊重不够；

后者则因为有些资历深的部长并不完全按拉·甘地的指示办事。在这两种情况下，两位总理常常都是依靠自己的顾问提供意见，自己决策，因而使总理顾问班子权力增大。维·普·辛格认为无论是什么理由，这样做都是有悖于民主原则的。他决定改变这种不正常的状况，让权力回归到政府各部委，尊重各部委的职权，充分发挥其作用。他宣布重大政策必须由内阁讨论决定。

为了彻底平息旁遮普的动乱，维·普·辛格认为，应该把工作的重点从武力镇压转到政治解决上。在政府的提议下，人民院撤销了拉·甘地执政后期通过的关于旁遮普问题的宪法第 59 修正案。该法赋予联邦政府在旁遮普有实行特别紧急状态的权力，便于警察不分青红皂白滥施镇压。维·普·辛格还去阿姆利则访问，表示要努力通过谈判解决问题。

关于阿约迪亚的寺庙之争，拉·甘地执政后期形势趋向恶化。维·普·辛格大力呼吁双方教派和组织保持克制，以社会安定的大局为重，协商解决问题。他表示政府会谨慎行事，妥善处理这个问题。

拉·甘地执政时期斯里兰卡各界已强烈要求印度撤军，当时未能就撤军时间表达成协议。维·普·辛格政府与斯里兰卡政府签订协议，双方同意 1990 年 3 月印度全部撤回派驻斯里兰卡的维持和平部队。

上述措施有些实行了或开始实行了，如决策重心转到内阁、着重从政治层面考虑解决旁遮普问题、按时从斯里兰卡撤军等。但有些问题不是表达了主观愿望就能解决的，如反腐败，涉及的不仅仅是内阁，还有文官系统。这是一个需要从法制、政治体制、职业道德养成、监督机制的完善等多方面综合治理的问题，并非做出一两个规定就能解决。在寺庙之争问题上向教派主义势力呼吁保持和睦更是一厢情愿。

印度人民党强烈要求政府把国大党执政时任命的大多数邦的邦长撤换，理由是他们有鲜明的党派色彩，不会配合新政府的工作。维·普·辛格接受了这个提议，要求总统进行调整。结果，大多数邦的邦长向总统提出辞职。维·普·辛格提出了新的人选，报请总统任命。

1990 年 2 月，有 8 个邦进行选举。人民党与印度人民党建立了竞选协调关系，结果在几个重要的邦击败了国大党。人民党在北方邦、比哈尔邦建立了自己的政权，在古吉拉特等邦建立了联合政权。收获更丰的是印度人民党，它在中央邦和喜马偕尔邦单独建立了政权，在拉贾斯坦和古吉拉特邦与人民党联合执政，在北方邦和比哈尔邦它得到的席位比 1985 年增加两倍还多。人民党和印度人民党的联合几乎把北印度整个印地语地带各邦的政权都夺了过去。

在经济政策方面，全国阵线政府为贯彻自己提出的经济权力分散化的方针，重点强调发展农业和小型工业。

发展农业方面采取的措施主要是增加对农业和农村发展的投资。政府把国家投资的 49%用于农业、灌溉和乡村发展，三者投资额均高于拉·甘地时期。为调动农民的生产积极性，帮助他们克服困难，还增加了农业贷款。拉·甘地执政时 1989~1990 年度农业贷款为 550.688 亿卢比，新政府 1990~1991 年度增加到 617.8 亿卢比。此外，增加了农业补贴，提高了农产品价格，政府还拿出 100 亿卢比作为补偿，对贷款数量在 1 万卢比以下者统统予以免除。政府还鼓励广泛建立农产品加工企业，以增加农民收入，扩大就业机会，活跃农村经济。

在鼓励发展小型工业方面，采取的措施包括：进一步提高小型企业的资产限额，把更多小型企业放进享受政府优惠的范围；建立小型工业发展银行，其主要任务是增加对小型企业的信贷支持，对有发展前途的企业给予特别支持；重视提高小型工业的技术水平。1990 年 3 月成立了小工业和农村工业局，鼓励和扶植中小工业改进技术，提高产品质量。政府制定了小型工业现代化和技术改造计划，打算设立许多技术中心，对小型企业如何改进技术加以指导和帮助；在市场竞争方面，进一步加强对小型工业的保护。把划归小型工业专营的生产项目增加到 836 项。

对发展农业和小型企业，前国大党政府并非不重视，上述措施中的大部分国大党政府都在不同程度上实行过。不过，国大党政府是把工业化放在首位，以发展现代技术的大工业为重点，同时强调实行绿色革命；而维·普·辛格政府则是沿袭 1977~1979 年老人民党政府的做法，把发展农业和小型工业放在首位，从这点说，指导思想是完全不同的。人们会问，维·普·辛格作为前拉·甘地政府的财政部部长和经济改革的执行者，怎么可能一朝就改弦易辙认同这样的方针？答案是，这是不得已而为之。不管他本人是否赞成，作为新政府的总理他必须这样做。因为在人民党内，确实有一些人持这种主张，而现在作为执政党，他们更主张以此来凸显自己与国大党的区别。他不能不顺从这种期望。强调政治经济权力分散化，把发展农业和小型企业放在首位，既可标榜新政府的特色，又能收到争取更多农民和小生产者的好感的效果。这样做也许政治上对人民党有一些好处，不过，这样的发展战略对印度来说，是否适应现实需要，是不是一种正确的选择，那就另当别论了。

参加全国阵线的党和个人在观点上不尽相同，并不是所有参加者都赞成以农业和小型工业为发展重点，有许多人坚持以发展大工业为重点，而且主张继续实行经济改革。维·普·辛格政府是个联合政府，政策上必然是多种主张的拼盘和折中。所以尽管宣布的政策是把农业和小工业摆在首位，但实际上政府并没有忽视大工业的发展，也没有中止改革。拉·甘地改革带来的经济发展势头有目共睹，维·普·辛格本人和政府中不少阁员都无意改变这个趋势。何况中等工商业者和其他中产阶级阶层握有众多的选票，关于他们希望什么，新政府不能不考虑。所以联合政府尽管着力宣传自己经济政策的重点不同于国大党，但领导人也都清楚，政府事实上必须继续执行拉·甘地的经济改革政策，特别是放宽管制方面；如果说和拉·甘地政府有什么不同，那主要是对重工业的投资比重有所降低，并强调大工业要支持、带动农业和小工业的发展。

维·普·辛格执政的一年多时间里，对工业许可证和进出口许可证的控制又都略为放宽，削减了一些烦琐手续。如规定所有在落后地区建厂其固定资产在2.5亿卢比以下者和在中央提出的落后地区建厂其固定资产在7.5亿卢比以下者，都免于申请许可证。对公营企业强调注重效益，提出为摆脱公营企业亏损局面，有条件的可将亏损企业交给私营部门管理，或把企业部分股票卖给本企业职工，让职工有所有权，参与企业经营管理。为鼓励个人创业和经营的积极性，对个人所得税的起征点给予放宽，投资利润税的征收也有所降低。在对外开放方面，也较以前有所前进。如进口限制进一步放宽，允许企业进口相当于其厂房和设备总价值30%的资本品、原材料和零部件，对实行一般开放许可证的原材料及零部件的进口不受30%的限制。在引进外资和技术方面也继续抱重视态度。规定外资在合营企业中的股份不足40%者可自动达到40%。凡是企业认为必须引进的技术，只要所付专利费不超过其国内销售额的5%及出口额的8%，企业可与外国合作者直接签订协定，无须政府批准。在促进出口方面，政府也继续采取鼓励措施。对年出口收入在7.5亿卢比以上的出口商给予特别优惠。出口产品生产商进口资本品自由化，允许进口一定数量的限制性原材料，还给予他们为期两年的进口零配件许可证，出口商进口的资本品税率统一降为25%。维·普·辛格政府对发展计算机和软件产业也很重视。1990 年，印度电子工业部决定在班加罗尔、浦那和布巴内斯瓦尔建立 3 个软件科技园区。浦那科技园 1990 年就建立起来了。

所有这些措施的实行，使印度经济在维·普·辛格执政时得以继续保持增长势头。1989~1990 年度国内生产总值增长率为 6.7%。但这种增长势头不久便被财政和外汇危机吞没（后面另述）。

（二）宣布实行曼达尔委员会建议

人民党是刚成立的党，缺乏群众基础，如果它要利用执政的机会为自己党的未来发展做些铺垫，最重要的当然是扩大自己的群众基础，争取更多人站到它的旗帜下。维·普·辛格正是朝这个方向努力的，他在制定每项政策时都要考虑是否有利于争取群众。例如，为争取穆斯林的支持，他宣布伊斯兰教先知穆罕默德的生日为公共节日，在寺庙之争问题上表示政府将尊重最高法院的判决，政府的态度是允许建罗摩庙但不得损坏现有的清真寺。争取印度教下层群众的支持当然是他更重视的任务。印度教下层群众除原贱民外，还有人数更多的介于高级种姓和原贱民之间的低级种姓，这是一个很广阔的地带，其人口占印度总人口的一半有余。各个政党，特别是国大党、印度人民同盟和地区性政党，都力图在这里扩大自己的影响和阵地。维·普·辛格认为，人民党既然主要反映城市中小有产者、农村富裕农民和自耕农的利益，许多领导人又出身低级种姓，因此，有最有利的条件争取城市和农村的低级种姓的支持。用什么样的政策把这个地带的多数群众争取到自己一边呢？他想到的办法主要有两个：一是在经济层面提出要重点扶植农业和小型工业的发展；二是在政治社会层面实施被国大党政府搁置多年的曼达尔委员会报告中的建议，对低级种姓在担任公职和奖学金方面也实行保留制，用以吸引他们，也为自己树立最关心下层群众的美好形象。

印度宪法只规定了对表列种姓和表列部落实行保留制，包括联邦和邦议会席位、公职和奖学金，对处于高级种姓之下、表列种姓和表列部落之上的低级种姓是否也应该实行某种保留没有提及。但 1951 年宪法修正案规定不得阻止国家制定任何特别的法令以帮助表列种姓、表列部落以及“其他的社会和教育方面落后的阶级”改善其地位。后面这点实际上是允许把保留制的范围适当扩大到“其他的社会和教育方面落后的阶级”。不过，“其他的社会和教育方面落后的阶级”是什么含义，对他们可以在哪些方面实行保留，都没有明确界定。此后，一些邦开始根据自己的理解把对表列种姓和表列部落保留公职、奖学金名额的做法扩大到其他落后阶级。标准五花八门，比例轻重各异。许多地方因此发生高级种姓的抗议示威和高级种姓与低级种姓的冲突。1978 年在比哈尔发生的种姓骚乱有 118 人丧生。在这种情况下，1979 年 1 月，以德赛为总理的老人民党政府任命了以议员 B. P. 曼达尔为主席的落后阶级调查委员会，交给它的任务是在调查的基础上，界定落后阶级的含义，提出改善其条件的建议和实行保留制的办法。曼达尔委员会用了两年时间调查，于 1980 年 12 月提交了报告。报告提出以种姓为基础来区分社会和教育方面是否落后，也建议只是在中央政府机构和公营企业单位的公职名额方面和大学奖学金的名额方面实行保留，不涉及议会席位。报告书认定 3743 个低级种姓为落后阶级。鉴于最高法院 1963 年规定各种保留累计的最高比例不能超过总数的 50%，而为表列种姓和表列部落的保留比例已达 22.5%，委员会建议为落后阶级保留的比例为 27%。然而，报告提出时印度的政局已发生重大变化：老人民党政府已经垮台，英·甘地重新执政。英·甘地考虑到实行曼达尔委员会的建议势必会造成新的政局不稳，而保持安定是当时的重要任务，所以 1982 年 4 月才把这个报告送到议会审查，议会未做决定，内务部部长 G. Z. 辛格宣布把报告送交各邦政府研究，听取意见，实际上是把它搁置起来。拉·甘地政府继续搁置。

但搁置并不能抹杀矛盾的存在。落后种姓要求政府落实保留政策，各邦继续自行规定保留比例。有的定得很高，如 1985 年古吉拉特邦政府宣称要把对落后阶级的保留比例由 10% 提高到 28%，这样为表列种姓、表列部族和落后阶级保留的总比例就达到 50.5%。高种姓反对，而低种姓认为还不够，要求进一步提高，导致阿默达巴德发生骚乱，许多店铺被焚，死亡 100 余人，只是在拉·甘地派出军队后才控制住局势。此后这种种姓骚乱不断在一些邦发生。面对种姓骚乱，拉·甘地只能呼吁协商解决。他没有考虑实行曼达尔委员会的建议，主要是担心一旦实行，引发的冲突将难以收拾。他宣布将重新审视整个保留政策。不过，这只是说说而已。

全国阵线在 1989 年竞选宣言中就提到实行曼达尔委员会的建议，但人们当时并未特别注意，认为那不过是竞选中惯用的吸引选票的伎俩，甚至在人民党内很多领导人也持这样的看法。维·普·辛格却是当真的。在他执政后，就在选择宣布实行的时间。不过，他并没有把他的想法拿到党内和全国阵线领导层内充分酝酿，没有在原则上和具体做法上事先取得共识，就于 1990 年 8 月 7 日在议会两院宣布，为了消除种姓歧视，扶植落后群体，实现社会正义，他决定实施曼达尔委员会报告中提出的建议，为“社会和教育方面落后的阶级”保留中央政府机关和公营企业公职名额、奖学金名额的 27%。在 8 月 15 日独立日讲话中，他进一步解释说，实行这个决定的目的是“使穷人也能参与政府的管理”，“官员系统是权力结构的一个有机组成部分，在决策上起着决定性的作用。我们应该让被压迫的、被蹂躏的和落后的人民也能够在政权结构中和国家管理上起有效的参与作用”。[①] 这当然是冠冕堂皇的说法。不能否认这是维·普·辛格此项决策的驱动力之一，但这种说法背后隐藏的更深层的目的他是不便说出的。劳工部部长却毫不隐讳地揭了底。他说，政府此举主要是从政治上考虑，目的是使千千万万下层种姓选民拥护人民党，15 年内，维·普·辛格将因此举受到全国的崇拜，成为永载史册、流芳百世的英雄。维·普·辛格本人在做出这个决定后信心百倍地期待下层种姓的雀跃欢呼，相信他们会把他本人和全国阵线政府看成“解放者”。

然而，令他万万没有想到的是，来自下层种姓的赞歌还未响起，上层种姓的抗议声（特别是来自北印度）便铺天盖地压过来。他们说，这是新的种姓歧视，是以种姓理由剥夺他们应有的竞争就业机会。他们提出，如果政府要扶植弱势群体，那就应该以经济状况好坏为依据，而不应该以种姓为依据。在德里和比哈尔、北方邦、奥里萨、哈里亚纳、拉贾斯坦等邦，立即爆发了高种姓学生和其他阶层（知识界、职员、家庭主妇等）群众的示威游行。德里大学生成立了反曼达尔报告论坛，举行 10 万人的抗议集会，成千上万的学生堵塞城市交通，许多城市市场停业、学校关闭。拥护实行曼达尔报告的和反对实行的群众分别集会，举行游行示威。低种姓群众的

---

① A. 埃利斯、P. 奥登伯格编《印度概要：加快改革的步伐》，纽约，2002，第 136 页。

集会甚至呼喊“冷酷的婆罗门从印度滚出去!”的口号。不少地方发生流血冲突和骚乱。在几个月内，伤亡甚重，仅学生自焚而死的就有75人，在骚乱中死亡的有200多人。有的邦政府不得不要求中央允许动用军队实行戒严以控制局势。更有害的结果是，它使社会上已逐渐走向淡化的种姓区分再度凸显。社会各界都有一部分人受到影响，形成以种姓划分营垒，低种姓赞成，高种姓反对，连政府文官中也出现了高低种姓观点的对立。低种姓的联合和利益认同成了政坛上的一个新的重要因素。为平息高种姓的不满，维·普·辛格急忙提出为高种姓中经济落后的部分人提供5%~10%的保留，但对改变形势已经无济于事。在这种情况下，为维护社会安定，高等法院于1990年10月1日裁决政府暂停实行曼达尔委员会的建议，冲突才逐渐平息下来。在政府外支持全国阵线政府的印度人民党和左翼政党都对维·普·辛格不和他们商量就宣布实行曼达尔委员会建议的做法提出谴责。国大党同样激烈谴责维·普·辛格哗众取宠的做法。全国阵线内部也因此出现了分裂。两个地区政党——德拉维达进步联盟和阿萨姆人民协会退出了全国阵线，而泰卢固之乡党的领导人N.T.纳马·拉奥也公开表示不满并威胁要退出。

事情发展到这般地步，是维·普·辛格始料不及的，也使他感到沮丧。其实，他应该能想到会有这样的强烈反对，因为曼达尔建议的保留制以种姓为依据本身就存在很大问题，很不合理，起不到真正扶植弱势群体的作用，严重限制了高种姓学生和知识界的发展机会。其不合理之处在于，经过独立后40多年的政治经济发展，人们的经济地位和其种姓身份已有很大脱离。低种姓者固然多数人依然贫穷，但有些人已成了富裕农民、城市有产者和自由职业者，而高种姓者固然多数人生活条件比低种姓好，但也有不少人经济破落，家境清寒，工作没有保障。在这种情况下，如果纯粹根据种姓实施保留，则会出现某些已经富裕的低种姓享受扶植，而某些高种姓尽管再穷其发展前途也要受到限制的不合理现象。再则，扶植弱势群体虽是必要的，但保留的比例过大，余下的自由竞争空间过小，也是一种新的不合理的做法，不利于选拔高质量的人才，也不利于贯彻使每人都有公平竞争机会的平等原则。实行曼达尔委员会建议的受挫对维·普·辛格的个人威望是个沉重的打击。

三　维·普·辛格政府倒台

1990年印度出现了严重的动荡不宁的局势。除了种姓骚乱外，还有旁遮普、查谟和克什米尔邦的动乱以及同盟家族挑起的一触即发的教派冲突。这些矛盾交织在一起，使维·普·辛格政府面临十分棘手的局面。

1990年1月，旁遮普极端分子的组织全印锡克学生联盟发动各界罢业，要求结束中央在旁遮普实行的总统治理。阿卡利党（曼）主席辛格·曼当选人民院议员后不久，就宣布放弃人民院议员席位，他不愿因为有议员身份而行动受到限制。阿卡利党（曼）另一领导人J. S. 库蒂安突然神秘失踪，后其尸体在哈里亚纳邦被发现，辛格·曼强烈要求政府缉拿凶犯。1月11日，维·普·辛格再次到旁遮普做抚慰工作，允诺追查杀害库蒂安的凶手，还宣布要采取有力措施解决旁遮普的动乱，恢复和加强印度教徒与锡克教徒的友谊，特别讲到要设立特别法庭，审判1984年反锡克骚乱的主要肇事者，对蒙受损害的群众答应将给予补偿，还允许当时自行离开军队的官兵归队。这年1月，他还召开了有各党派领导人参加的会议，专门研究旁遮普问题。但半个月后，全印锡克学生联盟总书记H. S. 善杜在阿姆利则被杀，联盟再次发动总罢业，使形势更为紧张。联邦政府只得宣布延长总统治理。

查谟和克什米尔邦的局势也在这一时期趋于恶化。1989年起，这里的政治不稳开始向暴力动乱方向转变。在巴基斯坦齐亚·哈克执政时期（1977～1988），他的伊斯兰化政策吸引了许多国家的穆斯林青年进入在巴基斯坦设立的伊斯兰学校和训练营学习、接受武装斗争训练，其中包括克什米尔的青年，如后来的人民联盟领导人沙比尔·沙、查谟和克什米尔解放阵线领导人亚辛·马立克等，他们成了克什米尔各分裂主义组织的重要领导人或骨干。这时，克什米尔极端分子中有两大派：一派叫查谟和克什米尔解放阵线，1987年由至少13个穆斯林小团体联合组成，主张克什米尔独立；另一派叫“圣战者组织”，是巴基斯坦伊斯兰激进主义组织伊斯兰促进会的军事翼，1989年成立，主张克什米尔并入巴基斯坦并实行伊斯兰化。印度认为这个组织是在巴基斯坦情报部门操纵下成立的，为的是削弱解放阵线的影响。这派组织总部设在巴控克什米尔，主要在印控克什米尔活动，与阿富汗的“圣战”组织有联系，其主要活动区在蓬奇、纳久利和杜达等县。上述两派都进行反政府暴力活动，1989 年起不断制造炸弹爆炸和暗杀事件。这两个组织由于政治主张不同，也存在尖锐矛盾，甚至以暗杀相向，但在反对克什米尔加入印度方面是一致的。1989 年 12 月，解放阵线绑架了中央内务部部长、原克什米尔政治领导人之一穆夫蒂·穆罕默德·赛义德的女儿，提出的释放条件是政府释放他们 5 个被捕的同伙，维·普·辛格政府被迫答应了极端分子的要求。极端分子受到鼓励，反政府活动变本加厉。1990 年 1 月后动乱扩大，政府一面派军队镇压，一面又把 1983 年策划颠覆法鲁克政府的查谟和克什米尔邦前邦长贾格莫罕再度任命为邦长。查谟和克什米尔邦首席部长法鲁克以辞职表示抗议，斯利那加街头游行不断，发生了多次流血冲突。贾格莫罕也无力控制局势，5 月被撤换。7 月实行了总统治理，军事镇压加强，但局势不但未平静下来，反而更加动荡。维·普·辛格专门召开了研究解决克什米尔问题的各党派会议，也无具体结果。他还亲自去查谟和克什米尔邦视察，了解那里的实际情况，但也没有找到好的解决办法。邦内恐怖暗杀事件接连不断，印度指责恐怖分子受到巴基斯坦训练和支持，印度与巴基斯坦关系也因之再度紧张，一度濒临爆发战争的边缘。

更使维·普·辛格感到不安的是印度教同盟家族不但没有停止阿约迪亚寺庙之争，反而利用全国阵线政府需要印度人民党支持的机会，竭力发动新的攻势。同盟家族从印度人民党 1989 年大选中得票率猛增受到鼓舞，认为教派主义鼓动一举两得，既能增长印度教势力，又是争取选民的有效手段，因而决定把寺庙之争推向新的高潮。1989 年 11 月 9 日，世界印度教大会在巴布里清真寺旁的土地上实行建庙奠基仪式，并宣布要在 1990 年 2 月（后改为 10 月 30 日）开始建庙。建庙的计划得到印度人民党的支持。在维·普·辛格宣布实行曼达尔委员会建议后，印度人民党和同盟家族其他组织一致认为维·普·辛格企图把印度教低级种姓吸引到自己旗帜下，对同盟家族强调印度教团结以争取整个印度教徒支持的战略构成了威胁，因而决定立即采取行动瓦解他的这一企图。

1990 年 9 月，世界印度教大会和印度人民党开始组织各地印度教徒志愿人员向阿约迪亚进军，实施建庙计划。印度人民党主席阿德瓦尼亲自组织和领导了从古吉拉特邦到阿约迪亚的“战车进军”。9 月 25 日开始，阿德瓦尼坐在一辆按传说中的罗摩战车模样装饰起来的汽车上，着罗摩装束，手持弓箭，由浩浩荡荡的跟随者簇拥着前进，从古吉拉特邦的索姆纳特神庙出发，预计行程6000英里，共30多天，途经古吉拉特、马哈拉施特拉、卡纳塔克、安得拉、中央邦、拉贾斯坦、德里、比哈尔和北方邦，10月30日到达阿约迪亚，当天在那里举行建庙仪式。阿德瓦尼沿途进行建庙鼓动，激起接连不断的教派冲突，使形势极其紧张。

维·普·辛格政府是主张世俗化的政府，不赞成同盟家族的做法，政府也清楚地看到了形势发展的极端危险性。因此，10月23日比哈尔邦人民党政府首席部长拉鲁·普·雅达夫在维·普·辛格同意下，下令逮捕了已行至该邦萨马斯提普尔的阿德瓦尼，中止了进军。同盟家族被激怒，数小时后印度人民党宣布撤销对全国阵线政府的支持。同盟家族对维·普·辛格政府抚慰穆斯林的做法，特别是对他宣布要实行曼达尔委员会建议早已耿耿于怀，中止“战车进军”是火上浇油。阿德瓦尼后来在议会解释撤销支持的理由时也说：“阿约迪亚不是唯一的原因，但肯定是导致做出最后决定的原因。”[①] 同盟家族还在比哈尔、北方邦一些城市号召和发动总罢业，抗议逮捕阿德瓦尼。人民党北方邦政府首席部长穆·辛格·雅达夫鉴于同盟家族已宣布10月30日要在阿约迪亚建庙，对可能在那里发生严重冲突采取了预防措施，逮捕了有关方面的领导人，阻止各地狂热分子来阿约迪亚。但10月30日，进入阿约迪亚的数千狂热的印度教徒仍不顾政府的禁令冲进巴布里清真寺，砸毁了寺院部分建筑。保安部队不得不开枪，造成多人伤亡。几天后，狂热分子再次来清真寺集结，警察再次开枪，伤亡更大（20人死亡，150人受伤），并引发了北方邦、比哈尔邦、古吉拉特邦许多地方的教派骚乱，致使90多人死亡。政府使用军队戒严才避免了事态的扩大。

印度人民党撤销支持和教派冲突造成的社会动荡使全国阵线政府立即陷于生存危机之中。人民党的困境更由于内部矛盾而加剧。前已提及，人民党系由几个党合并而成，从一开始内部就存在不和。人民党领导人之一的钱德拉·谢卡尔从不掩饰对维·普·辛格成为总理的不满（英·甘地实行紧急状态时，谢卡尔因反对紧急状态被捕，维·普·辛格却是紧急状态

---

① 《印度快报》1991年6月28日。

的拥护者），副总理戴维·拉尔也并不真正拥护总理，他更关心的是壮大自己的势力。他既没有威信，又非常自私，为了让儿子乔塔拉接替他的北方邦首席部长职位，不惜徇私舞弊。维·普·辛格不得不解除他的副总理职务。

尽管平息争吵和冲突已经占去大量时间和精力，旧的矛盾解决了，又出现了新的矛盾。维·普·辛格尽管宣称要坚持民主原则，但在决策时常常不和其他领导人事先商议就突然做出决定。宣布实施曼达尔方案就是这样，事先既没有在党内取得共识，也没有与支持政府的其他党进行协商，甚至党内的高级领导人都不知道。党内很多人根本不赞成实行这个方案，因为参加人民党的原民众党上层大多是贾特农民种姓，不属于落后种姓范围，他们不愿因对落后种姓实行保留制而损害自己的利益。在维·普·辛格惹出麻烦后，包括谢卡尔和戴维·拉尔等领导人在内的许多人都谴责他的做法，不少人公开要求他辞职。印度人民党撤销对政府的支持后，谢卡尔和戴维·拉尔都认为政府的危机完全是维·普·辛格的专断和领导无能造成的，他应当引咎辞职。比哈尔邦首席部长拉鲁·普·雅达夫也加入他们一方。1990 年 11 月 5 日，谢卡尔与戴维·拉尔联手脱离人民党，另组成人民党（社会主义者），由谢卡尔担任主席。这样就使人民党在议会中的席位进一步减少。维·普·辛格仍坚持说他在人民院中会得到多数人支持。11 月 7 日人民院对其政府举行信任表决，虽然他仍得到印共（马）和印共的支持，但国大党、印度人民党都投反对票，结果是 142∶346，未能通过。维·普·辛格政府被迫辞职。

四 谢卡尔的短暂执政和 1991 年人民院选举

印度人民党主张解散议会，举行新的大选，但总统文卡塔拉曼认为举行新的大选不利于国家稳定。他先后邀请国大党、印度人民党和左翼政党领导人组阁，但各大党均不愿组织少数派政府。总统转而邀请人民党（社会主义者）领袖钱德拉·谢卡尔组阁。谢卡尔的党是小党，但得到国大党、全印安纳德拉维达进步联盟和克什米尔国民会议党允诺在外部支持，于是在 1990 年 11 月 10 日组成人民党（社会主义者）政府，谢卡尔就任总理。

谢卡尔 1927 年出生在北方邦一个农业经营者家庭，在阿拉哈巴德大学获得政治学博士学位后参加了社会党，是社会主义运动领导人之一。1965年加入国大党，曾任国大党议会党团秘书长。他对英·甘地的个人专权不满，主张维护民主，成了党内不同政见者。他和其追随者被称为国大党少壮派。1977年，国大党少壮派和其他派系一起组成了老人民党，谢卡尔担任党主席。1979~1980年，有些派系退出了人民党，谢卡尔一派没有退出，但他不再担任党主席。1988年，包括谢卡尔在内的部分人退出老人民党，与维·普·辛格的人民阵线等合并，组成新的人民党（Janata Dal），谢卡尔由此进入了新的人民党。

在和维·普·辛格分道扬镳后，谢卡尔和戴维·拉尔的人民党（社会主义者）在议会只有58席，比当初维·普·辛格组织政府时少得多，因而其政府更加脆弱，全靠国大党的外部支撑。也因此，它完全是处在国大党的控制下，人称“国大党的影子政府”。国大党之所以支持谢卡尔，是作为一种过渡安排，既不让谢卡尔与印度人民党结合，同时也可扩大自己的影响，直到为未来大选做好准备。谢卡尔也知道这点，只是能利用一段时期就利用一段时期，对国大党的不信任态度并无改变。

谢卡尔政府面临的政治局势没有改变。在经济方面面临的最大困难，是越来越严重的财政危机和外汇危机。拉·甘地执政后期就已出现苗头，维·普·辛格执政时越趋严重。由于政局的动荡和内争占去了领导人的大量精力，政府没有时间和精力去处理许多紧急的经济事务，如外债的安排和控制、进出口平衡的控制等，结果不可避免地带来了混乱。1990年8月海湾战争爆发加剧了外汇短缺和财政赤字的困难。印度在科威特、伊拉克、约旦、也门等中东地区国家从事劳务的30多万人不得不回国，他们再不能像以前那样汇回和带回外汇（每年约2亿美元），相反，政府还要花上巨额费用接他们回国；在那些地区经商的印侨，受战争和对伊拉克制裁的影响也不再能寄回外汇，这使印度的外汇收入减少。而石油价格暴涨，又使印度进口石油的费用增加约一倍，远远超出预算。据印度政府官员估计，仅此两项就使印度外汇收入损失数十亿美元。财政收入减少和外汇吃紧使政府的许多打算只能停留在纸面上。不仅如此，石油涨价导致各种产品成本提高，使通货膨胀率上升到两位数。为了弥补急遽增长的财政赤字，政府只有多发货币和增加国外商业市场的借款（从世界货币基金组织获得两笔贷款，共18亿美元）。1986~1987年度印度外债是500亿美元，1989~1990

年度增加到650亿美元，同期外汇储备从67亿美元降低到41亿美元，仅能维持一个半月的输入开支。谢卡尔执政后，财政经济状况的恶化达到了很严重的地步。1990~1991年度财政赤字占这年国内生产总值的8.4%，创历史最高纪录。政府大量发行钞票维持开支，使通货膨胀率接近15%，也创1974~1975年度以来最高纪录。对外贸易一直处于逆差，且逆差不断扩大。到1991年，经常项目账目赤字占国内生产总值的3.2%，印度所借外债已达643.91亿美元，仅次于巴西、墨西哥，居世界第三位。偿债额占经常项目收入的26.3%。据印度工业和经济研究中心1991年8月计算，如果把短期商业债务包括在内，则印度近两年的偿债率高达35%~38%，[①] 大大超过了20%的安全线。这一切使印度在国际金融市场的信用地位一落千丈，一年之内国际借贷信用评估机构连续三次下调印度的信用等级，印度已被认为属于投资有风险的国家，国际商业银行不再愿意给予贷款，印度陷入了告贷无门的困难境地。这种情况反过来又导致印侨纷纷撤走其在印度银行的外币存款，造成雪上加霜的局面。1991年3月，国家的外汇储备已减少到22.4亿美元，到5月初只剩下12.13亿美元，还不够支付两周的进口费用。

正当谢卡尔政府为财政危机和外汇的拮据而焦急地寻求出路时，它和国大党的联合关系也告破裂。谢卡尔知道国大党随时会撤销支持，所以小心谨慎地维持与它的合作关系，但因为国大党并非真正地愿意合作，两者关系中的缝隙是很容易出现的。谢卡尔在一次讲话中讲到拉·甘地时说，如果他在博福尔斯军火案中真的接受贿赂，那将是犯罪行为。国大党认为谢卡尔做这样的假定是对国大党不友好。1991年3月，国大党议员以拉·甘地住宅受到哈里亚纳邦警察监视为由，说政府对国大党不信任，集体离开人民院会场，抵制人民院审议政府财政预算的会议。谢卡尔把这看成是国大党撤销支持的前奏，不等国大党挑明，便于1991年3月6日向总统提出辞职。谢卡尔政府执政不到4个月。总统文卡塔拉曼鉴于没有哪个党可以组织政府了，决定举行新一届人民院选举。谢卡尔政府作为看守内阁，直到下届大选建立新政府为止。

舆论认为，国大党这么快就撤销支持，是感到谢卡尔政府对国大党的

---

① 《金融快报》1991年8月11日。

政策建议不够重视，如海湾战争时国大党要求政府不允许美国军用飞机在孟买添加燃料，以免损害和伊拉克及阿拉伯国家的关系，谢卡尔起初置若罔闻，后接受。国大党担心谢卡尔政府的影响增强会增加自己上台的困难。

谢卡尔政府作为看守政府期间的一个重大举措，是在实在没有别的办法的情况下，从印度储备银行320吨的黄金库存中拿出20吨秘密运往瑞士联邦银行作为抵押，向该行借得硬通货贷款2.34亿美元。这种情况在独立后的印度历史上是没有过的，说明了危机的极端严重性。但要使当前的国际收支危机得到缓解，至少还需要数十亿美元的贷款，这巨额贷款只能求助于国际货币基金组织。然而，国际货币基金组织的贷款需要借贷国许诺实行它要求实行的一系列改革作为条件。谢卡尔看守政府是无权允诺的。

维·普·辛格政府和谢卡尔政府都为时短暂，其发挥的建设性作用有限，带来的不稳定相对突出。这两届联合政府的政绩是较差的，这是因为它们都是“弱（党）弱（党）联合”以少数派身份执政，依靠大党的外部支持，大党与其说是支持，不如说是控制和为我所用，它们的命运完全操在这些大党手中。

谢卡尔政府的倒台使印度在两年内不得不再一次举行人民院选举。第十届人民院选举定于1991年5月20日、23日、25日举行。

这次大选是在危机形势下举行的，不是正常的例行大选，较例行选举时间提前了两年多。参加选举的有国大党、印度人民党、印度共产党、印共（马）、人民党、人民党（社会主义者）等全国性政党，以及28个邦级政党、108个地方小党和一批无党派人士。登记的全国选民人数为5.115亿人（不包括此次未进行选举的查谟和克什米尔邦，旁遮普邦选举是1992年进行的，数据包括在内）。

处于在野地位的国大党全力以赴投入竞选。全国阵线执政的混乱使很多人重新把目光转向国大党，但国大党必须给选民一个新的形象，才能得到更多人的信任。拉·甘地在担任总理时每次出行都是戒备森严，除了在大会上演讲外，很少与群众直接接触。现在作为一个普通公民，与群众接触机会多了，他热情地参加各种集会，与群众倾谈，颇得民心。然而，令人始料不及的是，恐怖分子竟利用这点对拉·甘地下毒手。5月21日晚，当拉·甘地来到离马德拉斯不远的斯里毗如姆布杜尔出席国大党的竞选大会时，一个年轻女子佯装对他行礼，引爆了缠在身上的炸弹，拉·甘地不幸遇难。事后调查得知，这是泰米尔伊拉姆猛虎解放组织所为，是为了报复拉·甘地派出的印度军队在斯里兰卡帮助政府收缴泰米尔组织的武装。拉·甘地遇害使全国人民感到震惊和悲痛，万民齐声谴责这一卑鄙行径。选举委员会不得不把选举未完成的部分推迟到6月12日、15日举行。

国大党的竞选口号强调建立稳定和有效率的政府。人民党的竞选口号强调把社会正义还给落后阶级。印度人民党强调只有以印度教文明为国家和民族整合的基础，印度才有和谐、稳定和繁荣。左翼政党的竞选宣言则突出强调社会公平。

这次选举有2.8496亿人投票，参选率为55.71%。选举结果和1989年大选一样，没有一个党取得议会席位的半数。“悬浮议会”再度出现。

国大党获得36.55%的选票，244个席位，占总席位数（537席，不包括查谟和克什米尔邦的6席）的45.4%。它仍是得票数和席位数最多的党，席位数比上届有较大增加，不过仍然不足总议席半数。值得注意的是，尽管拉·甘地遇害后出于同情投国大党票的人增多，但像英·甘地遇刺后那种一边倒的同情浪潮再也没有出现，反映了国大党在人们心目中的地位已今不如昔。国大党在南印各邦获票较多，在北印说印地语的地带却得票不多，特别是在北方邦和比哈尔邦。在人口最多的北方邦，在总共85个席位中，它只得到5个席位。在比哈尔邦48个席位中只得到1席。印度人民党得票占20.04%，席位120个，占22.3%，继续保持强劲的上升势头，从上届议会排名第三上升到第二。在支持它的选民中，除了传统的城市商业阶层外，又增加了一大批属于高级种姓的青年学生和自由职业者，他们是因为不满维·普·辛格要实行曼达尔委员会建议才转而支持印度人民党的。印度人民党得到的选票在地区上集中在北印，在北方邦就得到50个席位，在南印得票数却不足那里总票数的10%；在阶层上，主要限于印度教徒的高级种姓集团和中等种姓集团。相当多的社会阶层对它过分热衷教派主义鼓动是不满意的。人民党在这次大选中成了输家，这一方面与它要实行曼达尔委员会建议有关，另一方面是党本身分裂。它得到的选票占11.77%，席位由上届的143席降至59席，仅占10.99%，上届在议会中居第二，这次成了第三。谢卡尔的人民党（社会主义者）原有58个议席，这次只得到5

席。印共得票占 2.48%，席位 14 个，占 2.6%。印共（马）得票占 6.14%，席位 35 个，占 6.5%。

国大党作为议会第一大党被总统授权组织政府。由于席位不足半数，按总统要求，需要争取别的党支持，通过议会的信任投票。在拉·甘地遇难后，P. V. 纳拉辛哈·拉奥被国大党推举为其议会党团的领袖。这样，建立新政府的责任就落到拉奥肩上。

第七章

拉奥执政时期

一　政府的成立和稳定财政的措施

1991 年 6 月 21 日，拉奥率政府主要成员宣誓就职。在新政府中，拉奥兼任工业、科学技术、原子能、农村发展等部部长，阿尔琼·辛格任人力资源发展部部长（1995 年改由 M. R. 信地亚担任），曼莫汉·辛格任财政部部长，S. B. 恰范任内务部部长，D. 辛格任外交部部长（1995 年改由 P. K. 穆克吉担任），S. 帕瓦尔任国防部部长（1995 年由拉奥兼任）。

和以往国大党政府不同，拉奥政府是一个少数派政府。7 月 15 日，议会对这个新政府举行信任投票。全国阵线和左翼阵线虽然不高兴国大党东山再起，但更不愿意看到印度人民党上台。无奈之下，其议员投弃权票。不投反对票实际上就是给拉奥政府以间接支持。这样，拉奥政府得以过关。新政府还得到人民党（阿吉特）的外部支持。1993 年底人民党（阿吉特）多数议员加入了国大党，加之在有些选区补选中国大党获胜，使国大党的席位超过了半数，从此摆脱了少数派地位。阿吉特派领导人阿吉特·辛格 1995 年起任政府粮食和农业部部长。

图 7-1　拉奥

P. V. 纳拉辛哈·拉奥是国大党资深

政治家，1921 年 6 月出生于今安得拉邦卡林纳加尔县一个婆罗门家庭，大学毕业不久就参加了国大党领导的争取独立斗争。印度独立后，在安得拉邦供职过一段时间，历任安得拉邦国大党副主席、邦政府部长、首席部长等职。英·甘地和拉·甘地执政时担任外交部部长、国防部部长、内务部部长和人力资源发展部部长。1980 年以后一直是国大党工作委员会成员，在政府内和党内都是参与决策的重要领导成员之一。他还是位语言学家，知识渊博，著述甚多。拉奥政治经验丰富，作风稳健，不尚浮华，追求实效，较少介入党内派别斗争，一向主张协调解决冲突，因此相对来说有较高威望，是党内各派都能接受的人物。他在就任总理后，1992 年 2 月又被选为国大党主席。拉奥是印度独立以来第一位来自南印的总理。

拉奥组成的国大党政府在人员选择上注意到了新老结合及地区、宗教等各方面的代表性。更引人注目的是，起用经济学家曼莫汉·辛格为财政部部长。曼·辛格大学毕业后又先后在英国剑桥大学和牛津大学深造，在牛津大学取得博士学位。曾任旁遮普大学经济学教授，在经济思想上倾向于改革开放。70 年代后从政，担任过财政部秘书、印度储备银行行长、国家计划委员会副主席、总理经济顾问等重要职务，对印度经济运行情况特别是存在的问题有深刻了解。他又曾在国际货币基金组织任职，并多次参加国际经贸和金融会议，谙熟国际经济发展最新趋势。任命他为财政部部长表明拉奥对必须实行经济改革有充分准备，要在这方面做一番事业；也是为了向国际金融组织表明印度改革的决心，恢复印度在国际上的信誉。曼·辛格成了拉奥改革的主要设计师和执行者。他和拉奥配合默契，相互间充分信任。曼·辛格原非议员，1991 年 9 月被选为联邦院议员。拉奥和曼·辛格有一个经济改革的智囊团，并得到一些政府要员的积极支持，其中包括阿努瓦利亚、M. 纳拉辛姆汉（财政改革委员会主席）、奇丹巴拉姆（1995 年任商业国务部长）、兰加拉简（印度储备银行总裁）、德赛（财政部秘书）等。他们对印度和国外的情况都比较了解，为改革出谋划策，起了重要作用。

拉奥在踏进总理办公室前，对国家财政的窘迫状况是知道的，但他没有料到国家财政和国际收支失衡竟如此严重，印度已陷入一场独立以来从未有过的财政危机之中。这是迎接他就职的“见面礼”，他必须首先解决稳定财政这一难题，事实上，在新政府还未宣誓前，他已让曼·辛格作为内定财政部部长进驻财政部大楼，与原来的官员一起研究和制定恢复财政稳定的方案，包括立即向国际货币基金组织和世界银行求助、改进收支严重失调状况、降低通货膨胀率、减少财政赤字等。

为了谋求得到更多国际贷款，拉奥政府动用印度储备银行46.91吨的黄金库存，运到伦敦，作为抵押向英格兰银行借得4亿美元的硬通货贷款。接着，两次实行卢比贬值，贬幅共约20%，以此促进出口，增加外汇收入。此外还采取一系列紧缩银根的措施以减少财政赤字，包括压缩进口、鼓励出口，把出口摆在优先地位；压缩公营企业和国防开支；提高化肥和食糖价格，削减其补贴；取消对于出口产品的现金补偿性支持；提高汽油价格；以优惠条件鼓励侨汇；调整税率，降低所得税，调整公司税，并相应地提高其他税收，以扩大税收收入；等等。为促进外贸增长，实行了双重汇率制，即规定出口商出口所得外汇的40%（以往是全部），应在指定的外汇代理银行按官方汇率用卢比结汇，另60%可按市场汇率结汇。1993~1994年度又前进一步，取消双重汇率制，改为单一汇率制，即在经常项目上卢比具有完全可兑换性，汇率由市场决定。在这种制度下，商品、劳务交易的全部外汇和印侨汇款都可以按市场汇率转换为卢比。这样就使出口商可以有更多可支配的外汇并增加兑换卢比的收入。这些措施目的是紧急增加财政收入和外汇收入，以渡过眼前几乎揭不开锅的最大难关。

稳定财政的措施很快就收到了实效。收支状况有了改进，1991~1992年度至1994~1995年度，经常项目赤字除其中一年度外，都降到不足国内生产总值的1%。同期，外国私人资本流入有较大增长。结果外汇储备逐年增加，1993年增加到60亿美元，1994年增加到95亿美元，1995年增加到146.7亿美元。国家财政赤字也大大降低，1991~1992年度财政赤字占国内生产总值的比重降至6.5%，1992~1993年度降至5.7%。在伦敦抵押的黄金也如期收回。1994年印度主动要求国际援印财团（1994年改名为印度发展论坛）减少原定的经济援助金额，并提前一年偿还国际货币基金组织的贷款11.3亿美元。只是通货膨胀率下降幅度不大（与1991~1992年度农业严重歉收、工业生产受到严重影响有关，也与货币发行量增长过快有关），1991~1992年度至1994~1995年度，通货膨胀率平均为10%，1995~1996年度降至8%。总体上说，到1993年财政稳定基本实现。印度此次财政危机恢复速度之快受到国内外舆论普遍称赞，连世界银行都感到惊奇。

二　经济改革的深入和经济发展

财政和国际收支危机的发生在印度不是第一次了，只不过以往没有这次这么严重。事情很清楚，这种危机一再发生，说明存在发生危机的深刻根源，这就是发展战略和经济结构上有缺陷。公营经济发展规模过大、效益低下，对私营经济限制过死，长期忽视出口和经济的内向型，对引进外资控制过严，政府担负的农业补贴过重等都是造成危机的政策因素和制度因素。只要这些因素不改变，危机的根源就不会消失，稳定财政的措施就只能是治标不治本，不仅眼前的危机不可能彻底解除，再度发生危机的可能性也仍然存在。

一方面是为了从根本上消除危机，另一方面，也是更重要的，为了使印度在变化的国际经济形势下能跟上时代潮流，把现代化事业推向前进，拉奥政府在着手稳定财政的时候，就下定决心，要乘势而下，在拉·甘地改革的基础上，大刀阔斧地进行更深入的经济改革。

（一）指导改革的理念

深入进行经济改革的目的是使印度能以崭新的面貌迎接21世纪的到来。拉奥说："经济改革席卷了像苏联、中国这样的大国和东欧的小国，人们的观点发生了变化，思想方式发生了变化"，"如果印度要生存下去——它必须在新的环境下生存下去——印度就不能落在（别国）经济改革的后面"。[①] 财政部部长曼·辛格也说，印度经济的长远出路在于实行一整套改革。[②] 他又在1993~1994年度预算报告中说："周边国家发展很快，正在成为一个更加统一、更具有竞争力的市场。我们不能无动于衷。如果不加快改革开放的步伐，使印度经济与世界经济融为一体，印度将面临以一个亚洲最穷的国家进入21世纪的前景。而印度的自然资源和人力资源使我们有条件考虑要成为世界经济大国。"他号召印度人必须改变旧的思想体系，跟上时代前进的步伐。

---

① 《印度教徒报》1991年7月10日。

② 《印度斯坦时报》1991年7月11日。

深入实行改革是拉奥、曼·辛格等有远见的政治家深思熟虑后的决定，反映了印度经济发展的客观要求和社会各界多数人的愿望。深入实行改革也是获得国际货币基金组织巨额贷款的条件。有的学者认为，拉奥改革纯粹是屈服于国际金融组织的压力。这样说是不符合实际的。事实上，没有国际货币基金组织的贷款，印度也必须这样做。而国际货币基金组织提出的改革要求与印度本身进一步发展的改革要求在基本内容上是相同的，正好一举两得，所以不存在屈服于国际压力的问题。而且在制定具体改革措施时，拉奥政府完全是从印度的实际需要出发，并非全盘接受国际货币基金组织开具的“药方”。正是因为坚持原则，不受外人支配，拉奥政府不断受到国际金融组织的非议和指责。

20世纪八九十年代，自由化、市场化、全球化成为世界经济发展的主要趋势。苏联和东欧社会制度的演变、亚洲“四小龙”的崛起、东南亚国家经济的进步、中国的改革开放，使这一趋势逐渐被认同和接受，尽管在不同国家表现形式和程度有所区别。和这个客观趋势相适应，经济理论界的新自由主义盛行，国际货币基金组织又把它作为给予贷款的条件加以推广，使发展中国家日益看到，跟进这个潮流是不可避免的，是改变落后状态求进步发展的必由之路。拉奥的以曼·辛格为首的智囊团和一些西方经济学家有密切联系，势必会受到自由化理论和趋势的影响。不过他们也确实认为，在全球化的现时代，印度的改革必须和世界发展潮流保持一致，既不能孤立于世界潮流之外，也不可能有另外的道路。他们为改革提出的口号正是自由化、市场化、全球化。曼·辛格说，改革的方向应是“努力把印度从一个管制约束的内向型经济转变为适应市场需要的外向型经济”。[①]又说：“在当今世界，自力更生并不意味着我们制造所有需要的东西，它意味着赚取外汇、支持进口的能力。”[②] 拉奥赞同这样的认识。他在1991年国大党议会党团的第一次会议上讲话时就说，为复兴经济，新政府将采取“激烈措施”改变现在的近乎闭关自守状况。[③] 他还说，对经济活动进行限制的法令和控制措施大部分已经过时，应该取消。[④] 关于体制，他认为，混

---

① 《印度时报》1992年3月1日。

② S. 普拉沙德、J. 普拉沙德编《新经济政策》，米塔尔出版社，1993，第13页。

③ 《印度斯坦时报》1991年7月10日。

④ 《印度斯坦时报》1991年7月10日。

合经济体制是必要的，但对公营成分要有正确定位，公营成分不能包揽一切，而且公营成分同样必须讲求效益。关于发展目标，他说经济增长和社会公平都是需要的，但两者的关系必须摆正。政府应把经济增长放在首位，制定政策应以增长取向为重点，实现经济的持续高增长，这对消除贫困、提高人民的生活水平至关重要。关于自力更生目标，他强调它与引进外资、外国技术和印度融入全球经济活动并不矛盾。他说，跨国公司进入印度那些需要大量资金和新技术的领域，对印度是有益的，它们都要服从印度的法律，在合法的范围内活动，这和殖民统治下的英国资本输出不同。印度处在今日的世界环境中，必须充分利用现代科学技术以及融入全球经济所提供的机会，使自己在国际上具有竞争力。拉奥的思想是开放的，他认为要跟上世界潮流就必须敢于破除过时的观念和制度，敢于创新，不要被旧理念和过去的成绩束缚。不过他并不认为尼赫鲁规划的发展模式应该完全放弃。在目标上他表示要继续坚持尼赫鲁提出的民主社会主义，强调在增长的前提下要兼顾社会公平，使改革具有人情味，使下层群众都能从改革中得到好处。在体制上，他认为混合经济体制是必要的，只是不应该过分强调发展公营成分。他一再强调，他只是在尼赫鲁规划的模式的大框架内实行重大变革，也就是从世界新形势和印度新的实际需要出发进行改革，并非要完全推翻尼赫鲁规划的道路，更不是要走西方化道路。这就是他实行改革的指导思想和基本理念。

80 年代英·甘地已开始针对经济中存在的问题进行政策调整，到拉·甘地执政时前进了一大步，开始有了发展高科技进入 21 世纪的远大设想和政策侧重点，对私营经济的限制有所放宽，对公营成分的效益提出了更高要求，出口和引进外资开始受到重视。不过，如果说拉·甘地对发展远景看得很清楚，对如何达到这个目标以及现行的体制、战略、政策应做怎样的调整，也就是说经济模式应该怎样转型才能到位，他却是缺乏深入考虑的，也是不甚清楚的。他在各方面都做了一些改革，但都不到位。加之改革阻力大，即便制定出的政策也不能彻底实行，因而到拉·甘地离职时，改革仍处于起步阶段。拉奥政府既有了明确的自由化、市场化、全球化的方向，就可以在通盘考虑的基础上，对如何较彻底地改革有一个全局的考虑。这是他的改革较拉·甘地的改革能更深入的原因。

1990~1991 年度，由于拉·甘地改革的余势继续发挥，国内生产总值增长率为4.9%，1991～1992年度，出现了经济大滑坡，国内生产总值增长率仅为1.1%。这正是拉奥接任的形势，可以说，印度当时是处在“前所未有的经济危机和社会政治混乱之中”。①

拉奥认识到，要使经济走出低谷并得到振兴，必须把改革的思路化作中长期的具体发展计划。拉奥执政后开始编制的第八个五年计划（1992～1993年度至1996～1997年度）就体现了这一精神。和以往的计划不同，“八五”计划是体现深入改革的计划。它规定公营工业投资只限于为整个经济增长提供便利的基础设施领域、维护和扩大国家资源的领域及就长远目标来说为社会进步所必须投资的领域。在紧缩公营投资的同时，计划赋予私营成分在工业发展中以更大作用。无论是对私营成分还是对公营成分，都一样强调遵循市场竞争和效益原则。计划还强调印度经济应越来越密切地融入国际经济体系，吸收外国先进技术，广泛发展外贸，实行经济互补；还强调，国家对经济的管理应从具体的琐碎的行政干预变为宏观控制和指导，计划要更多成为引导性的而不是指令性的。“八五”计划规定的国内生产总值年均增长率为5.6%。

在编制“八五”计划的同时，1991年7月政府制定了新工业政策声明，8月制定了新的小型工业政策，在1991～1992年度政府财政预算中又宣布了工业政策改革的一些新措施。此外，制定了1992～1997年五年进出口贸易政策。这些新政策文件体现了全面深入改革的精神，是指导改革的纲领。政府的改革措施可归纳为以下几点。

（二）经济改革的主要措施

1. 取消对私营成分的半管制体制

私营经济发展的最大限制之一是1956年工业政策决议对公私营经营领域的划分。拉·甘地执政时虽放宽了私人可经营的领域，但仍保留17种工业由公营部门专营。拉奥政府决定，把保留给公营成分专营的工业部门再度缩减，只留6种（国防工业、原子能、采煤、矿物油、铁路运输、与原子能有关的特殊矿业），其余均向私人资本和外国资本开放。这6种亦酌情允许私人资本参与，以弥补公营力量的不足。在基础设施方面，鼓励私人

① 《联系》（周刊）1993年8月15日，新德里。

资本向电力、石油、天然气、航空运输、公路、港口建设及基本电信服务等行业投资。经营领域的解禁，使私人资本有了更广阔的驰骋空间，也有利于吸引外资，这极大地鼓舞了他们创建新企业的积极性；私人资本进入重工业领域后，对原有的公营企业形成竞争的态势，也促进了公营企业转变经营模式，提高效益。

工业许可证制度是捆绑私营经济手脚的另一绳索。为了最终解除对私营经济活动的限制，新工业政策规定，只保留 18 种工业的许可证制，其他所有工业部门都无须申请许可证。这意味着把经营自主权还给经营者。1993 年 4 月，适用许可证的部门又减少到 15 种。这些主要是涉及国防、环保、危险品和高级消费品的产业，有制造武器，原子能，采煤，开采石油，制造烟、酒、糖、电子产品等。对建厂地点的限制除出于环保的考虑外也大大放宽。为鼓励私商去工业落后地区投资，规定在工业落后地区建立新企业免税 5 年，在全国各地建立电站也享受免税 5 年的优惠。

《垄断和限制性贸易行为法》是专门用来限制大工业家族扩大投资和经营规模的。这种投资封顶的办法据称是为了缩小贫富差距，但事实上大工业家族有种种变通办法扩大收入，贫富差距并未因此缩小。而投资和经营规模封顶却妨碍了大企业通过扩大规模、更新设备和实行技术升级，降低成本，提高生产率，以发挥更大的规模效应。投资和经营规模封顶限制了大企业增强活力，对提高印度产品的国际竞争力也是非常不利的。新工业政策规定，把对大工业家族扩大、新建、合并、接管企业的限制全部取消，只保留对商业方面垄断贸易行为、限制性的和其他不公正的贸易行为的监督和查处权。后者是为了维护商业公正，属于一般的市场规则。1992 年政府还允许知名大企业在国外市场发行股票和可兑换债券，以解决企业增加进口设备所需要的外汇资金，有条件的还可以在国外投资。

这样，以往加给私营工业的多重限制基本上被取消，自由化的目标基本实现。私营企业的潜力如今有了充分发挥的广阔空间，这对加快经济增长速度、增强增长能力都是非常必要和有益的。

2. 对公营企业的重新定位和效益要求

到 90 年代初，公营工业部门已经发展得十分庞大，公营成分不仅早已占领了国民经济的制高点，而且包揽了几乎所有重工业基础工业。1990～1991 年度中央公营企业 244 家，其中 236 家总投资额为 10208.3 亿卢比，使用工人 230 万人。邦属公营企业约 1000 家，总投资额 3000 多亿卢比。公营企业都是规模大、投资多、用人多的企业。在全国最大的企业中，公营工业占主要地位。

发展公营工业用去了政府资金的很大部分，然而公营工业效益一直不好。虽然 80 年代已强调注重效益，但取得实效的只有少数企业。据统计，1989～1990 年度公营企业中只有石油工业是高赢利企业，其他企业效益都很差。100 家制造业企业，其利润率平均只有 2.37%；73 家服务性企业，其利润率平均只有 1.5%。最差的是被英·甘地政府实行国有化的那些企业，46 家这样的企业亏损 48.45 亿卢比，占资本额的 27%。1990～1991 年度，据 236 家中央直属企业统计，其中只有 122 家赢利，利润为 539.4 亿卢比，仍然有 104 家亏损，亏损额为 312.2 亿卢比。亏盈相抵，整个中央直属公营企业净利润率仅为 2.23%。至于邦属公营企业，亏损的就更多、更大了，而且一直没有改变。如 1986～1987 年度，邦属公营企业亏损额占实收资本总额的 50%，也就是说，邦属公营企业从整体上说，投资不但没有任何回报，还亏损了一半。各邦电力局（既负责管理，又负责经营）是最典型的，1992～1993 年度亏损额为 456 亿卢比，1996～1997 年度上升到 1923 亿卢比。无论是中央直属企业还是邦属企业，亏损的企业全靠政府财政供养。曼·辛格在议会中说，近几年，联邦政府用来支持公营企业的预算拨款就有 100 亿卢比。1986～1987 年度，公营工业投资占国内资本形成的近 50%，其产值却只占国内生产总值的 27%。如果把公营工业的效益和私营工业做个对比，问题就暴露得更突出。1976～1977 年度至 1986～1987 年度，公营制造业投资回报率为 3%～5%，私营制造业为 17%～23%。公营工业怎样发展一直是人们关注的焦点。

80 年代在放宽对私营经济的限制时，已把划归公营成分专营的领域缩小。新工业政策进一步缩小了公营成分专营的领域，并进而规定，今后公营部门的发展应集中在战略性工业、高科技工业和关键的基础工业方面。这实际上是对公营工业的作用重新做了定位。1991 年 11 月，拉奥说："由于公营成分长期有投资而无回报，今后不会让它再有扩展了。"① 1991 年 10 月，曼·辛格在英联邦财政部长会议上介绍印度经济的新方针时说，政府

① 《印度时报》1991 年 11 月 19 日。

过去强调发展公营工业，是希望它能在促进资本积累、工业化、增长和减轻贫困方面做出贡献，但希望落空。政府不得不重新审视原来的政策，决定今后不再扩大公营成分，“不再认为公营成分应当控制经济的制高点”。[①]新的定位解除了先前政府一直加在公营成分身上而它根本不可能承担得起的过重担子，明确规定了公营成分在混合经济体制中的新位置。和拉·甘地时期比，这是一大进步。关于公营企业的效益问题，拉奥政府进一步规定，公营企业同样应遵循市场经济原则。为落实这点，继续推行谅解备忘录制，扩大企业自主权。1993~1994 年度和 1994~1995 年度签订备忘录的企业分别为 101 家和 106 家。

为了根本解决公营企业效益不佳的问题，政府把中央所属公营企业分成三类，采取了不同的处置办法。对亏损企业（有 111 家），决定移交给工业和金融复兴局，分阶段取消政府对它们的财政支持，规定这类企业或出让资本，或实行裁减政策，即由政府批准，实行关闭、兼并或出售。政府设立一笔 20 亿卢比的安置基金，用于对选择志愿退休（即裁减）的工人的生活补贴和转产职工的技术培训。第二类是处于盈亏线上的企业（有 94 家）。对这类企业，通过实行承包制、扩大自主权等措施，增强其活力，使其得到改善，有所赢利。第三类是赢利企业（有 31 家）。对赢利企业，为使其经营更具有商业性，增加效益，也为了使政府能把投入的资金部分抽回，用于其他方面的新投资，政府决定选择一部分公营企业，分阶段地实行部分撤资，即把部分股权转让给私人，将这些企业变成公营和私营成分共同拥有的股份制的企业。实行部分撤资的企业的范围应为：低技术和规模较小的企业、非战略性企业、与社会和公共事业关系不大的企业等。1991 年政府确定了第一批 31 家实行撤资的企业，规定撤资比重为 20%以内，撤资总额为 250 亿卢比。第二年又宣布这 31 家企业将在 3 年内把撤资比重提高到 49%，外国公司也可以购买。到 1995 年底，中央所属的企业中实行出让股权的有 40 家，出让股金 1050 亿卢比。但是买主主要还是国营的信托基金等机构，私人和外资购买者很少，由于没有达到吸引私人资本的目的，对引进竞争机制几乎不起作用。

亏损企业的关停并转和部分撤资是个极敏感的政治问题，因为它涉及

① 《印度时报》1991 年 10 月 11 日。

大量公营企业职工的切身利益。职工们担心工厂的倒闭、转手或引入私营成分会危及他们享有的福利，影响他们的收入甚至造成失业，因而他们对这种改革表示强烈的不安和反对。左翼政党和工会要求政府对病态企业不要关闭而要救活，对赢利的公营企业不要实行撤资。1992 年 11 月，左翼政党和工会发动了包括许多部门的全国性大罢工，抗议政府的经济政策和公营企业政策，影响很大。左翼政党和全国阵线的议员也在议会开会时以从会场出走表示抗议。甚至国大党的议员有些人也公开反对，指责政府背弃尼赫鲁模式。拉奥政府没有动摇，只是在行动上更加小心。政府成立了以曼·辛格为首的内阁级的委员会，专门负责解决亏损公营企业的处置问题，成员包括商业部部长、计划委员会副主席和有关企业的政府主管部门的部长等。对工业和金融复兴局提出的解决方案和建议，该委员会在充分考虑的基础上尽快做出决定。1992 年政府初步确定了 58 家病态企业实行关停并转。由于工会的坚持，政府同意建立有政府和工会双方代表参加的联合委员会，对这 58 家企业逐个进行审查，在最终确定前，政府继续给予财政支持。1993～1994 年度政府追加 32 亿卢比安置基金，1993 年 12 月再追加 70 亿卢比。世界银行也提供 5 亿美元的贷款。到 1993 年 10 月，选择志愿退休的工人有 6 万人。公营企业的减持受到多种因素制约，进展不大。

邦一级的公营企业也按此方向进行改革，其步伐各邦不一，有的比联邦还要大些。

总的来说，公营企业改革道路艰难，不仅是经济问题，更是政治问题。不过也并非一无成就，在实行了扩大自主权和建立责任制后，有些企业初步显露了效果。如印度钢铁总公司初步扭亏为盈，全国铝公司也成为效益较佳的企业。就公营企业整体而言，在开始改革后，经济效益较以往有所提高。

3. 大力引进外资和外国先进技术

80 年代，拉·甘地对吸引外资的重要性已看得很清楚，开放了一批急缺的工业部门，鼓励外资投入，特别是鼓励外资进入高科技部门。但由于没有触动 1973 年的《外汇管理法》，外资来印度投资的积极性不高。拉奥政府为改变这一状况，促进印度经济更快与国际接轨，在新工业政策中对吸引外资在实现工业技术升级、现代化和快速增长方面的重要性做了充分肯定，规定了新的政策；又对 1973 年《外汇管理法》的许多规定做了重大修改，以后又制定了一些补充政策。新的政策一方面规定开放更多原保留给公营部门的领域，特别是高科技领域，鼓励外资进入；另一方面，实行新的较宽松的外资管理政策。在合资企业中外方可持股的比重突破了以往限制，允许属于国家优先发展的冶金、机械设备、电子设备、化工、交通、农业机械等 34 种工业部门中，外资可达资本总额的 51%，且只需向中央储备银行注册，无须事先批准。允许主要从事出口业务的贸易公司等的外商持股率也可达到 51%。外商投资铁、锰、金、钻石等采矿业的，持股率一般为 50%。在产品全部出口的企业及电力、石油提炼、计算机和软件等重点发展部门投资的，可以建立独资企业。外国投资者在印度有权设立分公司和子公司。关于合资企业的技术转让条件，政府宣布不加干预，由合资企业双方自行议定。取消了关于合资企业外方必须转让技术给印方的规定。企业与外商达成的技术合作协议，凡属高科技领域又达到政府其他规定条件的，可获得自动批准。外商向其他部门投资的批准手续也大大简化。还对外商在印投资和经营工商业提供种种优惠，包括享受与印资公司同等的借贷权、开设银行分行、购买土地和建筑物、购买股票、汇出税后利润等。外国公司的税率由 65%降到 55%。允许外国公司在印度销售商品使用自己的商标。此后出台的措施对外资在电力、交通、石油开采等基础设施投资给予更多优惠。在上述新规定的鼓励下，1991 年以来进入印度的外资日益增加：1991~1992 年度为 1.58 亿美元，1994~1995 年度上升到 48.95 亿美元。从 1991 年 8 月到 1997 年，批准的与外国合作项目共 11180 个，总金额达 380 亿美元。1991 年至 1997 年 4 月外国直接投资流入总额超过 72 亿美元，直接投向经济核心工业部门的占 60%以上。外国投资主要来自美国，投资领域包括电力、石油、汽车、家用电器、机械、电信、计算机及软件等。当年撤离印度的美国跨国公司如国际商用机器公司、通用电器公司、可口可乐公司等都重返印度。其次为瑞士、日本、英国、德国等。印度以往主要是争取外国贷款，现在转变为以吸引直接投资为重点。外国商业贷款 1990~1991 年度为 22.4 亿美元，1995~1996 年度减少到 12.75 亿美元。虽然直接投资总金额还不算大，而实际流入量更少，但印度大市场开始引起外商的看好，在印度独立以来是从未有过的。

除外国私人投资外，印度侨民和印裔外籍人的投资也是印度引进资金的一个重要来源。印侨和印裔有 1500 多万人，分布世界各地，其中在英国和美国就有 160 万人，有部分人经商，多为中小商人，也有些是富商。如被《太阳报》列出的英国 500 名最富的人中就有 10 名英籍印度人。在海湾国家也有不少印商。实行经济改革以来，印度政府非常希望动员印侨印裔这支有巨大潜力的力量，包括财力和人力，参与印度的经济开发和建设，印度政府颁布了一系列优待印侨印裔投资的政策。印侨印裔投资者不但能享受所有外资享有的优惠，而且优惠条件更好。例如，拉奥政府制定的新政策规定，外资在 34 种优先发展的部门投资持股率可达 51%，而印侨印裔及他们控股 60%以上的海外团体法人（公司）投资者可达 100%，印侨印裔投资出口贸易、旅游产业的也可独资经营。在新政策的鼓励下，印侨有些人回国投资。拉奥执政头三年，批准的印侨投资金额有 5 亿美元。不过整体来说，印侨印裔回印度投资者不多，和华侨华裔纷纷回中国投资完全不能相比。

4. 放宽进口限制和积极鼓励出口

放宽工业管制如果没有贸易管制的放宽伴随，就不会收到应有的实际效果。印度很高的总关税率为进出口筑起了难以跨越的关税壁垒，再加上严格的进出口许可证制度和外汇管制制度使扩大进出口对许多商家来说成为可望而不可即的事。

进口的限制拉·甘地执政时已有所放宽，对出口也采取了鼓励政策，但都没有到位。长期实行进口替代方针和忽视出口的结果，使印度在世界贸易中已处于边缘化地位。1951～1952 年度印度进出口占世界贸易额的 2.4%，1990～1991 年度只占 0.4%。

拉奥改革的目标之一是使印度由内向型经济逐步转变为外向型经济，积极参与全球化进程，与世界接轨。发展国际贸易是实现全球化的重要方面，因此，拉奥政府对外贸体制改革、放宽进口限制和促进出口都加大了力度。为了使政府的政策保持相对稳定，使商人对发展前景有充分的思想准备，政府除一年一度公布外贸政策外，特地制定了 1992～1993 年度至 1996～1997 年度五年进出口政策。

拉奥执政伊始就大大简化进出口许可证的报批手续，1992 年基本上取消了许可证制。在进口方面，取消控制和限额方式，改为绝大多数自由进口，用关税调节。规定只有少数与安全和环保有关的产品、需要特别保护部门的产品及保留给小型企业、家庭手工业生产的产品不许进口（特殊需要的商品由国家进口），其余所有商品都免除进口许可证。到 1995 年 3 月，由国家统一进口的商品只有 7 类，包括原油、石油产品、某些种化肥、食油、粮食等。

关税也普遍降低，特别是资本产品和其他紧缺产品降的幅度更大。1990~1991 年度印度输入品关税总水平为 125%，最高为 355%，是世界上关税最高的国家之一。改革后，1996~1997 年度降为 22.7%，最高税率为 40%（非消费品），虽然仍高于一般发展中国家，已是很大进步，缩小了与世界接轨的差距。1994~1995 年度印度进口总额为 286.544 亿美元，1995~1996 年度增加到 366.779 亿美元。进口产品中占第一位的是资本货物，其次为石油和石油产品。显然这些都是印度最紧缺、最需要的产品。

在促进出口方面，印度采取了一些重要措施。出口原来主要由国营公司经营。1991 年 8 月把 16 种原由国家专营的出口产品向私人资本开放，允许私商经营。此后开放范围越来越大，最后国家专营的只有 10 种产品（石油制品、云母废料、奶粉等）。这样，出口业务的绝大部分就成了私人经营。与此同时，先前限制出口的种种制度，如出口许可证制、出口定额的限制、最低出口价格的限制等到 1994 年也基本上取消了。私营出口贸易不再受到体制上、政策上的人为束缚。

限制出口的政策改变为积极刺激和促进出口的政策。1993~1994 年度政府全力推动农产品和服务业的出口，作为近期快速扩展出口贸易的突破口。1994~1995 年度又提出一切为了提高出口增长率的口号，对出口实行进一步鼓励。几年中实行的鼓励措施包括：普遍降低关税；对为生产出口商品而需要进口的零部件、中间产品和原材料免除进口税，进口资本品的关税从优；实行卢比在经常项目交易中可自由兑换，出口商的外汇所得无须向政府结汇；建立出口加工区，实行税收优惠；从事出口信贷业务的银行免交利息税；为出口商提供贷款便利，并降低贷款利率；等等。此外，对在出口方面有贡献的商行根据贡献大小，分别授予“出口商行”、“贸易商行”、“星级贸易商行”和“超星级商行”等荣誉称号。获得这些称号的，能得到不同的自主权方面的优惠，如“超星级商行”不但得到的自主权优惠比前三者更多，而且可以参加国家最高级的贸易政策咨询机构，参加重要的出口贸易代表团，取得在海外建立经营直销企业的资格。这种“超星级商行”的资格必须是前三个年度平均出口的离岸价达 75 亿卢比，或前一个年度的出口离岸价达到100亿卢比者，当然只有印度最顶尖的财团才可能有如此大的出口业务，也就是说，这样级别的商行在全国是凤毛麟角，对多数商行来说，它只是个遥远的依稀可见的灯塔，但仍能起指引方向的作用。

计算机软件对印度来说是前景最好的输出项目。印度软件大规模进入国际市场是在90年代。90年代，美国的软件巨头为了解决信息技术人手的短缺，更为了节省人力资本，开始大规模地实行产品研制的外包制，即在保留对核心技术的垄断地位的同时，把部分非核心的应用软件的开发和生产外包给有高素质人力资源、工资较低的发展中国家去做，印度成了他们的首选，因为印度不仅有大量的技术人才，人力成本低廉，而且有使用英语的优势。这就为印度发展信息技术，从而大举进入国际市场提供了难得的机会。为了充分利用这个机会迅速发展印度的软件产业，实现大规模的软件出口，拉奥政府在拉·甘地政府优惠政策的基础上进一步加大扶植力度，提供了更多优惠，包括使用国家的卫星通信、设备进口免税和软件出口利润完全免税等，以创造最有利的出口条件。对软件产品的进口限制取消，进口税进一步降低。在鼓励软件研发和出口方面最重要的措施是以美国硅谷为榜样，建立软件技术园。硅谷的经验表明，建立这样的软件企业和研发中心集中的科技园，是筑巢引凤的好办法，有利于技术和管理方面的交流和相互促进，有利于形成声势、扩大影响，有利于政府给予特殊的优惠，有利于吸引投资包括外资，归根结底，有利于发展研制能力和扩大出口。对印度发展软件产业来说，建立软件技术园还有其特殊的必要：在全国电信设施还很落后的情况下，建立高速的数据传输线路只能先在少数城市实现；软件企业处于起步阶段，经济实力薄弱，集中提供相关的基础设施和便利的服务能大大减少开支，降低成本，有利于企业的立足和发展。1991年班加罗尔（在卡纳塔克邦）和布巴内斯瓦尔（在奥里萨邦）两个技术园建立，加上已建立的浦那园区，共3个园区。在以后的发展中，班加罗尔远远领先于其他两个园区，因为班加罗尔有著名的印度理工大学、大量科研机构和高等院校，这一切给予了该园区坚实的技术基础。卡纳塔克邦还是印度平均受教育程度最高的邦之一，共有工程学院125所，数量居印度第一，这些都使该邦软件业的发展有强有力的技术和人才依托。班加罗尔较早就引进了跨国公司，为信息基础设施的建立打下了基础。如今，在优惠政策的吸引下，许多顶尖的研究机构和大公司（包括外资）都来这里落户投资，以信息技术为主的外国公司已有 200 多家。班加罗尔也因此被誉为“印度的硅谷”。有了班加罗尔这个成功的经验后，政府又扩大了软件技术园的布局，到 1998 年，国家级的软件技术园就有 15 个。技术园的建立对印度软件业的腾飞起了重要作用。1991 年，政府又建立了一个服务性机构，也叫印度软件技术园（STPI），但不是一个实体园区。它在全国设有 30 多个分支机构，通过卫星联结成全国性的服务网络，主要服务对象是中小软件企业，服务内容包括落实政府的优惠政策、为企业得到订单牵线搭桥、培训技术人员、为软件出口企业提供快速信息服务等。这个非营利性机构的建立和积极工作对帮助软件企业发展做出了一定贡献。对计算机知识产权的保护政府也很重视。1994 年，印度重新修订了著作权法，对软件盗版的行为界定和处罚做了详细的规定。1990~1991 年度印度软件出口价值为 1.312 亿美元，1994~1995 年度上升到 4.809 亿美元，增加了 2.7 倍。1995~1996 年度软件出口额又进一步上升到 8 亿美元。印度开始成为出口计算机软件服务的重要国家，世界许多著名大企业开始大量使用印度软件，而且印度培养的软件技术人才开始进入美国信息产业，成为帮助美国信息产业发展的一支活跃的设计力量。

和建立软件技术园类似，在更广泛的产业中建立出口加工区成了政府促进出口的重要手段。这种加工区经营的范围包括制造业、园艺业、养殖业等。在五年进出口政策中，给这种加工区以种种优惠，包括：进口资本品、原料、部件和零配件免税；经营的头 8 年可免公司税 5 年；外资可以独资经营，为扩大经营进口所需的设备关税从轻；等等。出口加工区在各种优惠的滋养下，在全国有条件的地方迅速发展起来。到 1993 年全国性的出口加工区有 6 个，投入经营的企业有 414 个。

拉奥政府破除了限制进出口的诸多条条框框，大大调动起了工商业者发展生产、扩大出口的积极性；国家垄断外贸主要领域体制的打破，也为他们自由发展外贸开拓了广阔的空间。自此，私营部门的出口商和出口制造商日益成了外贸方面的主力军，他们面向世界各地（包括非洲和拉美），积极开拓新的市场。自独立以来，印度的外贸形势从来没有这样活跃过。1993 年以后，印度出口得到较大幅度增长。1992~1993 年度至 1995~1996 年度历年增长率分别为 3.8%、20%、18.4%、20.8%。1992~1993 年度出口总额为 185.37 亿美元，1995~1996 年度升至 317.97 亿美元。1995~1996

年度出口产品的构成为农业及相关产品 19.2%、工业原料 3.7%、各种工业制造品 75.4%、原油和石油产品 1.4%、其他 0.4%，这表明工业制造品占绝大部分。不过，在出口工业品中，纺织品等轻工业传统出口产品仍占很大部分，科技含量高的产品不多。使出口多样化，特别是增加附加值高的制造业产品的比重仍然是一项艰巨的任务。

由于出口逐年增加，长期以来存在的外贸逆差有所缩小。1990~1991 年度逆差为 94.37 亿美元，1993~1994 年度只有 12.85 亿美元。输出额从 1993~1994 年度到 1995~1996 年度平均每年增长 19.7%，输入额从 1994~1995 年度到 1995~1996 年度平均每年增长 25.4%。1990~1991 年度，输出额只及输入额的 75%，1995~1996 年度达到 88%。外汇储备 1991 年 6 月为 11 亿美元，到 1995~1996 年度结束时增加到 170 亿美元。这些数据有力地表明，印度在向外向型经济转变的道路上迈进了一大步。

为了使印度经济融入国际经济，参与世界关税和贸易总协定是一个重要途径。经过漫长的谈判，1993 年 12 月 16 日商业部部长 P. 穆克吉宣布，印度决定在关贸总协定乌拉圭回合的最后文件上签字。对于这一决定，左翼反对党强烈反对，认为是牺牲国家经济主权，为帝国主义经济势力大举侵入印度敞开大门，会严重损害印度农业经济和某些工业部门。拉奥和有关部门领导人做了反复解释。拉奥多次指出，参加关贸总协定对印度经济整合到世界经济中是完全必要的，对关贸总协定，正确的态度不是回避，而是积极面对，各行各业努力提高技术，提高管理水平和效率，增强竞争力。穆克吉强调，参加关贸总协定是印度参与全球化进程的必需，有利有弊，但利大于弊。曼·辛格也说，印度参与全球化是唯一正确的选择，舍此没有其他道路可走。

5. 对小型工业改变过分保护的做法

1989~1990 年度，全印小型工业企业有 182.6 万个，就业人数 1196 万人，产值 13232 亿卢比，产品出口占总出口额的 27.5%。小型工业的发展在前一阶段虽在国民经济中起重要作用，但从经济效益的角度看，则问题很大。有相当一批小企业或由于经营不善，或由于资金困难，设备落后，结果收不敷支。据 1990~1991 年度经济普查，属病态企业的小型企业就有 24 万个，欠银行贷款 214.1 亿卢比。1991 年拉奥政府专门制定了新的小型工业政策，虽然以往给予小型工业的种种优惠仍然保留，其中包括 836 种产品专门保留给小型工业生产，但在指导思想上有了变化，规定小型工业 90 年代的发展目标是增长活力，使之能对全国经济发展特别是在产品的增长、就业和出口方面做出更大贡献。为实现这个目标，新政策不再强调保护，而是强调减少管制和官僚主义的干预，强调利用生产机制搞活企业，消除增长潜力发挥的障碍。作为具体措施之一，又一次提高了小型企业和微型企业的资产标准，前者提高到 600 万卢比，后者提高到 50 万卢比。政府还首次允许新工业以外的私人资本和外资参与小型企业，可在其中拥有至多 24%的股份，目的是通过大企业和外资的加入，把新技术带到小企业中来。这些措施使小工业在 90 年代有新的发展，其生产增长率 1991~1992 年度为 3.1%，1993~1994 年度为 7.1%，1994~1995 年度为 9.9%。1997 年，小工业在全国制造业产值中占 40%，在制造业出口总额中占 45%，在整个出口总额中占 34%，提供了 1530 万个就业机会。不过，新政策实际执行上还有很多问题。有相当多的企业在技术改进上几乎没有进展，有些小企业在大企业加入后很快受其控制，后者并不热心于帮助小企业提高技术水平。对大量病态小企业如何处置，更是一个没有解决的难题。但无论怎样，在全国大环境已经发生变化的情况下，小企业也开始发生变化。竞争的劲风已吹进小企业，使这一潭相对寂静的池水也不能不掀起涟漪。

6. 金融体制改革

印度的银行和金融市场由于在英国统治时期就有较好的基础，独立后在经营方向、体制和运作方式方面都有新的变化，所以在发展中国家中算得上是较为发达的，在资金的流通和融资方面对经济发展起了积极的作用。不过在管理上也存在不少缺陷，需要改革。

拉奥执政时，全国银行中公营的有 28 家，私营的有 26 家，外国银行 24 家。各银行分支机构总共有 60000 多个。资产规模最大和业务范围最广泛的是国有银行，其资产占整个金融资产的 90%。在国有银行中，印度储备银行是中央银行，资产最多，其他银行按主要业务区分有商业银行、投资银行、农业和农村开发银行以及其他金融机构。在以往的半管制经济体制下，国有银行从管理体制、经营指导思想到运作方式都受政府支配，成了政府执行经济倾斜和扶助政策的工具。这固然有助于政府经济政策的推行，但对银行来说，却造成不良信贷堆积如山，死账坏账比比皆是，经济效益甚差。银行系统本身也缺乏进取的活力，技术陈旧，效率低下，服务质量差，不能适应经济发展的客观要求。80 年代后半期经济改革开始后，新的经济政策要求更好地发挥金融系统在经济发展中的作用，以适应市场化和政府宏观调控经济的需要，银行和金融体制的改革也就成了当务之急。拉奥执政后，为了对金融体制进行必要的改革，政府成立了以储备银行前行长 M. 纳拉辛姆为首的委员会，对涉及金融体制的各方面问题进行调研，制定改革方案。1991 年 11 月，该委员会提出的报告强调银行要把改善管理、提高效益摆在首位；建议所有银行和金融机构的不良贷款应由一个复兴基金机构接管，以便银行能有效运作；成立由储备银行领导的专门机构，加强对银行的监督管理；给银行管理以自主权；建议政府应尽量减少对银行提出发放纯属政策性的低效益贷款的要求。政府采纳其许多建议，开始在改进银行体制、改善其服务功能和金融机构的发展等方面进行改革。改革的主要方向是减少政府对银行系统的干预，促进合理竞争。1994 年政府修改了银行法，规定国家银行的服务质量必须改进，要提高竞争力和效益。政府要减少政策性优惠贷款的比重，允许银行自行规定储蓄和贷款利率，使银行能在市场机制下发挥更大的作用。对银行的不良资产要清理整顿。允许私人银行引进外资。允许国有银行在股市筹资，股票可出售 49%。改善银行董事会的成员构成，使之更专业化，股份银行应有私人股东代表参加。为了完善银行内部的监督机制，促进金融改革，在印度储备银行内建立了金融监督局。批准建立一批新的私人银行，以增强金融市场的竞争力和活力。还规定允许外资在私人银行占有股份。1993 年 1 月，储备银行在其公布的新建银行指导纲要中规定新建银行必须是资产规模较大、技术设备较先进者。这些规定得到了贯彻实施。政府还拨出部分预算资金和国外贷款充实银行资金，以加强其应对市场需要的能力。

资本市场的建设也有新的进展。1988 年 4 月，政府为加强对迅速发展的资本市场的管理，建立了印度证券交易委员会。不过，没有给证券交易委员会处置违规行为的法定权力。拉奥执政后，对资本市场也开始实行改革。1992 年议会通过的《印度证券交易委员会法》和后来通过的证券法修正法，授权证券交易委员会对所有证券市场的中介人及机构，包括商业银行、经纪人、有价证券管理者、承销人和证券发行登记所等进行注册和建立业务规范。从此，该委员会成了法定的管理印度证券交易活动的权力机构。该委员会随后制定了一系列有关证券交易的条例和实施细则，依法管理，旨在建立一个公平的、公正的、具有强有力的管理结构和有效功能的资本市场。1992 年 5 月，政府取消了 1947 年的《资本发行（控制）法》，取消了由政府委派的资本发行总监批准上市公司发行股票的数量和价格的制度，使要发行股票的公司无须经过政府批准，在取得证券交易委员会的批文后即可发行，数量、价格都由公司自定。这就把上市的自主权交给了公司，解除了对公司通过证券市场融资的限制。为了维护投资人的利益，保证股市的透明，证券交易委员会要求各上市公司实行全面的信息公开。

政府的另一重要举措是，1992 年 9 月决定印度的股票市场向所有外国机构投资者开放，外国机构投资者用证券投资可购买任何上市公司 24%以内的股份，单个外国机构投资者可购买 5%以内的股份。政府的方针是既要开放，又要稳步进行，以保证资本市场的稳定和安全。国际社会对印度资本市场认可度较高，大量外国投资商随即进入印度证券市场购买印度公司的债券和股票，1993～1994 年度交易额为 16.34 亿美元，1996～1997 年度就达到 24.32 亿美元。资本市场改革也便利了印度的公司在国际市场上融资。到 1994 年 10 月，有 30 多家公司通过发行全球存托凭证从国际市场筹资 30 亿美元。稳步开放的结果不但拓宽了外国资本进入印度的渠道，也使印度加入世界资本市场的大舞台中。

有证券市场存在就总会有不法分子的欺诈活动。为了堵塞犯罪渠道，1994 年政府制定了《证券交易委员会管理法》。该法明确界定了有价证券市场中欺诈和不公平交易的内涵与界限，赋予证券交易委员会一定的权力制止这些行为。该法颁布后，对发现的违规操作机构和个人依法惩处，犯罪分子受到法办，正常的交易秩序得到了保障。

印度有 20 多家股票交易所，最大的是孟买股票交易所，有 100 多年的历史。为了进一步发展全国的证券市场，1994 年印度政府批准成立由证券交易委员会筹划建立的印度国家证券交易所，其职能是通过提供国家范围的证券交易设施和结算，整合全国的证券市场，促进全国证券市场的统一性和规范化。国家证券交易所完全实行电子化交易，在透明性、交割及时、交易快捷等方面都胜过其他交易所，开业不到两年，就成了印度最大的交易市场和模范交易所。至 1998 年 3 月，其计算机终端已进入 18 个邦的 179 个城市。其交易额 1995～1996 年度为 6814.1 亿卢比，1997～1998 年度增加到 36993.2 亿卢比，占全印度证券市场交易额的 53%。由于它对其他交易所具有更强的竞争力，成了推动其他交易所进行改革的杠杆。印度新兴的资本市场成了融资和吸引外资的一条重要渠道。

7. 税制改革

拉·甘地执政时期开始对税制不合理的地方进行改革，但触及的面较狭窄。在拉奥改革中，把税制改革作为一项重要内容，一则是为了增加政府收入，降低财政赤字；再则是利用税制杠杆调动经营者的积极性，激励增长。1991 年 8 月，政府建立了一个税制改革委员会，对税制进行全面的调查。委员会的报告提出，各种税制都是较早前制定的，已不能适应改革的新形势和新需要，有的已失去时效，建议对直接税和间接税进行全面的改革。政府接受建议，1992～1993 年度就开始采取了一系列措施。如改革个人所得税，降低了最高税率，减少了征税层段，取消了某些免税规定；对企业的税收进行了调整，规定了 40%的统一税率；对资本收益的税收也做了改革，规定对个人的长期资本收益以 20%的统一税率征税，对商号征 30%，对公司征 40%，还规定对所有生产性的资产免征财产税，股票、证券、债券和银行储蓄都不再征收财产税；对货物税的结构和征收办法也实行了以合理化和手续简化为目标的改革。1993 年后，税制改革继续进行：大幅度削减关税税率，使国内生产企业得到的资本品价格较为合理，提高其竞争能力，也使需要重点发展的高科技部门能较容易地得到必要的元件和设备；在直接税方面，大量使用减税免税的传统财政刺激手段，鼓励私商在基础设施领域、电子企业和软件等高科技领域、产品面向出口的产业部门以及落后地区投资兴业，如规定在工业落后的邦新建企业免税 5 年，软件出口所得税在一定时期全部减免等；在间接税方面，税制改革委员会建议分两个阶段引入增值税，逐步实行单一的增值税，代替大多数的间接税。不过在联邦制的财政体制下引入单一的增值税并不是一件容易的事，所以 1994～1995 年度所能做的也只是在有限的范围内开始实行，逐步扩大范围。为了激励私商扩大投资和提高经营的积极性，公司所得税税率由 50%降到 40%。总的来说，拉奥政府的税制改革较拉·甘地政府的改革有较大的进展，对促进经济发展起了积极作用，但也并非都很到位。

8. 加强基础设施建设

各项制度改革的目的都是解放生产力，使经济增长速度加快。而经济的快速增长不但需要大量的资金和技术投入，而且需要有现代化的高效率的基础设施，为各产业的发展提供便利和基本条件。基础设施的加强是经济快速增长的前提和保障。然而这正是印度发展的软肋，当增长的势头开始形成时，基础设施的严重不足便立刻显露出来，很快就成了发展的瓶颈。

能源在基础设施中处于最重要的地位。印度煤藏量有1600亿吨，可开采300年，居世界第四位；天然气藏量8410亿立方米，可开采55年；石油已探明的藏量有5.81亿吨，可开采19年。此外，水能源、风能源以及核能源都有相当大的利用潜力。总体来看，资源不能说不丰富，但石油资源贫乏是个突出的问题，而水力、风力和核能的开发受多种因素限制，短时期内大规模使用是不可能的。这样，能源不足就成了严重的问题。印度以往使用的能源是以煤炭为主，其次是石油，再次是电力和天然气。70年代以后，石油和电力在能源消费结构中所占比重越来越大，石油的使用更是大幅度增长。印度石油开采原来主要在阿萨姆邦和古吉拉特邦，产量不多，所需石油绝大部分依靠进口。70年代孟买近海油田的开采使国内石油产量有较大增加。石油自给率1989~1990年度达到57%。全国有12家炼油厂，炼油能力为6000多万吨。每年尚需进口大量原油和石油产品。煤炭产量在1990~1991年度达到2.116亿吨，是能源供应的主要支柱。电力部门虽然发展很快，但装机容量1990~1991年度仅为7440万千瓦，发电量仅2887亿度，电力短缺一直是严重问题。随着经济的发展，印度对能源的需求量日益攀升，增加能源供应刻不容缓。在经历海湾危机油价暴涨的打击后，印度政府对发展石油工业十分重视，视之为朝阳产业，确定为发展重点。在改革中采取了大力促进措施，包括：对私营企业和外商石油投资实行12%的保证受益率；公司税率为50%，石油设备进口税率降至20%；石油天然气公司改变纯公营体制，在国内外股票市场发行20%股票，欢迎私人和外商购买，筹集的资金用于扩大生产；等等。结果，至1994年3月底，已有30家公司（包括11家跨国公司、19家印度私营公司）投标开发新油田。还批准建立了6家私营炼油厂。在电力方面，为扩大生产能力，主要措施是鼓励私人投资，采取的措施包括：允许私商建立火电站、水电站、风电站和太阳能电站，凡工程开支在2.5亿卢比以下者无须经中央电力局批准；外商投资发电业可独资经营；电力设备进口关税率降至20%，收益免税5年；政府保证电力投资收益率16%；等等。在种种优惠的吸引下，一大批私商和外商申请参与投资，仅北方邦就成功地吸收了1000亿卢比的投资。由于石油和电力的增长速度都远远不能适应需要，政府只能把煤炭作为最主要的能源。煤炭工业在英·甘地实行国有化后全由国家经营，需要的是改进管理，引进新设备，实行技术升级。政府考虑部分煤矿改为与外国公司合营，但一时还没有成效。总的来看，能源部门的改革是有成绩的，但新投资的建设期长，一时难见效果。因此，形势依然严峻，能源供不应求将是一个长期制约发展的因素。

交通运输是基础设施的另一个重要方面。没有现代化高效率的和四通八达的交通系统，就像是没有丰满羽翼的鸟，要实现腾飞是不可能的。印度很早就有了铁路网络，公路、水路、航空也有相当基础，但管理落后、设备老化、技术陈旧、效率低下，使交通运输能力和技术水平远远落后于形势发展的需要，运输紧张成了发展的另一瓶颈。在拉奥改革中，为增强交通系统，扩大运输能力，同样采取了许多措施，鼓励私人投资和良性竞争。在铁路方面，由于国家经费不足，为缓和紧张，铁道部实行了一项企业“自己拥有车厢”计划，由企业根据自己所需，自购列车车厢租给铁道部，企业享有优先使用权，铁道部给予16%的保证收益率；在公路方面，鼓励私商积极投资，参与高速公路的建设；在水路方面，1991年颁布的新的海运政策，规定私营公司可以购买新的轮船运营，也可将船出租给外国公司运营。政府还寻求在扩展港口吞吐能力方面私商积极参与，向私商开放的项目包括建造平船坞、货运泊位、集装箱集散地、货物仓库和储藏设备等。

加速电信事业发展也是增强基础设施的重要方面。长期以来，电信业由两家国营公司垄断经营，电信服务一直严重落后于经济发展和人民生活的需要。城市住户很多户安不上电话，乡村居民有电话机的更少。为改变这种状况，1994年5月政府颁布的新电信政策打破了国营公司对电信业的垄断，允许私营企业经营电话网络、移动电话和光纤电缆等，使局面稍有改变。

9. 农业经济的改革

农业不是拉奥改革的重点，在他执政的头几年，政府虽然增加了用于农业和农村发展的开支，但并没有着眼于农业改革。这并不是说农业不需要改革，事实上，印度农业无论是经营方式、技术和产出水平，总体上说都是落后的。现行的农业政策和管理体制有不少问题，政府的干预和管制过多过严。政府对保护消费者的利益较为注意，但对激励农业经营者和商人的积极性重视不够，结果农业增长的活力在相当程度上受到遏制，不能与其他产业保持同步发展。拉奥和曼·辛格并不是对此没有认识，只是农业的好坏直接关系到全国人民的生计，改革成功与否关系重大，如果达不到预期目的，不但影响其他方面改革的效果，而且会引发严重的社会问题。为安全起见，拉奥和曼·辛格宁肯谨慎从事、循序渐进，先在工业、财贸领域改革，之后再来解决农业问题。这就是政府迟迟不提出全面的农业改革方案的原因。在拉奥执政的头几年，政府只是在实行进出口贸易的改革时涉及农业，没有正面提出进行农业改革。

可是经济发展是一个整体，向自由化、市场化、全球化方向转轨不允许农业长期滞后。不可能工商业朝外向型的方向走而农业保持内向型和消费型，不可能工业品进出口限制解除而农产品进出口继续受到严格管制。何况印度既是1994年世贸组织乌拉圭回合协议的签字国，也应按协议要求分阶段逐步开放市场。因此，改革之风吹到农业领域是不可避免的。

农业需要的改革是多方面的，包括：价格政策，政府对粮食的定价偏低；贸易政策，政府为保证粮食收购和控制粮价对跨地区贸易有种种限制，粮食和农产品外销更受到严格管制；投资政策，政府对吸引农业投资远不像吸引工业投资那样重视，没有制定激励政策；农业结构改变的滞后，许多地区依然保持农业就是单一的种植业，种植业就只是种粮食的传统局面，缺乏多种经营的思路和布局；农业基础设施落后，这是农业发展的严重制约因素；等等。

拉奥执政后制定的第八个五年计划关于农业发展战略和重点规定为：继续推广以使用高产作物良种为中心的绿色革命，进一步提高生产力和产量；因地制宜发展农林渔牧养殖多种经营；加强市场建设，使农民能得到公平的收益；发展农产品加工业，增加农民收入并提供更多就业机会；大力扩大传统农产品的出口，努力开拓供出口的新产品如花卉、水果；等等。后面几点体现了政府正在形成的新思路。1994年拉奥政府拟定了一个农业政策决议草案，准备提交给议会。按照宪法规定，农业立法和管理属邦的职权范围。联邦政府的任务是在政策原则上进行指导，在涉及外贸和引进外资方面负责立法和管理。拉奥政府希望拟定的农业政策决议能在议会通过，成为指导各邦立法的指针。这份决议草案虽然是以“八五”计划的要求为依据，但比“八五”计划文本更明确地反映了政府的农业改革意向，主要内容包括：强调农业应面向全球化趋势，积极出口更多农产品；大力发展农产品加工业，鼓励种植业与加工业、农业与畜牧业的综合经营，以增加农产品的附加值，扩大出口潜力，提高农民收入；农业要面向市场，提高经营效益；银行系统要保证必要的信贷支持；加强农业基础设施建设，形成坚实的发展基础。这表明政府农业改革的意向和其他领域改革的目标是完全一致的，也是以发挥市场机制的作用和提高经济效益为重点。

在新的指导思想下，拉奥政府除在各领域改革都把农业考虑进去外，还专门就农业本身采取了一些措施，主要有：（1）对农产品价格做了较大幅度的提高，以鼓励农业经营者的积极性。1994～1995 年度和 1990～1991 年度相比，主要农产品大米、小麦收购价都提高了 60%以上。在农产品提价的问题上，政府还必须考虑城镇下层人民及农村无地少地农民的承受能力，粮食涨价对他们来说就是开支的增加，而且，粮价上涨还会引起一系列商品价格的上涨，这是政府不能不慎重对待的。所以，粮食提价只能是逐步地、有限度地实行。（2）有些邦放宽了农产品特别是粮食销售的地区限制，允许跨邦销售。这对产粮多的大农和粮商是最为有利的，对促进农业投资有积极作用。（3）放宽对农产品出口和进口的限制。长期以来，政府对农产品出口实行严格限制，除传统出口产品如茶叶、烟草、香料、咖啡外，其他产品都严格限制出口，对国内短缺的农产品更是禁止出口。这主要是为了保证国内粮食的充足供应和保持价格稳定。出口要有许可证，政府实行配额制，还规定了最低出口价格。至于进口农产品，为了保护国内农业和农产品加工业，也实行了严格限制的政策。结果印度农产品市场几乎成了自我封闭的市场，不仅堵塞了出口源头，对国内农业技术和经营水平的提高也是严重的障碍。拉奥政府开始改变这种状况。除了保留谷物、食油和油菜籽的进口和洋葱的出口由国营贸易公司专营外，其他农产品的进出口贸易大都向私商开放。除大米、豆类、棉花、植物油等少数产品外，取消了大多数产品的出口许可证制，对小麦、大米实行的出口最低价格限制也都取消。由于印度的主要粮食产品出口能力有限，且在国际市场上价格和质量都不占优势，政府大力鼓励农产品出口多样化，特别是多出口印度有优势的农产品和农业加工产品，如奶类品、肉类品、蜂蜜、花卉、蔬菜、水果及果类制品、种子等。政府把这些产品列为优先发展的产品，从各方面予以支持。例如，为开发花卉产品，引进新品种和改进栽培技术，政府积极与世界花卉大国荷兰合作，签订了多项技术合作协议。鼓励和促进农产品出口成了政府的主要目标所在。进口方面，许可证基本上都被取消了，进口农产品数量和种类的限制放宽，进口税也有了较大幅度的降低。不过，政府出于保护农民利益的考虑，在做法上持谨慎态度，农产品被列入进口否定项目的相对较多。（4）大力发展被认为是朝阳产业的农产品加工业。印度农业初级产品种类多、产量大，但加工制品种类很少、数量有限，因而出口能力受到限制。农产品加工成制造品出口不仅可以扩大农业出口能力，获得增加值，而且能提供更多的就业机会。政府在“八五”计划中提出了大力发展农工商一体化的新构思，也就是把发展农业和农产品加工业结合起来，把产销结合起来，其中包括外销。按照这一思路，政府成立了食品加工部，制定了税收方面的优惠政策，又成立了一个由农业发展机构、农业科研机构、教育机构和银行等单位共同参加的专门机构——小农农工商联合体，负责就农产品的加工、产品开发和营销为农民提供指导。结果，农产品加工业有了初步发展。1992~1994 年，水果蔬菜加工业的年增长率分别为 28.6%、30.3%、20%，奶制品业的年增长率分别为 8.6%、4.1%、121.3%。至 1994 年，政府已批准了 230 家完全面向出口的食品加工企业。（5）增加农业贷款。1992~1993 年度增加 8.4%，1993~1994 年度增加 20%。与此同时，政府减少对信贷的行政干预，重视改进信贷机构的管理，提高效率，使农业信贷切实用到实处，发挥其应起的作用。（6）减少农业投入的财政补贴。长期以来，政府为了补贴工业和照顾城市居民，压价收购农产品，农民不能完全得到其劳动和经营的收益。作为补偿，政府在向农民和农业经营者提供各种农用工业品和电力、灌溉用水时，也采取了以低于市场价供应的办法，差价由国家财政补贴。随着绿色革命的实行，农业投入大量增加，政府的补贴负担也越来越重，达到财政承受不了的程度。补贴固然于发展农业有利，于农业经营者和农民有利，是他们希望和欢迎的，但也有不利于调动农业经营者合理使用资源、降低成本、提高效益的积极性的一面。再则，《关税及贸易总协定》也把逐步削减补贴作为签字国必须承担的义务之一，阻力再大也要执行。拉奥政府不得不在这方面开始采取行动，如通过使化肥提价，减少对化肥的补贴，中央政府还要求各邦采取措施减少对水电的补贴等。减少补贴涉及面广，是一项政治风险很大的行动，不但邦政府不愿实行，拉奥政府也是每前进一步都非常小心，已实行的措施也是迫于财政压力不得已而为之。

上述措施虽然是零散的，缺乏系统性，实行之后还是取得了一些实效，为印度农业增添了活力。具体表现在：改革鼓励了农业经营者的积极性，私人农业投入增加；外贸方面，农产品出口连年上升。1994~1995年度和1990~1991年度比，粮食出口年均增长率在20%以上。鱼产品的出口1991~1992年度为137.4亿卢比，1995~1996年度增加到350亿卢比，年均增长率为26%。农业加工业开始迅速发展，吸收的外资之多在全国各部门中仅次于电力部门，其产值和产品出口值每年都以20%的速度增长。总之，改革促进了农业经营多样化和农产品加工业的发展，使印度农业生产和贸易朝着自由化、市场化、全球化方向前进了一步，农业结构开始发生重大变化。

10. 加大扶贫的力度

拉奥改革既是以增长为首要目标，兼顾社会公平，政策倾斜的侧重点和资金投入的重点自然都是在促进增长方面。但拉奥也清楚地知道，这种改革必然会使社会付出一定的代价，这种代价的主要承担者是经济地位脆弱的贫困阶层，增长取向的政策必然会拉大贫富差距和地区差距，从而招致下层群众、左翼政党和落后地区群众的不满。为减少改革对下层群众的影响，并对受影响的群体有所弥补，拉奥强调，政府对兼顾社会公平是绝不能忽视的，必须采取切实的措施保障其落实。

印度贫困线以下的人口，到70年代初占总人口的50%以上；70~80年代，由于经济发展和实行一系列扶贫措施，1987~1988年度已下降到占总人口的39.34%。拉奥执政5年期间，在资金有限的情况下，他所能做的事是尽可能加大执行中央扶贫计划的力度，减少发展模式转型造成的震荡。在经济稳定后，政府每年的扶贫计划开支有显著增长，都大大高于改革以前。中央扶贫计划开支占总开支的比例5年平均为6.82%。拉·甘地执政时期制定的最大的扶贫计划——贾瓦哈尔就业计划继续执行，其开支占国内生产总值的比重从0.38%增加到0.59%，是有史以来最高的。同时执行的中央扶贫计划还有：就业保证计划，保证在农闲季节为全国3175个最贫穷的居民区的每个农民家庭提供2人各100天的工作机会；全国社会扶助计划，主要是为贫困线以下家庭的老人、丧失劳力的贫穷家庭，还有孕妇提供生活补助；英迪拉住房扶贫计划，1994~1995 年度为农村贫穷家庭建造 40 万所房屋，1995~1996 年度将再建造 100 万所。在工人福利方面，除设立一笔 20 亿卢比的裁减工人安置和再就业培训基金外，政府还提高了奖金、退休金的最高限度。在城镇地区，政府采取措施加强公共配售制，在 1700 个落后区扩大了这种配售制，以保证穷人能以平价购得最基本的生活必需品。对 1~4 年级小学生还实行了一项午餐计划，即在 3 年内为这几个年级的所有在校生提供伙食补贴，以提高孩子的营养。对农村发展和卫生保健方面的拨款也有所增加。拉奥改革中提出一个口号，即“要使改革带有人情味”，其中心思想就是要重视使下层群众从改革中受益，而不是弃之不顾。

实践表明，增加更多生产性就业机会是减少贫困的最好途径。据计划委员会估计，拉奥执政时期生产性就业机会增加了 1.3 倍。1991~1992 年度增加就业人口 300 万人，1994~1995 年度增加到 700 万人。

11. 促进科技和教育发展

到拉奥执政时期，世界科技又有新的巨大进展，印度在与发达国家日益加大的差距面前危机感越来越强。印度的经济改革既然把自由化、市场化、全球化作为方向，如果在科技方面赶不上去，不仅快速经济增长难以实现，而且在全球化的过程中根本无力与外货竞争。经济改革是从制度层面解放生产力，但生产力的真正提高还要靠发展科技实现。因此，抓住发展科技这个决定性环节成了政府的一项十分重要的任务。

在“八五”计划中，为科学技术发展确定的方针是，要具有竞争力、费用低和适用。提出的发展重点包括：优先发展能对社会产生最直接影响的技术，发展能使国家随当今信息时代前进的技术；鼓励农业、农村手工业和其他传统领域的工具和技术的革新、普及；着重发展某些特别选定的高科技领域的技术研究并使之达到国际水平。“八五”计划要求提高各级学校的科技教育水平，要求研究机构和企业建立密切的合作关系，提高科研成果的商品转化率，还具体列举了一批需要尽快发展的项目。

为贯彻“八五”计划精神，1993 年政府又制定了《新技术政策（草案）》，其目标是使印度工业在新技术方面赶上世界水平。强调的重点包括：加大工农业和基础设施的科技含量，科研与生产相结合，在自力更生的基础上加强国际交流与合作，注重对引进技术的消化、吸收和创新，加速科研成果商品化。新政策还把微电子、生物工艺、高速计算机、材料合成、传感器、信息处理、电脑软件等“关键性技术”确定为重点开发领域。

培养科技人才受到重视。1992 年印度有 176 所综合大学和 7000 余所各类技术、科学和商学院。1992~1993 年度，全印高等院校科学与工程类在校生有 1401700 人。每年毕业的理工科大学生有 15 万人。高等院校源源不断地向各领域输送新生力量，也有一大批人去国外深造。

在政府的积极引导下，大学和科研机构积极性很高，与国外的科技交流与合作有长足发展。这一切努力都在科研力量的加强和成果的取得上得到了体现。到 90 年代，印度已有 300 多万科技人员，仅次于美国和俄罗斯，居世界第三位。在科研的基础设施和管理水平方面，印度在世界发展中国家中也都是走在最前列的。有些科技成就已进入世界最先进水平之列，如原子能研究与应用、空间技术、电脑软件、生物工程等方面的研究成果都达到了世界水平。在原子能研究和应用方面，印度有 10 个核反应堆、7 个核电站，核电装机容量和发电量在亚洲居第三位，有些核电站是印度自己设计和建造的；有 8 个重水工厂，生产的重水自给有余，已对外出口。在空间技术方面，印度已经发射了多种用于通信、气象和地质观测的卫星，1995 年 12 月又发射了功能更先进的自造的第二代遥感卫星 IRS-1C。这种卫星具有更高的分辨率，日夜均可拍摄地面目标。火箭的研制自 60 年代以来取得很大进展。发射第二代遥感卫星所用的运载火箭是第三代运载火箭——极地卫星运载火箭，为印度研制。1994 年成功地把一颗卫星送入极地轨道，使印度成为世界上第六个（前五个为美、俄、中、法、日）具有把卫星送入极地轨道能力的国家。第四代运载火箭——地球同步卫星运载火箭的研制也已成功，它意味着印度将拥有研制洲际弹道导弹的能力。在信息技术方面，印度已建立了全国卫星通信网络，并和各大国际性网络和数据库联结。计算机软件技术继续保持优势，印度成为享有国际盛誉的软件制造和出口大国。1997 年美国《幸福》杂志所列 500 家美国最大的公司中就有 158 家使用印度的软件。安得拉邦的班加罗尔被建设成印度的“硅谷”，成了高科技产品特别是软件的研发和生产基地。印度制造的大型计算机也已达到世界先进水平。在生物工程方面，遗传工程的研究、酶的研究、植物组织培养都达到了很高水平，有的已进入应用阶段。

当然，科技发展中还存在不少问题，有些还相当严重。技术相当先进的只是少数部门，大多数工业——更不用说农业了——技术水平还很低，其中很多部门连中等技术水平都达不到。结果，不但增长率低下，也严重影响产品出口。1996年高技术产品出口值只占制造业出口总值的10%。多数部门技术研究和应用落后主要是因为政府财政捉襟见肘，对一般民用技术不能投入必要的人力和资金去进行研究，而民间研究的开发推广又不受重视。引进外国技术相对较少是另一个重要原因，许多部门由于长期闭塞，连本部门先进技术是什么都不甚了解。还有一个重要原因是科技人才外流。至1990年，印度在国外谋生的科学家和熟练技术人员有41万人，各部门的人才都有。尽管政府想尽办法吸引他们回国，但回来的不多。这对技术革新的普遍开展不能不造成严重影响。

教育改革既是为了开发人力资源，造就更多人才，为经济文化建设服务，也是为了贯彻以人为本的思想，使更多人享有受教育的权利，提高人的素质。1992年拉奥政府颁布了新的国家教育政策，其突出特点是把教育和经济发展及以人为本的思想结合起来，形成一个既有远景目标又很适用的教育政策。和1986年拉·甘地执政时制定的教育政策相比，其主要特点为强调教育在经济改革中的重要地位，指出自由化、市场化、全球化的经济发展方向需要具有新观念、掌握技术的人来实现，人力资源是最重要的资源；重视基础教育和成人教育，把更多的教育资金用在这方面，充实教育发展中一直存在的这两个薄弱环节；重视思想品德教育和技术教育，将两者紧密结合，培养能为国家建设贡献力量的有用人才，减少人才外流；政府增加教育投资，拉奥时期教育开支在国家预算中的比重年均为10.97%，比以往（除个别年度外）都高；允许外资在教育领域特别是高等教育领域投资；实行教育分级管理，教育资金分级掌握，提高资金使用的效益等。新的教育政策注重克服以往的缺陷，有较强的时代感，构成了拉奥改革的一个重要部分。“八五”计划教育开支1960亿卢比，比“七五”计划期间开支（769.3亿卢比）增加1.55倍。

（三）改革的成果和意义

拉奥改革取得了很大成功，不仅迅速扭转了1989年以来增长率连年下跌的局面，而且从低谷爬出后，很快就创造出独立以来从未有过的较快增长速度。1991~1992年度，亦即拉奥着手稳定财政的当年，经济增长率只有

0.8%，1992~1993 年度就上升到 5.3%，1993~1994 年度达到 6.2%，1994~1995 年度更增长到 7.8%，1995~1996 年度为 7.6%。[①]“八五”期间年均增长率为 6.5%，大大超过了原计划的 5.6%的指标，也高于“七五”计划期间的年均增长率（6.0%）。自实行五年计划以来，这样大幅度地超额完成经济增长率计划指标还是第一次。而且，“八五”计划执行的结果，公营部分的开支在总开支中的比重只有 34%，表明私营部分的投资比计划预期的超过一半的比重还要高得多，这也是以往各个五年计划从未有过的，私营经济的重要作用在这里充分表现出来。1992~1996 年国内储蓄占国内生产总值的比重年均为 23.9%，其中私人储蓄就占 22.5%。同期，国内投资占国内生产总值的比重为 25.3%，其中私人投资就占 15.4%。固定资本形成率的增加对提高生产率和增长非常重要，1994~1995 年度其比例为 21.9%，1995~1996 年度增加到 24.1%。这个新纪录完全是由于私人固定资本投资的增多，后者 1994~1995 年度为 13.4%，1995~1996 年度增加到 16.3%。同期公营部门投资则由 8.5%降至 7.8%。

增长最快的产业部门是制造业。1991~1992 年度制造业增长率只有 0.8%，实行改革后，1994~1995 年度达到 9.4%，1995~1996 年度更增长到 11.8%。主要工业产品的产量都有较大的增长。1996~1997 年度几种主要产品的总产量为：钢材 1421 万吨，煤 2.8567 亿吨，原油 3154 万吨，化肥 859.94 万吨，电力 3945 亿度，水泥 7618 万吨，纺织品 301.51 亿米。资本品和中间产品绝大部分能自给，消费品除某些高级耐用品外基本上能自给。过去，工业品自给率越高被认为越好，现在重在质量，市场上开始出现越来越多的合资企业制造的和引进外国技术制造的质量更高的产品。如在马路上，铃木、大宇、欧宝、奔驰牌小轿车越来越多；商店货架上，各种合资产品耀人眼目，技术水平低的国产品不再受购买力较高的顾客青睐。

农业在拉奥执政时期也有增长。“八五”计划预定年增长率为 4%，实际达到 3.7%。1994~1995 年度粮食产量达 1.915 亿吨，创历史最高纪录；1995~1996 年度回落到 1.85 亿吨，但粮食储备量创历史最高纪录。服务业也较前有较大发展，1995~1996 年度增长率为 7%。1996~1997 年度，各产业在国内生产总值中的比重为：农业 26.6%，工业 26.9%，服务业 46.5%。

---

① 世界银行：《印度：减少贫困，加速增长》，2000，第 104 页。

印度成为世界第十大工业国家。主要的社会指标包括公共开支、入学率、人均寿命、安全饮用水的提供等都呈上升趋势。在国民的生活质量方面，据 1996 年大选前一份全国抽样调查，有 41%的人认为自 1991 年以来他们的生活好于以前，有 39%的人认为没有变化，有 18%的人认为不如以前。[①] 这个数据表明不同阶层感受不同，将近半数人口感受到了实惠。就全国人均收入来说略有提高，处在贫困线下的人口比重 1993～1994 年度为 36%，1996～1997 年度降至 29.2%。很大比例的国民感到生活没有变化甚至不如以前也并不奇怪，在实行增长取向的改革时，在短期内下层人民收入增加不多常常是难以避免的。在加强基础教育方面，到 1996 年 9 月，6～11 岁儿童入学率达 90.5%，其中男童 98.6%，女童 81.8%；11～14 岁儿童入学率为 62.3%，其中男童 70.8%，女童 52.8%。虽然这算不上很大的成就，而且中途辍学率很高，但较之 80 年代有了一定进展。

当然，改革也有不成功和政策规定不到位之处。第一，公营企业的改革步履艰难，收效甚微。相当多企业亏损的局面没有扭转。1995～1996 年度，中央所属 241 家企业中赢利的仍然只有 130 家，有 109 家亏损。邦公营企业也是如此，甚至更加严重。1993～1994 年度，公营工业部门固定资产占全国工业固定资产总额的 42%，其产值在国内工业总产值中的比重仍然只有 29%。公营企业整体来说税前利润仅为 11%（私营企业为近 20%），税后不到 3%，还抵不上折旧费。只有石油部门收益较高。公营部门每年从政府得到的财政资助，到 90 年代依然占国内生产总值的 5%左右。之所以如此，是因为公营企业改革遇到了特别大的阻力。公营企业已经官僚机构化，企业管理大都是短期行为，不论企业效益如何，职工福利有制度保障，工业争议法规定 100 人以上的企业没有一年的事先通知不得解雇工人，未得到政府批准不允许裁员，未经政府批准公司不能破产，等等。在这种情况下，仅仅签订"谅解备忘录"和建立责任制是不能根本解决问题的。根本解决方法是改变体制，实行现代企业管理。拉奥改革提出的就是这个方向。但这样一来，它就不仅牵涉到一大批既得利益的官员、企业领导人、高级职员的利益，也牵涉到队伍庞大的公营工业工人的切身利益。因而私有化计划遭到强烈反对，工会不止一次地组织大规模的抗议罢工和示威游行。不

---

① D. 杜塔编《南亚经济自由化和结构改革》，2000，第 333 页。

仅如此，公营工业一向被认为是建立社会主义类型社会的物质基础和保证，受到左翼政党支持，一旦要改变体制，左翼政党不仅公开反对，还要动员其影响下的工会发动群众性的抗议活动。国大党不能不顾及广大工人群众的情绪，只得放慢步伐。面对这种形势，即便继续出售公营企业股份，又有谁敢问津？公营企业状况基本没有改变，依然是国家财政的沉重包袱。解决公营企业经济效益差的问题成了深化经济体制改革的最大难点。

第二，在竞争和保护的关系上，过分保护的政策改正不到位。拉奥政府虽主张印度经济融入全球经济，对进出口的限制都基本取消，但为了保护国内工业，对进口没有像对出口那样大力鼓励。进口限制放开后，一些进入印度的外国货（如化学原料、机床、家用电器、汽车等）显示了价廉质优的优势，市场很快扩大，对国产品形成严重冲击。国内商家十分惊恐，纷纷举行抗议，要求政府保护，甚至谴责政府出卖民族利益。在这种情况下，政府不得不走回头路，对冲击较大的领域（如机床设备），下令重新限制进口，以加强对国内工业的保护。对外国货仍然是防范有加，进口关税也保持在较高水平。这样做可能有一定的必要性，因为几十年保护政策形成的技术质量差距非短期内所能缩小，需要有段起保护作用的过渡时期。但拉奥政府的政策总的倾向是防范有余而鼓励竞争不足。保护伞迟迟不撤销，也就把促使印度工业必须技术更新升级的压力化为乌有。这是有悖于改革提出的通过参与全球化进程提高竞争力的目标的。对于小型企业保护过头、效益很差的问题，拉奥政府 1991 年专门制定了新的小型企业政策，强调应该把提高效益摆在首位。然而尽管制定了政策，保护过头的情况仍没有大的改变。最典型的是保留给小型企业专营的 800 多种产品没有减少。既然有专营权，也就没有来自大中工业企业的竞争压力，所以效益是否提高对小型企业来说也就不是那么紧迫的问题。政府之所以不减少保留的专营项目数量，是考虑到小型企业涉及广大下层群众中众多阶层，担心减少专营会影响他们的切身利益，招致他们不满，从而动摇国大党的群众基础。同样一个产品，大工业生产可以价廉物美，但不允许；小型企业生产质量低、成本高，但只有它们才有权生产。这是牺牲效益保护落后生产力。小型企业中出现那么多病态企业于此可以找到答案。

第三，农业改革只限于贸易和价格政策调整，但对加强农业基础设施、鼓励扩大技术投入、提高农业生产率等方面没有采取有力的政策，对绿色革命在拉·甘地执政时期取得的成就的基础上如何继续扩展没有认真考虑拿出方案。其结果是农业生产增长率总的来说还不如80年代，80年代粮食年均增长率为3.5%，90年代仅为2.6%。1995～1996年度农业各部门只增长了2.4%，低于90年代平均增长率。其中农作物产量增长率只有0.9%，对整个经济发展都产生了不利影响。

第四，为了减少改革在工人中引起的震动，对原来劳工立法中的某些过时的规定基本上还没有触动，影响了劳动力自由市场的成熟，对企业提高效益形成了制约。

第五，财政紧张状况没有得到根本缓解，削弱了资本形成的能力，严重影响了基础设施建设。拉奥的稳定财政措施只是缓解了燃眉之急，财政赤字占国内生产总值的比重在最初两年下降后，1993～1994年度又回升到7.3%，1994～1995年度仍为6.7%。反弹的主要原因与改革在有些方面不到位有直接关系。例如，国家每年照样要拿出大量资金维持亏损公营企业的生存，公营企业改革的迟缓使政府这方面的负担得不到减轻。又如，联邦和邦政府对农业投入实行的财政补贴（粮食、食糖、化肥、电力等）已成了套在颈上的磨盘，然而改革很少触动这个关系到农民切身利益的难题。农民各阶层的向背是一个涉及大量选票的敏感问题，主张改革的国大党也不敢轻举妄动。就以化肥来说，化肥的售价一直大大低于成本，全靠政府补贴。拉奥执政之初把化肥价格提高，遭到农民激烈反对，政府不得不拿出34亿卢比给农民作为补偿。公营企业收益低，而财政补贴又居高不下，所欠内债到时候是要偿还的，国家无计可施，只好再借新债还旧债，随之，偿还利息的负担也越来越重。利息支出占经常项目预算收入的比重1993～1994年度达49%，1994～1995年度更上升到53.6%，就是说，政府经常项目收入的一半以上要用来支付内债利息。财政拮据的结果是计划的投资额不能到位。在资金严重短缺的情况下，政府不得不削减原计划的基础设施投资，其结果是影响了本应该增加投资的基础建设。财政赤字反弹带来的另一严重问题是通货膨胀率的升高。改革的头三年，通货膨胀率逐渐由两位数降到8.4%，1994～1995年度又回升到10.5%，这使得广大下层民众对改革感到失望。

尽管有诸多不足，但应该说，拉奥改革是成功的改革，对印度此后的发展、对印度现代化进程的推进具有重大的历史意义。

拉奥改革是拉·甘地改革的继续，也是它的深入。和拉·甘地改革比，拉奥改革不仅步伐大得多，范围广得多，结构调整深入得多，而且进入模式根本转换阶段，基本上完成了模式转型。尼赫鲁时期的发展模式（目标、体制和战略）已完成其历史使命，被新的模式取代。新的模式以自由化、市场化、全球化为改革方向，这是和世界发展潮流一致的，是针对原来模式的半管制化和半封闭化提出的。不过原来模式的内容也并非完全被摈弃，有部分内容被保留，和新的内容结合在一起。也就是说，它是在原有模式基础上逐步改变形成新模式，而不是另立炉灶、另树新帜。新模式的突出特征是，仍为多元发展目标，但强调增长第一，兼顾社会公平；混合经济体制仍保留，但不再强调公营成分的主导作用，而是强调充分发挥私营成分和市场机制的作用，突出效益原则；在发展战略上，积极参与全球化进程，变内向型经济为外向型经济，重点发展高科技产业，用高科技产业带动整个国民经济的发展。这是在新时期适应新的需要而实行的转变，是把印度经济现代化推进到新阶段的战略举措。

一些左翼学者和报刊指责这种转变是屈服于西方压力，从民族立场上倒退，牺牲下层人民的利益以迎合大资产阶级的要求。这种指责是不正确的。持这种观点的人还是按以往的思维方式考虑问题，不了解世界形势的变化和发展潮流。他们仍希望印度走非资本主义发展道路，实际上这是根本不可能的。也有一些学者和报刊在肯定改革方向的同时，对尼赫鲁模式采取基本否定的态度，认为独立伊始就应该这样做，有人说根本不应该重点发展公营企业，还有人说尼赫鲁模式完全是不必要的。对这种说法多数研究者不支持，指出这种观点是无视独立时印度的国情和当时的世界发展形势。尼赫鲁模式尽管有缺陷，但从主要方面来说是根据印度国情制定的，在当时是必要的。学者们普遍认为，没有尼赫鲁模式，就不会有印度今日之发展。问题不在于最初实行了尼赫鲁模式，而在于当国内外形势发生了巨大变化需要调整乃至转型时，是否能及时进行调整和转型。模式转型是需要的，是一种前进运动，其目标是紧跟世界发展潮流，追赶先进，但绝不是照搬西方的所有做法。印度制定发展模式必须立足于印度国情，从印度国情出发考虑问题，也就是说，一方面要使印度与世界发展潮流一致，另一方面充分体现印度的需要和特点。这是什么时候也不能偏离的根本原则，尼赫鲁模式的制定是这样，新模式的制定也是这样。正如拉奥 1994 年

1月在瑞士举行的世界经济论坛上讲到印度改革的指导方针时所说的，自由化改革是印度今日发展的必要，是“不可逆转的”，但取消管制体制并不意味着印度完全接受西方的市场经济体制。[①] 印度独立后从国情出发选择了中间道路，虽然经济发展模式需要改革，但增长要兼顾社会公平这个大方向是不会改变的。

拉奥改革不是改革的终结，因为改革的任务还有很多没有完成。它的重要意义在于为下一步改革的再深入奠定了坚实的基础，指明了前进的方向。后来历届政府基本上都是沿着拉奥改革的方向前进的，拉奥改革做得不够的地方，后来的政府或多或少地都做了补足，有的更前进一步，使改革在有些方面得到更深入的发展。值得注意的是，随着改革成果的显现，原来对改革有很大保留的政党对改革的认同也逐渐增加。如在西孟加拉邦执政的印共（马）最初是不赞成自由化改革和引进外资的，认为自由化改革是牺牲人民利益满足垄断资产阶级要求，而引进外资是向西方帝国主义敞开印度市场的大门，引狼入室。但后来态度发生了变化。1994年10月，西孟加拉邦首席部长、印共（马）领导人之一的J.巴苏宣布了该邦新的工业发展政策，表示邦政府欢迎外国技术和投资，只要是适当的和互惠的。西孟加拉邦1995年1~8月就引进国内资本和外资26亿美元，比1994年同期增长380%。正像印度舆论界普遍认为的，印度各政党和各界人士是带着对经济改革的共识走进21世纪的，共识的程度从来没有像现在这样高。改革的实践也使全国广大群众思想观念有了较大的解放，原来对改革和经济转型抱有疑虑的，对改革和转型的认同度也越来越高。

基于上述，完全可以说，如果尼赫鲁为印度制定的经济模式是印度独立后发展道路上的第一块里程碑，拉奥改革实现的模式转换则是第二块里程碑，开创了国家经济和政治发展的新阶段，在印度的发展史上具有重要的历史意义。

（四）改革为什么能成功

拉奥改革之所以能取得成功，有内外多方面的原因。

---

① P.奥登伯格编《印度概要：跑到终点》，纽约，1995，第196页。

就外部形势说，进入90年代的情况是，自由化、市场化、全球化浪潮已席卷许多发展中国家，凡顺应形势实行改革开放的，包括中国，都取得了明显的成就，这就把深入改革的必要性突出地呈现在印度人民面前，大大减少了改革可能遇到的阻力。如果90年代初的印度不是远远落在亚洲“四小龙”之后，不是为中国改革开放后经济发展的强劲势头所震撼，印度也不会有那么强烈的危机感和追赶欲望。

就内部因素说，第一，有拉·甘地改革的铺垫。80年代后半期拉·甘地的改革尽管不到位，但他采取的一系列放宽管制的措施和重点发展高科技产业的措施，把国家引上了改革的大道，使人们的思维已多少适应了改革，不像以往那样疑窦丛生。他提出的“把印度带入21世纪”的响亮口号把人们的目光引向世界，引向未来，这为拉奥的改革做了有力的铺垫，没有这个铺垫而要骤然实行这么大的改变是不可能的。第二，国内出现的空前未有的财政和外汇危机为深入改革提供了契机，如果没有这个契机，要使社会大多数人认为改革势在必行也仍然会有很大难度。第三，最关键的是，有目光远大而又有魄力的政治家来领导改革，有谙熟国内外经济形势的杰出的经济学家来操盘，制定正确的可行的政策。一个掌握方向，一个精心设计，珠联璧合，相得益彰，在独立以来的历史上，这是从未有过的。再加上有一个得力的智囊团辅助，这样就形成了强有力的领导核心。关于拉奥和曼·辛格的配合默契，媒体有一段后来采访拉奥的记述，其中写道，拉奥常把自己比喻为“一块岩石”，立在曼·辛格背后，每当辛格受到政治家们攻击时，他就说：“攻击我，不要攻击他。他不是政治家，让他做他的工作。”[①] 曼·辛格对拉奥非常敬佩，2004年在出任总理后每次谈起他在拉奥领导下进行改革，总是由衷地称赞拉奥对他的支持和鼓励。他说：“作为财政部部长，我所做的一切，都是因为他（拉奥）无保留的支持。他是经济改革之父，永远值得怀念。”[②] 第四，和拉·甘地不同，拉奥的领导核心不是形成于内阁外，而是处在内阁之中，加之拉奥在党内根底深、威望高，所以在改革中，政府、党和他基本上是同心同德的。这样，就有较强的力量去动员舆论支持改革，克服面临的强大阻力，保证大部分改革措施的落

① http：//asia. news. yahoo. com/041223/ap/d875f4e00. html.

② http：//asia. news. yahoo. com/041223/ap/d875f4e00. html.

实。对党内、政府内出现的分歧，拉奥总是努力做说服工作和化解矛盾的工作，重视统一认识，依靠党和政府的集体力量来推动改革。这就是他能得到党和政府支持的原因所在。说服福特达尔就是个典型例子。M. L. 福特达尔是卫生、家庭福利部部长，对拉奥的公营企业改革的政策坚决反对，理由是改革违背尼赫鲁传统。拉奥努力设法改变他的看法。他任命一个非正式的内阁委员会审视公营企业改革的具体政策，让福特达尔参加这个委员会。委员会提出对亏损公营企业的处置要逐步实行，不要轻易关闭，还提出了一些其他建议。委员会对福特达尔很尊重，委托他为委员会提出的报告写序言。经过深入讨论，福特达尔认识到了对公营企业实行改革的必要性，也看到拉奥态度谨慎，不会贸然行事，于是打消了抵触情绪，转变了态度。最后，改革之所以能成功，还与他重视与其他政党协商，争取其他政党的支持有关，这在一定程度上减少了阻力。人民党领导人维·普·辛格要求拉奥政府和工业界、劳工界和各政党对话，以减少冲突。曼莫汉·辛格不仅和维·普·辛格及左翼领导人多次磋商，还把这时期的改革说成与维·普·辛格政府 1990 年提出的改革设想基本一致。此外，还任用维·普·辛格政府的高级官员 M. S. 阿努瓦利亚和 R. 莫汉参与制定和实施改革计划。在争取人民党和左翼政党支持的同时，拉奥也谨慎地与印度人民党接触，争取印度人民党对改革的支持。在出任总理后不久，拉奥成功地与印度人民党达成默契，印度人民党支持国大党提名的人民院议长人选，作为交换，国大党支持印度人民党提名的副议长人选。1992 年春，印度人民党领导人阿德瓦尼说，反国大党主义的时期结束了。他的意思是说，可以实行有条件的合作了。国大党所持的中间立场和意识形态使它的政策主张与左翼政党、右翼政党都有相通之处，有可能在不同点上被两者接受，如果充分协商，达到看法接近的可能性就会更大一些。拉奥正是在这方面下了功夫。

三　中央—地方矛盾的缓解

拉奥执政之初，财政上的危机掩盖了政治、社会冲突。但政治、社会冲突也要解决，否则稳定财政和经济改革的努力都会受到严重影响。他执政后，便向各反对党表示，愿与各个政党弥合分歧，协商一致，求同存异，来解决面临的各种问题。当时阿约迪亚的寺庙之争在维·普·辛格政府采取强力措施后暂时得到解决；曼达尔委员会建议的实施被最高法院搁置，而旁遮普、阿萨姆的局势尚未稳定，所以，他便把解决中央—地方关系放在首位。

旁遮普仍处在动荡不安中，1991 年在不断发生的恐怖活动中有 4750 人死亡。在旁遮普问题的处理上，拉奥采取两手策略：严厉镇压持分裂立场的恐怖分子的活动，恢复民主政治。旁遮普当时仍处在总统治理下，各主要政党和舆论界都要求立即恢复民主政治，进行大选。为回应这个要求，拉奥政府决定结束该邦长达 5 年的总统治理。1992 年 2 月进行邦议会选举和人民院议员选举。尽管持极端立场的派别号召抵制选举，并一再制造恐怖事件，破坏安定，其他政党都参加了竞选。结果，国大党取得多数，建立了以宾特·辛格为首的邦政府。邦政府努力争取阿卡利党温和派系的合作。大多数人民要求安定，憎恶恐怖活动和动乱。阿卡利党的温和派系也表示愿意为恢复旁遮普的安定与政府合作。在这种有利的气氛下，邦政府对继续从事恐怖活动的分子采取加强镇压的措施得到大量居民的自愿帮助。极端分子的首领马农·查哈尔被抓获，极端分子纷纷投降，少数人流亡海外。到 1993 年旁遮普极端分子造成的暴力动乱基本消除。

阿卡利党此时已分裂成许多派系。1994 年 5 月，有 6 个非主流派系在阿姆利则组成一个新的政党，叫阿卡利党（阿姆利则），和作为主流派系的阿卡利党（巴达尔）并为旁遮普锡克人的主要政党。1997 年 2 月再次大选，阿卡利党（巴达尔）和人民党联合执政，局势趋于正常。延续近 20 年的旁遮普动乱终于解决。

阿萨姆邦的动乱在拉·甘地执政时基本解决，但未能完全平息。持极端立场的阿萨姆联合解放阵线不接受拉·甘地与阿萨姆运动领导人的协定，继续进行暴力活动，并提出了分裂要求。全阿萨姆学生联盟反对分裂，但指责政府没有认真履行阿萨姆协议，该修订的选民名册未修订，该遣返的外来人没有遣返。由于该组织坚持必须修订选民名册后才能选举，1989 年的人民院选举阿萨姆邦未能举行。1990 年中央政府解散了阿萨姆邦立法院，实行总统治理，以清剿联合解放阵线的武装势力。1991 年 5~6 月，阿萨姆邦举行立法院选举和人民院议员选举，国大党获胜，建立了以 H.

赛克亚为首席部长的邦政府。阿萨姆联合解放阵线继续采取暴力斗争，迫使邦政府除使用地方警察力量外，还不得不动用中央警察部队和边防部队联合镇压。同时，拉奥要求邦政府与联合解放阵线领导人进行谈判，实行分化政策，允诺该组织成员放下武器后给予 11 亿卢比的安置费，帮助他们安家就业。有 3000 名武装分子放下了武器。该组织领导人最后不得不同意停止暴力斗争，寻求在宪法允许的范围内解决问题。到 1992 年底，阿萨姆邦局势终于基本上稳定下来。不过仍有部分人不愿放下武器，继续进行暴力活动。

拉奥政府也在解决查谟和克什米尔邦动乱方面做了努力，但效果有限。拉奥承诺尊重查谟和克什米尔邦在印度宪法框架内享有较大的自治权，并保证宪法关于给该邦特殊地位的第 370 条不会改变。但穆斯林中主张克什米尔独立的派别查谟和克什米尔解放阵线和主张克什米尔并入巴基斯坦的组织都仍旧在进行反政府宣传和暴力活动。有些武装分子进入斯利那加市郊达尔湖西岸的哈兹拉特-巴尔清真寺，把它作为藏匿和储存武器的地点。哈兹拉特-巴尔是克什米尔著名的伊斯兰教圣地，寺内藏有圣物——先知穆罕默德的头发，每逢宗教节日都公开展示。1991 年 9 月 4 日，印度军队为追剿武装分子进入该圣地。分裂主义组织立即造谣惑众，诬蔑军队折磨朝圣者。在他们的欺骗和鼓动下，9 月 10 日，有数十万穆斯林举行无限期罢工，抗议军队玷污伊斯兰教圣地。在军队对带头闹事者的镇压中有数十人死亡。

查谟和克什米尔解放阵线内部在斗争方式上认识并不一致，1995 年发生分裂。亚辛·马立克领导的一派宣布争取克什米尔独立的目标不变，但放弃暴力斗争道路，采取非暴力斗争的形式。另一派，即阿马努拉·汗派（其在印控克什米尔地区的领导人是 S. A. 希迪其）坚持从事暴力斗争，不过在受到镇压后，其成员大大减少。另一极端主义武装组织“圣战者”组织由于有些人是伊斯兰促进会成员而有些人不是，也发生了分裂，但两派都继续主张克什米尔并入巴基斯坦和实行伊斯兰化。这个组织由于得到巴基斯坦情报部门的支持，此时成了克什米尔最大的分裂主义武装组织。

这一时期，克什米尔分裂势力一个重要的新变化是，出现了一个联合阵线性质的穆斯林政治组织，叫全体党派自由会议，是 1993 年 3 月成立的，有 20 多个政治、社会和宗教组织参加。这些组织在使克什米尔脱离印度的目标上是共同的，不过有的主张克什米尔独立，有的主张并入巴基斯坦。亚辛·马立克领导的查谟和克什米尔解放阵线一派也参与其中。这些组织都不主张使用暴力斗争方式，宣称要通过政治和外交途径达到目的。由于成员众多，该组织自称是“克什米尔穆斯林真正的和唯一的代表”，公开在前台活动，制造舆论，煽动不满情绪，与在阵线之外的穆斯林分裂主义的武装组织相互呼应。印度政府指出，这个组织是在巴基斯坦情报部门的主使下成立的，以亲巴基斯坦趋向为主。不过，随着年轻一代的成长，主张独立的趋向在阵线内逐渐增长。

1993 年后查谟和克什米尔邦的动乱进一步扩大。1993 年 10 月初，伊斯兰极端分子又占据了哈兹拉特-巴尔清真寺，并在里面储存武器。印度政府采取了谨慎的对策，于 10 月 13 日派安全部队包围了该寺，但没有进入。分裂主义组织发动上千名群众上街示威，要求部队撤走，游行队伍同部队发生严重冲突，造成 17 人死亡，40 多人受伤。11 月 16 日，武装分子投降，危机得到和平解决。此后，一些分裂主义组织多次煽动群众游行，多次与军警发生流血冲突，还指责安全部队滥杀无辜，竭力进行报复，致使恐怖活动愈演愈烈。政府释放了部分被捕的极端分子领导人，但并没有得到预期的回应。1994 年，据估计有近 3000 人（包括武装分子、警察和平民）死于各种恐怖活动、暴力和镇压。1995 年形势没有变化。政府在新工业政策下把查谟和克什米尔邦列入经济落后地区，宣布来这里兴办企业者可免征所得税 5 年，以鼓励这里的经济发展。这种优惠措施受到工商界欢迎，但对分裂主义组织不起任何作用。1995 年 5 月 8 日，印度部队包围了斯利那加附近的恰拉尔-伊-沙里夫圣地，那里有 100 多名武装的叛乱分子藏匿。这导致了在邦内许多地方发生总罢工，抗议武装部队的行动。在军队和占据圣地的分裂主义武装分子的激烈交火中，这个有 600 多年历史的圣地的一些古迹被大火毁坏。印度政府随后在该邦实行戒严。和分裂主义武装分子的战斗持续了数日，1995 年 5 月 21 日，分裂主义组织发动 5000 多名穆斯林向首府斯利那加进军，抗议恰拉尔-伊-沙里夫圣地被损坏。这天被全体党派自由会议称为“殉道者日”。5 月 22 日，该组织又在被毁坏的恰拉尔-伊-沙里夫圣地组织 10000 名穆斯林举行抗议集会，在其他城市也举行一些大大小小的集会。5 月 23 日，在被毁坏的恰拉尔-伊-沙里夫圣地，分裂主义组织的游行演变成暴力冲突。只是在政府的严格掌控下，这次危机才被及时遏制。1996 年 3 月，属于查谟和克什米尔解放阵线（阿马努拉派）的武装分子再次盘踞哈兹拉特-巴尔清真寺。安全部队包围该寺并发动进攻，打死武装分子多人。在随后的枪战中，武装分子又有些人包括其领导人被打死，解放阵线主张暴力斗争的这一派力量大大削弱。

1996 年人民院选举前夕，拉奥力图稳定查谟和克什米尔邦局势，同意 1996 年结束该邦的总统治理，举行邦立法院选举。5 月 5 日，他去该邦访问，表示对保持该邦局势安定和恢复民主进程的关心，呼吁选民踊跃参加即将进行的人民院席位选举和不久后进行的邦立法院选举。5 月进行了人民院查谟和克什米尔邦 6 个席位的选举。虽然分裂主义组织抵制，法鲁克领导的国民会议党也拒绝参加（它要求中央政府同意该邦的地位恢复到 1953 年前的状态，被拒绝），选举还是如期举行。不过，邦立法院的选举在拉奥任期结束前没有进行。

极端分子并没有放弃暴力活动。这一时期的新变化是出现了外来的恐怖势力。苏联侵略阿富汗失败后，不少来自伊斯兰国家的参加对苏作战的圣战者投入克什米尔分裂主义运动，增强了武装分裂分子的力量。这一时期很多暴力行动是在境外成立的圣战者运动和塔伊巴军（一个叫宣教指导中心的组织的军事翼）的雇佣兵所为。这两个组织中有阿富汗人、阿拉伯人，也有巴基斯坦人。圣战者运动、宣教指导中心和塔伊巴军都是本·拉登的反美反以色列圣战国际阵线的成员。1989~1992 年，圣战者运动和塔伊巴军进入巴控克什米尔并在那里立足，不仅为了加强亲巴基斯坦的组织的力量，而且对印度其他地区穆斯林极端分子提供帮助，在巴控克什米尔的秘密营地训练他们，把他们输送到阿富汗或巴基斯坦接受进一步训练和思想武装。他们逐渐成了越境进入印控克什米尔地区从事暴力和恐怖活动的主力。这三个组织受瓦哈比主义的强烈影响，认为克什米尔问题不是印巴领土之争，而是伊斯兰教与印度教的关系问题。他们公开宣称，他们的最终目的是为穆斯林创造更广阔的家园。为此，不仅要在印控克什米尔制造动乱，还力图把其活动扩大到印度其他地区。

1994 年圣战者运动绑架了两名英国公民，1995 年其延伸组织又绑架了几名西方旅游者，这引起了美国的注意。1997 年 10 月，这个组织被美国宣布为国际恐怖主义组织，美国飞机轰炸了其在阿富汗的训练营。圣战者运动、宣教指导中心和塔伊巴军在查谟和克什米尔邦查谟地区和喜马偕尔邦加强了对印度教徒的袭击，针对这些地区的印度教徒制造恐惧，还阻止从克什米尔逃到这里的印度教徒回克什米尔。

就中央—地方关系来说，像旁遮普、阿萨姆、查谟和克什米尔邦这样矛盾发展成长期动乱的邦是少数，大多数情况是带共性的一般性问题：中央集权过多，经常滥用联邦权力，宪法规定的联邦与邦职权划分未能得到尊重和充分体现。

拉奥执政后，不仅如上所述采取专门措施解决特殊邦的问题，还通过经济改革，使所有邦带共性的问题得到大大缓解。这是超过他本人预期的更大的收获。

中央集权过多有人为因素，更重要的是制度因素。在实行经济改革之前，自上而下的计划安排、工业许可证制度、进出口许可证制度和中央地方财政分配制度使经济发展的大权完全掌握在中央手中，地方只能听从中央安排，决定不了自己的命运。这就造成了各邦工业发展的不平衡和财政收入的不平衡，邦政府纵有发展地方经济文化事业的愿望也无能为力。这自然引起强烈的不满情绪，特别是那些经济发展落后的邦和地方政党掌权的邦。经济上受压抑必然在政治上表现出来，成为各邦表现形式各异的政治矛盾的深层根源。即便是旁遮普和阿萨姆邦的动乱，其深层根源也在这里。在这个深层矛盾未解决前，在调整中央—地方关系方面无论怎样努力，也只是治标。而拉奥改革基本取消了对经济发展的半管制体制，把地方发展经济的自主权交还地方，这样就使地方的积极性和自主性有了充分的施展空间，其结果是从更深的层面——经济层面解开了中央和地方矛盾的纽结，使地方的大多数不满迎刃而解。就连动乱最难解决的旁遮普、阿萨姆邦，也只是在拉奥改革后，在一定措施的配合下才真正有了最后解决的可能。到 1998 年，除查谟和克什米尔邦的特殊问题外，中央和各邦再没有出现大的冲突。印度计划委员会主席马德胡·坦达维特就说：“印度中央和各邦之间的关系从来没有这么和谐过。”[①] 这是经济改革之花在政治领域结出的丰硕之果，对保持联邦制结构的正常运转和社会稳定起了非常有益的作用。

---

① R. D. 拉杰：《权力转移到地方政党》，纽约，1998。

四　教派冲突的激化

教派冲突在拉奥执政期间不但没有缓解，反而变本加厉。这是因为印度人民党在 1991 年人民院选举中突飞猛进，获得 119 席，成为第一大反对党；它还在北方邦、中央邦、拉贾斯坦和喜马偕尔四个邦执政，一举成为仅次于国大党的势力最强的党。印度人民党强硬派领导人、党主席 M. M. 约希（1991 年接替阿德瓦尼，后者成为议会反对派领导人）和同盟家族的国民志愿服务团、世界印度教大会都把竞选的成绩解读为鼓动群众宗教情绪战略的成功，认为广大印度教徒认同他们的教派主义主张和在阿约迪亚重建罗摩庙的鼓噪。所以，在大选后，为了扩大自己的胜利成果，他们乘胜前进，把气氛进一步炒热，一鼓作气强行建庙，认为这样就能把更多群众吸引到它的旗帜下。印度人民党北方邦政府首席部长 K. 辛格就是带头人之一，他把邦政府所有成员、所有邦议员和邦的人民院议员带到阿约迪亚，在那里发誓，一定要把罗摩庙建起来。

拉奥政府坚持世俗主义，反对印度人民党、国民志愿服务团和世界印度教大会利用寺庙之争煽动宗教狂热，加剧冲突。不过，政府并没有采取有力的措施来预防冲突的扩大，只是表示相信高等法院和邦政府能做出公正的处理。之所以态度不够强硬，是因为拉奥执政之初，在议会还是处于少数派地位，他要尽力避免与印度人民党正面交锋，以免引起政府危机。鉴于建罗摩庙的主张在印度教徒中拥护者甚众，为了不影响国大党的群众基础，政府成员甚至在私下表示支持建庙。如联邦议会事务部部长 G. N. 阿扎德就说，国大党不反对建罗摩庙，只要建庙不致使巴布里清真寺被拆毁。[①] 政府这种态度被教派主义者视为软弱，他们得寸进尺，一步步走向极端。

考虑到在阿约迪亚拆寺建庙的要求会引起连锁反应，造成不可收拾的局势，拉奥政府向议会提出了一项法案，规定全国礼拜地点都要保持 1947 年 8 月 15 日印度独立时的原状。不过法案把阿约迪亚清真寺除外，规定该地的寺庙争执服从最高法院判决。这也是对同盟家族的一种让步姿态。尽

---

① 《印度时报》1991 年 10 月 7 日。

管如此，在 1991 年 9 月 10 日议会对该法案进行表决时，印度人民党的议员还是抵制投票，但该法案得到通过。

1991 年，印度人民党的北方邦政府采取一系列行政和法律步骤，目的是获得紧邻清真寺的一片近 3 公顷土地的控制权，以便转让给世界印度教大会，由它负责建庙。巴布里清真寺行动委员会急忙要求邦高等法院干预。阿拉哈巴德高等法院在受理申请后，于这年 10 月 25 日做出裁决，北方邦政府可以获得巴布里清真寺周围的土地，但不能在其上建立永久性建筑物，也即不允许在其上建庙。裁定得到最高法院核准。最高法院判定，现有建筑物不得触动，也不允许有新的建筑物。但北方邦政府置法院裁决于不顾，还是把土地转让给了世界印度教大会，为建庙做准备。

极端的宗教狂热分子主张不顾一切立即建庙。这对印度人民党来说也是个难题，因为如果冲突白热化，造成爆炸局势，对在北方邦掌权的印度人民党政府也不利。考虑到这种形势，印度人民党这年 9 月举行的全国执委会决定把建庙的热度冷却一下，把焦点转移到通货膨胀、失业等民生问题上，吸引更多群众站在印度人民党的旗帜下，以进一步扩大自己的群众基础。为了贯彻这个精神，执委会决定由党主席 M. M. 约希领导开展一次比 1990 年“战车进军”规模更大的“团结进军”，目的是扩大印度人民党的影响，争取更广泛的群众支持。进军定于 1991 年 12 月 11 日从印度最南端的科摩林角开始，将纵贯印度，途经 14 个邦，行程 14000 公里，于 1992 年 1 月 26 日共和日那天在查谟和克什米尔邦首府斯利那加举行升国旗仪式。进军如期进行，并到了克什米尔，沿途吸引了大量群众参加，引起全国关注。不过最后出于安全考虑，进军的人流停在查谟，只是由党的主席 M. M. 约希等领导人去斯利那加升旗。北方邦政府也采取了一些措施控制局势，如限制 1991 年 10 月 30 日阿约迪亚集会的参加人数。但参加集会的狂热分子仍然闯进清真寺内，破坏了寺院的一些墙壁。

1992 年 7 月，世界印度教大会宣布将在其得到的土地上为建庙奠基。此举受到北方邦政府的默许。拉奥政府对这个公然违反法院判决的危险行动没有采取强有力的措施制止，而是依赖最高法院干预，政府只是和世界印度教大会谈判，提议延期 3 个月。1992 年 12 月 6 日，印度人民党和世界印度教大会在清真寺所在地召开有 20 万人参加的印度教徒大会。这两个组织的重要领导人都亲临现场。与会者情绪激昂，强烈要求拆毁清真寺重建罗摩庙。事前，北方邦首席部长 K. 辛格曾向高等法院保证不会损坏清真寺，印度人民党领导人也在人民院做出了同样保证。印度中央政府轻信了他们的保证，没有采取有力的预防措施。在这种情况下，属于世界印度教大会和印度人民党的一大批狂热的志愿者有机可乘，终于疯狂地不顾一切地拆毁了清真寺。此举立即产生连锁反应，全国穆斯林极为气愤，而各地的印度教狂热分子却雀跃欢呼。接着，在全国许多地区爆发宗教冲突，不少地方演变为骚乱和流血冲突。

清真寺被毁当夜，拉奥在电视上发表讲话，号召全国人民保持冷静，重申政府坚持世俗主义政策，会对局势做出有力反应，要求各教派保持和睦相处，并呼吁社会各界人士支持政府为恢复局势稳定所做的努力。拉奥政府指责印度人民党和世界印度教大会煽动宗教狂热，加剧冲突，破坏稳定，下令拘捕印度人民党领导人约希和阿德瓦尼（很快释放），并逮捕 26 名触犯刑律的狂热分子。随后，宣布禁止世界印度教大会、国民志愿服务团、哈努曼军、伊斯兰促进会、伊斯兰志愿服务团 5 个宗教团体活动。还派军队进驻阿约迪亚，许诺重建被毁的巴布里清真寺。12 月 6~15 日，联邦政府以印度人民党介入被禁止的教派组织，不宜继续执政为由，对印度人民党掌权的北方邦、拉贾斯坦、喜马偕尔和中央邦 4 个邦实行总统治理。阿德瓦尼也宣布承担政治责任，辞去人民院反对派领导人职务。

这些措施虽然控制住了局势，但在宗教狂热分子的煽动下，后续的骚乱仍在多处发生。1993 年 1 月 4 日，孟买和阿默达巴德爆发的教派骚乱最为严重。在印度教教派组织西瓦吉军的煽动下，孟买印度教狂热分子对穆斯林居民实行了疯狂的袭击，焚毁住宅、商店，劫掠财物，三天内就有 80 人死于非命。骚乱持续了 10 多天。到 11 日，孟买和阿默达巴德共有 215 人丧生，部队进驻后才控制住局势。1993 年 3 月 12 日，作为报复，一个穆斯林犯罪集团在孟买制造了 7 次炸弹爆炸，股票交易所和一些其他标志性建筑物受到损坏，270 人死亡，1200 人受伤。几天以后，加尔各答发生爆炸事件，60 人丧命。在这场波及全国许多地区的教派动乱中，共有 3000 多人死于非命，成为印巴分治后范围最广、伤亡最重的一次教派流血冲突。

1993 年 1 月 7 日，根据总统令，政府接管了巴布里清真寺周围所有有争议的土地（得到高等法院后来的核准）。印度人民党宣布将于 2 月 25 日在新德里召开群众大会表明自己的立场。为防止出现控制不了的局势，政府拒绝批准集会，印度人民党不顾禁令照常举行，结果引发冲突。党的领导人阿德瓦尼和瓦杰帕伊一度被捕。舆论界倾向认为，这次从1月开始的动乱拉奥政府事先缺乏决心，没有主动采取措施制止，但事发后的处置是果断有力的，较快地稳定了局势。此时印度正处在经济改革深入进行的关键时期，保持社会稳定是非常必要的。这次动乱对改革的开展有消极影响。如果不是很快恢复稳定，后果不堪设想。不过，穆斯林认为拉奥政府没有尽到责任保护好他们的清真寺，也保护不了他们的人身财产安全，对它的信任度大大降低，很多穆斯林转而拥戴其他政党（如人民党，它在1990年制止“战车进军”中表现态度坚决）。1993年7月，政府在议会提出了一项法案草案，内容是不允许宗教性质的政党参加选举，禁止在选举中使用宗教象征，因得不到2/3多数赞同，不得不撤销提案。1993年8月15日，拉奥在独立日讲话中谴责拆寺行动是为世俗的印度脸上抹黑，说巴布里清真寺应当重建。

印度人民党和同盟家族成员这一次政治赌博结果碰得头破血流。80年代以来，它实行教派主义煽动，在大选中屡屡取得成效，便以为其主张有广阔的市场。不能否认教派主义鼓动对一部分宗教情绪比较强的人有一定诱惑力，但大选中投印度人民党票的人并不一定赞同它的教派主义主张，有些人是对国大党未能使下层人民的地位得到真正改善不满。广大印度教徒对同盟家族屡屡挑起教派冲突导致暴力和恐怖的做法并不赞同，对这次它在全国挑起动乱绝大多数人不仅不赞同，而且是憎恶的。所以参加骚乱的印度教徒只是少数狂热分子，绝大多数人持反对态度。他们希望迅速发展经济，改善自己的地位，不愿再看到教派冲突妨碍这个进程。而世界印度教大会不仅不收敛，反而加紧鼓吹“解放”另外的圣地。群众的不满情绪在1993年11月北方邦、喜马偕尔、拉贾斯坦、中央邦和德里立法院的选举中再清楚不过地显示出来。前4个原为印度人民党掌权、拆寺后被置于总统治理下的邦这次选举结果如何，实际上是对同盟家族强行拆寺事件的一次普遍的民意调查，不仅决定印度人民党今后的走向，也关系到国大党少数派政府能否巩固。印度人民党、国大党及其他政党都投入很大的力量竞选。结果，这4个邦中印度人民党只是在拉贾斯坦邦获得胜利，另外在德里的选举中取胜。中央邦和喜马偕尔邦是国大党获胜，建立了国大党的邦政权。在北方邦，印度人民党虽然得到的席位最多，但不及半数，没有党愿意与它联合建立政府，结果建立了社会主义党-社会大多数人党的联合政府，受国大党支持。前者是落后种姓的党，后者是达利特[①]的党，得到穆斯林和某些落后种姓支持。社会主义党领导人、雅达夫种姓的穆拉雅姆·辛格·雅达夫任首席部长。

这样的选举结果对印度人民党来说无疑是重重的一击，使一些人清醒过来，也使党内持不同主张的力量有了发言权。党内温和派领袖瓦杰帕伊就认为拿阿约迪亚寺庙之争作为竞选纲领的核心是印度人民党的重大失误，主张总结经验教训，调整政策。不少地方领导人都主张党要改变面孔，要有新的行动，要扩大社会基础，特别是要争取表列种姓和低级种姓的支持。事实上在上述 4 个邦选举时，印度人民党就在党内温和派坚持下，在提名候选人时采取了新的做法，即提了相当数量的表列种姓、表列部族和低级种姓候选人。如在北方邦，印度人民党提名的候选人中有高级种姓 240 人，表列种姓和表列部落 94 人，低级种姓 85 人，穆斯林 1 人（国大党提名的候选人中有高级种姓 212 人，表列种姓和表列部落 92 人，低级种姓 81 人，穆斯林 33 人）。但当时党内的强硬派还不相信竞选会失败。在真正受到重创后，他们才被迫承认现实。

从这时起，印度人民党进入了政策调整的新时期。调整的方向是缓和建庙鼓动；更多注重提出经济要求，吸引下层群众；把在农村发展势力作为重点；向南方地区发展等。1993 年 11 月，印度人民党甚至宣布欢迎外国跨国公司来印度消费品生产部门投资，这与此前它一直坚持的主张相反。总之，它现在更多考虑的是树立自己的全国性政党形象，注意与同盟家族内的教派组织适当拉开距离，避免被看作宗教政党。我们从后来的发展中可以看到，这个调整是有效果的，使该党得以从低谷中重新站起来，获得更多人拥护。当然，它不可能放弃教派主义的意识形态。1994 年 6 月，该党全国委员会巴洛达会议宣布，党坚持遵循“印度教特性”思想。党的主席阿德瓦尼说，印度人民党已成为正在形成中的两党制的主要反对党，“它将用‘印度教特性’体现的印度的精神取代各种严酷的、非民主的法律”。[②]

不过，1995 年，教派主义骚乱在许多地方仍时有发生。在北方邦、比

---

① Dalit，意为被压迫者、被蹂躏者，是表列种姓的自称。

② P. 奥登伯格编《印度概要：跑到终点》，第 205 页。

哈尔邦、马哈拉施特拉邦、泰米尔纳杜邦、喀拉拉邦和卡纳塔克邦，都有多起骚乱发生。北方邦兰坎迪镇的骚乱是由穆斯林要建立一个清真寺引起的。该镇15000人中有穆斯林1000余人，由于镇上没有大的清真寺，他们提出要建立一个中心清真寺。印度教徒反对。在穆斯林一再坚持下，当地印度教领导人才表示同意，但提出的条件是不得在清真寺外祈祷，在祈祷时不得使用扬声器。穆斯林没有理睬，开始建清真寺。6月29日，一大批情绪激昂的印度教徒集会，在极端分子的率领下，向正在建设清真寺的穆斯林发动袭击。警察始则不闻不问，当局势失控后，才向人群开枪，打死1人，多人受伤。歹徒企图抢走1名穆斯林女孩，但被几名有正义感的印度教徒保护下来。这个事件被称为“巴布里清真寺被毁事件的微型版”，它清楚地表明了1992年毁寺事件留下的影响是何等恶劣。自那以后，各地印度教极端分子动辄扬言要拆毁当地的清真寺，制造恐怖气氛，把这当作打击穆斯林的有效手段。

五　实行曼达尔委员会建议和种姓政党的兴起

拉奥执政时期的一项重要社会措施，是开始实行曼达尔委员会关于把保留制扩大到“其他落后阶级”的建议。维·普·辛格执政时宣布要实行曼达尔委员会建议，引起轩然大波，被最高法院暂时搁置。然而落后阶级强烈要求实施。拉奥执政后考虑到，如果处理得好，实行这个建议对下层群众有益，对国大党也有利，因此决定实行。1991年9月，拉奥政府向最高法院提出了对维·普·辛格实施方案的修正办法，其内容为保留公职的比例仍为27%，但确定落后性的依据改为：以原来的低级种姓为基础，但不完全根据种姓，还要考虑实际经济地位，低级种姓中经济和教育方面并不落后的部分人不能享受保留；又提出增加10%的保留名额给高级种姓中经济落后的部分人。这就是说，在种姓之外又引进了实际经济地位的标准以平衡高级种姓的心态。依此办法，新保留的比例加上原来为表列种姓和表列部落保留的比例共达59.5%。方案提出后虽仍有高级种姓的人反对，但和以前比已弱得多。印度人民党对这个方案也不反对。人民党内原来有一大批人反对维·普·辛格自作主张要实行曼达尔方案，认为这样做会使党失去中产阶级和高级种姓的支持，此时以阿吉特·辛格和奥里萨邦首席部长为代表，也称赞拉奥的修正方案是积极的方案。只有维·普·辛格一派反对引进经济标准为高级种姓保留10%名额。1991年12月，阿吉特·辛格被人民党开除。

1992年11月6日，最高法院做出裁决，同意为“其他落后阶级”保留公职和奖学金名额27%，但规定“其他落后阶级”不包括低级种姓中那些经济地位较好的人，并否定了再增加10%的保留名额给高级种姓中经济落后的部分人的建议，重申对表列种姓、表列部落（两者保留比例为22.5%）和“其他落后阶级”保留的总和不应超过50%。还规定公职名额保留只适用于公职人员的任命，不适用于提升，提升要凭才能。这样做了修正后，整个方案较曼达尔方案的建议合理得多。不过，如何界定低级种姓中的落后阶层，如何区分经济地位的好与差，最高法院都没有规定，要靠政府具体确定执行方案。这是一项很艰难的工作。1993年9月，拉奥政府决定按照最高法院的裁决实行此项保留政策。高级种姓反对的浪潮立即再次掀起，有认为保留比例过高者，也有根本反对为落后阶级实行保留者。许多地方又发生了种姓冲突和骚乱。不过大局已定，反对也无济于事。

此后，由于一些在邦政府执政的政党指望用扩大保留比例来讨好下层群众，壮大自己的群众基础，因而出现了扩大保留比例的趋势。泰米尔纳杜邦制定的保留法，规定为表列种姓和其他落后种姓在教育和公职方面的保留比例为69%。该邦强烈要求允许其保留这样的比例。1994年8月，联邦议会考虑到泰米尔纳杜邦的特殊情况（低级种姓在总人口中占的比例较大），通过宪法第85修正案，使泰米尔纳杜邦的保留法合法化。之后，很多邦沿袭泰米尔纳杜邦的做法，相继制定了保留比例超过50%的保留法。如卡纳塔克邦立法院竟把保留比例提高到80%（最高法院未核准）。尽管最高法院重申50%的限度不可超越，有些邦仍自行其是，增加了问题的复杂性，使保留与反保留的冲突一直持续不断。低级种姓由于在历史上长期生活穷困，文化落后，政治上没有任何权利，独立后虽获得平等地位，但基础太差，没有竞争力，很难有机会担任公职或进入高等院校。在这种情况下，一定时期内对他们实行保留制是合理的、必要的，否则占人口很大比例的这部分人就会长期被排除在政治和文化舞台之外。不过在实行保留制时还必须考虑到全局，考虑到效率，不能说过去高种姓垄断政治和文化，现在就应该完全翻转过来。保留比例过高会扼杀竞争，变成唯出身论，使民主制度丧失活力。

经济变化和扩大保留制的结果，是表列种姓和低级种姓在政治舞台上的崛起，特别是北方邦、比哈尔邦，那里新崛起的社会主义党、平等党、较早出现的社会大多数人党和稍后形成的全印人民党都成了重要的政治势力，有的甚至成了邦执政党，它们的影响不仅扩及附近的邦，而且后来通过与这个或那个全国性大党结盟成了在中央执政的联合政府的成员。

社会大多数人党是北方邦表列种姓的政党，1984 年由坎希・拉姆建立。该党从原贱民领袖安姆贝德卡的教导中汲取精神源泉，目标是维护达利特的合法权益，使之不再受高级种姓的任何压迫和歧视。坎希・拉姆也主张宗教平等，反对印度教教派势力对穆斯林的歧视。他认为穆斯林中多数人是印度教贱民改宗的，他们是不堪忍受沉重的种姓压迫才被迫走上这条道路，对他们没有歧视的理由，相反，应该广泛团结他们，共同为改善自己的地位进行斗争。该党认为，独立后政府虽在改变原贱民地位方面做出了巨大努力，但高级种姓不愿放弃其对原贱民的欺压，歧视现象仍严重存在。坎希・拉姆说，达利特、印度教低级种姓加上穆斯林，占全国人口的大多数，只有他们不再受压迫才会有社会平等和正义，因此把党定名为社会大多数人党。自从成立后，该党就积极参加邦和联邦的历届大选，按坎希・拉姆的说法是要通过掌握政权，实现党的上述目标。90 年代后，它的活动不限于北方邦，还在旁遮普、哈里亚纳和中央邦建立分支，积极开展工作。坎希・拉姆派人到许多邦向达利特做巡回演讲，呼吁全国达利特联合起来，维护自己的合法权利。除了达利特外，还对低级种姓和穆斯林做工作，努力争取他们的支持。对低级种姓和穆斯林，使用的口号是全国被压迫的多数人团结起来，共同斗争。为了争取进入联邦人民院和邦立法院，该党采取与其他党订立竞选联盟的策略，并且只要有可能，就争取参加不同邦的联合政府。结果到 90 年代中期，它的力量大为增强，在北方邦成了有执政实力的党，是社会主义党的竞争对手，两者成了该邦最主要的政党；在比哈尔、旁遮普和中央邦也获得了或多或少的席位，至 1998 年大选时达到了选举委员会规定的全国性政党的标准，取得了全国性政党的地位。后来在 1999 年大选、2004 年大选中该党都保持住了这种地位。坎希・拉姆是该党的终身主席，在党内享有绝对权威。进入 90 年代，他指定活动家马娅瓦蒂（德里大学法律系毕业）为该党终身秘书长，后者实际上起了执行主席的作用。这两位领导人本身都是达利特，在广大达利特中享有较高威望，在党内实际上是独揽权力。社会大多数人党最初与社会主义党是合作关系，当两党力量都发展起来后变成了竞争对手。为了争夺在北方邦的执政权，该党转而与其他党（包括印度人民党、国大党等）结盟，马娅瓦蒂曾两度担任北方邦联合政府的首席部长。虽然经常处在与别的党的联合执政中，该党在政坛上倾向于独树一帜，不参加任何大党建立的联盟。

社会主义党是1992年10月北方邦雅达夫种姓的领导人之一穆拉雅姆·辛格·雅达夫在脱离人民党（社会主义者）后建立的。除北方邦外，在比哈尔邦和马哈拉施特拉邦也有一定势力。雅达夫是居住在北方邦和比哈尔邦的一个人数甚众的农业种姓。像这样的低级种姓在印度独立后虽然政治地位和社会地位有了变化，但经济上、教育上仍然是落后的，直到曼达尔委员会建议实行前，他们中能够进入联邦和邦议会、能够担任公务员的为数甚少。他们迫切要求改变这种状况。70年代，在北方邦和比哈尔邦，除国大党（执政派）势力较强外，社会党和民众党也很活跃。社会党和民众党都强调重视农村发展，改善农民的经济地位和社会地位，因而在这片地区有较大影响，许多低级种姓的人有不少参加或支持这两个政党。穆·辛格·雅达夫最早受社会党影响较多，后成了民众党的地区领导人，曾任民众党北方邦主席、北方邦立法院反对党领导人。民众党和维·普·辛格的人民阵线等合并建立人民党后，北方邦、比哈尔邦包括雅达夫种姓在内的许多低级种姓都成了人民党的拥护者，这些种姓的头面人物成了人民党的地方领导人。穆·辛格·雅达夫成了北方邦立法院人民党议会党团领导人。这时在比哈尔邦，同样属于雅达夫种姓的拉鲁·普拉沙德·雅达夫是该邦人民党地区领导人。穆·辛格·雅达夫和拉鲁·普·雅达夫有矛盾，而后者得到维·普·辛格的信任，这使穆·辛格·雅达夫感到不快，成了他1992年离开人民党的主要原因。穆·辛格·雅达夫受社会党人特别是洛希亚思想（政治和经济权力分散化，把发展农业和小型企业摆在优先地位，提高受压迫的种姓、阶级和妇女的地位，使印度地方语言成为官方优先使用的语言等）的影响较强。他认为洛希亚分权主张正是印度所需要的，所以，1992年他和跟随他离开人民党的一批人建立了社会主义党，并以洛希亚（1967 年去世）为该党的旗帜，主张一切人平等和幸福，主张消除贫困。社会主义党在北方邦得到雅达夫种姓和其他低级种姓支持，1993 年在该邦立法院选举中获胜，穆·辛格·雅达夫成了首席部长。在他任内，豁免了农民拖欠的小额贷款，使印地语取代英语成为官方使用的主要语言。在阿约迪亚寺庙之争问题上，穆·辛格·雅达夫采取了坚决措施防止同盟家族的狂热分子毁坏清真寺，因此得到穆斯林的拥护。该党在印度大党的权力角逐中后来参加联合阵线一方，穆·辛格·雅达夫还在联合阵线政府中担任国防部部长。

北方邦和比哈尔邦的低级种姓政党还不止这两个。1994 年乔治·费尔南德斯和 N. 库马尔在比哈尔邦建立的平等党也是低级种姓政党。比哈尔邦有很多低级种姓，在经济和教育发展程度上多数还不如雅达夫种姓。在人民党执政下，比哈尔邦的首席部长是雅达夫种姓的拉鲁·普·雅达夫，这意味着雅达夫种姓在邦内占优势，其他低级种姓感到受冷落因而不满。N. 库马尔是除雅达夫外另一个人数众多的低级种姓库尔米斯的领袖人物。他与费尔南德斯脱离人民党，共同建立了平等党。该党主要的群众基础是库尔米斯、考尔等低级种姓。该党在北方邦某些地区也有一定的群众基础。

1997 年，比哈尔邦人民党领导人拉鲁·普·雅达夫（当时他也是人民党全国委员会主席）因在党内与其他领导人产生矛盾，退出了人民党，另建全印人民党。新的党局限于比哈尔地区，参加者低级种姓为多，核心部分是他所属的雅达夫种姓，所以实质上也是低级种姓政党，不过在高级种姓中有一定影响，在穆斯林中也有众多支持者（1990 年阿德瓦尼发动的“战车进军”就是在比哈尔邦被他中止的，故得到穆斯林拥护）。全印人民党的主要纲领也是实现社会正义。该党由于坚持世俗主义，在全印政坛上与国大党比较接近。

在孟买，1995 年 12 月有 9 个不同的达利特团体联合组成一个达利特政党，叫印度共和党。这是除社会大多数人党外，印度另一个主要由原贱民组成的党。它宣布的目的也是维护达利特的合法利益。马哈拉施特拉邦立法院后来的历届选举它都参加了，也参加了人民院议员选举，得到少数席位。

表列种姓和低级种姓政党的崛起是印度独立数十年来政治、经济和教育发展的结果，政治上原来较为落后的层面如今觉醒起来积极维护宪法赋予的权利，这是社会进步的表现。这些政党的宣传活动，它们的参与执政，对深入发动表列种姓和低级种姓参政和维权，对促进政府有关改善他们地位的各项政策的落实，都是有积极意义的。不过有的党如社会大多数人党在宣传中有过分强调种姓对立、突出和夸大今日的种姓矛盾的倾向，对现实有一定的扭曲。在种姓制实际上已有很大变化且日益趋于淡化之际，向多数群众灌输这样的观念是不恰当的，不可避免地会有一定的副作用，这是值得警惕的。

低级种姓政治上的活跃使高级种姓中有些人变得很敏感，种姓优越感传统观念的根基未泯使他们对一些正当的改变也不能接受。1994 年 1 月，马哈拉施特拉邦政府宣布把奥朗格巴德的一所大学改名为安姆贝德卡大学，以纪念这位已故原贱民领袖对提高贱民地位的贡献，结果引来高级种姓的强烈抗议和接连几天的骚乱。西瓦吉军号召高级种姓起来反对，造成了孟买多起高低种姓间的冲突。高级种姓优越感的消除需要长期的思想教育工作，这是任何政党无论在台上或在台下都不能忽视的一项重要任务。

六　外交政策的调整

20 世纪 90 年代，世界政治格局发生巨大变化，苏联解体，东欧国家改变社会制度，美国一超独霸，再没有国家能与它分庭抗礼，美苏争雄和两个集团对垒的局面不复存在。既然两大结盟集团折去其一，就不再有原来那种意义上的对立面。这样，不结盟政策和世界不结盟运动就失去了原有的意义。这种变化使一向以不结盟为外交基石并在政治上、经济上较多依靠苏联支持的印度不得不对独立以来一直实行的对外政策做出调整。调整外交政策还是国内形势发展的紧迫需要。拉奥把经济改革作为政府压倒一切的重要任务，而经济改革是以自由化、市场化、全球化为方向，这就要求外交政策服务于这个主旋律，为实现经济改革和起飞创造最有利的外部环境。这样，拉奥就必须改变外交政策的内容，削弱其原有的政治色彩，使经济外交和全方位的多元外交成为新的外交政策的基调。

经济外交当然不是这时期的创新，在印度独立后的外交政策中就有这方面的内容，不过是从属于不结盟政治的。拉·甘地执政时，开始提高其地位，但当时不结盟外交和安全外交仍占主要地位。只有到拉奥执政后，国内外形势变了，才能根本改变外交政策的侧重点。拉奥总理1992年初在议会所做的外交报告中就把创造有利的外部经济环境明确列为外交政策的重点之一。总统文卡塔拉曼2月在议会两院联席会议的演说中也把印度外交政策概括为两点：保持国家的统一和领土完整，建立有利于经济建设的外部良好环境。① 印度外交国务部长法莱罗说得更明白，他说："在世界政治和经济发生剧变的情况下，印度在处理同发达国家和发展中国家的关系时，合作应成为基调。印度在将建立的世界新秩序里，首先要关心本国的地位和利益。"②

经济外交成为外交政策的重点后，由于国际形势的变化，过去那种在东西方两大集团间左右逢源，利用其矛盾从双方受益的做法不能继续实行了，过去那种与苏联保持更密切的特殊关系的做法也不能继续了。如今，拉奥政府必须面对现实，主要向最富裕、技术最先进的美国及其他发达国家和世界金融组织谋求资金、技术和贸易上的合作与帮助。印度也改变以往只注重与美苏等大国建立经合关系的做法，选定经合组织成员国、亚太地区和海湾国家作为今后开展经济外交的主攻对象。拉奥出访时常常带上财政部部长、商业部部长和工商业家代表团。外交部还指示各驻外使团增加经济外交的分量。1992年2月在瑞士召开的世界经济论坛年会，1994年2月在瑞士召开的全球工业和财政领导人专题讨论会，拉奥都亲率代表团参加，在会上介绍印度的新经济政策，邀请世界商界到印度投资创业。

发展同美国的关系是拉奥政府外交的主攻方向之一。印美关系在拉·甘地执政时有明显改善。但印度对美国提议在印度洋联合举行军事演习一直婉拒。在联合国，印度谴责犹太复国主义也使美国不悦。拉奥执政后第一次宣布自己的外交政策时就表示，印度"非常重视"取得美国的支持。1991年9月，外交部部长索兰基表示，印度渴望与美国发展关系。1991年商业部部长率领一批企业家访美，表示欢迎美国投资和扩大印美经济合作。政府为寻求与美国靠近，1991年1月海湾战争中同意美国战斗机在印度加

① 《人民日报》1992年2月26日。
② 《印度斯坦时报》1991年10月22日。

油，1991 年 12 月印度在联合国支持美国提出的撤销联合国把犹太复国主义与种族主义等同的决议的建议。1991 年，美国太平洋地区军事首脑和印度陆军参谋长互访，印度同意印美联合举行军事演习，又同意与美国军方一起建立陆军、海军的指导委员会，加强与美国的军事合作。美国果然投桃报李，大大增加了对印度的经济援助。1993 年财政年度美国援印金额比 1992 年度增加 27%，达 1.27 亿美元。乔治·布什总统还批准向印度提供第二台超级计算机，并放松了使用上的限制。美国向印度技术转让、私人直接投资和美印贸易额都大大增加。1994 年 5 月拉奥访美，提出印度的经济改革给美国大公司提供了最好的投资机会，美印之间应建立新型的经济关系。在核问题上，拉奥拒绝仅限于南亚的核不扩散的提议，主张世界所有核国家缔结不首先使用核武器的协定，同时举行裁减核武器的谈判。1995 年 1 月，美国商务部部长 R. 布朗率一大型美国企业代表团访印，成员有摩托罗拉公司、麦道公司、阿莱恩资产管理公司、夸尔公司、宝丽来公司和美亚国际保险公司等著名大企业的头面人物。派这样规模的企业界代表团访印，这还是首次，表明美国对开拓印度这个大市场的兴趣。代表团与印度签订了 12 项商业协议，包括电信、电力信息和食品加工等多个领域。双方还同意建立美印商业联盟，由对等数目的代表组成，印度方面三大工商业组织——印度工商业联合会、印度工业联合会和印度工商协会都参与了。印度商界认为，这一时期是印美经济关系最好的时期，私营部门成了促进印美商业关系的重要角色。布朗也认为，两国已进入商业密切交往的时代，两国都将因此受益。同年 2 月，美国能源部部长 H. 奥利里访印，签订了 14 亿美元的投资协议。到 1995 年底，美国成了印度最大的贸易伙伴和最大的投资国（占外国在印投资总额的 40%）。相应的，美国在克什米尔问题上也开始改变主张，同意由印巴双方谈判解决争端，不再坚持由联合国监督解决。不过，在防止核武器扩散、人权等问题上两国的主张仍有分歧，印度不同意签署《全面禁止核试验条约》和《不扩散核武器条约》，拒绝美国提出的举行印、巴、中、美、俄五国会议讨论巴基斯坦提出的宣布南亚为无核区问题的建议；对美国利用防止核扩散和人权问题向印度施加压力，包括 1993 年美国撕毁与印度签订的 20 年的协定、停止向塔纳普尔核电站供应核燃料等，印度也激烈反对。在印美接近上国内意见不一，左翼政党反对；对来自美国的压力，左翼政党更是反应强烈。这些对两国关系的进一步发展形成了强大的制约因素。

印度与欧共体国家的关系也急剧升温。印度希望从欧洲多个发达国家吸引投资，发展贸易和技术合作。欧共体国家也看到印度是个有巨大潜力的市场，希望能从与印度建立更密切的经济关系中受益。1991 年拉奥率工商界代表访问了德国、法国和西班牙，表达了欢迎投资的愿望。1993 年三国总理回访印度。德国在印度的投资主要在化学、药品、机床等部门，印度从德国引进了较多先进技术。1997 年 1 月，英国首相约翰·梅杰访印，参加了在加尔各答举行的印度工业会议，商谈了两国如何进一步开展经贸往来。英国投资主要在天然气、电力和工程软件等方面。1992 年 3 月，印度与欧共体商界人士共同建立了“印度—欧共体论坛”，讨论双方在贸易、技术转让、投资和技能培训等方面合作的问题。12 月，论坛在印度举行首次会议，讨论主题是如何帮助印度实行新经济政策和消除贫困。1993 年 12 月，印度与欧共体签署了一个全面协定，相互给予最惠国待遇，规定在所有经济领域加强合作。欧共体首次把印度看作合作与发展的伙伴。印度与欧共体的贸易迅速增长，在欧共体的商品进口国中 1990 年印度名列第 25 位，1994 年上升到第 19 位。经济合作也带动了双方的政治合作。双方开始在许多国际热点问题上对话，平等地交换看法。

60 年代以来，印度与苏联的关系远比印美关系稳定和密切。苏联的突然解体打乱了印度长期形成的外交布局。俄罗斯本身经济陷于泥潭，无力再顾及印度，印俄贸易急剧减少。1990 年两国贸易额为 55 亿美元，至 1992 年减少到 7 亿美元左右。印度从苏联进口石油的指标不能完成。俄罗斯由于本身极端缺乏外汇，要求印度以硬通货支付所购军火的费用，给印度带来了困难。不过，印俄双方都希望继续保持两国的友好关系，虽然是在一般水平上。1993 年 1 月 28 日俄罗斯总统叶利钦访印，同拉奥总理签署了新的《印俄和平友好合作条约》，以代替 1991 年 8 月自动顺延 20 年的《印苏和平友好合作条约》。新条约不再包括有带军事结盟性质的条款，而是强调经济合作和互利互惠。两国签署了 9 项协议，包括一致同意在军事、经贸、科技、安全、航天等多领域发展合作关系。关于印度欠苏联的约 120 亿美元的债务，根据新签订的协议，俄罗斯减免印度债务约 30 亿美元，印度则应在 12 年内每年向俄罗斯提供价值 10 亿美元的商品。由于卢布币值不稳，之后双方还同意印度欠债的偿还以卢比结算。1994 年 6 月底 7 月初拉奥回访俄罗斯，印俄发表共同宣言，强调加强两国经济和军事合作的重要性。随后，俄罗斯总理、副总理和国防部部长先后到印度访问，就扩大和深化两国关系的具体问题进行会谈，签署了有关协议。印度还邀请俄罗斯参与印度兴建核电站和水电站的计划，并帮助改造由苏联援建的机器制造和冶金工业企业。在军事方面双方也同意保持合作。苏联是印度军事装备的主要供给国，印度85%的海军装备、80%的空军装备和60%的陆军装备都来自苏联。苏式武器和设备性能好，价格比西方国家低1/3。印度希望保住这个主要的武器来源，俄罗斯也希望保住印度这个最大的军售顾主。双方在军售方面有共同的利益，因此这方面几乎没有受俄罗斯政治体制改变的影响。1994年12月俄罗斯总理切尔诺梅尔金访问印度，两国签订了《2000年前实施长期军事技术合作协定》。根据该协定，俄罗斯向印度出售大量海陆空先进装备，其中包括S-300防空导弹系统、T-90坦克、苏-30战斗机等，还规定俄罗斯帮助印度改进米格-21、米格-29战斗机和T-72型坦克等武器装备。

拉奥政府还力求和中亚的乌兹别克斯坦、哈萨克斯坦等独联体国家保持友好关系。继续保持与俄罗斯和独联体国家的关系仍是拉奥政府外交战略的重要一环。印度指望美国多方面的支持，但又不愿因此在一些有重大争议的问题上屈从于美国。印度必须实行多元外交，而与俄罗斯保持接近虽不再能与美国抗衡，却也是对美国霸权主义的一个重要的制衡因素。

印度与中国关系的改善也是印度外交战略调整的一个重要表现。中印两国既然都把振兴经济、实现现代化作为国家发展的首要目标，都希望有一个和平安定的外部环境，集中精力从事建设，因此，两国领导人对改善两国关系都抱有很大期望。对拉奥来说，改善与中国的关系也是他全方位的多元外交不可缺少的部分。正如《印度斯坦时报》所说："要同北京改善关系已越来越成为印度全国的共同看法。"① 1991年12月11日至16日，李鹏总理应邀访问印度，这是时隔31年中国总理首次访印。李鹏到达当天，印度联邦院、国大党和人民党都通过决议或发表谈话，欢迎李鹏总理来访。两国总理就双边关系和建立国际新秩序等问题达成广泛的一致，签署了联合公报。在联合公报中，双方重申，愿在两国共同倡导的和平共处五项原

① 《印度斯坦时报》1992年2月24日。

则的基础上，继续发展两国之间的睦邻友好和互利合作，并强调应以和平共处五项原则和《联合国宪章》精神为建立国际新秩序的基础。在人权问题上，双方一致认为，对于发展中国家来说，生存权和发展权是最基本的人权。在双边关系方面，双方同意，应通过友好协商早日达成双方都能接受的边界问题解决办法。在边界问题最终解决前，保持实际控制线地区的和平与安宁，并将两国边防人员的不定期会晤改为定期会晤。印方重申承认西藏是中国的一个自治区，不允许达赖集团在印度进行反对中国的政治活动。双方表示要努力发展两国的经贸合作与文化交流，决定恢复边境贸易，重开上海的印度领事馆和孟买的中国领事馆并在发展空间技术上实行合作。双方签订了 1992 年贸易协定书等五项协议和备忘录。这次访问巩固了两国恢复正常化关系的成果，推动了两国关系进一步发展。1992 年 5 月、1994 年 10 月印度总统文卡塔拉曼、副总统纳拉亚南先后访华，在各地的参观使他们加深了对中国的了解，感受到了中国人民的热情。1993 年 9 月 6 日至 9 日，在两国关系已经升温之际，拉奥总理来中国访问。以往的总理都是就任后先去美国、苏联访问，他是在访问美国、俄罗斯前先来中国，而且得到印度国内各政党基本一致的支持，表明和中国改善关系在印度已受到普遍的重视。正如印度人民党领导人、在德赛政府中担任过外交部部长的瓦杰帕伊所说："印度举国一致同意改善同中国的关系。"① 拉奥总理和李鹏总理在会谈中重申双方已达成的共识和许诺，表示要采取积极的措施推动两国关系稳定发展。双方签订了《关于在中印边境实际控制线地区保持和平与安宁的协定》以及广播电视合作、环境合作和扩大边境贸易三项经济文化合作协定。保持实际控制线地区和平与安宁的协议的签订标志着两国有了更多的相互信任和政治理解。此后双方就边界问题不断进行官员级谈判，边境保持了和平安宁局面，双方的经济文化往来加强。1992 年中印两国贸易额只有 4 亿美元，1995 年增加到 11.6 亿美元。中印对许多问题（如南北关系、人权等）看法相同，在国际舞台上也开始了有意义的合作。

拉奥经济外交和全方位外交的另一个重要环节是"东向政策"，即加强与东亚（包括中国）、东南亚国家和亚太经合组织的经济合作。80 年代初以

① 路透社 1993 年 9 月 6 日新德里电。

前，印度与东南亚国家联系并不密切，对与东盟发展经济关系并不重视。直到拉·甘地执政时期，鉴于东南亚国家经济上日益活跃，东盟作为一个地区组织越来越发挥作用，才认识到与东盟建立密切关系的重要性。印度表示希望加入该组织，但直到 1992 年才获得部分对话伙伴的地位。90 年代，亚洲“四小龙”经济腾飞，东南亚其他国家跟随其后经济有新的发展。东盟活跃在美国、日本和中国之间，成了重要的联系桥梁。拉奥执政后，对加强与东盟国家的经贸合作关系更为重视，认为东盟国家是印度跨进亚太经济合作圈和世界市场的重要跳板。1991 年 9 月，拉奥政府制定的《外交政策决议》中说，长期以来，印度主要面向西方，加强与西方国家在政治、经济、商业和文化上的联系，现在到应转向注重东方，发展同东南亚、远东国家间的投资贸易关系、政治对话和文化联系的时候了。1992 年印度成为东盟对话伙伴后，双方开始在旅游、商业、投资、科学技术和人力资源等方面进行合作。拉奥接连访问了印度尼西亚、新加坡、马来西亚、越南等国家，加强了与这些国家的联系。印度外交部把发展与东盟的关系称为“印度新战略的核心”。[①] 1995 年 1 月 2 日，拉奥借庆祝印度工业联合会成立 100 周年之际，邀请了一批亚洲国家的领导人和企业界重要人物到印度访问，结果印度和日本、韩国、新加坡、泰国等国家签订了一系列经济合作协议。1996 年印度正式成为东盟全面对话国并参加东盟地区活动。东南亚国家和日本、韩国看好印度市场，因此对印度的“东向政策”报以积极回应。1996 年印度与东盟 5 个创始国的贸易额为 60 亿美元，1997 年印度和东盟的贸易额超过 70 亿美元。1990～1991 年度印度出口贸易额中东南亚国家只占 14.3%，1996～1997 年度上升到 22.7%。90 年代中期，东盟在印度的总投资额仅次于美国。

在与其他地区国家的接触中，最重要的是 1992 年 1 月与以色列正式建立外交关系。此后，两国签订了一系列贸易、旅游和工业合作协议。1993 年印度和以色列的贸易额为 3.57 亿美元，1997～1998 年度上升到 6.36 亿美元，主要合作领域是钻石、电子和农业。

在世界各地区兴起的地区经济组织中，南亚区域合作联盟可能是运作最差者之一。这主要是因为参加联盟的两个最大国家印度和巴基斯坦一直

---

① 《今日印度》1995 年 10 月 15 日。

处在对峙状态，整个地区很少有真正的经济合作。再则，联盟参加者经济都不发达，互补性较差。拉奥执政后希望扩大地区合作。在各国共同努力下，1993 年在南盟第七次首脑会议上，达成了南亚各国贸易优惠的协议。1997 年在马里召开的南盟第九次首脑会议上又通过了 2001 年建立南亚自由贸易区的协议，但并没有落实。1998 年印度和斯里兰卡签订了自由贸易协定，与巴基斯坦的贸易仍无进展。南盟区域内的贸易额依然很低，印度与南盟各国的贸易额只占印度对外贸易额的 2%。鉴于南盟是这种状况，印度很希望建立范围更大些的区域合作，所以在南盟活动的同时就积极参与发起建立“印度洋共同体”的活动。印度洋周边国家经济发展水平高低皆有，互补性强，这些国家也有建立经济合作之意，其中毛里求斯最为积极。1995 年 3 月由毛里求斯发起，在该国召开了印度洋共同体讨论会。印度、澳大利亚、肯尼亚、南非、毛里求斯、阿曼和新加坡七国政府代表和部分商人、学者参加了会议。与会国对建立印度洋共同体的设想都表示赞成。在就具体事宜做了数次协商后，1995 年 12 月在新德里召开了第四次印度洋共同体讨论会，与会国一致同意建立印度洋共同体。1997 年 3 月新的共同体正式成立，取名环印度洋区域合作联盟。这是地区经济合作思想的又一结晶，其中有印度的一份贡献，印度也从中受益。印度对澳大利亚的出口额 1990~1991 年度为 32.1 亿卢比，1998~1999 年度上升到 164 亿卢比。印度与南非的贸易也不断增长。

在南亚地区，拉奥政府的新外交政策也有所体现。由于克什米尔争端未能解决，拉奥执政后，较为主动地表示要加强印巴两国经济文化领域的合作。巴基斯坦也希望与印度开展对话。两国总理、外长举行了会晤，达成了一些协议，包括提前通告要举行的军事演习、交换核设施名单等。两国贸易额也有所增长。但缓和的气氛不断被边界地区升起的阵阵硝烟冲淡。印度指责巴基斯坦是分裂分子越境进入印控克什米尔活动的后台，巴基斯坦否认，只承认在道义上的支持，认为这是正义的，并指责印度在克什米尔践踏人权。由于越境活动加剧，两国的高层接触 1994 年中断。两国的军备竞赛在继续，而且都在为掌握核武器的制造能力而不声不响地展开竞争。印度在 1974 年 5 月进行了核装置的爆炸试验后，一直为完善技术加紧努力。巴基斯坦 1992 年初也宣布已掌握了核武器的制造技术。印巴的军备竞赛呈不断升级之势。对南亚其他国家，拉奥采取了善意的举措。1993 年，印度与这些国家签订了降低关税协议，向一些国家提供了贷款和投资，双边关系都有所增进。印度和尼泊尔在水利合作和贸易上存在一些障碍。1996 年，拉奥政府采取积极态度突破障碍，签订了印度和尼泊尔合作开发马哈卡利河流域条约，并在国境与贸易问题上向尼泊尔做出让步，大大改善了两国的关系。

总之，拉奥政府以安全和发展经济为中心的全方位外交是真正运作起来了，并取得了相当的成绩。拉奥执政处在国际政治格局大变动时期，也是印度国内经济模式实现转型时期。两者都要求外交政策的调整。拉奥成功地将两者的需要结合起来，使其外交具有鲜明的目的性、灵活性和实效性，出色地实现了适时调整外交政策，创造较有利的经济建设外部环境的任务。这对印度经济改革的深入开展无疑起了有力的助力作用。

七　政府陷于困境和 1996 年人民院选举

拉奥政府自开始实行改革起，就面临着强大的怀疑和反对势力。左翼政党是最激烈的反对者。他们认为把自由化、市场化、全球化作为改革方向，必然进一步拉大贫富差距，而解除对大财团的控制和实行公营企业部分私有化是牺牲广大下层人民的利益，讨好上层有产者。对吸引外资，则认为是重走老路，再让帝国主义跨国公司重新掠夺印度财富，剥削印度人民。他们指责拉奥政府口里说坚持民主社会主义道路，实际上是把印度人民的利益作为祭品奉献给大财团和世界跨国公司。印共（马）1992 年 1 月宣布，要发动大规模的群众斗争，走上街头，反对政府“牺牲经济主权，屈服于美国和国际金融组织的压力”。[①] 人民党、印度人民党等对改革有支持的一面（特别是国内自由化），但对放宽吸引外资的政策提出要有经营领域上的限制，不应该允许外资进入消费品生产领域。印度人民党提出“印度要芯片，不要土豆片”的口号，说从政府的政策中看到外国势力正通过国际金融机构插手印度事务，印度已被政府出卖给跨国公司。[②] 人民党则说：“印度不能允许在全球化的名义下被挖空脚下的土地。”“我们的基本态

---

① 《印度时报》1992 年 1 月 22 日。

② 《印度时报》1992 年 1 月 18 日。

度是奉行这样的观念，即市场要由人民支配，而不是让人民受市场支配。”① 人民党等还指责政府在价格和补贴政策上保护新兴农民利益不力，说政府的“反人民政策”将把国家引向灾难等。各政党对改革的反应如此强烈并不奇怪，其中有些（如左翼政党）是信念不同，对印度的发展道路原来就有不同认识，在发展模式突然转轨的情况下，自然有强烈的反响。这种情况国大党内也是有的，只不过不如党外突出。也有一些政党对改革并不反对，或者只对某些方面反对，但为了打击国大党，故意夸大其词，危言耸听，只要某项政策有群众反对，它们就要起而充当代言人，以便把这部分群众争取过去，壮大自己的营垒。在群众中也有许多人对改革抱有疑虑或持反对态度。一些公营企业工人担心公营企业改革会使自己失去工作岗位或现有的福利，所以在左翼政党发动下举行抗议集会和游行是常有的事。如 1994 年 7 月 14 日，除附属于国大党的工会外，属于反对党的各大工会又联合发动了全国性大罢工，有 230 万人参加，主要是反对政府允许公营企业倒闭和允许私人企业主关闭私人企业。许多中小企业家和商人也担心政府政策放宽会使中小工商业承受不了大工业产品和进口产品的竞争，自己的地位不可避免地要受到影响。一些政党和农民组织则对印度 1994 年 4 月在关贸总协定乌拉圭回合最后协议上签字表示强烈反对，担心外国农产品进入印度会损害农民利益。对于各种反对意见，拉奥注意尽可能多地开展宣传解释工作。他和曼莫汉·辛格利用各种会议和媒介解释政府改革的目的，介绍世界形势和东亚工业带崛起的实际情况，说明印度为什么必须实行模式转换，特别说明吸引外资和外国技术的必要性，指出今日吸收外资和过去外国资本输出印度在性质上根本不同，还向广大人民保证，政府不会因改革而忽视、损害他们的利益。这些宣传解释工作对解除一些人的疑虑和安定民心起了一定作用，但远不能消除多数人的疑虑。

不过，改革中出现的物价高涨却起了抵消解释的作用。1995 年初通货膨胀率为 11%，曼莫汉·辛格在做 1995~1996 年度财政预算报告时许诺政府要努力采取措施把通胀率降到个位数，实际上不仅未下降反而上升。这增加了广大人民对政府的不信任。

尽管如此，在正常情况下，只要政府改革的决心大，政策考虑稳重周

① S. 恰图维蒂：《独立 50 年：1947~1997》第 23 卷，新德里，1999，第 96 页。

到，改革遇到的阻力和困难即便不能完全克服，也不能阻挡改革总的进程。事实上也是这样，反对势力虽然影响了某项改革的进展（如公营企业改革），但改革总的来说在顺利前进。可是，有两个因素的出现和发酵却使拉奥和国大党本身的威望和力量受到无法挽回的损害，从而严重削弱了政府克服阻力、继续推进改革的能力。

一是国大党内矛盾的爆发。拉奥在就任总理后 1992 年 2 月又被选为国大党主席。执政之初，他强调重大问题党内充分协商，在为一些邦中期选举提名候选人时注意起用新人；1992 年起恢复了被搁置 20 年的国大党邦级组织民主选举制度。这些做法颇受欢迎。加之国大党最初是少数派政府，全党都小心翼翼地维护党的执政地位，那时，党内纵然有不同声音，也尽量保持低调。到 1993 年，国大党获得了议会多数席位，国大党上层不再有政权被推翻之虞，党内的权力斗争便随之出现并日益加剧。作为国大党领袖，拉奥与拉·甘地不同，他没有尼赫鲁家族成员的“正宗”地位，虽然是党内资深领导人之一，却也并非达到了众望所归的程度，有些人指责他决策优柔寡断、缺乏魄力，有的媒体甚至讽刺地说国大党是有魅力的党但缺乏有魅力的领导人。因此，党内有些从一开始就想和他争夺领袖地位的人和对他有看法的人便迫不及待地公开站了出来，提出了“一人一职”的主张，要他让出党主席职位。此时处于领导开展经济改革的关键时期，拉奥需要权力的集中，他没有接受这少数人的要求，国大党工作委员会和全印委员会也明确表示不赞成，但争权者和其支持者也并未就此罢手。他们进而公开指责拉奥贪恋权力，企图实行独裁。1993 年 3 月，国大党全印委员会苏拉吉昆德会议严厉批评了这少数人的行为，有 4 人（M. L. 福特达尔、K. N. 辛格、S. 迪希特和 N. 辛格）被中止党籍 5 年。

内阁人力资源发展部部长阿尔琼·辛格不断在媒体上公开对拉奥提出激烈批评，说他的政策偏离了亲穷人的路线，疏远了穆斯林，说他处理丑闻不当，对杀害拉·甘地的凶手追查不力等，也要求改选党的主席。他是内阁最高决策机构政治事务委员会成员，在党内和政府内都具有很高的地位。他提出工作委员会此后出现空缺时，新的成员应通过选举产生（此前一直由党主席任命）。拉奥认为这是对他的不信任，两人间裂痕越来越深。此后，拉奥很少再召开内阁政治事务委员会会议，不再就重要的事务和他商量。

为了缓和党内的矛盾，转移党的注意力，拉奥准备把拉·甘地执政时提出的、在联邦院未通过的加强潘查雅特体制议案再提交议会，在国大党阿梅提会议上专门讨论这个问题。他这样做也是为了表示对拉·甘地的尊重，以取得索尼娅·甘地和党内一大批拉·甘地的坚定拥护者的支持。但他的努力并没有取得完全成功，党内反对他的势力依然很强。拉奥随后所能做的，是把阿尔琼·辛格一派的人从党内各重要职位上撤换下来。1994年底，阿尔琼·辛格联络内阁部分成员，要求拉奥撤销涉嫌腐败的几名政府官员的职务，并表示若不接受就辞职。拉奥被迫撤换了3人，阿尔琼·辛格认为还不够，自己提出辞职。在辞职信中，他指责拉奥领导党没有尽到责任。然而出乎他意料的是，拉奥接受了他的辞呈。阿尔琼·辛格立即召开记者招待会，指责拉奥把党内斗争公开化。他要求选举新的党主席。阿尔琼·辛格随即被中止党籍6年。此后，拉奥不得不通过多次内阁改组，壮大自己的支持基础。

在国大党的体制下，党的领导人必须在选举大战中显示自己的魅力和才干，才能巩固自己的领导地位。人民院选举的至关重要自不待言，时而在这个邦时而在那个邦进行的邦立法院选举也是对他们的一个又一个考验。获得的选票越多，胜利越辉煌，其作为国大党领导人的权威性也就越强。1993~1996年，国大党在邦立法院选举中接连败北，丧失了它掌握的12个邦中的8个邦，这次失败被党内的反对者归因于拉奥的无能，甚至被说成是经济改革的失败。虽然改革还在继续，他在党内的威望却大大降低。他的威望越下降，党内反对势力越活跃，最终造成了党的再次分裂。1995年3月，党内资深领导人之一的N. D. 提瓦里辞去工作委员会委员职务和党内其他职务。5月19日，提瓦里、阿尔琼·辛格和那些坚决主张拉奥辞去党主席职务的全印委员会和省委员会的成员、联邦两院和邦立法院的议员在新德里举行会议。会上，根据阿尔琼·辛格的提名，选举提瓦里为党的主席。这样就形成了一个新的党，使国大党分裂为二，尽管分裂出去的人并不多。提瓦里的党随后取名全印英迪拉大会党（提），阿尔琼·辛格为其执行主席。国大党工作委员会立即对这些分裂者采取纪律措施，提瓦里和一些主要成员被中止党籍6年。这次分裂不久，又有两次分裂发生。国大党另一高级领导人、新任内阁人力资源发展部部长M. 信地亚因发现国大党中央圈定的国大党下届议员候选人名单上没有自己的名字，对拉奥不满，集结了其在中央邦的支持者，建立了中央邦发展大会党，自我提名为候选人。1996年2月，国大党泰米尔纳杜邦领导人G.K.穆帕拉尔因反对拉奥做出的国大党与该邦地区性政党全印安纳德拉维达进步联盟建立竞选联盟的决定，退出国大党。联邦政府商业国务部长P.奇丹巴拉姆和工业国务部长M.阿伦纳恰拉姆来自泰米尔纳杜邦，也都反对拉奥的决定。他们也退出国大党并辞去了政府职务。穆帕拉尔和他们一起，另建立了泰米尔草根大会党。穆帕拉尔及其支持者的离去使国大党泰米尔纳杜邦组织遭到重创，国大党在那里的力量大为削弱。1996年4月，国大党中央把M.信地亚、P.奇丹巴拉姆和M.阿伦纳恰拉姆开除出党，并中止了G.K.穆帕拉尔的党籍。国大党内讧不仅消耗了拉奥不少时间和精力，也严重破坏了国大党和政府的形象，为反对党攻击拉奥提供了新的口实，削弱了政府实施改革的威望。

二是出现大量牵涉到国大党的丑闻，甚至拉奥也被卷入其中。丑闻的被渲染和大肆炒作曾是反对党把拉·甘地政府推下台的重要因素，尽管查证属实的被判有罪的国大党高级官员并没有几人。拉奥执政后，又接二连三有大量丑闻曝光。1992年5月发生了孟买证券交易丑闻，[①] 经纪人H.梅塔等用欺诈手法从股市诈取了350亿卢比，严重影响了人们对股票市场的信心。曼·辛格承认没有尽到监管责任，引咎辞职，拉奥没有接受。1993年6月，H.梅塔在接受调查时列举了许多他行贿的对象，其中包括拉奥总理，说他用1000万卢比的现金贿赂拉奥。对此拉奥断然否认，经调查没有证据能证明这个说法。此后，媒体揭露的其他丑闻案件有食糖进口丑闻[②]、电信

---

① 梅塔1980年开始从事证券市场交易，很快就发了大财。1992年初，他同一些银行官员和经纪商内外勾结，串通一气，利用银行间证券交易的空头凭据，以欺骗的手法从印度国家银行、印度住宅信贷银行、英国标准渣打银行和澳大利亚的格兰德累银行中抽出了350亿卢比（约11亿美元）的巨额资金投入孟买证交所中，致使股市很快就呈现出牛市气氛，孟买证交所行情指标“孟买敏感指数”在年初仅2000点左右，1月底开始猛涨，到4月中旬一度达到了4500点。孟买的一家地方报纸于4月底报道了印度国家银行在其证券交易账户上发现了高达62亿卢比的资金失踪事件，梅塔操纵市场的丑闻才逐步被公之于众。孟买股市旋即出现暴跌局面，从4月中旬的4500点一直降到了7月底的2500点。梅塔等一批证券经纪商相继被拘押审查。在这次丑闻中遭受了巨大损失的印度国家银行行长被解除了职位，印度住宅信贷银行行长自杀身亡。印度商业国务部长奇丹巴拉姆主动公布了他与妻子买了一家与丑闻有牵连的金融机构的股票，并因此辞职。

② 1994年6月，由于政府官员拖延决定进口食糖，进口花费增加65亿卢比，食品部部长受到谴责并被解职。

工程招标丑闻、公房私分丑闻、尿素丑闻、哈瓦拉丑闻[①]等。前几个丑闻涉及一些部长和高级官员，而哈瓦拉丑闻则涉及国大党数十名高官和好几个在野党的领导人，成了最轰动的涉嫌腐败案件。反对党一直指责国大党腐败，缺乏执政素质。丑闻的连连出现，使他们的指责更是不断有新内容充实，成了笼罩在拉奥政府头顶上挥之不去的阴影。1993 年 7 月，印度人民党在人民院对拉奥政府提出了不信任案，受到全国阵线、左翼阵线各党支持。但由于人民党（阿吉特）支持拉奥，贾坎德解放阵线的议员也支持拉奥，总算勉强过关。然而丑闻的大量出现使作为改革者的拉奥政府本身陷入了丧失道义基础的困境。固然爆料的丑闻并不等于就是事实，但也不能说那么多丑闻出现完全是空穴来风。拉奥为了尽快弄清事实、缩小影响，并向全国民众表示政府的决心，下令彻底清查腐败。随着调查的深入，揭发出的问题也越来越多，真假难辨。接踵而来的是各种指控，拉奥本人也被牵扯在内。他被指控在 1993 年的不信任表决前，用 3500 万卢比贿赂 4 名贾坎德解放阵线议员以获取他们对拉奥政府的支持。[②] 又被指控在圣克特岛伪造证据案[③]中有牵连，还被指控在拉库拜・帕塔克欺骗案[④]中负有责任。这更引起了反对党对他的狂轰滥炸。左翼政党还指责他的自由化政策是造成腐败盛行的根本原因。

---

① 哈瓦拉是一种非正式的银行网络。1994 年税收部门在一次搜查中，在哈瓦拉大经纪人 S. K. 贾恩的住所发现了他的两本日记，其中记载 1989~1991 年向 115 人行贿。中央情报局就此进行调查，1995 年 1 月向最高法院报告，行贿总值 6.5 亿卢比，资金来源不明，其中 5.35 亿卢比是通过哈瓦拉渠道非法转移到印度的。此案涉及不少国大党内阁成员、一些反对党的领导人、某些高级文官和企业大亨。其中有拉奥政府的 3 名内阁部长：议会事务部部长 V. C. 苏克拉、粮食和农业部部长 B. 贾卡尔和人力资源发展部部长 M. 信地亚。反对党领导人有 L. K. 阿德瓦尼、阿里夫・穆罕默德・汗、雅・辛哈、K. 莱、戴维・拉尔等，还有阿尔琼・辛格。所有人都立即否认与此有牵连，3 名部长辞职。以后的调查又发现有更多国大党和反对党人涉嫌其中。调查和审讯进行了几年，但由于没有其他确凿证据，法院判决不接受仅仅以贾恩的日记为证据，结果没有一个人被判刑。

② 对此指责拉奥否认。2000 年 9 月特别法官 A. 巴里浩克据 4 名当事议员之一的口供，判决拉奥和另一内阁成员 B. 辛格各三年监禁和 20 万卢比罚款。拉奥上诉后，2002 年 3 月德里高等法院认为，当事人的口供没有其他确凿证据支撑，改判无罪。

③ 拉奥和国大党几名官员被控在拉・甘地执政后期，为了诋毁维・普・辛格的名声，策划调查并散布维・普・辛格的儿子阿吉亚・辛格在圣克特岛某银行有大量存款的假消息。拉奥律师说，拉奥只是根据总理办公室下达的指示核对材料。高等法院判决他无罪。

④ 拉奥、钱德拉司瓦米及其助手被控在一项合同中欺骗伦敦商人拉库拜・帕塔克，使其损失 10 万美元。拉奥否认。法院查无实据，判无罪。

在严重的内讧和反对党的穷追猛打下，拉奥疲于应对，当然不可能再像开始那样大刀阔斧深入进行改革了。到他执政后期，改革的势头明显减弱，许多该做的事都被搁了下来。

形势对国大党越来越不利，这从1994年末安得拉、卡纳塔克、果阿和锡金4个邦的选举和1995年2~3月马哈拉施特拉、古吉拉特、比哈尔、奥里萨4个邦的选举中清楚地表现出来。安得拉邦是拉奥的故乡，国大党原在这里掌权。然而选举结果却是国大党遭到惨败，在邦立法院的席位从183席（总席位是294席）降至26席，N. T. R. 拉奥的泰卢固之乡党则从93席增加到253席，政权从国大党转到泰卢固之乡党手中。后者取胜与该党许诺掌权后要大幅度降低日用品价格有关，但更主要的是人民对腐败深恶痛绝，对被牵涉到许多丑闻中的国大党失去了信任。卡纳塔克邦选举的结果与安得拉邦类似。该邦立法院总席位为224个。国大党原有176个，掌握邦政权，选举结果跌落到35席，丢掉了政权。人民党大获全胜，席位从24个增加到116个，建立了邦政府。锡金选举结果是刚成立不久的锡金民主阵线取得多数，建立了邦政府。只有果阿的选举，国大党得到的席位较多，但也只在总共40席中得到18席，只是在别的党支持下才得以建立一个少数派政府继续执政。1995年4个邦的选举，除奥里萨邦外，国大党都遭到失败。上述8个邦选举，国大党只在两个邦获胜。这个结果是个风向标，它清楚地显示，拉奥和国大党在人民心目中的地位已发生了大滑坡。

正是在这种背景下，迎来了第十一届人民院大选。

1996年4月27日至5月30日，分三阶段举行了第十一届人民院选举。参加选举的全国性政党有国大党、印度人民党、印度共产党、印共（马）、人民党（Janata Dal）、全印英迪拉大会党（提）及平等党①，还有30个邦级政党、171个地方小党和大批无党派人士。

竞选造势中突出的主要热点问题是经济改革、丑闻和寺庙之争。关于经济改革，国大党着重强调改革已取得的明显成果，指出随着时间的推移，其成效会更突出地表现出来，并使下层人民受惠更多。印度人民党、人民党指责改革损害印度利益和下层群众利益。印度人民党还特别提出了“司

① 1994年，人民党领导层内部又发生分裂。乔治·费尔南德斯和N. 库马尔从人民党分裂出去，建立了平等党，主要基地在比哈尔邦。

瓦德西”（意为自产，引申为发展自己的工商业）主张，以迎合民族工商业者和农村富裕农民的要求。左翼政党对拉奥的自由化改革特别是公营成分撤资和容许跨国公司进入进行激烈的批判，强调应实行有利于下层群众的改革，降低物价，保障劳动权利，实现充分就业。关于寺庙之争和世俗主义问题，印度人民党坚持建罗摩庙，制定统一的个人法，取消宪法第370条关于给克什米尔特殊地位的规定等教派主义主张。其他政党则重申坚持世俗主义原则，不让教派主义影响印度的世俗化进程。关于经济丑闻，反对党和舆论界自然不放过任何一个机会炒作，以便最大限度抹黑国大党。

这次大选印度选民增加到5.9257亿人，参加投票的选民为3.4331亿人，占选民总数的57.94%。选举结果，国大党所得席位低于印度人民党，国大党落败，印度人民党成为议会第一大党。印度人民党获得选票占总选票的20.29%，得人民院席位161席，占总席位数（543席）的29.65%。国大党获得28.8%的选票，但只获得人民院席位140席，占25.78%，下降到第二大党地位。人民党获得8.08%的选票，46席，占总席位数的8.47%；印共获得1.97%选票，12席，占2.2%；印共（马）获得6.12%选票，32席，占5.89%。其余席位分散在一些邦级政党和小党之间。这又是一届“悬浮议会”。

国大党失败虽然舆论界事先已有人做出预断，但国大党选绩这么差仍然是出乎很多人的意料。为什么结果会是这样？今天来分析，当然可以看得更清楚。第一，这次大选是在印度进行经济模式转型的关键时刻进行的。剧烈的改变打乱了以往几十年形成的平衡秩序和利益分配关系。改革对私营企业家特别是大财团和外国投资者直接有利，而下层人民中很多社会阶层和集团，包括公营企业工人和职员、城乡小有产者等，或由于公营企业的改革，或由于市场竞争压力的加大，或由于化肥补贴的减少等，切身利益受到了影响或虽然还没有现实影响但思想受到震动，因而产生了恐慌和不满。改革中出现的物价高涨更是广泛影响到城市贫民的生活。这样，人们的直观印象是，不管拉奥怎么说，改革是使穷人利益受损，使富人和外国投资者得益。在进行这种改革时，社会上产生这种看法是不可避免的。事实上，增长和效益取向的改革必然造成一定时期贫富差距的拉大，而增长的果实要反馈到整个社会，使下层群众也能收到较大的实惠，地位得到改善，那是需要较长时间才能做到的。一个实行改革的政府如能采取有力的社会保障措施和扶贫措施来照顾下层，减少改革引起的震动，当然会使矛盾缓和。但这不仅需要巨量的资金，而且需要有健全和廉洁的整套机构来运作，以保证扶贫资金能到达真正的急需扶助者手中。拉奥政府在这方面做出了自己的努力，但客观的情况是，政府既缺乏充足的资金，又缺乏健全的运作机制，因而收到的实际效果必然是有限的。结果，在改革效果惠及整个社会的缓慢和公众期望改善自己地位心情之急切两者间出现了“时间差”，利益受到损害和影响的人对政府的不满逐渐增长就是难以避免的。这是任何国家任何政府进行这类改革都会遇到的政治风险，也可以说是必须付出的政治成本和代价。在多党竞争的政治体制下，部分群众的不满必定会被反对党利用来谴责改革者，因而这种代价可能是非常沉重的，可能会断送实行改革的政府和政治家的前程。拉奥和他的政府以国家发展的客观需要为重，不畏风险，敢于披荆斩棘，这种精神是难能可贵的。然而，支持他的国大党和当年支持尼赫鲁规划和开创印度发展道路的国大党已不可同日而语。国大党肌体已不像当年那么健康，它自身已有很多问题，在这种情况下国大党要做到团结一致，坚决支持拉奥把艰难的改革进行到底是困难的。拉奥就任党主席后，没有再像拉·甘地那样，在改革经济同时，提出要整党、廉政（虽然在实际上做了些工作，如恢复党内选举）。从安定内部、动员全党力量支持改革的角度说，这样做未尝不是一种合理的策略安排，但从另一方面说，腐败是无止境的，你不去触动它，它会发展得更快、更严重。对这一点，拉奥未必能完全想到。结果是，改革者的后盾——国大党后院起火，它内部日益发展的矛盾和它本身不断暴露的问题授予各种反对者以把柄来攻击它和指责改革，对改革进程带来了严重的消极影响，甚至是破坏作用，加剧了改革的困难。实行改革的政府为什么反而下台，这就是问题的症结所在。第二，接连不断揭露的丑闻使拉奥政府的威信受到严重打击，使大量选民对国大党失去了信任。就在大选进行之中，拉奥的精神顾问钱德拉斯瓦密又因涉嫌经济欺诈被捕，加强了选民对国大党的失望心理。许多选民不再投票给国大党，这是完全可以理解的。不过，媒体揭露的丑闻并非都确有其事，大多数这类案件在经过调查后都因没有真凭实据而被否定。其中究竟有多少是真正的问题？有多少是炒作成分？有没有凭空编造？把未经核实的案件当作事实来过度渲染是否合法？这也是不能不发人深思的。第三，穆斯林在这次选举中很多人不再投国大党的票，是因为拉奥政府 1992 年没有采取有力的预防措施制止印度教极端分子拆毁巴布里清真寺，在他们看来这是故意纵容，是不可饶恕的行为。第四，国大党中央和地方组织一大批人的离去不但使党的力量进一步削弱，也在政坛上为国大党增加了不少新的对手。

印度人民党获得更多人支持固然与它进行教派鼓动吸引了一部分人有关，但必须看到，煽动宗教情绪并不一定是它这次得票增加的主要原因。1993 年它在北方几个邦选举的失败就足以说明这点。此次它得到较多选票，是因为它经过调整后的以经济为重点的新方针使人们觉得它有了改变。许多选民对国大党不满，可是又找不到更满意的党。新的方针使印度人民党的形象有了变化，成了一大批对国大党不满的人可以接受的去处。印度人民党以往的主要社会支柱是婆罗门和商人，作为一个要争取在联邦执政的党，这个基础过于狭窄。瓦杰帕伊 1993～1996 年任印度人民党议会党团领袖期间，提出要扩大党的社会基础，特别是争取城市下层和农民的支持，这方面取得了成效。印度人民党没有沾染污泥的廉洁形象也使它成了厌恶官场腐败的中产阶级和知识分子的首选。印度人民党虽然获胜，但离得到多数席位尚远，表明相当多的人对它仍持怀疑态度。

5 月 10 日，拉奥政府辞职，成为看守内阁。

第八章

联合阵线执政时期

1996~1998年是印度政坛上变动最频繁的时期，在不到两年时间里，换了三届政府，政坛就像是走马灯，人来人往，上台下台，令人眼花缭乱。

一 印度人民党的13天政权

由于1996年大选没有一个党取得议会的过半数席位，拉奥政府辞职后，印度人民党作为获得席位最多的第一大党力求执政。该党迅速和许多党接触，争取支持。但除原来的盟友外，响应者寥寥无几。国大党也争取不到足够的党与自己结盟。构成全国阵线的各政党和左翼政党既不愿与印度人民党结盟，又不愿与国大党结盟，宁肯作为第三势力独立存在。在这种情况下，总统夏尔玛授权印度人民党组织政府，规定必须在5月底前通过议会的信任投票。

5月16日，印度人民党联合西瓦吉军（马哈拉施特拉邦的地方政党），组成少数派政府，得到平等党、阿卡利党和哈里亚纳发展党的外部支持，瓦杰帕伊宣誓就任总理。印度人民党加上盟友和外部支持的党，总席位只有195席，不及人民院总席位543个的一半。瓦杰帕伊指望政府组成后会有更多地方政党参加，但期望落空。5月28日，即在举行信任投票之前，因确信得不到多数支持，瓦杰帕伊不得不辞职。政府只存在了13天（辞职后作为看守政府存在）。

瓦杰帕伊明知其政府不可能立足，还执意要成立政府，是希望利用这个机会加深全国人民对印度人民党的实力的印象，让人们知道印度人民党已是议会第一大党，已在中央执政殿堂的首席就过座。他还要让人民了解他的施政纲领，包括执政后对待宗教少数派和弱势群体的态度。他宣布政府会继续进行经济改革，加强基础设施建设，使人民生活得到改善，将实现为妇女保留33%的人民院和邦立法院席位的许诺。他任命一位穆斯林和一个低级种姓的人担任内阁部长，希望向全国人民传达一个信息，即印度人民党是重视和尊重少数派的，并不像人们指责的那样是教派主义政党。财政部部长贾·辛格和工业部部长S.P.普拉布都宣布政府在重视保护国内工商业的同时，欢迎外国投资。当然，印度人民党也要对其原有的社会基础给予尽可能的鼓励。在政府和印度人民党领导人发布的信息中，都表示要兑现竞选中的许诺：在阿约迪亚原巴布里清真寺的地点建罗摩庙，制定全国统一适用的（包括穆斯林）个人法，修改给克什米尔以特殊地位的宪法第370条以及禁止宰杀母牛等。显然，在竭力为自己塑造温和形象的同时，印度人民党并不准备放弃它作为印度教民族主义政党的核心主张。正因此，也加强了议会各主要世俗主义政党一致拒绝它执政的决心。对印度人民党来说，虽然内阁寿命为时短暂，却也是未来执政的一次热身和实习，并可从中吸取教训，是一次难得的经历。

印度人民党政府辞职后，总统要求国大党组阁，国大党因自知凑不到必要的议席多数，放弃了尝试。这时，构成第三势力的政党积极争取组织政府。5月20日，参加全国阵线的党和左翼阵线的党决定把全国阵线和左翼阵线的联盟变成一个相对稳定的实体，取名联合阵线。另有4个重要的地方政党——德拉维达进步联盟、阿萨姆人民协会、泰卢固之乡党和泰米尔草根大会党构成联邦阵线，参加到联合阵线中。联合阵线共有13个政党，核心是人民党、印共（马）和印度共产党。联合阵线一致推举前总理维·普·辛格为未来总理人选，他因身体欠佳没有接受；根据他的提议，又推举印共（马）领导人之一J.巴苏为总理人选，但印共（马）中央虽参加联合阵线却不准备参加政府，故拒绝接受；最后推举的是人民党原卡塔纳克邦首席部长H.D.德维·高达。国大党鉴于联合阵线有一定的力量，为了阻止印度人民党上台，表示愿意给联合阵线政府外部支持。在联合阵线把国大党表示支持的信呈报总统后，总统授权联合阵线组阁。

二　联合阵线的两届政府

1996年6月1日，联合阵线政府成立。高达成了印度第11位总理。

联合阵线政府是继全国阵线政府之后又一届联合政府。联合阵线政府和全国阵线政府在很多方面是相似的：（1）和全国阵线政府一样，它也是由许多党构成，但即便作为一个集合体，也不是议会第一大党。全国阵线当年组织政府时是议会第二大党，联合阵线如今连第二大党都不是，两者的存活完全靠大党的外部支持。（2）和全国阵线政府一样，它也是一种"弱弱联合"的类型，其中没有特别强的党能起中流砥柱作用，人民党、印共等几个较大的党势力大致相当，只好共同构成核心，谁也起不了主导作用。这样的联合可以说是联合政府中一种很不稳定的联合形式。（3）联合阵线政府也自称是"中左政府"，它宣布的政策与全国阵线政府的政策有很多相同点。如果说它们有什么不同，那就是全国阵线政府外部有两大势力（印度人民党和两个共产党）支持，联合阵线政府则完全依靠国大党的支持，因而在经济政策上只能继续实行国大党的改革政策，要标新立异，空间是很小的。也正因此，联合阵线政府被某些媒体讥讽地称为"没有国大党的国大党政府"。

德维·高达1933年出生于卡纳塔克邦一个农业经营者家庭。他在大学里学习工程技术，后参加国大党，1962年起进入卡纳塔克邦立法院。1969年国大党分裂时他站在国大党（组织派）一边，1977年国大党（组织派）与其他党合并建立老人民党后，他成为卡纳塔克邦立法院的人民党议员，担任过邦政府公共工程和灌溉部部长。1989年老人民党分解后留下的部分人与其他党合并为一个新的人民党后，他成为新的人民党的重要成员，任人民党卡纳塔克邦党组织负责人，1991年当选人民院议员。1994年人民党在卡纳塔克邦大选中取得政权，高达成了卡纳塔克邦首席部长。高达由于是在邦一级工作，对地方事务特别是农业比较熟习，缺乏的是在中央工作的经验。在被任命为总理后他对记者说："我是一个农民，一个农场主，我最重视农村发展和社会福利，我要把农业放在优先地位。"[①] 不过，从他以

---

① R. L. 哈德克莱夫：《1996年印度议会选举》，见 http：//indiaelection. htm。

往的实践看，他并不是仅仅重视农业。他注重经济实效，对拉奥的改革积极支持。在担任卡纳塔克邦首席部长时，实行大力促进邦经济发展的政策，重视吸引外资，曾去瑞士参加国际经济学家论坛会议，并去了欧洲一些国家和新加坡访问，成功地吸引了外商前来该邦投资。他的努力对把邦首府班加罗尔建设成印度的计算机和软件中心起了一定作用。在担任总理后，他任命拉奥改革的重要智囊之一、商业部部长 P. 奇丹巴拉姆（属泰米尔草根大会党）为他的政府的财政部部长，表明在经济政策方面要基本保持国大党实行的经济改革政策，但强调在经济发展中要更多考虑广大农民的要求。

参加联合阵线的主要政党除印共（马）外都参加了政府。印度共产党的 I. 古普塔在政府中任内务部部长，C. 米什拉任粮食和农业部部长。共产党人参加中央政府，在印度这是第一次。印共（马）不参加政府是担心参加政府会受约束，失去了批评政府的自由权利。

在就职讲话中，高达说联合阵线政府的成立标志着印度进入了“联合政府时期”，还说多党联合执政比一党执政更能体现印度的多样性。[①] 显然，这是为联合阵线政府这样的构成（众多政党构成）找一个冠冕堂皇的说法，以增强联合阵线政府在人们心目中的地位和权威性。事实上，印度的联合政府时期从 1989 年全国阵线政府成立就开始了，联合阵线政府不过是新一届联合政府。多党联合执政并非人们的刻意追求，而是不得已而为之。至于说多党联合执政比一党执政更能体现印度的多样性，那就要看多党联合政府是否有足够的智慧和能力应对复杂的局面。应对得好，确实能带来一党执政所不具备的某些好处，如在决策时可以较充分地听到来自各方面和地区的意见，可以较多地考虑和兼顾各方面和地区的利益等；如应对不好，那就另当别论了。

联合阵线政府的构成除人民党和印度共产党外，参加者多数为地方性政党或低级种姓政党，这使得新政府成员的社会构成与以往历届政府不同：部长中不仅来自地方政党的人数增加，而且属于低级种姓的远较以往历届政府为多。第一批宣誓的 21 位部长中，就有 15 人属低级种姓和表列种姓。地方政党和低种姓政党大量参加中央政权，确实是印度政坛的一个重要的

① R. L. 哈德克莱夫：《1996 年印度议会选举》，见 http：//indiaelection. htm。

新变化。高达总理说："联合政府……是一个重要的政治实验，目的是检验由全国性政党和地方政党联合执政能否克服他们自己的狭隘利益，共同为更大的全民族的利益而工作。这个实验如能成功，将会很好地改变印度民主的面貌。"[①] 的确，这正是人们对联合阵线政府的殷切期待。人们希望新政府能把多党联合执政的优势一面发挥出来，同时避免以往联合政府暴露出的种种弊端。

联合阵线政府既然是多党构成，有全国性政党，有地方性政党，视野不同，政见各异，为了能够顺利运作，各党一致认为，必须制定出一个能为各党都接受的政治纲领，作为共同执政的指导方针。在充分协商的基础上，参加阵线的各党一起制定了《对重要政策问题的共同看法和最低纲领》(以下简称《最低纲领》),[②] 1996 年 6 月 5 日由总理高达宣布。其主要内容为：强调联合阵线政府应能反映印度社会的多元性质，政府的政策必须建立在团结、世俗主义、稳定、发展和公平分配五个支柱上。新政府的建立不应该仅仅是领导人的更换，而应该是实行新的更好的管理模式的开始。关于经济政策，提出的总目标是要通过较快的经济增长和促进社会公平提高人民的生活水平和质量。《最低纲领》说，经济增长和社会公平兼顾是政府的座右铭，增长是不可取代的，只有增长才能创造更多就业机会，提高群众的收入。因此政府将"采取增长取向的政策"，保证经济的更快增长。将继续实行市场取向的经济体制改革，继续实行大力吸引外资的政策，并通过政策调节，把外资主要吸引到基础设施和核心工业部门，吸引到较落后的地区，不鼓励外商在消费品生产部门投资，不让外资损害需要保护的小型工业、乡村工业和家庭工业。要特别重视基础设施的发展，重视填补能源、交通等薄弱环节。除外资外，积极鼓励私人在这个领域内投资。要把提高农村群众的生活水平作为经济发展最重要的任务，注重农业发展，增加对农民的信贷支持，为使农民充分得到自己劳动的收入，取消对农产品流通、加工的限制，并大力促进乡村建设和小工业的发展，以达到增长和扩大就业的兼顾。要大力扶助穷人和社会弱势群体，在教育、就业和福

① http://imsports.rediff.com/chat/votechat.htm.

② D.S. 拉姆编《印度联合政治——对政治稳定的研究》，新德里，2000，附录 A，《联合阵线政策说明》。

利（包括提供安全饮用水、增加医疗设施和解决住房）等方面给予切实帮助。在中央—地方关系方面，《最低纲领》强调恢复联邦制活力，使邦一级的法定权力切实得到维护和发挥，特别是使邦政府在决定本邦经济发展的计划上有更大的自主权，把一些中央主持的邦发展项目转交邦主持，使邦一级在财政上有更大权力。在社会发展方面，《最低纲领》宣布坚持世俗主义，反对教派主义，在制定穆斯林个人法方面强调只有在穆斯林中认识取得一致的情况下才予改变；寺庙之争听由最高法院判决，政府遵从；等等。参加联合阵线的13个党中的左翼政党对经济自由化、引进外资、公营企业的撤资都有很大保留，这使《最低纲领》这方面带有很强的折中性，但总的来说高达政府关注提高经济增长率和增强基础设施建设，对外国投资抱鼓励态度。舆论普遍认为，高达政府奉行的政策与拉奥政府的政策没有多大区别，只不过放慢了改革速度，更强调关注下层，在吸引外资上增加选择性，只允许在需要的领域（基础设施、高科技部门）投资。鉴于左翼政党的强烈反对，政府表示放慢实行公营企业撤资的速度。1997年4月，政府编制的第九个五年计划开始实施，预期国内生产总值增长率为7%。《最低纲领》还特别讲到恢复克什米尔的和平和安定，表示要给克什米尔人民“最大限度的自治”，不过没有说明具体内容。

虽然《最低纲领》制定出来了，但落实到具体政策上，不同政党仍有不同看法。高达强调，遇到意见分歧时，各党要坦率表明自己的看法，充分协商，尽可能在达成共识的基础上实施。

联合阵线政府和国大党的关系一开始就很紧张。从联合阵线方面说，构成阵线的多数党此前一直把国大党视作势不两立的对手，不仅从全国说是这样，在邦一级也复如此。在许多邦，参加阵线的地区性政党的主要竞争对手正是国大党或其支持的盟友，现在为了在中央执政却要依赖国大党的支持，受国大党指指点点，参加联合阵线的各党在接受支持时心里并不舒服，毋宁说有一种屈辱感。再就国大党而言，选择支持联合阵线，主要是为了阻止印度人民党上台。这种支持只不过是一种策略性的安排，是为自己再次执政做准备。拉奥还注意保持与联合阵线政府领导人的友善关系，但国大党有些领导人并非如此。有的人摆出居高临下的姿态，一再傲慢地说，联合阵线的政权是国大党给的，如果国大党不满意，会随时撤销支持。而联合阵线内有些党为了保持尊严，也反唇相讥地回敬说，国大党支持联合阵线政府是为形势所迫，除了支持，它没有别的路可走。可以想见双方相互讥讽时心里是什么滋味。这是一种双方都不情愿的支持，甚至在握手时还都保持内心的敌意，互不信任。而且，尽管在联邦一级联合阵线与国大党是支持关系，在邦一级，联合阵线的成员们，如卡纳塔克的人民党组织、安得拉邦的泰卢固之乡党、西孟加拉邦的印共（马）都依然把国大党视作头号政治对手，不停地指责它专横跋扈。这样的支持关系显然不会持久，对国大党来说，撤销支持只是时间问题。在拉奥仍任党的领袖时，还把支持作为较长期的安排，他的继任者则都把撤销支持摆在随时可能发生的议事日程上。

1996 年 9 月、12 月，拉奥为承担大选失败的责任，先后辞去国大党主席和议会党团领袖职务，由西塔拉姆·凯斯里接任。凯斯里在拉奥执政时任福利部部长，党内职务是司库。在被选为国大党主席后，他为了巩固自己的地位，把一些反对拉奥的人安排在党内重要岗位上，而受到拉奥重用的人被调离。也就是在这个时候，国大党领导层从未来继续实行经济改革考虑，把拉奥的财政部部长曼莫汉·辛格吸收进国大党工作委员会。拉奥执政时有一批党内重要人物或因对拉奥不满，或因有不同政见离开了或被清除出国大党，现在拉奥既离开了领导岗位，凯斯里竭力劝说他们回到党内。有些人回来了，其中包括信地亚，他的中央邦人民大会党并入了国大党；阿尔琼·辛格和 N. D. 提瓦里，他们的全印英迪拉大会党（提）也决定归并国大党。大多数人没有回来，包括曾担任国大党全印委员会联合秘书长的 G. K. 穆帕纳尔和拉奥的商业部部长奇丹巴拉姆，他们在 1996 年建立了泰米尔草根大会党。所有这些措施不仅是为了加强党的力量，也是为了把拉奥边缘化，增强他自己对党的控制地位。尽管联合阵线政府执行的基本上是国大党的政策，而且高达在做重大决策时都是小心翼翼地征求国大党的意见，曾十二次登门造访拉奥和其他国大党领导人，但凯斯里还是不希望联合阵线长期掌权，因为那样会对国大党再次上台产生不利影响。高达了解这点，曾暗示他，如果他能保持对联合阵线政府的支持，政府愿意在未来总统选举中提名他做总统候选人，但凯斯里感兴趣的不是担任总统，而是担任总理。他保持着对联合阵线的密切关注，随时评估形势，选择撤销支持的有利时机。联合阵线政府既然由多党组成，内部有各种矛盾，对高达实行的政策难免有不同看法，有的公开暴露出来。凯斯里就对形势做了错误的解读，认为这是联合阵线政府不稳的征兆，并自信地认为联合阵线政府一旦垮台，参加联合阵线的一些小党会树倒猢狲散，转而投向国大党怀抱。1997 年 3 月 30 日，在高达去莫斯科访问之际，他突然向总统递交了宣布国大党撤销对联合阵线政府支持的信件。凯斯里指责高达政府“妄图使国大党边缘化并置国家最急需解决的问题于不顾”,[①] 高达还被指责有意“破坏国大党”、轻视国大党主席。4 月 10~11 日，人民院举行对高达政府的信任投票辩论，高达逐项驳斥凯斯里的指责，列举了联合阵线政府的政绩。在长达 12 个小时的激烈辩论后进行表决，结果 158 人投信任票，262 人投反对票，6 人弃权。高达政府不得不辞职。

国大党这一举动在全国是不得人心的。许多政党谴责国大党为了一己私利，急于夺权，破坏国家政治稳定。参加联合阵线的党更是异常愤恨，一致表示决不倒戈，决不支持国大党组阁。在国大党内，同样有反对声音。如国大党高级领导人、原马哈拉施特拉邦首席部长安徒莱就以他自己的名义并代表 S. 帕瓦尔发表声明，对凯斯里撤销支持表示反对。在接受媒体专访中，他说撤销支持是没有理由的，联合阵线政府并没有做危害国家利益的事。撤销支持于国家不利，对国大党来说，是自我毁灭和自杀的行动。他指责这是凯斯里为了实现个人野心的赌徒行为。他要求凯斯里离开党的领导岗位。[②] 凯斯里打算落空，处境尴尬，不得不做出妥协，表示国大党可以继续支持联合阵线政府，条件是高达引退，由联合阵线另选总理替代。高达在任只有 10 个月。

联合阵线决定推举现任政府外交部部长、人民党的 I. K. 古杰拉尔接任总理。在磋商推举新总理候选人过程中，阵线内有的党提名泰米尔草根大会党主席 G. K. 穆帕拉尔，但遭到另一些党的激烈反对，理由是他和国大党太亲近。穆帕拉尔和其他领导人对这种指责非常气恼，为表示抗议，他决定该党在议会的 20 名议员（内有 4 名部长，包括奇丹巴拉姆）不参加古杰拉尔政府，只在外部支持。这一行动立即受到联合阵线内一些党的批评，说他为了要当总理不顾大局。这是联合阵线内部矛盾的公开化。

1997 年 4 月 21 日，古杰拉尔宣誓就职，成为印度独立后第 12 位总理。

---

① R. 沃赫拉：《印度的形成：历史评述》，伦敦，2001，第 301 页。

② http://imsports.rediff.com/news/apr/15cong3.htm.

古杰拉尔 1919 年出生在印巴分治前旁遮普省的杰卢姆，分治后其家乡划归巴基斯坦，在随后发生的边境居民双向大逃亡中，他全家来到印度，在德里定居。古杰拉尔的父母都是印度独立运动的积极参加者，他本人也参加了“退出印度”运动，并坐过监狱。古杰拉尔具有博士学位，最初是国大党人，1967~1976 年任英·甘地政府的议会事务、新闻和广播、住房工程、计划等部部长。1975 年因不赞成实行紧急状态和对桑贾伊不满，被英·甘地冷落，1976 年被派往莫斯科任驻苏大使，从这时起他离开了国大党（执政派），5 年后回国加入了老人民党。在老人民党和其他党合建新的人民党后，他的外交才能受到维·普·辛格的重视，1989 年被任命为全国阵线政府的外交部部长。1996 年联合阵线政府建立后，又被高达任命为外交部部长，直至接任总理职务。

古杰拉尔政府基本上保留了高达政府的原班人马，只是对部长做了个别调整。政府宣布继续以高达执政时联合阵线各党共同制定的《最低纲领》为指针，继续奉行高达政府的政治、经济和社会政策，重申将继续把经济改革和消除贫困作为政府的首要任务。经济改革的进程在继续。正像商业部部长 B. B. 拉麦阿向媒体宣布的：“经济改革的进程是不可逆转的。”[①] 新政府将继续保持经济和工业增长的势头。古杰拉尔在奇丹巴拉姆辞职后暂时兼任财政部部长，他努力劝说泰米尔草根大会党改变不参加政府的立场，希望奇丹巴拉姆继续回到内阁，担任财政部部长。为表示对奇丹巴拉姆工作成果的尊重，古杰拉尔宣布把奇丹巴拉姆在高达执政时已提交政府审查的 1997~1998 年度财政预算基本上不加改变地提交议会批准。在人民党、印共（马）等共同努力说服下，4 月 29 日，泰米尔草根大会党主席穆帕拉尔宣布该党回到政府中。5 月 1 日，古杰拉尔任命了 6 名部长，其中 4 名是泰米尔草根大会党的成员。

三　经济改革的继续

联合政府的《最低纲领》虽然面面俱到，但执行起来不可能全面开花。在经济政策方面它实际上实行的政策是拉奥改革政策的延续。联合政府依

---

① http://www.rediff.com/news/apr/21cong9.htm.

赖国大党外部支持使它只能这样做。

联合政府的政策在其1996～1997年度和1997～1998年度的两个年度财政预算中得到了体现。两个年度国内生产总值增长率都预定为7%。为实现这个目标，强调鼓励私人加大投入，积极争取引进更多外资；继续推进自由化和开放的方针，允许私人资本进入一直不许进入的某些领域如保险业等。预算中还提出，加强基础设施是投资的重点，要增加这方面的拨款，并采取措施改进对基础设施的管理，创造较好的吸引投资的环境。预算还包括公营企业撤资的计划和加深资本市场改革的计划。为了鼓励投资、促进出口、刺激增长，预算还提出了税收改革的整套措施，包括较大幅度地降低个人所得税、公司税和关税的税率，也提出了进一步放宽贸易限制的措施。预算得到了工商界和舆论界的普遍好评，被认为是“勇敢的”和“有创见性的”预算。不过，预算归预算，具体执行起来问题还是很多的。阵线内各党对某些措施的看法有明显的分歧。如左翼政党对预算提出的公营企业撤资、开放保险业领域和降低公司税持强烈批评态度。印共（马）总书记H. S. 苏尔吉特在接受电视采访中说，这个预算是“亲精英取向的”，“它没有为穷人做足够的事，只是有利于上层、大商人、垄断家族和外国公司”，还说计划实行大规模的公营企业撤资是背叛《最低纲领》中的许诺。① 印度共产党的G. 达斯古普塔也谴责这个预算“使保险业的私有化从后门悄悄进来”。② 又如，为了满足左翼政党的要求，预算中提出要实行更宽的粮食补贴和化肥补贴，有些党不赞同，认为这会使国家财政的沉重负担得不到减轻。

政府实际采取的继续改革的措施包括以下一些。

（一）加大鼓励私人投资的力度

自由化方向的改革继续实行。又有6种工业部门取消了许可证制度，1997～1998年继续实行工业许可证的部门只剩下9个。此外，有15种原保留给小型工业专营的部门包括碾米、家禽饲养、制醋、糕点等解除了保留。政府期望有更多资金和技术进入，改变这些部门经济效益不佳的状况。

---

① V. 格若维尔、R. 阿若拉编《印度独立50年》第3卷，新德里，1997，第541页。

② V. 格若维尔、R. 阿若拉编《印度独立50年》第3卷，第540页。

政府采取了一系列措施鼓励私人在基础设施领域投资。措施之一是扩大基础设施的概念范围。按照新的界定，电信、石油勘探以及工业园也都包含在基础设施的概念内，在这些领域投资都可享有在其他基础设施领域投资同样的优惠待遇。此外，建立了基础设施发展信贷公司，作为促进私人投资的杠杆，该公司拥有资本 500 亿卢比，为兴建基础设施的需要提供长期信贷；鼓励基础设施的兴建者采取各种手段融资，包括允许利用外部商业借贷；开放了基础设施的更多领域，允许私人和外商投资，并提高其持股限额，如修订了国家公路法，允许私人参与公路修建，对私商参与港口建设者给予可租用和经营其设施的优惠，最长可达 30 年，制定了私商、外商在民航领域投资的新政策，允许外商在飞行印度国内航线的公司持股 40%；改变原来的规定，允许外商在发电和输电，建设和维护公路、桥梁、铁路路基、港口等领域投资者可持股 74%并适用自动批准程序，投资陆路和水上交通支持性服务（如码头、隧道等）者可持股 51%，可自动批准。还规定把对在公路、桥梁、机场、港口、铁路等领域投资的公司实行免税 5 年的优惠待遇扩大到灌溉工程、供水、排水和卫生设施等领域，在这些领域兴建的公司可享受同样待遇。

鼓励私人投资或吸引外资都要求改变基础设施各部门现行的政企不分和行政效率低下的管理体制。为此，政府规定道路、港口、电力等主管部门都应实行改革，实行政企分开，制定新的管理措施。1997 年建立了印度电信管理局，还建立了港口税务局。1998 年又规定在中央建立中央电力管理委员会，在各邦建立邦电力管理委员会。

给予邦一级更多的自主权，如规定现有电力设施的技术更新和现代化计划无须事先得到中央电力主管部门的批准。一些邦制定了新的法律，允许投资者获得必要的土地。为了推动私人向最迫切需要的电力部门投资，1996 年 12 月专门召开了邦首席部长会议，会上就电力改革达成了一项协定，规定通过立法，使各邦有权建立新的电力管理机构，该机构在电力分配和确定价格上有自主权。

政府的鼓励措施得到了一定程度的积极回应，许多私人公司增加了对基础设施的投资，不少公司与外商合作，变成合营公司，引进较先进的管理制度，提高效益。结果投资港口、桥梁、道路的资金增加。私人投资电话业务的，已经有 4 个邦开始了。国际电话业务也允许私人经营。外国人投资兴建新港口也已开始。投资电力部门的谈判在进行中。政府决定石油产品价格的升降要与国际市场联结，减少政府对定价的干预。石油产品实行部分提价对刺激石油加工领域的私人和外商投资也起了一定作用。

（二）继续进行公营企业的改革

这方面的措施有：给予 97 家赢利的公营企业更大的自主权，使它们具有更强的竞争力；坚持实行公营企业撤资，其目的不仅在于收回部分资金，以便用于最紧缺领域如基础设施的投资，而且要通过引进私人资本和外资，改进经营，使公营企业变得更有活力和更有效益。1996 年 8 月设立了撤资委员会，有 40 个公营企业被列入考虑名单。撤资企业的范围扩大，不再限于低技术的和较小的企业，核心部门的企业和较大的企业也可以撤资。关于撤资幅度，规定非核心部门企业一般为 74%，也就是说，可出让股权的大部分及经营权，核心部门不超过 49%。1997 年 2 月撤资委员会提出了首批 3 个公司的撤资方案，建议现代食品工业公司（非核心部门）撤资 100%，印度旅游开发公司（非核心部门）撤资 74%或更多，印度天然气公司（核心部门）撤资 25%。政府批准了这一方案。以后撤资委员会不断提出新的撤资企业名单，报请政府最后审查批准。不过，因遇到的阻力很大，进展很慢。

邦一级公营企业的改革受中央政府推动也有所前进。许多邦宣布了改革政策，在撤资、引进外资、外国技术和改善经营管理方面提出了措施。据《经济时报》1996 年 2 月 17 日登载的关于 14 个邦的调查资料，这些邦有一批非核心部门的公营企业实行了撤资，其股金的大部分和经营权都转让了出去，其中有北方邦汽车拖拉机厂、果阿电信公司、哈里亚纳酿酒厂、奥里萨矿业公司所属铬厂等。邦政府由于在经济改革上有了自主权，改革的积极性大有提高。不过邦的改革除和中央所属企业改革存在同样的阻力外，还有一个特别的阻力，即邦政府公营企业主管部门的阻挠。在政企不分的情况下，它们享有很大的权力和利益，并不想轻易放弃。

（三）继续放宽对外国投资的限制

从拉奥改革时起，政府就希望引进更多外资，然而实际流入的很少，拉奥执政后期每年也只有 20 亿~30 亿美元。联合政府建立后对中国 1996 年能引进 400 亿美元外资十分羡慕，提出的引进外资的指标是每年 100 亿美元。

为了吸引更多外资，政府又对外资开放了采煤、煤床沼气和矿产勘探等领域。1997 年初，政府建立的外国投资促进局制定了指导纲要，规定对不属于自动批准范围的外国投资要进一步减少限制，使政策透明，简化批准手续。外国投资可占股金 51%并适用自动批准程序的部门又有新的扩大。政府还提高了 9 种工业（主要是基础设施和冶金工业）的外资持股允许的上限，从 51%提高到 74%。并宣布允许外资在一时找不到印资合营伙伴情况下，可暂时持股 100%，但在 3～5 年内，应减少到至多 74%。1997 年 4 月，政府又宣布允许外商在印度民航领域投资，可持股 40%，但不允许外国航空公司直接或间接参与。

为了吸引更多外国投资，政府提高了允许外商在印度公司中以债券、股票投资持股的上限，由 24%提高到 30%；也提高了单一的外国机构投资者持股的上限，由 5%提高到 10%。外国机构投资者也被允许购买印度公司及政府的证券。

对印侨印裔的优惠更多。政府规定，9 个有资格引进 74%外资股份的冶金和基础设施领域的优先部门和 13 个有资格引进 51%外资股份的其他工业领域的优先部门，如果是印侨印裔（包括印侨印裔在其中占 60%以上股份的公司）投资，则允许他们可以持股 100%。在需要优先发展的三类采矿业中，如果印侨印裔或以他们为主的公司投资，其持股也可达 100%。如果印侨印裔投资民航部门，其持股率可达 100%。对于印侨印裔的机构投资者的证券投资，现行的限额上限（不超过 24%）也有所提高。

1996～1997 年度，外国直接投资额从 1995～1996 年度的 21 亿美元增加到 27 亿美元，1997～1998 年度又增加到 32 亿美元。加上其他种类的投资，总的外国投资 1995～1996 年度是 49 亿美元，1996～1997 年度是 60 亿美元，1997～1998 年度是 48 亿美元。

为了促进印度公司更多引进外国技术，1996～1997 年度的政府预算把公司支付专利权使用费总额的允许上限由 1000 万卢比提高到 7000 万卢比。

（四）鼓励出口，进一步放宽外贸限制

继续实行贸易领域的自由化是联合政府的一项重要政策。1996～1997 年度有 488 种产品从限制输入名单转到普通许可证范围。1997～1998 年度有

128种产品主要是纺织品完全取消限制，另有340种于1998年4月从限制名单转到普通许可证范围。

1996~1997年度预算把关税总水平降低8%。1997~1998年度预算把最高税率从50%降低到40%，资本品的关税从25%降到20%。大量原材料、中间产品关税的降低是为了提高印度产品特别是能源产品、化学品、纺织品等的竞争能力。对输入商品，关税以外的限制都取消了。

（五）继续进行金融改革和资本市场改革

银行系统继续实行结构改革。虽然公营银行仍控制整个银行资产的85%，但一批新的银行和金融机构的加入增加了竞争，使公营银行不得不进一步改善经营方式，降低不良资产，提高服务质量。有些公营银行变成股份制，私人资本股东进入董事会，也对公营银行提高效益起推动作用。为了健全银行制度，采取了一些措施增加银行经营的自主性，改善金融市场的职能。除了贷款低于20万卢比的和存款低于一年期的两种外，所有各类存放款利率都由市场决定。

政府也致力于改善证券市场的运作，采取了一系列措施规范证券市场和增加投资保护。1996~1997年度资本市场改革的范围包括初级市场和二级市场、股金和债务以及外国机构投资。初级市场改革的目的是使股票发行过程有更大的灵活性，加强证券市场准入的规范。如规定未上市公司在连续5年中必须要有3年的红利分配记录才准许发行证券。二级市场改革的目的是改进市场的透明度、公正性和交易基础设施。政府还采取了一系列措施加强投资者的安全保障。

对进行债券投资的外国机构投资者，以往政府的限制过严，联合阵线政府给予了适当的放宽。如把投资非上市公司特别是基础设施部门的上限提高到10%，规定外国机构投资者可通过专门的债券基金对印度公司的非上市债券投资100%，还可以买卖政府发行的国库券和债券。

（六）继续促进信息产业的发展

计算机工业继续受到高度重视，不仅是软件，而且包括硬件。政府认识到，当印度的软件业有了相当发展后，硬件的生产必须跟上，以便为软件业的发展提供更广大的市场需求。政府允许那些享受出口优惠待遇的公司，可以把其生产的相当于总产值一半的硬件产品在国内市场销售，从而满足了它们长期提出的兼顾出口和国内市场的“统一制造”便利的要求。新的统一制造计划被列入新的进出口政策中，1997 年 4 月 1 日起实行。此项政策是为了鼓励硬件出口商扩大生产规模和吸引外资。预算中宣布要采取的促进信息工业发展的其他措施有软件进口免税、降低许多种计算机部件的进口税、软件出口免除直接税等。

软件产业受到更大重视，有了突飞猛进的发展。1995~1996 年度产值增长了 55%，1996~1997 年度增长了 50%。软件输出在印度出口中占中心位置。1994~1995 年度出口额为 164.7 亿卢比，1995~1996 年度达 252 亿卢比，增加了 53%，1996~1997 年度达到 396 亿卢比，增长 57%。软件业的增长不仅是出口的结果，国内各领域、各部门管理信息的日益计算机化对它的发展也有极大的推动作用，仅仅是来自这方面的需求在未来几年里就会使增长率提高 50%。此外，居民联结因特网的趋势开始呈现。据全国软件和服务公司协会调查，印度 1997 年联结因特网的只有 25000 户，1997 年增加到 20 万户，1998 年达到 45 万户。连接的户数越多，对计算机硬件和软件的需求量也就越大。

欣欣向荣的信息产业是印度的黄金产业，它为印度带来了巨大的经济利益和精神鼓舞，并越来越显示出其灿烂的前景和对带动印度经济发展的重要性。如何紧紧抓住这个难得的机会，是每个有眼光的政治家都会考虑的问题。财政部部长奇丹巴拉姆 1997 年在人民院做预算报告中就说：“如果有一种科学在 21 世纪占统治地位，那就是信息技术；如果有一种产业印度可以成为其领军国家，那就是信息技术产业。然而要把潜力变成现实，我们必须有一个制造和营销信息技术产品的全新的政策。”① 他的话不但反映了整个工商业界的强烈愿望，也表达了政治家和舆论界的勃勃雄心。

（七）对农业和小型工业的政策

联合阵线政府把较多的注意力放在农业和农村发展上。在改善农业方面采取的措施有：增加化肥补贴；提高小麦收购价格；制定国家种子政策；进行农作物保险制度的试验；为鼓励农民偿还到期贷款，规定偿还时减免

① 《信息技术评论》1997 年第 2 期。

应付利息的5%，费用由政府承担；增加农村基本建设（道路、饮水、电力、住房、教育和卫生等）项目的政府拨款和贷款等，不过由于政府财政困难，农业投资增加幅度有限。对农业和农业加工业的信贷有较大增加。1996~1997年度，农业信贷从2200亿卢比增加到近2860亿卢比，增幅之大前所未有。政府还建立了农村基础设施发展基金，其运作也是成功的。

农业方面的另一重要变化是部分农产品贸易条件（包括信贷、流通控制）得到改善。棉花和咖啡除个别邦外完全实行市场化，粮食跨邦流通在有些邦解除了限制。为促进大米输出，政府取消了最低出口价格，但当发现粮食储备减少，就又对出口大米加工厂重新征税以控制输出。同样，由于小麦产量的减少，重新规定了小麦和面粉制品输出的最高限额。农业贸易和流通总的来说还继续较多地受中央和邦政府的限制。

在对小型工业的促进方面，采取的措施是再度提高小型和微型工业企业的资产上限。小型企业的上限原为600万卢比，辅助企业的上限原为750万卢比，此次都提高到3000万卢比；微型企业从50万卢比提高到250万卢比。这就为小型工业扩大投资和采用新技术、新设备开辟了较大的空间。

（八）社会福利措施

联合政府一再表示自己比国大党政府更关心下层人民。《最低纲领》许诺要非常重视发展社会福利，增进社会公平。奇丹巴拉姆在预算报告中也说："我们不要那种解决不了失业问题的增长，我们也不要那种不能给多数人的生活带来改善的增长。"①

1996~1997年度预算中，中央政府计划和计划外社会福利拨款占国内生产总值的1.19%，这是几年来最高的，1995~1996年度只有0.96%。为了改善贫困农民的生活状况，预算规定，中央增拨246.6亿卢比给各邦，用作最低限度的基础服务经费，包括提供安全饮用水、改善初等教育、提高供应小学生午餐的质量、加强卫生设施以及修筑农村道路等。1996~1997年度政府的初等教育开支比1995~1996年度增加247.8%，主要是扩大小学生的午餐供应；卫生保健开支增加了21.6%，农村发展和扶贫开支

---

① http：//www.ieo.org/main001.html.

增加了12.1%。

政府认为，从世界经验看，减少贫困最有效的途径是能带来大量就业机会的经济快速增长，因而强调在制定促进经济增长的政策时必须同时考虑怎样的增长才有利于促进各个领域扩大持久的就业机会。政府特别提出农业和农村的就业潜力巨大，必须充分发掘和利用。例如，加强农村的道路、灌溉等基础设施建设既有利于农业发展，又能带来大量就业机会；发展农产品加工业是另一个增长点，不仅能大大增加农产品附加值，而且可以吸纳大量的剩余劳力。联合阵线政府强调，除中央努力外，各邦政府应发挥主动精神，采取措施，把扩大就业的潜在能力最大限度地变成现实。这些认识都是很可贵的，只是联合阵线政府为时短暂，根本没有可能去实行。

联合阵线执政的两年中，1996~1997年度经济发展情况较好，1997~1998年度则出现了滑坡。

1996~1997年度国内生产总值增长率达到7.8%。[①] 1996~1997年度是“八五”计划的最后一年，“八五”计划期间的年均增长率达到6.5%，比预定的年均增长指标5.6%高出0.9个百分点，比“七五”计划年均增长率高0.5个百分点。如果和前两个年度联系起来看，则增长率连续三年超过7%。这种增长速度在世界上也是比较靠前的，属前十位。

1996~1997年度经济形势较好，主要是因为政府继续实行改革政策使拉奥改革调动起来的潜力得以继续发挥，也由于农业各部门在经历了1995~1996年度的滑坡后缓解过来，有了增长9.4%的好成绩，其中粮食产量达到1.993亿吨，经济作物有更大的增长，油料、棉花产量创历史纪录。

不过，也存在着严重的问题。一是能源短缺。国内油田原油产量减少，电力生产发展迟缓，后者市场的需求提高了10%，实际的电力增长只有3.4%。政府努力促进私人资本投资基础设施，但这个进程发展缓慢。二是出口增长的减缓，输出增长率1995~1996年度是20.8%，1996~1997年度降低到5.3%。三是通货膨胀率的升高，1996年5月低于5%，1997年5月为6%。四是财政收支不平衡，财政赤字仍严重存在，扭转的进程缓慢。

---

① 见印度财政部公布的《经济概览（2003~2004）》附表1.6。该表数据是印度中央统计局以1993~1994年度的不变价格为基期计算的。

1997 年直接和间接补贴占用了国内生产总值的 11%，是导致财政赤字的一个重要因素。这些都是经济进一步增长必须迅速解决的问题。

1997～1998 年度印度的经济增长率不但没有提高，反而大幅度下滑。国内生产总值增长率降低到 4.8%。农业为负增长 1.0%，这主要是受了农业歉收的影响，也与上述发展中存在的问题有密切关系。而联合政府的更替使领导人精力分散，影响了对经济的有效管理，也是重要原因之一。工业生产虽受到影响，仍略有增加，增长率为 6.6%，主要是采矿业和电力生产的情况较 1996～1997 年度好。服务业有较大增长，达到 8.9%。通货膨胀率 1997～1998 年度为 4.8%。1997～1998 年度政府财政赤字不但未实现预定的减到 4.5%的指标，反而又回升到 6.1%。

总之，联合阵线政府时期，改革有进展，也有波折。政府采取了许多积极措施，取得了一定效果。这充分表明，改革的车轮一旦滚动起来就会继续下去。联合阵线政府的经济政策发挥了正能量，推动它又前进一步，因而得到舆论界肯定。当然，也有持另外看法的。印度人民党在它的全国执行委员会的一份决议中就讽刺地说："马克思主义的经济学和奇丹巴拉姆关于自由市场和无歧视的全球化的承诺只能产生一种难以下咽的鸡尾酒。"①

四 内政措施

（一）设立人民检察官制度的提案

1996 年国大党在选举中失败，舆论公认主要原因之一是不断出现的腐败丑闻。非国大党的各政党都拿腐败丑闻攻击国大党，并都在自己的竞选纲领中提出了设立人民检察官的主张。国大党为了表示自己同样具有反腐败的决心，也赞成设立人民检察官的主张。这样，政坛上就出现了一个醒目的现象，即几乎所有主要政党都赞成设立人民检察官，每个党都希望表明自己比别的党更重视反腐败。高达 1996 年 6 月担任总理后，采取的最初行动之一就是向议会提出人民检察官法草案，并获准立案。其内容是：为

① V. 格若维尔、R. 阿若拉编《印度独立 50 年》第 3 卷，第 389 页。

杜绝官员腐败，对涉嫌腐败的官员包括高级官员及时展开调查，在现有的司法部门之外，设立专职的人民检察官（一人或数人），由总统任命。他（们）有权根据1988年制定的防止腐败法调查所有涉及官员的腐败案件，总理和首席部长涉嫌的也不例外。还规定，所有议员每年都要在议会公布自己和家庭的所有资产，接受监督。人民检察官的任期有一定年限。为保证其能秉公调查，不受打击报复，法案规定只有总统才能撤销他（们）的职务。提出这一法案被高达认为是联合政府的一项重要政绩。其实，仅仅在议会立案是谈不上什么政绩的，因为这是各主要政党此时都不反对的，不过要使这项议案在议会得到通过，却不是一件容易的事。因为虽然各党原则上都同意高级官员的腐败案件人民检察官有权调查，但具体落实时，对高级官员包括哪些人，总理、总统是否包括在内，司法系统、选举系统的官员是否包括在内，认识都是很不一致的；其次，除议员要公布财产外，政府官员要不要公布，也是意见不一；再则，对在司法部门之外再建立这样一个系统会有什么样的结果，也有人表示忧虑。高达这个法案还没有来得及在议会讨论，政府就更换了。

为什么反腐败一定要在现有的司法部门外设立人民检察官制度？这个问题在舆论界、各政党那里几乎不成为问题。其原因有二：一是官场腐败盛行是一致公认的；二是司法系统对案件的侦查效率低，特别是对高层涉嫌腐败案件的侦查异常乏力，这也是一致公认的。当一个高官被控涉嫌腐败案件时，不仅未得到批准不能起诉，连调查也需要事先批准。

设立人民检察官的提案在全国各邦产生了很大影响。该提案规定在邦一级也设立人民检察官，得到各邦的赞同，以至这项议案在联邦议会还未通过的情况下，有些邦议会便迫不及待，先在本邦立法院通过了这样的法案。结果，在联邦一级还未实行的情况下，有些邦便提前一步实行，在自己邦设立了人民检察官。各个邦的立法在具体内容上有些差异，有的邦规定包括邦首席部长在内的政府部长和议员都在人民检察官调查范围，有的邦规定调查范围只限于政府官员，不包括议员。还有的邦如旁遮普把前部长涉嫌腐败行为的也列入人民检察官的调查范围，取消了对前部长的调查要得到邦长事先批准的规定，该邦有6名前部长受到调查。

（二）扶助弱势群体

高达执政时期向议会提交的另一重要法案是为妇女保留联邦和邦议会1/3席位的法案。宣布的目的是要改变妇女在立法机构中人数过少的现象，以便在立法中更充分地反映妇女的要求，维护妇女的权益。

妇女在立法机构中人数较少一直是社会舆论关注的问题。独立以来，由于宪法关于男女平等规定的实施，由于议会制定了一系列根除歧视妇女的法律，也由于教育的进步和妇女自身的积极主动，妇女的地位整体上说已今非昔比，她们在各个领域积极发挥作用，成了社会各个领域正常运转不可缺少的部分，成了印度社会进步发展的重要推动力之一。不过，相对来说，妇女在经济、文化、教育、卫生、工程技术等战线发挥的作用较大，在政治舞台特别是参与国家管理方面发挥的作用较小（当然英·甘地担任总理是例外）。这也不奇怪，因为在多数家庭尚处于贫困状态的情况下，妇女受教育的比例低于男子，特别是农村。妇女要兼顾工作、家务和教育子女，肩上的担子更重，参加社会活动的机会少，得到的锻炼也较少。再加上男人对妇女的偏见并未完全清除，这样，在历届联邦和邦议会选举中她们被各个政党提名为候选人的概率就小得多。

在国大党独占联邦和邦两级政权的时期，国大党上层多少还有些统一安排。之后，多个政党崛起，政党竞争激烈，各党在每次选举中无不把争取更多席位作为头等要务，凡能利用的条件（如种姓、宗教、语言、个人魅力、地方影响等）都要挖空心思地利用，每提一个候选人，摆在首位的考虑是能不能取胜，很少有人去考虑性别平衡的问题。这样，妇女能被提名做候选人的就不会很多，能被选上的更是凤毛麟角。女议员在人民院中的比例最高为8.1%（第八届），一般在5%左右。这种情况在80年代后一直延续下来，没有大的改变。

自宪法第73、74修正案规定在潘查雅特机构和城市自治机构为妇女保留不少于30%的名额后，有人自然会想到，既然在基层组织可以这样做，为什么在邦和联邦议会不能？所以，为妇女保留邦和联邦议会33%席位的主张也就被提出来了。渐渐地，这种主张被包括国大党、人民党、左翼政党和印度人民党在内的所有主要政党接受。国大党在1996年大选竞选宣言中就包括了为妇女保留立法机构席位的内容，印共（马）更明确提出了保留 1/3 席位的主张。人民党、印度人民党竞选宣言中没有明确提到，但在实际竞选宣传中也都表明赞成为妇女保留议会席位。各党公开宣布都是说为了改善妇女地位，更充分地维护妇女权利。不能说没有这方面的考虑，但应该说，所有政党更主要的出发点都是争取女选民的支持，女选民握有全国选票的一半，其对各政党竞选的重要性不言自明。

联合阵线政府成立后，为妇女保留人民院和邦立法院 1/3 席位的主张在联合阵线内得到包括人民党在内的多数党赞同。印度人民党领导人瓦杰帕伊作为议会反对党领袖还抢先一步，于 1996 年 9 月 6 日在议会提出一项个人提案，主张为妇女保留 33%的席位。各主要全国性政党主张如此一致，这种情况就和设立人民检察官的提议类似，在别的问题上是少有的。所以高达出任总理不久，就于 9 月 12 日在议会上提出了为妇女保留联邦和邦议会 33%席位的法案。国大党、印度人民党都支持此项提案。

不过，当政府正式向人民院提出议案的消息传出后，很快就出现了不同的声音。这些声音来自联合阵线外的政党，也来自联合阵线内部，有的来自媒体，有的来自个人。他们都说，此项立法涉及的层面很多，需要慎重考虑。有些党提出，要为妇女实行席位保留他们不反对，但着重指出政府提案的内容有片面性。他们说，需要实行保留制的不仅是作为整体的妇女，保留制的重点更应该考虑各个弱势群体妇女，她们更需要保障。他们表示，只有包括后面这种内容的法案他们才赞成提交议会立案。持此种主张者主要是那些代表社会落后群体和低级种姓利益的政党，如社会主义党、社会大多数人党、全印人民党和人民党内部出身于低级种姓的那部分党员。政府提出议案后，议会内的斗争非常激烈。虽然由于支持者人数多于反对者，议会还是立了案，但并未直接付诸讨论，而是决定建立一个由议长领导的专门委员会对此议案做进一步的研究。在舆论界，对应不应该为妇女实行席位保留，也有人强烈质疑。他们的观点是，社会弱势群体在议会中席位少的不仅仅是妇女，还有其他弱势群体，不能用不同的标准对待。例如，以往穆斯林中曾有人以扶助弱势群体的理由要求对穆斯林实行席位保留，一些出身落后种姓的人以及达利特中的基督徒也都曾提出为本种姓、本教派实行席位保留，都被各政党拒绝。如今，为什么为妇女实行席位保留各主要政党都同意？如果“代表性不足”是为妇女保留的理由，别的弱势群体代表性就足吗？对他们的要求又怎样交代？还有人提出，妇女中各阶层的情况是很不一样的，把妇女整个地作为一个弱势群体看待并不妥当。他们说如果作为整体实行保留制，得益的一定是在物质条件、教育、职业上处于较优越地位的少数上层，而她们能代表各方面都和她们不能比的真正弱势的广大落后妇女群体吗？他们还质问道，主张实行保留的政党如果真正关心提高妇女参政的机会，为什么在大选时不以身作则在提名本党候选人时提 1/3 女候选人？不少人还指出，把选举建立在不同群体的人口比例的基础上是危险的，这将使议会小圈圈化，使议员丧失全局目光。实际上对实行以性别为基础的席位保留制每个党内都有反对力量，而联合阵线内部已出现意见相反的两派。显然，该法案虽被提到议会，要真正通过并不容易。联合阵线政府鉴于议会内和舆论界分歧很大，在把法案提交议会后未敢提出迅速进行表决的要求。这不仅是担心强行表决可能引起社会不满，更重要的是害怕一旦提交表决，联合阵线内部的分歧必然会公开暴露并加深，从而危及原本已十分脆弱的联合政府本身的稳定。

高达执政伊始就明确宣布他的政府实行扶助弱势群体政策。古杰拉尔总理也重申坚持这样的政策，他说："印度只有加强世俗团结和保障宗教、语言及地区少数派的利益才能保持国家的统一。"① 对宗教、语言及地区少数派的利益如何保障，这说起来容易，做起来却极为复杂和困难。为了突出政府的亲弱势群体形象，也为了扩大联合阵线政府的群众基础，根据高达的提议，政府决定在"九五"计划内，建立一项用于少数派群体福利的专门基金，以改善这些群体中落后部分的生活状况，并决定至少拨款 50 亿卢比，用于建立这项基金。以往政府对弱势群体的支持，多用在印度教群众的下层，这次政府强调的支持对象是宗教少数派（包括穆斯林、锡克教徒、耆那教徒、基督徒、佛教徒和祆教徒）。政府还规定在入学和公营部门工作方面要为宗教少数派提供优惠。高达也有过为穆斯林、达利特基督徒和经济落后的其他群体提供 10%的保留公职名额的想法，但在政府内和联合阵线内遭到其他力量反对而未实现。反对的主要理由是，维·普·辛格政府的垮台就与要为低级种姓实行保留制激起了反对浪潮有密切关系，新政府立足未稳，自己去捅这个马蜂窝是极不明智的。

联合阵线政府既然有左翼政党参加，在扶贫和帮助弱势群体方面的努

① http://www.gulfnews.com/gn/international/200497.htm.

力自然会更突出些。1996～1997年度，用于扶贫的拨款有较多增加。扶贫计划中最主要的是最低限度基本服务计划，舆论称之为“总理的旗舰计划”，共拨款246.6亿卢比。1997～1998年度计划达到330亿卢比，其中包括33亿卢比的贫民窟改建拨款。此外，还有正在实行的各项自助就业计划，其中包括将为100万青年提供技术训练和银行贷款，以使他们能选择适合自己的就业途径。

（三）增强联邦制的活力

联合政府努力实现的政策之一是恢复联邦制的活力，提高邦的自主地位和作用，加强中央和地方的沟通。中央政府经常召开邦首席部长会议、邦际会议和国家发展委员会会议，就实现最低纲领、协调中央—地方的关系和邦与邦的共同发展进行沟通和协商。这些机制发挥的作用较以前大，邦的意见得到更充分的反映，受到中央更多重视。在经济层面，联合阵线政府的一个重要决定是将邦在中央税收中的份额从以往的26%提高到29%，以加强邦行政的财政基础。还考虑准备将有些中央掌握的福利项目划归邦掌握，以使这些项目收到更大实效。宪法第356条关于总统治理的规定以往曾被中央执政党多次滥用，造成中央—地方关系紧张和扭曲。为了有效地防止再发生这种偏差，联合阵线政府就如何对这一条做适当修改广泛征询了各方面的意见，进行了研讨，初步形成了共识，准备制定成议案提交议会讨论。在编制发展国民经济的“九五”计划时，政府较以往更重视通过国家发展会议的渠道广泛听取邦首席部长的意见，使邦一级在制定计划中的作用得到更充分的发挥。应该说，联合阵线政府的努力，在增强联邦制的活力方面确实取得了明显的成绩。

不过，在解决查谟和克什米尔邦动乱方面，成绩却并不显著。高达本来抱有较高的期望，但没有实现。

高达任总理期间，分裂主义组织掀起的动乱仍在继续。针对查谟和克什米尔邦内的连年动乱，他指出，和平只能通过给该邦最大限度的自治实现，他的政府将就此拟定一个新的计划。克什米尔国民会议党领导人法鲁克欢迎高达总理的表态，认为这是朝着解决问题的正确方向前进的一步。查谟和克什米尔解放阵线的立即反应是，他们要的不是自治，而是印控克什米尔与巴控克什米尔的统一与独立。全体党派自由会议则宣称，要和平解决克什米尔问题，仅仅靠印巴会谈是不行的，必须举行克什米尔、印度和巴基斯坦三方会谈，并说仅仅自治是不够的。

对安定查谟和克什米尔邦的局势，人民党和参加联合阵线的左翼政党都非常重视，一致认为应把解决该邦动乱作为新政府最重要的任务之一。这些政党都认为，造成动乱的原因有很多，内因和外因都有，其中国大党执政期间扭曲中央和地方关系，对邦的合法权利尊重不够，对查谟和克什米尔邦的自治权力更有所忽视是一个重要原因，因此在联合阵线《最低纲领》中提出了要给查谟和克什米尔邦最大限度的自治。但什么是最大限度的自治？是不是像独立初规定的那样中央只管国防、外交和交通，别的权力都留给该邦政府？是不是这种自治只在查谟和克什米尔一个邦实行？对于这些问题，参加联合阵线的各党派并没有认真讨论过，意见也不会一致。《最低纲领》只是讲原则和意向，抽象讲不难，真的要落实，却是一个很复杂、牵涉面很广的问题。克什米尔国民会议党及其领导人法鲁克 90 年代以来已有明确的主张，即恢复 1953 年前查谟和克什米尔邦的宪政地位。那时，查谟和克什米尔邦根据宪法享有广泛的自治，只把国防、外交和交通权交中央统一掌管。法鲁克还说，查谟和克什米尔邦希望实现宪法原来的规定，选举自己邦的首脑，任命自己的总理，没有邦立法院同意联邦政府无权解除他们的职务。对这些要求，拉奥执政时已明确拒绝，国大党认为客观形势不同了，不能走回头路。印度人民党不用说更是坚决反对。联合阵线内有哪个党公开表示赞成吗？没有，没有一个党赞成这种主张。既然没有一个党赞成，《最低纲领》和高达本人许诺的最大限度的自治又是什么呢？可以说，没有人能具体回答，包括高达本人在内；也没有一个党能提出具体的方案。也许高达和左翼政党领导人对“最大限度的自治”有些初步设想，但可以断定，绝不是法鲁克要求的那种最大限度。

1996 年 7 月 6 日，高达到斯利那加考察克什米尔局势。他允诺数月后实行邦立法院选举，恢复政治民主进程，但没有提及给予查谟和克什米尔邦最大限度自治的问题。全体党派自由会议用发动总罢工来扰乱这次访问。

除了允诺恢复民主进程外，高达政府对发展查谟和克什米尔邦的经济也很重视，认为发展经济，改善人民的生活，是解决邦内动乱的重要途径之一。由于多年的动乱，该邦的经济已是千疮百孔。邦的支柱产业旅游业基本停顿，原来就不多的工业企业也大都处于开工不足的状态。大量的学校、医院、桥梁、道路及其他设施遭到破坏，失业人口剧增，为分裂主义武装组织提供了源源不断的补充成员。人民生活在贫困和不安定之中，国家的进步发展在这里几乎得不到任何体现。这种情况如不改变，政府使用再多兵力，也不能完全消除动乱的土壤，政府的安全措施也难以得到广大群众的衷心拥护。联合政府的领导人及在政府之外支持政府的印共（马）领导人对此都看得很清楚。1996 年 7 月 23 日，联合阵线政府宣布要沿克什米尔河谷建造一条铁路线，工程费用约 7.15 亿美元。这是政府促进该邦经济发展计划的组成部分。还计划修筑公路和加速两个水电站的建设。8 月 2 日，高达总理宣布了促进查谟和克什米尔邦经济发展计划。其内容包括：豁免该邦政府未偿还的贷款，再给予邦政府 35.2 亿卢比的拨款，用于建设机场和其他基础设施，以发展旅游业。

结束长期的总统治理，恢复邦立法院选举，是查谟和克什米尔邦多数政党早就提出的要求。拉奥执政时一直在创造条件，但没有下定决心。高达的联合阵线政府执政后，因对恢复联邦制的活力有较多考虑，决定不再拖延。1996 年 9 月进行了邦立法院的选举，这是在六年的中央治理的非常状态后恢复民主进程，受到普通群众的热烈欢迎。虽然邦内各分裂主义组织号召抵制选举，法鲁克领导的国民会议党和广大选民还是积极参加投票，投票率超过 50%，表明人民厌恶动乱，支持恢复正常生活。选举结果，国民会议党获得议会 2/3 的多数席位，法鲁克重新成为首席部长。

国民会议党 1996 年因拉奥政府拒绝其充分自治的要求而拒绝参加人民院选举，与国大党的关系十分紧张，加之联合阵线政府成立后高达总理宣布要给查谟和克什米尔邦最大限度的自治，因而在建立邦政府后，国民会议党立即决定加入在联邦执政的联合阵线，该组织领导成员之一的 S. 苏兹担任了高达政府的内阁部长。法鲁克之所以积极加入联合阵线，是相信联合阵线政府如果有更多地区政党参加会形成更大的力量，一反国大党的做法，重视恢复联邦制的活力，从而有助于实现查谟和克什米尔邦的充分自治。他希望并相信联合阵线政府能实现这个目标。1996 年 10 月 6 日，法鲁克充满信心地说，邦的充分自治在一年内就可以实现。为什么他要提出恢复 1953 年前查谟和克什米尔的宪政地位？这有多方面的原因：在看到邦内出现的动乱形势不会很快结束的情况下，他相信提出这样的要求一方面能凸显国民会议党维护克什米尔利益的特性，在与邦内强大的竞争对手国大党的竞争中可以得到更多人的认同和拥护，提高本党和他自己在邦内的威望，削弱对手的势力；另一方面，他认为只有提出这样激进的要求，才能最大限度地抵消分裂主义组织的分裂蛊惑对部分人的吸引力。对克什米尔问题的国际争端方面，他的主张是摇摆不定的，有时提出要收复巴控克什米尔，有时又主张把现在的克什米尔控制线变成印巴永久的边界线。当他在 1997 年 2 月提出后一设想时，引来了印度教民族主义者的群起谴责。

法鲁克就任首席部长后，呼吁叛乱分子放下武器，允诺建立一个专门的委员会，保障尊重人权的落实。联合阵线政府 1997 年 1 月也宣布在邦内建立人权委员会。自从建立了新的邦政府后，局势有所缓和，但极端分子并没有放弃分裂主义活动，包括恐怖行动，所以动乱虽有缩小，但仍在继续。

古杰拉尔继任联邦政府总理后，稳定查谟和克什米尔邦的局势依然是联邦政府议程上的重要议题。古杰拉尔强调，解决动乱不能仅仅着眼于军事，应该把促进该邦经济发展也作为稳定局势的关键看待。1997 年 6 月 3 日，印度政府宣布将拨款 9330 万卢比，用来造林和清理查谟和克什米尔邦著名湖泊的污染。1997 年 7 月 26 日，古杰拉尔去查谟和克什米尔邦进行两天的访问。他告诫印度部队要依法行事，绝不能滥用权力，伤害无辜。他还提议与武装反叛分子的组织举行对话，以结束这个地区长期的动乱。可能是由于事后他觉得这样的对话于政府打击分裂势力不利，第二天又强调反叛分子在谈判前应首先放下武器。他也排除了与全体党派自由会议对话的可能性，称它们并没有得到人民的授权。政府估计，反叛分子总数当时大约有 3000 人，包括外国人。全体党派自由会议以发动罢工和游行、制造敌对气氛来破坏他的访问。他此行没有直接的成果，但他提出的防止军队滥用权力的警告还是有现实意义的。长期以来，分裂势力和外国舆论一直指责印度在查谟和克什米尔邦的军队破坏人权、滥杀平民，虽然其中夸张的成分居多，但也不能说这些指责全是无中生有，印度通过的有关法律给了军队在打击分裂势力的恐怖活动方面太多的处置权，如果运用不当，产生扩大化和误伤是很有可能的。1998 年查谟和克什米尔邦邦长 K. V. K. 拉奥就说，印度军队以往曾有过几次滥杀无辜的现象。他指出这是对人权的破坏，应坚决避免类似事件再度发生。他告诫掌权者和军队都要重视这个问题，少犯错误，只有这样，才能争取群众，最大限度地孤立分裂主义势力。

古杰拉尔此次去克什米尔根本没有提及给该邦最大限度自治的问题。法鲁克对此感到遗憾，认为回避这个关键问题要根本安定克什米尔局势是不可能的。但这只是他和他的国民会议党的看法，在中央，依然是没有任何政党认同这种观点。

五　对外政策和古杰拉尔主义

联合阵线政府时期，在外交方面起重要作用的是古杰拉尔。他不仅是高达政府的外交部部长，在自己担任总理后仍兼任外交部部长职务。古杰拉尔有丰富的外交经验，对国际局势的特点和走向有深刻理解，处理对外事务有深邃的战略眼光，深受党内外的敬重。他强调，和平和发展是时代的主旋律，印度应使自己的外交政策与这个主旋律保持一致，以利于自己的经济发展，并在国际舞台上发挥更大作用。他利用许多场合努力拓展人们的视野，使人们对冷战后的时代主流有更清晰的了解，从而对印度外交政策的取向有较一致的认识。在阐述全球化是当代重要潮流时，针对国内一部分人对全球化的疑虑和反对，他强调说，全球化是个不可回避的发展趋势，固然发达国家和跨国公司在其中起主导作用并是最大的受益者，但“发展中国家必须采取一种有勇气、有信心的态度来对待它。我们必须不被它吓倒，而且是面对它，利用信息技术提供的新手段，为我们在全球经济中争得一个有利的地位”。[①]

在他主持下，印度外交呈现很活跃的姿态，提高了印度的国际形象。联合阵线政府的外交努力主要集中在以下方面。

第一，在比较开放的外交思想的指导下，联合阵线政府继续加强印度与美国、俄罗斯及其他发达国家的关系。在古杰拉尔看来，和世界大国普遍发展关系，不再仅仅是为了政治平衡，而且是和后冷战时期的世界新形势及印度应起的作用相一致的。在新的形势下，世界在逐渐向多极化发展，印度作为一个大国应积极参与世界进程，与世界各大国加强交往，增强自

---

① 《I. K. 古杰拉尔最近讲话摘要》，见 http：//rrmeet. undp. org。

己的外交地位，发挥自己的作用。

印度和美国的关系在拉·甘地和拉奥执政时期有了改善，但因为在核问题上印度不受美国驾驭，美国不满，在其他方面对印度施压，致使两国仍然存在隔阂。克林顿 1996 年 11 月再次当选美国总统后，一些专家向他献策，认为美国不应和印度纠缠在核分歧上，要改变角度，重新审视发展美印关系对美国的商业和战略上的好处，使印度成为在亚洲的一支平衡力量。克林顿接受建议，表示要积极发展美印关系。印度抓住这个机会，努力争取密切和美国的关系。古杰拉尔继任总理后，于 1997 年 9 月携财政部部长奇丹巴拉姆访美。双方着重就加强两国的经贸合作取得了一致认识。在核问题上，印度虽然未改变立场，但表示目前并无进行核试验的计划。古杰拉尔还代表印度总统纳拉亚南邀请克林顿访问印度，美国宣布访问将于 1998 年 2 月成行。这将是 1978 年卡特总统访印以来，第一位美国总统访印，此消息使印度各界大为振奋。此后，美国国务卿奥尔布赖特访印，主要是促进印巴和解。印美两国贸易有新的进展，1997～1998 年度贸易额达 110 亿美元，美国对印投资也有增加。

印度和俄罗斯的关系有进一步的发展。苏联解体后，印度和俄罗斯依然保持着友好合作和紧密的联系，虽然两国保持紧密联系的政治意义已不同于苏联时期。印度需要俄罗斯，首先是由于在军事上印度在和巴基斯坦的军备竞赛中需要从俄罗斯购买先进武器，以抗衡美国对巴基斯坦的武器供应。其次，在发展经贸上，俄罗斯即便陷于困难中，但以其市场的庞大和资源的丰富依然是印度不可缺少的重要贸易伙伴。最后，印度需要与俄罗斯发展密切关系，也是为了防备美国这当今唯一超级大国的可能的压制。俄罗斯也需要印度。在新的时期，俄罗斯不仅把印度作为它在亚洲-太平洋地区的主要战略伙伴，同时它庞大的武器产业也依旧需要印度这个最大主顾的惠顾。1995 年俄罗斯卖给印度 10 架米格-29 歼敌机，1996 年达成协议售印 40 架苏-30MK 多用途歼敌机，1997 年又协议供给印度一批伊尔-78 空中加油机，为印度改装 300 架米格-21 战斗机，并参与研制 LTA 轻型军用运输机。每年仅军售就给俄罗斯带来 8 亿～10 亿美元的收入。1997 年 3 月底，高达在外交部部长古杰拉尔陪同下访问俄罗斯。高达访俄的目的，是要扩大印俄经贸往来以及从俄罗斯购买更多先进武器和军事设备。双方签署了俄罗斯向印度出口两座原子能反应堆和核技术、在印度建立核电站的议定书，还签订了总值为70亿~80亿美元的军事技术合作协定，俄罗斯还同意向印度出售最新式武器系统，包括苏-30MK多用途歼敌机、远程导弹发射装置等。就是在这次访问中，印俄两国领导人一致同意两国建立战略伙伴关系。印度争取到俄罗斯明确承诺支持印度在克什米尔问题上的立场，不向巴基斯坦供应武器。这次访问也促进了两国的经贸往来。

1996年9月，联合国大会要讨论通过《全面禁止核试验条约》，印度由于对该条约持反对态度，受到很大压力。联合阵线政府宣布继续坚持以往历届政府的政策，保留制造核武器选择权，不签署《全面禁止核试验条约》。1996年7月8日，高达总理对来采访的记者表示，不管压力来自何方，在这个涉及国家根本利益的问题上，印度不会妥协。在联合国大会就《全面禁止核试验条约》表决时，印度投反对票。不过高达总理和古杰拉尔总理都表示印度现时无意发展核武器。

在拉奥执政时期，印度已开始为争取成为联合国安理会常任理事国制造舆论。1997年9月24日，古杰拉尔在联合国大会演讲中正式提出印度应成为安理会常任理事国的主张。不过对他来说，这还只是印度的目标和努力的方向。国际社会也并没有认真看待。事实上，不要说成为常任理事国了，1996年10月联合国更新部分安理会非常任理事国，印度积极争取成为非常任理事国，最终还是败给了日本，未能当选。

第二，印度在与南亚邻国的关系方面，实行了一种新的开明的外交政策。古杰拉尔担任外交部部长后就开始酝酿，担任总理后努力贯彻执行。他认为保持南亚地区稳定和加强南亚各国的经济合作对南亚地区各国包括印度的发展都是有利的，印度作为这一地区的最大国家理应为实现这一目标做出最大贡献。1996年9月23日在作为外交部部长访问伦敦时，在英国国际事务研究所发表的演讲中，他全面阐述了联合阵线政府的外交政策，提出要把改善与南亚邻国包括巴基斯坦在内的关系摆在政府外交活动的优先地位，要努力改善与巴基斯坦的关系，改变外交精力过多集中于巴基斯坦的做法，使印度腾出手来在国际舞台上发挥自己应有的作用。他提出了“放下历史包袱，向世界上所有国家伸出友谊之手”的指导原则。[①] 在改善与南亚国家的关系方面，他提出了五项原则：（1）对孟加拉国、尼泊尔、

① 印度使馆提供的古杰拉尔演讲稿。

不丹、斯里兰卡和马尔代夫，印度要提供力所能及的真诚帮助，不要求得到相应的回报；（2）任何国家都不应允许其领土被用来进行有害别国利益的活动；（3）不干涉别国内部事务；（4）互相尊重领土完整和主权；（5）各国间的争端通过双边谈判和平地解决。[①] 这就是“古杰拉尔主义”，睦邻政策是其中最突出的内容。1997 年 5 月在会见记者时，记者不解地问：“有些人感到，古杰拉尔主义意味着印度总是付出一方而我们的邻居是收取一方。”古杰拉尔答道：“我认为这正是印度应当做的。印度经济比次大陆所有国家的经济总和还要强，印度国土之辽阔也是这样。没有一个国家贸易顺差高于印度。这些国家依靠印度的帮助保持次大陆的稳定，我们怎么能要求从它们那里索取回报？”[②] 在处理与南亚国家的关系上，印度此前的做法常常是以经济援助换取政治安全利益，引起它们的不满。显然，古杰拉尔有远大的眼光，他政策上的宽容大度表明他更重视的是印度在南亚的长期战略利益。

在对巴基斯坦的关系上，他也努力按照古杰拉尔主义的原则行事。印度与巴基斯坦的高层与官员一级的对话 1994 年 1 月破裂。1996 年 6 月 8 日，高达总理致函巴基斯坦贝·布托总理，表示印度愿意恢复对话，与巴基斯坦讨论所有问题。1997 年 3 月 28 日，在中断了三年之后两国官员的会谈重新开始。印度和巴基斯坦外交秘书又在新德里谈判桌前就座，谈判议程包括克什米尔问题。1997 年 5 月 13 日，古杰拉尔总理与巴基斯坦总理谢里夫在南亚区域合作联盟会议（在马尔代夫的马累举行）期间会晤，就两国恢复高层接触和外交秘书定期会谈达成了共识。这是四年中两国总理的第一次双边会谈。两国总理同意，释放被拘禁的对方平民，建立热线电话，放宽两国间跨境旅游的限制。还议定 6 月底在伊斯兰堡举行外交秘书级的会谈，研究具体实施的问题。

由于印度和巴基斯坦都表现出积极的态度，1997 年 5 月 14 日，参加南亚区域合作联盟的各国政府首脑一致决定于 2001 年建立南亚自由贸易区。此前，联盟议定各国在 2005 年前取消所有地区关税和定额限制。这是南亚区域合作的一项重大进展。当然决议能否落实还取决于这一地区的政治因

---

① 印度使馆提供的古杰拉尔演讲稿。又见《古杰拉尔主义，1997 年 1 月 20 日的讲话》，见 http：//stimson. org。

② 《索尼娅的加入没有改变国大党—联合阵线的联结》，见 http：//financialexpress. com。

素，特别是印度和巴基斯坦的关系能否真正得到缓和。

虽然两国总理的接触在两国关系上创造了稍微宽松些的气氛，但根本分歧依然如故。古杰拉尔说，停止过境恐怖主义是解决两国克什米尔争端的根本，谢里夫则强调问题的症结是印度侵占了查谟和克什米尔，镇压那里的穆斯林。古杰拉尔要求巴基斯坦停止支持越境活动，谢里夫则要求印度从克什米尔撤军。6 月和 9 月，印巴两国外交秘书举行两次会谈。印度希望扩大两国贸易往来，巴基斯坦则坚持，只有首先解决克什米尔争端，才能在其他合作领域得到进展。不过，虽然双方各持自己的主张，但两国的接触还是有了进展。两国总理间的热线电话开通了，两国都宣布将简化签证手续，以便双方更多居民往来。两国还达成协议，建立一个持久对话的机制，在商定讨论的八个主要问题中包括克什米尔问题。谢里夫强调巴基斯坦不会改变在克什米尔问题上的立场，印度则回答说，克什米尔不是"有争议的领土"。印度外交秘书萨尔曼·海德尔说，印度将不和巴基斯坦讨论印控克什米尔的地位问题。如果要讨论克什米尔问题，那就讨论巴控克什米尔和北部地区被巴基斯坦非法兼并的问题。这表明，在克什米尔问题上，无论哪一方都毫无妥协的意思。

1997 年 9 月 23 日，古杰拉尔和谢里夫利用参加联合国大会的机会再度会晤。双方同意克什米尔实际控制线两侧的紧张局势应当缓解。但是这个意向并没有落实措施。巴基斯坦舆论继续指责印度控制克什米尔是侵略行为，这当然只能引起印度的反击。9 月 30 日，克什米尔控制线两侧又发生激烈交火，造成 16 名印度人和 2 名巴基斯坦人死亡。两国研制导弹的竞赛愈演愈烈。1997 年 6 月，印度试射普里特维导弹，紧跟着巴基斯坦试射 Haft-Ⅲ导弹。双方还在暗地里为一旦需要就可能进行的核试验加紧准备条件。总之，在与巴基斯坦的关系方面，古杰拉尔的"放下历史包袱"的决心仍然只是停留在半空中的美好愿望。要放下这个历史包袱，仅仅表示善意是不够的，它需要双方的共识和寻找解决途径的共同努力。

在处理和其他南亚国家的关系上，古杰拉尔的五项原则得到了初步贯彻，印度在其他国家心目中的形象有所改善。这是古杰拉尔外交方面的主要成就。

最典型的例子是与孟加拉国的关系。印度和孟加拉国多年来存在恒河河水争议。恒河发源于喜马拉雅山南坡，流经尼泊尔、印度和孟加拉国，注入孟加拉湾。尼赫鲁执政初期，印度政府就宣布要在离印巴边界不远的法拉卡修筑一座大水坝，拦截恒河水，冲刷加尔各答港口淤泥，降低那里河水盐度并改善上游河段航运能力。因为这涉及东巴基斯坦农田灌溉的基本水源问题，会严重影响那里的农业、渔业、航运业和生态环境，事关重大，因而遭到东巴政府和各界强烈反对。双方多次会谈，都得不到解决。印度却按计划于 1962 年开始施工，1974 年大坝建成，全长 2203 米。1975 年引水渠也建成，长 40 公里。孟加拉国建立后，面对既成事实，继续与印度谈判，寻找解决办法，但一直未能突破。1975 年 4 月印度启用法拉卡大坝拦水，两国在恒河水利用上的矛盾随即激化。在这种情况下，作为一个临时解决措施，印度允诺在缺水季节减少截水量。这当然不是治本之法，孟加拉国政府不得不把这个纠纷提到联合国，要求帮助斡旋，这使印度大为不满。1977 年人民党执政后，与孟加拉国签订了第二个分享河水的协定，但英·甘地 1980 年重新执政后，认为该协定有损印度利益，要求修订，顿时风波再起。此后，两国做了两次短期的临时性安排，之后印度不再同意延长。印度不受约束地截留河水，使孟加拉国受到很大损失。印度还提出，如果孟加拉国一定要印度让步，那就必须有交换条件，即为印度内地通过孟加拉国运送货物到印度东北诸邦提供过境方便。孟加拉国愤怒拒绝，指出分享恒河河水是自己作为下游国理应享有的权利，过境问题是两国间互利合作的问题，不应拿后者作为前者的交换条件。两国关系趋于紧张。联合阵线政府执政后，作为外交部部长的古杰拉尔认为印度应该体谅由于修筑法拉卡大坝给孟加拉国带来的困难，应该主动做出让步，改善两国关系。高达总理支持古杰拉尔的意见，指示把不丹桑科什水利工程列入第九个五年计划，以加大法拉卡的水流量，还要求对上游各邦的增加用水计划实行严格控制。与此同时，印度和孟加拉国的官员和水利专家开始就再次签订河水分配条约进行谈判。在达成一致的基础上，1996 年 12 月 12 日，高达总理和到新德里访问的孟加拉国总理哈西娜签署了《印孟恒河河水分享条约》，使两国间这个持续 20 年的纠葛终于得到了令双方都满意的解决。条约对流经法拉卡大坝的恒河河水的分配做出了全面的、细致的规定，孟加拉国分享的河水在多数情况下有一定增加，在特殊情况下，孟加拉国和印度双方的最低限度需要都在条约中给予了保障。而且应孟加拉国要求，条约的有效期规定为 30 年，每 5 年进行一次审议。印度不再要求孟加拉国把提供过境方便作为交换条件。这是古杰拉尔五项原则实施的成果。两国领导人异口同声地称赞这个条约是两国关系史上“历史性的重大突破”，是一个“里程碑”，“开创了印度和孟加拉国间谅解和合作的新时代”。① 此后，在合作气氛中，印度撤销了对进口孟加拉国产品设置的一些关税和非关税障碍，孟加拉国也在提供过境方便方面做了回应。

印度也与斯里兰卡达成协议，保证不干预斯里兰卡内政，尊重斯里兰卡的领土完整，并同意签订一个互惠的双边贸易条约。古杰拉尔还访问了尼泊尔，签订了扩大两国贸易的协定。印度还为尼泊尔去孟加拉国贸易的商人提供过境运输的方便。

这些努力使印度在南亚地区的形象得到一定改善，受到国际舆论好评。但在国内也有不同意见，认为印度单边让步并不能带来预期的结果，批评古杰拉尔是理想主义者，缺乏现实感。事实上，印度对邻国的优惠对印度也是有好处的。如与孟加拉国签订了河水协议才使孟加拉国同意出售天然气给印度，又如对尼泊尔的优惠使后者同意建立水电站提供电力给印度。

第三，继续实行“东向政策”，努力扩大印度与东南亚国家的经济往来。在东盟第五次峰会上，印度得到了东盟全面对话伙伴地位。1996 年 7 月，印度第一次参加了在雅加达举行的东盟部长级会议，并成为东盟地区论坛的成员国。

第四，古杰拉尔还重视进一步与中国改善关系。1996 年 11 月，中国国家主席江泽民访问印度。这次访问的重要意义是，双方领导人同意把两国关系提升为建立面向 21 世纪的建设性合作伙伴关系，并一致表示要在扩大两国经济合作方面做出更大努力。双方还签订了在边境实际控制线地区军事领域建立信任措施、关于合作打击贩卖毒品和其他犯罪活动等四项协定。中印成为建设性合作伙伴标志着两国关系进入了一个新阶段。当年 12 月，印度工业联合会就派团来华，会见中国企业领导人，还到一些地区实地考察，制定扩大双边贸易的计划。按该联合会的计划，中印贸易到 2002 年将扩大到 100 亿美元。

---

① 高达总理 1996 年 12 月 12 日在人民院的讲话。

六　1998 年人民院选举

古杰拉尔继任总理后在外交战线上显得很有活力，受到国内外舆论的好评。这种形势却使在外部支持联合阵线执政的国大党领导人感到不安。国大党担心联合阵线政府威望上升会影响它在下次大选中获胜的机会，于是，1997 年 11 月凯斯里再次出手，宣布国大党撤销对联合阵线政府的支持，理由是联合阵线成员之一的德拉维达进步联盟与暗杀拉·甘地案有牵连，国大党要求从内阁中清除德拉维达进步联盟的 3 名成员，遭古杰拉尔拒绝。古杰拉尔对国大党出手早有思想准备，11 月 28 日提出辞职。他执政仅 7 个月。总统纳拉亚南宣布解散人民院，于 1998 年 2 月举行第十二届人民院选举，古杰拉尔政府作为看守政府留任到下届政府成立。联合阵线两届政府执政从 1996 年 6 月到 1998 年 2 月，共计 21 个月。

这样，离上次大选还不到两年时间，印度又要举行新的大选。

各党发表的竞选宣言构成了激烈的思想交锋和政策辩论。联合阵线的宣言既指责印度人民党煽动教派主义，破坏国家整合的民主和世俗主义基础，也指责国大党腐败，把一党私利置于国家利益之上，其政策损害国家和人民的利益。指出在这种情况下，只有联合阵线政府才能给国家以有效的治理，才能捍卫现代印度的四大基石——世俗民主、联邦制、社会正义和自力更生；而联合阵线的构成和施政方针真正体现了印度的多元统一。宣言强调，以往一年多时间里，联合阵线的执政是卓有成效的，《最低纲领》正在步步落实，遗憾的是国大党以根本不能成立的理由撤销支持，阻挠政府实现预定目标。宣言提出的各项政策主张与其执政时制定的《最低纲领》相同。

国大党一年内两次撤销支持，出尔反尔，完全是出于党派私利。这一做法，使它在国民中的威信进一步降低，在党内也引起强烈的反对情绪。1997 年 12 月，国大党接连发生几次地区性党组织的重大分裂，成了“灾难之月”：在西孟加拉邦，国大党邦立法院议员玛玛塔·班纳吉因公开批评党政策摇摆被开除，她建立了特里纳姆尔大会党；在卡纳塔克邦，原首席部长 S. 巴加拉帕因不满凯斯里的做法，率领其支持者退出国大党，建立了卡纳塔克发展大会党；在比哈尔邦，J. 米什拉和 R. L. 辛格·雅达夫建立了比哈尔人民大会党；此外，有 4 名来自不同邦的人民院议员——S. 卡尔马蒂、A. 沙胡、M. 德尔卡和 G. 坦德尔脱离了国大党；国大党重要成员、原中央部长 P. R. 库马拉曼加拉姆不仅退出国大党，还加入了印度人民党。党内人心涣散，无所适从。党的上层多数人都知道凯斯里不得人心，为赢得大选，竭力主张把拉·甘地遗孀索尼娅·甘地动员出来为国大党竞选，以便再次利用尼赫鲁家族的旗号聚合民心。凯斯里也不得不同意请索尼娅出山，但并无意让出党的领导权，只希望利用她的影响力帮助大选。索尼娅在英迪拉和拉吉夫相继遇难后，本来已决心不介入政治，但经不住多次请求与劝说，不得已而从命。1984 年她已加入印度国籍，按照印度宪法，享有和其他印度公民完全同样的权利。1997 年 5 月她加入国大党，年底参与竞选工作。她又像英·甘地那样奔走全国各地，一个多月时间里在 130 多次集会上讲话，鼓舞国大党人振作精神，呼吁群众像从前那样给国大党以积极支持。国大党和全印人民党、社会大多数人党、印度共和党等多个党派建立了竞选协调关系。国大党的竞选宣言强调只有国大党执政才能给印度一个稳定的、目标明确的、有成效的政府，过去一年多的实践表明印度人民党得不到多数支持，而多党联合执政则是极端脆弱、不能长久的。在社会政策方面，强调坚持世俗主义。竞选宣言说，“世俗主义对真正的国大党人来说是信仰，是生活方式”，奉行世俗主义“意味着拒绝为政治目的利用宗教，拒绝用煽动宗教感情的手段来动员群众”。国大党表示坚信在印度这样一个多元统一的社会，世俗主义就是民主和平等的体现，“没有世俗主义，就没有印度”。国大党严厉指责印度人民党和同盟家族在“文化民族主义”的招牌下，肆意地不负责任地煽动教派主义，破坏印度人民的团结和社会安定。①

印度人民党积极争取这次大选能得到比 1996 年那次更多的选票。它知道，单凭自己的力量是做不到的，关键是要争取更多的同盟者；它也从上次 13 天执政的实践中知道，要想执政，必须和其他党建立联合政府。为使更多地方性小党能接受自己，愿意与自己联合，就必须使自己的教派主义主张有所缓和，暂时搁置那些有争议的问题。在党的竞选宣言中提出，印度人民党政治主张和思想体系的核心是以下五项原则：公共生活的正直、安全、经济民族主义、社会协调和文化民族主义。宣言重申党主张“一个

① S. 恰图维蒂：《独立 50 年：1947～1997》第 23 卷，第 139～140 页。

民族、一种人民、一种文化”，并说党的民族观念不仅着眼于地理和政治，而且着眼于自古以来历史形成的文化遗产，说后者是“印度所有不同地区、宗教和语言的脊骨，是一种文明的特性，构成印度文化民族主义，亦即印度教特性的核心”。宣言说：“我们相信，这（文化遗产）就是我们古老的印度民族的身份（特性）。”宣言否认印度人民党的主张带有教派主义特色，表示党“尊重和赞美印度的地区、种姓、信仰、语言和种族的多样性”。[①]宣言坚持主张建罗摩庙和实行统一的个人法，不过表示这些目标只能通过讨论、说服和利用合法的宪政的手段实现；宣言主张废除给予查谟和克什米尔邦特殊地位的宪法第370条。在社会政策方面，为了争取低种姓、穆斯林的支持，宣言特意强调要尊重少数派的权利，提供给少数派以同样的发展机会，主张保留议会席位33%给妇女，扩大就业机会，减少文盲，逐步解决贫困居民的住房困难。在安全政策方面，提出要重新估价国家的核政策，行使拥有核武器的权力。在经济政策方面，提出国大党和联合阵线政府实行的自由化和全球化方针是全盘照搬世界金融组织主张的模式，便利外国资本的掠夺，损害印度的民族利益，特别是农民的利益。宣言提出，在经济改革的方向上，要坚持司瓦德西即经济民族主义原则，即政府制定的经济政策必须有利于民族利益而不是热衷全球化。对司瓦德西原则的强调成了近年来印度人民党经济政策宣传的重点，他们说，司瓦德西和文化民族主义是紧密联系的，是后者在经济领域的表现。1997年7月党的一项经济决议就说：“虚伪的全球化口号、无限制的消费主义的致命吸引力、对西方的模仿、以牺牲大多数人的利益迎合少数人的享受需求等，是对我们的文化价值的潜在威胁，甚而是对我们主权的威胁。”[②] 在这次竞选中，又重点强调坚持司瓦德西原则的重要性。宣言说：“司瓦德西意味着把印度摆在首位。”要培养一种民族意志和信心，使人们都能认识到“印度要由印度人建设”，[③] 民族的发展要靠民族的努力，靠民族的储蓄和民族资本的积累，不能盲目依赖外资，对国内市场必须实行必要的保护。宣言提出，印度人民党如能执政，将根据这一指导思想重新审视经济发展方略，制定适合印

---

① S. 恰图维蒂：《独立50年：1947~1997》第23卷，第168~169页。

② H. 凯尔：《新经济，老计划》，《印度教徒报》2000年11月29日。

③ 印度人民党：《我们的观点，我们的意志，我们的道路》，见S. 恰图维蒂《独立50年：1947~1997》第23卷，附录，第168~169页。

度国情的政策。宣言也许诺，印度人民党执政将继续进行经济改革，吸引外资于需要优先发展的领域，实现国内生产总值持续地年增长 8%~9%的高指标。

印度人民党并不把联合阵线放在眼里，而是以国大党和索尼娅为主要竞选对手。为了阻止索尼娅取胜，印度人民党拿索尼娅的意大利血统做文章，说如果让一个外国血统的人担任印度国家的领导职务，将是印度的耻辱。

1998 年 2 月 16 日至 3 月 7 日，分四个时段举行了第十二届人民院选举。参加选举的有国大党、印度人民党、人民党①、印度共产党、印共（马）、社会大多数人党和平等党等 7 个全国性政党、30 个邦级政党、139 个较小的地方党和一批无党派人士。全国共 6.0588 亿选民，有 3.7544 亿选民投票，占选民总数的 61.97%。

索尼娅虽为国大党赢来一些支持者，但未能挽救国大党的颓势。国大党获得选票占 25.82%，获得席位 141 个，只占选举总席位数（543 席）的 25.97%，和上次比没有进展。印度人民党得到 25.59%的选票，182 个席位，比上届（161 席）更多，占 33.52%，再次超过国大党，而且超过的幅度比上次更大。联合阵线作为第三势力参选，各党所得选票加在一起为 15.6%，席位为 96 席［印共 9 席，印共（马）32 席，人民党 6 席，社会主义党 20 席，泰卢固之乡党 12 席，德拉维达进步联盟 6 席，泰米尔草根大会党 3 席，其他小党 8 席］，占总席位数的 17.68%。另外，未参加联合阵线的社会大多数人党获 5 席。这样，新一届人民院继续是“悬浮议会”。

总统授权作为第一大党的印度人民党组织政府。和上次不同，这一次印度人民党因已和有些党建立了竞选联盟，大选结果揭晓后又有一些党愿

---

① 1997 年人民党作为联合阵线的核心虽然在中央执政，它本身却在不断地发生分裂。分裂首先发生在人民党最主要的基地比哈尔邦。拉鲁·普·雅达夫是比哈尔邦的首席部长，也是人民党主席。他卷入了一件饲料丑闻案中，面临调查和指控。人民党决定重选主席。拉鲁·普·雅达夫认为丑闻根本与自己无关，是有人故意丑化他；至于重选党主席，则是某些人要篡夺他的领导权。在预定的党主席选举之前，1997 年 7 月 5 日，他在新德里单独召开了有近 2000 名党员参加的会议，会上宣布脱离人民党，建立一个新的党，叫全印人民党。人民党在比哈尔邦的力量基本上都站到了他的旗帜下。1997 年 2 月和 12 月，人民党另两个基地卡纳塔克邦和奥里萨邦也先后发生党组织的分裂。前者分出去的部分人建立了人民力量党，后者新成立了比朱人民党。这两次分裂使人民党细碎化，力量所剩无几。

意与之合作，这样，印度人民党及盟友共有 264 个席位（全印安纳德拉维达进步联盟 18 席，平等党 12 席，西瓦吉军 6 席，其他党较少），离所需要的半数仅差数席。此时，原参加联合阵线的泰卢固之乡党表示愿意支持印度人民党执政但不参加政府。由于得到这个关键性的支持，印度人民党及其盟友稍微超过半数，取得了执政资格。

第九章
印度人民党为首的全国民主联盟执政时期

一 全国民主联盟的两届政府

（一）1998~1999 年的政府

1998 年 3 月 19 日，印度人民党及其盟友共 13 个党组成的联合政府成立。12 个盟党是：全印安纳德拉维达进步联盟、平等党、比朱人民党、阿卡利党、特里纳姆尔大会党、西瓦吉军、人民力量党、哈里亚纳发展党、S. 斯瓦米领导的人民党、农工党、复兴德拉维达进步联盟和泰米尔拉吉夫大会党。瓦杰帕伊任总理，阿德瓦尼任内务部部长。阿德瓦尼原担任的印度人民党主席职务改由 K. 塔克瑞担任。雅·辛哈任财政部部长，费尔南德斯为国防部部长。12 月又任命贾斯万特·辛格为外交部部长。大选后，又有一些小党加入联盟，如哈里亚纳民众党等，不久，克什米尔国民会议党也加入。参加联盟的党共有 18 个，联盟正式取名为全国民主联盟。

图 9-1 瓦杰帕伊

全国民主联盟政府虽然也是联合政府，但和以往的全国阵线政府及联合阵线政府相比有所不同。以往的联合政府都没有一个强大的党作为核心，是一种“弱弱联合”，内部各党不停地争夺领导权，力量互相牵制，使任何政令都难以有效地贯彻执行。印度人民党是一个全国性的大党，在政府中居主导地位。联盟和支持联盟的党在人民院共占有 276 个席位，其中印度人民党就有 182 个席位，占 66%，联盟其他党中席位最多的全印安纳德拉维达进步联盟也不过 18 席。这是一种“强弱联合”。在政府决策中，印度人民党虽受制于其他政党，但在实施共同制定的纲领方面它是最有力量的。

印度人民党有一定的联合经验。除了 1996 年在中央执政 13 天外，在邦一级它也有过数次联合执政，而且是与各不相同的对象联合：在马哈拉施特拉邦，是与同样带印度教色彩的政党西瓦吉军合作；在旁遮普邦，与锡克教阿卡利党合作；在北方邦，与达利特和低种姓政党社会大多数人党合作。和这样一些不同的政党联合多少教会了它如何因应形势，随机应变。当然，这次的联合与以往不同，这次是在中央联合执政，有 10 多个党参加，情况要复杂得多。大选后，建立了由联盟各党组成的协调委员会，作为最高协调机构。

印度人民党政府和参加联盟的各党共同订立了《国家治理议程》作为施政基本纲领。在经济政策上允诺继续推进经济改革，但强调要重点实行司瓦德西即经济民族主义方针，以保证印度经济的增长建立在“印度要由印度人建设”的原则上；① 要给予保证就业和发展基础设施以优先地位；预期国内生产总值年增长率为 7%～8%。这时拉奥改革的成果已逐渐显露，内外部条件都有利于印度继续改革，改革的阻力已明显减小。这就使印度人民党政府能以较少的保留接过改革的旗帜。政府未推出新的重大举措，不过强调改革的措施要符合民族利益，要继续鼓励引进外资，但主要应投资基础设施部门，像消费品这样的非重点部门无须引进外资。要把消除失业作为重要任务，通过把投资引向房屋建筑、基础设施建设等能创造较多就业机会的部门，扩大就业机会，把完全消除贫困作为最终目标。对全球化强调要持仔细分析态度，结合印度国情制定一个分阶段落实的时间表，以保证民族工商业和金融业不致遭到损害。还讲到要拿出计划资金的 60% 用于农业的公共投资、农村发展和灌溉，使农业产量有较大增长，实现农业经济多样化，使农民的生活得到改善，也使他们的购买力得到提高。关于

① 印度人民党及盟友：《国家治理议程》，见 http：//www. meadev. nic. in/elec98/agenda. htm。

公营企业，《国家治理议程》讲到要全面改革，包括改组、加强活力和撤资，但只是泛泛而谈，没有具体落实措施。

《国家治理议程》中完全没有提到印度人民党建罗摩庙、制定全国统一的民法典和取消宪法第 370 条给查谟和克什米尔邦特殊地位的主张，相反，强调要实行“真正的世俗主义”，尊重所有宗教，建立一个没有种姓、宗教、阶级、肤色、种族和性别歧视的文明的、人道的社会，关心少数派的经济和教育发展。这一明显变化表明，第一，这是印度人民党对大多数盟友的世俗主义立场的让步，表现了印度人民党执政后的灵活态度。作为一个在议会只有 1/3 席位的少数党，为了取得盟党的支持从而能执政，暂时把自己的那些不能为多数盟友接受的教派主义主张搁置起来是非常必要的。第二，从在野党变成执政党，角色转换了，在野党只追求鼓动效果，而执政地位却迫使它不能不考虑国家发展和社会稳定的现实需要。正如印度人民党主席阿德瓦尼在新闻发布会上说的：“印度人民党的宣言并不适合于政府”，“所有联盟成员共同拟定的《国家治理议程》是政府施政的依据”。[①]《国家治理议程》还提到要重新审视以往政府的核政策，保持拥有核武器的选择权。

全国民主联盟内的政党在意识形态和政治主张上各有不同，有教派主义色彩很强的，更多是主张世俗主义的；印度人民党是从全国性的角度考虑问题，而绝大多数地方性政党是考虑本地区的利益。各政党加入联盟的目的也不尽一致，印度人民党是要借助这些盟友的力量以达到执政所需要的半数，绝大多数小党则要通过参与全国执政提高自己在本邦的威望，巩固在本邦的统治地位或取得在本邦竞争中的强势地位，也有个别党的领导人抱有借参与联合政府帮助自己摆脱法律制裁等个人目的。后者最典型的是全印安纳德拉维达进步联盟的领导人 J. 贾雅拉莉塔，她涉嫌几个舞弊案，面临马德拉斯高等法院的审讯，要求印度人民党能利用其全国执政地位帮助她摆脱困境。瓦杰帕伊要在这么多的利益冲突中找到平衡是很不容易的，他常常不得不在某些派别激烈反对的情况下坚持做他认为必要的事情，如不顾西瓦吉军和国民志愿服务团的强烈反对，任命主张世俗主义的贾斯万特·辛格为外交部部长（1998 年 12 月）。联盟内在经济政策上意见也常不

---

① 《印度联合政府赢得信任票》，见 http：//www.cnn.com/world/9803/28/india。

一致，特别是在价格政策上。有些党为了维护其以下层为主的群众基础，强烈反对某些产品提价。在对待某些邦政局的处理上也常是意见不一。如比哈尔邦执政党全印人民党是印度人民党和平等党的对立面，该党过分偏向雅达夫种姓的政策引起高级种姓以及落后种姓中非雅达夫种姓的不满。该党领导人、原首席部长拉鲁·普·雅达夫涉嫌饲料丑闻，而继任者是他的妻子拉比·德维，邦内政局混乱。印度人民党 1999 年 2 月趁机决定解散该邦议会，实行总统治理。但全国民主联盟内的哈里亚纳人民党强烈反对，加之国大党也同样反对，最后迫使印度人民党不得不提请总统撤销总统治理的决定。

全国民主联盟政府执政第一年的政策总的来说与上届政府相似，不过也带有自己的特色，如核试验、修改教科书等。这些举措引起的反应褒贬不一。人民对印度人民党执政的疑虑没有消除，这在 1998 年 11 月德里、拉贾斯坦、中央邦和米佐四邦立法院选举的结果中有所体现。德里、拉贾斯坦原为印度人民党执政，中央邦是国大党执政，这三个邦的主要竞争方是印度人民党和国大党。结果印度人民党失败，不仅没有夺到中央邦的政权，连德里和拉贾斯坦邦的政权也被国大党夺去。米佐邦是地方政党取胜。这个结果对印度人民党是个沉重打击，对国大党自然是很大的鼓励。

全国民主联盟内部虽然一般小党与印度人民党冲突较少，但全印安纳德拉维达进步联盟与印度人民党的冲突却接连不断。全印安纳德拉维达进步联盟作为联盟内第二大党自恃有一定实力，是印度人民党不可缺少的盟友，因此不断向瓦杰帕伊提出过分的要求。全印安纳德拉维达进步联盟在泰米尔纳杜邦的竞争对手是德拉维达进步联盟。全印安纳德拉维达进步联盟希望全国民主联盟政府解散泰米尔纳杜邦德拉维达进步联盟政府。对于这个无理要求，瓦杰帕伊没有同意。全印安纳德拉维达进步联盟领导人贾雅拉莉塔涉嫌腐败受到司法追究，要求中央政府帮助她摆脱困境，这种非法要求更没有得到任何允诺。1998 年初，贾雅拉莉塔又要求瓦杰帕伊撤换国防部部长费尔南德斯，因为他解除了海军参谋长巴格瓦特将军的职务，并要求恢复后者的职务，这个无理要求也遭拒绝。由于这些原因，贾雅拉莉塔于 1999 年 4 月 9 日宣布全印安纳德拉维达进步联盟退出全国民主联盟，该党所有的部长辞职。全国民主联盟本来在议会只有微弱多数，全印安纳德拉维达进步联盟的退出导致它在议会的席位跌到半数线下。

1999 年 4 月 14 日，总统纳拉亚南按惯例要求已成为少数派政府的瓦杰帕伊政府必须在人民院通过信任投票。4 月 17 日，人民院举行信任投票，结果 269 票赞成，270 票反对，瓦杰帕伊政府以 1 票之差失败。瓦杰帕伊随即辞职。总统授权国大党领导人索尼娅尝试组阁，国大党也无力凑集必要的多数。在这种情况下，总统宣布解散人民院，举行新的人民院选举。新的选举定于 1999 年 9 月 4 日至 10 月 1 日举行，分五阶段。这是三年中第三次举行人民院选举，国家不得不再次承受财力和精力的巨大消耗。全国民主联盟政府被要求作为看守政府存在到下届政府建立。

为了使突然发生的政府危机不致影响正常的经济运作，1999 年 4 月 22 日，在各党的同意下，人民院未经讨论和修改就以口头表决方式通过了政府编制的 1999～2000 年度财政预算。

（二）1999 年人民院选举和全国民主联盟新政府

参加这次选举的有印度人民党、国大党、印度共产党、印共（马）、人民党（世俗派）、人民党（统一派）和社会大多数人党等，邦级政党有 38 个，还有大量地方小党，总共有 177 个政党参加竞选。

国大党在 1998 年大选失败后，自知威信扫地的党主席凯斯里被迫表示了辞职意向。3 月 14 日国大党工作委员会选举索尼娅为党的主席，3 月 15 日又选举她为国大党议会党团领袖，均得到 4 月 6 日举行的国大党全印委员会批准。索尼娅担负起党的领导重任，对国大党的振兴具有重大意义。这不仅因为广大党员对尼赫鲁-甘地家族诸领导人的尊崇依然存在，把党复兴的希望寄托于索尼娅，还因为在拉·甘地遇害后，党内没有一个完全孚众望的领袖，一些领导人对拉奥不服气，拉奥在处理问题上也有不当之处，意见分歧导致不少领导人离开了党。这些领导人因为都曾是拉·甘地的内阁成员或僚属，使索尼娅有可能利用拉·甘地的政治资源缓和他们之间的矛盾，敦促离党者回归，加强党的团结。索尼娅在拉奥执政时远离政坛，对拉奥执政时的某些失误有可能以局外人的身份进行纠正。在担任党的领导人后，她正是朝着这个方向努力的。

为了重振国大党，她提出应该把党的工作重点转向基层，从加强党的基层组织做起，要以道德观念、服务精神和纪律性武装广大党员，使党组织重新成为具有战斗力的组织。另外，为了解决党内多年的矛盾，她呼吁所有脱离国大党另建组织的原国大党人，以维护国大党的荣誉和国家利益为重，抛开个人恩怨，回到国大党内，全党共同携手，重建国大党的辉煌。她不仅发出呼吁，还会晤泰米尔草根大会党领导人 G. K. 穆帕拉尔、特里纳姆尔大会党领导人玛·班奈吉，并派两位特使分别晤见卡纳塔克人民大会党领导人 S. 邦加拉帕和全印英迪拉大会党（提）领导人 S. 欧拉。索尼娅亲自或通过其特使恳切地向他们表示，欢迎他们回来，并说他们的回来将对振兴国大党起重大作用。1998 年 4 月 6 日国大党全印委员会特别会议通过决议，肯定了索尼娅争取所有国大党人团结的方针，正式向前国大党人发出返回国大党的邀请。由于离党者主要是和拉奥个人有矛盾或不赞成其某些政策，既然拉奥已去职，他们对索尼娅担任党的主席又能够接受，因此，索尼娅的争取工作收到一定成效。卡纳塔克人民大会党 1998 年重新并入国大党，全印英迪拉大会党（提）成员有些继续留在国大党外的也回来了。泰米尔草根大会党于 2002 年与国大党合并（2001 年 5 月从其中分出的奇丹巴拉姆一派在 2004 年大选后并入国大党）。只是玛·班奈吉表示，特里纳姆尔大会党不能回来，因为党内许多在西孟加拉邦出生的领导人希望保留党的西孟加拉邦特色。索尼娅也说服国大党多数领导人对党以往执政时的政策措施进行回顾和深刻反省，对凡认识到是错误的都要纠正。国大党的衰落与以往国大党执政时的某些政策失误有关，所以多数领导人赞同采取自我纠偏的做法。为了把对国大党不满的少数派（穆斯林、锡克教徒等）重新争取回来，国大党全印委员会 1997 年就通过决议为拉奥政府 1992 年未能制止巴布里清真寺被毁向穆斯林表示歉意。党的领导人之一曼莫汉·辛格在接见记者时提出党也应为 1984 年进攻阿姆利则金庙的行动向锡克教徒表示歉意。索尼娅任主席后又再次以国大党的名义，为未能制止巴布里清真寺被毁和进攻金庙的行动分别向全国穆斯林和锡克教徒道歉；在安排国大党 1998 年和 1999 年大选候选人时，拉奥的名字都没有被列入，他被认为对保护清真寺未尽到责任（拉奥本人认为这种指责是不公正的）；1984 年反锡克骚乱中失职的有关负责人的名字也被删除。然而，要完全解决党内的矛盾并不可能，因为党内纪律的涣散和争权夺利之风的盛行已深深侵蚀党的肌体，党内重要领导人在许多问题上的意见难以取得一致。在索尼娅担任国大党领导人（这意味着如果国大党选举获胜，她就可能成为总理）的问题上，党内就有反对意见。有些领导人公开质疑外国血统的人是否有担任党的领导人的资格。其中有国大党工作委员会成员 S. 帕瓦尔（他还是国大党马哈拉施特拉邦领导人，担任过邦首席部长）、T. 安瓦尔和 P. A. 桑马。帕瓦尔写了一封公开信，提出生于外国人家庭的公民不适合担任印度总理。1999 年 5 月索尼娅主动提出辞去国大党主席职务，工作委员会拒绝了她的辞请，同时把 S. 帕瓦尔等三人清除出工作委员会并中止党籍 6 年。一星期后，S. 帕瓦尔等建立了自己的党，叫民族主义者大会党。另有些国大党人，包括之前拉・甘地的助手阿伦・尼赫鲁，则加入了印度人民党。索尼娅的有些决策也受到质疑，最主要的是和从全国民主联盟退出的全印安纳德拉维达进步联盟结盟。舆论认为，贾雅拉莉塔为追求自己和自己党的利益而倒戈，国大党与其结盟有悖于党的原则。

国大党为准备这次大选竭力壮大自己的力量。此时，它还无意追求外部的结盟。索尼娅曾说，国大党宁肯靠自己的力量赢回中央政权，这比靠别的党支撑同时要受其牵制好得多。如果说这表明了她的乐观态度和自强精神，那也同时说明她对现实状况的分析并不到位，对已发生的变化不够了解，她的乐观带有较大的盲目性。

在联合阵线方面，大选前夕，人民党再次分裂。和以往不同，那些分裂主要发生在地区组织，这次分裂还包括中央机构，是一次自上而下更加伤筋动骨的分裂，约有一半党员脱离了人民党。

经过 1997 年的数度分裂，人民党的力量已严重削弱。面临新的大选，不要说保持大党地位了，就是党的领导人能否再进入议会都成了问题。在这种局面下，经过平等党主席、原人民党人费尔南德斯的幕后活动和相互串联，在人民党领导层内出现了一种使人民党和由人民党分裂而成立的平等党、人民力量党统一为一个党的主张。这种主张的积极推动者除费尔南德斯外，还有人民党主席夏拉德・雅达夫、原铁道部部长 R. V. 帕斯万和卡纳塔克邦人民党政府首席部长 J. H. 帕特尔。平等党和人民力量党都已是印度人民党领导的全国民主联盟的成员，人民党和它们统一就意味着要背离第三势力立场，加入全国民主联盟，站到印度人民党一方去。这种突如其来的倒戈主张使人民党多数领导人惊诧不已，多数领导人持坚决反对态度，他们通过与这种主张者晤谈，力图说服后者收回错误主张，改变态度，但都没有效果。分歧只好拿到 7 月党的政治事务委员会（被党的全国执委会授权可代表执委会就重大问题做出决定的机构）解决。会上，出现了阵势鲜明的两派。主张统一的领导人坚持己见，认为反对国大党重新掌权是最重要的任务，主张参加全国民主联盟。而以前总理高达为首的大多数成员，包括M. 丹达伐特、S. J. 雷迪和S. R. 鲍迈等，坚决主张人民党继续保持对印度人民党和国大党等距离的立场，努力发展第三势力，表示这是根本立场，不能因党力量削弱而动摇。前总理古杰拉尔持中间态度，但有赞成统一派的倾向。由于各持己见、争论激烈，党的领导层分裂为二。政治事务委员会的多数派通过决议，解除夏拉德·雅达夫的党主席职务，任命高达接替。在印度人民党方面，对于是否接受夏拉德·雅达夫等一派加入全国民主联盟认识不一。在全国民主联盟做出决定前，1999年8月7日，平等党、人民力量党和夏拉德·雅达夫领导的人民党分裂集团就在班加罗尔召开统一会议，宣布合并，成立人民党（统一派），选举夏拉德·雅达夫为主席。全国民主联盟最终也决定接受人民党（统一派）加入联盟。人民党在这次彻底的分裂后，剩下的部分改称人民党（世俗派），党员不足原来的半数。它的光辉已近乎完全散失，留下的只是这个党曾经作为全国阵线和联合阵线的核心党执政、曾出了数位总理的光荣记录。全国民主联盟却从这次分裂中增强了力量，得到了实惠。

选举前一个事实是很清楚的，即这次角逐的对手主要是印度人民党和国大党，而两者要单独取胜可能性都不大，谁最终取胜取决于谁能联合到更多盟友。印度人民党借鉴以往的成功经验，这次不仅继续以全国民主联盟的名义参加竞选，而且要争取更多盟友，使全国民主联盟进一步扩大。在其努力下，除全印安纳德拉维达进步联盟和S. 斯瓦米领导的人民党脱离了全国民主联盟外，其他成员都继续留在联盟内；原从外部支持联盟的泰卢固之乡党也加入联盟；还有些新加入者，包括德拉维达进步联盟、构成人民党（统一派）的原人民党夏拉德集团、印度全国民众党、喜马偕尔人民党、曼尼普尔邦大会党和锡金民主阵线等。印度人民党能较早适应政党分散化的新形势，成功地采取了联合策略，这就为其大选胜利奠定了基础。国大党相反，它仍只打算和盟友建立竞选协调关系，无意建立选前联盟，无意成立联合政府，只打算必要时寻求政府外的支持。和国大党建立竞选协调关系的政党不多，包括刚刚脱离全国民主联盟的全印安纳德拉维达进步联盟，比哈尔邦的全印人民党、全印民众党、穆斯林联盟、喀拉拉大会党（马利派）、印度共和党的安姆贝德卡派等。原构成第三势力的联合阵线各政党有一些（主要是从人民党分裂出来的党）已加入了全国民主联盟，个别党与国大党建立了竞选联盟，未加入上述任何一方的都各自竞选。还有一批原来就没有参加联合阵线的政党（如北方邦的社会大多数人党等）也各自参选。

各政党的竞选纲领既力求突出本党或本联盟的特色，又都要最大限度地照顾各界各阶层的要求，其结果是趋同的因素越来越突出。

印度人民党在这次竞选中的一个新做法，是参加全国民主联盟的党以联盟名义发表了共同的竞选宣言。这样做的好处是，根据新的形势和以往一年多执政的体验，在同盟内部就再度执政应采取的方针政策充分讨论、达成共识，作为今后各党共同行动的准绳，这样有利于减少摩擦；共同宣言把联盟各党共同主张、联盟政府要实施的政策昭示给选民，而不提及各党那些带有自己特色、不为其他盟友接受的政策主张，这就提供一个机会消除选民的疑虑，便于争取更多选票；共同宣言亮明联盟的主张还有利于争取新的盟友。

全国民主联盟的共同竞选纲领提出要“建设一个令人骄傲的和繁荣的印度”，“要结束政治消极主义、不确定和王朝主义，开辟一个进步、协调、所有印度人‘感情融洽’并对少数派实行充分保护的新纪元”。[①] 宣言没有提及印度人民党的那些教派主义主张（建罗摩庙、实行统一的个人法、取消宪法给予查谟和克什米尔邦的特殊地位等），相反提出要“平等地尊重一切信仰”，“不允许以种姓、宗教、阶级、肤色、种族和性别为由歧视任何人”，[②] 对少数派的合法权益要充分保护。值得注意的是，这些提法和它以往的竞选宣言有明显的不同，显然是为了冲淡其教派主义形象，以便能争取更多的选票。这个宣言是以全国民主联盟的名义发表的，表明它的教派主义犀角受到了联盟内世俗主义政党的扼制。在经济政策方面，宣言说自由化、私有化改革的进程将继续，甚至提出要实行“第二代改革”，重点是财政改革、发展基础设施和推进公营企业的私有化。宣言同时强调继续贯彻司瓦德西精神，“保证民族经济的增长应在印度由印度人建设的原则基础

① 《1999 年的选举》，见 http：//www. indian-elections. com。

② 《印度时报》新闻局：《全国民主联盟宣言》，见 http：//www. media - wstch. org/articles/0899/101. html。

上实现”。[①] 宣言提出要使国内生产总值的年增长率达到6%～8%；要加快私有化的速度，加强吸引外国直接投资的力度，争取每年吸引100亿美元（是现在的3倍多）的外国直接投资；还强调要把财政预算的60%用于农业投资和农村发展，努力消除失业和改善人民的生活。此外，还提出为妇女保留33%的议会席位。这些主张使人感到在许多方面它的政策与国大党政府及联合阵线政府的政策已没有显著的区别。宣言还针对索尼娅领导国大党竞选，要求议会通过决议，禁止外国出生的印度公民担任国家高级官职。

国大党提出的竞选口号是“建立一个稳定的政府”，“只有国大党才能建立这样的政府”，强调拉·甘地和拉奥政府实行的经济改革之所以取得骄人的成就，是因为国大党建立了稳定的政府。宣言提出要实行“具有人情味的更快的经济改革”，把改革推向深入，包括实现公营企业撤资、加强基础设施建设以及推进农业的市场化等，同时要增加扶贫措施和资金，使广大下层人民的地位能切实得到改善。针对印度人民党强调经济发展要以司瓦德西为指针，宣言指出：“自力更生应继续是我们的发展目标，但在变化了的现时期，必须赋予它现时的意义。”[②] 对吸引外资，宣言没有强调设立领域的限制。宣言强调的另一重点是坚持世俗主义方向，指出把煽动宗教感情作为对群众进行政治动员的手段对国家、对人民都是极端有害的。国大党同样主张在联邦议会和邦立法院为妇女保留1/3席位。

人民党（世俗派）的竞选宣言认为印度人民党执政是印度的“灾难”，指出它鼓吹的“印度教特性”是对“印度共和国的世俗主义-民主价值的践踏”。[③] 宣言也指出，国大党已失去了团结所有世俗主义和民主因素战胜教派主义威胁的意志和力量，它主张的自由化是亲富人损害穷人利益的，因而也是不值得信赖的。

印共（马）在宣言中呼吁人民加强左翼力量，阻止印度人民党重新上台。宣言重申党的基本立场：全国左翼力量团结起来，领导人民进行斗争，

---

① 《印度时报》新闻局：《全国民主联盟宣言》，见 http：//www. media-wstch. org/articles/0899/101. html。

② 《1999年的选举》，见 http：//www. indian-elections. com。

③ 《1999年的选举》，见 http：//www. indian-elections. com。

建立左翼阵线政府，既反对教派主义的威胁，也反对自由化的危害。印度共产党的宣言指出国大党和印度人民党执政都有重大缺陷。印度共产党许诺通过新的立法和惩办教派骚乱中的罪犯以加强国家的世俗基础，还批评以往八年的经济改革都是为少数人谋利益的，下层人民的利益受到损害。宣言呼吁不应削弱而应加强公营成分，增加对基础设施的投资，在关税政策上要保护民族工业，引进外资只应在那些急需的和优先发展的领域进行。还主张改进立法，切实保护劳工利益，改善分配制度，增加卫生保健和基础教育的投资，并在执行世界贸易组织协定的条件下为争取更好地维护印度农民的利益而斗争。

1999 年 9 月 5 日、11 日、18 日、25 日和 10 月 3 日举行了第十三届人民院选举。本届选举登记选民 6.1956 亿人，参加投票的选民有 3.7167 亿人，占选民总数的 59.99%。选举结果，以印度人民党为首的全国民主联盟共得到 40.8%的选票，300 个席位，占总席位数（543 席）的 55.25%，超过了半数。这是印度人民党联合盟友策略的胜利。其中印度人民党得 23.7%的选票，182 席，就席位说虽然仍是议会第一大党，但只占总席位数的 33.51%。联盟其他主要成员得票数为：泰卢固之乡党 29 席，人民党（统一派）21 席，西瓦吉军 15 席，德拉维达进步联盟 12 席，比朱人民党 8 席，特里纳姆尔大会党 8 席。

国大党及盟友只得到 34.1%的选票，136 席，占总席位数的 25.05%。其中国大党得 28.4%的选票，114 席（索尼娅在两个选区当选），只占总席位数的 20.99%，比上届选举更少（尽管所得选票高于 1998 年的 25.82%），是它历史上最差的一次。其主要盟友得席位数为：全印安纳德拉维达进步联盟 10 席，全印人民党 7 席，穆斯林联盟 2 席。联合阵线各党分别参选，印共获得 4 席，印共（马）33 席，人民党（世俗派）1 席，社会主义党 26 席。原未参加联合阵线的社会大多数人党获 14 席，民族主义者大会党获 8 席，社会主义人民党 1 席。这又是一届“悬浮议会”。

全国民主联盟已有 24 个政党，包括新参加不久的克什米尔国民会议党，其中有 17 个党在人民院获得了席位。由于总数超过议会席位的半数，被总统授权组织政府。全国民主联盟取胜是 1989 年以后一个选前建立的政党联盟第一次取得议会席位的过半数，这对保持这届政权相对稳定起相当重要的作用。

1999年10月13日，新政府成立，瓦杰帕伊继续担任总理，L.K.阿德瓦尼任内务部部长（2002年6月为副总理），G.费尔南德斯任国防部部长，雅什旺特·辛哈任财政部部长（2002年7月调任外交部部长），贾·辛格任外交部部长（2002年7月调任财政部部长）。联盟中其他较重要的政党都得到1~2个内阁部长职位，如人民党（统一派）的夏拉德·雅达夫任民航部部长，R.V.帕斯万任交通部部长，特里纳姆尔大会党的玛·班奈吉任铁道部部长等。政府部长（包括内阁部长和国务部长）共70人，后又有增加，是印度历届政府中规模最大的。泰卢固之乡党继续保持参加联盟但不参加政府的立场。

全国民主联盟新一届政府的政策和上届比更趋务实。由于搁置了教派主义主张，加大了实行经济改革和发展经济的力度，政局稳定，人民的支持度有所上升。在外交政策上也较上一届政府有更大的作为。

新政府的长期施政纲领体现在全国民主联盟在大选后新制定的《治国方案备忘录》中。备忘录是以全国民主联盟的竞选宣言为基础，所以各党达成共识并不困难，现在的任务是如何落实。

2002年6月10日，全国民主联盟提名A.P.J.A.卡拉姆为未来一届总统候选人。卡拉姆1931年生，在马德拉斯技术学院获得航空技术博士学位后，一直从事航天技术研究工作。1982年起任印度国防研究与发展研究组织的负责人，为印度的导弹研制做出了杰出贡献，被誉为“印度导弹之父”。1998年，他成功地主持了在波克兰进行的核试验。他不仅成了瓦杰帕伊总理的首席科学顾问，而且被授予国家最高荣誉——印度钻石勋章。卡拉姆当选印度第十二届总统，2002年7月25日宣誓就任。2002年8月12日，全国民主联盟提名的候选人B.S.谢卡瓦特当选印度副总统，8月19日谢卡瓦特宣誓就任。

图9-2　卡拉姆

二　经济改革的深入和经济发展

（一）对司瓦德西主张的新诠释

全国民主联盟 1998 年第一次执政时面临的形势很不乐观。1997~1998 年度印度经济增长率从上一年度（1996~1997 年度）的 7.8%降到 4.8%。农业由于歉收，呈现负增长，其中粮食产量比上一年度减少了 3.6%，工业增长率降到 4.2%。输出连续两年减少，增长率只有不到 3%。财政赤字又回升到占国内生产总值 6.1%的水平。资本市场继续疲软，而基础设施的瓶颈也没有从根本上缓解。这种形势要求全国民主同盟政府必须拿出切实可行的方案，使经济振兴，否则前一段改革的成果就可能付之东流。

1998 年 6 月 1 日，财政部部长雅什旺特·辛哈代表政府提出了 1998~1999 年度财政预算。这是全国民主同盟执政后的第一个预算。预算总的来说是增长取向的，规定的发展重点是：扭转农业的衰落和增强农村经济，大力发展小型工业；恢复头几年工业增长的势头；振兴资本市场；加速基础设施建设；把握与世界经济整合的速度，同时通过振兴输出和减少对外国贷款的依赖，提高印度的国际经济地位；提高国内储蓄率以达到更高的投资率，同时吸收国外投资作为补充。

这些重点和以前政府的发展重点比并没有根本的不同，且在具体措施上某些方面还有所改进。如投入基础设施的资金比前一年增加 35%，开放航空业给私人投资，解除对煤炭、褐煤和石油产品的许可证制，非战略性公营企业允许撤资 74%，两年内争取引进外资增加一倍等。不过，印度人民党的司瓦德西主张也在预算中有所体现，如把发展农业和小型工业放在很突出的地位；并没有改变只允许在基础设施和高科技领域吸收外资的主张，对引进外资提出的措施缺乏力度，有些对印侨印裔投资实行的优惠待遇外商得不到；对进口商品加征 8%的特别附加关税（后来降到 4%）以补偿国内产品由于要缴纳销售税和地方税而形成的价格劣势；等等。舆论界把这个预算称为“具有司瓦德西特色的预算”，认为它表明印度人民党仍要把自己党的主张带到经济改革中。

这样的评述过分重视了表面文章，表面文章常常是做给选民看的。事实上从总的方面看，预算所体现的新政府的经济政策与以前政府的政策比并没有大的变化。在印度人民党司瓦德西主张的影响下，差别是有一些的，但并非根本差别。继续实行以自由化、全球化为导向的改革，促进经济较快增长并兼顾社会公平仍然是政府政策的核心。

印度人民党在台下时，大讲特讲司瓦德西是为了以此来标榜自己真正代表民族利益，显示和国大党的区别。从理论上说，这种主张和该党的印度教民族主义意识形态是一致的，是这种意识形态在经济政策上的表现，也就是经济民族主义。早在 1992 年，当拉奥政府开始致力于实行以自由化、市场化和全球化为方向的改革时，印度人民党就发表了题为《经济发展的人本主义道路：选择司瓦德西》的经济政策声明。声明说："印度发展的主要动力来自本国资本，来自本国强干的企业家和勤劳的工人、农民。外国资本是有限的，虽然在特定阶段，为了特定的国家目标，它可能是关键性的因素。这就是印度人民党主张除了还没有得到充分发展的高科技领域外，反对外国资本和跨国公司无限制进入印度的原因。"还讲到反对国家干预经济，鼓励自由竞争；在印度与世界市场的关系上则强调自力更生，不赞成广泛参与全球化进程。① 从声明中可以看出，司瓦德西的基本思想就是最大限度地靠自己的力量发展，对内实行完全的自由化，对外实行有限制的自由化。抽象地说，这种主张并无不妥，但它脱离全球化和竞争日益发展的大环境，脱离印度面临追赶世界先进水平、实现快速发展和现代化目标的时空框架，脱离印度资金短缺和技术落后的具体现实，是一种不切实际的理想主义的唱高调。作为在野党，把这种主张当作竞选口号也许能迎合一些人盲目的民族自尊心和自豪感，但当成为执政党后就不难发现，这种高调丝毫无助于解决印度面临的亟待解决的经济发展难题。理想代替不了现实，经济发展的需要迫使印度人民党领导人面对现实，改变主张。

其实，在全国民主联盟第二个政府成立后公布的《治国方案备忘录》中就可以看到，印度人民党的司瓦德西经济主张已经被淡化了。备忘录没有强调司瓦德西，而是突出强调政府不但要继续进行经济改革，而且要把

① P. S. 高士：《印度人民党和印度民族主义的进展——从边缘到中央》，新德里，1999，第 285 页。

改革深入一步，敢于涉及前几届政府未涉及的难度较大的领域，以加快经济自由化、市场化和全球化的进程。

既然有这种变化，总要对转变的原因做出说明，在选民和舆论面前有所交代，也使自己的立场前后能够衔接。我们看到，这个断层是用对司瓦德西的内涵做出新的解释来填补的。瓦杰帕伊任总理后就说："司瓦德西今天的意思是，任何能促进……印度经济基础加强的措施都是司瓦德西的。"[①] 在这里，对参与全球化进程和引进外资的禁忌与限制已不再提。财政部部长雅·辛哈在就财政预算做说明时也说："这个预算是扎根在司瓦德西主张基础上，司瓦德西的主张正随着我们的前进而逐渐实现。但是我必须补充说，司瓦德西并不意味着孤立，司瓦德西意味着使印度变得更强大和自信，使我们可以和世界竞争并赢得胜利。"[②] 又说，"司瓦德西作为一个基本的概念，意味着使印度强大"，"成为经济强国唯一的途径就是通过在与其他国家的对比中检验自己的力量。这就意味着印度要到外部世界竞争或者让外部世界进入印度竞争"。还说，认为开放后"跨国公司会蜂拥而至，掌管一切，或者认为跨国公司会造成不正当影响，因此应该限制外资——所有这些想法都是不正确的。司瓦德西、全球化和自由化并不是互相矛盾的概念。我认为全球化是实现司瓦德西的最佳途径"。[③] 他的新诠释更加明确和直截了当，在他那里，司瓦德西展开双臂，把自由化、全球化都拥在自己的怀抱里。两者合一，对立自然消失。这真是非常简便的解决问题的好办法。如果我们撇开当初强调司瓦德西的动机不谈，单从效果说，这种转变对一个执政党来说也具有非常现实的意义，是一种积极的转变，这是必须充分肯定的。在全国民主联盟政府建立后，印度人民党无论是党的会议文件，或是领导人的讲话，都不再突出司瓦德西主张，即便提到，也都有了与执政前不同的解释。

1999 年 2 月雅·辛哈提出的 1999~2000 年度预算侧重点就改变了。预算重点是强调继续深入进行经济改革，促进经济发展。金融市场立即做出反应，在预算公布后的两星期，股票上涨 14%。

---

① B. D. 麦考夫、T. R. 麦考夫：《印度简史》，剑桥，2002，第 289 页。

② http://indiabudget. nic. in/ub1998-1999/bs/bsl. htm.

③ B. R. 纳雅尔：《全球化和民族主义》，新德里，2001，第 252 页。

（二）所谓“第二代改革”

全国民主联盟政府成立后不久，财政部部长雅·辛哈宣布：“政府作为一个实体在政策上是有连续性的。作为政党，我们（与联合阵线）可能存在差异，但是我们会兑现前任政府做出的承诺。”① 1998~1999 年度，瓦杰帕伊提出的复兴经济“七点计划”规定的目标是国民生产总值增长 7%，工业生产增长 10%，输出增长 15%~20%。政府成立了两个顾问委员会，作为制定经济政策的咨询班子，一个由著名的主张改革的经济学家组成，一个由工商业界主要领导人组成。但 1998~1999 年度经济发展的实际结果并不理想。1998~1999 年度国内生产总值增长率为 6.4%，没有实现预期目标。除了以往影响增长的那些因素在继续起作用外，与亚洲爆发金融危机也有密切关系。在制定 1999~2000 年度的财政预算时，雅·辛哈保持了增长的方向。1999 年经济形势较为稳定并缓慢发展。

经过两年的实践，新政府认识到在经济发展上要有更大起色，就要在改革上有更大突破。这就出现了“第二代改革”的设想。“第二代改革”的概念是商业部部长 R. 赫格德在 1998 年提出的，主要思想是把改革推进到新阶段，但并没有很明确地界说其内涵。政府的主要领导人认为这个提法好，一则以往改革中存在许多重大的缺陷和不足，确实需要从新的角度加以审视，进行战略性的调整，确定新的发展重点；再者可以凸显新政府在经济改革上不仅较以往深入，而且有创新，以提高新政府的群众威望。沿着这个思路深入考虑，财政部部长雅·辛哈在向议会报告 2001~2002 年度财政预算时，把他认为进一步改革要解决的关键问题归纳为，进一步解决基础设施瓶颈问题，健全价格机制，劳工市场改革，减少保留给小型工业专营的产品门类，推进农业改革。他称这是“第二代经济改革”。2001 年 11 月 27 日内阁建立了新的经济改革委员会，以加速推进第二代改革的进程。所谓第二代改革，从设想看，较以往的改革确实有些特色，主要是从全面的角度综合考虑如何把改革更深入地向前推进，雅·辛哈归纳的几点都是以往改革的薄弱环节，是深入改革要解决的关键问题，这些问题如能很好解决，不仅可以大大加快增长的速度，也能使发展更趋平衡和稳定。

① P. S. 高士：《印度人民党和印度民族主义的进展——从边缘到中央》，第 300 页。

不过，这些方面的改革并非以往的政府没有考虑到，他们也不是没有采取过措施，只是受种种条件牵制（包括客观的和人为的），实行起来力度不够，达不到预期要求，或者根本难以实施（如劳动市场改革）。新政府从全局考虑把要解决的关键问题集中地和突出地提出来，使改革下一步的道路更明确，为更大的增长创造条件，这是值得肯定的。但这只是在原有基础上的深入，改革的大方向、基本模式和内容都没有根本变化，所以，称之为“第二代改革”未必有充分理由。

1999~2002 年，为加大改革力度，政府提出了一系列新的法案，并在议会通过。其中包括《外汇管理法》《金融资产的证券化和改组法》《印度证券交易委员会（修正）法》《防止洗钱法》《公司（修正）法》《公司（第二次修正）法》《竞争法》等。

（三）深入改革的主要措施

以往几届政府的改革放宽了各种政策限制，确定了以发展高科技产业为重点的方针，期待很快会出现私人投资和外国直接投资的高潮，促进制造业的腾飞，扩展国内市场并加大出口的力度，使国内生产总值增长率能达到年均 7%以上。这种期望没有完全落空，但也未能完全实现。自改革开放以来，私人投资的积极性确实空前增强，外国直接投资也有增加，制造业有新的发展，出口也大幅度上升。值得特别指出的是，软件的研发、出口和外包业务得到较大发展，在人们面前展现了光明的前景。这一切成绩的体现就是国内生产总值增长率在 1994~1995 年度至 1996~1997 年度连续 3 个年度超过 7%。可是，不能令人满意的一面也很突出：公营成分的改革进展缓慢，国内储蓄和资本形成率没有大的增加，外国直接投资数量依然有限，制造业没有实现预期的腾飞。加上 1997~1998 年度发生旱灾，农业受到严重影响，这个年度的国内生产总值增长率又跌到 4.8%。全国民主联盟执政后，特别是 1999 年再度执政后，认识到外资流入少除了因为外国投资者对印度的政局多变有疑虑外，还因为印度对外资的投资领域尚有较多限制，对外资持股率的限制过严，审批手续也过于复杂。也认识到，制造业发展差的一个重要原因是基础设施的严重不足和技术设备、经营管理的落后。政府也看到了国内资本形成率难以有新的突破，与公营成分效益不高的状况改变不大和出口增加的力度不足有密切关系。政府决心针对这些薄弱环节采取深化改革的措施，同时对已呈欣欣向荣之势的软件和信息服务外包产业给予更有力的支持，促使它得到更大的发展。

深化改革的措施主要有以下方面。

1. 进一步加大力度吸引私人投资和外国直接投资

在经营领域上对私人资本和外资的限制在拉奥改革时已基本取消，公营成分还保留垄断经营权的只剩下6个部门（国防工业、原子能、采煤、矿物油、铁路运输、与原子能有关的特殊矿业）。全国民主联盟政府成立后，鉴于能源紧缺，为鼓励私商和外商在能源领域投资，1998~1999年度决定把煤炭、褐煤和矿物油开采部门开放，允许私人和外商投资。1999~2000年度，石油精炼和国防工业也向私人资本和外资开放。

以上所讲，是指工业领域的解禁，是取消1956年工业政策决议中对公营和私营成分经营领域的划分。其实，以往除了在工业领域对私人和外资进入设限外，在银行、保险业和公用事业方面，更是不许私人和外资经营（除已存在的银行外）。政府当时的看法是，这些部门直接关系国计民生，让私人和外国人经营不能令人放心。英·甘地执政时，对私人和外资大银行与保险业实行了国有化，规模较小的私人和外资银行仍允许存在。改革开放以后，对这种严格的限制是否要突破，各政党有不同态度。左翼政党反对解禁，印度人民党也不赞成，所以无论拉·甘地政府、拉奥政府，还是联合阵线政府都把此事暂时搁置起来。但经济发展本身要求银行业、保险业和各种公用事业相应发展，而印度资金不足与需要间的矛盾越来越突出，这就把这些领域是否开放的问题再次提上日程。1998年印度人民党执政后，从实际情况出发，转变态度，向议会提交了允许私人资本和外资进入保险业的议案，表明它最终放弃了其长期坚持的司瓦德西主张。12月15日在人民院讨论该议案时，左翼反对党议员离开会场以示抗议，不过国大党表示支持。1999年议会通过了《保险业管理和发展局法》，新法允许外资在保险业可持股26%，印侨和印裔可持股40%。保险业管理法的通过结束了保险业由印度公营保险公司垄断的历史。1999~2000年度，银行业也向私人资本和外资开放。

工业许可证制经过多年的改革已在绝大多数领域取消，仍保留的只有9个部门。全国民主联盟政府继续沿着解除的方向前进，取消了原油以外的石油产品和煤炭生产的许可证制。为鼓励增产食糖，又取消了制糖业的许可证。药品生产的许可证也取消了。剩下保留许可证的只有 5 类生产部门，即含酒精饮料的蒸馏和酿造、烟草及其替代物、所有类型的电子航空航天和国防设备、工业炸药和危险化学品，都属于战略、安全和卫生方面。

1998~1999 年度，为小型工业保留专营权的政策也进行了调整，有 9 种农具、电子玩具等产品的制造解除了保留给小型工业专营的规定。2000~2001 年度，成衣业产品解除保留。2001~2002 年度，有 14 类产品从保留名单中取消。2002 年 5 月，又有 51 类产品取消了保留。解除保留的项目印度大中型企业和与外商合资的企业都可经营。

劳动市场的不正常是阻碍投资增长的一个因素。政府在 2001~2002 年度预算中提出要修改工业争议法和合同劳动法，以消除劳工市场现存的结构性限制；同时也提出要建立一个全国公司法法庭。

以上措施都是为了吸引更多的私人投资和外国投资。当然，仅仅扩大开放领域还不够，还需要提供方便和有更切实的利益保障。1999 年议会制定了新的《外汇管理法》，以取代 1973 年制定的那个管制过分、早已被突破了的《外汇管理法》。新法也适用于所有分公司、办事处及在印度以外由印度居民所有或控制的机构。新法规定外国国民可在印银行开立账户和从国外汇入资金。如外国国民得到印政府就业许可和外汇管理当局批准，可汇回其完税后 75%的收入。如果就业时间很短，不必得到批准，但汇款数额应在准许范围内。为了简化不适用自动批准程序的投资项目的批准手续，建立了外国投资促进署，它被授予广泛的批准权。还建立了外资执行署，负责监督外国投资项目的执行情况，协助解决项目运行中遇到的困难。政府部委向各邦外国直接投资项目派有联络官员。如有困难可与联络官员联系，由该官员向外资执行署反映情况。

吸引外资的侧重点这一时期也有变化。全国民主联盟政府鉴于发展软件业的重要性和加强基础设施建设的迫切必要性，特别重视吸引外商投资软件业等高科技领域、基础设施领域（电力、通信、机场、港口）和有利于增加就业的出口行业。同时也撤除了吸收外资领域上的藩篱，消费品工业领域同样向外资开放。此外，在建立更好的投资服务体系上做了努力，对外资的审批程序改革得更简捷有效。

1998 年 4 月 15 日，财政部部长雅·辛哈在纽约说，改善和增加基础设施是政府的优先项目，他表示欢迎美国人和印侨印裔踊跃向这些部门投资，特别是石油、电信、机场、铁路和电力部门。1998 年 5 月，印度政府签订的 18 个石油钻探合同中有 11 个是与美国公司签订的，总投资为 4000 万美元。

根据政府新确定的吸引外资的重点，政府对在重点领域投资者，在持股率和审批程序上采取了新的优惠措施。1999~2000 年度规定外商除在 35 类属于优先发展的工业部门可持股 74%并适用于自动批准程序外，在电力、公路、桥梁、港口等基础设施领域投资和软件开发、非传统能源、汽车等领域投资的，可持股 100%并适用自动批准程序（不过股金都限制在 150 亿卢比以下，2000~2001 年度在电力部门这个最高限被撤销）。2000~2001 年度规定，外资可持股 100%的优惠扩大到电信部门，但要达到政府具体规定的条件。2000 年 2 月，政府又提高了 8 个部门外国直接投资适用自动批准程序的最高持股比例限制。这 8 个部门提高后的最高持股率为：药品 74%，控制污染机械 100%，发电用煤和褐煤 50%，矿业、煤炭加工和旅游 51%，采矿 74%，黄金和金刚石勘探 100%，广告业、电影业 74%。2002 年 3 月政府批准在电影和广告业投资的外商可通过自动批准程序持股 100%。1999~2000 年度，银行、石油提炼、保险业和国防工业向外资开放后，其参股率前两者可达 49%，后两者可达 26%。2000~2001 年度进而允许石油提炼由 49%提高到 100%；外商投资私营银行的，其持股比例从 49%提高到 74%。2001~2002 年度又有新的规定：在经济特区，外商直接投资制造业的，除某些领域外，都允许持股 100%，并适用自动批准程序。还规定外商在银行以外的其他金融公司投资的，可持股 100%，在其分支机构投资的，可持股 75%。对证券市场投资也给予了更多优惠。外国机构投资者在印度公司总持股率的上限由 24%提高到（在一定的条件下）40%，使他们在初级和二级市场有更大的运作空间，后来这个上限又由 40%提高到 49%。

税收优惠是政府吸引私人和外商在基础设施等核心部门投资的另一重要手段。免税 10 年的优惠扩大到基础设施的大多数部门，在建立经济特区后也扩大到经济特区的基础设施建设。此外，对综合经营粮食加工、运输和储存的企业，给予 5 年免税、5 年减税 30%的待遇。因从事基础设施投资而得到的利息、红利和长期资本收益也完全免税。从事科学和发展研究的公司可享受免税 10 年的优惠。

上述种种优惠政策使印度对外商投资的吸引力逐渐增强，外资流入的数量增加。1998~1999 年度外国直接投资为 24.6 亿美元，2001~2002 年度增加到 39.04 亿美元，2002~2003 年度达到 46.6 亿美元。印度储备银行认为，这一变化应归功于投资环境有很大改善。据著名的 A.T. 科尔尼管理咨询公司对部分世界大企业的总裁所做的调查，2004 年印度在对外国直接投资最具吸引力的国家排名中居第二位，仅次于中国。

据统计，2003 年 70%的外国直接投资都投到了印度最需要的通信、交通、电力、出口设施等行业中。外国直接投资的增加不仅在资金、技术和现代化管理方面对印度的经济发展做出了贡献，也帮助印度的出口企业提高了产品和服务的质量，使之获得了一定的竞争优势；此外，还增加了就业机会。

外国直接投资仍以美国为主。新的突出现象是，日本资本也成为进军印度的先锋。2001 年日本在印度的公司只有 220 家，到 2004 年就增加到 300 多家。2005 年，日本允诺投资帮助印度修建一条纵贯印度西部的铁路。日本是继美国、毛里求斯和英国之后的印度第四大投资国，从 1991 年到 2004 年日本对印度累计投资额达 30 亿美元。

2. 把加强基础设施建设摆在突出重要的地位

基础设施不足是印度工业腾飞的重要障碍。从拉奥政府到联合阵线政府，虽然都在预算中增加对基础设施的拨款，以增强这些部门的扩建能力，但基础设施范围广阔，在在需要改造或增设，所需资金数量十分巨大。政府能拨出的建设资金即便增加也是有限的，必须大量吸收私人资本和外国资本参与。再则，以往基础设施基本上全为公营，管理水平差，效益低下，不少企业（如电力）亏损严重。吸收私人资本和外资参与也意味着在这些领域里引进新的力量，促进良性竞争，这对提高基础设施的管理水平、技术水平，对提高其经济效益都是十分必要的。基础设施领域的开放在许多人心中是有疑虑的。人们习惯认为政府经营虽然不理想，但至少不是谋私利，对发展经济和服务人民更为有利，许多政党也是这样认为的，所以这个广阔领域直到较晚时候还是禁区，仍由公营部门垄断。但事实证明这种观念和做法是落后于经济发展的客观要求的，基础设施已经成了发展的瓶颈，如不迅速改变，其负面作用会越来越大。当然，吸引私人资本和外资参与不等于政府完全撒手不管，政府担负宏观调控职能和行政管理责任，这就要求在实行开放时应该是有通盘考虑的，并且是有步骤地进行。这方面的改革在左翼政党那里反对声浪较高，政府和左翼政党必须加强沟通，以便尽可能达成共识。

全国民主联盟政府执政之初，对把私人资本和外资引进基础设施领域也曾踌躇不前，一则是因为印度人民党当时持司瓦德西主张，对外资进入直接关系到国计民生的基础设施部门并不赞成，对其必要性认识不足，再则也怕引起反对浪潮。只是在 1999~2000 年度以后印度人民党在下了深化改革的决心后才迈出了较大的步伐。

加强基础设施从其内涵上说，包括体制改革、制定新的运作框架、引进私人资本和外资、扩大规模、实行技术升级等。体制改革是一个重要方面，也是前提条件。以往基础设施不但基本上是公营成分垄断，而且政府既是政策制定者又是经营者的情况很普遍。这种政企不分造成经营服从政治和政党利益的需要，舞弊丛生。要加强基础设施，要使基础设施不仅能更好地服务于经济发展和人民生活需要，而且有良好的经营，就必须改革体制，实行政企分离，政府只负责宏观管理。政府管理水平的提高非常重要，否则即便增加设备、扩大规模，也难以充分发挥其潜在能力。基础设施的改建和增设需要资金数额巨大，设法吸收尽可能多的私人和外商投资是实现这一艰巨任务的关键环节。

全国民主联盟政府开始沿这个方向努力，在一些部门开始实行政企分离。对基础设施的投资预算有较大增加，其总额从 1993~1994 年度的 4594 亿卢比增加到 2002~2003 年度的 9089 亿卢比。政府从全局考虑，制定了不同部门的增设和改建计划。考虑到基础设施投资收益周期长的特点，政府采取了特别的优惠政策，如宣布对投资兴修公路、水路、供水和卫生等核心部门的，免税的时间可从 10 年延长到 20 年；对投资机场、港口、内陆港、工业园和发电供电等部门的，免税的时间可从 10 年延长到 15 年；对电信部门实行免税 5 年的优惠扩大到 2003 年 3 月 31 日以前新建的单位。对经营网络服务的公司，对给予从事基础设施建设的企业以长期贷款的金融单位，也给予较大的税收优惠。政府还降低了涉及基础设施部门（包括保健部门、信息产业、电力部门等）的进口设备和原材料的关税率，以支持这些部门的建设。

以下是一些主要的基础设施部门的改革和发展情况。

公路建设：1999 年 1 月制定了全国公路干线发展计划。该计划的核心包括两部分：一是修建“金四角”干线，把北印度的德里、西印度的孟买、东印度的加尔各答和南印度的钦奈四大城市联结起来，约长 5846 公里；二是修建一条横贯全国、一条纵贯全国的走廊干线，前者从西尔恰尔到波尔班达尔，把印度东端和西端联结起来，后者从斯利那加到卡尼亚-库马里，把印度北端和南端联结起来，两者共约 7300 公里。“金四角”形成一个菱形覆盖全国，两条走廊干线呈十字状交叉，贯穿“金四角”的四端。这两部分干线都修成全天候的高速公路，成为全国公路网的主动脉。这可以说是当时世界上规模最大的单项公路修建计划，将极大地提高全国的交通便利，节省运费，促进经济发展。仅“金四角”干线，每年就可节省运输燃料费 800 亿卢比。联邦政府专门在公路交通部下设立了印度全国公路局，负责这项庞大工程的管理。“金四角”干线 2000 年开始动工，当时预期 2004 年底完成。两条走廊线也正在施工中，当时预计 2007 年完成。此外，还要把 10 个主要的港口与全国公路主干线联结，建成 4 车道或 6 车道公路。还要把各邦的首府与主干线联结，也建成 4 车道或 6 车道公路。到 2004 年 3 月底，已有 3200 公里公路改建为 4 车道或 6 车道的高质量的公路，另有 3700 多公里在修建中。公路的发展还产生一系列的连带作用，如带动了水泥、钢铁、汽车等工业的发展，提供了大量就业机会。仅“金四角”线每天就提供 30 万个就业机会，整个公路干线发展计划的完成预计需要 1.8 亿个工作日。此外，联邦政府每年还拨款 100 亿卢比给各邦政府，用来改建邦内的主要公路。

铁路建设：2001 年 10 月起，政府建立了一项专门的铁路安全基金，用来支持关系到铁路安全的长期投资，包括改建老的铁路。相应地成立了全国铁路安全技术委员会。基金部分来自对旅客征收的附加税，部分来自预算拨款。2002~2003 年，制定了全国铁路发展计划，重点是提高铁路运行速度；扩展线路，加强内地与港口的联系；增加运输能力；在恒河和布拉马普特拉河上修建铁路大桥；加速完成正在修建的新路线，以充分发挥铁路的运输能力。此外，开通了 17 条便捷的城市间铁路交通服务。

港口：有几处正在扩建，有的已完工。如钦奈附近的恩诺尔港，这是全国第一个公私合资修建和经营的港口。2001 年 2 月 1 日在揭幕典礼上，瓦杰帕伊盛赞它是公私合作伙伴战略的体现。

航空：印度国际航运和大部分国内航运业务由公营的印度航空公司承

担，有 3 家私营航空公司承担国内部分航运业务，另有大量的小公司，提供小型的运输服务。印度航空公司管理不善，效益一直不佳。2000 年 1 月政府规定印度航空公司实行股份制，开始了印度航空公司国内航空运输业务的私有化进程。政府规定从印度航空公司撤资 60%，其中 40%转让给私人公司（包括外资），20%给职工、金融机构和公众，但同时规定外国航空公司持股不能超过 26%。私营航空公司的营业范围也被允准扩大，可以经营部分国际航空的业务，如参与飞行印度与南亚其他国家（巴基斯坦除外）的航线。

印度机场的设备和管理普遍落后，不能适应空中交通日益繁忙的需要。2000 年 1 月 12 日，政府根据民航部的提议，决定对国内机场进行有步骤的改造，计划把德里、孟买、钦奈和加尔各答国际机场改建为世界标准国际机场，通过与私商和外商合资的途径进行。还计划改建国内的 20 多个机场，并在班加罗尔、海得拉巴和果阿建立新的国际机场。建立新机场也采取合资形式，私人资本或外资可持股 74%。

改善电力供应：电力业经营原为公营成分垄断，电力增长缓慢，供不应求。1991 年至 2004 年，国内生产总值年均增长 6.4%，而发电能力年均增长只有 4.1%。而且电业经营（包括发电、输电和供电）亏损十分严重。全国民主联盟政府采取的措施有：按照新制定的电力管理法，实行政企分离，建立了中央电力管理委员会，要求各邦也要建立邦的电力管理委员会，电力管理委员会是政策的制定和监督机构，各邦原来的电力局要改组为营业机构；修订了 1910 年的电力法和 1948 年的电力供应法，允许私人投资电力输送业；规定对私商和外商在电力部门（包括发电、输电）投资者免税 10 年；等等。但私人和外国投资者十分犹豫，担心投资受到损失，裹足不前。为消除投资者的疑虑，2003 年又制定了新的电力法。新法的内容包括加强电业管理，鼓励增加生产能力，改进电力输送，保护消费者利益，防止偷电和浪费等。新法规定政企不分的邦电力局必须改组，消除私人进入发电、输电和供电诸领域的障碍，提供一个自由的框架，通过鼓励不同经济成分的竞争，以促进电力增长。2003 年有 25 个邦政府和联邦政府签订了谅解备忘录或协议备忘录，承诺在规定的时间内进行改革，22 个邦建立了电力管理委员会，有 9 个邦的电力局改组成公司。

新法之外，联邦政府又制定了促进电力发展改革计划，2003~2004 年度中央对促进电力发展和改革计划的拨款为 350 亿卢比，主要是对实行电力管理改革的邦政府提供支持，预期邦的改革可使技术和商业损失由通常的 50%减少到 15%。

邦的电力改革显出了成效。奥里萨邦是首先进行改革的。邦电力局 1998 年改组为 4 个供电公司，1999 年公司实行私有化，股金的 51%出售。该邦的公营热电公司也实行私有化，股金的 49%出让。又如安得拉邦 1999 年实行改革，电力局改组成两个公司，2000 年供电业务与输电业务分离，建立了 4 个供电公司。改革之后的 2003 年，电业部门的亏损由先前（1999 年）占邦生产总值的 2.1%下降到 1.16%。

改进电信服务：直到 1994 年，印度的电信事业一直处在政府的直接掌控下，由公营企业垄断其经营权。1994 年政府宣布开放电信部门，允许私人经营某些业务。但因为法规不完善，私人投资并不踊跃。全国民主联盟政府执政后，1999 年制定了新的电信政策，结束了公营成分对国际长途电话业务的垄断。这使电话费用大幅减少，预示着信息技术呼叫服务外包黄金时代的到来。电信方面改革的目标有二，一是为最广大的用户提供优质低价的电话服务，二是为最广大的公司提供快速的网络服务。1999 年 10 月，对电信部实行政企分离，建立了一个公营的印度电信服务公司，负责经营服务，电信部只负责制定政策、发放执照等管理工作。2000 年 8 月，政府允许外资在印度电信公司持有股份，电信服务公司也实行了私有化。这是电信业管理体制的一项重大的改革。电信部宣布了新的政策，允许私人经营国内长途电话业务，经营网络服务和宽带服务，也允许外国公司投资，提供网络服务。2003 年 11 月对电信业的经营者实行统一的服务执照制度。政府又制定政策给从事网络服务和宽带服务的公司免税 5 年、后 5 年减税 30%的优惠待遇。这一切使电信业的私营成分迅速增加。1998 年电信部门的私营成分只占 4.7%，2003 年 11 月已达 34%，私人成分成了公营成分的强大竞争对手。结果，电话服务和网络服务大大扩展和改善，用户的费用大大降低。随着网络通信技术的发展和费用的降低，上网开始从少数人的奢侈消费变成城市知识界的热门消费。

改革使电信工具的普及率较以往有较大提高。电话机 1999 年是 2280 万部，到 2004 年 10 月增至 8860 万部（其中移动电话占 50%）。电话密度（每百人电话数）1999 年为 2.32%，到 2004 年 10 月增加到 8.2%。电话局

1998 年全国有 42 万个，到 2003 年 11 月增加到 158.8 万个。以往 50 年全国只有 1860 万部交换台，1998~2003 年就增加了 3000 万台。电话的普及、质量的提高和费用的降低是近些年非常受人称赞的成就。以前是人们排队等电话公司安装电话，现在是电话公司争着向顾客推销自己的服务。宽带、国际网和个人电脑使用率也有提高，到 2003 年底分别为 0.02%、0.4% 和 0.8%。当然，电信普及程度整体来说还很低，不但和发达国家有天壤之别，就是和中国也不能比。就电话密度来说，2004 年美国为 116.43%，中国为 42.32%。

基础设施建设的其他方面也有或多或少的进展。在供水方面，对饮用水供应免除关税和消费税的规定扩大到工业和农业用水的供应，这激励了投资者大规模加工淡化海水，拓展水利资源。2002 年 4 月政府取消了石油工业的行政价格机制，使之成为新的解除控制的部门。1999 年撤销了 1976 年的城市土地最高持有限额法和管理法。对城市土地最高持有限额的取消有利于城市基础设施的扩建，有利于房屋建筑业的规模发展，也有利于土地资源更有效地利用。

经过几届政府的改革，私营成分和部分外商进入了基础设施各个领域，包括电力、电信、港口、公路、航空、石油、银行、保险等，参与合营或成了独立经营者，这就壮大了基础设施建设的力量，在一定程度上帮助缓解了资金的困难。这是一个不小的成就。不过吸引来的投资还不够多，离预期目标还有很大距离。为了进一步鼓励私商和外商投资，为了更好地发挥已有的基础设施的作用，经营者要求政府除了继续实行现有的各项政策外，还必须进一步完善各种制度，切实做到为公营、私营提供平等的竞争机会，也要求政府在提供支持方面（包括长期贷款）一视同仁。私营成分的进入导致竞争加剧是不可避免的，良性竞争对推动各企业提升技术水平和管理水平是有益的。当然，政府也注意采取必要的措施维护消费者的利益。利润驱动一定会带来某些副作用，这也是政府应该特别关注的。

3. 加大公营企业改革的力度

公营企业通过撤资成为合营企业，是公营企业改革的一个重要方面。此举不仅是为了更合理和更有效地使用国家资源，也是为了通过引进私人资本，改善企业经营管理。撤资部（2001 年成立）2002 年 12 月在议会宣布，撤资的主要目的是更有效地使用国家的资源和资产，更充分地发挥公营企业的内在潜力，提高效益。政府拟建立撤资基金，用于社会和基础设施建设投资，资助新的就业机会以及偿还公共债务。对撤资企业保留下来的公营资金，决定成立一个国有资产管理部，切实地负起管理职责。

全国民主联盟政府希望加大公营企业撤资力度。政府每年都根据撤资委员会的建议，批准一批企业撤资。撤资的企业中包括较大的公司，如印度矿业和金属贸易公司、印度锌业有限公司、印度斯坦石油公司、印度石油化工公司、印度航空公司、印度斯坦电缆公司、印度造船公司、印度旅游发展公司等。2000 年 11 月政府解除了外国资本进入印度最大的轻工业部门——纺织业的禁令。可见撤资范围远比联合阵线执政时广泛，轻重工业均有。

2000 年以前，撤资允许的幅度较小，核心部门企业撤资比重不得超过 49%，有关石油的企业一般在 10%。2000~2001 年度规定所有非战略性企业（根据政府 1999 年 3 月所做的界定，战略性部门指军事工业、原子能工业、铁路运输），公营股金都可撤资至 26%，也就是说，全国大多数公营企业绝大部分股金和经营主导权都可以转让给私商或外商。尽管做了原则规定，具体到每个部门、每个企业，其撤资比重到底是多少，仍由撤资委员会提议，经内阁批准。各部门、各企业由于情况不同，撤资幅度也不一样。在上述关于撤资幅度的新规定下达后，一般都提高了比重，但也并非都减到 26%。如 2000 年 12 月政府提出了银行公司（修正）法案，把政府在国营银行的股份从 51%降到 33%，即撤资 67%。2000 年 3 月，政府允许印度航空公司撤资到 60%。

从 1999~2000 年度起，在实行撤资时，除采取上市的形式外，又采取了一种新形式即战略性出售。1998 年 8 月撤资委员会在给政府的报告中特别建议印度航空公司实行战略性出售，即以高于股市的价格出让大宗股给私营大企业，甚至包括经营管理权的出让，以加快撤资步伐。从 1999~2000 年度起，政府把撤资的重点转移到实行战略性出售上，成功地通过战略性出售，对一批大公司实行了撤资，其中包括现代食品工业公司、印度铝业公司、磷酸盐公司、印度斯坦锌业公司、印度石油化工公司、印度旅游发展公司的一系列大旅馆等。撤资比重各企业是不同的，有的只有 25%，有一些是 100%。在实行撤资的 16 个企业中，有 6 个是亏损企业（包括印度旅游发展公司和印度旅馆业公司）。通过出售这些公司的部分和全部股金，政府希望借助战略投资者的力量，使这些亏损的企业重新得到生机。

虽然公营企业撤资有了一定进展，但如果拿计划指标来衡量，则可以说完成得很不理想。1998～1999 年度至 2002～2003 年度，计划撤资指标 4900 亿卢比，实际完成 1804.9 亿卢比，占计划的 36.8%。唯一执行得很好的是 2003～2004 年度，计划撤资指标 1450 亿卢比，实际完成 1554.7 亿卢比，当然，其中有部分是先前打好的基础。

公营企业撤资继续遭到左翼政党和工人的反对。2002 年 11 月，公营银行的职工举行一天的总罢工，反对银行撤资。2001 年，当印度国家铝业公司的职工得知该公司将撤资至 49%时，群起反对，罢工 67 天，并上诉德里法院，要求取消撤资的决定。最高法院驳回上诉，不过由于工人继续以其他形式反对，政府不得不延期进行。反对撤资的并不仅是要撤资的企业的工人，其他部门、业界的职工也有不少人抱有同样的心态。如 2001 年 7 月 18 日，就有 150 万中央政府的雇员和教师举行示威游行，并将这一天称为“反私有化日”。政府充分理解工人的心情，为消除他们的忧虑，缓和抵触情绪，宣布实行撤资时不会置工人的利益不顾。2000～2001 年度，政府在实行战略性出售时，在签订的协议中规定至少一年内不能解雇工人，此后只有在两种情况下才能解雇工人：一是实行公营企业部指导纲要规定的自愿退休计划，一是实行撤资前有些公司就实行的自愿离岗计划。这两种办法规定的条件对离岗职工都较为有利，和通常被解雇不同。工人们既然阻止不了私有化进程，许多人也只好接受这样的安排离开工厂。从 1991～1992 年度到 2000～2001 年度，公营企业在岗工人数由 217.9 万人降至 174.2 万人，减少约 20%。到 2001 年 3 月 31 日，有 36.9 万人选择自愿退休计划。2000～2001 年度政府还决定，在对印度石油公司和印度斯坦石油公司实行撤资时，将拨出一定的股份比例，以优惠的定价售给该两公司的职工。

对于撤资，在全国民主联盟政府内也有些政党反对。如 2002 年 2 月，政府计划对印度斯坦石油公司和印度石油公司进行战略性出售，在联盟和政府内出现强烈的反对声音。如巴特那人民力量党主席就批评政府奉行“危险的撤资政策”，宣称他要辞去内阁部长职务，他的党要发动一场反对撤资的运动。由于反对者有一定力量，两个公司的撤资计划被推迟讨论。10 月 2 日，瓦杰帕伊仍表示要继续实行撤资政策。10 月 5 日，他在主持计划委员会的一次全体会议时说，撤资必须继续进行，尽管困难重重。又说，公营企业的深入改革势在必行，这是客观的要求，是任何力量也不可逆转的。经过幕后反复地工作，在两个石油公司撤资的问题上，赞成者和反对者终于达成了妥协。2003 年 1 月，关于石油部门的公司能否撤资的长期讨论有了结果。政府决定印度斯坦石油公司通过战略性出售实行撤资，向战略投资者出售 34.01%的股权，印度石油公司通过出售给公众的方式实行撤资。还规定两个公司都拨出一定比重的股份以优惠价出售给两个公司的职工。这一消息的公布，驱散了笼罩在公营企业撤资战略上的疑云，肯定了继续撤资的方向。

公营企业还继续实行明确企业领导人权责利的谅解备忘录制，政府主管部门每年对每个企业的备忘录执行情况进行检查和评估，发现问题，要求改进。对效益显著的企业实行奖励，其中成绩最突出的大企业被授予“宝石”企业称号。获得这种称号的企业可以享有充分的经营管理自主权，包括自由决定投资、组成合营企业、建立技术联盟和战略联盟、从国内外股市集资、在海外设立分公司等，政府还鼓励有条件的大企业成为世界级的大公司。已有一批大企业获得这种优惠，其中有印度石油公司、石油天然气公司、印度石油化工公司、印度钢铁总公司、印度天然气公司、巴拉特重型电机公司等。比“宝石”企业低一级的称号是“小宝石”企业，连续三年盈利、能按时偿还政府贷款的效益好、信用好的企业可获得这种称号。这类企业可以按规定享有经营管理自主权，如增加资本、建立合营企业、建立技术和战略联盟等。尽管许多公营企业在实行备忘录制以后经营情况有了改善，但每年评估中，都发现依然有不少企业管理混乱、经营亏损，有的甚至连年亏损。对连年亏损的企业政府不得不交给工业和金融复兴局，区别情况，进行处置，有的实行转产，有的被兼并或关闭。

中央公营企业经过改革后在效益方面有一定改善。1998~1999 年度至 2000~2001 年度，公营企业总产值从 31017.9 亿卢比增加到 45822.7 亿卢比，增长 48%；纯利润从 1320.3 亿卢比增加到 1565.3 亿卢比，增长 19%；上缴税款从 4693.4 亿卢比增加到 6097.8 亿卢比，增长 30%；上缴红利从 493.2 亿卢比增加到 826 亿卢比，增长 67.5%。

4. 更有力地促进出口

在进口方面继续采取自由化措施。1999~2000 年度，有 894 种进口商品免除许可证，414 种商品改列入特别进口许可证名单。自 2001 年 4 月起，特别进口许可证制取消。2000~2001 年度，关税的最高税率由 40%降至 35%；对进口产品的数量限制也陆续取消。

促进出口是更重要的任务。1998 年，针对出口下滑，商业部部长 R. 赫格德采取了一系列振兴措施，包括：把出口单位和加工区免税 5 年的规定延长到 10 年；享有促进出口信贷保证的部门扩展到软件技术园区；对硬件生产部门的优惠政策也在拟定中。1999~2000 年度，免税 10 年的待遇扩大到内河运输、内河港口和国内卫星服务等部门，2000~2001 年度又扩大到在软件技术园和电子硬件技术园新建的企业和产品 100%出口的企业。已实行的资本品输出促进计划中零关税的优惠政策也扩大到化学制品和纺织品。成衣业由小型工业专营的限制解除，以发展成衣业，促进出口。对服务输出的重要性和潜力，政府高度重视，在新的进出口政策中特别提出给予优惠，鼓励其发展。

促进出口的一项重要措施是设立出口加工区，以吸引更多私人资本和外资投资建立面向出口的企业，特别是产品有竞争优势的工业和有高附加值的农产品加工业。出口加工区 90 年代就建立了，政府选定了某些地区，集中加工某些产品，通过提供优惠，促进加工，扩大出口。

2000 年 4 月又效仿中国的做法，建立经济特区，目的在于创造一个有利的规范的投资小环境，以发展基础设施、生产出口产品或对外提供服务。经济特区即指定一个区域为免税区，在商业运作和关税、税率方面将其视为国外区域。经济特区内的企业可以是制造业，也可以是商业、改装行业、修理业或服务业，其进口、出口业务都自主进行。对特区企业的要求是，必须面向出口赚取外汇，对外贸易产生净盈余的时间为 3 年以内。对经济特区的激励措施有：连续 10 年的免税期；进口无须许可证；进口资本货物、原材料、消耗品、零配件等免进口税；从国内市场采购资本货物、原材料、消耗性零配件免税；全自由的再承包；转包的部分生产允许在国外进行；海关不对进出口货物做例行检查；可在出口商外币账户中保存 100%的外汇收入；等等。尤其值得一提的是对经济特区开发商的优惠待遇。特区的开发商对获得批准的项目享有规划上的完全自由；有权享受以商业方式提供的供水、供电、安全保卫、餐饮、娱乐中心等服务。特区内的企业若在特区外的国内市场出售产品或提供服务者，必须遵守进口的政策规定并缴纳关税。特区各部门运作情况的监管由以发展专员为首的、包括海关机构成员在内的一个委员会执行。经济特区里项目的设立由发展专员批准，所有获批准的项目需要及时由经济特区的发展专员处理后续事项。政府还规定，特区可以是公营的、私营的、合营的或邦政府建立的。还规定现有的有些出口加工区可以改成经济特区。在决定实行这项政策后，政府已陆续把古吉拉特邦的坎德拉和苏拉特加工区、喀拉拉邦的科钦加工区、马哈拉施特拉邦的圣克鲁斯加工区、西孟加拉邦的法尔塔加工区、泰米尔纳杜邦的金奈加工区、安得拉邦的维萨卡帕特纳姆加工区和北方邦的诺伊达加工区改成经济特区。此外，又批准在全国部分邦新建 27 个私营的、合营的或属于邦政府经营的经济特区。特区的规模有的很大，有的比较小。

由于采取这些措施，出口有了一定增长。1999～2000 年度出口增长 8.3%，2000～2001 年度增长 9.4%。出口增长是由于贸易的自由化、卢比贬值、关税降低和外资进入出口取向的部门，建立经济特区在其中起了重要作用。不过和同期进口比，出口的增长仍然缓慢，进口仍大于出口，1999～2000 年度进口增长 12.3%，2000～2001 年度为 12.4%，贸易逆差分别为 4%和 3%。之后两年由于软件和服务外包业的飞快增长，出口总量大大提升。2002～2003 年度出口增长达 20%，这在印度历史上是少有的。进出口贸易的总形势正朝着有利于印度的方向转化。

5. 振兴和进一步规范资本市场

印度的 23 家股票市场已经全部联网。上市公司有 1 万家以上，日交易额在全球居前五。根据里昂证券的评价，印度上市公司注重稳固架构、优化制度以及强化公司治理，取得显著成效。

全国民主联盟政府成立后，对资本市场的管理方面制定了新的法规，包括根据《外汇管理法》制定的《外汇管理（外国人转让或发行股票）规定》，《证券契约管理法》，1999 年修订的《风险资本公司指导》等，进一步规范资本市场和便利外商投资是这些立法的重要目的。

为了振兴不景气的资本市场，1998～1999 年度政府制定的法规允许公司回购它们自己的股票，允许跨公司投资而无须政府事先批准，建立投资者教育和保护基金，强化法定审计标准。在股票回购的规定上做了些改变，如规定回购的最高限为实付资本和自由储备的 25%。这都包括在 1999 年的公司修订法中。1999 年以后，与国家的经济形势相适应，证券市场的形势明显好转。孟买敏感指数 1998 年 10 月为 2812 点，到 2000 年 1 月上升到

5420 点。

强有力的市场根基和政府进行的技术层面与结构层面的改革，导致外国机构投资者对印度资本市场增强了信心，外国机构投资从 1998 ~ 1999 年的 79 亿美元增加到 2003 年的 759.1 亿美元。

风险投资业在印度仍处于初始阶段。为了促进创新，促进科技和知识的产业化，弥补传统金融机构对新兴的以科技和知识为基础的企业资金支持上的不足，印度近年来开始注重促进风险资本的发展。1996 年印度证券交易委员会制定了风险资本法，具体规定了风险资本公司的注册和投资制度。一些印度人建立的风险资本基金开始注册，外国风险资本也随即进入印度投资。2003 年以来，随着印度经济强劲反弹，股价上涨，流入印度的外国风险资本急剧增加，结果印度的风险投资在过去四五年内高速发展，2003 年居亚洲第二位。投资主要集中于信息技术和生物技术产业。风险投资的增加，反映出印度经济的这些领域开始走强。据英联投资集团①统计，2003 年前六个月的投资额为 1 亿美元，7 月以后，外国私人股本投资团体已将 3 亿美元投资于印度小型公司或初创公司。在较早进入印度的风险投资中，对信息技术业的投资占据了主导地位，后来范围扩大，包括出口制造业、媒体、娱乐及业务外包在内的许多领域。如华平投资公司向拉达克里希南食品公司投资 5000 万美元，英联投资集团和新加坡政府投资公司向旁遮普拖拉机厂投资 5700 万美元。又如渣打私人股本公司向新德里电视台投资 1100 万美元，澳大利亚安保集团向《印度时报》投资 2700 万美元。投资模式也越来越趋于多样化。

政府为促进风险资本发展，在税收方面采取了一些优惠措施，包括：（1）取消因公司股权发生实质性变化而不能享受税收优惠的规定，这项措施不仅可以鼓励风险投资者在设立风险企业方面采取更大胆的举动，而且也给予其在调整公司股权结构方面更大的余地。这也有利于刺激产业部门的兼并和收购行为，为风险投资者创造了许多新的投资机会。（2）制定有限合伙企业法案，这有利于风险资本的运作。（3）为了加速通过证券市场对公司进行分拆、兼并和重组的进程，对转让某种证券交易的成员资格或权利所取得的收益，从 2003 年 4 月 1 日起，经印度证券交易委员会批准，

① 英联投资集团是英国一家监测印度市场的风险资本公司。

可以免税。

6. 大力促进软件和信息技术服务外包业的发展

软件和信息技术服务外包业的发展是全国民主联盟执政时期在经济方面取得的最耀眼的成就。当然，这个绚丽的花朵是在自拉·甘地执政以来历届政府多年共同培育的沃土上逐渐成长的。但不可否认，全国民主联盟政府的大力促进成了催它绽放的和煦春风。

瓦杰帕伊总理对发展信息技术非常重视，他说："信息技术是印度的未来。"[①] 印度应成为"全球信息技术超级大国"和"信息革命时代的先驱"。商业和工业部部长莫拉索利·马朗也重复拉·甘地的说法："我们错过了工业革命，但我们不想错过席卷全世界的这次信息产业革命。"[②] 瓦杰帕伊明确提出信息技术和生物技术是印度今后重点发展的两大知识型产业。

为了切实保障信息技术的发展，1998 年成立了国家信息技术工作小组。它制定了一项全面发展信息技术的计划，经内阁批准，这就是 1998 年《信息技术行动计划》。这是一个纲领性文件，它提出了进一步发展软件、硬件的目标、措施和国家的长期政策，明确提出用 10 年时间实现"软件超级大国"的战略目标，并确定 2008 年印度软件业出口达到 500 亿美元的指标。《信息技术行动计划》的核心内容是进一步明确信息产业为印度优先发展的产业，提出的措施包括：打破信息基础设施经营的垄断，解决信息技术发展的瓶颈问题；进一步改革税制，确保对软件业的资金支持；普及信息技术教育和培训；完善电子商务和相关法律，继续促进出口，并大力开拓国内市场。关于后者，行动计划给予了特别强调。这是针对国内市场狭小，与印度的软件大国地位不相适应的缺陷而提出的改进措施。计划提出，在未来 10 年中，要把开发国内软件市场作为软件产业发展的一个重要目标，要通过推行电子政务，发展电子通信和电子商务来扩大国内软件市场。计划强调："印度要成为一个信息技术强国，就必须使信息技术的应用在国内得到普及和深化。"信息技术发展计划为印度信息产业发展提供了宏伟蓝图和变革的动力。政府期望通过进一步的扶植和规范化，把信息技术产业的

---

① N. 维特尔、S. 曼哈林安姆：《印度 IT 产业揭密》，矽贝、今彦译，新华出版社，2004。

② 黄观辉：《印度软件业崛起的三大内因》，见 http：//tech. sina. com. cn/it/2004 - 12 - 15/1811484959。

发展和软件的出口推向新的高峰。1998 年政府增设了信息技术部，负责这一行动计划的实施。

从 90 年代起，印度软件业的发展碰上了千载难逢的世界市场好机遇。这个好机遇有两波，两者接踵而至，并行发展。第一波是 80 年代末期开始的美国软件公司应用软件研制的外包热潮。这个机遇从拉奥执政时起就被紧紧抓住了，全国民主联盟政府继续紧紧抓住这个机遇，促使印度软件业的研制和出口更上一层楼。世界银行的调查评估显示，在全球按客户要求设计的计算机软件开发市场上，印度占据了 18.5%的份额，成了仅次于美国的世界软件研究开发的重要中心。印度计算机软件出口的规模、质量和成本等综合指数排名世界第一。据美国《财富》杂志调查，美国最大的 100 家公司几乎都把印度作为国外计算机软件来源的首选市场。第二波机遇是 90 年代后半期开始的西方各跨国公司部分业务流程外包热的兴起。它们的首选又是印度，因为印度除了有廉价劳力、大量会英语的技术人才和良好的商业信誉外，正在深入进行经济改革，金融体制和法律体制较为健全，这是跨国公司非常中意的，加之印度人对西方文化比较了解，沟通比较容易，这些使印度成了独具优势的国家。也正因为此，印度被西方大公司普遍认为是“最理想的外包对象”。① 于是，90 年代后期一批批服务外包的订单纷至沓来。外包内容多种多样，包括呼叫中心、数据处理、财务统计、税收表报、用户联络、信息咨询等，而且领域不断扩大。由于承包的各种业务都是建立在信息技术基础上的，印度的一些信息技术公司也就是软件公司成了服务外包的主要承包者。美国跨国公司外包业务的一半以上给了印度，有 82%的大公司首选印度，加上其他国家的跨国公司的订单，使印度应接不暇。这是比前一波潜力更大的机遇。全国民主联盟政府又紧紧抓住了这个机遇，把原来给软件研制承包的种种优惠扩大到信息服务承包方面。印度由此一举成了最受西方大公司实行业务外包青睐的国家。世界的大公司，如《财富》杂志列名世界 500 强的大部分，以及其他许多企业都有或多或少的业务外包给印度。1998 年，信息外包业务在印度还是一星半点，2001 年起以年均增长率超过 20%的速度发展，2003 年后增长速度更快，达到 30%。印度已得到美国离岸外包业务的 60%以上，在其他英语国家市

① http：//offshoreitoutsourcing. com/Pages/offshore-outsourcing-to-india. asp.

场上也占有重要位置。

这两波机遇印度都成了最大获益者。当然，要把可能性变为现实，关键是印度对机遇要抓得准，抓得快，抓得切实有效。全国民主联盟政府没有错失良机。按照《信息技术行动计划》所列的内容，政府采取的措施包括以下方面。

——根据《信息技术行动计划》，政府宣布了一项银行和外汇计划，指示各有关部门从资金、外汇等方面支持软件业发展。为了增强中小软件企业的能力，1999 年 12 月建立了 10 亿卢比的软件业风险投资基金。这是由印度小型产业发展银行和印度政府信息部共同资助建立的，目的在于满足印度软件公司特别是小型公司发展的资金需求，使它们获得更大的发展机会。

——为了鼓励在信息技术产业增加投资，有 75 种有关设备的进口税由 25%降到 15%。信息技术的许多产品的进口税降到从值 5%的低水平。

——2000 年 5 月议会制定了《信息技术法》，规定了便利电子商业增长和防止网络犯罪的法律框架。

——建立更多的软件技术园区。在 1991 年班加罗尔软件技术园区建立后，政府又将软件园区由南向北推进，形成全国性软件技术园区网络。到 2003 年，全国已建成 18 个园区，注册公司超过 7500 家。软件技术园兴建了最先进的基础设施。为了鼓励海内外投资，政府对进入这些高科技园区的本国公司和外国跨国公司实行优惠政策：免除计算机软件进出口的税收；进口软件设备免税；允许外商投资者控股 75%～100%，外商向信息服务部门投资可持股 100%，并适用自动批准程序；全部产品用于出口的软件商可以免缴所得税；在软件园区注册的企业可在 10 年内免交所得税，各国跨国公司在软件技术园建立的研发中心享受同样的待遇。

在优惠政策吸引下，到技术园落户的世界软件业大公司越来越多，如美国微软公司在安得拉邦首府海得拉巴的技术园设立了研发中心，美国的惠普、康柏、国际商业机器公司和日本富士通公司等都相继在印度的几个技术园区设立了研发中心。班加罗尔软件技术园增长率居全国之首，到 2005 年 2 月已集聚了 4500 家高科技企业，其中 1000 多家有外资参与。这里的印度人的软件公司有 2 家出口超 100 亿卢比（约 2 亿美元），13 家出口超 10 亿卢比，66 家出口 1 亿～10 亿卢比。班加罗尔已初步具备了向美国硅谷挑战的实力。安得拉邦、喀拉拉邦也发展得较快，以班加罗尔、安德拉尔、钦奈和喀拉拉邦的技术园为中心形成了印度南部的一个海岸三角，人称“金三角”，大部分信息技术的发展出现在这个地带。印度软件出口的70%来自各技术园区。软件技术园的建立起了筑巢引凤的作用。其最重要的成果之一是吸引世界软件巨头到印度建立研发中心。世界软件巨头为了最充分地利用印度的人才资源，也为了最大限度地减少开支，不再满足于加工订货，开始直接到印度建立研发中心。美国得克萨斯仪器公司1985年就在印度建立了研发中心，从事信息技术尖端领域的研究，已经申请了200个专利。由于技术研发需要足够的资金和技术力量，印度自己没有条件建立，在印度，信息技术创新的研究主要是由世界技术巨头来此投资驱动的。全球最大的信息技术巨头，包括微软、英特尔、奥拉克尔公司都在印度设立了研发中心。这些研发中心在人员和业务活动方面已经颇具规模，可以提供高端的创新产品，向客户提供系统的解决方案。2005年初，微软公司在班加罗尔设立了微软印度研发中心。这是该公司在美国本土之外设立的第三个研发机构。微软印度研发中心将在地理信息系统、多语言系统和传感器网络领域开展研究，为新兴市场提供技术。中心和印度科技部签订了在科技领域合作的谅解备忘录。印度科技部官员说，这是印度第一次和国际尖端研究机构结成联盟，以解决在计算机领域的尖端课题。双方合作的第一个项目是地理信息系统，包括卫星成像、遥感和其他地质数据等的索引数据库。该项目运作时可以鸟瞰印度国土，在发生海啸等重大自然灾害时可提供详细的印度地形数据，支持和监控救灾工作的进行。不仅软件业巨头，各跨国公司也纷纷到印度建立与信息技术有关的业务研发中心。2001年至2005年，已有多达230家跨国公司在印度设立了研发中心。世界大公司纷纷在印度建立研发中心，既为印度带来大量直接投资，又使印度的技术力量得到锻炼和水平得到提升。跨国公司之所以愿意将研发中心建在印度，重要的原因是它们在软件技术园享有的各种优惠，是它们在其国内绝对企盼不到的。

——加速培养信息产业技术人员。软件产业的发展首先依赖拥有数量多、水平高的技术人才。据印度全国软件服务公司协会对印度软件业人才市场供需情况的调查，1996~1997年度，印度软件业有专业技术人员16万人，至2000年3月31日，印度软件业共有专业技术人员34万人，三年内增加了18万人。照这样的发展势头，印度软件业需要的技术人员越来越多，到2008年需要220万名软件技术人员和160万名硬件技术人员。这还不包括海外人才市场对印度信息技术人员的需求，其数量也将急剧增加。培养信息技术人才已成为印度的当务之急。印度政府采取了各种措施加速信息技术人才的培养。第一，增加对在国际上享有盛誉的印度几所理工学院的投入。第二，在全国所有邦设立印度信息技术学院，专门培养高水平的信息技术人才。第三，大力鼓励民间办学，培养信息技术人才。第四，鼓励有实力的软件公司自己办学或与高等院校联合办学。第五，争取国际力量协助办学。一些国际上著名的信息技术公司也加入了印度培养信息技术人才的行列，如英特尔公司决定出资帮助印度在两年内培养20万名信息技术教师，以普及信息教育。

——适应软件业的发展需要，改善和增强电信基础设施。1999年新的全国电信政策的制定和大力实施就是政府重视解决这一问题的表现。该政策规定，长途电话和国际电话允许私人参与经营，要鼓励良性竞争，以吸引更多投资。

尽管有政府的全力支持，如果印度研制的软件质量不好，或提供的信息技术外包服务质量不高，要保持客户的信赖是做不到的。西方大公司欢迎印度的软件和印度提供的服务恰恰是因为印度软件质量可靠、交货及时，印度的外包服务细致周到、准确精细。印度软件公司的质量管理有很高的水平，在国际上享有很高的知名度。2001年印度软件公司较大的400家中有250家公司获得ISO9000质量标准认证，全球通过SEI-CMM5级认证也就是软件企业最高级别认证的72家软件企业中，印度就占了45家，是世界上获得这种认证级别的软件企业最多的国家。全国软件和服务公司协会的调查表明，印度公司在质量标准上并不自满，还在不断提高对自己的要求：已通过ISO9000认证的企业正在向通过ISO9000：2000标准前进，未进行CMM认证的公司都在努力争取达到CMM认证标准。印度软件公司还接受并采用了国际上新出台的软件企业人才管理的质量标准，正在以这个标准来规范自己的人才管理。这些都表明印度企业家对质量标准的高度重视，他们知道只有坚持严格要求并不断前进，才能保持印度软件业艰难赢得的世界商业信誉。

由于政府上述种种大力支持，加之软件企业坚持不懈的努力，印度软件业的实力不断增强。随着应用软件研制的增多，软件的研制也在逐步升级，创新和研发高端产品，越来越受到重视，在核心软件技术的研发方面有了一些进展，在多个应用领域，印度的主要软件企业已成为具有竞争力的解决方案提供者。由于技术实力增强，一些印度公司已能与美国的主要咨询公司在市场上形成正面竞争。技术的提升反过来又促使订单增多，结果软件业发展突飞猛进，成了国民经济中增长最快的部门。

据印度全国软件和服务公司协会统计，1991～1992 年度至 2001～2002 年度，印度软件和服务外包业产值以年均 45%的速度增长，其中 1994～2001 年平均年增长率是 50%。1990 年软件产值只有微不足道的 5000 万美元，1995～1996 年度软件和服务外包业产值是 11 亿美元，1998～1999 年度达 39 亿美元，2003～2004 年度上升到 160 亿美元，2004～2005 年度更达 220 亿美元。

从 90 年代起，印度软件和服务业出口额飞速上升。1994～1995 年度为 4.85 亿美元，1998～1999 年度为 26.5 亿美元，2003～2004 年度增加到 128 亿美元，2004～2005 年度更达到 172 亿美元。印度软件出口与信息技术服务外包已遍及全球 100 多个国家和地区，其中 60%以上出口美国，在其他英语国家市场上也占有重要位置。

另据印度全国软件和服务公司协会材料，2005 年印度共有信息技术公司 3000 家，出口 150 个国家。软件和服务外包业的发展提供了大量的就业机会。1998～1999 年度共雇用员工 28 万人，2001～2002 年度达 52.2 万人，2004～2005 年度进一步上升到 104.5 万人，其中软件业 69.7 万人，服务外包业 34.8 万人。

软件业的发展中心已扩及全国许多城市和地区，最重要的有班加罗尔、海得拉巴、孟买、浦那、钦奈、加尔各答、德里-诺伊达-古尔冈地带、伐多达拉、布巴内斯瓦尔、阿默达巴德、果阿、昌迪加尔和特里万杜姆等。其中发展最快的是班加罗尔，它吸收了美国投资的 50%；其次是钦奈，吸收了 20%；再次是孟买、浦那、加尔各答和古尔冈。

正是在飞速发展中，90 年代以来印度涌现出一批在世界软件业中非常有实力的大企业。在产值和出口方面位列前五名的是塔塔咨询服务公司、威普罗技术公司、印度信息系统技术公司、萨蒂扬计算机服务公司和 HCL 技术公司。塔塔咨询服务公司是印度最大的软件服务出口商，是印度第一家年收入超过 10 亿美元的信息技术公司。该公司也是亚洲最大的软件服务公司。印度信息系统技术公司是 1981 年由 7 名年轻的软件工程师集资创建的。2003~2004 年度，其营业额已超过 15 亿美元。1999 年，该公司就进入了《福布斯》杂志公布的世界 500 强行列，这个公司的创办和发迹可以说是印度信息技术发展的缩影。威普罗技术公司 2003~2004 年度营业额也突破了 10 亿美元，公司总裁阿齐姆·普雷姆吉被称为“印度比尔·盖茨”，他个人有公司 84%的股份，财产达到 60 亿美元。在 2003 年《财富》杂志公布的“全球最具影响力的 50 位商界领袖”名单中，普雷姆吉名列第 17 位。他领导的公司在 20 世纪最后几年信息技术产业的迅猛发展中始终站在潮流前列，成为印度的标杆企业。威普罗技术公司最令人注目的崛起过程，在于它把软件开发流程标准化，使软件生产也像制造业一样大量生产，并创下印度企业在美国上市成功的传奇。威普罗技术公司也因此成为印度最富生机的高科技公司之一。印度正是因为有了这样一批有实力的大公司，在竞争激烈的软件业世界商海中才能应对自如，显示不凡的身手。

进入 21 世纪后，印度成了软件业和服务外包业的世界大国，亦即信息产业世界大国。时任美国微软公司董事长比尔·盖茨在 2004 年谈到印度的软件业时说：“三年前，我访问印度时，印度已成为一个崛起中的信息技术超级大国。今天，它已能处理世界上最复杂的课题。”①

软件和信息技术服务外包业已成为印度经济发展的重要驱动力之一。但是，发展中存在的问题也已现出端倪，一是现有的电力和电信基础设施不适应需要，一是技术人才的培养已呈现供不应求的趋势。印度如果要长期保持在软件业的领先地位，就必须及早采取措施解决这两方面的问题，防止它们成为继续增长的拦路虎。特别是后者，因为人才缺乏可能导致印度技术人员工资提高，使印度的人力成本优势降低，软件研制和服务成本升高，那对于印度在西方人心目中的首选地位将构成威胁。

在硬件方面，印度也日益显示出其强大的高科技开发潜力。2002 年制造完成的每秒运算 1 万亿次的超级计算机是先进的成果，此后，又向超万亿次的新目标前进。不过，就家用计算机和电器而言，印度的发展水平却不高，与软件的发展形成了强烈反差。为了促进硬件的生产，近年来建立了

① http://offshoreitoutsourcing.com/Pages/offshore-outsourcing-to-india.asp.

电子硬件技术园区，由中央和地方政府建立综合设施，由公营或私营部门或其联合体进行操作，在那里硬件的生产可以在免税的环境下进行。2004年初，印度政府降低了计算机部件进口税、使用税，并取消了特种税。在政府的积极鼓励下，硬件的生产开始出现较大的增长趋势。

7. 实行农业改革和发展农业经济

印度的经济改革在农业领域开展较晚。拉奥采取的改革措施有限，提出的发展多种经济和促进农产品出口的要求由于没有有力的配套措施，不能很好地落实。依照宪法规定，农业的管理属邦政府的权限范围，可是邦政府主动采取改革措施的很少。所以直到全国民主联盟执政时，农产品的贸易、流通和价格还受到一系列法规的限制，如粮食贸易的许可证制、流通范围的限制、储存粮食最高限额的规定、政府对市场的控制等，农产品的贸易被限制在邦范围内，甚至是更小的地区，全国没有形成统一的农产品市场，农民还没有享受到统一市场条件下自由贸易的利益。这些限制的存在使农业经营者的积极性受到压抑，也不利于吸引投资，这也是农业增长率不高、多种经济发展不够的原因之一。对农业贸易的限制也使消费者蒙受损失。农业改革不能再拖延下去了。农业改革的目的是打破束缚，调动农业经营者的积极性，促进整个农业经济的增长。

2001 年 9 月，全国民主联盟政府成立了农业和农村工业部，以加强对农业的领导。为了提高农业经营者的积极性，促进对农业投资的增长，2000 年 7 月，中央政府制定了一项全国农业政策，这是印度独立后第一个全国农业政策。新政策预期从 2005 年起的未来 20 年，农业年均增长率应超过 4%。为达到这个目标，新政策规定应从各方面采取措施，包括结构改革、制度改革、农艺水平的提高和税收改革。新政策规定，要通过合同农业和土地租赁的安排促进私商在农业领域投资，还应鼓励私人投资者参与农业研究开发、人力资源培养、农产品收获后的再增值和市场管理。考虑到根据世界贸易组织的要求，农产品输入的数量限制要被取消，新政策提出要有新的战略和具体安排，保护农民免受世界市场价格波动的影响并促进输出。要因地制宜发展畜牧、养殖、水产等多种经营，既满足国内需要，又增加出口的机会；要把树立地区化的优势农业，推广高产改良品种，发展园艺业、畜牧业和养殖业作为重点；国内农业市场应实现自由化，对农产品在国内流通的限制应逐步取消；对粮食和经济作物的税制应重新审定；对涉及农机具、化肥和其他各种投入与农产品储藏、加工等各种物资的消费税制也需要调整。新政策还提出要大力发展农用电力，加强灌溉设施建设，增加农业信贷，为增加农业投入和提高生产率提供物质保障。

实现农业贸易自由，使经营者切实得到经营的成果，是落实新政策的首要任务。为此，中央政府撤销了以往的某些对农业的限制性法规。1955年制定的禁止粮食自由贸易和流通的《基本生活日用品法》被取消，允许农业经营者自由贸易，以得到他们付出的劳动的合理回报。2002 年 2 月，决定取消农产品贸易许可证制，对农产品流通范围和储存数量的限制也取消了，此举使小麦、大米、食油、豆类、花生、油菜籽、甘蔗都可以自由贸易。联邦政府要求各邦政府也迅速制定新的法规，在本邦内更多领域解除限制。要扩大农产品出口，关键是要出口更多经过精加工、深加工大大增值了的产品，这也要求打破各邦对农产品流通、储存、加工的限制，达到资源的最佳配置。有些邦开始采取行动，但有的邦从本邦利益考虑，改革的步伐缓慢。要取消各种限制不仅涉及邦的财政收入，还涉及对小型工业的保护，因为有些农产品加工工业被保留给小型工业专营了，而要撤销其专营权势必引起强烈的反弹，这是一个亟待解决的问题。实现农产品贸易自由大大鼓励了农业经营者的积极性。

实现贸易自由需要有自由的农产品市场作为平台，各邦现行的农产品市场法只允许政府设立和管理农产品市场，规则由官方制定，价格由官方控制，农民没有别的选择，必须接受这样的安排。这种规定和新政策精神不符，已经不合时宜。2002 年 9 月，联邦政府粮食和农业部召开了农业市场改革全国会议，要求各邦修改现行的有关法律，特别是农产品市场法，落实中央提出的农业改革措施。会议要求各邦应通过修订原来的法规，规定应让私商和农业合作组织参与市场管理，以发挥他们的积极性和作用，提高市场管理水平。会后建立了以联邦农业国务部长为主席的全国农业部长委员会，负责落实中央关于农业改革的要求。卡纳塔克邦政府根据会议要求，很快修改了本邦的农产品市场法，允许奶业发展局（合作组织）建立和管理自己的农产品综合市场。其他邦也跟着修订，允许私商和合作社建立和管理市场。2003 年，农业和合作部又和邦政府、工商界代表一起商量制定了示范性的邦农产品市场发展和管理法，其内容为：允许法人、生产者和地方机构都能建立和经营市场；不能强迫生产者在现有的政府管理的市场出卖其产品；建立农民直接出售产品的农贸市场；促进公私成分共同建立和管理农业市场；邦市场局负责市场的宏观管理，制定有关规则，培训管理人员等，以保证市场的健康运作。到2005年初，已有18个邦和直辖区参照这个模式开始了修改法规的进程。建立自由贸易市场有利于鼓励农业经营者切实得到经营的利益，这无疑会推动他们增加投资、种植多样作物和发展多种农业经济。

实行改革的更深一层的目的是促进农业经济多样化，以多种多样的农产品供应国内市场。这既是满足人民需要，又是促进农业全面增长的要求。随着人民生活水平的逐渐提高，人们的食物构成逐渐由单一的谷物变得多样化，豆类、瓜果、蔬菜、奶制品、肉类、水产品等都成了食物的重要部分，需求量越来越大。这就要求农村更加注意因地制宜实行多样化种植，发展多种经济。以往政府主要对大米和小麦实行最低支持价，结果农民因避免风险，多去种植水稻和小麦，不敢种植市场需要但价格没有保障的经济作物。为解决这个问题，政府扩大了实行支持价的农产品种类，支持价也不断提高。这样就推动了农业的结构发生变化，由过于单一地种植粮食作物到种植作物多样化，由过于重视种植业到实现农业经济多样化。多种农业经济的发展不仅可以满足人民的需要，还有助于提高经济增长率、扩大出口，有利于农业加工业的发展和农村服务业的扩展，对扩大就业和消除贫困也是非常有利的。

扩大农产品出口是实行农业改革的又一目的。增加农产品出口是印度扩大出口的一个重要部分。印度是世界上第二大小麦和大米生产国，是第一豆类生产大国和第四粗粮生产大国。印度生产的椰子、生姜、腰果、黑胡椒在世界上居第一位，花生、水果、蔬菜居世界第二位。除食用油和豆类外，其他都能自给或有余。印度也是世界上最大的牛奶生产国，蛋肉的产量分别居第五位和第七位。资源是非常丰富的，但是农业出口数量一直有限，与其资源之世界地位不能相比。出口能力差，从政策层面看，是因为政府的指导思想不明确，重视较晚，政策调整力度不够；从物资条件层面看，则是因为农业生产和农产品加工、销售的水平都很落后，在国际上很少有具有优势能打开市场的产品。为了促进农产品出口，政府从多方面采取了措施。从2002年4月起，对小麦、大米、豆类、花生、农作物种子输出的限制都被取消，几乎所有农产品输出都自由化了。洋葱例外，由专门机构经营。建立农业出口区是走向实现农业多样化、商品增值和扩大输出的重要步骤。这个重要举措是政府在2001～2002年公布的进出口政策中宣布的，具体做法是选定地点，选定加工项目，通过政策优惠，引导经营者把种植、加工、出口有机地整合，充分有效地利用和发展农业资源，把初级产品加工成附加值高的产品出口。出口区的建立还能解决大量就业问题。中央要求各邦自行选定出口潜力大的优势产品，并确定建立农业出口区的适当地点。联邦政府专门建立了一个农业和加工食品发展局作为主管机构，帮助各邦建立出口区。到2003年，联邦政府已批准在14个邦建立48个农业出口区，总投资132.5亿卢比，由联邦和邦政府担负主要部分，吸收一部分私人投资。其主要种植、加工和出口的产品包括香米、小麦、香料、水果、花卉、洋葱、大蒜、生姜、土豆等。计划未来五年增加出口总值1030亿卢比。

由于采取上述措施，农产品输出逐年有所增加。2001～2002年度农产品输出总值是59亿美元，2002～2003年度增加到67.34亿美元，2003～2004年度又增加到75.33亿美元，比2002～2003年度增加11.87%，2004～2005年度前六个月又比2003～2004年度同期增加14.43%。2002～2003年度、2003～2004年度农产品输出都是农产品进口的两倍以上。印度已转变成农产品出口国。不过，主要输出品还是粮食（大米和小麦，约占20%）和水产品（约占20%），农产品加工品所占比重不大，原因是印度在加工、储存、保鲜等方面技术上的落后非一朝一夕所能改变，产品在国际市场上的竞争力很弱。政府强调在技术研究上应该跟上，努力提高产品的加工、包装、冷藏、保鲜和运输技术水平，降低成本，提高质量，以增强竞争力，创造更多出口的新局面。

扩大生产、加工和出口，都需要有按科学要求设计的仓库存放货物。为了鼓励经营者（个人和合作组织）建立自己合乎要求的仓库，政府从2001～2002年度起实行了一项农村仓库建设计划，对自行建立者，按其投资花费给予贷款。到2003～2004年度，银行已批准4851个建设项目，投资额达130亿卢比，储存容量为1050万吨。这对实现农业经济商品化十分重要。此计划还在继续实行。

印度农业资源丰富，潜力巨大，如何最充分地挖掘潜力，提高农业增长率，一直是政府关心和希望解决的大问题。绿色革命需要继续在全国扩展，已开展的地区需要继续深入。这都要政府的规划、组织和引导。全国民主联盟政府做出了一些努力。印度东部地区有充分的水利资源和肥沃的土地，农业增产潜力巨大，但利用还很不充分。政府制定了一项《东印度粮食增产农业用水管理计划》，目的是通过充分利用其有利条件和潜力使东部各邦成为国家的新粮仓。此计划已在东印北方邦、比哈尔、贾坎德、西孟加拉、阿萨姆、奥里萨、曼尼普尔等 10 个邦 171 个县启动。其资金部分来自银行贷款，部分由政府补贴。园艺业在印度有很大的发展潜力，也是扩大出口的项目。2001～2002 年实行了一项在东北各邦发展园艺业的计划。根据该计划，到 2007 年将投资共 58.5 亿卢比，用于研究培养优良品种和提高园艺技术。2001～2002 年园艺种植面积已扩大到 11592 公顷。在 2003 年独立日讲话中，瓦杰帕伊又提出了一项发展园艺业的全国计划，目的是推动水果、蔬菜、花卉、香料的种植，争取到 2010 年全国的园艺作物的产量增加一倍。中央政府还建立了第一个高科技园艺和精作农场，作为示范基地。

特种经济作物的种植是印度农业的一部分，现有的基础必须很好保护。为了帮助茶农、咖啡农和橡胶农增强抵御市场风险的能力，政府建立了 50 亿卢比的价格稳定基金，以备在需要的时候帮助农民减少价格下跌带来的损失。

实现上述各项任务需要政府在资金上给农业经营者以帮助。政府增加了农业信贷的额度，“九五”期间整个信贷约 23370 亿卢比，超过原定指标 400 亿卢比。“十五”计划期间（2002～2007）预定指标为 73657 亿卢比，为“九五”计划的 3.15 倍。

政府从 1999～2000 年度起实行了银行贷款给农民的信贷卡制度。在以后的三个年度中，向 3370 万户农民发放了信贷卡，共发放低息贷款 8.2732 亿卢比。又规定，农业经营者每季向银行借款 5 万卢比以下者，利息降低，最高不超过 9%。还实行了全国农业保险计划，已在 22 个邦和两个直辖区推行。

实现上述任务必须解决农业基础设施薄弱的问题。农业基础设施薄弱是影响农业经济发展的重要因素。要增加生产和扩大加工，要有储存和运输之便，都不可避免地提出了改善和增强农村基础设施的要求，特别是在电力供应、道路建设、扩展运输能力、发展通信设施和提高灌溉能力等方面。这是摆在政府面前的头等重要的课题。2000 年 12 月实行了农村基础设施建设计划，总投资为 6000 亿卢比，由中央政府资助。该计划的目的是大力修筑农村公路，把交通不方便的农村与主要公路干线联结起来。预期 2005~2007 年，全国所有尚未通公路的农村将通过全天候的公路与主要公路联结。这是独立后实行的一项最大的农村基础设施建设计划，自实行以来，已有近 1000 亿卢比款项拨给各邦政府，约 3 万个农村开始了公路建设。在灌溉设施方面，政府实行一项在各邦干旱地区促进水利设施建设计划，投资 580 亿卢比，计划增加灌溉面积 85 万公顷。另外，中央再拨款 17 亿卢比，资助各邦完成 2453 项小型灌溉工程，再扩大灌溉面积 14 万公顷。此两项计划的完成将大大提高印度种植农业的抗御灾害能力。在电力和电信方面，政府在实行电力业、电信业的体制改革时，都把扩大供应农村的因素考虑在内，增加对农村电力的供应和提高电话普及率。为了使农村都有电话，建立了普遍服务义务基金，主要用于资助私人电话业经营者为农村和边远地区提供价格合理的电话服务。政府努力的近期目标是实现每个农村都通电话，并把电信服务扩大到农村。结果，全国电话总数由 1999 年 4 月的 2280 万部增加到 2003 年 11 月的 6870 万部，国际网用户由 25 万人增加到 374.9 万人。有电话的农村同期由 34 万个增加到 51.9 万个。1998 年 3 月，农村公用电话有 30 万部，到 2003 年 11 月达到 52 万部，覆盖面是 85%。

尽管有一定成绩，投入不足仍然是影响农业发展的主要因素。这是一个老问题。政府投资到 80 年代初期后就呈下降趋势，而且一直没有大的改变。虽然私营投资呈上升趋势，但最初升幅不大。政府采取了种种鼓励政策，包括对出口农产品实行关税优惠，对投资兴建农业基础设施和在农业出口区建立企业的，实行税收减免和关税优惠等。这以后，私人投资有较大增加，成了近年来农业固定资本增加的主要来源。1998~1999 年度以后的几个年度，在总的农业资本形成中，公营投资部分占 1/4 左右，私人资本占 3/4 左右。2003~2004 年度公营投资占 24.3%，私人投资占 75.7%。公营投资少主要是因为政府财政用于农业补贴（粮食、化肥、电力、灌溉等）的经费太多，以致拿不出更多钱来发展农村基础设施。由于公营投资偏低，又由于农业领域（除农产品加工业外）很少能吸引到外资，整个农业投资近年来一直没有大的增加。这是个亟待解决的问题。2004 年 2 月，政府设立了农业基础设施和信贷基金，它将提供低息贷款，在未来三年内投资50000亿卢比用于农村的基础设施建设。这是政府做出的一个新努力。

总之，国内和全球贸易的自由化使印度农业既面临机遇，也面临挑战。印度学者和媒体普遍认为，在新的形势下需要一个新的农业发展战略。迄今一直实行的以限制和补贴为特点的发展战略应该改变了，需要实行一种建立在市场机制上的新战略，在这种战略下要把竞争、激励和保护适当结合起来，大力吸引投资，促使经营者面对市场，改进技术，提高竞争能力。同时，要在全国更大范围内继续扩展绿色革命，优化种植结构，扩展多种经营，使农业多种经济得到更快增长，使农民的生活水平也相应地得到提高。政府近几年的农业政策就是朝着这个方向进行的。只有这样，更快地消除农村的贫困才有坚实的基础。

8. 发展旅游业

印度旅游资源（历史的、文化的、生态的）之丰富是世界少有的，但直到90年代中期，旅游业发展仍极端落后。像泰姬陵这样的世界著名景点也是年久失修，周围没有相应的旅游配套设施，没有像样的旅游产品出售，连新德里至泰姬陵总共只有数小时车程的公路也只是双车道公路，路面狭窄而破旧，两旁的路灯昏暗，时常有交通事故发生。当时，不但外国游客寥寥无几，就是国内游客也不算多，和这个景点在世界文化遗产中的地位极不相称。从全国来说，除现有的历史遗址外，可以说丰富的旅游资源基本上处于没有被充分开发和利用的状态。这主要是因为政府对发展旅游业的重要意义缺乏认识，没有看到旅游业不仅本身能带来很高的收入，而且能带动很多相关部门（如运输业、建筑业、旅馆业、饮食业、服装业、手工艺品业等）的发展，对促进印度的对外贸易和文化交流都有重要的作用。90年代后半期随着经济发展和对外开放程度的增强，政府才意识到，一方面国家的资金和外汇拮据，另一方面却让如此丰富的旅游资源多年来白白地闲置，实在是政策上的缺失，这才改变态度，采取积极的政策发展国内外的旅游业。

全国民主联盟执政后，制定了促进旅游业发展的新的政策。其主要内容为，把旅游业作为国家的一项重点发展产业，提高印度在世界上作为旅游胜地的竞争力，改进现有的旅游设施，优化景点环境，合理规划布局，丰富旅游产品，充分发挥各地自然资源和历史文化资源的优势和价值，以适应市场的需求。还特别强调要提供最优的服务，创造美好的丰富多彩的环境，使旅游者有“宾至如归”的舒适感觉。为了实施这个计划，在第十个五年计划中，对旅游业的投资指标比“九五”计划增加了5倍，达290亿卢比，其中用来发展旅游基础设施的有153.5亿卢比。计划要求除国家拨款外，还要大量吸收私人参与投资。基础设施、旅游企业和旅游产品都可以采取公私合营的方式经营。

尽管这个计划的实现不可能一蹴而就，但1999年以来，政府确实采取了一些切实的措施，使旅游业的面貌发生了较大变化。历史文化旅游蓬勃兴起，德里的红堡、阿格拉的泰姬陵、马哈拉施特拉邦的阿旃陀石窟和埃洛拉石窟、哈里亚纳邦的库鲁克谢特拉-坦斯瓦尔、泰米尔纳杜邦的马哈巴利普拉姆、卡纳塔克邦的哈姆毗和阿萨姆邦的西萨加尔，吸引了大量游客特别是外国游客。重点景点的环境有了一定程度的优化，有100多处原来不受重视的历史遗迹得到恢复和修缮。除文化旅游外，还开辟了多种生态旅游和农村风光旅游。每个邦都形成了一批有魅力的旅游胜地，许多邦都有了各具特色的有品位的农村游。对旅游资源的利用还扩大到文献和历史领域。印度古代多种多样的文墨瑰宝，如古代名人手稿、细密画、最早的图书等，长期以来被深藏在各地一些机构和各学府的图书馆里，展露的机会很少。政府首次成立了一个专门的委员会，对散藏在全国各地的名人手稿等进行调查、收集，进行数字化处理，存放于国家手稿图书馆中，并适当开放展出。

政府还建立了专门的委员会，负责古迹和历史文化遗产的维护。截至2019年，印度申报已得到批准的世界历史遗产和世界自然遗产近40处，它们都成了旅游者首选的景点。

由于采取了以上措施，国内和国外的游客都有大幅度增加。2003年外国游客比2002年增加15.3%。2002年旅游的外汇收入为1400亿卢比，2003年增加到1704.94亿卢比。旅游业日益兴旺，成了第三产业的一支生力军。

9. 扶贫和社会福利改进措施

全国民主联盟执政5年中，虽然实行的经济改革坚持增长取向，但在兼顾社会公平方面同样未敢懈怠，采取了一系列措施扶助贫困人口和提高下层群众的社会福利，取得的成绩也是可观的。

在解决贫困和失业方面，政府主要依靠三个途径：提高经济增长率，实施扶贫与就业计划，政府预算增加社会福利支出。

1998~1999 年度实行的农民信贷卡制，既是发展农业生产的措施，也是扶贫措施。有 3370 万农户获得了农民信贷卡，贷款额达到 8273.2 亿卢比。对 2500 万手工业者和织工也建立了手工业者信贷卡。农民和手工业者借款的利率较低，最高为 9%。

在解决就业方面，1994~2000 年公营部门的就业减少了 0.03%，这主要是因为公营企业处于改革过程中，很少再补充人员。同期私营企业的就业增加 1.87%。1998 年之前的 5 年每年增加就业和自我就业机会约为 390 万个。全国民主联盟执政时期，从 2000 年到 2003 年每年增加就业和自我就业机会达 840 万个。这包括完全新的就业领域，如信息业、电信业、修筑公路、城市房屋建筑、与旅游有关的服务业等，这些领域发展的势头强劲，带来了大量就业机会。

由于小型工业在解决就业、增加产值、补充出口和活跃经济等方面的重要作用，支持小型工业，帮助它发展被政府作为重要任务之一列入日程。1999 年 10 月成立了单独的小型工业部，专门负责指导。2000 年 8 月，政府宣布了一项全面促进小型工业发展的政策。对小型工业实行豁免消费税的资产上限从 500 万卢比提高到 1000 万卢比，把其贷款最高限额从 100 万卢比提高到 250 万卢比；对手工纺织业者另拨 44.7 亿卢比扶助贷款。还实行了信贷保障基金计划，使从业者可以免担保得到贷款。

2001 年 9 月成立的农业和农村工业部把促进农村工业发展和扩大就业作为自己的重要任务。实行了扩大农村就业计划，由纺织和农村工业协会提供小额贷款，促进发展农村工业，包括农产品加工业。政府特别提倡就地吸纳农村富余人员参与农村工业。到 2002 年底，已建立各种农村小企业 152509 个，提供了 191.44 万个就业岗位。

2001 年 9 月起，在遭受旱灾的地区实行了独立后最大规模的以工代赈计划，目的是使受灾群众能够通过工作获得足够的粮食。此计划的年支出总资金为 1000 亿卢比，由联邦政府和邦政府按 75∶25 的比例分别负担。其中 500 亿卢比以 500 万吨粮食的形式给邦政府支配，另 500 亿卢比用作农村基础设施建设的工资和材料费用。实现此计划每年可在农村地区创造 10 亿个工作日。在此计划下，2002 年 4 月至 2003 年 1 月共供应 476.3 万吨粮食给受旱地区各邦政府。

修筑农村道路既是农村的基础设施建设，又能提供大量就业机会。在专门的计划下，1999~2002年，银行发放贷款共322.5亿卢比，创造工作岗位78万个。

组织农村妇女通过互助自我就业是解决就业问题的重要途径。1999年4月实行了一项妇女自助计划。在此计划下，建立了约181.5万个自助小组，有大量农村妇女参加，390万自我就业的人得到资助。2001年5月，政府又宣布拨款121.58亿卢比用来发展手工纺织和其他农村手工业，以解决更多人的自我就业。

2001年5月18日，瓦杰帕伊总理又提出一项15亿卢比的改善农业工人福利的计划。这是第一个专门适用于农业工人的计划。

由于经济的较快发展和认真执行减轻贫困计划，贫困有一定程度的减轻。印度的贫困人口率（贫困线下人口占总人口的比例）1993~1994年度为36%，其中农村贫困率为37.3%，城市贫困率为32.4%。据全国抽样调查组织对1999年7月至2000年6月居民消费进行的调查推算，1999~2000年度贫困率已降低到26%。政府的目标是到2006~2007年度降到19%。

政府用于社会福利的开支有了增加。1993~1994年度中央社会福利开支（计划内和计划外）占总开支的比重为9.4%，1999~2000年度增加到11.4%，2000~2001年度为10.7%，2001~2002年度也为10.7%。

2000年12月25日，瓦杰帕伊建立了6000亿卢比的基金，其用途有二：一是修筑农村道路，把所有农村联结起来，二是为贫困家庭供应平价粮食。2003~2004年度联邦预算使为贫困家庭提供平价大米和面粉的范围扩大，增加了500万户，从而总共覆盖1500万户。此项支出每年超过150亿卢比，规模之大前所未有。

2001~2002年度促进农村用水供应计划的中央拨款为197.5亿卢比，此外还有各邦的拨款。到2002年1月底，中央已拨出163.7亿卢比，各邦拨出149.6亿卢比，有26803个居民点1050万人口将得到安全水供应。2002~2003年度预算把对该计划的拨款再增加到253.5亿卢比。全国142.2万个农村居民点，其中从这一计划中受益的有127.5万个，部分受益的有13.1万个。

2002年12月又实行一项新的农村居民饮用水计划。这个中央资助的计划第一次规定由潘查雅特完成，后者直接得到整个项目费用的 90%，其余 10%由村民承担，这样既可防止中间克扣，又能吸引农民的关心和积极参与。

农村的卫生条件较差，加上许多农村还没有安全饮用水，传染病流行仍是常有的事。政府重视加强对传染病的监控和防治，实行了以控制疟疾、肺结核、麻风和艾滋病等传染病为目标的全国健康计划，特别是对艾滋病，已把它看作全局性的社会经济问题，通过开展广泛的宣传，唤起整个社会的关注。1999 年 11 月开始实行控制艾滋病传播的第二阶段全国计划，政府在未来 5 年将拨款 142.5 亿卢比用作宣传和防治的费用。2001～2002 年度用于中央卫生保健计划的开支为 145 亿卢比，比 2000～2001 年度的 130 亿卢比增加 11.5%，其中约 54%用于疟疾、肺结核、麻风、艾滋病等专项疾病的控制。1999 年政府发起了全面卫生运动，把宣传教育和资助建立卫生设施相结合，结果有 440 万家建了厕所。

城市和农村穷人住房问题也成了政府关注的焦点之一。1998 年制定了全国住房政策。政府的目标是每年新建 200 万套，逐步做到“让所有人都有住房”，到 2010 年实现这一目标。1970～1998 年 28 年间，由住房和城市发展公司贷款建筑的住房有 650 万套。而自 1998 年起的 6 年中，政府就批准建筑近 730 万套房屋，其中 500 多万套房屋在农村，90%是为穷困家庭建筑的。2004 年 4 月开始实行新的农村住房计划。全国住房银行在农民贷款的利率和偿付上做出了许多利于贷款者的规定。1999 年，联邦政府开始采取措施逐步取消 1976 年城市土地最高持有限额和管理法的规定，很多邦以这个为榜样。结果，大量未充分利用的城市土地被允许用来建筑房屋。2001 年 10 月 23 日，联邦政府制定了第一个补贴基础的住房计划，以解决城市贫民窟居住者的住房困难。中央还拨款 50 亿卢比用于改建孟买的达拉维，把它从最大的贫民窟改建为一个新的居民区，其经费的大部分由邦政府承担，并鼓励地方社团和私人捐助。

基础教育薄弱，穷人的孩子特别是女童入学率低、辍学率高，是印度一直没有很好解决的问题。全国民主联盟政府制定了一项独立后最大的基础教育计划，总经费为 1600 亿卢比。它保证给每个学龄儿童提供宪法规定的义务教育。受更高教育的学生可以申请低利率的学生贷款。2001 年 11 月，人民院通过宪法第 93 修正案，规定 6～14 岁孩子受教育是一项基本权利。为落实这项重大规定，政府制定了一个专项计划，为贫困家庭读高年级（9~12年级）的孩子每月提供100卢比的教育补助金。政府还以补贴价向宗教教育机构提供粮食，以保证在那里上学的贫困家庭孩子可享用免费午餐。此外，在全国开展了扫盲运动。根据2001年普查，全国成人识字率从1991年的52.2%增加到65.5%。

（四）全国民主联盟执政期间的经济发展状况

1. 从徘徊到快速增长

印度经济自拉奥改革以来变化曲折。1994~1995年度至1996~1997年度，国内生产总值连续三个年度增长率超过了7%。但此后因受严重旱灾、国内政局动荡以及亚洲金融危机等一系列突发事件的影响，增长速度明显放慢，1997~1998年度增长率降至4.8%。全国民主联盟就是在这种情况下执政的。

全国民主联盟执政期间，处于完成国家经济发展第九个五年计划，开始实行第十个五年计划的时期。第九个五年计划从1997年4月开始，2002年3月底完成。2002年4月开始实行第十个五年计划。

全国民主联盟执政第一年，由于保持经济改革的政策未变，也由于这年农业生产的年成较好，国内生产总值增长率回升到6.5%。但1999年以来，由于军费支出过大，农业的年成不好，也由于世界经济不景气和原油价格猛涨，国内生产总值增长率一直没有大的提高，连续四年徘徊在5%：1999~2000年度为6.1%，2000~2001年度为4.4%，2001~2002年度为5.8%，2002~2003年度因遇特大旱灾降至3.8%。“九五”计划预定国内生产总值增长率为年均6.5%，实际只能完成5.4%，不过和其他发展中国家比，还属较高的水平。总的来看，在不断深入的改革政策的推动下，自拉奥改革以来的增长趋势一直保持着。从2003年下半年起，形势向更好的方向转变。全国民主联盟政府实行的鼓励增长的新措施也逐渐显露效果。据政府财政部公布的资料，2003~2004年度国内生产总值增长率达到8.5%，是全国民主联盟执政以来最好的成绩。当然增幅突然升得这么高，是因为前一年因农业受灾增幅过低，而2003~2004年度风调雨顺，农业各部门产值增加了10%，对工业和服务业有正面的影响。

农业在这几年中多次受灾减产，造成国内生产总值剧烈波动，这说明农业的基础设施还远远不能抗御自然灾害。2000～2001 年度和 2002～2003 年度的旱灾最为剧烈，严重影响整个国民经济的发展。不过，由于国家有大量粮食储备，没有发生粮价飞涨的现象。而且，虽然不时有灾害发生，但由于灌溉设施有了增加，绿色革命的进一步推广和农业经济多样化的发展，农业各部门的增产潜力已今非昔比，所以在歉收后只要新的一年没有大的灾害，种植业和其他农业经济部门就会有一定的甚至较大的增长，能够把灾年的损失部分地弥补过来。农业生产总指数（包括种植业和其他相关农业部门）逐年的增长率如下：1998～1999 年度 6.2%，1999～2000 年度 0.3%，2000～2001 年度-0.1%，2001～2002 年度 6.3%，2002～2003 年度-7.0%，2003～2004 年度 10%。2001～2002 年度粮食产量为 2.119 亿吨，创历史最高纪录。2002～2003 年度的特大旱灾使粮食减产 2800 万吨，但 2003～2004 年度又增长到 2.132 亿吨。经常短缺的油菜籽产量也创造了 2490 万吨的新纪录。印度已成为粮食和各种农产品出口国，对 25 个国家出口，总值达 700 亿卢比。奶制品、畜产品、水产品和瓜果花卉的出口这几年也在不断增加。

印度国内生产总值的增长虽然与农业收成的高低有很大关系，但农业并不是占第一位的因素。国内生产总值的增长主要不是来自农业，而是来自工业和服务业。

印度工业已有了相当完整的体系，重工业、国防工业、尖端工业和轻工业结构齐全，工业产品基本上能够满足国内市场的需要，机器设备的自给率达 90%以上。随着外资越来越多地进入印度，技术和设备落后的状况正在逐步改善。

制造业的发展是不平衡的。有些部门发展较好、较快，其产品如钢铁、药品、汽车配件等已大量出口。制药、汽车及配件、化工、纺织、水泥、摩托车等部门，已经拥有全球竞争力。以汽车工业为例，印度汽车工业原来技术落后，所产汽车只是在国内销售。改革开放后有了较快发展，有 10 多家外国著名的汽车公司涌入印度，与印度合资，引进先进的流水线，生产各种型号的仿外国品牌的小轿车。加上印度原来自己生产的小轿车，年产量达 120 万辆。原来的产品逐渐被取代。印度企业家不甘落后，决心研制自己的具有世界先进水平的国产车。“印迪卡”就是第一款由印度人自己设计和生产的小轿车，生产商塔塔公司凭借这款车和其他型号的车成了印度最主要的汽车制造商之一。“印迪卡”外形优雅时尚，内部宽敞舒适，以开发经费标准衡量是世界上最廉价的，成了象征印度新型民族工业的品牌。1998 年上市不久，接到的订单就超过 11 万辆，产品供不应求，创造了印度汽车销售的最高纪录。该车的上市导致了印度有史以来汽车业领域的价格战，致使汽车价格普遍降低。塔塔汽车公司还抱有与世界跨国公司争夺世界市场的雄心。印度《金融快报》2003 年 11 月 3 日报道，该车的改进型号“城市陆虎”从英国陆虎公司获得了 4 年内出口 10 万辆的订单，相当于该型号车年生产量的 1/6。这一历史性的跨越使印度整个工业界兴奋不已。外国舆论也纷纷表示，印度汽车制造业已具有相当的实力，当刮目相看。塔塔汽车公司成为世界十大商用车制造商之一，其制造的其他汽车出口欧洲、亚洲和非洲许多国家，年营业额达 20 亿美元。印度现在各家汽车公司制造的汽车，仅小轿车就有 70 多种车型可供选择。有专家认为，汽车业和软件业已经成了印度经济快速发展的双轮。

印度另一发展迅速并具有很大活力的产业是制药业。和软件业一样，它已成了印度在全球居领先地位的重要支柱产业。现在，印度有设备先进的大型制药单位 250 多个，能够生产各类药物，每年的营业额近 40 亿美元，每年都有数百种新药研制成功。除政府设有国家药品研究机构外，还有大批私人研究性质的实验室。政府对药品的研究非常重视，已经设立了一项 15 亿卢比的基金资助研究工作。印度已成为世界上最大的药品制造国之一，生产世界上大约 8.5%的药品，印度的药品出口到世界各地，年收入在 15 亿美元以上。

印度的钢铁工业有较好的基础，钢产量居世界第十位。目前该产业正经历技术更新的过程。塔塔钢铁公司走在前列，通过采用新技术和一流设备，已成为世界钢铁行业中成本最低的企业之一。印度在先进材料领域，包括有机聚合物、陶瓷、无机材料、生物材料和智能材料等的发展也很突出，它们被广泛应用于催化、药品制造、宇宙空间、光子技术等领域，其水平得到国际研究界的认可。

改革开放以后，一个醒目的现象是私营大企业在海外的扩展壮大。印度的私营财团原来就有雄厚的实力，六七十年代就有一些财团如塔塔、马法特拉尔、辛哈尼亚、塔帕尔等在海外创业。不过，由于政府限制以现金对外投资，这些财团只能以成套设备在国外设厂或与当地资本合营，所以没有多大发展。改革开放后，政府取消了以现金对外投资的限制，特别是全国民主联盟执政后，制定了新的《外汇管理法》，对境外投资的规定大大放宽，大财团经济实力很快得到增强，如今已有一批大公司跻身世界级大企业的行列。许多大公司已在海外发展，一些大企业越来越注重在海外扩展实力。2001～2002 年度，政府批准境外投资 905 项，协议投资额为 30.256 亿美元，实际投资额为 9.749 亿美元；2002～2003 年度批准 1029 项，协议投资额为 14.703 亿美元，实际投资额为 8.4718 亿美元。印度已形成 20 多家私营跨国公司。此外，公营大企业也有些积极在国外投资或创业，成为跨国公司。特别是石油和天然气的顶尖企业，如印度石油天然气公司、印度石油公司等，都在许多产油国家（俄罗斯、伊朗、伊拉克、苏丹、利比亚、印度尼西亚、美国等）进行投资，为国家拓宽能源的来源。一些企业掀起了前所未有的海外收购浪潮，到 2003 年 10 月有 29 起。如印度软件业巨头信息系统技术有限公司收购一家澳大利亚信息服务公司；印度塔塔财团下属的塔塔汽车公司兼并了韩国大宇公司的卡车子公司；印度最大的制药公司兰巴克斯收购法国阿文提斯集团生产非处方药的子公司；印度最大的汽车零件商印度锻造有限公司收购了德国卡尔·培丁豪斯公司，成为世界上第二大锻造集团；A. V. 比尔拉财团兼并了澳大利亚一家铜矿等。至于购买部分股权的更多。印度公司收购的目标不仅包括具有价格吸引力、与自身生产模式形成互补的企业，还有已在海外拥有品牌和销售网的公司。这表明印度一流的大公司不仅已经具备了很强的实力和国际竞争力，而且正朝着成为世界级大企业的目标努力。

不过，印度工业整个增长的幅度不是很大，而且有较大波动。1998～1999 年度工业增长 3.8%，1999～2000 年度为 4.9%，2000～2001 年度为 6.8%，2001～2002 年度为 2.8%，2002～2003 年度为 6.9%，2003～2004 年度为 7.8%。增长幅度不大主要是因为在基础设施方面的投资没有显著的增长，基础设施建设的瓶颈没有突破。外国直接投资虽有较大增加，国内投资的增幅却不理想，政府沉重的财政赤字使它拿不出很多钱用于增加基础设施，利率过高和种种风险又使许多有意投资的私商望而却步。较大的波动当然也与农业遇到大旱灾有关。从外部环境说，东南亚金融危机、世界原油价格上涨和核试验后西方的制裁也对印度的工业生产和产品出口产生很强的负面影响。

和工业相比，服务业的增长却很突出，成了增长最快的产业。服务业增长率 1998~1999 年度为 8.4%，1999~2000 年度为 10.1%，2000~2001 年度为 5.5%，2001~2002 年度为 6.8%，2002~2003 年度为 7.9%，2003~2004 年度为 9.1%。在服务业中，发展最迅速的除软件和服务外包业外，还有旅游业，传统产品的外贸出口也有较大的提升。

经济发展的重要标志之一是国民经济结构发生进一步变化。1990~1991 年度，在国内生产总值中，农业、工业、服务业的比重分别为 30.9%、25.4%、43.7%，2001~2002 年度三者比重分别为 24.3%、21.5%、54.1%。原来重视很不够的服务业随着经济全球化和信息化的迅速进展，成了国民经济中最大的组成部分和增长最快的部分。

全国民主联盟执政的 6 年中，国家的对外收支状况也有很大改善。1999~2000 年度外贸比 1998~1999 年度有强劲的恢复，虽然由于每年要进口 7000 万~8000 万吨石油，油价上升，而输出品的世界市场价格降低，逆差年年在继续，但外贸中的软件服务出口收入在逐年扩大，使逆差有所减少。印度的出口 1998~1999 年度为 332 亿美元，2002~2003 年度超过 500 亿美元，表明了工业和服务业的增长。2002 年输出较 2001 年增长 34.3%。输出的较大增长对拉动国内工业增长是一个重要贡献。

由于较有效的管理，印度的负债排名下降，外债占国内生产总值的比重从 1998~1999 年度的 23.6%，降到 2002~2003 年度的 20.3%。1991 年印度是世界第三大负债国，2000 年降至第九位。到 2000 年 9 月，外债总额为 1019.7 亿美元。外债偿还占经常性收入的比重 1998~1999 年度为 18.7%，2002~2003 年度降到 14.7%。本息都能按期偿还，甚至提前偿还。2002~2003 年度提前偿还了 30 多亿美元的各种国外贷款，2003~2004 年度又提前偿还了 35 亿美元多边援助机构贷款。世界银行第一次把印度列为较少负债的国家。短期贷款在外债中的比重已由 90 年代初的 10.2%下降到 3%。印度抵御金融风险的能力大大增强了。

外汇储备一直保持上升势头，1998 年为 325 亿美元，2001 年 1 月为 411 亿美元，2002 年 1 月为 500 亿美元，2003 年 10 月达到 930 多亿美元，到 2004 年 1 月更达到 1038 亿美元的创纪录水平，是 1998 年的 3.19 倍，足以支付一年多的进口费用。外汇储备的增加主要来自软件和信息技术服务外包业出口收入、海外企业汇回的款项、印侨侨汇、劳务输出收入等。在连续20多年的赤字后，经常性项目账户在2001～2002年度有了13.5亿美元的结余，尽管是微弱的结余——只占国内生产总值的0.3%，但相对1998～1999年度40亿美元的赤字来说却是一个重大变化。2002～2003年度结余41亿美元。

经济发展的一个重要表现是股市的兴旺和消费热在城乡相继出现。2003年印度股市一再上升，到2004年初孟买敏感指数超过2000年2月14日的历史最高纪录6150.59点，达到6249.62点的最高峰。2003年全年股指升幅达到了12年来的新纪录。由于随着经济发展，中产阶级收入增加，加之银行利率降低以及银行增加了消费信贷品种，消费市场出现了活跃景象。银行增加的信贷品种包括购买房地产、轿车的大额商品贷款，结果导致了房地产业和轿车业交易量的大幅度增加。房地产开发最被看好，小轿车、摩托车、计算机、各种高级家用电器和室内装饰材料的销售都呈增长趋势。对经济条件较好的人家来说，买外国名牌货，至少是合资的仿外国货成了时尚。

总之，在经历了几年的徘徊和低中速发展后，2003～2004年度印度经济进入了新的快速发展时期，出现了农业、工业、服务业三大产业全面提速的欣欣向荣的局面。印度经济学家指出，自20世纪90年代中期以来，这种齐头并进的局面还是头一次出现。外国机构投资者受到经济预测以及股市繁荣的鼓舞，向印度金融市场注入了60亿美元的资金，数额之巨前所未有。

国际社会也在不断上调对印度经济表现的预期值。印度舆论指出，印度作为亚洲第二大发展中国家，在经历了连续数年的徘徊后，现在已开始“高速驶出车站”。随着未来改革步伐的加快，印度经济有望迎来一个加速发展的时期，将与中国一起成为引领亚洲经济前进的火车头。

2. 存在的问题

虽然面临较好的内外环境，但由于经济发展过程中积累的许多深层次矛盾无法很快解决，在发展中还存在许多严重的问题；而这些问题如得不到很好解决，从长远来看，要保持经济持续高速增长是有很大困难的。

首先，农业在相当程度上依赖天气的局面需要尽可能快地改变。最近10年的情况表明，农业形势直接影响整个经济的发展。印度每年80%的降水集中在6～9月的雨季，而全国52%的种植面积基本上仍依赖自然浇灌。虽然水利灌溉有相当基础，但还远不能抵御自然灾害的侵袭。农业生产长期依赖自然气候和雨水使经济发展面临一种不稳定的局面。近年来在政府政策的激励下，私人投资水利工程的增多，成了农业固定资本增加的主要来源。另一种解决办法是因地制宜，发展多种经营。但受基础设施不足和市场条件的限制，投资者还有很多疑虑，不少人仍抱观望态度。2003 年 2 月 28 日，财政部部长贾·辛格在财政预算报告中再次强调加强农业基础设施建设的紧迫必要性，指出农业抗御自然灾害的能力如得不到有效的增强，既定发展目标的实现就会处于无保障的状态。他把加强农业基础设施列为政府最重要的任务之一。

公营企业改革阻力仍然很大，在提高效益方面有相当多的企业几乎依然没有大的进展。2001~2002 年度，公营部门的产值为 47872.8 亿卢比，占国内生产总值的 1/4；2001~2002 年度，中央直属企业（不包括银行）有 240 家（其中有 10 家在建设中），投资额 32463.2 亿卢比，亏损企业仍占近 1/2；邦一级公营企业有 1000 多家，1998~1999 年度投资额为 11700 亿卢比，除矿产企业外，几乎全部亏损。在撤资方面，进展也是有限的。1998~1999 年度至 2001~2002 年度计划撤资指标 3700 亿卢比，实际完成 1464.2 亿卢比，只占 39.6%；2002~2003 年度，计划撤资指标为 1200 亿卢比，实际完成 334.8 亿卢比，也只占 27.9%。

公营企业劳力的自由流动及亏损企业的关闭，更是难以进行，不仅阻力大，还有法律上的障碍（企业没有解雇工人的权力，只能推行自愿退休计划；还没有企业破产法）。对公营企业的改革全国民主联盟内部各党间存在分歧，公营企业职工和一些左翼政党又强烈反对，致使政府举步维艰。2000 年 2 月 2 日，有超过 200 个公营企业的约 150 万职工举行全国大罢工，要求在 5 年期工资安排之外支付工薪和补贴给邦病态公营企业的职工。1999 年 10 月 28 日保险法案在一片抗议声中提交议会后，29 日保险业职员举行罢工抗议保险法案。1999 年 12 月 2 日人民院通过保险法。2002 年 4 月 16 日银行和公营企业的职工举行全国性罢工，抗议中央的“反劳工政策”和“私有化热”，造成的损失为 10 亿卢比。在其他方面经济改革都有较大进展，促进了增长的情况下，公营企业改革蹒跚不前成了经济改革最难攻的堡垒，公营企业的亏损严重制约了印度的经济发展速度。

在多年的改革中，政府以往制定的政策、法规不合时宜的大都被取消。可是还有一些政策、法规，虽然舆论也认为早已不合时宜，需要改革，但没有政府去触动，如劳动法、破产法、小型工业对许多产品的专营权等。这些规定限制了工业改建和合理利用资源，妨碍了劳动市场的规范，势必会提高产品成本，增加消费者的花费，并降低印度产品在国际市场上的竞争力。但因为牵涉到很多下层群众的切身利益，下层群众和左翼政党激烈反对，所以，包括印度人民党在内的历届执政党为不致丢失太多选票都宁肯绕道前进。

政府的财政收支状况仍然不佳。年复一年的庞大财政赤字给经济发展前景蒙上了一层阴影。由于公营企业效益不佳，几年来与巴基斯坦在边境的军事对峙加大了军费开支，也由于国际石油价格上涨，政府的财政赤字一直居高不下。1999~2000 年度，由于突然进行的大选的花费，加上卡尔吉尔 50 天战争的花费和奥里萨的飓风灾害，政府财政更加困难。中央财政赤字占国内生产总值的比重 1998~1999 年度为 5.1%，1999~2000 年度上升到 5.5%，2000~2001 年度仍为 5.5%，2001~2002 年度有所回落，但仍有 5.1%，2001~2002 年度再上升到 5.9%。邦财政赤字的比重 1996~1997 年度为 2.7%，2000~2001 年度达 4.3%，2001~2002 年度达 4.6%。中央和邦一起，2001~2002 年度财政赤字共占国内生产总值的 10%。印度成了世界上财政赤字最高的国家之一。中央和邦居高不下的财政赤字严重制约了印度经济发展。在高赤字的困境下，政府不得不年年靠发行公债弥补，以解决经常性开支的不足，部分也用来还旧债。2002~2003 年度中央政府债务总额占国内生产总值的 58.6%。巨大的财政赤字严重削弱了政府增加社会发展和基础设施建设投资的能力。基础设施的投资虽然绝对数从 1993~1994 年度的 4594 亿卢比增加到 2002~2003 年度的 9089 亿卢比，但其在国内生产总值中的比重同期却从 5.4%降到 3.7%。

全国民主联盟政府为减少财政赤字做了许多努力。政府采取的办法之一是减少对某些产品的补贴，允许这些产品适当提高价格作为补偿。例如用这个办法减少了对部分石油产品的补贴，那些产品的价格都有了相应的提高。然而这样做却引起了左翼政党的强烈反对，甚至全国民主联盟内也有些党（如全印民众党、特里纳姆尔大会党）提出抗议，以退出联盟相威胁。特里纳姆尔大会党领袖、铁道部部长 M. 班奈吉还向瓦杰帕伊总理提出了辞呈。1999 年 10 月下旬还爆发了全国性的卡车主反对柴油提价的罢工，历时一周。为了稳住联盟的阵脚，也为了避免引发大规模的群众示威，政府不得不做出妥协，宣布把已提价的部分石油产品包括柴油、煤油的价格适当降低。

减轻赤字的另一手段是通过税收改革增加财政收入。全国民主联盟政府 1999~2000 年度、2000~2001 年度在间接税和直接税方面都实行了改革，使税制结构更合理化，以有效地促进工业增长，并增加政府的财政收入。2001 年 2 月，政府决定对个人所得税和公司税都加征 2%的附加税。2000~2001 年度，改变中央消费税制度，实行单一的中央增值税制，即所有制造品除少数外都征收 16%从价税。结果直接税征收情况尚好，但间接税有较大滑落，主要是因为工业增长降低，输入减少，对小工业的免税线提高，石油产品税收降低和公营部门撤资指标未能完成。政府被迫采取了严格措施降低计划外的和非投资性开支，才使中央财政赤字仍维持在 5.5%以下的水平。

印度政府决心在 2004~2005 年度把财政赤字降到 4.4%，但看来很难实现。另外，国际油价上涨也是印度所面临的一大困难。印度石油消费 70%依赖进口，如果国际油价继续上涨，对印度财政又将产生雪上加霜的负面影响。

失业人数居高不下是存在的另一严重问题。经济发展使社会上中层得到了很大好处，广大下层群众生活却没有得到应有的改善。2001 年人口普查，全国劳动力有 4.234 亿，失业率为 7%。据政府根据全国各失业登记所的数据所做的统计，2003 年全国失业登记人数为 4000 多万人，这还不是全部，据专家估计，没有登记的大约还有 4000 万人。由于大量失业半失业人口的存在，全国处在贫困线（每人每天生活费 1 美元）下的人口占总人口的比重，据印度计划委员会统计 1993~1994 年度为 37%，2002 年还有 26.1%，不过学者们普遍认为实际要大于这个比例。2002 年文盲还有 2.6 亿人。

（五）印度经济现代化的模式

印度经济近十年来的发展引起了国际媒体和学界的重视。人们不约而同地拿印度和中国做对比，总结这两个亚洲发展中大国的经验，预测远景，得出各不相同的认识。中国发展道路给人们印象最深的是基础设施和制造业的飞速增长，而印度给人印象最深的是软件和信息服务外包业的突飞猛进。印度的制造业在改革开放后前几年有了大幅度的增长，但未能维持长久，以后增长速度下降，较长时期徘徊在年增长5%的水平，和软件与服务外包业的快速增长形成鲜明对照。软件和服务外包业显示的前景辽阔、生机无限。于是就出现了一种说法，认为印度现代化的模式不同于中国，是一种“以软件和服务外包业为主导”的模式，中国是“世界工厂”，印度则走“世界后台办公室”的道路。似乎印度只要继续抓住软件和服务外包业，以更快的速度发展，就能带动整个经济，是一条资源消耗最少、得利最大的通向现代化的康庄大道。

这种总结正确吗？答案是否定的。软件业一枝独秀的局面并非印度政府领导人刻意的追求，而是印度改革开放以来实行的政策有所成功有所不成功综合造成的结果，既反映了印度经济这些年发展的成绩，也暴露了发展中的重大缺陷。至于把它上升为现代化模式，那就更不符合事实了。它与印度领导人设计的现代化模式相距甚远，而且它的局限性也决定了它不可能成为一种模式。

印度独立至今形成了两个现代化模式：第一个是尼赫鲁政府制定的，实行到80年代前半期；第二个是80年代后半期90年代前半期通过拉吉夫·甘地政府和拉奥政府的经济改革逐渐形成的，今天仍在实行。前者可简称为尼赫鲁模式，后者可简称为改革模式。两个模式有某些继承因素，又有根本的不同。

第一个模式的内容可概括为，在混合经济体制下，自力更生地实现以公营成分占主导地位的工业化和以合作制为特征的农业现代发展。

这个模式的突出特点有二：（1）强调增长和社会公平并重，增长不能拉大贫富差距。这是尼赫鲁的信念，他的目标是建立社会主义类型的社会，也是考虑到独立时印度70%人口处在贫困线下的实际情况。怎样才能实现增长和社会公平并重？那就要在工商业领域大力发展国营成分，在农村实现合作化。私营成分也要保留，所以要实行混合经济体制。在混合经济体制下，国营成分占主导地位，要占领国民经济的制高点；对私营成分要实行严格控制，只允许其在国家发展目标的框架内发展。为此，实行了经营领域的人为划分、申请许可证制和对大财团的资产封顶。（2）强调自力更生，这是为了实现真正的经济独立。为此，实行进口替代方针，对进出口贸易实行严格控制，对外商在印度投资规定了相当苛刻的条件，结果使印度经济不仅成了内向型经济，而且是半封闭的经济。

这个模式的实行到60年代取得了显著成绩。完整的工业体系基本上建立起来了，80%以上的资本品和消费品已能自给，公营成分占领制高点的目标也实现了。但是，国内生产总值增长率平均只有3.5%，农业增长率更低，年年缺粮，靠进口数百万吨粮食弥补，扩大就业和缩小贫富差距的期望没有实现。

这个模式是立足于独立后的历史条件和发展需要制定的，总的来说适合当时的国情。但今天看来，也包含着一定的缺陷。其一，对公营企业的定位不当。其二，对私营成分限制过严。其三，阻碍了印度与外界正常的经济往来和技术交流。其四，对合作化抱有不切实际的期望，对技术投入没有足够重视。经济增长率不高、消除贫困进展不大都与这些缺陷密切相关。

60年代中期起调整的任务就提上日程。尼赫鲁去世后，继任总理的夏斯特里和英·甘地撇开了尼赫鲁的农业发展战略，实行以生物技术投入为主的绿色革命，开始改变了农业面貌。但在工业和内外贸体制方面不但没有调整，反而由于政治上的原因，与客观需要背道而驰，实行了一连串的激进化的政策，浪费了10多年的宝贵时光。

改革的纪元是从1984年拉·甘地继任总理后开始的，但他的改革属于破冰开路性质，不可能到位。1991年拉奥继任总理，起用曼莫汉·辛格为财政部部长，后者了解世界经济发展趋势和国内经济的实情，成了拉奥改革的设计师。拉奥把改革向横广两面扩展，基本上完成了现代化模式的转换。

拉·甘地、拉奥之所以要改革，是因为环顾世界和东亚新工业地带的兴起，深刻感到印度的落后，认识到印度必须紧跟世界潮流，这是国家的迫切需要。拉·甘地说："我们错过了工业革命那班车，但不能错过这第二班车，即电子革命或称计算机革命。现在我们必须紧跟这班车，追上并跳上去。"①

他们之所以能进行改革，是因为在总结印度的经验教训和吸收"四小龙"及中国经验的基础上，在经济理念上有重大突破和创新。除了在经济

---

① B. K. 阿努瓦利亚、S. 阿努瓦利亚：《拉吉夫·甘地的突破》，新德里，1985，第58页。

增长和社会公平的关系、公营成分和私营成分的关系、保护和竞争的关系、自力更生与参与全球经贸的关系等方面有了全新的认识外，拉·甘地对高科技和发展高科技产业的重要性还有独到的认识。他从发达国家的经验中清楚地看到了科技对提高生产力的举足轻重的作用，认为印度要赶上世界先进水平，必须把引进、研究、应用、发展新科技摆在头等重要的位置，必须以提高生产率为着眼点。而且他认为，在科技进步日新月异的现时代，印度要追赶世界先进水平，必须发挥后发效应，着力吸收和利用世界最先进的高科技成果，结合印度的实际基础，建立一批最有发展潜力的高科技产业，取得实效，以便对全局实现拉动效应。拉·甘地选定的高科技产业有信息技术产业、生物工程、核电、石油开发等。对当今正在促成信息革命的信息技术产业他特别重视，明确地提出要用计算机革命把印度带入21世纪。

拉·甘地执政时还没有放开讲自由化、全球化，到拉奥执政时，明确地提出了自由化、市场化、全球化是改革方向。

新理念体现在一系列具体的改革措施上，这些措施自拉·甘地政府起历届政府像接力一样接踵实行，并逐步深入。

这样，在改革中就形成了印度现代化的第二个模式，可以把它概括为：在自由化、市场化、全球化的方向下，用重点发展高科技产业特别是信息产业带动技术进步和经济全面发展。这个新模式是根据印度的实际需要形成的，是与世界发展潮流相一致的。

新模式并非凭空出现，而是在第一个模式的基础上重构的。没有第一个模式奠定的根基，就不可能实行第二个模式。印度有些政党和学者认为，印度从独立时起就应该实行像第二个模式那样的政策。这种观点是脱离实际的，是非历史主义的。试想，如果没有公营重工业的大发展，完整的工业体系能那么快地建立吗？如果没有对私营经济利润导向的控制，改善下层人民处境和稳定社会秩序能有切实的保障吗？如果不实行进口替代，印度能真正实现经济自立吗？如果印度那时就完全敞开国门，印度国内市场还能是印度的市场吗？我们今天对第一个模式的缺陷要充分认识，但脱离历史条件的空谈是没有价值的。新模式是新的，但也并不是完全摈弃了第一个模式的基本要素。例如经济发展目标，第一个模式中包含的增长、社会公平和自力更生三目标就仍然是新模式的目标，尽管现在在指导思想上是增长第一，兼顾公平，但这个兼顾仍然是目标之一，被十分强调，绝不是可有可无的。再如，混合经济体制今天依然存在。今天还有大量的公营企业，即便实行撤资的，也是公私合营，有的还继续以公股为主，经营管理权还在公营成分一方。公营成分在国民经济中的地位改变了，但只要还有公营成分大量存在，混合经济体制就不会消失，在新的模式下，政府将充分发挥公营成分和私营成分的良性竞争和互补作用。由于公营成分的继续存在，在市场经济的大框架下，计划经济手段在一定范围内也仍然是需要的，只不过不像以往那样生硬地下达指令罢了。公营成分的继续存在也使继续编制发展国民经济的五年计划成为可能。正因为有这些继承关系，所以第二个模式虽然以自由化、市场化、全球化为改革方向，但与其他发展中国家的模式不同，仍然带有独特的印度特色。

自 80 年代后半期实行新模式以来，政府的首要目标就是促进工业发展，特别是包括高科技产业在内的制造业的大发展。解除各种制度上的束缚首先就是解除加给制造业的束缚，提高效益和促进技术升级也首先是针对制造业，因为没有制造业的大发展，就不能提供农业所需要的投入物资和农机具，不能提供服务业所需要的充足商品，不能提供大量的就业机会，也不能为高科技产业发挥拉动效应提供平台。然而制造业的发展速度虽然有几年很快，但总的来说令人失望，主要原因有以下几点。

第一，注入的资金远远少于预期。印度私人投资在改革后实现了最初的较大增长后，就没有更大的潜力了；而公营企业整体来说还处于扭亏为盈阶段，上缴利润很少；加之政府的财政年年赤字，结果国内资本形成率一直没有猛烈上升。1998~1999 年度至 2002~2003 年度，国内储蓄率都在 23%~23.8%，国内资本形成率都在 24%~24.9%。这样的储蓄率和资本形成率要使制造业有很大的增长是不可能的。在引进外资方面，进展并不顺利，主要因为在一段较长的时期内各政党认识不一，有些党激烈反对，或主张对外资进入严格设限。这给政府引进外资制造了障碍。政府引进外资的政策也是长期放不开手脚（领域上、持股比重上），而审批手续又异常烦琐，旷日持久。这些也都有不利影响。印侨印裔回国投资的有一些，但由于历史形成的原因，其积极性受到限制。结果在整个 90 年代，外国直接投资引进的不多。只是 2001 年后，印度人民党和左翼政党态度改变，政府进一步放宽限制，情况才有所变化。外国直接投资每年也只有 50 亿美元左右。

财政部部长奇丹巴拉姆就说，印度要达到国内生产总值年增长 8%，需要每年引进外资 100 亿美元。资金不足导致许多部门需要新建企业而无力兴建，更多企业需要技术更新和扩大生产规模也因没有资金而无力进行。

第二，基础设施（能源、交通、电信等）的匮乏是影响制造业发展的另一大障碍。缺油，缺电，缺道路，缺电信设备，现有的设备陈旧、技术落后、管理不善，成了工业快速发展的瓶颈。这都是改革开放以来老生常谈的问题了。可是尽管年年谈，却一直没有大的改观。究其原因，是基础设施基本上是政府经营管理的。基础设施的改建扩建需要太多资金，绝非政府所能承担，必须大量吸收私商和外资参加。这就意味着政府必须放弃公营垄断，必须改变政企不分的体制，允许私营成分和外资进入公共事业领域。左翼政党对此是反对的，普通人担心私人经营会损害公共利益，邦的主管部门也不愿放权。由于各届政府都怕激起反对，影响选票，都下不了决心，所以一拖就是好几年，直到 2001 年后印度人民党政府下决心，情况才有所改变。但基础太差，从动手改到完全改变需要时日。基础设施差不但对新建企业是严重制约，也造成产品成本普遍高昂。

第三，现有的企业技术和设备普遍落后陈旧，供应市场的产品质量不高，价格却不菲。技术落后是长期处在半封闭状态没有外部竞争压力所致。在观念已经大大改变的今天，许多有购买力的人都想买进口货而不买国内产品。至于下层群众，他们收入菲薄，没有多大的购买力。这就造成国内市场狭窄、销售不振，从而导致市场对制造业的拉动缺乏强力。由于只有极少数种类的产品在国外市场有优势，大多数产品都是价高质低，在国外没有竞争力，所以，靠出口拉动制造业，其作用更为有限。

可见，不是政府不重视发展制造业，而是某些客观条件的制约和努力程度不够，没能把这方面本来抱有的很高期望值落到实处。

而软件业之所以能发展迅速，正如前面所分析的，是因为遇上了难得的世界市场机遇，加之政府抓住机会全力支持，才打开了一片崭新的天地。政府的支持培育了一批私营信息技术服务公司。正是有了一批这样的企业，当西方市场的机遇来临时，才有可能借助政府的帮助不失时机地起步抢滩，从而得以占据制高点，形成于己非常有利的局面。软件和服务外包业是知识投资、人力投资，生意大，需要的本钱少，这也是资金不足的印度能够抓住机会的重要原因。

软件和服务外包业的兴旺对印度经济发展和现代化进程的推进有非常积极的作用。第一，由于外国市场的需求是极其巨大的，只要印度有力量，就可以继续扩大软件出口和承接服务外包，这样，经济收益是非常可观的。第二，在世界软件巨头在印度的研发中心的带动下，印度的软件研制会不断升级，从而能随着世界顶尖技术的发展而不断前进。第三，有利于推动软件人才的大量培养。第四，能提供大量的就业机会。截至 2005 年 3 月底，软件出口和服务外包业共雇用技术人员和其他熟练工人 105 万人。第五，印度成为“世界后台办公室”意味着印度具有了与全世界许多行业巨头联络的渠道。这不但能提高印度在世界上的商业信誉，而且对加强印度的国际经济交流、吸引更多外国直接投资也是个促进因素。第六，成为软件超级大国的前景极大地增强了印度人的自信心，对他们锲而不舍地追求现代化的努力是一个强有力的鼓舞。

但是，有这些作用并不等于说以软件和服务外包业为主导就可以实现印度的现代化。事实上，它的局限性使它不可能成为现在正在实行的印度第二个现代化模式的等同品或替代品。

拉·甘地提出的用计算机革命把印度带入 21 世纪的含义是，要大大发展信息技术产业，不仅软件业要发展，硬件业同样要发展；信息技术产业首先要面向国内市场，满足国内的需求，要扩大出口，但不是主要面向出口；不仅信息产业本身要发展，更重要的是要发挥信息技术的革命作用，用信息技术武装各产业各部门，促进各产业管理信息化、技术升级和大大增进效益。总之，是以信息化促进工业化和农业及传统服务业的现代化，这才是信息产业对经济现代化应起的拉动和辐射作用。而目前的情况是这样吗？不是。目前的情况是：第一，软件硬，硬件软。软件驰名世界，硬件产量既低，又没有名牌，连国人都不看好，更不要说出口了。第二，出口兴旺，内销不振。国内市场开发很差，容量有限，无论是个人电脑数量、拥有率、信息基础设施建设，还是国内一般企业信息化程度都比较差。2004~2005 年度国内的计算机拥有率也只有每千人 14 台。印度全国软件服务公司协会的一项报告称，印度作为软件和信息技术领先的国家，计算机拥有量如此之少，很不相称。计算机销售缓慢的主要原因是质量差、价格高及售后服务跟不上。第三，信息技术偏重为外国大公司服务，对国内三大产业的武装局限于少数部门和少数企业。对多数部门、多数企业来说，用信息技术带动管理、技术和效益的升级还很遥远。总之，信息技术所起的革命作用还差得很远。软件和信息外包业一枝独秀并不符合拉·甘地、拉奥提出的新的现代化模式的要求。

仅仅是软件和服务外包业快速发展而制造业落后是不可能实现印度的经济现代化的，理由如下。

（1）经济发展和人民消费水平的日益提高都要求有丰富的高质量的资本品和消费品供应市场，没有发达的制造业是不行的。印度目前的情况是不仅制造业技术落后，而且许多地区企业不足。要用信息技术带动企业技术升级，需要已有的企业具有接受带动的条件，就是说，要有足够的资金购买必要的设备来实行技术更新，而这就意味着它本身要有相当的发展。如果它本身不具备条件，技术升级也无从谈起。至于许多地区企业不足，需要的是创立新企业。信息技术再发展，也并不能凭空造出各种产品。像印度这样的人口大国，市场的需求决不能主要依赖进口解决。

（2）实现现代化要完成的重要任务之一，是把农村大量多余的劳力转移出来。印度农村很早就有小型工业和农村工业，独立后一直受政府的优待（例如无须申请许可证，规定数百种产品由它们专营），所以，印度农村不可能出现中国那样的突发式的乡镇企业蓬勃兴起的局面。印度也没有出现中国式的“打工潮”，因为城市没有发展的制造业和兴旺的服务业来接纳那么多的农民工。正因为这样，全国近60%的劳力至今仍挤在农村有限的耕地上。这种局面如不改变，农村的落后状况如何能改观？农业、工业和服务业是相辅相成的，如果农村继续保持落后状态，国家的工业化又如何能实现？软件和服务外包业的发展固然能提供大量的就业机会，但且不说它是技术密集型企业，需要的主要是有文化的劳动者，就是从数量说，相对于农村应有数千万人转移出来，它提供的机会也是十分有限的。农村多余劳力转移若要真正实现，还得依靠制造业和传统服务业的大发展。

（3）印度软件业如果过分依赖外包，很难说根基牢固。依赖外包必然受外国订单支配，也就是说，不可避免地要受国际形势变化和美国对印度态度的影响，那样的繁荣是充满变数的，那样的发展是有危险性的。“9·11”事件发生后，美国的经济受到影响，对印度的软件和服务外包就骤然减少1/3以上，印度软件与服务公司协会主席K. 卡尔尼克称之为

“困难时期”。[1] 美国因为政治原因对印度实行制裁也不止一次。谁能保证以后不会发生这种或那种变故？软件和服务外包业的发展对印度固然有利，但只应是软件业发展的两条腿中的一条腿，另一条腿是必不可少的，那就是要有自己的国内市场。印度国内市场是如此之大，内外并举，对软件业的发展来说是如虎添翼。也只有内外并举，才能立于不败之地。

（4）就软件产业本身的发展而言，如果只是按外国订单承包研制应用软件，就会造成缺乏自主发展能力，无法建立自主的软件产业体系，影响自主知识产权产品的研发及民族品牌的建立，只能充当别人的加工工厂，在技术上跟在别国后面。如果这种状况长期得不到改变，就只能在技术方面受制于人，而且从核心技术到操作系统都引自外国，于国家信息安全来说也很不利。

（5）软件和服务外包业的发展使少数印度软件大亨商机无限，财源滚滚。少数大公司钱袋早就爆满，已经出现了拥有资产 60 亿美元的“印度比尔·盖茨”[2]。然而，由于政府对软件和服务外包业实行税收优惠，而且这种优惠政策在一段时间内不会改变，所以，最得益的只是少数人，绝大多数下层群众是局外人，并不能从中得到直接的好处。如果只有这一产业发展而制造业和传统服务业落后，这样的发展对提高下层群众的经济地位，对缩小全国贫富差距能有多大贡献？

总之，用信息技术带动经济现代化是不能绕过制造业大发展这一个中心环节的。制造业不发展，再先进的信息技术也发挥不了作用。仅有软件和服务外包业的快速发展而制造业、服务业长期跟不上，其结果就只能是在大城市和技术园区形成一个个现代化的繁荣的小天地，走出这一个个小天地就依然是贫困落后的第三世界，这样的发展绝不等于印度实现了现代化。

软件业和制造业发展的不平衡是今日印度发展中的一大缺点，是光明中的暗点，是必须尽快改正的缺陷。印度政府已经充分注意到了，它也并不认为只要软件和服务外包业快速发展就能把整个国民经济带动起来。为

---

① http：//www. nasscom. org/advantageindia. asp.

② 威普罗技术公司的创建人和董事长普雷姆吉已拥有财富净值 60 亿美元，2003 年《福布斯》杂志把他列为“左右世界经济发展的十大富豪”的第 10 名，被称为“印度比尔·盖茨”。

了使经济现代化能够发展得更健康、更有成效，印度政府是两条腿走路：一面继续大力推进软件和服务外包业，一面加大力度推动制造业、农业和传统服务业的发展，希望真正实现以信息技术产业带动和促进工业化，加快经济的全面发展。近几年最突出的措施是努力改造和扩建基础设施。公路、机场、港口、电力、电信等各部门都在实行宏大的改建扩建计划，其资金除政府拨款外，还以特别的优惠吸引私人和外商投资。重点工程都按国际标准施工。印度基础设施建设已开始进入全面开花的时期。印度制造业是有基础、有潜力的，近几年已有较大起色。为了促进硬件的生产，政府也建立了电子硬件技术园，由中央和地方政府提供综合设施。在那里，硬件的生产可以在免税的环境下进行。在政府的积极鼓励下，硬件的生产呈现增长趋势，以往连续两年增长率接近 8%。2004 年 3 月，政府又设立了基础设施和制造业基金，以推动两者的发展。此基金将在未来 3 年提供总计 5000 亿卢比的附加投资。2004 年，印度第二大银行 ICICI 的董事长在一次研讨会上就说，印度的制造业在国际市场上已具备挑战中国的“世界工厂”地位的基础，甚至在某些方面还有更大的优势。印度信贷评定与投资服务公司总裁拉维·莫汉也说，在每一个行业，印度排名前两三位的公司都具备了国际竞争力。虽然不无夸大，但也确实反映了一种要使制造业赶上去的决心。

三 搞教派主义还是世俗化

印度人民党领导的全国民主联盟开始执政时，人们根据它以往的表现不禁怀疑，它会不会利用其执政地位推行印度教教派主义？如果是那样，印度一直实行的世俗主义政策岂不是要被颠覆？社会岂不是要大乱？然而，后来的事实表明，尽管在个别领域出现了试图推行教派主义意识形态的做法，但总的来说，瓦杰帕伊和全国民主联盟政府并没有像人们担心的那样推行教派主义，而是采取了搁置教派鼓动，维持现行的世俗主义政策的做法。人们这才放下了心中的一块石头。

全国民主联盟中教派主义政党是少数，大多数政党是世俗主义政党，它们与印度人民党制定共同的施政纲领时就明确要求印度人民党搁置它那些教派主义要求，瓦杰帕伊表示同意。他知道，要维持全国民主联盟的团结和共同执政，这个代价是必须付出的。

其实，就瓦杰帕伊个人来说，他一贯主张印度人民党应该首先是一个政党，要像一般政党那样以国家大事为主要注意点，其次，才是有特色的党，在纲领和实践中表明自己的特色。他认为两者的这种关系不能倒置，不能把教派的要求摆在首位。自 1992 年拆寺的狂热行动激起全国多数人的反感之后，以瓦杰帕伊为代表的党内持较温和立场的一派就强烈地主张党要停止这种激起狂热、激起暴力的做法，指出对于一个政党来说，把教派鼓动作为对群众进行政治动员的主要手段是不可取的，主要的动员方式应该是就人民最关心的经济、社会和政治问题提出能吸引群众又切实可行的政策主张。在温和派的积极促进下，印度人民党的政策逐渐发生了转向。1996 年执政失败后，出于树立良好形象考虑，党在教派鼓动问题上就有意与同盟家族其他组织拉开些距离。它表示反对发动新的教派鼓动。1997 年 3 月，世界印度教大会企图再制造一个热点，发起归还马图拉毗湿奴庙的鼓动，它表示不参加，不惜公开暴露与世界印度教大会的分歧。在 1998 年那次大选之前，持较温和立场的瓦杰帕伊事实上已较牢固地实现了对党的控制，使党不再利用“寺庙之争”露骨鼓吹教派主义。1998 年印度人民党处于执政地位后，出于保持全国稳定和发展的需要，也出于维持联盟团结的需要，搁置在野时的教派主义主张他认为是理所当然的。国大党要求瓦杰帕伊对世界印度教大会等组织坚持在阿约迪亚拆寺的地方建庙明确表明态度，1998 年 6 月瓦杰帕伊说，如果最高法院判决不许在阿约迪亚有争议的地方建罗摩庙，政府将保证遵从判决。政府对哈努曼军抄侯赛因家的非法做法[①]也表示谴责。

党内持强硬立场的一派对瓦杰帕伊的主张和做法并不完全赞同。1999～2000 年党内发生了尖锐的斗争。1999 年 1 月在党的班加罗尔会议上，有些人就指责他只管经济忽视党的意识形态宗旨。他们还反对他的经济政策，指责他放弃了党一直主张的司瓦德西原则。党的主席 K. 塔克瑞也指责他在放弃司瓦德西原则的问题上事先没有征询党内意见。但多数人支持瓦杰帕伊，会议否定了这些指责，肯定了瓦杰帕伊的做法。这对党内强硬派是个打击。1999 年 11 月，持强硬立场的印度人民党北方邦首席部长 K. 辛格的

---

① 哈努曼军分子以侯赛因画的悉达女神像裸体亵渎了神灵为由非法抄了他的家。

职务被免除。2000 年 8 月，在党的那格浦尔会议上，K. 塔克瑞的党主席职务也被瓦杰帕伊挑选的 B. 拉克希曼取代。后者是第一个来自南印度，并且是出身达利特的党主席，他的当选在党内和社会上产生了积极的影响。党的总秘书处也进行了改组。反对政府的经济改革并把瓦杰帕伊称为党的“温和的假面具”的秘书长之一 K. N. 戈文达恰利亚被解职，由瓦杰帕伊的支持者担任。阿德瓦尼的主要支持者 S. 斯瓦拉吉和 U. 巴拉提在 2000 年大部分时间被排除在政府之外，另外的人如 P. 马哈江和 A. 贾特莱则转到支持瓦杰帕伊的立场上来。党内温和派的势力大大增强，反对总理的势力遭到严重挫折。在这种形势下，连阿德瓦尼也趋向使自己的立场缓和，以便能被全国民主联盟的盟友和人民更容易接受。正是党内经历了这样的斗争，才使瓦杰帕伊担任总理后有可能实施世俗主义的政策，使党的立场温和化。

党内强硬派一向强调要把印度教的教派利益置于首位。在同盟家族组织“使印度印度教化”的露骨宣传越来越遭到指责后，他们打出的新旗号是维护和发扬“印度教特性”。不过，他们需要自我掩饰，需要乔装打扮。他们辩解说，“印度教特性”不是教派主义，而是文化民族主义，并说他们只是从这个意义上主张维护“印度教特性”。他们说，印度如今尽管具有种族和宗教的多样性，却必须有共同的文化特性，这种特性只能和印度教的价值观及印度教文明联系在一起。其他宗教的人可以继续保持在其他宗教内，但要作为印度民族的一分子，就要使自己融于共同的文化特性中，和多数印度教徒一样，以印度古代文明为荣。值得注意的是，他们并不承认其他宗教的文明也是印度古代文明的一部分，这就自我揭露了隐藏在所谓的文化民族主义面具下的真面目。1998 年 5 月，在强硬派坚持下，印度人民党重申它坚持印度教意识形态，坚持以“印度教特性”为指导原则，并辩解说，“印度教特性”不是宗教民族主义而是文化民族主义，这一点已为最高法院肯定。正是以“印度教特性”的主张为依据，印度人民党强硬派继续提出制定全国统一的个人法、取消宪法第 370 条给查谟和克什米尔邦的特殊待遇等主张。在竞选过程中提出这些主张，那是为了拉更多选票，所以党内温和派并不在意。但在执政后瓦杰帕伊就不得不考虑，把“印度教特性”作为政府的政策是否行得通。当然，这是不可能行得通的。瓦杰帕伊不仅要考虑大多数群众和反对党会不会接受，还要考虑全国民主联盟内的多数盟友会不会同意。如果一意孤行，不要说多数群众和政党会反对，就是全国民主联盟也可能瓦解，那就意味着本身只占议会26%席位的印度人民党必须下台。瓦杰帕伊必须巩固自己和印度人民党的执政地位，这是从消极层面说的；从积极层面说，瓦杰帕伊珍视印度人民党好不容易才争取到的执政地位，他希望为印度的发展和繁荣多做些有益的工作，而保持安定局面是其前提。正因此，瓦杰帕伊决定并努力说服全党，把强硬派提出的那些贯彻“印度教特性”的主张都搁置起来。也正是向盟友做了这样的承诺，在全国民主联盟成员共同制定的施政纲领中，这些主张都没有被列入政府工作日程。

强硬派不得不面对现实。不过，仍有少数人坚持己见，在落实瓦杰帕伊的施政纲领中掺杂私货。最典型的是人力资源发展部部长 M. M. 约希。他以改进学校教育为名，力图在教育和文化领域贯彻“印度教特性”观念，做出了一些非常的行动。2000 年 12 月，他宣布了一个全国学校的课程表，其内容是促进更好地鉴赏印度教文化，包括吠陀中的科学和医术、奥义书、瑜伽等。此前，他还建立了一个委员会来设想提出公民为维护民族利益应承担的根本义务，委员会要求把宣传这些义务列入学校课程。约希还把“印度教特性”的积极鼓吹者安插到高等教育和社会科学研究的主管部门，包括大学拨款委员会、印度社会科学研究委员会、全国教育和训练委员会等机构的重要岗位上，规定这些掌握教育科研大权（包括财权）的官员的首要职责是利用手中权力鼓励推行“印度教特性”。

约希还力图修改历史教科书，把印度教教派主义的意识形态灌进教科书中。他任命一些持印度教民族主义观点的学者进入全国学术机构，包括印度历史学会、印度社会科学研究理事会和一些研究所。1998 年底政府提出学校体制应该“印度化”，教学和教科书中的价值判断应该以印度教价值观为依据。

约希的这些做法激起了教育界和学术界的强烈反对，也受到反对党的严厉谴责。国大党、左翼政党和大量学者都谴责他在教育和文化政策方面推行“印度教特性”观念，企图使教育文化“橘黄色化”，破坏民族团结。但约希不理睬反对意见，还是组织力量把中学历史教科书进行了修改。其主要修改处为突出渲染穆斯林入侵和统治的暴行，对其统治下实行的某些积极政策轻描淡写，有的甚至一笔抹杀；否定印度教徒与穆斯林友好共处的事实；把穆斯林王朝统治说成印度历史上最黑暗的时期；为印度教种姓压迫辩解；等等。

由于遭到学者和公众的强烈反对并被提起诉讼，高等法院介入，判决教科书的修改和使用暂时搁置。

对约希的这些做法，瓦杰帕伊没有坚决制止，这是很奇怪的。也许他认为这只是意识形态的事，无碍大局，也许他力图制止，但由于党内强硬派势力很强制止不了，也许他有意对强硬派妥协，以在意识形态领域方面的让步换取他们在其他方面不再坚持教派主义要求。无论属于哪种，他的纵容都是不应该的，他因此受到多数政党激烈的批评。

不过在其他领域，瓦杰帕伊基本上做到了言行一致，也成功地控制了局面。在政治方面，印度人民党面临的最重要的任务是不再允许教派骚乱破坏社会正常秩序和扰乱经济发展进程。为此，就必须使自己和同盟家族内的教派主义组织国民志愿服务团、世界印度教大会等拉开距离。在建罗摩庙问题上，国民志愿服务团、世界印度教大会等教派主义组织宣称要不顾一切，继续建庙。瓦杰帕伊则强调要等待和尊重最高法院的判决，不要轻率地擅自行动。关于政府的宗教政策，他强调的是对各宗教平等对待，一视同仁。在这一点上，人们听不出他说的与国大党的世俗主义主张有什么不同。例如，1999 年 10 月他说，政府“平等地尊重所有的信仰。这是我们的世俗主义和世俗国家观点的柱石。国家保护它的所有公民，不管是属于什么种姓、信仰、性别或宗教”。[①] 不过，在讲到宗教平等时，他强调既不能歧视宗教少数派，又不能牺牲多数派的利益讨好少数派。这里的矛头所指不用说是针对国大党的。要真正实现世俗主义，对印度人民党来说，必须完全放弃教派主义立场，改变“印度教特性”的狭隘观念，承认宗教多元并存的现实；还要面对国民志愿服务团、世界印度教大会等教派主义组织的压力不动摇。2000 年 10 月 14 日国民志愿服务团就公开威胁说，任何政府只要反对在阿约迪亚有争议的地区重建罗摩庙，就要准备面对严重的后果。这明显是说给瓦杰帕伊和印度人民党政府听的，连瓦杰帕伊也不能不考虑这个压力的分量。2000 年 12 月 6 日，瓦杰帕伊说，阿约迪亚鼓动是“民族主义感情的反映”，“任务尚未完成”。12 月 7 日，他又在一个关于阿约迪亚争端的讲话中说：“罗摩庙应当在它曾经存在的地方重建，而清

① 《每周新闻》1999 年 10 月 18 日。

真寺可以建在其他地方。”① 在发表上述讲话后，全国民主联盟内的世俗主义政党立即做出强烈反应，反对政府参与这个争端。12 月 10 日，全国民主联盟一致通过决议，重申政府奉行联盟共同决定的世俗主义方针。我们看到，瓦杰帕伊不过是做了一个表态，他继续强调一切要听从最高法院的判决，他的整个态度没有改变。对印度人民党来说，面对同盟家族内极端势力的压力是否要坚决顶住，这是一个艰难的抉择；是否能顶住，则是一个严峻的考验。其结果将最终决定印度人民党的执政前途。幸运的是，瓦杰帕伊交出了基本上令人满意的答卷。在执政以后，印度人民党确实改变了态度，它认识到了作为执政党其地位不同于在野党，作为执政党它肩负着全国人民的期望，只有保持社会稳定、促进全国团结，才有可能实现它提出的各项施政目标。

不久以后，对瓦杰帕伊更大的考验降临了，这就是 2002 年在古吉拉特邦爆发的自 1992 年拆毁清真寺事件以来印度最严重的教派骚乱。事件的起因是，印度教教派主义组织国民志愿服务团和世界印度教大会于 2002 年 2 月在阿约迪亚召开志愿者会议，研究建罗摩庙问题。2 月 27 日，开会回来的人员乘坐的火车在离古吉拉特邦首府甘地纳加尔 200 公里的戈特拉车站突然遭到一些伊斯兰极端分子的袭击，一节车厢被焚，58 人（大部分是妇女和儿童）丧生，43 人受伤。此暴行引发了印度教徒的强烈反应。在教派主义分子的鼓动下，一批批印度教徒立即对居住各地的穆斯林居民不分青红皂白地进行报复性攻击，穆斯林居民被杀害，房屋、汽车被烧毁，商店被抢劫，阿默达巴德市骚乱持续 4 天。28 日至少有 140 人（绝大多数是穆斯林）在骚乱中被杀，其中 60 人是在阿默达巴德两个居民区被烧死的。阿默达巴德的骚乱虽被平息，骚乱却发展到古吉拉特邦的其他城市，并向部分农村地区扩展。印度人民党的邦政府首席部长莫迪虽然派军队控制局面，但不断发生的新的冲突又造成大量伤亡。据印度政府公布的统计数字，骚乱导致 850 人死亡，约 230 座清真寺和圣殿被毁，财产损失达数十亿卢比。3 月 2 日，瓦杰帕伊说：“古吉拉特的暴力给印度民族的脸上抹黑，毫无意义的屠杀在世界面前降低了印度的声望。”他派大量军队到古吉拉特邦控制局势。4 月 4 日，瓦杰帕伊来到阿默达巴德。他严厉谴责骚乱，称这是印度

① A. 埃利斯、P. 奥登伯格编《印度概要：加快改革的速度》，第 268 页。

的污点。他要求严格控制局势，决不允许再有扩展。此后局势才趋于稳定。5月1日，瓦杰帕伊宣布中央拨款15亿卢比，要求邦政府切实做好对骚乱受害者的善后工作。之后，还接受反对党建议，派专人来古吉拉特，作为安全顾问，协助邦首席部长尽快恢复正常秩序。

从瓦杰帕伊的态度看，他对骚乱是明确反对的，采取了坚决制止的立场，显示了他的言行一致。这次骚乱是拆寺以来最严重的一次，表明教派主义鼓动对部分宗教意识比较强的群众仍有很大的影响。不过骚乱始终局限在古吉拉特一个邦，在其他邦没有响应，这说明全国绝大多数群众觉悟提高了，对于这种互相残杀是完全不赞成的。他们希望古吉拉特的局势尽早安定下来，并且绝不愿那种暴行和惨剧又在自己邦里重演。古吉拉特骚乱给全印人民又上了一课，又一次昭示，只有世俗主义和宗教和谐才能带给人民安定，才能使他们有全身心投入国家的经济文化建设的最好环境。

古吉拉特骚乱之后，国民志愿服务团、世界印度教大会等组织继续在建庙问题上进行鼓动。2003年3月5日，阿拉哈巴德高等法院勒克瑙法庭命令在阿约迪亚有争议的地点进行考古发掘，以确定巴布里清真寺的所在地是否真的曾有一个印度教庙宇存在。3月12日发掘开始，没有重要发现。3月31日，最高法院裁决在阿约迪亚维持现状，瓦杰帕伊表示政府尊重和遵守最高法院的裁决。

四　几项内政措施

（一）反腐败立法原地踏步

全国民主联盟政府在内政方面并无突出建树，可以用来显示自己政绩的案例不多。

关于设立人民检察官问题，高达执政时已提出了此项法案，在议会立案，但没有来得及讨论，高达政府就辞职了。对设立人民检察官，许多党都表示赞成，舆论界也有一定酝酿。瓦杰帕伊执政后，为了表示印度人民党和全国民主联盟重视反腐败，1998年8月3日，又向人民院提交了人民检察官法案，又被立案。该法的核心是对所有涉嫌腐败的官员都要由人民检察官进行调查，总理、所有部长、各邦首席部长和议员都不例外。

客观形势迫切要求人民院尽早通过人民检察官法，扭转邦走在中央前面（许多邦已设立人民检察官）的现象。从以往情况看，每次政府向议会提出法案都是积极的，但并没有哪一届政府真正尽心尽力促使它通过。提案在立案后通常是被交到一个由议会建立的专门委员会审查，这样一来就是旷日持久的拖延。关键在于，不但政府领导人不希望头顶上有一把达摩克利斯剑，人民院和联邦院的议员们（如果涉嫌腐败也属于调查范围）也很少有人情愿作茧自缚。缺乏立法的政治意志，这正是症结所在。正因为此，在印度独立后的历史上，还没有一个法案像这个法案一样历尽坎坷而迟迟难产（提到议会一共有 8 次）。如今全国民主联盟政府又报请议会立案了，人们有理由期盼在它执政的时期通过。是否真有这个决心和魄力，这也是它面临的重大考验。

瓦杰帕伊一再强调印度人民党和政府有决心反对腐败，一定会使提案通过。媒体却半信半疑。有的媒体心血来潮，竟用非法手段来考验政府的真诚。2001 年 3 月 13 日就上演了极特别的一幕。这天，印度一家私营电视台在黄金时段播出了一段惊人的节目。观众从屏幕上看到，人民党主席拉克西曼在和几个商人聊天，同时把对方递过来的钞票放入抽屉。原来那几位“商人”是印度泰赫尔卡网站记者假扮的，他们谎称来自英国一家军火公司，打算向印度国防部推销反坦克导弹系统和热感应装置等先进装备，要求政界要员提供协助。录像是他们在谈话过程中偷拍的，目的据说是要用这种特殊手段捕捉政界的腐败行为，然后向公众曝光。泰赫尔卡网站还播放了他们向国防部部长费尔南德斯所属的人民党（统一派）主席 J. 贾特莱和国防部一些高级官员“行贿”的镜头。据他们说，总共向 27 人“行贿”，数额从 5000 卢比到 20 万卢比不等，接受者都表示将给予帮助。后来该网站还向《印度快报》披露，该站记者 2000 年 9 月至 11 月曾为了疏通军购，雇用应召女郎为三名军官提供性服务，都拍了录像。节目播出后在全国引起震惊。正在召开的印度议会被迫休会，在野党要求执政党立即下台。全国民主联盟内的特里纳姆尔大会党宣布退出联盟和政府。印度人民党主席拉克西曼和人民党（统一派）主席贾特莱都发表声明，辩称自己接受的是商人捐赠给他们党的活动基金，与军购无关，绝非接受行贿。拉克西曼立即辞职，表示愿意接受调查。为了平息众怒，国防部部长费尔南德斯随后也主动辞职。这成了印度政坛在 21 世纪初的一大“丑闻”，被称为“武器门事件”。

3 月 16 日，瓦杰帕伊下令对此案涉嫌官员进行司法调查，军方也成立了军事法庭。泰赫尔卡网站总编辑特吉帕尔在军事法庭上做证并交出了录像带。3 月 24 日，全国民主联盟政府任命最高法院退休法官 K. 温卡塔斯瓦米领导一个调查委员会，就整个事件进行调查。4 月 1 日，内务部部长阿德瓦尼发表谈话说，拉克西曼从“军火商人”手里接受 10 万卢比对党的捐款是非常不谨慎的，但钱都交给了党，不是个人受贿。他表示如调查发现了问题，任何人也不能逃避惩罚。

面对社会各界的谴责，政府在宣布彻底清查腐败的同时，也对网站的偷拍动机和资金来源进行了调查。阿德瓦尼和德里警察总长都认为他们这样做扰乱军心，干扰政府工作，破坏社会安定，宣称要把特吉帕尔绳之以法。网站的做法在社会上引起的反响也是不同的。许多人指出，官场的权钱交易、营私舞弊十分严重，有腐败就要揭露，无论采用什么手段，只要揭露的是事实就值得称道。2001 年 3 月 25 日《印度时报》公布的民意调查结果显示，84%的被调查者同意网站使用偷拍办法。他们还赞扬网站记者冒着生命危险取证的勇敢精神。这表明广大群众对腐败的痛恨，也反映了他们对历届政府惩治腐败乏力的不满和无奈心情。社会舆论界有不少人不赞成这种做法，认为记者这样做不但违背了职业道德，也触犯了法律。如果记者用这种不道德的手段来揭露腐败，与低劣的被揭露者有什么不同？这样做不是在助长腐败吗？他们问道，新闻记者是否也需要自律？民主体制下的新闻自由究竟还有没有底线？争论十分激烈，两种观点相持不下。

温卡塔斯瓦米委员会的调查发现，录像带被窜改和重新编辑过，整个内容不实。2001 年 8 月 30 日，调查委员会递交了一份书面陈述，称所谓“录像带丑闻”，是泰赫尔卡网站“精心策划的活动”，其目的是造成印度股市剧烈震荡，以便让幕后操纵者——网站股东趁机获利。这个结论立即受到网站方面的反驳，网站总裁认为这是政府蓄意进行打击报复。调查仍在继续，一方面进一步查证录像带的真实性，另一方面对网站的资金来源进行调查。2003 年 1 月，最高法院另一退休法官 S. N. 普坎接任调查委员会主席。

由于案情基本澄清，证明该网站的所有爆料不实，2001 年 10 月 15 日，瓦杰帕伊重新任命费尔南德斯为国防部部长。此项所谓“丑闻”的迅速调查表明瓦杰帕伊对腐败的重视，它的澄清提高了政府的威信。这个事件和这场争论也有积极作用的一面。它再次向当权者昭示了反腐倡廉的迫切必要性，也使他们更深刻地了解了人民的期望和人民的关注。人民期望廉洁政治，尤其期望执政党严格自律。这对瓦杰帕伊政府走廉政道路是一个有力的鞭策。

（二）妇女席位保留制争议的继续

为妇女保留立法机构席位问题，是 1996 年以来一直意见分野、争论激烈的问题。自 1996 年联合阵线政府提出的保留法案在议会立案以后，主张实行保留的政党和社会舆论特别是妇女界坚决要求议会通过该法案，把不赞成实行保留制的力量都说成是继续坚持歧视妇女、维护男人特权的立场。反对力量也坚持自己的立场，毫不后退。直到 1997 年 4 月议会解散也未能就提交议会的立法草案进行讨论和形成立法。

全国民主联盟执政后，看到如果政府在该法案问题上采取主动，会有利于吸引更多女选民站在它的旗帜下，所以，1998 年 7 月 13 日，全国民主联盟政府法律部部长 T. 杜莱又在人民院提出了为妇女保留人民院和立法院 1/3席位的立法草案。一个持反对立场的议员当场把他宣读的文件抢走，他不得不暂缓要求立案。1998 年 12 月 14 日联盟政府再次向议会提交该草案，这次得以立案。但议会内的分歧和舆论界的争论依然如故。一部分人完全反对保留制，认为议会每个议员都应有全局观点，不是代表某一群体的，如果议会被小圈圈化，那就会丧失从全局考虑问题的功能。另一种力量主要是一些低级种姓政党和教派政党团体。他们不反对为妇女保留席位，但坚决要求在保留的 1/3 总名额下，再分别确定为达利特妇女、其他低级种姓妇女和少数派妇女实行按比例的保留。持这种主张的有社会主义党、全印人民党、社会大多数人党、平等党、西瓦吉军、阿卡利党等，人民党（统一派）、泰卢固之乡党也支持这种主张。由于政府提出的法案只有为妇女作为整体保留的内容，没有接受他们的要求，这些党强烈要求议会撤销立案。对这些党的“保留中的保留”的主张，国大党、印度人民党和左翼政党都不接受，理由是这将会使已处于弱势地位的妇女再分裂，更加弱势，与保留的初衷有悖；其次，除了给表列种姓和表列部落保留席位外，以宗教、种姓为由保留席位也是宪法不允许的。有些不赞同保留席位者提出了自己的建议，即如果各政党真的关心提高妇女的地位，需要的不是席位保留，而是各政党更多提名女候选人，如果每个党都这样做，女议员的席位自然会大大增加。印度选举委员会也建议，改保留席位的办法为通过立法确定各政党提名女候选人的比例，但国大党和左翼政党反对。

全国民主联盟政府虽向议会提出了立法议案，但印度人民党也面临着和前联合阵线政府同样的难题，即联盟内部在这个问题上存在分歧。平等党、西瓦吉军、阿卡利党、人民党（统一派）都是全国民主联盟的成员，泰卢固之乡党是联盟的支持者。印度人民党同样不愿看到联盟内部的分歧扩大，形成对立。所以，全国民主联盟政府所能做的，也只是提交议会立案而已，直至 1999 年 4 月议会解散，并未要求讨论和就能否立法付诸表决。

1999 年 10 月瓦杰帕伊再次组织政府后，于 12 月 23 日再次向新的议会提出了上届政府提出的立法草案，并在议会立案。但各党意见不一的情况依然如故，反对的声音还是那样强烈。瓦杰帕伊希望各党通过沟通和协商达成一致，条件成熟后再提交表决，国大党则批评他拖延讨论和表决是缺乏诚意。其实，瓦杰帕伊的主张是正确的，在各党意见有重大分歧的情况下匆忙立法只能造成社会更大的分裂，达不到扶助弱势群体、实现社会和谐的目的。何况，保留席位的做法尽管主要的大党都表示赞成，但如何运作，能否成功地运作，则没有一个政党认真考虑过。此时，舆论界就有人在认真思考后指出，现在提交给议会讨论的法案有重大瑕疵，若通过也难以实施。他们讲的瑕疵，是指法案中规定的为妇女轮流保留 1/3 选区的办法实行起来有很大弊端。由于要避免为妇女保留席位的选区固定化，法案规定保留席位的选区轮流，每次大选规定 1/3 选区为妇女席位选区，三次轮完，以后再重新开始。批评者认为，这样硬性规定每次有 1/3 选区只能选举女议员而不考虑实际情况，既是对民主选举基本原则的破坏，也会妨碍政界代表人物正常的历练成长。对女性更是这样，例如在这次大选中从这 1/3 保留选区选出的女议员，尽管很出众，在下两届大选时就再没有机会当选了。这就是说，绝大多数女议员只能任一届，到下次轮流到时（在正常的情况下是 10 年）才能再参选。这样的做法能培养出真正有才干有经验的女性政界人物吗？基于此，又有些报刊和群众组织提出了改进方案，即把议会总席位数增加 1/3，在 1/3 选区设置双议席，其中一席为妇女保留。他们认为这样既保证妇女有 1/3 席位，又不致堵死男候选人的当选。不过，双议席选区是固定还是轮流，如果是轮流，那只是解决了男议员可能的延续性问题，对于女议员来说，不是和上述选区轮流的缺陷一样吗？更多批评者仍坚持认为，各政党提名更多女候选人是走出僵局的最可行的办法。他们建议修改 1951 年人民代表法，规定各政党提名候选人时必须有 1/3 是妇女，至于女候选人在哪个选区，由各政党自主决定；女议员的比例是高出还是低于 1/3，那取决于选举的自然结果，不必事先固定。社会舆论欢迎这个建议，但政党反应冷淡。

（三）纠正实施表列种姓、表列部落公职保留制中的错误规定

全国民主联盟政府执政后关于改善表列种姓和表列部落地位方面做的一项较大的改变是撤销了联合阵线政府执政时制定的五项公职备忘录。独立以来，按照宪法的规定，对表列种姓和表列部落一直实行各种保留制。议会席位的保留实行得比较到位，公职方面的保留落实得不够好。政府的各类公务人员中，来自表列种姓和表列部落的人员达不到应有的比例，特别是中高级人员。这主要是因为表列种姓和表列部落的知识分子数量较少，因为经济条件的关系，受高等教育有一定限制，因此一时选拔不出所需要的较多数量的中高级人才。已进入公职行列的，能提升到更高岗位的机会也不多。以往这方面的缺陷靠政府的特别照顾（补充和提升）解决。联合阵线政府执政时期，考虑到要全面协调好表列种姓、表列部落、其他落后阶级和少数派等各方面的关系，于 1997 年制定了五项关于公职人员的备忘录，其中心内容是在公职人员的补充、提拔上强调质量，对表列种姓、表列部落的特殊照顾取消，不强调非要达到规定的比例。表列种姓和表列部落联合起来反对这样的规定，认为这影响到表列种姓、表列部落公职人员的补充和提升，是限制表列种姓和表列部落在担任政府公职方面充分享受宪法赋予的权利和利益。他们要求贯彻宪法的规定，使表列种姓、表列部落享有的按人口比例保留的权利得到落实。只要总人数和各级别公职人员还没有达到规定的比例，就应继续补充和提升。

除了争取广大妇女的支持外，争取表列部落、表列种姓和其他低级种姓更广泛的支持，也是摆在印度人民党议程上的重要任务。2000 年 8 月，瓦杰帕伊挑选 B. 拉克西曼为印度人民党主席就是朝这个方向努力的。拉克西曼是第一个达利特出身的党主席，也是第一个来自南印的党主席，这清

楚地反映了印度人民党扩大自己的群众基础和地域基础的愿望。不过，对五项公职备忘录，印度人民党最初也是赞同的，宣布不准备改变。后来看到表列种姓、表列部落强烈反对，在全国民主联盟内外，也有些政党反对，政府改变了态度。印度人民党意识到现在牌在自己手里，应该打好这张牌。于是政府宣布，五项备忘录的规定有错误，有碍于落实对表列种姓、表列部落的保留制，应该纠正，宣布撤销五项备忘录。

（四）三个新邦的设立

1998 年，政府从便利管理出发，提议调整行政区划，成立 3 个新的邦，即从原北方邦分出部分地区成立乌塔兰查尔邦，从原比哈尔邦分出部分地区成立瓦南查尔邦，从中央邦分出部分地区成立恰蒂斯加尔邦。拟议成立的 3 个邦的地区都有自己的传统的社会文化特色，其中山区居民和部落民还有自己的语言。他们都较早提出了单独建邦的要求。国大党执政时期曾做了一些酝酿，但没有做出决定。全国民主联盟执政后决定调整行政区划，一方面是因为北方邦、比哈尔邦和中央邦都太大，管理不便；另一方面也是考虑到了这些地区的居民长期坚持单独建邦要求。政府认为单独建邦对他们的地区和他们原属于的 3 个邦的经济文化发展都有好处。经过议会立法，2000 年 11 月，乌塔兰查尔、恰蒂斯加尔和贾坎德（即瓦南查尔）3 个新的邦成立。这 3 个新邦的城市居民用印地语的较多，农村居民也有不少人用印地语，故都仍然以印地语为邦官方语言。2003 年 8 月，经议会立法，德里也得到了完全的邦的地位。

（五）安定查谟和克什米尔邦及东北地区局势的努力

1. 查谟和克什米尔邦

查谟和克什米尔的动乱仍在继续。尽管以往几年中历届政府都做出了努力，历任总理都来这里视察，民主进程已经恢复，发展地区经济也受到中央重视，但克什米尔分裂主义组织的活动并没有减少，暴力恐怖活动依然不断发生。

在暴力和恐怖活动遭到严厉镇压的情况下，分裂主义组织的策略有了变化：多数组织放弃了暴力方式，采取政治斗争方式；单个的组织越来越趋向形成联合体；而继续从事暴力和恐怖活动的组织，此时都有更强的国外联系和有更多的外国人参与。

最大的最有影响的联合体还是全体党派自由会议。在世纪之交，它成了与印度政府对立，组织和领导分裂主义鼓动和活动的主要力量。全体党派自由会议是协调性组织，参加该联合体的此时有26个组织，包括查谟和克什米尔解放阵线（马立克派）、穆斯林同盟等。设有执行委员会，是最高决策机构。执委会主席此时期是穆斯林同盟的M.A.安萨利。自由会议内部在目标和斗争方式上仍然是各不相同，有主张加入巴基斯坦的，有主张建立独立国家的。在斗争方式上，尽管联盟本身宣称是政治阵线，它的领导层中也有人认为政治斗争无效时不排除支持恐怖主义暴力，特别是那些坚持建立伊斯兰正统国家的组织。由于认识不同，联盟内争论和冲突一直不断。联盟继续宣布自己是克什米尔人民的“真正的和唯一的代表”。这种说法不仅执政的克什米尔国民会议党认为是荒唐的，坚决反对，就是自由会议之外的其他分裂主义组织也不赞成。

圣战者组织依然是克什米尔势力较强的主张暴力斗争的组织，继续主张克什米尔加入巴基斯坦。它没有参加全体党派自由会议，而是继续单独从事活动，煽动暴乱，力图造成混乱局面。

在印控克什米尔从事暴力活动的组织中，还有一些是外国恐怖分子建立的，与基地组织有联系。除了前面提到的两个组织圣战者运动和塔伊巴军外，较活跃的还有穆罕默德军，是2000年建立的，创建人是M.M.阿扎尔，他是巴基斯坦的一个宗教职业者。这个组织在克什米尔和巴基斯坦有数百名成员。阿扎尔曾数次去阿富汗面见本·拉登。美国认为，这个集团可能从“基地”组织领取资金。

印度人民党在克什米尔问题上本来就是持强硬态度的，执政后，瓦杰帕伊表示不能容忍外国支持的克什米尔的暴力和恐怖活动继续存在。1998年4月，全国民主联盟政府任命G.萨克希纳为查谟和克什米尔邦新的邦长。5月下旬，清剿行动在克里、拉久里等地区展开。但由于武装分子在巴控克什米尔有基地，加之群众中一些宗教正统情绪还很强的穆斯林居民为武装分子提供掩护，清剿的效果不大。

全体党派自由会议在政治战线上不放弃利用每个机会进行宣传。1998年12月6日，当瓦杰帕伊去克什米尔视察时，他们组织总罢工进行破坏。1999年2月19日，在印巴巴士路线开通，瓦杰帕伊乘第一班车去拉合尔前夕，又号召穆斯林举行总罢工破坏两国总理即将举行的会谈，同时在查谟和克什米尔邦制造流血冲突，搅乱社会秩序。自由会议宣称，决定克什米尔命运的会谈必须让克什米尔人参加。圣战者组织也提出，任何与克什米尔有关的会谈都要有印度、巴基斯坦和克什米尔人三方参加。

1999 年 10 月 12 日巴基斯坦发生政变，军事首脑穆沙拉夫掌握了政权，印度和巴基斯坦的关系受到影响。克什米尔武装分子的恐怖活动变本加厉。1999 年 12 月 24 日，5 名伊斯兰极端分子劫持一架从加德满都起飞的印度飞机，使其迫降于坎大哈机场。劫机者要求印度政府释放 36 名被关押的克什米尔伊斯兰分裂主义分子。在 6 天的对峙里，一名人质被害，数人受伤。印度政府被迫释放 3 名在印度被关押的伊斯兰极端分子才解决了这个事件。

印度人民党政府发现单靠军事行动是不能达到目的的，便改变政策，希望用两手策略分化极端主义势力。1998 年 4 月 28 日，国防部部长费尔南德斯说，政府准备与克什米尔的武装分子对话，并说在他即将进行的对查谟和克什米尔邦的访问期间将会见武装分子的代表。不过，武装分子不愿与政府单独对话。2000 年 11 月，瓦杰帕伊宣布政府将在斋月期间实行单方面停火。2001 年 4 月 5 日，政府又在一项官方声明中宣布，为了恢复查谟和克什米尔邦的和平与安定，政府愿与克什米尔所有分裂主义组织对话，并邀请所有组织参与谈判。政府这一策略是希望把所有分裂主义组织包括武装组织吸引到与政府对话的轨道，使之放弃分裂和暴力活动的立场。和以往政府的策略比，这是一个突破。内务部部长阿德瓦尼宣布政府已任命计划委员会副主席 K. C. 潘特为政府方的首席谈判代表。自由会议没有思想准备，显得很慌乱，没有对政府的邀请做出回应。其执委会 4 月 15 日要求自由会议的工作委员会和全体会议（它包括执委会 7 名成员和联盟所有参加党派的代表）做出决定。两个最高机构最后的决定是拒绝政府提议。拒绝政府提议的理由，一是政府没有接受该组织提出的去巴基斯坦商量的交换条件，二是政府是向所有克什米尔组织发出邀请，这意味着不承认它自封的克什米尔人民“真正的和唯一的代表”的资格。自由会议把政府的谈判倡议说成是虚伪的，是为了掩盖印度保安部队践踏人权所玩弄的手法。其他组织对政府的倡议也都没有响应。结果，谈判未能举行。

“9·11”恐怖袭击事件的发生对克什米尔也有重大影响。巴基斯坦在克什米尔问题上态度有了变化。它加入了世界反恐斗争，因而，对克什米尔组织以巴基斯坦为基地进行越境恐怖活动不再采取支持的态度。但它声明对克什米尔人的斗争会继续在道义上给予支持。克什米尔分裂主义活动无疑受到沉重打击，其能力受到削弱。然而，各种分裂主义和恐怖组织并没有减少活动。10 月 1 日，一伙恐怖主义分子在印控克什米尔议会大厦前引爆一枚汽车炸弹，并进入大厦投掷手雷，造成至少 29 人死亡，60 人受伤。印度谴责这次袭击事件，称它为野蛮的恐怖主义行径，并指责巴基斯坦煽动和资助了这些袭击者。巴基斯坦外交部发言人立即表态说，巴基斯坦谴责各种形式的恐怖活动，包括这次恐怖活动。

两个多月后，更严重的恐怖事件发生了，这就是恐怖分子袭击印度议会大厦事件。2001 年 12 月 13 日上午 11 时 45 分（当地时间），议会的会议刚刚结束，全体人员还没有离开会场，突然，一辆载有 5 名持枪恐怖分子的白色小轿车闯进议会大院，恐怖分子下车后即举枪向议会大楼扫射。守卫大楼的警卫人员随即还击，一名恐怖分子引爆了身上捆绑的炸弹。在长达 40 多分钟的激烈交火中，恐怖分子都被击毙，有 6 名警卫人员死亡，另有 20 多人受伤。事后查明，袭击者的主谋有德里大学阿拉伯语讲师吉拉尼、伊斯兰武装派别——穆罕默德军的成员穆哈默德·阿夫扎尔和沙乌卡特·侯赛因，3 人均以反国家罪被判处死刑，另一个同谋犯被判 5 年监禁。印度认为，此次事件系塔伊巴军和穆罕默德军策划，强烈要求巴基斯坦交出两组织的 20 名骨干成员。美国随后宣布该两组织为国际恐怖组织。此后，这些恐怖集团转入地下，采用了新的名称，建立了新的机构，在新的旗号掩盖下进行活动。有一个自称正义军或奥马尔军的集团，据信就是一些组织包括穆罕默德军、塔伊巴军和另外的极端组织的成员的联合体。

政府没有放弃谋求通过谈判安定局势的努力。2002 年 8 月 3 日，一个以原法律部部长 R. 杰特马拉尼为首的 7 人委员会成立，准备与各分裂主义组织对话。2002 年 12 月 27 日，政府又宣布愿意与“被选举的代表和其他人”谈判，以解决克什米尔危机。2003 年，副总理阿德瓦尼和全体党派自由会议进行了第一次对话，敞开了与所有人对话的大门。在 2003 年 4 月瓦杰帕伊访问克什米尔时，他也会见了自由会议的几位领导人，后者表示他们支持和平进程。瓦杰帕伊则向克什米尔人民保证，所有问题都能通过对话解决，并提出了对话应遵循的三项指导原则，即人权、民主和克什米尔人的信念，作为通向缔造克什米尔和平的一个步骤。

政府也认识到，克什米尔动乱有更深层的原因。除了宗教矛盾很容易被双方教派主义者利用外，经济状况不佳也是重要原因。由于查谟和克什米尔邦多年动乱，政府把注意力集中在安全方面，对这个邦的经济发展缺乏足够重视，工作做得很差，造成了大量青年失业，基础教育、卫生保健和其他社会福利工作也存在很多问题。这使人们对政府感到失望，特别是那些宗教情绪强烈的年轻人，他们产生了一种被国家主流疏远甚至抛弃的感觉。

对这方面的缺陷中央和邦政府都有责任。拉奥政府和联合阵线政府认识到安定查谟和克什米尔邦局势的关键是发展经济，朝这个方向采取了步骤，但其作用需要一定时间才能发挥出来。这种情况继续被极端分子利用。据查谟和克什米尔邦副警察总监说，大约有 2000 名被雇佣的武装分子渗入了克什米尔谷地，其目的就是利用群众在生活上存在的一些困难，散布政府蓄意压制克什米尔发展之类的不实的或捏造的消息，煽动人们对政府不满，制造动乱，以达到使克什米尔脱离印度的目的。

瓦杰帕伊总理执政后，也希望沿这个方向努力，从经济发展上打开出路。2002 年 5 月，他到查谟和克什米尔邦访问。他宣布了一项中央拨款 600 亿卢比用于查谟和克什米尔邦发展的计划。其内容包括建设连接马拉尼到列城的罗塘通道，在 2007 年 8 月 15 日前完成连接克什米尔谷地和印度内地的 287 公里的乌代普尔—斯利那加—巴拉马拉铁路工程；还包括使那些因受恐怖主义骚扰而流离失所的边境居民重新得到安置。2003 年 8 月 29 日，瓦杰帕伊又宣布了一项帮助查谟和克什米尔邦经济发展的计划。

多年来，由于形势动乱，民主进程被打断，政府的注意力集中于对付分裂主义势力，对鼓励广大查谟和克什米尔邦人民群众参与政治生活几乎无人提起。这里的政治是一种由上而下集中控制的政治，人民的积极性是被压抑的。为了激励人民的政治热情，也为了改善政治气氛，瓦杰帕伊把加强基层民主建设作为安定查谟和克什米尔邦局势的另一手段。政府安排在各乡村建立农村发展会议，实行潘查雅特体制，鼓励群众积极参加基层自治。2003 年 9 月邦议会通过法令，规定在各级潘查雅特机构中为妇女保留 33%的名额。这些措施实行后，查谟和克什米尔邦的紧张气氛逐渐有了缓解。

寻找安定克什米尔局势的出路是个非常敏感的问题，要行之有效，需要印度各主要政党加强沟通，取得共识。正是基于这种考虑，瓦杰帕伊主动和各主要政党接触，特别是广泛地和那些曾参与、涉及克什米尔事务及出生于查谟和克什米尔邦的政治家接触，听取意见，共商良策。这些政治家包括很多国大党的要员，也包括维·普·辛格政府的高官。这种沟通表明他希望跨越党派界限达成最大限度的共识，使政府在与克什米尔组织谈判时有强大的后盾和充分的转圜余地，也表明瓦杰帕伊希望以自己的直接介入，争取在寻找解决途径上有所突破。

但是，有一个难题横亘在他面前，阻断了他的前进之路，这就是在查谟和克什米尔邦自治问题上与克什米尔国民会议党的重大分歧。联合阵线政府执政时，曾允诺给查谟和克什米尔邦最大限度的自治，无论这是否现实，在法鲁克领导的克什米尔国民会议党人心中还是燃起了某种希望。结果是希望落空。印度人民党执政后没有再给予类似允诺。这不奇怪，因为正是印度人民党在执政前积极鼓吹取消宪法第 370 条关于给查谟和克什米尔邦特殊地位的规定，印度人民党执政后搁置了这种主张，这已是比较现实的了，怎么可能还考虑给予最大限度的自治？也正因此，国民会议党要和印度人民党维持合作关系就有一定困难。国民会议党在联合阵线政府垮台后，出于和邦内对手国大党竞争的需要，参加了全国民主联盟。2000 年 7 月 14 日，法鲁克·阿卜杜拉在议会强调说，克什米尔永远不会脱离印度成为独立国家或成为巴基斯坦的一部分，但认为查谟和克什米尔邦原来享有的自治后来被中央政府逐渐取消是不符合宪法的，应该恢复到 1953 年前的状况。2000 年 6 月，查谟和克什米尔邦议会通过了要求实现自治的决议。联邦政府立即拒绝了该项决议。7 月 5 日，瓦杰帕伊在讲话中进一步排除了恢复 1953 年前状况的可能性。政府的这种立场受到印度其他全国性政党的支持。7 月 26 日人民院一致议决，反对查谟和克什米尔邦议会通过的自治决议，指出不能允许“国中国”存在。法鲁克显然不能接受，他在国民会议党的会上说，没有自治就没有和平。这是对政府的公开批评。2002 年 6 月 12 日，法鲁克辞去国民会议党主席职务，其子奥马尔·阿卜杜拉（时任联邦政府外交国务部长）随后被选为主席。10 月，邦议会举行选举，国民会议党落败下野。2003 年 7 月 12 日，国民会议党退出全国民主联盟，断绝了与印度人民党长达 5 年的盟友关系。国民会议党是查谟和克什米尔邦最有影响的党之一，这意味着那里的局势除分裂主义势力继续活动外，在内部又出现了新的不稳定因素。

2. 东北地区

除克什米尔问题外，东北地区某些武装组织的暴力和恐怖活动一直在继续，构成了另一个长期存在的不安定因素。

在阿萨姆邦，有一个叫阿萨姆联合解放阵线的组织从 90 年代起一直进行暴力活动。该组织是在 1979 年阿萨姆开始进行反对外来人渗入鼓动中成立的，宣称的目的是通过武装斗争建立独立的阿萨姆国家。印度政府谴责它在国外势力的支持下进行暴力和恐怖活动，宣布它为恐怖主义组织，并根据 1967 年制定的《非法活动（防止）法》予以取缔。

该组织反对阿萨姆人民联盟与拉·甘地 1985 年签订的阿萨姆协定，认为阿萨姆人的目标不是与政府妥协，而是赶走全部外来人。为了显示自己的存在和扩大影响，这个组织即便在阿萨姆人民协会通过 1985 年邦立法院选举获得政权后，也依然在进行恐怖活动，包括暗杀当地政要、富商甚至外国人。中央政府 1990 年对阿萨姆邦实行总统治理后，派军队进行清剿。1992 年 1 月，该组织表示同意与政府对话。其武装力量中有部分人放下武器，另一部分人则坚持反叛活动。90 年代后期，在遭到政府军清剿在邦内难以立足的情况下，该组织出没于附近那加兰、梅加拉亚等邦的山区，后来越过印度和不丹边境进入不丹森林中，在那里建立多处营地。2003 年 12 月，在不丹军方采取军事行动打击后，其大部分领导人转移到孟加拉国，在孟加拉国边境他们原来就有一批营地。近年来该组织仍不断在阿萨姆搞暗杀、爆炸，破坏那里的安宁，如 2000 年 2 月 27 日炸死邦政府森林部部长 N. 夏尔玛一行 5 人。该组织还扬言要炸阿萨姆的输油管。2004 年 8 月 15 日，也就是印度独立日那天，该组织再一次制造爆炸，炸死 15 人。联合解放阵线的恐怖活动非常不得人心。阿萨姆各界人士纷纷集会，谴责它的行为，呼吁它停止恐怖活动，希望它通过与政府对话提出自己的合理要求。

阿萨姆邦还存在另一个暴力斗争组织即波多人的组织。波多人是住在阿萨姆西北部山区的一个部族，语言属藏缅语系。在 60～70 年代阿萨姆邦山区的许多部族先后从阿萨姆邦分出建立一个又一个语言邦后，波多人也要求单独建邦。由于该部族人数不多，中央政府没有允准，波多人便开始了长期的斗争。1986 年建立了波多安全力量，1994 年改建为波多兰全国民主阵线，该阵线宣称其宗旨是使布拉马普特拉河以北的波多人的地区从印度分离出去，建立独立的波多兰国家。1996 年成立了武装组织叫波多猛虎解放组织。2000 年，波多兰全国民主阵线被政府宣布为非法组织。中央政府指示阿萨姆邦政府在进行镇压的同时，要努力做多数人的工作，让波多部族多数人知道，政府会保障他们部族的合法权益，促进其经济文化发展，维护其文化特性。政府的努力获得了人民的支持，对极端分子也有影响。2003 年 2 月，印度政府、阿萨姆邦政府和波多猛虎解放组织领导人达成协议，在阿萨姆邦波多人居住集中的区域实行波多人地区自治，有 2630 人放下了武器，波多猛虎解放组织也自行解散。波多人自治地区临时行政机构随即在科克拉加尔成立。然而，波多兰全国民主阵线却拒绝改变立场，继续制造恐怖事件。由于政府军队的追剿，也由于看到继续暴力行动得不到多数波多人的支持，该组织在 2004 年 10 月宣布单方面停火，表示愿意和政府谈判。

在那加兰邦，也有一个分立主义组织，是 1980 年成立的，叫那加兰民族社会主义者会议。该组织的目标是把那加人居住的地区（除那加兰邦外，还包括附近几个邦的部分地区）统一起来，建立一个大那加兰独立国家，即“那加利姆”。该组织成立后即建立了武装集团，进行暴力和恐怖活动。1988 年该组织因内部争权分裂成两个部分，各自活动。政府多次试图与两派对话，都没有结果。瓦杰帕伊一再表示，两派只要放弃分裂立场，他们的要求可以在宪法的框架内谈判解决。2003 年 10 月，瓦杰帕伊还专程去那加兰邦访问，以促进和平和发展。但那加兰民族社会主义者会议两派都未放弃分裂立场，也不愿放下武器，在停火期间不断有暴力活动发生。

东北诸邦地处偏远、部族众多，许多部族如波多人是以信仰基督教为主。这里经济发展落后，人民生活困苦，这些因素为暴力组织和分裂势力的长期存在提供了土壤。全国民主联盟政府注意到这个事实，1998~1999 年度、2002~2003 年度共拨款 4400 亿卢比帮助这个地区发展经济，中央政府还专门成立了一个单独的部来统筹规划东北地区的发展。

五　核试验和核政策

印度人民党执政前就一直主张印度应进行核试验。在该党 1996 年和 1998 年人民院选举的竞选宣言中，作为争取选民的重要手段，都承诺当选后要发展核武器。

印度人民党执政后不到两个月，1998 年 5 月 11 日印度就在拉贾斯坦邦的波克兰进行了三次核试验。为进一步完善实验数据，5 月 13 日，又进行了两次核试验。消息传出，举世震惊。巴基斯坦立即回应，按照早就准备好了的应变计划，在 5 月 28 日和 30 日，也在其俾路支省的贾盖山进行了两轮六次核试验。

印度自 1974 年试爆了第一个核装置后，研制核武器的工作一直在秘密进行，早已达到了箭在弦上的程度，被国际社会认为属核门槛国家。印度其实早就掌握了制造核武器的相关技术，所缺的只是用试验来检验其技术的准确性和安全性。国大党执政时没有进行核试验，一方面是顾及国际社会的反应，因为英、美、苏及其他国家 1968 年缔结的《不扩散核武器条约》经联合国大会核准，世界大多数国家已签署。国际社会反对核武器的声浪日益升高，印度进行核试验必将引起强烈反响。另一方面，它也深知在南亚次大陆引发核竞赛对印度并没有特别的好处，印度对巴基斯坦的常规武装优势反而会因巴基斯坦拥有核武器被抵消，而核竞赛增加的财政负担却会十分沉重。在这样的形势下，国大党政府和其他联合政府权衡利弊，宁肯保持模糊立场，采取引而不发的政策，同时拒绝在《不扩散核武器条约》上签字，以保留核选择的权力。1996 年 9 月，联合国通过了《全面禁止核试验条约》的文本，供各国签署而后生效。该条约的内容是防止进行新的核试验，防止核扩散，并促进核裁军的进程。印度认为这个条约和《不扩散核武器条约》一样，都未包括核国家全面核裁军的承诺，同样具有歧视性质，故也拒绝签署。据《简氏防务周刊》报道，在该条约提交联合国大会讨论前，印度在 1995 年 12 月曾有过抢先一步进行核试验以免条约通过后处于被动地位的想法，但是由于准备行动被美国间谍卫星发觉，只好放弃。

印度人民党上台伊始就急不可耐地要跨过核门槛。瓦杰帕伊在施政纲领报告中就讲到要重新评估以往政府的核政策，明确表示要选择使印度成为核国家。这一次有关部门在试验的具体准备方面做了十分周密的策划，采取明修栈道、暗度陈仓和利用种种伪装的办法，巧妙地躲过了美国侦察卫星，终于在美国情报部门毫不知情的情况下，顺利地实现了其预定计划。印度人民党在第一次试验当天，就向世界宣称，印度已成了拥核国家。

5月11日的核试验使用的是一个核裂变设施、一个千吨级以下低能量设施和一个热核反应设施。13日试验都是使用千吨级以下低能量设施。印度原子能部和国防研究发展司在随后发表的联合声明中说，从这些试验得到的数据表明，印度已有能力研制出可以满足各种需要和各种用途的核武器。美国专家认为，印度的核技术大概达到了美国60年代的水平。

是什么考虑使印度人民党这样急急忙忙地行事？目的是多方面的：第一，提高印度人民党自身的威望。该党知道，印度拥有核武器的消息一定会使全国人心振奋，人们会说，国大党长期做不到的事，印度人民党做到了，印度人民党为国家增添了荣誉，做出了难以估量的贡献。关于这点，印度国大党和其他政党都有一针见血的揭露性评论。第二，制造一种印度在军事方面绝对压倒巴基斯坦的力量对比，威慑巴基斯坦。印度在常规军方面优于巴基斯坦是人们公认的，但这种优势不足以形成威慑，而印度一旦拥有核武器，情况就会大不相同。巴基斯坦实际上也已拥有核试验的能力，印度对此并不是不知道，但自信巴基斯坦的核能力大大落后于印度。岂知当他们还在为印度成为南亚唯一有核国家而沾沾自喜时，从巴基斯坦传来了令他们感到沉重的消息，巴基斯坦不但同样进行了一连串的核试验，而且该国的“原子之父”阿·卡迪尔汗宣称，巴基斯坦的核技术已超过印度。印度并不相信“超过”之说，但清楚地知道，两国核竞赛已由地下转到地空海全方位，印度要实现核威慑，就必须在核竞赛和核武装化方面都保持优势。第三，平衡与中国军事实力的差距。印度要成为世界大国的心态使他们不能接受中国是核大国而印度不是的现状。印度人民党认为只要印度也跨入核俱乐部，就可以对中国保持平衡地位。第四，追求国际承认印度的世界大国地位。从长远视角看，这正是印度人民党的主要考虑。做一个“有声有色的世界大国”是尼赫鲁为印度定下的目标，在他执政时期和后来英·甘地、拉·甘地执政时期，印度在世界上倡导不结盟运动就是贯彻这一思想的体现，印度确实成了不结盟运动的领袖。但不结盟运动领袖未必就是世界大国，印度还面临消除贫困的艰难任务，何谈世界大国地位？拉奥执政时期，为了改变经济落后面貌，发奋图强从事改革，追赶世界先进潮流，还不敢奢望立即被世界大国看重。到了90年代末印度人民党执政时，尽管印度的经济大局并没有发生根本性的变化，但八九十年代改革的成就和变化已使他们展开了浮想联翩的翅膀。他们看到，改革带来了经济发展的勃勃生机，印度增长率已跃居世界中上游甚至先进行列；特别是在信息产业领域，印度已成为令世人称赞的世界软件大国；在科技领域印度也已在某些部门处于世界先进水平；印度对外援的依赖也已大大减少。据此，他们认为，印度已到了成为世界大国的门槛前，而拥有核武器则是跨越这个门槛的第一张通行证。有了这第一张通行证，印度就会被看作准世界大国。跻身核国家行列即被看作是世界大国的标志之一，所以印度人民党一定要使印度拥有核武器，而且是越快越好。

印度舆论和反对党并不支持政府的核试验。在最初的全国狂热气氛过后，人们可以尖锐地发表意见了。国大党主席索尼娅指出，印度人民党是试图利用核试验为本党谋取政治利益。4 个左翼政党发表声明，指责政府采取冒险主义政策，用激起人们的沙文主义情绪的手段来掩盖全国民主联盟政府政治上遇到的困难，提高自身的地位。前任总理高达和古杰拉尔都公开批评政府破坏印度一直奉行的正确政策，造成政治环境的不安定。高达在班加罗尔还参加各阶层人士的反核大游行，高呼“不要核武器，要生命”“不要战争，要友谊”的口号。《印度时报》5 月 16 日的文章指出，印度人民党政府是为了本党私利拿国家的利益赌博。印共（马）的机关报《人民民主》发表社论，谴责政府是转移视线、误导人民，以推行其不折不扣的民族沙文主义政策。一些科学家则发起了一场全国性签名运动，反对建立核武器库。

美国对印度的核试验立即做出反应，在谴责的同时，宣布对印度实行制裁，包括停止对印度的一切援助（人道主义援助除外），停止颁发所有对印军事销售和军火出口许可证，停止军事援助，停止美国政府提供的一切贷款、信贷和其他财政援助，禁止所有美国银行向印度政府提供贷款和信贷，禁止出口需要商务部批准的特定商品和技术。美国反应如此强烈，除表示对印度不听劝告的强烈不满外，也是为了阻止巴基斯坦跟着进行核试验，杀鸡儆猴，防止其他国家模仿。日本决定停止与印度的新的无偿资金合作，中止了贷款，推迟了原定在东京即将举行的援印俱乐部会议。德国冻结了给印度的发展援助。荷兰、瑞典、丹麦冻结了给印度的援助或取消了援助协议。加拿大召回了大使，取消了与印度的环保项目的谈判，禁止对印军事出口。欧盟决定延期支付原计划给印度的贷款。英国表示强烈抗议，不过没有追随制裁。俄罗斯、法国表示关注和遗憾，明确表示反对制裁。联合国秘书长安南和安理会对印度和巴基斯坦的核试验表示遗憾和谴责。印度政府知道它的核试验会招来美国等西方国家制裁，为了缓解国际社会的反对情绪，竟不惜采取不光彩的手段，编造“中国威胁论”，为自己的核试验制造借口。在印度看来，只要搬出“中国威胁论”，就会得到美国等西方国家的理解和共鸣，即便制裁也会较早撤销。国防部部长费尔南德斯在核试验前就接二连三大放厥词，说拥有核武器的中国是印度潜在的“头号威胁”，印度需要拥有核武器对付中国的“威胁”。由于费尔南德斯的谬论遭到中国舆论的强烈谴责，瓦杰帕伊不得不出面澄清，表示不赞成费尔南德斯的说法，指出他的话不代表政府的观点。然而，瓦杰帕伊怎么也没有想到，他在核爆炸当天给美国总统克林顿写的密信竟被克林顿公之于世。人们惊讶地发现，信中也是用“中国威胁论”为印度核试验打掩护，企图以此赢得美国的同情。这种做法不仅受到中国的严厉批评，在世界舆论面前受到非议，而且在印度国内也遭到指责。舆论纷纷指出，印中关系正在改善，在这种时候臆造“中国威胁”的说法对两国关系的发展前景十分有害。瓦杰帕伊自知理亏，后来做了解释。1998 年 10 月 28 日他说，中国不是印度的敌人，印度希望所有和中国的争端都通过谈判解决。当然，中国理解印度的真正用意，接受了瓦杰帕伊的善意表示，并没有因此影响改善两国关系的努力。

虽然处在美国和一些西方国家制裁的沉重压力下，全国民主联盟政府并不准备改变印度的核政策。1998 年 7 月 10 日，联合国安理会要求秘书长安南说服印度和巴基斯坦停止研制核武器，要求两国在《不扩散核武器条约》和《全面禁止核试验条约》上签字，两国争端通过对话解决。安南派特使到印巴两国。瓦杰帕伊重申，印度不准备签署全面禁试条约和核不扩散条约，也不会搁置发展和建立导弹武器库的计划。但印度政府早先也表示，它准备参加在日内瓦举行的关于《裂变材料禁产条约》的对话，该条约的目的是防止输出核裂变物资。安南特使得到的印象是，印巴两国的核竞赛将继续下去，从而必将造成南亚地区长期的紧张局势。

为了回应世界舆论的指责，印度政府也竭力做出自控的姿态。1998 年 5 月 27 日，瓦杰帕伊宣布，印度可以在不首先使用核武器的条约上签字。8 月 4 日，他又说，印度奉行的是核限制政策，它的支柱有二，一是拥有和保持“最低限度的核威慑力”，二是不首先使用核武器。1998 年 8 月印度政府公布了核政策草案，中心是强调奉行“最低限度的核威慑力”的战略，印度不首先使用核武器，但若遭到核打击，则有足够的核武器给敌人以惩罚性的报复。1998 年 9 月，印度和巴基斯坦都表示下一年会考虑签署全面禁试条约并希望解除对它们的制裁。两国此前也都已宣布暂停核试验，这些行动都是对国际舆论指责的一种正面的回应。

核爆炸使印度和巴基斯坦在常规军备竞赛之外又展开了核竞赛，不仅增加了两国本来就已很庞大的军费开支，加剧了两国的财政困难，影响了两国经济发展的速度，也造成了南亚局势的紧张，使这里成了新的核危险地带、新的火药库。印度政府 1998~1999 年度的财政预算中，军事开支从 3610 亿卢比增加到 4120 亿卢比。在新的形势下，卢比对美元的汇价出现大幅度下跌，最低降到 43.35 卢比兑换 1 美元。瓦杰帕伊承认制裁给印度的经济发展带来了困难，他要印度人民做好准备面对严峻的局势。

印度一面与巴基斯坦进行核竞赛，一面在国际舞台上继续呼吁全面销毁核武器。1998 年 9 月 3 日，第十二次不结盟国家首脑会议通过决议赞成印度的全面销毁核武器的主张，有 113 个成员国签字。决议没有谴责印度和巴基斯坦的核试验，这表明多数发展中国家对印度核试验的看法与西方国家迥然不同。

六　全国民主联盟政府的对外关系

（一）与美英：从被制裁到成为反恐盟友

印度核试验后美国对印度实行制裁，要求印度不再进行核试验并在全面禁试条约和核不扩散条约上签字。美国把印度在两条约上签字作为解除制裁的条件，印度拒绝接受。1998 年下半年，印度外交部部长贾斯万特·辛格对美国和其他西方国家积极展开外交活动，包括与美国副国务卿 S. 塔博特多次会谈，努力说服美国和其他国家理解印度的核立场，停止对印度的制裁。

美国的制裁事实上不久就逐渐放松。1998 年 12 月，美国宣布暂停对印度和巴基斯坦的制裁一年，允许两国获得某些外援及从国际货币基金组织获得贷款。1999 年 2 月初，美国副国务卿 S. 塔博特访问印度和巴基斯坦，就两国发展核武器问题与它们会谈。塔博特仍坚持要求两国在全面禁试和核不扩散条约上签字。美国还继续在人权问题上打压印度。1999 年 2 月 26 日，美国指责印度部队在查谟和克什米尔邦践踏人权，虐待和非法屠杀穆斯林。这只能增加印度对美国的反感。美国找不出能让印度就范的好办法。

美国立场软化的重要原因之一是商界的推动。印度是个潜力巨大的市场，美国工商业巨头不愿意看到这个刚刚对世界敞开大门的市场而美国却不能充分利用的局面持续下去。美国政府领导人也看到制裁不能使印度屈服，只会导致与印度疏远，失去有利的大市场。战略考虑也是一个重要因素。美国一直想拉拢印度，使之成为其在亚洲制衡中国战略中的重要助力。对印度实行严格的制裁会增加印度对美国的不满，于美国战略目标的实现不利。看到印巴两国对制裁的回应有积极因素，于是美国觉得有了台阶下，便很快转向放宽制裁，以便从长远战略考虑积极争取印度。

印美关系开始解冻表现在：1999 年底，美国众议院通过决议把美印关系提升为“战略伙伴关系”；2000 年初，美国高官包括财政部部长劳伦斯·萨默斯、国务卿奥尔布莱特和美军太平洋舰队总司令等相继访问印度，印度外交秘书去美国访问；美国总统克林顿在 2000 年度的财政预算报告中提出为印度额外提供 4655 万美元的双边发展援助；华盛顿表示愿意就制止越境恐怖活动、毒品走私、地区安全和信息技术等方面和印度讨论合作问题。

在两国关系得到改善后，2000 年 3 月 19 日克林顿到印度进行了 5 天访问，这是 20 年来第一位美国总统访问印度，是两国关系向着战略伙伴关系的目标升温的突破性进展。印美签署了旨在指导两国发展新型关系的框架性文件《印美关系：21 世纪展望》，强调“世界上最大的民主国家和人口最多的民主国家”将致力于建立持久的政治上有建设性、经济上有成果的新型伙伴关系。克林顿此行使双方签署了总值达 40 亿美元的商业合同和融资协议。

3 月 21 日美国重新启动一项 2500 万美元的援助项目，帮助促进印度金融市场的现代化。对印度的经济制裁事实上已取消。

2000 年 9 月瓦杰帕伊访美，提出印美两国之间要建立“正常的、持久的伙伴关系”，并大大扩展两国的经贸往来。瓦杰帕伊还表示，印度将中止核试验。美国方面回应积极，以最高规格的晚宴招待。瓦杰帕伊在美期间，两国签订了在能源、电子商务和银行业方面 5 个合作项目的协定，总值达

60 亿美元。克林顿说，他和瓦杰帕伊已建立了两国历史上最强有力的最成熟的伙伴关系。

从这以后，两国关系迅速升温。到美国新任总统布什上台后，已经出现了重大的变化。2001 年 5 月 1 日，布什在美国国防大学发表演说，提出发展国家导弹防御系统，建立新的世界核安全体制。5 月 2 日印度外交部就发表声明表示欢迎。这一罕见的主动示好行动令世界舆论感到惊诧。美国舆论更是惊喜不已，高兴地说，“全世界两个最大的民主国家美国和印度冷战时期的敌意正在迅速解冻”，预示着“两国加速发展战略伙伴关系”。[①] 2001 年 7 月，美国参谋长联席会议主席谢尔顿访印，他是 1998 年以来美国到印度访问的最高级军事官员。两国随即宣布重新举行防务政策小组的会议。这表明两国军事合作将重新开始。

印美关系为何一再升温？这是因为两国各有所图，出现了利益索求的一定重合。美国在其 21 世纪的全球战略中，视保持与印度和巴基斯坦的平衡关系为保障美国在南亚利益和影响力的关键。以往美国虽然希望如此，实施结果却是亲巴疏印。这种情况和冷战后的形势不再适应。进入 90 年代以后，印度的世界不结盟运动领袖地位已失去意义，但作为一个新兴的大市场它却具有越来越强的吸引力。经济实力的上升增强了它作为世界大国崛起的潜力，导致它不仅在南亚而且在国际事务中影响力的扩大，这是美国政界领袖不能不重视的。再则，美国对中国的快速发展抱有戒心，它要利用国力日益增强的印度，作为一支制衡中国的战略力量。布什上台后，一度强调中美关系是“竞争关系”，他认为在 21 世纪印度的发展潜力不亚于中国，是中国的竞争对手，美国与印度有着共同的民主价值，因而只要加以推动，就有可能使印度成为它遏制中国的一种助力。从印度方面说，它期望密切与美国的关系，不仅是为了解除制裁，从更长远的目标说，是为了在使自己成为世界经济强国的努力中能得到美国更多的经济及高技术方面的援助与支持；在政治方面，发展与美国的关系，可以为印度创造更加有利的国际环境，提高印度在国际上的发言权和地位。为此，印度紧紧抓住美国伸出的手，为圆其“大国梦”服务。

2001 年“9・11”事件发生后，印美关系更趋密切。“9・11”事件后，

---

① http: //news. eastday. com/epublish/gb/paper.

国际形势出现剧烈变化，反对以“基地”组织为代表的恐怖主义成了世界性的斗争。美国需要建立世界反恐统一战线，在南亚，巴基斯坦是反恐的前线国家，美国也希望得到印度对其反恐斗争的支持和配合。这正适合印度的需要。瓦杰帕伊在“9·11”事件后召开内阁特别会议，会后，印度政府宣布，决心站在美国一边，挫败恐怖主义。一方面，印度希望借助参与世界反恐斗争，更加密切与美国和西方国家的关系；另一方面，通过参与世界反恐战线，可以使打击克什米尔的越境恐怖组织更加师出有名，而且还可以借助美国对巴基斯坦施加压力，使其停止支持越境恐怖活动。2001年9月22日，美国总统布什宣布取消对印度和巴基斯坦的制裁。印度由制裁对象霎时间转变成了美国的反恐盟友。在印度独立后的整个历史中，印度与美国在国际舞台上成为站在一条战线上的盟友，这还是第一次。印度此后不但在政治上、道义上无条件支持美国反恐，在美国进行的阿富汗战争中，还对美国的军事行动提供了一定的支持。而对于后来美国发动的伊拉克战争，印度虽然事先主张避免战争，主张有关伊拉克的决定应由联合国做出，但在战争爆发后持“中间路线”，既不支持，也不公开批评。新任外交部部长雅·辛哈对媒体说：“印度与美国和伊拉克都保持着密切和良好的关系。因此，印度采取的立场是中间路线。”① 这实际上是认可美国的军事行动。印度之所以没有完全支持美国，是因为伊拉克问题在性质上不同于阿富汗，不属于反恐范围，国内民意不支持美国，何况美国的做法不得人心，印度既要考虑大国意见分歧的现实，作为原不结盟运动领袖又要考虑多数阿拉伯国家的感情。战争结束后，美国要求印度派部队去伊拉克承担维和任务，被印度拒绝。

美国对印度支持它反恐也有所回报。2001年10月17日，美国国务卿鲍威尔在新德里会见瓦杰帕伊后说，美国和印度要联合起来反对恐怖主义，包括针对印度的恐怖主义。这样的宣言正是印度所需要的。2001年12月13日发生了恐怖分子袭击印度议会大厦事件。印度国家安全机构认为，这是以巴基斯坦为基地的塔伊巴军和穆罕默德军所为。12月26日美国国务卿鲍威尔发表声明，宣布美国政府已把该两组织列为恐怖组织。鲍威尔没有明确说这两个组织与袭击印度议会大厦事件有关，但他强调，这两个组织过

---

① P. 库马尔：《印度在伊拉克问题上的中间道路》，《每日电讯》2003年3月11日。

去的所作所为表明它们从事恐怖活动。鲍威尔表示，美方期待与印度和巴基斯坦政府联手封杀这两个组织。美国国务院发言人里克 26 日说，印度和巴基斯坦应缓解彼此之间的紧张关系，通过对话解决双方的分歧，因为冲突对任何一方均没有好处。里克透露，鲍威尔连日来展开了频繁的“电话外交”，分别与巴基斯坦总统穆沙拉夫和印度外长辛格等巴印领导人多次进行电话交谈，并且与英国外交大臣和俄罗斯外长也进行了电话磋商，以化解南亚的紧张局势。印巴矛盾的激化只能破坏反恐阵线的行动一致，并转移斗争的方向。美国国务院一位高级官员表示，美方对南亚局势的发展此时有着特别的关注，原因即在此。美国还增加了对印巴两国的经济援助。2002~2003 财政年度美国对巴基斯坦的援助为 6.245 亿美元，对印度的援助为 1.643 亿美元。

在军事方面，印度和美国迅速加强了合作。2002 年 4 月印度国防部代表团访问美国，国防部部长代表印度政府和美国政府签订了一项从美国购买 8 套武器定位雷达系统的协定，加上其他设备，交易额为 1.46 亿美元。这是 30 多年来印美第一次军火交易，标志着美国武器首次进入印度市场。此后，印度与美国进入了军事合作的时期。两国以反恐为共同的目标加强防务上的合作和战略协调，包括联合举行军事演习、扩大军备供售、密切军事人员互访、增强情报交流等。据信两国也在导弹防御、准许美国使用印度的军事设施和高技术转移方面进行探讨。关于联合军事演习，已进行多次，包括印美伞兵部队在美国阿拉斯加的协同作战演习，在印度阿格拉进行的空投联合演习，印美特种部队在印度丛林地带进行的搜捕恐怖分子的演习，印美海军多次联合演习，印美空军战斗机群的空战演习等。关于军售，自 2001 年美国宣布取消对印度的制裁以来，到 2003 年初，美国对印军备出口从几乎为零一跃达到 1.9 亿美元以上。美国军火商为打开印度市场感到高兴，印度则得到了先进的武器装备。在允许美国使用印度的设施方面，阿富汗战争期间，美国战舰被允许在印度港口停泊修整。当时根据美方要求，印度军舰在北阿拉伯海至马六甲海峡一带巡逻护航，配合美国的行动。印度已准许美国战舰在钦奈和孟买港例行加油。不过，在合作中，双方原来存在的不信任不可能一朝完全消除，毕竟印度还不是美国军事集团的成员，而且在核政策上也并不唯美国之命是从。所以，美国虽然与印度热烈拥抱，但它仍然存有戒心。特别是在高技术的转移方面，它只是有些松动，并没有真正放开限制。令印度更不满的是，“9·11”事件后，美国更重视的是巴基斯坦，与巴基斯坦在政治、经济、外交和军事等各方面的合作都强于印度，只是由于反恐的需要，才在印巴两国间搞平衡。印度还认为美国在促使巴基斯坦停止越境恐怖活动方面缺乏力度，批评美国在反恐方面采取双重标准，“只打击那些危害美国安全的恐怖主义分子，而不打击那些困扰着印度的恐怖主义分子”。①

其他西方国家和日本也都跟随美国解除了对印度的制裁，在世界反恐斗争的新形势下，它们也都密切了和印度的关系。印度与英国的关系有了加强。2002 年 1 月 6 日，英国首相布莱尔访问印度。这是九年来第一位英国首相对印度进行正式访问。2001 年 10 月，他曾对印度进行了为期一天的工作访问，就国际反恐怖主义问题以及美英打击阿富汗塔利班问题同印度领导人进行磋商。布莱尔此次访问和瓦杰帕伊一起发表了新德里宣言，共同承诺进行反恐斗争。布莱尔希望印度和巴基斯坦开始全面对话，并说过境恐怖主义应该制止，对恐怖主义的任何形式的支持都是与实现反恐斗争的目标相违背的。还说，英国欢迎巴基斯坦采取措施遏制恐怖主义，但所需要的是必须使类似袭击议会大厦这样的事永远不会再发生。他同时要求印度在恐怖主义威胁消除后，应主动与巴基斯坦对话。布莱尔的态度显然是对印度有利的。在布莱尔讲话后，瓦杰帕伊当即表示，只要过境恐怖主义不再发生，印度将和巴基斯坦进行全面的对话，包括讨论克什米尔问题。印度和英国的新德里宣言提出了两国都应遵守的共同开展反恐斗争的四项基本原则：（1）对恐怖主义是不能以任何理由为之辩护的，必须毫不含糊地谴责并予根除，不管其存在于任何地方。（2）所有直接或间接支持恐怖主义的人和集团，包括为恐怖分子提供财政、训练和其他形式支持的，都应当受到谴责。（3）两国共同应对恐怖主义，两国支持联合国安理会关于在全球根除恐怖主义的第 1373 号决议。（4）两国同意在反恐斗争中密切合作，包括建立英国—印度反恐联合工作小组，共同进行反恐演练。这个宣言明显对印度有利。整个 2002 年印巴关系处于紧张状态，而美国、英国都希望促其改善。2002 年 7 月，英国外交大臣斯特劳斯访问印度，劝说印度与巴基斯坦进一步沟通和进行对话。在讲到印巴关系时，他强调说，“制止

---

① C. R. 莫汉：《一个对南亚的示范性转变》，《华盛顿季刊》2002~2003 年，冬季刊，第 146 页。

越境恐怖主义”是和平解决包括克什米尔在内的印巴所有问题的关键，并赞扬印度采取了一些措施缓和边境地区形势。美国、英国为了实现其世界反恐目标，此时在印巴关系上强调的重点转为希望巴基斯坦停止支持在克什米尔的越境恐怖活动。这种态度当然是印度所期望的。

瓦杰帕伊欢迎和西方国家的反恐合作，同时也表示，如果形势需要，印度也会随时单独应对和粉碎恐怖主义。他说，袭击议会大厦是一种严重的挑衅行动。它表明印度必须从源头上消除恐怖主义。没有外部帮助，印度也要对恐怖主义斗争到底。

（二）与俄罗斯关系的密切化

印度核试验后，俄罗斯没有参加制裁。俄罗斯并非赞成印度发展核武器，它也是持谴责态度的，只是由于它急需资金和外汇来克服经济困难，不能再冒险断绝与印度的经贸往来和军火交易。仅就军火交易来说，1990~1996年，印度就从俄罗斯进口了价值35亿美元的武器，每年的武器交易额达8亿美元，而且还有增长趋势。俄罗斯不愿失去这个主顾，不仅如此，趁着西方实施制裁、竞争者减少了的机会，它还采取主动措施，积极谋求发展与印度的经济合作。1998年5月23日，俄罗斯总统叶利钦与瓦杰帕伊商讨了印度核爆炸后的形势和两国如何加强合作。6月21日，印度和俄罗斯签订了在泰米尔纳杜邦库丹库拉姆建立核电站的协议，总值为25亿美元。1998年7月24日，印度和俄罗斯又签订了从俄罗斯购买戈尔什科夫海军上将号航空母舰的协定。12月19日，俄罗斯总理普里马科夫到印度进行为时两天的访问。双方就建立战略伙伴关系正式达成协议，并签署了2001~2010年军事合作协议。这意味着扩大各领域的合作，增强对彼此关心的问题和利益的了解，两国的合作进入了一个新的阶段。此后，俄罗斯还同印度签署了在卫星发射和核反应堆建设方面合作的协议。印度从俄罗斯订购了大量先进的苏-30MKI和米格-29歼敌机。2000年4月28日，印度又和俄罗斯签订了军事合作的议定书，决定两国安全机构间建立直接的最高级的联系。

2000年10月2~5日，俄罗斯总统普京访问印度。两国领导人签署了《印俄战略伙伴关系宣言》，为21世纪印俄关系的发展确立了框架和原则。宣言正式宣布印度和俄罗斯建立战略伙伴关系，强调要使两国多层面的关系上升到一个新的水平。在这次访问中，两国共签订了11项协议，内容包括建立联合国防与科技合作委员会（由俄副总理克勒巴诺夫和印度国防部部长费尔南德斯共同担任主席）以及印度向俄罗斯购买新式军事装备的协议。双方议定俄罗斯卖给印度大量先进武器，俄罗斯还将帮助印度建立一座核电站，以缓解印度能源的紧张状况。在科技合作方面，两国之间达成了新的10年协议，将分别在印度和俄罗斯建立合作研究所，包括在南印度海得拉巴建立粉末铸金及高新材料的高级研究中心。俄罗斯科研能力强大，但缺乏资金维持，很难把科技成就商业化。俄印合作可以帮助解决俄罗斯这方面的困难，也可以使印度得到俄罗斯技术，生产高新产品。这次普京访印达成的另一共识就是两国将加强合作来对付来自阿富汗的恐怖活动。阿富汗的塔利班对车臣的叛乱积极支援，印度也尝到阿富汗恐怖分子在克什米尔活动的苦头。普京透露，两国这方面的合作将涉及情报部门的合作。在克什米尔问题上俄罗斯的态度是继续站在印度一边。普京明确表示，解决克什米尔问题的关键是停止外国干涉。对于印度在核武器问题上的立场，普京所持的态度是，希望印度参与签署核不扩散条约，但强调这种参与必须建立在战略考虑、民族利益和人民的需要的基础上，实际上是默认印度不签署两条约的立场。

2001年5月4日，普京致函印度总理说，印度是俄罗斯在亚洲和世界事务中的“最重要伙伴”，加强同印度的合作是俄罗斯的战略优先方向。2001年11月4日，瓦杰帕伊回访俄罗斯。行前，他对媒体说：“没有哪个国家像俄罗斯那样坚定地支持印度，俄罗斯和印度的政府会改变，但友谊永存于我们心中。”[①] 从两位领导人的话中可以清楚地看到，对印俄友谊，双方都给予了最高的评价。

瓦杰帕伊去俄罗斯前，印度国防部部长贾·辛格前往莫斯科为总理访问铺路。在短短的3天内，印俄共签署了总值高达100亿美元的军备合作合同和意向书，被称为“印俄关系史上最大的一笔交易”。合作内容包括未来两国共同研制开发先进的伊尔-214型运输机、研发第五代军用战斗机、印度购买俄制多管火箭炮和A-50预警机及合作开发新式潜艇和隐形战舰等等。自2000年12月两国签署了按许可证合作生产T-90坦克和苏-30MKI

① http://military.china.com/zh_cn/critical2/23/20011123.html.

战斗机的协议后，两国军事技术合作进入了一个新的阶段。辛格访俄期间签署的协议表明，两国在国防合作领域已正式结束了以往“俄卖印买”的单纯交易关系，开始迈入“共同研制和开发”的轨道。

瓦杰帕伊的访问使俄印领导人有机会就国际和地区重大问题深入进行讨论并签署了联合宣言。两国还签署了在经贸、能源、军事技术、空间技术等方面加强合作的一系列文件。加强经贸合作是瓦杰帕伊访俄的重要内容之一。近年来，印俄经济合作迅速发展。在会谈中，两国决定把增加贸易额、提高私营经济的作用及扩大地区合作作为双边经贸合作的优先课题。双方还讨论了将印度欠俄罗斯的约 27 亿美元债务转为投资的问题。与此同时，为寻找新的途径扩大两国经贸合作，双方讨论了在能源、空间技术等领域的大型合作项目。根据两国空间技术部门签署的协议，双方还将在印度实施探月计划等方面合作。俄罗斯媒体评价说，瓦杰帕伊访俄进一步巩固和加强了两国战略伙伴关系。

2002 年 12 月，新德里再次迎接普京总统的来访。瓦杰帕伊和普京除了对国际形势表达了一致的看法外，在双边关系上，两位领导人共同发表的《德里宣言》为两国战略伙伴关系注入了反恐合作的新内容。宣言强调战略伙伴关系的目标是促进两国人民的安全、发展与繁荣。双方同意保持最高领导人的密切接触，积极加强两国经济、反恐、军事等各领域的合作。在经贸方面，双方签署了《关于加强和提高经济、科学和技术合作的联合声明》《电信合作谅解备忘录》等文件。虽然双边贸易额每年只有十几亿美元，增长不大，但在军事合作方面却有很大进展，仅 2000 年两国就成交了价值近 40 亿美元的武器装备，其中包括航空母舰、主战坦克和军用战斗机等。俄罗斯还允许印度凭许可证生产先进的苏-30MKI 战斗机和 T-90 主战坦克。印度除购买俄罗斯的防空和反坦克导弹系统外，还在按照许可证生产或利用俄罗斯的最新技术来研制新型导弹系统。

印度和俄罗斯建立战略伙伴关系对双方都是有利的。就印度来说，在加强与美国关系的同时提升与俄罗斯的关系，不仅能够使印度赢得在 21 世纪国际舞台上更为广阔的回旋空间，而且可以得到它要成为一个世界大国所必需的更多支持，因为有些支持从美国得不到，只可能从俄罗斯获得。如俄罗斯长期提供各类先进武器设备给印度，推进印度的军事现代化，并帮助印度发展核工业，美国就做不到。这并不奇怪，对美国来说，它总希望印度在战略上要和美国保持一致，而印度并不唯命是听，所以美国在支持印度时总要有所保留，以作为施压的最后手段。而俄罗斯与印度并没有战略上的矛盾，它自己已不是超级大国，谈不上要控制印度。所以，提供先进武器给印度，帮助印度发展核工业，在俄罗斯方面不但不存在障碍，而且处在经济十分困难的条件下它还希望有这样的赚取外汇的机会。俄罗斯在军火工业上依然是超级大国。在目前印度无法从美国得到新式武器与军民两用高新技术的情况下，和俄罗斯加强贸易与科技合作是印度最好的出路。再如，在当前印度决心成为核武器强国之际，从印度方面看，俄罗斯的态度对印度是有利的。俄罗斯无论在核俱乐部还是八国集团中对印度发展核武器的反对都比较温和，实际上对印度起了庇护作用。与印度建立战略伙伴关系对俄罗斯来说，不仅能在经济上得益，在政治上也有重要意义，可以帮助它保持在南亚和亚洲的影响力，这对它强化自己的国际地位，抗衡美国的一霸独强之势，也是非常必要的一个环节。

（三）印巴：从兵戎相见走向全面对话

全国民主联盟执政后，在对巴基斯坦的关系上经历了一个充满变数的极其曲折的过程，一度剑拔弩张、兵戎相见，但最终还是走向全面对话，为两国关系跳出泥潭开辟了一条路径。

印度人民党出于意识形态的原因在克什米尔问题上一直持强硬立场。在台下时，它对巴基斯坦的谴责用词极为严厉。1998 年 2 月大选前夕瓦杰帕伊说，巴基斯坦对克什米尔分裂主义组织的支持必须停止。还说如果他的党在选举中获胜，一定要把巴控克什米尔收回。巴基斯坦总理谢里夫也不甘示弱，表示他的政府在克什米尔问题上决不妥协。他重申必须实行全民公决，并说他已写信给联合国秘书长安南，要求他坚决执行 1948 年联合国关于在克什米尔实行全民公决的决议。

不过，全国民主联盟执政后，瓦杰帕伊语调就有了明显的变化。他非常清楚，印度人民党在成为执政党后，就不能再像在野时那样用鼓动刺激的语调说话。一味强硬而不懂灵活不能叫外交。作为执政党，需要的是冷静和务实态度。印度需要让世界看到自己的灵活性和诚意，以争取世界舆论对自己立场的支持。在就职演讲中，他就表示，政府愿意与巴基斯坦建立友好关系。还说，全国民主联盟政府准备继续奉行古杰拉尔主义，在互惠的基础上寻求与所有周边国家增进睦邻友好关系。不过，他说他的外交政策也有与古杰拉尔政府不同之处，即主张与周边国家互惠，而不是印度单方面让步。

1998 年 3 月瓦杰帕伊就任印度总理后，巴基斯坦总理谢里夫采取主动，邀请瓦杰帕伊进行双边对话。3 月 24 日，瓦杰帕伊宣布，他的政府同意继续推进联合阵线政府执政时开始的印巴对话进程。不过，在对话中克什米尔问题占什么位置，双方主张不一。谢里夫提出，既然克什米尔争端是两国关系紧张的关键，就应当首先谈克什米尔问题。瓦杰帕伊不认同这种看法。他认为，克什米尔争端是巴基斯坦一手挑起的，巴基斯坦要做的事是停止支持越境恐怖主义，只有如此才能恢复这个地区的和平和秩序。至于克什米尔加入印度，则是个不容讨论的事实。他表示，除了克什米尔问题，他愿意与巴基斯坦谈任何问题。

此后在不同场合瓦杰帕伊又说，印度愿意与巴基斯坦进行包括贸易在内的范围广泛的会谈。在克什米尔问题解决前，不排除双方在其他方面，特别是经贸方面加强往来的可能性。阿德瓦尼也说，克什米尔争端不应妨碍印度在其他领域与巴基斯坦的交流与合作。但巴基斯坦仍然坚持首先谈克什米尔问题。巴基斯坦这样坚持，是希望使印度承认克什米尔仍是个有争议的问题。是首先谈克什米尔问题，还是广泛对话，成了两国对话道路上要解决的第一道难关。巴基斯坦还要求联合国斡旋印巴冲突，遭印度拒绝，印度坚持两国的问题只能两国对话解决。

就在双方相持不下的时候，克什米尔控制线两侧发生了激烈交火，多人死伤。4 月 2 日，印度国防部部长费尔南德斯谴责巴基斯坦帮助克什米尔的分裂主义分子。他说，如果巴基斯坦一定要进行一场代理人战争，印度将奉陪到底。他还说，有充分的证据证明巴基斯坦介入了克什米尔甚至印度东北部的分裂主义武装活动。据查谟和克什米尔邦首席部长法鲁克说，外国越境分子大多来自巴基斯坦和阿富汗，大约有 1200 个外国人实际参与制造克什米尔动乱，他们中有很多人是以阿富汗人为主体的“安萨尔运动”的成员。

1998 年 5 月，印度和巴基斯坦相继进行了核爆炸。在都拥有核武器后，两国关系更加紧张。核爆炸使原来的对话安排也停顿了。印巴两国的核竞赛成了两国人民，乃至全世界人民都非常关心的问题。1998 年 7 月 7 日，瓦杰帕伊表示愿意与巴基斯坦签订不首先使用核武器和互不侵略协定。巴基斯坦则继续坚持两国必须首先讨论和解决克什米尔争端，解决的途径是联合国干预和实行全民公决。瓦杰帕伊回应说，克什米尔问题根本不可能再举行全民公决，也不可能像巴基斯坦提议的那样通过联合国的斡旋解决。

鉴于印巴双方在都有核武器的情况下继续冷战的危险性，国际社会强烈呼吁双方坐下来和平解决争端。7 月 29 日，瓦杰帕伊和谢里夫利用南亚区域合作联盟在科伦坡举行会议之机会晤，双方都表示要进行对话，采取积极的态度解决两国争端，并同意由两国外事秘书商定未来会谈的时间表和议程。1998 年 9 月 23 日，两国总理在联合国大会期间再次会晤，同意两国外交秘书继续对话，在两国领导人间重新建立电话热线，还同意开辟印度德里至巴基斯坦拉合尔的第一条跨国公路交通线。尽管在克什米尔问题上双方依然持强硬立场（巴基斯坦坚持要求联合国干预，实行全民公决；瓦杰帕伊则坚持拒绝美国或其他任何第三方的干预，1999 年 1 月更说，在未来的会谈中，他将要求巴基斯坦归还其控制的克什米尔地区），但这次会谈还是朝着缓和气氛的方向前进了一步。双方的外事秘书继续保持接触。克什米尔的分裂主义分子在全体党派自由会议各党领导人率领下举行游行，抗议他们被排除在双边会谈之外。自由会议主席 S. A. S. 吉拉尼扬言，没有克什米尔人作为第三方参加，任何有关克什米尔的谈判都不会有积极的结果。

1999 年初，印巴关系缓和的气氛逐渐升温，最突出的行动是“巴士外交”的上演。印度德里至巴基斯坦拉合尔的长途汽车线开通，1999 年 2 月 20 日，瓦杰帕伊应巴基斯坦总理谢里夫的邀请，乘坐第一班车到拉合尔。这是十年来印度领导人第一次去巴基斯坦，受到谢里夫总理的欢迎。虽然两国都有少数人抗议这次访问，但舆论普遍表示支持。次日，两位总理发表了《拉合尔宣言》，表示要加强两国经济文化交往，彼此不干预内部事务，共同努力打击恐怖主义和保护人权；要继续努力，争取实现和平解决克什米尔争端，创造和平和友好的新纪元。还讲到两国要采取有效措施，防止发生偶然的或未经授权使用核武器的危险。双方的这一努力受到两国人民和世界舆论的欢迎。3 月 19 日，印巴两国外长又利用南亚区域合作联盟部长会议的机会会晤，就贯彻《拉合尔宣言》精神商讨了时间表和路线图。3 月 25 日，印度宣布放宽 8 类巴基斯坦公民旅印的限制。4 月 14 日，瓦杰帕伊宣布，印度成功试射了烈火－Ⅱ型导弹。烈火－Ⅱ型导弹射程为2500公里，实现了最低限度核威慑。还说，印度已按照《拉合尔宣言》的约定事先向巴基斯坦做了通报。

然而，不幸的是，就在两国总理相互摇动橄榄枝时，在卡吉尔山峰却突然响起了隆隆的炮击声。1999年5月，印度方面指出，有400~1000名武装分子主要是巴基斯坦人和阿富汗人越过控制线进入印控克什米尔，占领了印控克什米尔的卡吉尔山峰，向斯利那加—列城战略公路发射炮火。卡吉尔山峰海拔最高有5000米，一年中大部分时间被冰雪覆盖，荒无人烟。印度军队在这里设置一些哨所，夏季驻军，冬季撤出。武装分子是在印军不在时占据这些哨所的。印度指责巴方是在和谈的烟幕下准备这次入侵的。巴基斯坦否认参与，指出进入卡吉尔的武装人员是克什米尔人，巴基斯坦只是向他们提供政治和道义上的支持。印度宣布这是明显的侵略行为，要求入侵力量必须立即撤出。印度舆论认为，之所以在印度人民党上台不久就发生这次入侵，是巴基斯坦军方想利用印度政局的变化，谋求军事政治上的有利地位。占领卡吉尔山峰，切断列城、拉达克和克什米尔其他地区的联系，一则可以造成紧张局势，促使大国干预，以达到把克什米尔问题国际化的目的；二则对一直受到清剿的克什米尔的分裂势力也可以起鼓舞作用。舆论界有人认为谢里夫总理事先不会不知道这个策划，提议和瓦杰帕伊会谈是为了麻痹印度，欺骗舆论；有的认为也可能这是军方自作主张，背着谢里夫进行的，因为军方不赞成与印度缓和关系。据报道，谢里夫事先确实不知情，是到最后一刻才被军方告知的。为驱逐入侵者，印度向控制线增派重兵，5月下旬对卡吉尔山峰展开了军事进攻，包括空中轰炸。这是自1971年印巴战争以来印度第一次在两国冲突中动用空军轰炸。双方军队在控制线两侧相互炮击，两国政府则互相指责对方破坏拉合尔宣言和1972年西姆拉协定。6月8日，瓦杰帕伊谴责巴基斯坦支持武装分子入侵以图改变克什米尔实际控制线的做法。武装入侵在国际上得不到支持，无论是西方国家，还是发展中国家，对巴方的占领行动都不赞同，纷纷促其撤兵。印巴两国外交部部长试图通过谈判，寻求解决危机的道路，但没有结果。到6月底印度基本上收复了被武装分子占领的山峰。7月4日，巴基斯坦总理谢里夫和美国总统克林顿在华盛顿会谈，谢里夫同意让武装力量从克什米尔控制线印控区一侧撤出。7月10日，巴基斯坦政治和军事领导人都宣布，他们将呼吁进入印控克什米尔卡吉尔地区的武装力量撤退。7 月 11 日，撤军开始，印度和巴基斯坦同意脱离接触以便武装分子撤退。7 月 17 日，巴基斯坦宣布，撤退基本完成。这次冲突，双方共有 1000 多人死亡。印度舆论欢呼胜利，认为卡吉尔山峰的收复不仅是军事上的成功，也是政治上的一大胜仗。

卡吉尔的插曲为两国重新开始的对话造成了障碍。紧接着这个事件，印度宣布，除非巴基斯坦不再支持克什米尔的反印武装分子，印度将不会恢复与巴基斯坦的对话进程。瓦杰帕伊还不止一次表示，克什米尔已加入印度的事实是不能改变的，边界线是不能重划的，“无论是以宗教的名义，或者通过武力”。[①] 巴基斯坦一再呼吁恢复对话，印度人民党则坚持巴基斯坦必须首先停止对克什米尔分裂主义分子的支持。

国际社会鉴于印度和巴基斯坦的对峙难以消除，有些人就提出要在印巴间进行斡旋。印度继续坚持其不接受外国斡旋、不让外国介入克什米尔争端的立场。1998 年 8 月 29 日，克什米尔分裂主义组织查谟和克什米尔解放阵线要求第十二次不结盟运动首脑会议主席、南非总统曼德拉说服出席会议的印度和巴基斯坦领导人，以和平的、民主的和永久性的方式解决克什米尔问题。该阵线企图借助外力达到其分裂主义的目的。9 月 2 日，不结盟运动首脑会议呼吁和平解决克什米尔争端。曼德拉说，每个人都希望克什米尔争端能通过和平谈判解决，每个人都乐意为此助一臂之力。曼德拉和多数首脑提议斡旋是善意的，不过这不符合印度早就宣布的不愿第三者介入的原则立场。瓦杰帕伊拒绝了斡旋动议，强调克什米尔问题只能由印度和巴基斯坦双方会谈解决。2000 年 2 月，美国总统克林顿表示，如果印度和巴基斯坦要求美国斡旋它们在克什米尔问题上的争端，美国将非常乐意这样做。印度同样加以拒绝。

1999 年 10 月 12 日穆沙拉夫通过政变在巴基斯坦执政后，采取主动态度，争取缓和与印度的紧张关系，恢复对话。10 月 13 日，刚赢得 1999 年大选的瓦杰帕伊宣誓就任新一届政府总理。他表现了灵活的态度，未对巴政变置评，而是对穆沙拉夫的主动做了积极的回应，表示同意恢复对话。2001 年 6 月，两国开始准备新一轮对话。2001 年 7 月 4 日，穆沙拉夫应邀

---

① http：//www. hindu. com/thehindu/revents/01/20000108. htm.

到印度访问。他会见了瓦杰帕伊、内务部部长阿德瓦尼和外交部部长贾·辛格。会谈中，双方讨论了包括克什米尔在内的所有问题。会谈气氛良好，但未取得成果。瓦杰帕伊接受了穆沙拉夫对他访问巴基斯坦的邀请。

2001 年“9·11”事件的发生和国际反恐阵线的形成促使印巴重新审视两国的关系。双方都对继续对话表现了很高的积极性。新的形势显然对印度特别有利。事实上，自“9·11”事件后，在国际反恐斗争的大形势下，印度对克什米尔的过境恐怖主义的指责在国际上得到的支持愈来愈强。这增强了印度的信心。“9·11”事件发生后，巴基斯坦决定加入世界反恐战线，它就不能继续支持克什米尔分裂主义分子的越境恐怖活动了。它和印度在克什米尔问题上的争端只有通过谈判解决。策略的改变势在必行。事实上，穆沙拉夫总统从决定加入反恐战线时起，就对这个前景看得非常清楚，只是调整需要在国内形成统一认识，而国内的认识恰恰是不统一的，这就需要时间。可贵的是穆沙拉夫一直在朝这个方向努力。

然而，正当两国重新对话的帷幕拉开之际，恐怖分子又以新的破坏行动来阻挠这个进程。2001 年 12 月 13 日，发生了恐怖主义分子袭击印度议会大厦的严重事件。14 日，外交部部长贾·辛格说，塔伊巴军是这次袭击的幕后策划者。印度认为，巴基斯坦支持越境恐怖活动的政策是祸根所在，而且怀疑幕后还有巴基斯坦更深层的介入。12 月 21 日印度召回派驻巴基斯坦的大使，从 2002 年 1 月起停止了两国间的火车和汽车交通，两国民航也被中断。12 月 31 日印度政府向巴基斯坦方面提交了一份 20 人的名单，要求巴方将这些“在印度犯下重大罪行的恐怖分子和罪犯”逮捕并交给印方法办。①

印度议会大厦遭袭击后，印度表示对巴基斯坦很难信任，决定向印巴边境和克什米尔印控区增派重兵，以战争的威胁促使巴基斯坦在制止越境恐怖活动上采取切实的行动。巴基斯坦也大量增兵。双方兵力最多时达百万人。印度扬言，如果巴基斯坦继续支持越境恐怖活动，印度就不排除使用武力制止越境活动的可能性。一时间，战云密布，形势异常紧张。

巴基斯坦否认与此次事件有任何干系，而且对恐怖袭击严词谴责，政府很快就逮捕了两个武装组织的领导人。印度对巴基斯坦的行动表示欢迎，

① 《论坛报》2002 年 1 月 1 日。

称这是“朝着正确方面迈进了一步”。印度总理瓦杰帕伊在新年贺词中称，如果巴基斯坦“抛弃反印心理”，“停止支持越境恐怖主义”，[①] 印度将愿意与巴基斯坦密切合作，通过对话解决包括克什米尔问题在内的所有两国间有争议的问题。穆沙拉夫总统承诺取缔在巴基斯坦活动的克什米尔恐怖组织。2002 年 1 月 5 日，南亚区域合作联盟首脑会议在尼泊尔首都加德满都举行。穆沙拉夫在全体会议上讲话后主动走到瓦杰帕伊座位前和他握手，表现了可贵的和解姿态。瓦杰帕伊始则似乎感到吃惊，但还是面带微笑起身同穆沙拉夫握手。全体与会者看到这突然呈现的精彩场景，无不以热烈鼓掌表示赞赏和支持。会后，穆沙拉夫对媒体说：“我向瓦杰帕伊总理伸出真诚的友谊之手。让我们携手合作，在南亚开启一条和平、融洽与进步之路。”[②] 瓦杰帕伊则对媒体回应说，穆沙拉夫伸出友谊之手后，应进一步停止支持恐怖主义。1 月 12 日，穆沙拉夫在电视讲话中指出，克什米尔问题不能靠暴力解决，表示不赞成恐怖主义活动和越境活动，不过仍强调巴基斯坦不会放弃对克什米尔分裂主义组织的政治上和道义上的支持。他呼吁瓦杰帕伊同意恢复两国对话，并呼吁国际社会积极干预，帮助解决克什米尔争端。[③]

2002 年 5 月下旬，局势又骤然紧张，这次是因为 5 月 14 日有 3 名不明身份的武装人员连续袭击了印控克什米尔的一辆公共汽车和一座兵营，导致 34 人丧生，近百人受伤。双方又互相指责，气氛越来越严峻，再次逼近了战争的临界点。瓦杰帕伊 22 日在视察印控克什米尔的前沿时要求部队做好打一场“决定性战斗”的准备。他说，印度已到了对越境恐怖主义进行决战的时刻。巴基斯坦外交部发言人当天发表声明，要求印度领导人停止发表此类危险的言论。同时，发言人强调，巴基斯坦有能力保卫自己，印度发动的任何突然行动都将受到全力的抵抗。23 日，巴基斯坦外交部部长阿卜杜勒·萨塔尔致信联合国秘书长和安理会，呼吁国际社会共同努力，说服印度采取和平谈判的方式，缓和印巴两国间的紧张局势。

印度虽然调子很高，但并不愿看到战争爆发。印方加大军事压力，只

---

① 《印度时报》2002 年 1 月 1 日。

② http://www.ah163.net/news/news.

③ 《印度斯坦时报》2002 年 1 月 1 日。

是为了对巴方造成一种高压态势，逼迫它停止对越境恐怖活动的支持，而不是非要去打一仗不可。战争对双方都会造成惨重损失，何况两国已处在核恐怖的阴影下。印度深入改革任务的艰巨也不允许政府转移注意力，国内的多数政党和组织纷纷要求政府通过谈判解决冲突，不要贸然动武。至于国际社会，则包括联合国安理会5个常任理事国在内的所有国家都反对印巴爆发战争。美国不愿意看到在阿富汗反恐第一战场附近出现新的武力冲突。如果巴印开战，巴基斯坦势必会把它为防止塔利班残余进入其境内而驻守在巴基斯坦与阿富汗边境的部队调往巴印边境。这样一来，巴阿之间乃至阿富汗的局势就会更加复杂。况且，有核武器的印巴双方一旦爆发战争，任何不测都有可能发生，这显然是世界所有国家都不愿看到的。所以世界各国异口同声，呼吁印巴保持克制，降低军事对峙的强度，通过政治手段解决危机。

巴基斯坦做出了努力希望缓和局势，其中包括对境内与基地有关系的恐怖组织实行取缔。2003年1月1日，印度和巴基斯坦按照1998年两国达成的避免互相打击对方核设施的协议，相互向对方提供了各自的核设施清单。印度看到巴基斯坦确实有所行动，便也缓和了态度。

2003年4月18日，瓦杰帕伊首先向巴基斯坦伸出友谊之手，表示愿意与巴方进行新的全面对话，以解决两国间所有悬而未决的问题。5月2日，瓦杰帕伊宣布将重新向巴基斯坦派出高级专员（即大使），还表示要恢复两国民航。这位78岁的印度领导人5月底访问德国时还对记者说，如果他不能在印巴关系中最棘手的克什米尔问题上与巴基斯坦缔造和平，他将从此退出政坛。巴基斯坦对印度主动伸出友谊之手表示热烈欢迎。巴总理贾迈利积极回应，5月6日提出了包括全面恢复两国外交关系、恢复两国航空和陆上交通以及体育交流等七项建议，还表示愿意就战略、核武器等问题与印度对话。5月28日他打电话给瓦杰帕伊，这是在将近两年来两国高层第一次接触。贾迈利在电话中邀请瓦杰帕伊访问巴基斯坦。瓦杰帕伊反应谨慎，只是表示希望在高层双边对话开始之前能够看到巴方有更多的实际措施。

5月26日，印度同意恢复中断的德里—拉合尔的公共汽车服务。11月，印度政府提出了解决印巴冲突的“12点和平建议”，这些建议被称为“印巴和平路线图”，巴基斯坦原则上接受了印度提出的大部分改善印巴关系的建议。12月1日，两国同意从2004年1月起恢复空中航线和过境飞行的航线。2004 年 1 月 15 日从巴基斯坦拉合尔驶出的一列火车经过约 4 小时的行驶抵达印度西北部旁遮普邦阿塔里，这标志着印巴“友谊列车”在中断两年多后重新开始运营。这列火车线路是 2001 年 12 月恐怖分子袭击印度议会大厦后中断运营的。20 日，两国边防部队代表在巴基斯坦城市拉合尔附近的瓦加哨所会晤，恢复了中断两年的边境事务会谈。2004 年新年伊始，巴基斯坦一架客机飞抵印度新德里的英·甘地国际机场，这是最近两年来印巴两国间首次商业航班往来。种种迹象表明，两国关系中的敌对成分明显减弱，正朝着争取以谈判方式解决问题的方向迈进。

印度采取主动有很现实的原因。在印巴边境常年保持数十万人的驻军是一笔极其庞大的开支，给国库带来沉重负担。两国间的紧张局势只会给印度经济带来负面影响。此外，印度 2004 年将举行大选。印度人民党为主的全国民主联盟要在大选中获胜，就必须使自己的政策显得既有原则性又不失灵活，不能只是一味地采取强硬政策。

2004 年 1 月，南亚区域合作联盟首脑会议的召开为两国领导人提供了又一次直接接触的机会。1 月 3 日，瓦杰帕伊抵达巴基斯坦首都伊斯兰堡，受到了总理贾迈利的热烈欢迎。5 日两国总理举行了单独会谈。这是他们自 2001 年 7 月以来的首次会谈。两位领导人商定从 2004 年 2 月起，开始印巴两国全面对话进程，克什米尔问题也包括在议题之内。

两国关系在几年中一波三折，终于重新走上全面对话的道路。人们有理由相信，这一次，和平的航船将会驶进一条较宽阔的通向光明未来的航道。

不过，舆论也普遍认为，在印巴和解的航程上，要想顺利进展是非常不容易的。最大的难题还是克什米尔争端。虽然两国不断有人提出解决方案，但双方主张相距甚远，还没有一个方案能被双方考虑。问题的复杂性还在于，经过十多年的发展，克什米尔的分裂主义力量已经成长为一个近似第三方的力量，它以独立为目标，已非巴基斯坦所能完全控制。印巴两国当然可以对这个关键问题进行攻坚，但这需要诚意、理解和耐心，不可能一蹴而就。舆论认为，当前首先需要做的，是在两国人民间建立理解与互信，加强思想上、心理上的沟通，消除多年来的误解和积怨。民心的建设是最根本的建设，只有两国人民都以和好为目标，才能找到最终双方都满意的解决方案。

（四）与南亚国家经济合作的增进

南亚各国的区域合作，相对于世界其他区域合作而言，是进展最为缓慢的。这主要是由于印度和巴基斯坦长期处于对峙状态，政治紧张妨碍了经济合作。不过，随着经济全球化趋势的发展，包括印度领导人在内的南亚各国领导人认识到南亚地区也应加强区域合作，最充分地利用物力人力资源，实行互利互惠，以加速各国的经济发展和社会进步。南亚各国工商界人士对本地区合作进展迟缓更是深感不安，要求各国政府解决矛盾，减少摩擦，以共同的决心和集体的努力为加强区域合作打开通道。各国领导人做了一定的努力，如 1993 年 4 月，在达卡举行的第七届南亚国家首脑会议上签署了《南亚优惠贸易协定》，随后各国降低了部分商品的关税。1997 年在马累举行的第九届首脑会议上通过一项决议，要求在 2001 年建立南亚自由贸易区。如果这个目标实现，区内各国进出口贸易总额有望达到 150 亿美元。这推动了包括印度在内的各国都决心采取新的努力去消除前进道路上的障碍。近几年南盟各国间的经济合作较前有新的进展。

印度与斯里兰卡的合作进展最大。1998 年 12 月印度与斯里兰卡在南亚国家中率先签订了自由贸易协定。2001 年 3 月 2 日，该协定生效，为两国双边贸易的扩大开辟了道路。到 2003 年初两国已有 1900 多项商品实行免税，其他商品除禁止贸易者外也都减税 50%。两国贸易额因而得到飞快增长。印度对斯里兰卡出口额 1990~1991 年度为 1.75 亿美元，2000~2001 年度达到 6.35 亿美元，增长 263%。印度已成为斯里兰卡的第二大贸易国。贸易的扩大伴随着投资和技术合作的增加，如印度信息技术公司在斯里兰卡设立了软件中心，印度的企业家打算在许多领域与斯里兰卡企业家实行合营。印度已有 60 家公司在斯里兰卡投资，还在铁路、油库等基础设施建设方面和农业信息技术方面向斯里兰卡提供合作。

印度与巴基斯坦的双边贸易也在逐步扩大。印度于 1995~1996 年曾给予巴基斯坦最惠国待遇，但没有列出允许和禁止进口商品的名单。巴基斯坦没有给印度正常的世贸组织的权利和最惠国待遇。不过近年来双方正在商谈包括给予印度最惠国待遇在内的有关扩大贸易的各项问题。在南亚优惠贸易安排下，印度给予巴基斯坦 393 项商品优惠税率，巴基斯坦给予印度 248 项（其中 73 项禁止从印度进口）。目前两国的双边贸易额还很少，双方都希望能把两国的经济合作向前推进。最近两国恢复跨国汽车和火车交通无疑是向着这个方向做出的积极努力。

印度与尼泊尔的经济合作也在顺利进展。1999 年 1 月，印度与尼泊尔的过境条约到期后得到续订。印度为尼泊尔提供了进入孟加拉国的通道，还允许尼泊尔使用印度港口与其他国家进行贸易。根据印度与尼泊尔双边贸易协定，印度对进口的尼泊尔原产地生产和制造的所有商品实行零关税(后因进口量过大，有几种重新征税)。

除了南亚区域合作联盟外，印度和处于孟加拉湾周围的孟加拉国、斯里兰卡、缅甸和泰国还另辟蹊径，建立了一个新的区域合作组织。1997 年这五个国家签订协议，决定成立五国经济合作组织，以促进彼此的经贸合作。合作的重点有 6 个领域，即贸易与投资、能源、技术、旅游业、交通与通信以及渔业。2004 年 2 月不丹和尼泊尔加入该组织，使之成为七国经济合作组织。2004 年 2 月，除孟加拉国外长因病缺席外，其他六国的外交部部长签署了在经合组织内建立自由贸易区的框架协议。其中规定，签字国产品将划分为“快行道”和“普通进度”两类。印度、斯里兰卡和泰国等三个经济较发达的国家最晚在 2009 年 6 月 30 日前减免所有属于“快行道”产品的进口关税。缅甸、不丹和尼泊尔三个最不发达国家在 2011 年 6 月 30 日前对同类产品免除关税。对于被划定为“普通进度”的产品，印度、斯里兰卡和泰国将在不迟于 2012 年 6 月 30 日前免除对该类产品征收的所有关税。缅甸、不丹和尼泊尔将在 2017 年 6 月 30 日前实现同一目标，从而在该区域内彻底实现自由贸易。孟加拉国表示将在 2004 年晚些时候参与该协定。六国外长会议还对在 6 个重点领域合作进行了充分讨论。建议开展的具体合作项目包括：建设印、缅、泰和孟、缅、泰三边公路；各国联手开发旅游资源，开拓旅游市场；在本地区内签发长期、多次往返签证以促进商贸人员在各国之间往来；等等。2004 年 7 月，七国经合组织的首脑会议在曼谷举行，约定将依照已签订的框架协议，开始为建立自由贸易区进行谈判和其他相关的准备工作。七国领导人还同意将合作领域扩展到乡村发展、中小企业、建筑和环保、文化教育、公共卫生等多个新的领域，并将七国合作组织改名为“孟加拉湾多层次经济技术合作机制”。这个合作组织由于内部没有政治对立，发展比较顺利。它与南亚区域合作联盟有交叉，但不能取代后者。因为在南亚，巴基斯坦是个大国，南亚的经济合作若没有它的参加，在广度和深度上都会受到极大限制。人们期望，孟加拉湾合作组织的建立和竞争会刺激和推动印度和巴基斯坦努力改善关系，使南亚区域合作联盟尽快振兴起来，成为一个生气勃勃的合作组织。

（五）与中国和东南亚国家关系的加强

1998 年印度核试验拿所谓“中国威胁”做借口，严重冲击了中印关系走向正常化的进程。中国政府和舆论义正词严地谴责印度的做法，并对印度制造的谎言严词批驳。两国暂停了高层访问，猜疑和不信任情绪在民间又有回升。印度这样做激怒了中国人民，却并未能避免美国的制裁，这使其领导人终于认识到了这种做法的不明智。1998 年 10 月 28 日，瓦杰帕伊说，中国不是印度的敌人，印度愿意寻求通过谈判解决所有重大问题。他的这番话显然是要缓解费尔南德斯 5 月讲话和他本人给克林顿的密信在中国人民心中引起的不满。1999 年 6 月印度外长贾·辛格来北京访问，既来做解释工作，也带来了印度领导人的友好善意。从中国方面说，虽然对印度编造“中国威胁论”给予谴责，但对印度何以这样做也理解其原委，所以，当印度做出补救的努力后，也就不过多计较，而是一如既往，努力排除干扰，继续促进两国关系的改善。进入 2000 年后，两国紧张关系逐渐得到缓解。

进一步改善和加强两国关系是中印两国人民共同的愿望。两国都已把经济改革和实现经济现代化作为国家头等重要的任务，都需要集中精力发展经济，都需要和平的环境，都需要扩大经贸往来，都需要加强彼此的交流。两国间历史遗留的边界问题虽然还没有解决，但谁也不希望让它成为横亘在两国关系正常化道路上的不可攀越的障碍。至于在今天的国际舞台上，中国和印度在战略目标上是一致的，都主张建立尊重所有国家主权的政治经济新秩序，都反对霸权，主张世界的多极化，都主张发挥联合国在维护世界的和平、稳定和发展中的核心作用，在人权和环境保护等方面也都有基本一致的立场。所以两国是伙伴关系而不是对手，两国没有根本的利益冲突。两国人民都热忱地期望化解历史矛盾，增信释疑，建立睦邻友好关系。这是已坚定地建立起来的信念，也是不可逆转的发展趋势。正是有了这个强大的力量，1998 年突然出现的那个不谐调音才能很快过去，没有造成重大影响。

2000 年 5 月，印度总统纳拉亚南访华，标志着两国关系回到了正常的轨道。2000 年中印双边贸易总额比上一年增长 47%。2001 年双边贸易额达 35.96 亿美元，比 2000 年增长了 23%。

“9·11”事件后国际反恐战线的建立给中印关系的改善带来了新的积极的影响。如今在推动两国关系正常化的动力中除了经济因素外，又添加了共同进行反恐斗争的因素。2001 年 10 月 9 日，两国外长通话，就双边关系、国际形势、地区形势等问题交换看法，还谈到了反恐方面的合作。2002 年 1 月 13 日，朱镕基总理到印度访问，目的是促进中印经济往来，加深两国之间的互信与合作，为中印建设性合作伙伴关系在新世纪的健康发展注入新的活力。这是中国总理 1991 年以来首次访问印度，受到印度政界和舆论高度重视。两国领导人就进一步改善双边关系和共同进行反恐斗争深入交换了看法。朱镕基还去印度最大的金融商业中心孟买和有“印度硅谷”之称的班加罗尔访问，所到之处都受到印度企业界的热烈欢迎。朱总理介绍了中国经济建设的成就，强调加强中印间的贸易往来和经济技术合作有美好前景，对两国的发展都有重要意义。访问结束前双方政府签署了多项经济技术合作协议。

2002 年 3 月 28 日，中印开通首条商业直通航线。中印边界问题联合工作小组在继续努力工作。2003 年 4 月，印度国防部部长费尔南德斯在中国发生“非典”的时候按原定计划如期来中国访问，他一改过去宣扬的“中国威胁论”调子，称中印互不构成威胁，在历史上绝大部分时间里都是友好的。他还代表印度国防部，向中国捐赠了抗“非典”药品。2003 年 1 月 27 日，印度外长雅·辛哈在新德里举行的第五届亚洲安全研讨会上发表题为《亚洲安全与中国》的演说，着重阐述了印度对中国的看法。他说：“有些分析家认为印中之间将有一场争夺亚洲霸权的战斗。他们说印中之间由于势力范围重叠和都要成为世界大国，发生冲突是不可避免的。让我们彻底揭穿这种理论，并且充满信心地说，印度不会追求也不会制定以两国冲突不可避免论为基础的政策。”① 他说，印度和中国都必然走向繁荣和强大，为了双方的利益，两国都要学会解决分歧和建立共同点，这对两国都是有利的。他的话也清楚地表明，印度领导人已把核试验时杜撰的“中国威胁

① 雅·辛哈在第五届亚洲安全会议上的开幕词，见印度驻华大使馆网站。

论”丢弃，而把共同发展和积极寻求合作定为两国加强关系的主轴。

2003 年中印关系史上最重要的事件是 6 月 22~27 日印度总理瓦杰帕伊对中国的访问。这是印度总理 1993 年以来时隔 10 年首次访华。瓦杰帕伊说，这次来中国访问，就是要向中国人民表示印度愿与中国建立相互理解和信任的合作关系。

23 日温家宝总理和瓦杰帕伊总理共同发表了《中华人民共和国和印度共和国关系原则和全面合作的宣言》（以下简称《宣言》）。《宣言》指出，两国友好合作符合中印社会经济发展与繁荣的需要，符合促进地区与全球和平与稳定的需要，也符合推进世界多极化和利用全球化积极因素的需要。《宣言》为两国建立新型的关系确立了四项指导原则：（1）双方致力于在和平共处五项原则、相互尊重和照顾彼此关切以及平等的基础上，发展两国长期建设性合作伙伴关系。（2）作为两个发展中大国，中印双方在维护亚洲和世界的和平、稳定和繁荣方面有着广泛的共同利益，双方都希望在地区和国际事务中增进相互理解，实现更加广泛、密切的合作。（3）双方的共同利益大于分歧。两国互不为威胁，互不使用武力或以武力相威胁。（4）双方同意，从根本上加强两国在各层次、各领域的双边关系，同时通过公平、合理以及双方都可接受的方式和平解决分歧。有关分歧不应影响双边关系的整体发展。①

四项原则是半个多世纪以来两国关系的经验教训的总结，它表明中印两国进一步消除了相互的疑虑，今后要在政治、经济、军事和文化领域切实发展建设性合作伙伴关系，并为实现这个目标提供了政治保障。双方还签署了在司法、教育、检疫、可再生能源、海洋科技、文化和边境贸易等领域进行合作的 10 项文件，涉及范围之广前所未有。在《宣言》中印度重申承认西藏自治区是中华人民共和国领土的一部分，不允许西藏人在印度进行反对中国的政治活动。中国政府则在扩大边境贸易的备忘录中事实上承认了锡金属于印度。这两个问题的澄清增强了双方的相互理解和信任。关于边界问题，在《宣言》中，双方重申愿通过平等协商，寻求公正合理以及双方都能接受的解决方案。在最终解决之前，同意共同努力保持边境地区的和平与安宁。双方还同意任命特别代表，从两国关系大局的政治角

① 《新华每日电讯》2003 年 6 月 25 日。

度出发，探讨解决边界问题的框架。舆论普遍认为，这是一个非常积极的举措，必将产生良好的结果。

扩大双边经贸合作是瓦杰帕伊这次访问的目的之一。在瓦杰帕伊来访期间，双方同意成立由官员和经济学家组成的联合研究小组，研究扩大两国经贸合作的潜在互补关系。该小组还将制定今后5年中印经贸合作的发展规划，以鼓励双方企业界扩大合作。双方还同意根据本国法律法规和国际义务，采取必要措施消除贸易和投资方面存在的障碍。两国领导人都相信双方在经贸领域的巨大合作潜力，承诺将为充分发展合作创造条件。随瓦杰帕伊来访的是由印度工商巨头组成的庞大的商业代表团，他们和中国的企业家举行了发展两国经贸的研讨会。其间，中国贸易促进会会长与印度商工部部长共同开通了联合商务网络平台，双方还签署了合作协议。

24日，胡锦涛主席会见了瓦杰帕伊，提出应抓住机遇、携手共进，不断加强两国在各个领域的合作，实现共同发展与繁荣；应高瞻远瞩、把握大局，妥善处理两国历史遗留问题，为人类和平、进步与发展的崇高事业做出新的贡献。

瓦杰帕伊的访问取得了圆满成功，增进了两国政府、两国领导人和两国人民之间的相互理解和信任，标志着中印双方为在新世纪加强全面合作迈出了新的步伐。正如瓦杰帕伊后来所说："这次访问取得了实质性成果。印中双方同意为推动边界会谈进入快速轨道而建立的机制，目前已经开始运作。两国经贸合作呈现显著的增长，这让两国再次相信，只要我们这两个伟大、富饶的邻国，挖掘双方经济所蕴藏的能量，我们都能获益匪浅。"①

2003年10月23日，中国和印度政府分别任命的讨论边界问题的特别代表——中国外交部副部长戴秉国和印度国家安全顾问米什拉在新德里举行了首次会谈，为商定解决边界争端的政治指导原则迈出了第一步。

2001~2003年，中印两国贸易持续增长。2002年，双边贸易额达49.2亿美元，比2001年增长了37%，比1998年的19.22亿美元增长了156%。2003年达到76亿美元的水平，比2002年增长54%以上。印度出口到中国的产品有矿产品、钢材、铝材、化工产品、汽车配件、信息科技产品、药品、农产品等，中国对印度出口的产品有焦炭、机械、化工产品、服装和

① 《人民日报》2004年8月22日。

纺织品、电器产品、药品等。两国在原料资源、技术水平和管理能力等方面各有特色，可以优势互补。例如印度的计算机软件和中国的硬件各具优势，就是很好的交换对象，对两国经济发展都很有利。专家预测，如按目前的势头发展，两国的双边贸易有望在 2004 年内超过原来期望的 100 亿美元的目标，达到 120 亿美元。

在军事方面，两国国防部部长的互访加强了两军的了解和互信，两国海军 2003 年 11 月 14 日还在上海外海海域举行了联合海上搜救演习。

两国的合作关系前景美好。两国人民的互信日益增强。只要双方都能珍视和保持这种成果和氛围，两国间悬而未决的问题最终一定能找到双方都满意的解决办法。

印度和东南亚国家的关系，在全国民主联盟执政时期得到了进一步加强。“东向政策”已成了印度外交政策的重要组成部分，而且所占的位置越来越重要。这是因为随着印度经济力量的增强，印度需要拓展与更多国家和地区的经贸关系。东南亚国家既是东亚新兴工业化地带的一部分，印度在贸易上和技术上与之合作的空间很大；又是一个有丰富资源和发展潜力的地区，能够向印度提供能源、工业原料并吸纳印度多种多样的工业产品。所以，发展与东南亚国家的关系是印度经济发展的需要。另一个考虑是政治层面的。东盟的国际影响力不容忽视。近年来，随着全球地缘战略重心逐步向亚太地区转移，东南亚在国际政治格局中的分量日益增加。印度与东盟密切政治合作，可赢得东盟在国际事务中对它的支持，增大其外交回旋空间。东南亚地区还是世界大国势力交会的地区，印度希望在这里也保有战略利益和影响力，以提高自己在国际舞台上的地位。东盟也看好印度不断增长的经济和不断上升的国际地位，不但把印度作为经济合作的重要伙伴，而且希望在区域一体化进程中利用印度因素平衡与其他大国的关系。

印度与东南亚国家的关系在拉奥政府和联合战线政府时期已奠定了初步基础，印度被东盟接纳为对话伙伴和东盟地区论坛对话国。不过，双方的交易额为数还不大，经济技术合作和其他领域的合作还没有充分展开。全国民主联盟执政后采取了新的努力，力求在上述两方面都有新的进展。2000 年，瓦杰帕伊总理、纳拉亚南总统和外交部部长贾·辛格分别去东南亚一些国家访问，包括越南、老挝、印度尼西亚、新加坡、马来西亚等，印度也在新德里接待了来回访的各国领导人。通过互访，印度与这些国家在贸易、技术合作、旅游、国防和教育等方面的合作得到加强。如印度与越南、老挝签订了《湄公河—恒河协定》，三国政府决定在旅游、贸易、教育、文化和信息技术等方面加强交流与合作。印度的石油天然气公司还在越南投资 110 亿卢比，合作进行石油和天然气的勘探与开采。这是印度最大的一项海外单项投资，也是印度解决自己能源短缺努力的一部分。印度与越南还签订了和平利用原子能的协议。与印尼的合作也加强了。在拟定的多项合作项目中，包括印度石油天然气公司和印度石油公司参与印尼石油和天然气的勘探，印度铁路公司参与印尼铁路修建等。印度和印尼的贸易额近年也有较大增加。

需要特别提出的是印度和缅甸的关系。缅甸与印度毗邻，是印度进入东盟地区的第一站，也是通向东盟其他国家的门户之一。可是印度与缅甸的关系在 80 年代末 90 年代上半期一直处于冻结状态。缅甸政府指责印度支持以昂山素季为代表的国内反对派势力是干涉缅甸内政；而印度则谴责缅甸允许印度东北地区的分裂主义组织以其领土为基地，在印度从事恐怖活动。所以两国关系一直十分冷淡。但印度自从提出“东向”的新方针后，就把解冻和发展与缅甸的关系作为一项重要任务，因为与缅甸建立正常关系，一则可以打通与东盟其他国家的陆路通道，便利同这些国家的经济、贸易往来；再者对维护本国东北部各邦的稳定，促进经济社会发展也是十分有利的。印缅关系于 20 世纪 90 年代开始出现转机。全国民主联盟执政后采取了更加有力的推动措施。外长雅·辛哈就任不久就明确表示，发展与缅甸的关系关乎印度国家利益。

1998 年印度为帮助缅甸发展经济，向缅甸提供了 1000 万美元贷款。缅甸政府接受了这个善意表示。2000 年 11 月，缅甸国家和平与发展委员会副主席貌埃访问印度，成为军政府执政以来访印的最高领导人。其后印度外长雅·辛哈及副总理阿德瓦尼于 2002 年和 2003 年先后对缅甸进行了回访。通过高层互访，两国不仅签订了边贸和禁毒协议，还在促进经济合作等领域取得共识。2003 年 12 月，印度、缅甸与泰国三国就修建连接三方的高速公路事宜草签了协议。这条公路 2004 年动工，建成后将使印度实现“向东看”的外交政策更具可行性。2004 年 1 月，缅甸外长吴温昂访印，两国还就印度参与开发缅甸近海石油及天然气、建设跨境输气管道以及帮助缅甸发展信息产业等问题交换了意见。印缅两国在军事领域的合作也取得进展。

2003 年 9 月，印度海军参谋长辛格访问缅甸，此后印缅两国海军进行了首次联合军事演习。从 1997 年以来，两国军队之间的互访已达 20 多次。缅甸总理钦纽在会见印度东北部地区贸易代表团时表示，缅甸正在考虑对印度开放边界，以促进双边经贸关系的更快发展。印方希望在印缅边境地区建立经济特区的设想也得到积极响应。印缅关系进入了一个新的发展时期。

印度与东盟各国在各领域的合作方兴未艾，已在机车、橡胶、纺织、服装、农产品加工、渔业、电力、信息、保健、航空和旅游等 11 个领域实行了贸易和投资合作。新加坡和马来西亚成为印度重要的外资来源。从 20 世纪 90 年代初到 2004 年，双方贸易额由 30 多亿美元猛增至 130 多亿美元。2003 年，印度和东盟确定了到 2007 年贸易额突破 300 亿美元的目标，并签订框架协议，决定到 2012 年建成东盟–印度自由贸易区。印度外长雅·辛哈对印度与东盟国家关系的前景充满信心，他对媒体表示，随着印度经济的持续发展以及与东盟在政治、经济等领域的合作不断加深，两者关系的前景将是非常令人振奋的。东盟也非常看好和印度的合作前景，认为在贸易、能源、农业、信息产业领域均有巨大的合作空间而且互补性较强。新加坡前总理吴作栋就形象地把印度、中国比喻为东盟经济腾飞的“左右两翼”，表明东盟国家领导人对与印度的经济合作是从战略高度去肯定的。

印度与东盟关系的日益深化还表现在，2003 年 10 月，印度总理瓦杰帕伊出席东盟峰会，宣布印度加入《东南亚友好合作条约》，同时签署与东盟开展全面经济合作的框架协议、与东盟合作打击国际恐怖主义的联合宣言。这充分表明，印度的“向东看”政策取得了重大成效。

印度与日本的关系也有所加强。拉奥最初提出的“东向政策”广义上说也包括日本。日本也是印度核试验后参与制裁印度的国家。鉴于美国对制裁不那么严格，日本也就更放松了。2000 年 1 月费尔南德斯访问日本，虽然制裁还没有撤销，但两国关系已有所改善。2001 年 10 月 26 日，日本宣布撤销对印度和巴基斯坦的制裁。此后，两国经贸关系有较迅速的发展，日本对印度提供的开发援助贷款增加 20%，对印度的投资也在不断增长。从 1991 年到 2004 年，日本对印度累计投资额达 30 亿美元。2001 年日本在印度的公司有 220 家，到 2004 年就增加到 300 多家。2004 年日印双边贸易额比 2003 年增长了 16%，达 40 多亿美元。

印度希望加强与日本的合作是希望从日本获得更多的直接投资，也希望印度商品能更多地对日本出口。90 年代以来，日本在亚洲投资和贸易的重点是中国和韩国，2003 年日本和印度的双边贸易额只有 43.5 亿美元，仅为中印双边贸易额的 1/3。印度对此甚为失望。印度商业和工业部部长卡迈勒·纳特表示，希望两国能共同努力，把两国的双边贸易额在三年内提高到 100 亿美元。

对于印度政界和商界的期待，日本政府的感受是逐渐加深的，特别是当看到印度与美国和中国的关系都得到改善，美国对印投资增加，而中印贸易有长足发展后，日本才有了一种已经落后于人的感觉。小泉政府已决定争取主动，把印度列为日本今后投资的重点国家之一。据透露，小泉政府还筹划在印度最需要投资的基础设施领域来一个使人意想不到的大手笔——帮助印度修建一条从孟买到新德里再到加尔各答的自动化高速铁路。日本政府正在制定对印的长远规划，要急起直追，在这个方兴未艾的大市场中占有份额。日本已经认识到，加强与印度的合作不仅从贸易和投资角度说有非常光明的前景，而且还是确保日本石油供应安全之必需，因为日本的能源供应主要来自中东地区，运油船都要途经印度洋海域。双方的密切合作将会使日本感到安全。

七　2004 年大选，团结进步联盟政府的建立

当历史的巨轮跨进 2004 年时，全国民主联盟政府进入了它任期的最后一年。一个联合政府能完成任期，这种事还从没有过。曙光就在眼前，这使它无比自豪。瓦杰帕伊 2003 年就挑战国大党说：“我们 20 个党的联合政府可以完成 5 年任期，我敢打赌国大党不可能做到。”[①] 印度人民党以这个业绩为自己创造了一项新的重要的政治资本。它骄傲地宣布，虽然是联合政府，但它有能力使之成为稳定的政府，别的党做不到的事它做到了。

2003~2004 年度国内生产总值增长率首次达到 8%以上，农业、工业和服务业都出现了欣欣向荣的势头，政局稳定，形势似乎一片美好。这鼓励了印度人民党希望趁热打铁，提前大选，一举拿下下届中央执政权，实现连续在中央执政。党中央做出决定，把应于这年 10 月举行的大选提前于 4

① 《前线》2003 年 4 月号。

月举行。[①]

2004 年 2 月 6 日人民院被总统解散。全国选举委员会宣布第十四届人民院选举于 2004 年 4~5 月举行。

这样，新一轮选战就在执政党突然发动、反对党没有充分准备的情况下拉开了帷幕。参加选举的有印度人民党、国大党、印度共产党、印共（马）等 6 个全国性政党，邦级政党有 51 个，地方小党有 173 个，另有部分无党派人士。

以印度人民党为首的全国民主联盟是抱着必胜的信心迎接选举的。它沿袭 1999 年大选的做法，继续以全国民主联盟的名义参选，统一发表竞选宣言，在全联盟范围内，对各选区各盟党提出的候选人进行统一调整，把最有胜选希望的人提名为各选区的候选人。

全国民主联盟竞选宣言《发展、良好治理、和平与和谐议程》[②] 突出的主题是发展、稳定和良好治理。宣言说，以前国大党政府实行的政策破坏了稳定，造成了社会的紊乱，全国民主联盟的执政为印度带来了稳定、良好的治理和经济发展。在瓦杰帕伊的领导下，各条战线都取得了重要的成就。投票给全国民主联盟就意味着国家和人民前景更加美好。

在竞选宣传中，使用形象的语言，提出形象的口号，给人留下清新而深刻的影响是非常重要的。这次大选，印度人民党就采取了这个办法，这是它精心策划的又一个策略。提出来的口号是“印度大放光芒”和“感觉不错”。“印度大放光芒”是用来彰显印度在瓦杰帕伊政府领导下在各条战线上所取得的成就，特别是经济改革和经济发展方面的成就。“感觉不错”则描绘人民在瓦杰帕伊执政下，生活有了改善，感到心情舒畅，对美好前景充满期待。这两个口号一经提出，便铺天盖地般出现在媒体上、会场上，以及街头巷尾的招贴画和标语上，被大力宣传，广为传播。

印度人民党另一个策略是就索尼娅血统问题继续做文章。一直不顾索尼娅早已加入印度国籍是印度公民的事实，它宣称不能容许具有外国血统的人成为印度政府的首脑。印度人民党相信，制造这样的说法削弱她的政治影响力，是阻止国大党胜出的最有效手段。不过由于这种宣传于法无据，

① http://www.bjp.org/NEM/Jan1104_pol.htm.

② 宣言全文见 www.BJP.org.htm。

印度人民党领导层也担心引起选民反感，会得到相反的结果。瓦杰帕伊自己的言论就比较谨慎，他告诫人们不要对索尼娅进行人身攻击。

国大党是带着奋力拼搏的决心参加竞选的。虽然它对印度人民党决定提前大选事先缺乏估计，但对应在 2004 年举行的大选却是从两年前起就开始了准备工作，应该说，这次大选它在思想和组织准备上较 1998 年和 1999 年那两次都要充分。

索尼娅尽最大努力扭转党内信心不足的局面。2002 年她就提醒全党，要提前积极做大选的准备。她说："印度人民盼望我们执政，使国家从停滞走向增长，从冲突走向和谐，从黑暗走向光明。让我们共同努力实现人民的期望。"① 2003 年 7 月，党的西姆拉会议通过的《西姆拉决议》实际上就是党的竞选宣言的框架。

国大党对全国民主联盟政府的评价是：成绩有限，错误多多，在许多领域都遭到失败。国大党出版了大量宣传材料，指出印度人民党提出的"印度大放光芒"和"感觉不错"的口号是虚假的，是主观想象的。那些材料中质问道：对印度贫穷的大多数人来说，对比比皆是的失业者来说，光芒在哪里？他们缺衣少食，生活艰辛困苦，哪里有什么好感觉？

国大党竞选宣言也是以经济和民生为主题，一方面用保证继续实行经济改革来安抚中上层，同时把重点放在塑造自己的"亲穷人"形象上，强调经济改革必须使下层人民同样受益。在经济政策方面它提出的两大竞选口号是"有人情味的改革"和"国大党和穷人在一起"。

要不要与别的党建立选前联盟，这个一直困扰国大党领导层的难题再次被提上议程。问题的关键还是理想和现实的矛盾如何处理。国大党领导层以往不愿接受联合，因为心中怀着要恢复国大党单独执政地位的理想，然而从 1998 年、1999 年大选中又看到现实条件不允许，单靠自己的力量不可能在选举中取胜。究竟应该怎样做？以往几年是让现实服从于理想，但现在很明显，这个理想在近期内只是空想，难道要现实继续服从这个空想吗？几年前党内就开始出现怀疑和反对的声音，在以后多次进行的讨论中，这种声音越来越大，推动着党的领导层面对现实，考虑现实，一步步接受现实。

---

① 《前线》2002 年 11～12 月号。

这个转变过程直到2003年才完成。这年7月的西姆拉会议是一个重要的转折点。这次会议最终明确了建立全国联盟的方针。在闭幕会上，索尼娅说："考虑到现在的政治形势，国大党准备在彼此谅解和不损害基本思想体系的基础上，与其他世俗政党建立适当的选举联盟安排。"[①] 这种安排包括选前和选后联盟。这标志着国大党终于承认现实，接受了在全国政坛上联合政治的不可避免性，最终走出了自我禁锢的象牙塔。这次会后，国大党放下架子，开始以平等姿态与其他党派谈判。结果和民族主义大会党、德拉维达进步联盟及其在泰米尔纳杜邦的多个盟友、大众力量党、贾坎德解放阵线建立了选前联盟。争取盟友的工作虽然取得一些进展，还不能说完全达到了预期目标。一名国大党高级领导人解释原因时说："我们的问题在于，大多数小党在邦一级都是我们的直接竞争者，与我们结盟有一定困难，不像印度人民党谋求结盟那样较为顺利。"[②] 他说的是实情。

由于国大党也走上建立选前联盟的道路，这次竞选就成了以印度人民党为首的全国民主联盟和以国大党为首的联盟两大阵营的较量，选举的结果最终要由双方阵营的总得分来决定。全国民主联盟决心连选连任，国大党阵营则立誓要把执政权夺过来。两大阵营各党都倾其全力投入竞选造势，争取选票，使这次大选成了印度独立后最激烈的竞选之一。

两大联盟以外的政党继续处于没有联合、各自参选的状态。各左翼政党也和国大党一样，指出印度人民党大肆吹嘘的"印度大放光芒"和"感觉不错"是不真实的，是夸大宣传。印共（马）总书记苏尔吉特就说，感觉不错是印度人民党领导人自己头脑中的想象。"他们注定要失败，因为人民看穿了他们的把戏。经济很糟糕，他们却这样吹嘘。百姓是不会再受他们的愚弄了。"[③] 印共（马）的竞选方针是以阻止印度人民党及其盟友再次上台为主要目标；对国大党，它宣布反对其损害下层人民利益的政策，但为了共同对抗印度人民党，在必要时，可以与之建立策略性合作关系。该党刊物《人民民主》写道："这次选举不是一次普通的选举，而是关乎国家命运的大事。……今天摆在人民面前的最最重要的任务是拯救国家，捍卫

① 《前线》2003年7~8月号。

② 《前线》2003年12月~2004年1月号。

③ 《前线》2004年2月号。

它的世俗特点、它的多元精神和综合文化。"[1] 印共（马）不断呼吁第三势力政党搁置分歧，再度联合起来，建立一个非印度人民党、非国大党的第三势力的新的联合体，但几乎没有得到积极的回应。当国大党确定了建立联盟的战略后，印共（马）和印共抱欢迎态度，都强调尽管与国大党有许多矛盾和分歧，从全国大局考虑，还应把共同反对教派主义势力放在第一位。这两个最大的左翼政党宣布的立场是，不会与国大党建立竞选联盟，但不排除选举后实行某些方面的合作的可能性。[2] 另两个左翼政党革命社会主义党和前进同盟在上次大选中是反对与国大党建立任何合作关系的，这次也改变了立场，同意实行有条件的合作。左翼政党在人民院是第三势力中最强的一支力量，它的态度虽不能左右选举结果，但在出现悬浮议会的情况下对选举后组成什么样的政府却有举足轻重的影响。

印度人民党和国大党都宣称自己领导的联盟必胜，舆论则普遍看好印度人民党领导的联盟。

本届大选参加投票的有3.8994亿人，占选民总数的58.07%。选举是分五个阶段进行的，头三个阶段的结果预测是印度人民党及其盟友略占优势，但在最后两个阶段几个邦的选举中，国大党及其盟友以较大优势胜出。最终结果是[3]，印度人民党及其盟友落败，国大党及其盟友获胜。

国大党获得选票占26.53%，145个席位，占总席位数的26.7%，加上盟友，共获得35.82%的选票，222个席位，占40.88%。印度人民党获得的选票占22.16%，138个席位，占25.4%，加上盟友，共获得33.86%的选票，186个席位，占34.25%。印度共产党得票占1.41%，席位10个。印共（马）得票占5.66%，席位43个。社会大多数人党得票占5.33%，席位19个。民族主义大会党得票占1.8%，席位9个。国大党及其盟友得的席位数在议会占第一位，但离半数还有一定距离。这又是一届悬浮议会。

这样的大选结果出乎大多数人的意料。是什么原因导致了全国民主联盟的失败和国大党领导的联盟的胜利？学者们和媒体得出如下较一致的看法。

---

① 《人民民主》2004年2月号。

② 《人民民主》2004年2月号。

③ 本组数据中，各党选举结果的数据来源于印度选举委员会公布的统计报告，印度人民党为主的联盟及国大党为主的联盟的数据来源于印度驻华大使馆公布的选举结果。

（1）政府的经济改革在注重提高增长速度和经济总量时，对兼顾社会公平，使下层人民也从中受益在措施上落实不够，或者说虽然中央政府在思想上不能说不重视但并不是每个邦政府都很好地贯彻了中央的意图。广大下层人民看到社会中上层从经济改革中得到了很多好处，自己和周围的人困苦状况却没有多大改善，不免对政府产生了失望和不满心理。国大党在竞选宣传中提出的政策主张是强调党要和穷人在一起，要使改革带有人情味，如能执政将采取有力的措施改善下层人民的生活，解决他们的实际困难，如扩大就业机会，提供安全饮用水，解决农村生活用电等。索尼娅就针对印度人民党宣扬的“印度大放光芒”的口号说，只有下层农民的生活真正得到了改善，印度才能大放光芒。这样的主张和宣传对心有怨气的广大下层人民无疑产生了吸引力，很多追求改善处境的下层人民抱着很大期望把票投给了国大党。印度尼赫鲁大学政治学教授雷耶维·巴尔加瓦总结得好，他说，广大群众做出这样的选择，“不是否定经济改革，而是反对经济改革收益在贫富阶层之间分配不均”。[①]

（2）印度人民党的教派主义意识形态及其与国民志愿团的密切关系使大多数选民对它仍不敢信任。尽管在它执政期间搁置了原来的那些主张，但在不少人看来这不过是策略的变化而已，其意识形态并没有改变。2002年古吉拉特邦发生的宗教骚乱给人留下的坏印象是不容易很快抹去的。

（3）印度人民党的盟党有些在邦级执政的，由于治理不善，被选民抛弃，结果给全国民主联盟的总选绩带来了严重负面影响。这次选举既然是在国大党及盟友和印度人民党及盟友两个集团间进行的，每个邦的竞选都是一个分战场，每个分战场的战绩都是两大集团总战绩的组成部分，其胜负都会对两大集团的胜负产生重大的甚至是决定性的影响。全国民主联盟这次败北，这个因素有显著影响。如其盟友全印安纳德拉维达进步联盟在泰米尔纳杜邦上届人民院选举中有10席，这次因执政成绩不佳，一席未得。又如另一盟友泰卢固之乡党也是作为执政党被选民抛弃，上届有24席，这次全部丢失。这两个盟友就使全国民主联盟少得34席，而本届大选，全国民主联盟与国大党联盟的差距只有36席。

（4）国大党改变策略，采取了结盟方针，盟友共贡献了77个席位。国

---

① 王冲编译自美国《基督教科学箴言报》，见人民网，2004年5月21日。

大党只有加上盟友的 77 个席位才超过了全国民主联盟。可见，这一策略转变对国大党最终取得胜利起了何等重要的作用。

总统授权国大党联盟组织政府。国大党加上其盟友总席位数离过半数还差 50 席，必须争取到新的盟友或取得外部支持才能通过议会信任投票关。印共（马）、印度共产党、全印前进同盟和革命社会主义党很快就表示，愿给予外部支持。这 4 个左翼政党拥有 59 席，它们的支持一举解决了席位差额问题。国大党乐于接受支持，考虑到与左翼政党在政策上分歧较大，为了扫清未来合作的障碍，就主动和左翼政党领导人就未来政策事先交换了意见，一致同意新政府“应该是中左政府”。[①] 印共（马）总书记苏尔吉特透露：“国大党的经济政策是有弹性的。我们被告知，他们不打算实行印度人民党的经济政策。我见到曼莫汉·辛格，他向我保证，国大党在经济政策上会做出调整。”[②] 左翼政党只是在外部支持，不参加政府。愿意提供外部支持的还有社会主义党、社会大多数人党等。

当索尼娅正为组建新政府而紧锣密鼓地与各党洽商时，印度人民党和同盟家族却在加紧掀起阻止她担任总理的鼓动。印度人民党主席奈都宣布如果外国血统的索尼娅成为总理，该党将拒绝出席总理就职宣誓仪式。有些人则扬言要在全国发起“反索尼娅运动”。这些讲话并不仅仅是威胁，实际上显露出印度人民党和同盟家族也酝酿一场大的行动，阻挠国大党建立政府和开展正常工作。为避免此种情况发生，使全国政局迅速稳定下来，索尼娅着眼大局，决定不担任总理。她说，过去 6 年中，她曾多次表示，是否担任总理对她并不重要，她不希望看到因自己出任总理而导致国家分裂，并说：“这一决定发自我的内心和良知，没有受到任何党派的压力。”[③] 国大党党团会议竭力劝说她收回决定。大批国大党党员和支持者更是成群结队，来到国大党总部和索尼娅官邸前聚集，群情激愤地指责印度人民党的无理阻挠和威胁，请求索尼娅顺应民心出任总理。但她表示不会改变决定。随后她和国大党领导人一起提名党的高级领导人、工作委员会成员曼莫汉·辛格担任总理。国大党议会党团随之选举曼莫汉·辛格为议会党团新领袖。

① 《印度快报》2004 年 5 月 15 日。

② 《前线》2004 年 5~6 月号。

③ 新华网，2004 年 5 月 18 日。

索尼娅继续担任国大党主席。总统正式任命曼莫汉·辛格为新政府总理，授权他组建新一届政府。曼莫汉·辛格擅长经济，是拉奥经济改革的总设计师，能力出众，为人谦和，在党内外受到广泛好评和尊敬。

在酝酿组建政府的过程中，国大党及其盟友决定把他们的联盟正式定名为团结进步联盟。参加联盟的政党共15个，其中有13个党在人民院内拥有席位。团结进步联盟也建立了协调委员会，作为最高协调机构。索尼娅被一致推选为协调委员会的主席。团结进步联盟和左翼阵线之间成立了团结进步联盟-左翼阵线协调委员会，作为沟通和协商的管道。这是在政府和外部支持者间第一次建立这种正式机构，是支持者与被支持者的关系走向制度化的一个步骤。

图9-3 曼莫汉·辛格

2004年5月22日，以曼莫汉·辛格为首的政府全体成员宣誓就职。在新政府中，S. 帕提尔任内务部部长，奇丹巴拉姆任财政部部长，瓦特纳尔·辛格任外交部部长，P. 穆克吉任国防部部长，阿尔琼·辛格任人力资源发展部部长。主要盟党都有1~3名部长职位。全印人民党主席拉鲁·普·雅达夫任铁道部部长。

5月27日，公布了团结进步联盟各党共同制定的最低共同纲领。① 其序言说：选举结果清楚地表明，人民决定授权给世俗的进步的力量组织政府，授权给真正关心下层人民和社会弱势群体、为全国普通群众的幸福而不屈不挠地奋斗的政党组织政府。新一届政府将竭尽全力实现人民的期望。纲领提出了团结进步联盟治国的六项基本原则，即维护和促进社会协调，坚决反对教派主义；未来10多年经济增长率至少7%~8%，增长要带动就业的扩大；提高农民、农业工人和工人的社会福利；给予妇女政治、教育、经济、法律权利，真正实现性别平等；保证社会弱势群体和宗教少数派的机会平等，特别是教育和就业；充分发挥社会各界人士的

① 《团结进步联盟纲领》，《印度教徒报》2004年5月28日。

创造力和社会生产力。纲领的核心是强调在推进经济发展的过程中，要对贫困人口和社会各个弱势群体给予特别的扶植，使全国普通民众的生活质量有明显的变化。就是说，强调印度深入经济改革在指导思想上要有某些新的调整，即在坚持增长取向不变的同时，把兼顾社会公平提到更重要的位置。显然，这表明国大党吸取了全国民主联盟执政的经验教训，不使改革脱离广大下层群众；当然，这也与左翼政党坚持社会公平的一贯主张有直接关系。

国大党虽然有多年执政经验，但这次重掌政权是领导一个联合政府多党共同执政而不是单独执政，在它的历史上这还是第一次（拉奥政府是少数派政府单独执政，得到外部支持）。这意味着它面临的挑战和困难会比过去更大，并且是它以往未曾体验过的。国大党虽然是印度经济改革的设计者和启动者，但时代在前进，形势已发生很大变化，摆在它面前的任务已不仅仅是要解决那些多年来一直未能解决好的老问题，还要与时俱进，有前瞻的眼光，提出新任务，解决现代化过程中的新问题。曼·辛格总理在施政演说中特别强调，在继续努力争取较高的经济增长速度时，新政府要把改善下层人民的经济地位作为头等重要的工作做好，任重道远。人们有理由期待，他的政府会做出最大努力，实现许诺，不辜负人民的厚望。

八　印度在崛起中

印度国力的快速增长及其对国际政治经济可能产生的影响已经引起了世人高度的关注。只要注意观察现实的人都会看到，印度正在崛起，正在朝着成为世界大国的目标逐步前进。

成为世界大国，这一直是印度憧憬的目标。早在独立之前，尼赫鲁就在他的《印度的发现》一书中明确写道：“印度以它现在的地位，是不能在世界上扮演二等角色的。要么做一个有声有色的大国，要么销声匿迹。”① 独立后，虽然在最初的近半个世纪中，印度始终致力于称雄南亚，控制印度洋，但跻身世界大国行列才是它国家战略的最高目标，是印度领导人制定内外政策时最深层的潜意识。

① 贾瓦哈拉尔·尼赫鲁：《印度的发现》，齐文译，世界知识社，1956，第70页。

独立后的前40年，印度把建设独立自主的经济体系作为主要目标，同时在国际舞台上发挥自己的作用。在当时存在资本主义和社会主义两大阵营对峙的形势下，印度成了不结盟运动的领袖，在反对殖民主义、侵略战争和种族歧视，主张不同制度的国家相互尊重主权，实现和平共处的斗争中，做出了突出的贡献，赢得了世界人民的赞扬。那时的印度，从在国际舞台上所起的作用看已经是有声有色了。不过，那种声色主要表现在政治和外交方面，印度为自己树立的是道义上的大国形象。这和成为有经济实力和军事实力的世界大国是两码事，毋宁说，正因为印度是贫穷的发展中国家，才能成为不结盟运动的一员和领袖。但不可否认的是，领导不结盟运动为印度积累了政治声望，大大提高了它的国际地位。

在本身经济还很软弱的时候，争取成为世界大国只能是一种奢望。20世纪50~80年代印度就处在这种情况下。80年代后半期起至90年代，经济改革使印度焕发了新春。虽然增长的速度还不是很快，国家的面貌还没有根本改变，但初步的增长使人们看到了国家蕴藏的深厚的发展潜力，意识到只要善于发掘，就可以把潜力转变成巨大的物质力量，仅此一端已足够令人振奋了。所以从拉·甘地执政时起，就把“建立繁荣和强大的印度”作为既定目标，为此在经济、政治、科技、军事、外交等各方面做出不懈的努力。历届政府都把发展经济摆在首要位置，其主要着眼点之一就是增强国力，向成为世界大国的目标前进。也是从这时起，依靠军事实力为取得大国地位增添砝码的观念逐渐得到加强。印度领导人和舆论都认为，外交固然重要，但必须以军事为后盾，军事力量不仅是综合国力的重要组成部分，也是有效地开展外交最可靠的王牌。近年来，印度扩充军备的势头大为增强，军队现代化建设的步伐明显加快。政府在军事上加大建设的力度，最集中的表现就是1998年印度人民党上台后急忙进行核试验。其目的是通过宣示印度的核能力，跻身世界核俱乐部，获得国际社会对它的世界大国地位的承认。外交方面的努力也逐渐加强。拉奥执政时期开始提出印度要争取成为联合国安理会常任理事国。古杰拉尔任总理时，1997年9月24日在联合国大会演讲中正式向联合国提出此项要求，并开始在国际上寻求支持。印度领导人宣布，印度已经具有了成为世界大国的重要条件，理应得到国际社会的承认。

印度的确已具有了成为世界大国的某些条件。客观地说，虽然从目前的发展水平看，还不能说它已经是名副其实的世界大国了，但在有些方面，它已初步达到或接近作为世界大国的水准，则是不争的事实。

图 9-4　新德里

图 9-5　德里红堡

首先就整体经济实力说，印度逐渐崛起而成为世界经济大国已是必然的趋势。经过近 20 年的改革和经济增长，印度的经济实力有较大提高。根

图 9-6 从海面看孟买

据世界银行按汇价所做的估算，1998～1999 年度印度国内生产总产值为 4213 亿美元，排名世界第 11 位；2003～2004 年度的国内生产总值为 6920 亿美元，排名第 10 位。

需要指出的是，这种排序所根据的数据是印度统计机构公布的国民生产数据。其实，由于实际上存在着未列入官方统计数据的规模很大的地下经济和“黑钱”，所以，印度国民生产总值的真实数据要比上列数据大得多，有的学者估计大约高出 50%。[①] 果真如此，则印度经济总量的实际世界排位还要有所提前。

印度政府提出的目标是到 2020 年印度成为世界第四或第五位经济大国。这当然是指以官方的统计数据为依据来排序。总统卡拉姆也说，希望在科技兴国方针的指导下，印度到 2020 年成为世界第五经济大国。[②] 计划委员会的远景文件预期，到 2020 年，印度将要成为达到中上收入水平的国家。对此，有些学者认为是可能的，例如美国高盛公司发表的经济学家研究报告就预测说，未来 50 年，印度的年均经济增长率将能够保持在 5%～6% 的水平，如果不出意外，印度的国内生产总值有望在 2015 年超过意大利，

① 见孙培钧、华碧云主编《印度国情与综合国力》，中国城市出版社，2001，第 329 页。

② 《印度教徒报》2003 年 1 月 22 日。

2020 年超过德国，2032 年超过日本，成为世界第三大经济体。

这只是一种估算，印度前商业部部长、现为哈佛大学教授的苏布拉姆尼亚安·斯瓦米博士就说它预测的是未来 45 年的事情，时间太长，且带有很强的猜测性，对其不必太认真。不过，这份报告强调的印度发展趋势还是得到很多人原则上的认同。

近年来，“将印度建设成世界经济大国和发达国家”已经成为印度政府和民众一致的追求。如果说，尼赫鲁当年所定的做有声有色大国的目标还带有理想主义色彩的话，今日印度经济的发展则使人民已依稀看到了一个世界大国的轮廓。当然，这里讲的仅仅是国家的经济总量，不是讲人均收入。

科技水平处于世界前列（至少在某些方面）是成为世界大国的必要条件。因为科技水平的高低不但直接关系到经济发展程度和军事实力，也是提高人民生活质量、改善社会福利的重要条件。科技的发展是与经济实力的增长和教育的发展成正相关关系的，没有后两者的高度发展，就不会有科技的较全面的高水平，所以一个国家的科技水平也是它的经济和教育水平高低的显示器。印度独立以来，无论经济还是教育，都处在由落后向先进转化的过程中，有很大发展，但又都发展得不够。反映在科技方面就是有些领域较先进，大多数领域还不够先进，甚至是很落后。较先进的领域都是国家重点扶植的，80 年代中期以前偏重于军事和安全考虑，改革开放后，虽然这种考虑仍是第一位的，但对发展生产力，促进经济增长的考虑加重。科技研发除了以国家的研究和教学机构为主外，也大力鼓励私人教学、研究机构和企业参与或独立进行。政府提倡把从国外引进高精尖技术和自主创新结合起来，把参与国外合作和在国内研究结合起来。这样，到今天不但重点科技领域的面拓宽了，而且研究和开发都紧盯着世界先进水平，在有些方面已取得了骄人的成绩。

瓦杰帕伊总理在谈到印度科技发展的目标时提出，印度到 2010 年要成为核大国、信息技术大国和生物技术大国。这就指明了印度发展的最优先领域。

在核技术方面，印度不顾西方国家可能的制裁，用核试验向世人显示了印度的核技术实力。印度原子能部和国防研究与发展组织的联合声明宣布，印度已有能力研制不同当量不同用途并可以以不同运载系统运载的核武器。尽管它还没有被正式接纳为核大国，但它是世界上有能力制造核武器的国家之一，这已经是不容否认的事实。

在原子能研究与和平利用方面，印度已进入世界先进行列。2001～2002年度全国有14个核反应堆在运转，发电能力共2720兆瓦，占全国电力装机容量的2.7%，核电量为193亿度，占全国发电量的3.3%。目前还有8个反应堆正在建设。在核电技术上，预计2004年建成的235兆瓦快中子增殖反应堆属于国际上最先进的技术之列。印度现已建立起从核燃料开采、提炼、重水生产、核反应堆到核废料处理的完整的核工业体系。核燃料已可自给，生产的重水自给有余，核电规模在亚洲仅次于日本和韩国，居第三位。

航空航天技术是衡量一个国家科技水平的重要指标。印度的航空航天技术在有些方面已进入世界先进行列。在卫星技术方面，1975年4月19日，印度从苏联火箭发射场发射了第一颗自制卫星，标志着印度正式迈入空间时代。1980年7月18日，印度首次从本国的发射场，用自制的卫星运载火箭发射卫星，从而成为世界上第六个具有卫星发射能力的国家。这也标志着印度航天工业开始朝着自主研发的方向实行战略转移。1983年8月，又成功地发射了INSAT多用途卫星，拉开了航天技术进入实用阶段的序幕。此外，印度设计和制造通信卫星和遥感卫星的技术已达到或接近国际先进水平，共发射各类卫星28颗，其中12颗是由自制运载火箭发射成功的。这些卫星在教育、卫生、气象观测、自然资源探测和国防等方面均发挥了相当大的作用。根据计划，2003年至2005年印度还将发射9颗卫星。

在运载火箭技术方面，最初也是采取“借鸡下蛋”的办法，逐渐向自行研制和发射转变。在技术上不断取得新的进展。印度已拥有四种类型的自产运载火箭：卫星运载火箭-3（SLV-3）、加大推力运载火箭（ASLV）、极地轨道运载火箭（PSLV）和地球同步轨道运载火箭（GSLV）。2001年4月，用GSLV-D1型地球同步轨道运载火箭将一颗重达1540公斤的试验通信卫星成功地送入对地同步轨道，是印度火箭技术和航天工业的一个新的重大飞跃，标志着印度跨入了世界航天大国行列。世界上能将大型通信卫星送入地球同步轨道的，只有美国、俄罗斯、中国和日本，以及欧洲航天局。2001年10月，印度又用极地轨道运载火箭把3颗卫星成功地送入预定轨道，一颗是印度的，一颗是比利时的，一颗是德国的。这同样是印度航空航天技术的重要进展，标志着印度航天业已经加入国际商业化的行列。2002

年2月，印度对其自行开发的火箭用超低温发动机进行一次全面试验，取得了成功。运载火箭使用这种发动机可以将卫星送入地球上空3.6万公里的轨道。迄今世界上也只有美国、俄罗斯、法国、中国和日本5个国家具备使用超低温发动机发射对地同步卫星的能力。

今天的印度已经建成了一套完整的空间研发体系，研究范围包括火箭和卫星制造，卫星的发射、跟踪、制导、控制及回收，宇宙射线、大气研究和天体观测等。印度已拥有大批高质量的从事空间研究的科技人才，仅航天计划的主要实施机构印度空间研究组织就有16800人。

早在建国之初，尼赫鲁总理就曾将空间技术比作“现代印度寺庙的屋顶”，意即空间技术是最引人注目、最能代表印度形象的领域。如今，在这一领域，印度不仅在卫星和火箭技术方面已取得辉煌成就，而且还在进行一项更雄伟的工程，即2015年前实施载人登月计划。作为计划的第一阶段，印度将于2008年前把一艘重达525公斤的飞船送到月球上空100公里处，通过拍摄红外线和X光照片对月球进行表面探测，准备在2015年之前实现宇航员登月。印度空间研究机构发言人克里希纳莫尔蒂说，这个探月计划的基本任务是对月球进行勘测，包括对月球表面进行物理和化学勘测，寻找镁、铝、硅等各种元素，还要了解月球是否可能还有水存在。印度航天研究组织主席卡斯图瑞让甘也说，此项探月任务在提升技术研究方面非常具有挑战性，将带动火箭技术、处理系统和电信技术等一系列领域的研究，并可培养出一大批太空科学家和相关领域的技术骨干力量。印度空间研究组织把这项探月计划称为“更具雄心的星际使命的先行者”。印度已具备制造登月航天器所需的知识，又要争取成为世界大国，出台这一雄心勃勃的计划，为“印度现代寺庙”的“屋顶”再添加一个金碧辉煌、耀人眼目的光环完全在情理之中。

在信息技术方面，印度已提出2008年成为软件超级大国。这不仅是指经营业务的极大增加，也是对软件技术水平的更高要求，因为随着世界软件技术日新月异的进展，印度如果停留在只能做一般应用软件的水平上，是无力接受越来越多样的承包要求的。从90年代起，印度在完成大量订单的同时，事实上在软件研发技术上也在不断提升。正如印度全国软件和服务公司联合会软件开发的一位专家所说：“印度软件业的成功有多种因素，其中最主要的是向全球提供的产品和服务具有技术上的领先和创新。”[①] 印度信息技术公司主席纳拉亚纳·穆尔蒂也说：“考虑到印度软件服务已被世界所接纳，下一步的工作则是创新和研发高端产品。”[②] 印度正在积极努力探索研发高端产品和向客户提供系统的解决方案，在这方面已取得一些成绩。不过，受资金和技术的限制，印度人完全靠自己的力量来实现技术创新还有困难。以往这几年，印度的技术创新在很大程度上是由世界软件业巨头在印度设立的研发中心驱动的。全球十大信息技术巨头，包括微软、英特尔、奥拉克尔公司和得克萨斯仪器公司，都在印度设立了境外最大的研发中心。这些研发中心在人员和业务活动方面已经颇具规模，创新内容也在与时俱进。英特尔印度公司总裁就说，他在印度的公司利用印度最快的超级计算机，正在开发与美国研发难度相同的工程软件。英特尔印度战略计划部透露，公司正在为英特尔研制微处理器、芯片集和下一代的以太网转换硅、网络处理器以及企业软件。一些信息技术人士认为，印度要在信息技术领域拥有较强的开发自主知识产权的能力尚需创造条件。

在计算机技术方面，印度 90 年代初制造出第一台 Param-9000 超级计算机，每秒运算能力为 160 亿次，在国际上受到好评，并已向德国、加拿大和俄罗斯出口。1998 年制造的 Param-10000 超级计算机，每秒运行 1000 亿次，属于世界上最先进的计算机之列。目前正在研究每秒运行 10000 亿次的更先进的型号，世界上只有美国、欧洲少数国家和日本有能力进行同样的研究。

就军事方面说，印度不仅在亚洲，而且在世界也算得上是军事大国。据《印度国防年鉴》公布的材料，印度海陆空三军总兵力为 117.3 万人，在世界上仅次于美国、中国和俄罗斯。20 世纪 90 年代至今，军队努力实现现代化，技术装备已焕然一新。在总兵力中，陆军有 98 万人，配备有较强的火力，具有突击作战能力；海军 5.3 万人，编成 2 个舰队，具有一定的远洋作战能力；空军 14 万人，具有纵深打击、战略机动和综合防空能力。[③]

空军装备方面有包括米格-29、美洲虎、幻影-2000 和苏-30 等在内的

---

① http：//www.xinhuanet.com.

② http：//www.xinhuanet.com.

③ 转引自宋伟贤《印度：积极推行新军事战略》，http：//www.china.org.cn/chinese/2003/Aug/379593.htm。

各型战机近 1000 架。海军装备方面有主要舰艇 90 多艘，包括常规潜艇、驱逐舰、护卫舰等。印度一直把拥有航空母舰视为海上军事实力的首要标志，现有航空母舰 1 艘即“维拉特号”，是从英国购买的退役航母改装的。2003 年 12 月又从俄罗斯买了一艘退役航母即“戈尔什科夫海军上将号”（在俄罗斯改装）。此前，印度政府宣布，印度还要自己建造一艘排水量为 3.75 万吨的轻型航母“蓝天卫士号”，航母的设计工作接近完成，建造的准备工作正在南方科钦造船厂顺利进行，预计 2004 年底开工，2011 年完成。届时，将有 3 艘航空母舰服役。航母战略的实施，将使印度海军不仅具备远海作战的能力，而且有能力控制印度洋，加强其对相关各重要战略水道的影响力。据悉，印度将在目前 140 艘舰船的基础上，10 年内为海军添置 80 艘新型舰船，从而打造出一支以 3 艘航母为骨架，外加约 200 艘战舰的超级舰队。国际军事分析家认为，如果这一计划最终落实，印度海军的规模将不仅是亚洲第一，而且在全球范围内将超过英国而进入第三位，仅次于美、俄。

在核武装方面，印度正在实行部队的核武装化，加速建设陆海空三位一体的核力量。为加强战略威慑和远程打击能力，印度一直在努力发展核导武器，通过“大地”和烈火-2 等型号导弹的研制以及对“美洲虎”和苏-30MKI等型号战斗轰炸机的装备，已经形成了陆基和空基短、中程核投掷能力。印度还在加速研发远程和洲际核投掷能力，并加紧研制核潜艇，弥补潜射核能力的缺失。在核政策上，政府宣布要坚持拥有最低限度的核威慑，能够在遭受核生化攻击时进行核报复。

外交方面是印度的强项。在后冷战时期，不结盟运动意义弱化，印度通过实行全方位外交，特别是大国平衡外交，通过主动改善在南亚的形象和参与世界反恐战线，使自己在国际舞台上继续保持较强的影响力。印度的地缘政治优势使它始终是美国争取的对象。新的因素是，随着经济的振兴，印度成了容量和潜力仅次于中国的商品市场和投资场所。这对西方发达国家不能不具有极大的吸引力。因而，出现了西方强国竞相与印度建立较密切关系的局面。印度进行核试验后，有些西方国家并不追随美国的制裁，就是美国本身也不过是雷声大雨点小，在做做样子后很快就恢复了与印度的合作关系。印度的大国外交空前活跃，除继续与俄罗斯保持较早建立的战略伙伴关系外，与美国、英国、法国、中国都建立了战略伙伴关系，或称“新世纪平等伙伴关系”或“全面伙伴关系”。

印度不失时机地利用其所具优势，全方位争取外交筹码，收到了左右逢源、多方受益之效。在这种情况下，争取成为安理会常任理事国就成了迫切的需要。90 年代后，联合国安理会在国际事务中的作用越来越突出，印度迫切希望成为常任理事国，以便使自己的世界大国地位得到进一步确认。印度在国际交往中已把争取对方支持其成为常任理事国作为内容之一。进入 21 世纪后，随着自身经济、科技和军事实力的上升，印度对成为世界大国的自信心越来越强，而且迫不及待地争取国际社会的承认。2005 年，利用联合国改革的机会，印度和日本、德国、巴西联合提出“入常”提案则是圆自己世界大国梦的一次奋力拼搏。

综上所述，可以看到，印度的综合国力日益增强，无论是经济、科技、军事或外交方面，都在向成为世界大国的战略目标前进。到 2020 年，印度将成为排名前几位的世界经济大国，而且，将以一个军事大国的身份在印度洋和毗邻太平洋西部的广大区域显示实力。它的科技将有更多领域进入世界前列。它在国际舞台上的地位将继续提高，将在南亚、印度洋地区、整个亚洲地区乃至世界发挥巨大作用。

当然，要真正成为世界大国，经济是基础。而要成为经济大国，是不能只看经济总量的，关键还要看人均国内生产总值和经济发达程度，换言之，真正的世界大国不仅是体量大，还应该是先进的、发达的国家。如果就这个角度来说，则印度不但与真正的世界大国相距甚远，而且即便在发展中国家，也是排不上前列的。印度目前最大的差距是人均国内生产总值低下，还没有完全告别贫困状态。2003 年印度人均国内生产总值才 1090 美元，有约 1/4 的人口仍处在贫困线下。世界银行 2004 年数据报告显示，虽然按经济总量排序，印度在世界排名第 10 位，但按照人均国内生产总值排序，印度名列第 159 位，属于较差的国家。这就表明，如果考虑人口因素，印度要建成发达国家，那是比成为世界经济大国更要艰难许多倍的任务。

尽管许多领域进入或正在努力争取进入世界先进行列，贫穷和落后依然是印度的现实。由于独立后民主改革实行得不彻底，土地问题、种姓问题、教派冲突都成为包袱，加剧了消除贫困的难度。据印度全国抽样调查组织 1999 年 7 月至 2000 年 6 月进行的第 55 次调查材料，全国处在贫困线下温饱尚无保障的人口比例还有 26.1%。经济虽有增长，但被人口的急剧增加抵消很大部分。90 年代前半期印度人口增长率为 2%左右，净增率为

1.7%，每年约增加1700万人。据预测，到2040年，印度人口将超过中国，上升到世界首位。印度虽然采取了鼓励计划生育的政策，但执行力度不够。如果出生率不能大大降低，则经济增长率虽有提高，人均产值和人均收入也很难有大幅上升。在经济增长（特别是制造业）短期内难以有飞速提高的情况下，创造就业岗位就缺乏强有力的带动力，失业人口难以大幅度减少，因而要使更多人跨过贫困线的门槛十分困难。据2005年6月《印度时报》消息，官方最新披露的人口普查数据表明，印度失业人口已由10年前的1380万上升到了目前的4400万，失业率为10.1%。更为糟糕的是，大学毕业生的就业也有很大困难。印度仍有65%以上的人口靠种地为生，而农村的面貌除城市周围和商品生产较发展的地区外，到90年代末变化的程度依然不大。许多地区依然是缺乏交通工具，缺乏通信手段，缺乏医疗设施，缺乏小学，缺乏电力照明，甚至缺乏安全饮用水。农村文化的落后造成全国儿童升学率低，成人文盲率高。1991年全国7岁以上人口的识字率为52.21%，其中男64.13%，女39.29%。到2001年，全国识字率也只有65.38%，其中男75.83%，女54.16%，也就是说不识字的还占34.62%。印度的高等教育发展较强，但基础教育情况令人失望。“八五”计划规定到1997年脱盲人数要达到1.05亿，这个指标即便完成了也还有2.3亿文盲，其中多数是妇女。这种状况不改变，就意味着大批劳动者的素质难以提高，人力资源充足的优势得不到充分发挥。据2000年发表的《联合国人文发展报告》的材料，1998年印度的人文发展指数在报告所统计的174个国家中排第128位，就是说，属于最落后的1/3国家范围，即便在这1/3国家中也不算是最好的。

上述数据清楚地说明，印度要成为世界大国，消除贫穷和落后是迫切而又艰巨的任务。贫穷带来了所有问题，经济方面的，教育方面的，社会方面的，环境方面的……是造成一切落后的根源。印度政府对此有清醒的认识，大力进行经济改革和开展各方面的建设，就是要从根本上解决这个问题。

印度不少媒体认为，刻意追求大国地位是不需要的，只要牢牢抓住改革不放，使改革步步深入，只要紧跟世界的潮流，在发展的方向和途径上与时俱进，只要全国保持团结，减少经济改革的阻力，处理好各种各样的社会问题，印度成为名副其实的世界大国的速度就会加快，“世界先进大国”这几个金光闪闪的大字就会在不太远的一天展映在印度的额头上，而使这个焕发出青春光彩的古老国家在世界上受到尊重和钦佩。

附录一

历届印度总统、副总统及任期（至 2007 年）

总　统

R. 普拉沙德	1950 年 1 月 26 日～1962 年 5 月 13 日
S. 拉达克里希南	1962 年 5 月 13 日～1967 年 5 月 13 日
Z. 侯赛因	1967 年 5 月 13 日～1969 年 5 月 3 日
V. V. 吉里（代总统）	1969 年 5 月 3 日～7 月 20 日
M. 希达亚图拉（代总统）	1969 年 7 月 20 日～1969 年 8 月 24 日
V. V. 吉里	1969 年 8 月 24 日～1974 年 8 月 24 日
F. A. 艾哈迈德	1974 年 8 月 24 日～1977 年 2 月
B. D. 贾蒂（代总统）	1977 年 2 月～1977 年 7 月 25 日
N. S. 雷迪	1977 年 7 月 25 日～1982 年 7 月 25 日
G. Z. 辛格	1982 年 7 月 25 日～1987 年 7 月 25 日
S. R. 文卡塔拉曼	1987 年 7 月 25 日～1992 年 7 月 25 日
S. D. 夏尔玛	1992 年 7 月 25 日～1997 年 7 月 25 日
K. R. 纳拉亚南	1997 年 7 月 25 日～2002 年 7 月 25 日
A. P. J. A. 卡拉姆	2002 年 7 月 25 日～2007 年 7 月 25 日

副总统

S. 拉达克里希南	1952 年 3 月～1962 年 5 月

Z. 侯赛因	1962 年 5 月 ~ 1967 年 5 月
V. V. 吉里	1967 年 5 月 ~ 1969 年 5 月
G. S. 帕达克	1969 年 8 月 ~ 1974 年 8 月
B. D. 贾蒂	1974 年 8 月 ~ 1979 年 8 月
M. 希达亚图拉	1979 年 8 月 ~ 1984 年 8 月
M. 文卡塔拉曼	1984 年 8 月 ~ 1987 年 7 月
S. D. 夏尔玛	1987 年 9 月 ~ 1992 年 7 月
K. R. 纳拉亚南	1992 年 7 月 ~ 1997 年 7 月
K. 坎特	1997 年 8 月 ~ 2002 年 7 月
B. S. 谢卡瓦特	2002 年 8 月 ~ 2007 年 7 月

附录二

印度独立以来历届联邦政府(至 2007 年)

人民院届别和选举年代	建立政府的党或政党联盟	总理	任职时间
自治领时期	各党派协商建立的政府,国大党为主	尼赫鲁	1947. 8. 15 ~ 1952. 5
第一届,1951	国大党政府	尼赫鲁	1952. 5 ~ 1957. 3
第二届,1957	国大党政府	尼赫鲁	1957. 3 ~ 1962. 2
第三届,1962	国大党政府	尼赫鲁	1962. 2 ~ 1964. 5
	国大党政府	夏斯特里	1964. 6 ~ 1966. 1
	国大党政府	英迪拉 · 甘地	1966. 1 ~ 1967. 2
第四届,1967	国大党政府	英迪拉 · 甘地	1967. 2 ~ 1971. 3
第五届,1971	国大党(执政派)政府	英迪拉 · 甘地	1971. 3 ~ 1977. 3
第六届,1977	人民党政府	德赛	1977. 3 ~ 1979. 7
	人民党(世俗派)和国大党(斯)联合政府	查兰 · 辛格	1979. 7 ~ 1980. 1
第七届,1980	国大党(英)政府	英迪拉 · 甘地	1980. 1 ~ 1984. 10
	国大党(英)政府	拉吉夫 · 甘地	1984. 10 ~ 1984. 12
第八届,1984	国大党(英)政府	拉吉夫 · 甘地	1984. 12 ~ 1989. 12
第九届,1989	全国阵线政府	维 · 普 · 辛格	1989. 12 ~ 1990. 11
	人民党(社会主义者)政府	谢卡尔	1990. 11 ~ 1991. 6
第十届,1991	国大党(英)政府	拉奥	1991. 6 ~ 1996. 5
第十一届,1996	印度人民党政府	瓦杰帕伊	1996. 5 ~ 1996. 6
	联合阵线政府	高达	1996. 6 ~ 1997. 4
	联合阵线政府	古杰拉尔	1997. 4 ~ 1998. 3
第十二届,1998	全国民主联盟政府	瓦杰帕伊	1998. 3 ~ 1999. 10
第十三届,1999	全国民主联盟政府	瓦杰帕伊	1999. 10 ~ 2004. 5
第十四届,2004	团结进步联盟政府	曼莫汉 · 辛格	2004. 5 ~ 2009. 6

附录三

各宗教及主要语种人口数

各宗教人口数

单位：百万，%

宗教名称	1961 年		1971 年		1981 年		1991 年	
	人口	占全国人口百分比	人口	占全国人口百分比	人口	占全国人口百分比	人口	占全国人口百分比
印度教	366.5	83.5	453.3	82.7	549.7	82.6	672.6	82.41
伊斯兰教	46.9	10.7	61.4	11.2	75.6	11.4	95.2	11.67
基督教	10.7	2.4	14.2	2.6	16.2	2.4	18.9	2.32
锡克教	7.8	1.8	10.4	1.9	13.1	2.0	16.3	1.99
佛教	3.2	0.7	3.8	0.7	4.7	0.7	6.3	0.77
耆那教	2.0	0.5	2.6	0.5	3.2	0.5	3.4	0.41
其他	1.6	0.4	2.2	0.4	2.8	0.4	3.5	0.43
总计	438.7	100	547.9	100	665.3	100	816.2	100

注：1981 年数据未包括阿萨姆邦，1991 年数据未包括阿萨姆邦和克什米尔。

资料来源：转引自印度研究和训练局编《印度：2002》，新德里，2002。

各主要语种人口数

单位：百万，%

语言种类	使用人口			使用人口占总人口百分比		
	1971 年	1981 年	1991 年	1971 年	1981 年	1991 年
印地语	208.5	264.5	337.3	38.0	38.71	39.85
孟加拉语	44.8	51.3	69.6	8.2	7.51	8.22
泰卢固语	44.8	50.6	66.0	8.2	7.41	7.80
马拉特语	41.8	49.5	62.5	7.6	7.24	7.38
泰米尔语	37.7	N.A.	53.0	6.9	N.A.	6.26

续表

语言种类	使用人口			使用人口占总人口百分比		
	1971 年	1981 年	1991 年	1971 年	1981 年	1991 年
乌尔都语	28.6	34.9	43.4	5.2	5.11	5.13
古吉拉特语	25.9	33.1	40.7	4.7	4.84	4.81
马拉雅兰语	21.9	25.7	30.4	4.0	3.76	3.59
卡纳达语	21.7	25.7	32.8	4.0	3.76	3.87
奥里萨语	19.9	23.0	28.1	3.6	3.37	3.32
旁遮普语	14.1	19.6	23.4	2.6	2.87	2.76
阿萨姆语	9.0	N. A.	13.8	1.6	N. A.	1.55
信德语	1.7	2.0	21.2	0.3	0.30	0.25
克什米尔语	2.5	3.2	N. A.	0.5	0.46	N. A.

注：几处数据缺省或是因为未进行普查，或是普查资料因洪水丢失。

资料来源：转引自印度研究和训练局编《印度：2002》，新德里，2002。

附录四

大事年表

1947 年 8 月 14 日	巴基斯坦自治领成立
8 月 15 日	印度自治领成立
	英王终止对印度土邦的最高权力，不再拥有印度皇帝称号
8 月 17 日	驻印英军首批撤退
	拉德克利夫边界划定书公布
10 月 27 日	查谟和克什米尔土邦加入印度自治领
1948 年初	第一次印巴战争爆发
1948 年 1 月 30 日	甘地遇害
2 月 28 日	最后一批英军回国
2 月	朱纳格土邦实行全民公决，决定加入印度自治领
3 月	国大社会党退出国大党，建立印度社会党
4 月 6 日	制宪会议通过 1948 年《工业政策决议》
6 月 21 日	蒙巴顿辞去总督职务，由拉贾戈帕拉恰雷继任
9 月 13 日	印度军队进攻海得拉巴土邦
11 月 24 日	海得拉巴加入印度自治领
1949 年 1 月 1 日	印巴在克什米尔停火
10 月	印度制宪会议通过法案，取消英国枢密院在印度的最高审判权
1950 年 1 月 26 日	普拉沙德宣誓就任印度首任总统

	印度宪法生效，印度成为独立的共和国
2月2日	印度与法国签订法国交还所占昌德尔纳戈尔的协议
3月	成立国家计划委员会
4月	印度与中国建立外交关系
12月15日	帕特尔病逝
1951年4月	开始实行第一个五年计划
6月	农工人民党建立
10月	人民同盟成立
1951年	议会通过《工业（发展和管理）法》
1951年10月25日起	举行第一届人民院和邦立法院选举
1952年6月	社会党与农工人民党合并为人民社会党
8月	成立国家发展委员会
1953年10月	第一个语言邦安得拉邦成立
1954年2月	印控克什米尔制宪会议批准克什米尔加入印度联邦的决定
4月29日	中印两国签订《关于中国西藏地方和印度之间的通商和交通协定》，其中提出和平共处五项原则
11月1日	法国交还所占本地治里等据点
1955年1月	国大党阿瓦迪年会通过建立社会主义类型社会决议
12月	人民社会党分裂，部分人退出恢复社会党
1956年	开始实行第二个五年计划
	联邦议会通过《1956年工业政策决议》
1956年7月	尼赫鲁与铁托、纳赛尔发表联合公报
8月	议会通过邦改组法，建立语言邦
1957年2月24日起	举行第二届人民院和邦立法院选举
1959年	开始建立三级潘查雅特体制
1959年6月	自由党成立
1960年5月	议会通过孟买邦改组法，成立古吉拉特邦、马哈拉施特拉邦

1961 年 4 月	开始实行第三个五年计划
12 月 17 日	出兵收复被葡萄牙所占果阿等据点
1962 年 2 月	举行第三届人民院和邦立法院选举
10 月 20 日	中印边境中国自卫反击战开始
11 月 21 日	中国宣布 24 小时后中国方面全线停火
1963 年	那加兰德邦成立
1963 年 5 月	议会通过官方语言法
1964 年 5 月 27 日	尼赫鲁病逝
6 月 9 日	夏斯特里继任总理
6 月	人民社会党和社会党合并为统一社会党
10 月	印度共产党分裂，印度共产党（马）成立
1965 年 1 月	统一社会党分裂，恢复人民社会党
8~9 月	第二次印巴战争
1966 年 1 月 10 日	印巴《塔什干宣言》发表
1 月 11 日	夏斯特里病逝
1 月 24 日	英·甘地继任总理
3 月	成立旁遮普语言邦、哈里亚纳邦
4 月	开始实行三个年度计划
1967 年 2 月	举行人民院和邦立法院第四次选举
3~7 月	纳萨尔巴里农民起义
11 月	印度革命党成立
12 月	议会通过官方语言（修正）法
1968~1970 年	斯里卡库兰农民起义
1969 年 4 月	印度共产党（马列）成立
	开始实行第四个五年计划
12 月	国大党分裂成国大党（执政派）和国大党（组织派）
1971 年 3 月	提前举行第五届人民院选举
8 月	统一社会党与人民社会党合并为社会党
1971 年	喜马偕尔直辖区成为邦

1971 年 8 月 9 日	印苏签订包括有军事合作内容的《印苏和平友好合作条约》
12 月	第三次印巴战争
1971 年	人民院通过《东北地区（改组）法》，给予梅加拉亚、曼尼普尔、特里普拉邦地位 成立米佐拉姆中央直辖区
1972 年 7 月	英·甘地与布托缔结西姆拉协定
1974 年	纳拉扬领导开展反国大党的群众运动（J. P. 运动）
1974 年 4 月	开始实行第五个五年计划
5 月	在波克兰爆炸一个核装置
8 月	印度革命党等联合成立印度民众党
1975 年 4 月	锡金成为印度的一个邦
6 月 25 日	宣布实行国内紧急状态
1977 年 1 月 18 日	英·甘地宣布将举行第六届人民院选举
1 月	国大党（组织派）、人民同盟、印度民众党、社会党、国大党少壮派合并成立人民党
3 月	人民院举行第六届选举，人民党获胜
3 月 21 日	撤销紧急状态
3 月 24 日	德赛领导的人民党政府就职
5 月	民主国大党加入人民党
1978 年 1 月	国大党（执政派）分裂为国大党（英）和国大党（斯）
3 月	王炳南访印
4 月	人民党政府把第五个五年计划提前结束，开始实行第六个五年计划
6 月	纳拉因退出人民党，成立人民党（世俗派）
9 月	人民党（世俗派）改名民众党
1979 年 2 月	印度外交部部长瓦杰帕伊访华
7 月 15 日	德赛政府辞职

7月28日	查兰·辛格领导的以人民党（世俗派）为主的政府就职
8月20日	查兰·辛格政府辞职
10月	纳拉扬病逝
1980年1月	举行第七届人民院选举，国大党（英）获胜
1月14日	英·甘地政府就职
3月	纳拉因退出民众党，恢复人民党（世俗派）
4月	停止人民党政府实行的“六五”计划，实行新的第六个五年计划
	原人民同盟退出人民党，改称印度人民党
9月	国大党（斯）因主席更换成为国大党（乌）
1981年3月	人民党（世俗派）改名民主社会党
3月	印度共产党分裂，退出者另建全印共产党
4月	亚达夫从民众党退出，另建新党
6月	拉吉夫·甘地当选人民院议员
1984年6月	“蓝星行动”
10月31日	英·甘地遇害
	拉吉夫·甘地就任总理
12月24~27日	第八届人民院选举，国大党获胜
1985年7月24日	拉·甘地与隆格瓦尔签订旁遮普协定
7月	与斯里兰卡签订协定，派印军维持和平
8月15日	签订阿萨姆协定
12月	南亚区域合作联盟成立
1988年10月	人民党（Janata Dal）成立
12月	拉·甘地来中国访问
1989年初	全国阵线成立
11月	举行第九届人民院选举，国大党未得到过半数席位，放弃组织政府
12月2日	以维·普·辛格为总理的全国阵线政府成员宣誓就职
1990年9月25日	“战车进军”开始

11 月 10 日	谢卡尔政府建立
1991 年 5~6 月	举行第十届人民院选举，国大党获胜
5 月 21 日	拉·甘地在竞选中被暗杀
6 月 21 日	拉奥政府成员宣誓就职
1992 年 12 月 6 日	巴布里清真寺被拆毁
1993 年 1 月	孟买教派骚乱
1996 年 4~5 月	举行第十一届人民院选举，印度人民党得到较多席位
5 月 16 日~6 月 1 日	印度人民党短期执政
6 月 1 日	联合阵线政府建立，高达任总理
1997 年 4 月 21 日	古杰拉尔任总理
1998 年 2~3 月	举行第十二届人民院选举，印度人民党得到较多席位
3 月 19 日	全国民主联盟政府成立，瓦杰帕伊任总理
5 月 11 日、13 日	在波克兰进行核试验
1999 年 2 月	“巴士外交”
5 月	卡吉尔争夺战
1999 年 9~10 月	举行第十三届人民院选举，印度人民党得到较多席位
10 月 13 日	瓦杰帕伊领导的全国民主联盟新政府成立
2000 年 11 月	乌塔兰查尔、查提斯加尔和贾坎德三个新的邦建立
2001 年 12 月 13 日	恐怖分子袭击议会大厦
2002 年 2~3 月	古吉拉特教派骚乱
2003 年 5 月	印巴关系走向缓和
6 月 22~27 日	瓦杰帕伊来中国访问
2004 年 5 月	举行第十四届人民院选举，国大党获得较多席位
5 月 22 日	曼莫汉·辛格为总理的团结进步联盟政府成立

主要参考书目

一　中文书目

〔印〕比·克·阿卢瓦利亚、夏希·阿卢瓦利亚：《拉吉夫·甘地——一个英勇的形象》，肖耀先译，上海人民出版社，1986。

陈峰君：《东亚与印度：亚洲两种现代化模式》，经济科学出版社，2000。

〔美〕弗兰克尔：《印度独立后政治经济发展史》，孙培钧等译，中国社会科学出版社，1989。

高鲲、张敏秋主编《南亚政治经济发展研究》，北京大学出版社，1995。

黄思骏：《印度土地制度研究》，中国社会科学出版社，1998。

〔印〕克里尚·巴蒂亚：《英迪拉·甘地》，上海师范大学外语系译，上海人民出版社，1977。

李连庆：《英迪拉·甘地》，浙江人民出版社，1997。

梁洁筠：《尼赫鲁家族浮沉记》，时事出版社，1994。

林承节：《独立后的印度史》，北京大学出版社，2005。

林承节：《印度近二十年的发展历程——从拉吉夫·甘地执政到曼莫汉·辛格政府的建立》，北京大学出版社，2012。

林承节：《殖民统治时期的印度史》，北京大学出版社，2004。

林承节主编《印度现代化的发展道路》，北京大学出版社，2001。

林良光、叶正佳、韩华：《当代中国与南亚国家关系》，社会科学文献出版社，2001。

林良光主编《印度政治制度研究》，北京大学出版社，1995。

刘健、朱明忠、葛维钧：《印度文明》，中国社会科学出版社，2004。

〔印〕鲁达尔·达特、K. P. M. 桑达拉姆：《印度经济》上、下册，雷启淮等译，四川大学出版社，1994。

罗荣渠：《现代化新论——世界与中国的现代化进程》，北京大学出版社，1993。

罗荣渠：《现代化新论续篇——东亚与中国的现代化进程》，北京大学出版社，1997。

邱永辉、欧东明：《印度世俗化研究》，巴蜀书社，2003。

邱永辉：《现代印度的种姓制度》，四川人民出版社，1996。

尚会鹏：《种姓与印度教社会》，北京大学出版社，2001。

司马军、李毅：《印度市场经济体制》，兰州大学出版社，1994。

孙培钧、华碧云、张敏秋、高鲲：《印度垄断财团》，时事出版社，1984。

孙培钧、华碧云主编《印度国情与综合国力》，中国城市出版社，2001。

孙培钧、张敏秋、于海莲：《印度：从“半管制”走向市场化》，武汉出版社，1994。

孙培钧主编《转型中的印度经济》，鹭江出版社，1996。

孙士海主编《南亚的政治、国际关系及安全》，中国社会科学出版社，1998。

孙士海主编《印度的发展及其对外战略》，中国社会科学出版社，2000。

王宏纬：《南亚区域合作的现状与未来》，四川大学出版社，1993。

王宏纬：《喜马拉雅山情结：中印关系研究》，中国藏学出版社，1998。

王联、史哲、叶海林：《南亚上空的蘑菇云——印巴核试验前前后后》，新华出版社，1998。

〔印〕N. 维特尔、S. 曼哈林安姆：《印度IT产业揭密》，矽贝、今彦译，新华出版社，2004。

文富德、唐鹏琪：《印度科学技术》，巴蜀书社，2004。

文富德：《印度经济：发展、改革与前景》，巴蜀书社，2003。

文富德：《印度经济发展：经验与教训》，四川大学出版社，1994。

吴永年等：《21世纪印度外交新论》，上海译文出版社，2004。

〔印〕伊曼纽尔·波奇帕达斯笔录《甘地夫人自述》，亚南译，时事出版社，1981。

〔印〕因德尔·马尔豪特拉:《英迪拉·甘地传》,施美华等译,世界知识出版社,1992。

张力:《印度总理尼赫鲁》,四川人民出版社,1997。

张敏秋主编《中印关系研究(1947~2003)》,北京大学出版社,2004。

张淑兰:《印度拉奥政府经济改革研究》,新华出版社,2003。

赵蔚文:《印美关系爱恨录》,时事出版社,2003。

赵蔚文:《印中关系风云录(1949~1999)》,时事出版社,2000。

朱明忠、尚会鹏:《印度教:宗教与社会》,世界知识出版社,2003。

二 英文书目

Adhikari, G., *Documents of the History of the Communist Party of India*, Vol. 7, 8, New Delhi, 1971.

Aggarwal, J. C., *Elections in India (1952-1990)*, New Delhi, 1992.

Aggarwal, J. C., *Elections in India, 1998*, New Delhi, 1998.

A. G. Noorani, *The RSS and the BJP*, Delhi, 2000.

Ahluwalia, I. J., & Little, I. M. D., *India's Economic Reforms and Development: Essays for Manmohan Singh*, Oxford, 2000.

All India Congress Committee, *A Contemporary History of the Indian National Congress*, General Editor, B. N. Pande, Vol. Ⅳ, New Delhi, 1990.

All India Congress Committee, *Indian National Congress Resolutions on Economic Policy Programme, 1924-1954*, New Delhi, 1954.

Arya, P. P., & B. B. Tandon, eds., *Multinationals Versus Swadeshi Today: A Polish Framework for Economic Nationalism*, New Delhi, 1999.

Bakshi, S. R., *Nehru and His Political Ideology*, New Delhi, 1988.

Bhambhri, C. P., *BJP led Government and Elections 1999*, Delhi, 2000.

Bhambhri, C. P., *Indian Politics since Independence*, Delhi, 1994.

Bhambhri, C. P., *The Janata: A Profile*, New Delhi, 1980.

Bhambhri, C. P., *The Indian State: Fifty Years*, Delhi, 1997.

Bhatkal, Ramdas, *Alternative Strategies and India's Development*, Mumbai, 1999.

Bose, Mrigen, *Jawaharlal Nehru and His Economic Policy*, Calcutta, 1977.

Bose, T. C., *Indian Federalism: Problems and Issues*, Calcutta, 1987.

Brass, Paul R., *The Politics of India Since Indenpence*, New Delhi, 1992.

Bright, J. S., *The Greatest Woman of The World*, New Delhi, 1984.

Brown, J. M., *Nehru*, New York, 1999.

Carras, Mary C., *Indira Gandhi: In the Crucible of Leadership: A Political Biography*, Bombay, 1979.

Chandra, Bipan, Mukherjee, A., Mukherjee, M., *India After Independence*, New Delhi, 1999.

Corbridge, Stuart, & J. Harriss, *Reinventing India: Liberalization, Hindu Nationalism and Popular Democracy*, Cambridge, 2000.

Datt, Rudder, *Economic Reform in India: A Critique*, New Delhi, 1997.

Dutt, Rabindra Chandra, *Retreat of Socialism in India: Two Decades Without Nehru, 1964-1984*, New Delhi, 1987.

Dutt, R. C., *Socialism of Jawaharlal Nehru*, New Delhi, 1981.

Dutt, R., & Sundharam, K. P. M., *Indian Economy*, New Delhi, 2001.

Erdman, Howard L., *The Swatantra Party and Indian Conservatism*, Cambridge, 1967.

Gandhi, Indira, *The Tasks Ahead*, New Delhi, 1984.

Gehlot, N. S., ed., *Current Trends in Indian Politics*, New Delhi, 1998.

Ghosh, P. S., *BJP and the Evolution of Hindu Nationalism: From Periphery to Center*, New Delhi, 1999.

Gopal, Sarvepalli, *Jawaharlal Nehru: A Biography*, Vol. 2 and 3, London, 1979 and 1984.

Gordon, L. A., & Oldenburg, P., *India Briefing, 1992*, Oxford, 1992.

Government of India Planning Commission, *Second Five Plan: A Draft Outline*, Delhi, 1951.

Graham, B. D., *Hindu Nationalist and Indian Politicas: The Origins and Development of the Bharatiya Jan Sangh*, Cambridge, 1990.

Grenal, J. S., *The Sikhs of Punjab*, Cambridge, 1990.

Grover, V., & Aarora, R., *India, Fifty Years of Independence*, Delhi, 1997.

Gupta, D. C., *Indian Government and Politics, 1947-1987*, New Delhi, 1988.

Haridev Sharma, et al., *Fifty Years Socialist Movement in India*, New Delhi, 1998.

Indian Economy Since Independence, Ed. By Kapila, Uma, New Delhi, 1996.

Jain, S. K., *Party Politics and Center-Stste Relations in India*, New Delhi, 1994.

Janata's Foreign Policy, Ed. By Misra, K. P., New Delhi, 1979.

Jawaharlal Nehru's Speeches, Vol. 1-4, New Delhi, 1949-1963.

Jenkins, Rob, *Democratic Politics and Economic Reform in India*, Cambridge, 1999.

Kapoor, P. P., *Economic Thought of Jawahalal Nehru*, New Delhi, 1985.

Kapur, A., *Pokhran and Beyond: India's Nuclear Behaviour*, Oxford, 2003.

Karlekar, Hiranmay, *Independent India: The First Fifty Years*, Delhi, 1998.

Khanna, S. K., *Coalition Politics in India*, New Delhi, 1999.

Kusum Nair, *Indian Agricultural after Green Revolution*, Chicago, 1979.

Mahajan, V. D., *History of Modern India*, Vol. 1, 2, New Delhi, 1983.

Mahajan, V. S., *Political Economy of Reform and Liberalization*, New Delhi, 1997.

Mahendra, K. L., *Defeat the RSS Fascist Desighs*, New Delhi, 1973.

Mansingh, Surjit, *India's Search for Power: Indira Gandhi's Foreign Policy, 1966-1982*, New Delhi, 1984.

Menon, V. P., *The Story of the Integration of the Indian States*, London, 1956.

Metcalf & Metcalf, *A Concise History of India*, Cambridge, 2002.

Misri, K. C., *Land System and Land Reform*, Bombay, 1990.

Nayar, Ray, *India's Mixed Economy*, Bombay, 1989.

Nugent, Nicholas, *Rajiv Gandhi, Son of a Dynasty*, London, 1990.

Oldenburg, P., ed., *India Briefing, 1995-1996*, London, 1995.

Pal, Kiran, *Tension Areas in Centre-State Relation in India*, New Delhi, 1993.

Pandey, Rajendra, *Modernisation and Social Change*, New Delhi, 1988.

Prasad, K. N., *Indian Economy Since 1951*, New Delhi, 1993.

Prasad, Anirudh, *Centre and State Powers under Indian Federalism*, New Delhi, 1980.

Prasad, K. N., *Indian Economy Since Independence, A 50 Year's Profile*, New Delhi, 1998.

Raghavan, G. N. S., & Balachandran, G., *Forty Years of World's Largest Democracy*, Delhi, 1990.

Rajaopurolit, A. R., *Land Reform in India*, New Delhi, 1984.

Ram, Sundar, ed., *Coalition Politics in India*, Jaipur, 2000.

Reddy, C. S. S., *Politics of land Reform in India*, New Delhi, 1997.

Ritu, Sarin, *The Assassination of Indira Gandhi*, New Delhi, 1984.

Sankhdhher, M. M., *Secularism in India: Dilemmas and Challenges*, New Delhi, 1992.

Selected Thoughts of Indira Gandhi: A Book of Quotes, Com. by Dhawan, S. K., Delhi, 1985.

Selected Works of Jawaharlal Nehru, Second series, New Delhi, 1984.

Sengupta, P., & Gupta, A. K., *Naxalbari and Indian Revolution*, Calcutta, 1983.

Sen, K., & Vaidya, R. R., *The Process of Financial Liberalization in India*, Oxford, 1999.

Sen, Mohit., *Glimpses of the History of the Indian Communist Movement*, Madras, 1997.

Sharma, K., *Political Modernization in India*, New Delhi, 1982.

Shourie, Arun, *Institution in the Janata Phase*, Bombay, 1980.

Shourie, Arun, *Mrs. Gandhi's Second Reign*, Bombay, 1983.

Singh, Akhileshwar, *Political Leadership of Jawaharlal Nehru*, New Delhi,

1986.

Singh, P., & Bal, G., *Strategies of Social Change in India*, New Delhi, 1996.

Singh, Yogendra, *Modernization of Indian Tradition*, 1986.

Sinha, Ajoy, *Indo-US Relations: From the Emergence of Bangladesh to the Assassination of Indira Gandhi*, Delhi, 1994.

Srinivas, M. N., *Social Change in Modern India*, New Delhi, 1992.

Srivastava, C. P., *Lal Bahadur Shastri*, Delhi, 1995.

Statistical Outline of Indian Economy, Compiled by Kulkarni, V. G., Bombay, 1968.

Thakur, Ramesh, *The Government and Politics of India*, New York, 1995.

Tharoor, Shashi, *Reasons of State: Political Development and India's Foreign Policy under Indira Gandhi, 1966-1977*, New Delhi, 1982.

The Industrial Law, Compiled by Malik, P. L., Lucknow, 1968.

Tomlinson, B. R., *The Economy of Modern India, 1860-1970*, London, 1993.

Tyson, Geoffrey, *Nehru: The Years of Power*, London, 1966.

Vajpeyi, D. K., *Modernization and Social Change in India*, New Delhi, 1979.

Venkateswaran, R. J., *Cabinet Government in India*, London, 1967.

Venkateswarlu, B., *Dynamics of Green Revolution in India*, New Delhi, 1985.

Verma, B. N., *Agrarian Relation in Transition*, New Delhi, 1993.

Vohra, Ranbir, *The Making of India*, New York, 2001.

Wolpert, Stanley, *A New History of India*, New York, 1993.

图书在版编目（CIP）数据

简明印度通史：全三卷 / 林承节著. --北京：社会科学文献出版社，2023.1（2023.9 重印）
（北京大学史学丛书）
ISBN 978-7-5201-9946-9

Ⅰ.①简… Ⅱ.①林… Ⅲ.①印度-历史 Ⅳ.①K351.0

中国版本图书馆 CIP 数据核字（2022）第 049434 号
地图审图号：GS（2022）5676 号

北京大学史学丛书
简明印度通史（全三卷）

著　　者 / 林承节

出 版 人 / 冀祥德
责任编辑 / 李丽丽
文稿编辑 / 闫富斌 等
责任印制 / 王京美

出　　版 / 社会科学文献出版社 · 历史学分社（010）59367256
地址：北京市北三环中路甲 29 号院华龙大厦　邮编：100029
网址：www.ssap.com.cn
发　　行 / 社会科学文献出版社（010）59367028
印　　装 / 三河市东方印刷有限公司

规　　格 / 开　本：787mm × 1092mm　1/16
印　张：116.25　字　数：1901 千字
版　　次 / 2023 年 1 月第 1 版　2023 年 9 月第 3 次印刷
书　　号 / ISBN 978-7-5201-9946-9
定　　价 / 298.00 元（全三卷）

读者服务电话：4008918866